T0215858

Abrechnung erfolgreich und optimal

Gute Leistung muss gut bezahlt werden

Je besser Ihre Kenntnis im komplexen Feld der Abrechnung medizinischer Leistungen ist, desto besser ist das Ergebnis für Ihre Praxis bzw. Klinik.

Abrechenbarkeit, Steigerungssätze, analoge Bewertungen, mögliche Ausschlüsse, aktuelle Gerichtsurteile ...

Praktische Abrechnungstipps, Auslegungshinweise, Beschlüsse, Richtlinien von KBV und regionalen KVen, G-BA, SGB, BÄK und des Zentralen Konsultationsausschusses für Gebührenordnungsfragen, Berufsverbänden, PVS ...

Kassenpatient, Privatpatient, Selbstzahler:

Alle Informationen für die erfolgreich optimierte Abrechnung korrekt, vollständig, verlässlich

Peter M. Hermanns · Katharina von Pannwitz

(Hrsg.)

EBM 2024 Kommentar Kinderheilkunde

Kompakt: mit Punktangaben, Eurobeträgen, Ausschlüssen, GOÄ Hinweisen

5., vollständig überarbeitete Auflage

Unter Mitarbeit von Wolfgang Landendörfer, Reinhard Bartezky, Constanze Barufke-Haupt und Sonja Mizich

 Springer

Hrsg.
Peter M. Hermanns
Hamburg, Deutschland

Katharina von Pannwitz
München, Deutschland

ISSN 2628-3190   ISSN 2628-3204   (electronic)
Abrechnung erfolgreich und optimal
ISBN 978-3-662-68661-4   ISBN 978-3-662-68662-1   (eBook)
https://doi.org/10.1007/978-3-662-68662-1

Die Deutsche Nationalbibliothek verzeichnet diese Publikation in der Deutschen Nationalbibliografie;
detaillierte bibliografische Daten sind im Internet über ▶ http://dnb.d-nb.de abrufbar.

Koproduktion mit dem Springer Medizin Verlag GmbH, Berlin

Fotonachweis Umschlag: © stockphoto-graf/stock.adobe.com, ID: 144594370
Umschlaggestaltung: deblik, Berlin

Planung/Lektorat: Ulrike Hartmann
Springer ist ein Imprint der eingetragenen Gesellschaft Springer-Verlag GmbH, DE und ist ein Teil von
Springer Nature.
Die Anschrift der Gesellschaft ist: Heidelberger Platz 3, 14197 Berlin, Germany

Das Papier dieses Produkts ist recyclebar.

Inhalt

Die Leistungen der Gebührenpositionen für ambulantes Operieren, Anästhesie, praeoperative und fach-ärztliche postoperative Gebührenpositionen der Kapitel 31.2 bis 31.2.13, 31.3 Postoperative Über-wachungskomplexe und die Kapitel 31.4.3 bis 31.5.3 wurden wegen des großen Umfangs nicht mit aufgenommen.

Die Leistungen der belegärztlichen Operationen, Anästhesien, postoperative Überwachung des Kapitels 36 wurden wegen des großen Umfangs nicht mit Kommentaren aufgenommen.

Herausgeber und Mitarbeiter

Dr. med. Peter M. Hermanns [Hrsg.]

Geboren 1945 in Neumünster. Seit 1985 Geschäftsführer der Agentur medical text Dr. Hermanns in München, die zahlreiche Bücher im Bereich Abrechnung, Praxis-Organisation, Diagnostik/Therapie, Praxis- und Klinik-Marketing für Verlage und Pharmafirmen konzipiert und herausgegeben hat, sowie des medizinischen Online-Dienstes www.medical-text.de.

Nach vielen Jahren der erfolgreichen Herausgeberschaft hat sich Dr. Hermanns 2023 gesundheitsbedingt in den Ruhestand begeben.

Katharina von Pannwitz [Hrsg.]

Geboren 1964 in München, Ausbildung zur Verlags- und Industriekauffrau und Studium der Kommunikationswissenschaft. Langjährige Tätigkeit für Film & Fernsehen und als selbstständige Pressefrau und Autorin. 2023 Weiterbildung zur Social Media Managerin.

2014 Eintritt in die Agentur medical text als rechte Hand von Dr. Peter M. Hermanns bei der Herausgabe der beim Springer Verlag veröffentlichten Abrechnungsbücher zu den Gebührenordnungen UV-GOÄ, GOÄ und EBM sowie der Aktualisierung und Bearbeitung der Springer Medizin-Datenbank mit Kommentierungen und Urteilen zur Abrechnung ärztlicher Leistungen. Nach dem Rückzug von Dr. Hermanns seit 2023 Mitherausgeberin.

Dr. med. Wolfgang Landendörfer

Geboren 1959 in Wunsiedel i. Fichtelgebirge, Studium der Humanmedizin in Erlangen und Promotion. Studium der Lebensmitteltechnologie in Berlin mit Abschluss als Diplomingenieur für Lebensmitteltechnologie.

Facharzt für Kinderheilkunde und Jugendmedizin, Ernährungsmediziner. Seit 2002 in eigener Praxis niedergelassen in Nürnberg-Mögeldorf.

Sprecher des Honorarausschusses des BVKJ (Bundesverband der Kinder- und Jugendärzte) und Honorarbeauftragter des Landesverbandes Bayern.

Dr. med. Reinhard Bartezky

Facharzt für Kinderheilkunde und Jugendmedizin

Jahrgang 1968, Medizinstudium an FU und HU Berlin, Facharztausbildung Kinderklinik Lindenhof, Oberarzt in der Klinik für Kinder- und Jugendmedizin Bad Saarow, in eigener Praxis seit 2005, Bundesschatzmeister des Honorarausschusses des Berufsverbandes der Kinder- und Jugendärzte (BVKJ), Landesverbandsvorsitzender LV Berlin und Mitglied im Bundesvorstand (BVKJ).

Constanze Barufke-Haupt

Geboren 1988 in Bad Muskau, Fachanwältin für Medizinrecht. Studium der Rechtswissenschaften an der Humboldt-Universität zu Berlin. Rechtsreferendariat beim Kammergericht Berlin.

Seit 2014 Rechtsanwältin bei D+B Rechtsanwälte Partnerschaft mbB. Spezialisiert auf die Beratung von Ärzten, Psychotherapeuten und MVZ, insbesondere zu Fragen der Abrechnung und Honorarverteilung.

Mitglied der Arbeitsgemeinschaft für Medizinrecht im DAV sowie der Deutschen Gesellschaft für Kassenarztrecht e.V.

Sonja Mizich

Jahrgang 1982, nach erfolgreicher Ausbildung zur medizinischen Fachangestellten folgte die weitere Qualifikation zur Praxismanagerin. Seit 2002 in leitender Funktion bei Dr. Wolfgang Landendörfer in einer großen Kinder- und Jugendarztpraxis in Nürnberg tätig.

Umfangreiche, bundesweite Vortragstätigkeit in allen pädiatrisch abrechnungsrelevanten Themengebieten für den BVKJ und Pädnetz Bayern.

Organisation und Referententätigkeit der „Freischwimmerworkshops" für effizientes Praxismanagement für Ärzte in Nürnberg und Berlin.

Leitung und Referententätigkeit der überregionalen Fortbildungsreihen „Kompaktabrechnungsworkshop BVKJ" und „Mach Dich schlau am Mittwoch" für medizinische Fachangestellte und Ärzte.

Mitautorin des erfolgreichen Abrechnungsratgebers „pädiatrische UV-GOÄ-Fibel".

Abkürzungsverzeichnis

Abs.	Absatz
Ärzte-ZV	Zulassungsverordnung für Vertragsärzte
AEV	Verband der Arbeiter-Ersatzkassen
AG	Amtsgericht
Allg. Best.	Allgemeine Bestimmungen des EBM
Anm.	Anmerkung
AOK	Allgemeine Ortskrankenkasse
Art.	Artikel
ASV	ambulanten spezialfachärztlichen Versorgung
Az.	Aktenzeichen
BAanz	Bundesanzeiger
BÄK	Bundesärztekammer
BAnz.	Bundesanzeiger
BASFI	Bath Ankylosing Spondylitis Functional Index
BEG	Bundesentschädigungsgesetz
BG	Berufsgenossenschaften
BGBl.	Bundesgesetzblatt
BGH	Bundesgerichtshof
BKK	Betriebskrankenkassen
BMÄ	Bewertungsmaßstab – Ärzte
BMA	Bundesministerium für Arbeit und Sozialordnung (jetzt BMGS)
BMG	Bundesministerium für Gesundheit
BMV, BMV-Ä	Bundesmantelvertrag-Ärzte, vereinbart zwischen KBV und Bundesverbänden der Primärkassen
BSG	Bundessozialgericht bzw. Entscheidungssammlung des BSG mit Angabe des Bandes und der Seite
Buku	Bundesknappschaft
BVerfG	Bundesverfassungsgericht
DÄ	Deutsches Ärzteblatt, erscheint im Deutschen Ärzteverlag, Köln
DGUV	Deutsche Gesetzliche Unfallversicherung
EBM	Einheitlicher Bewertungsmaßstab gem. § 87 SGB V
ECLAM	Funktions-Fragebogen
E-GO	Ersatzkassen-Gebührenordnung
EK	Ersatzkassen
EKV	Arzt-/Ersatzkassenvertrag
G-BA	Gemeinsamer Bundesausschuss
GKV	Gesetzliche Krankenversicherung
GOA-BÄK	Gebührenordnungsausschuss der Bundesärztekammer
GOÄ	Gebührenordnung für Ärzte (amtliche Gebührenordnung)
GOP	Gebührenordnung für Psychologische Psychotherapeuten und Kinder- und Jugendlichentherapeuten (amtliche Gebührenordnung)
GOP	in der Regel auch: Gebührenordnungsposition
GOZ	Gebührenordnung für Zahnärzte (amtliche Gebührenordnung)
HAQ	Health Assessment Questionnaire (Fragebogen)
HSET	Heidelberger Sprachentwicklungstest
HVM	Honorarverteilungsmaßstab

i.d.R.	in der Regel
ICD	Internationale Klassifikation der Krankheiten
ICF	Internationale Klassifikation der Funktionsfähigkeit, Behinderung und Gesundheit
ICSI	intrazytoplasmatische Spermieninjektion
IGeL	Individuelle Gesundheitsleistungen
IKK	Innungskrankenkassen
IVF	In-vitro-Fertilisation
JAS	Jugendarbeitsschutz
JVEG	Justizvergütungs- und entschädigungsgesetz
KA	für diese Leistung hat der Bewertungsausschuss keine Kalkulationszeitvorgaben
KBV	Kassenärztliche Bundesvereinigung, Berlin
KK	Krankenkasse
KV	Kassenärztliche Vereinigung
LG	Landgericht
LK	Landwirtschaftliche Krankenkasse, jetzt SVLFG
LSG	Landessozialgericht
MDK	Medizinischer Dienst der Krankenversicherung
MMST	Mini-Mental-Status-Test
Nr.	Nummer
Nrn.	Nummern
NUB	Richtlinien über neue Untersuchungs- und Behandlungsmethoden (inzwischen durch BUB-Richtlinien ersetzt)
OLG	Oberlandesgericht
OPS	Operationen- und Prozedurenschlüssel
OVG	Oberverwaltungsgericht
PET	Psycholinguistischer Entwicklungstest
PGBA	Pflegegesetzadaptiertes Geriatrisches Basisassessment
PK	Primärkassen, dazu zählen:
	• Betriebs-KK
	• BundeskappschaftInnungs-kk
	• Landwirtschaftliche KK
	• Primärkassen
	• Orts-KK
	• See-KK
PKV	Private Krankenversicherung
Primärkassen	Orts-, Betriebs-, Innungskrankenkassen, landwirtschaftliche Krankenkassen, Seekasse, Bundesknappschaft
PsychThG	Psychotherapeutengesetz
RLV	Regelleistungsvolumen
SGB I	Sozialgesetzbuch – Erstes Buch (I), Allgemeiner Teil
SGB IV	Sozialgesetzbuch – Viertes Buch (V), enthält die Vorschriften zur Sozialversicherung
SGB V	Sozialgesetzbuch – Fünftes Buch (V), enthält das Krankenversicherungs- und auch das Kassenarztrecht
SGB X	Sozialgesetzbuch – Zehntes Buch (X), Verwaltungsverfahren und Sozialdatenschutz
SG	Sozialgericht
SKT	Syndrom-Kurztest, Demenztest
StGB	Strafgesetzbuch

STIKO	Ständige Impfkommission am Robert-Koch-Institut
TFDD	Test zur Früherkennung von Demenzen mit Depressionsabgrenzung
VdAK	Verband der Angestellten-Krankenkassen
ZKA-BÄK	Zentraler Konsultationsausschuss für Gebührenordnungsfragen bei der Bundesärztekammer, gebildet aus Vertretern des Bundesministeriums für Gesundheit, des Bundesministeriums des Inneren, des PKV-Verbandes, der Bundesärztekammer sowie eines nicht stimmberechtigten Vertreters der Privatärztlichen Verrechnungsstellen
ZPO	Zivilprozessordnung
z.T.	zum Teil

Vorwort

Der „EBM 2024 Kommentar Kinderheilkunde" liegt in seiner 5. Auflage vor. Ein komprimierter und auf die fachgruppenspezifischen Bedürfnisse gekürzter EBM erleichtert die Handhabung enorm und hat sich in der Praxistauglichkeit für die Kinder- und Jugendmedizin sehr gut bewährt.

Diese 5. Auflage des „EBM 2024 Kommentar Kinderheilkunde" wird erstmals ohne den Namensgeber Dr. Peter M. Hermanns veröffentlicht, der sich gesundheitsbedingt in den Ruhestand begeben hat. Mit dieser Auflage hat Katharina von Pannwitz die Herausgeberschaft von Dr. Hermanns übernommen. Frau von Pannwitz hat als gelernte Verlagskauffrau und studierte Kommunikationswissenschaftlerin mit Verlagserfahrung und Autorentätigkeiten bereits seit vielen Jahren mit Dr. Hermanns und den Autoren des EBM sowie der GOÄ und UV-GOÄ u.a. als Lektorin und Redakteurin zusammengearbeitet.

Erfreulicherweise konnten wir erneut auf die bewährte Autorenschaft aus den Reihen des Berufsverbandes der Kinder- und Jugendärzte setzen: Die Mitarbeiter an dem Buch – Herr Dr. Wolfgang Landendörfer, Herr Dr. Reinhard Bartezky und die Praxismanagerin Frau Sonja Mizich sind langjährig erfahrene Praktiker und ausgewiesene Fachleute der Abrechnung in der Pädiatrie. Außerdem konnten wir abermals die in Medizinrechtsfragen qualifizierte Juristin Frau Constance Barufke-Haupt gewinnen.

In diese Auflage haben wir viel Detailarbeit gesteckt, um die stetigen Veränderungen in EBM und UV-GOÄ zu berücksichtigen.

Seit dem 1.4.2023 werden die pädiatrischen Leistungen voll ausgezahlt. Die kassenärztlichen Vereinigungen müssen zunächst den angeforderten Leistungsmengenbedarf ausrechnen und die Differenz zwischen dem nach Quotierung ausgezahlten und dem bei 100%-Vollauszahlung auszuzahlenden Betrag benennen. In einem aufwändigen Nachberechnungsprozess wird der finanzielle Mehrbedarf dann von den Kassen im Nachhinein eingefordert. Nicht alle Leistungen werden entbudgetiert, sondern die Aufstockungszuschläge gibt es nur für erbrachte Leistungen aus dem Kapitel 04 (alle EBM-Ziffern 04xxx). Knapp 2% aller Leistungen, die von Pädiatern erbracht werden, stammen nicht aus dem Kapitel 04 (z.B. Labor, Psychosomatik, Sonographie, Allergologie, Kostenpauschalen). Diese Leistungen werden weiterhin quotiert bleiben. Auch die kontingentierten Leistungen bleiben weiterhin in der Abrechnungshäufigkeit beschränkt – z.B. Sono Abdomen (2x im Behandlungsfall), Gesprächsziffer 04230 (Punktzahlvolumenbegrenzung auf 64 Punkte je Behandlungsfall), Sozialpädiatrie 04355 (1x im Behandlungsfall). Dennoch, die von Gesundheitsminister Lauterbach veranlasste Entbudgetierung der Kinder- und Jugendmedizin ist die bedeutsamste honorarrelevante Veränderung der letzten Jahre.

Offizielle Verlautbarungen von KBV-Beschlüssen sind im Sprachduktus meist komplex, juristisch geprägt und wenig arztfreundlich gestaltet. Unsere Kommentierungen sollen, sowohl den EBM als auch die pädiatrierelevanten Teile der UV-GOÄ leichter erfassbar und anwendungsfreundlicher für die Praxisteams gestalten.

Sie finden die zahlreichen Änderungen der letzten 4 Quartale inklusive der Anhebung des Orientierungswerts zum 1. Januar 2024 auf 11,9339 Cent für alle relevanten pädiatrischen Leistungen. Dieser Kommentar hat alle bis zum Redaktionsschluss Anfang Dezember 2023 von der KBV beschlossenen Änderungen aufgenommen.

Das durch das Bundesministerium für Gesundheit vorgegebene Tempo der Veränderung im Gesundheitssystem ist weiterhin so hoch, dass insbesondere Leistungen der Telematikinfrastruktur nicht auf ein Jahr im Voraus Bestand haben können. Wir müssen an dieser Stelle auf die tagesaktuellen Informationen der KBV-Homepage hinweisen.

Die einfachste Art für Sie, kurz vor einem neuen Quartal nach Änderungen zu suchen, sind die Internetseiten Ihrer KV oder die Seiten des Bewertungsausschusses – hier finden Sie auch ältere Quartale:https://www.kbv.de/html/beschluesse_des_ba.php. Kurze Informationen finden Sie auch unter: https://www.kbv.de/html/praxisnachrichten.php

Wichtiger Hinweis: Leistungen mit einem Stern * in diesem Buch

EBM-Leistungspositionen, die nicht der fachärztlichen Grundversorgung entsprechen und zum Ausschluss der Berechnungsfähigkeit der Pauschale für die fachärztliche Grundversorgung (PFG) führen, sind in der Regel im Buch mit einem Stern * gekennzeichnet.

Anmerkung zum Bewertungsausschuss:

Leider auch innerhalb der laufenden Quartale veröffentlicht der KBV-Bewertungsausschuss Änderungen, die oft rückwirkend zum jeweiligen Quartalsanfang gelten sollen. Unter https://www.kbv.de/html/beschluesse_des_ba.php können Sie aktuelle neue und ältere Änderungen lesen.

München, im Dezember 2022
Dr. Peter M. Hermanns (Hrsg.) – Dr. Wolfgang Landendörfer – Dr. Reinhard Bartezky – Constanze Barufke – Sonja Mizich

I Allgemeine Bestimmungen

1 Berechnungsfähige Leistungen, Gliederung und Struktur

Der Einheitliche Bewertungsmaßstab bestimmt den Inhalt der berechnungsfähigen Leistungen und ihr wertmäßiges, in Punkten ausgedrücktes Verhältnis zueinander. Die Begriffe Einzelleistung, Leistungskomplex, Versichertenpauschale, Grund-, Konsiliar- oder Zusatzpauschale, Strukturpauschale sowie Qualitätszuschlag beziehen sich auf berechnungsfähige Gebührenordnungspositionen. Mit Bezug auf diese Abrechnungsbestimmungen werden die Begriffe Pauschale, Versichertenpauschale, Grund-, Konsiliar- oder Zusatzpauschale mit dem Begriff Pauschale zusammengefasst. Der Katalog der berechnungsfähigen Gebührenordnungspositionen ist abschließend und einer analogen Berechnung nicht zugänglich. In Gebührenordnungspositionen enthaltene – aus der Leistungsbeschreibung ggf. nicht erkennbare – Teilleistungen sind im Verzeichnis nicht gesondert berechnungsfähiger Leistungen in Anhang 1 aufgeführt. Leistungen, die durch den Bewertungsausschuss als nicht berechnungsfähig bestimmt werden, sind im Anhang 4 zum EBM aufgeführt.

Kommentar:

Diese Einleitung stellt klar, dass nur die im EBM verzeichneten Leistungen zu Lasten der gesetzlichen Krankenkassen abgerechnet werden können. Analoge Heranziehung einzelner Leistungen, wie sie nach der GOÄ möglich sind, sind im System der vertragsärztlichen/psychotherapeutischen Abrechnung nicht zulässig. Wird eine Leistung erbracht, die im EBM nicht beschrieben ist, sollte im Zweifel die zuständige Kassenärztliche Vereinigung über eine Abrechnungsfähigkeit befragt werden.

Teilleistungen, die – wenn auch nicht immer aus der Beschreibung erkennbar – in Gebührenordnungspositionen enthalten sind, werden mit der Vergütung für diese Positionen abgegolten und sind nicht gesondert abrechnungsfähig. Eine Auflistung dieser nicht gesondert abrechnungsfähigen Teilleistungen findet sich in Anhang 1. Diese Teilleistungen dürfen, da sie Inhalt einzelner Gebührenordnungspositionen sind, dem Patienten auch nicht privat – z.B. als Individuelle **Ge**sundheitsleistung (IGeL-Leistungen) – in Rechnung gestellt werden. In der Anlage 4 sind diejenigen Leistungen aufgelistet, die vom Bewertungsausschuss als nicht berechnungsfähig bestimmt wurden.

1.1 Bezug der Allgemeinen Bestimmungen

Die Inhalte dieser Allgemeinen Bestimmungen nehmen ebenso wie die Beschreibungen der Leistungsinhalte von Gebührenordnungspositionen in Übereinstimmung mit übergeordneten Normen nur Bezug auf den Vertragsarzt. Sie gelten gleichermaßen für Vertragsärztinnen, Psychologische Psychotherapeutinnen, Psychologische Psychotherapeuten, Kinder- und Jugendlichenpsychotherapeutinnen sowie Kinder- und Jugendlichenpsychotherapeuten, angestellte Ärzte, angestellte Ärztinnen, Medizinische Versorgungszentren sowie für weitere Leistungserbringer, die an der vertragsärztlichen Versorgung teilnehmen, es sei denn, die Berechnungsfähigkeit einzelner Gebührenordnungspositionen ist ausschließlich Vertragsärztinnen und Vertragsärzten vorbehalten.

Kommentar:

Die im Laufe der Zeit über den eigentlichen „Adressatenkreis" des ehemaligen „Kassenarztrechts" deutlich hinausgewachsene Zahl der im System zulassungsfähigen „Leistungserbringer" hat diese Klarstellung notwendig gemacht. Gesondert erwähnt werden gegenüber dem EBM 2000plus angestellte Ärztinnen und Ärzte sowie medizinische Versorgungszentren.

1.2 Zuordnung der Gebührenordnungspositionen in Bereiche

Die berechnungsfähigen Gebührenordnungspositionen sind nachfolgenden Bereichen zugeordnet:
- II. Arztgruppenübergreifende allgemeine Gebührenordnungspositionen,
- III. Arztgruppenspezifische Gebührenordnungspositionen,
- IV. Arztgruppenübergreifende bei spezifischen Voraussetzungen berechnungsfähige Gebührenordnungspositionen.
Kostenpauschalen stellen einen eigenständigen Bereich V dar.
- V. Kostenpauschalen,
- VII. Ausschließlich im Rahmen der ambulanten spezialfachärztlichen Versorgung (ASV) berechnungsfähige Gebührenordnungspositionen.
- VIII. Ausschließlich im Rahmen von Erprobungsverfahren gemäß § 137e SGB V berechnungsfähige Gebührenordnungspositionen.

© Springer-Verlag GmbH Deutschland, ein Teil von Springer Nature 2024
P. M. Hermanns und K. von Pannwitz (Hrsg.), *EBM 2024 Kommentar*
Kinderheilkunde, Abrechnung erfolgreich und optimal,
https://doi.org/10.1007/978-3-662-68662-1_1

Kommentar:

Hier wird die übergeordnete Struktur des EBM aufgezeigt, der neben – grundsätzlich für alle Ärzte abrechnungsfähigen – arztgruppenübergreifenden allgemeinen Gebührenordnungspositionen auch arztgruppenübergreifende spezielle Gebührenordnungspositionen sowie Kostenpauschalen vorsieht und daneben – grundsätzlich nur für die jeweilige Arztgruppe abrechnungsfähige – arztgruppenspezifische Gebührenordnungspositionen beinhaltet.

Im arztgruppenübergreifenden Bereich sind natürlich nach wie vor die durch das Berufsrecht vorgegebenen Fachgebietsgrenzen zu beachten, die durch den EBM nicht aufgehoben werden. Im Wesentlichen gehören hierzu Notfallleistungen, Visiten und Besuche, Berichte, Gutachten usw., Gesundheits- und Früherkennungsleistungen, die „Kleine Chirurgie", physikalisch-therapeutische Leistungen und Infusionen.

In den arztgruppenübergreifenden speziellen Leistungen ist in der Regel eine Genehmigung der Kassenärztlichen Vereinigung erforderlich, deren Erteilung Fachkundenachweise, Nachweise apparativer Ausstattung sowie Teilnahme an Qualitätssicherungsmaßnahmen erfordern kann.

1.2.1 Zuordnung von Gebührenordnungspositionen zu Versorgungsbereichen

Die arztgruppenspezifischen Gebührenordnungspositionen werden in Gebührenordnungspositionen des hausärztlichen und des fachärztlichen Versorgungsbereichs unterteilt.

Kommentar:

Im hausärztlichen Bereich finden sich die Leistungen des eigentlichen hausärztlichen Versorgungsbereichs sowie die Leistungen der Kinder- und Jugendmedizin. Im fachärztlichen Bereich finden sich die Leistungen der Fachgebiete von der Anästhesiologie bis zur Physikalischen und Rehabilitiven Medizin. Die Gliederung der vertragsärztlichen Versorgung in die hausärztliche und die fachärztliche Versorgung hat ihre rechtliche Grundlage in § 73 SGB V.

1.2.2 Berechnungsfähige Gebührenordnungspositionen einer Arztgruppe

In den arztgruppenspezifischen Kapiteln bzw. Abschnitten sind entweder durch Aufzählung der Gebührenordnungspositionen in den jeweiligen Präambeln oder Auflistung im Kapitel bzw. Abschnitt alle von einer Arztgruppe berechnungsfähigen Gebührenordnungspositionen angegeben.

1.3 Qualifikationsvoraussetzungen

Ein Vertragsarzt ist verpflichtet, seine Tätigkeit auf das Fachgebiet zu beschränken, für das er zugelassen ist. Hiervon ausgenommen sind die unter 4.2.1 genannten Fälle sowie die in den Präambelnder einzelnen Fachgruppen geregelten Ausnahmen. Gleiches gilt für angestellte Ärzte. Gebührenordnungspositionen, deren Durchführung und Berechnung an ein Gebiet, eine Schwerpunktkompetenz (Teilgebiet), eine Zusatzweiterbildung oder sonstige Kriterien gebunden ist, setzen das Führen der Bezeichnung, die darauf basierende Zulassung oder eine genehmigte Anstellung und/oder die Erfüllung der Kriterien voraus. Die Durchführung und Berechnung von Leistungen, für die es vertragliche Vereinbarungen gemäß § 135 Abs. 1 oder Abs. 2 SGB V gibt, setzen die für die Berechnung der Leistungen notwendige Genehmigung durch die Kassenärztliche Vereinigung voraus. Beschäftigt der Vertragsarzt einen angestellten Arzt, kann der Vertragsarzt die durchgeführten Leistungen seines angestellten Arztes gemäß § 14a Absatz 2 Bundesmantelvertrag-Ärzte (BMV-Ä) auf der Basis des Beschlusses der Zulassungsgremienberechnen. Satz 3 und Satz 4 gelten entsprechend.

Kommentar:

Wird im EBM die Abrechnungsfähigkeit an ein Gebiet, ein Teilgebiet (Schwerpunkt) oder eine Zusatzbezeichnung geknüpft, ist auf jeden Fall die berufsrechtliche Befugnis zum Führen der Gebiets-, Teilgebiets- oder Zusatzbezeichnung erforderlich. Z.T. wird weiter auch eine entsprechend erteilte Zulassung gefordert, was zumindest bei Teilgebietsbezeichnungen problematisch sein kann.

Hier wurde aber bereits zum EBM 2000+ durch eine als Anlage zu den Gesamtverträgen beschlossene „Ergänzende Vereinbarung zur Reform des Einheitlichen Bewertungsmaßstabes (EBM) zum 1. April 2005" durch die Partner der Bundesmantelverträge (Spitzenverbände der Krankenkassen und Kassenärztliche Bundesvereinigung) zumindest für den Bereich der Inneren Medizin – in dem die Mehrzahl der Probleme hätte auftreten können – hinsichtlich der Schwerpunktbezeichnungen eine „Entschärfung" der EBM-Bestimmungen vorgenommen. Dort heißt es unter (4):

„Vertragsärzte, die mit dem Gebiet Innere Medizin ohne Schwerpunkt am 31.03.2005 zugelassen sind, können im Rahmen ihrer Weiterbildung auf Antrag solche Leistungen des EBM abrechnen, die im EBM ausschließlich einem der Schwerpunkte der Inneren Medizin zugeordnet sind (Hinweis der Autoren: z.B. Gastroskopie, Bronchoskopie). Die Kassenärztliche Vereinigung genehmigt einen Antrag, wenn der Vertragsarzt nachweist, dass er über die erforderlichen persönlichen und strukturellen Voraussetzungen zur Erbringung dieser Leistungen, die einem Schwerpunkt der Inneren Medizin im EBM zugeordnet sind und die ggf. ergänzend in Richtlinien des Bundesausschusses oder in Maßnahmen der Qualitätssicherung gemäß § 135 Abs. 2 SGB V niedergelegt sind, erfüllt und im Zeitraum vom 1. Januar 2003 bis 30. Juni 2004 schwerpunktmäßig diese Leistungen erbracht hat. Die Genehmigung ist unbefristet zu erteilen. In diesem Fall gelten für den Vertragsarzt auch die Abrechnungsbestimmungen, wie sie für einen Vertragsarzt gelten, der mit dem Gebiet Innere Medizin mit Schwerpunktbezeichnung im fachärztlichen Versorgungsbereich zur vertragsärztlichen Versorgung zugelassen ist."

Bei Leistungen, für die entweder Richtlinien des Gemeinsamen Bundesausschusses oder Vereinbarungen der Partner des Bundesmantelvertrages für die Durchführung und Abrechnung bestehen, müssen vor Leistungserbringung und Abrechnung die erforderlichen Genehmigungen erworben werden.

Wichtig ist die Regelung für angestellte Ärzte. Die von diesen erbrachten Leistungen können dann, wenn die sonst für den Vertragsarzt geltenden Voraussetzungen nur in der Person des Angestellten vorliegen, auch vom Vertragsarzt abgerechnet werden.

Rechtsprechung: Für einen Facharzt für Kinder- und Jugendmedizin ist die Behandlung von Erwachsenen wegen Fachfremdheit nach der in den streitgegenständlichen Quartalen geltenden Weiterbildungsordnung grundsätzlich ausgeschlossen. Dies gilt nach LSG Bayerns auch dann, wenn der (im Fall des LSG ermächtigte) Kinderarzt auch dann, wenn die Patienten an bestimmten Krankheitsbildern (z.B. Down-Syndrom, Mukoviszidose, cerebrale Anfallsleiden) leiden und keine – ausnahmsweise – Abrechnungsgenehmigung seitens der Krankenkasse vorliegt (LSG Bayerns, Urt. v. 15.7.2020, Az.: L 12 KA 3/19).

1.4 Arztgruppenübergreifende allgemeine Gebührenordnungspositionen

Arztgruppenübergreifende allgemeine Gebührenordnungspositionen können, sofern diese in den Präambeln zu den Kapiteln für die einzelnen Arztgruppen (III Arztgruppenspezifische Gebührenordnungspositionen) aufgeführt sind, von jedem Vertragsarzt unter Berücksichtigung der berufsrechtlichen Verpflichtung zur grundsätzlichen Beschränkung der ärztlichen Tätigkeit auf das jeweilige Gebiet oder das Gebiet eines angestellten Arztes sowie unter Beachtung entsprechender vertraglicher Bestimmungen (z.B. Kinder-Richtlinie, Früherkennungs-Richtlinie) berechnet werden.

Kommentar:

Im übrigen gelten für arztgruppenübergreifende allgemeine Gebührenordnungspositionen die berufsrechtlichen Fachgebietsbeschränkungen. Zusätzlich müssen diese Positionen jeweils in der Präambel zu dem Kapitel für die betreffende Arztgruppe (Abschnitt III) aufgeführt sein. Liegen beide Voraussetzungen vor, ist eine Leistung aus dem Bereich der arztgruppenübergreifenden allgemeinen Gebührenordnungspositionen berechnungsfähig.

1.5 Arztgruppenspezifische Gebührenordnungspositionen

Arztgruppenspezifische Gebührenordnungspositionen können nur von den in der Präambel des entsprechenden Kapitels bzw. Abschnitts genannten Vertragsärzten berechnet werden, sofern sie die dort aufgeführten Kriterien erfüllen oder einen Arzt angestellt haben, der die dort aufgeführten Kriterien erfüllt.

Kommentar:

In den 23 Unterabschnitten der arztgruppenspezifischen Leistungen ist jeweils am Anfang in den Präambeln abschließend bestimmt, wer die Leistungen des jeweiligen Abschnitts bzw. Kapitels abrechnen darf.

Nach einer bereits zum EBM 2000+ als Anlage zu den Gesamtverträgen beschlossenen „Ergänzende Vereinbarung zur Reform des Einheitlichen Bewertungsmaßstabes (EBM) zum 1. April 2005" durch die Partner der Bundesmantelverträge (Spitzenverbände der Krankenkassen und Kassenärztliche Bundesvereinigung) ist das aber nur als Grundsatz zu verstehen, von dem aus Sicherstellungsgründen seitens einer Kassenärztlichen Vereinigung auch Ausnahmen zulässig sind. Dort wird unter (3) auf die Verpflichtung zur Sicherstellung der vertragsärztlichen Versorgung durch die Kassenärztlichen Vereinigungen gemäß § 72 SGB V verwiesen, „wonach aus Sicherstellungsgründen allen Vertragsärzten durch die Kassenärztliche Vereinigung sowohl eine Erweiterung des abrechnungsfähigen Leistungsspektrums als auch die Abrechnung einzelner ärztlicher Leistungen auf Antrag des Vertragsarztes genehmigt werden kann". **Siehe: SGB V:** § 72 https://www.sozialgesetzbuch-sgb.de/sgbv/72.html

1.6 Arztgruppenübergreifende bei speziellen Voraussetzungen berechnungsfähige Gebührenordnungspositionen (Arztgruppenübergreifende spezielle Gebührenordnungspositionen)

Arztgruppenübergreifende spezielle Gebührenordnungspositionen setzen bei der Berechnung besondere Fachkundenachweise, apparative Anforderungen, die Teilnahme an Maßnahmen zur Qualitätssicherung gemäß § 135 Abs. 2 SGB V und die in den entsprechenden Kapiteln bzw. Abschnitten und Präambeln zur Voraussetzung der Berechnung aufgeführten Kriterien voraus.

Die Berechnung von arztgruppenübergreifenden speziellen Gebührenordnungspositionen setzt weiterhin voraus, dass diese in den Präambeln zu den Kapiteln für die einzelnen Arztgruppen (III Arztgruppenspezifische Gebührenordnungspositionen) aufgeführt sind.

Kommentar:

Hier gilt der gleiche Kommentar wie zu 1.3. (s.o.).

1.7 Zeitbezogene Plausibilitätsprüfung

Die im Anhang 3 aufgeführten Kalkulationszeiten werden unter Berücksichtigung des Komplexierungs- und Pauschalisierungsgrades als Basis gemäß § 46 Bundesmantelvertrag-Ärzte (BMV-Ä) für die Plausibilitätsprüfungen vertragsärztlicher Leistungen verwendet.

Bei Gebührenordnungspositionen, bei denen eine Auf- oder Abschlagsregelung vorgesehen ist, wird die Prüfzeit gemäß Anhang 3 des EBM ebenfalls entsprechend angepasst.

Kommentar:

Im Rahmen der nach § 106d SGB V durchzuführenden Abrechnungsprüfungen wird u.a. die Plausibilität der Abrechnung anhand der für die Erbringung der abgerechneten Leistungen aufgewendeten Zeit überprüft. Das setzt voraus, dass den einzelnen Leistungen des EBM Zeiten als (untere) Schwellenwerte zugeordnet werden, deren Unterschreitung gegen eine ordnungsgemäße Leistungserbringung spricht. In besonderen Richtlinien zur Durchführung der Prüfungen nach § 106d SGB V (Abrechnungsprüfrichtlinie) wird das Nähere zur Ausgestaltung derartiger Prüfungen auch unter Heranziehung der Prüfzeiten gemäß Anhang 3 des EBM geregelt.

Zu den Prüfzeiten:
Nach der Rechtsprechung des Bundessozialgerichts basieren die Prüfzeiten auf ärztlichem Erfahrungswissen und können im Durchschnitt von einem erfahrenen, geübten und zügig arbeitenden Arzt nicht unterschritten werden (Urteil vom 24.11.1993 – 6 RKa 70/91). Da mit der Reform des EBM zum 01.04.2020 u.a. die Prüfzeiten nach Anhang 3 zum Teil deutlich reduziert wurden, ohne dass sich der Leistungsinhalt der einzelnen GOPen geändert hätte, ist jedoch zweifelhaft, ob die Feststellungen des BSG zu den „alten" Prüfzeiten noch Bestand haben können.

Das Bundessozialgericht hatte mit Urteil vom 24.10.2018 entschieden (B 6 KA 42/17 R), dass bei psychotherapeutischen Leistungen für die Bildung von Tagesprofilen nicht auf die Prüfzeiten abzustellen ist. In die Ermittlung der Prüfzeiten seien auch Zeiten für die Reflexion und Supervision eingeflossen, die nicht zwingend an einem bestimmten Arbeitstag erbracht werden müssen. Anhang 3 des EBM wurde daraufhin entsprechend angepasst. Hierzu:

SG Marburg: Aus der Neufassung der Prüfzeiten zum 2. Quartale 2020 folgt nicht, dass die zuvor geltenden Prüfzeiten fehlerhaft festgesetzt wurden und damit nichtig sind (SG Marburg; Gerichtsbescheid vom 21.8.2020, Az.: S 12 KA 1/18; vom 25.09.2020, Az.: S 12 KA 290/19).

SG Berlin: „Für die Annahme eines persönlichen Arzt-Patienten-Kontakts sind keine Mindestzeiten vorgesehen. Zwar muss es zu einer „direkten Interaktion" zwischen Arzt und Patient, welche auch ein kuratives Tätigwerden durch den Arzt erfordert, gekommen sein. Die Befragung eines Patienten sowie die daran geknüpfte Einschätzung, ob eine Arbeitsunfähigkeit gegeben ist, kann aber innerhalb weniger Minuten erfolgen." Selbst wenn die Prüfzeiten die Zeiten berücksichtigen, die von erfahrenen und zügig arbeitenden Ärzten für eine ordnungsgemäße Leistungserbringung benötigt werden, ist davon nicht der Fall umfasst, dass ein Arzt tatsächlich nur das absolut Notwendige (Arzt-Patienten-Kontakt) für die Abrechnung der Versichertenpauschale erbringt. Nach Auffassung des SG Berlin stoßen die Quartalsprofilzeiten bei quartalsbezogenen Pauschalen (mit vielen fakultativen Leistungsinhalten), als Indiz für eine Falschabrechnung an ihre Grenzen (SG Berlin, Urt. v. 29.07.2020, Az.: S 83 KA 101/18).

SG Dresden: Im Rahmen einer Plausibilitätsprüfung kann der Nachweis der Unrichtigkeit der vertragsärztlichen Abrechnung nicht allein an Hand der Quartalszeitprofile geführt werden, wenn zur Überschreitung der Quartalszeitfonds maßgeblich Ansätze für Grund- und Mitbetreuungspauschalen beigetragen haben, deren Prüfzeiten keine gesicherte Korrelation zum tatsächlichen Zeitaufwand für den obligaten Leistungsinhalt aufweisen. (Rn.24) (Rn.39) (Rn.41) Bei der Überprüfung der Eignung von Prüfzeiten als alleiniges Beweismittel zur Feststellung von Abrechnungsunrichtigkeiten ist von Verfassungs wegen ein strenger Maßstab anzulegen. Die Legitimation und Verlässlichkeit der Prüfzeiten muss sich nachprüfbar aus allgemein zugänglichen belastbaren empirischen Erkenntnissen oder Expertenwissen ergeben, die in einem transparenten Verfahren gewonnen worden sind. (Rn.39) (Rn.46) (SG Dresden, Urt. v. 7.09.2022 – S 25 KA 173/17)

1.8 Berechnungsfähige Kostenpauschalen bei Versendung von Berichten und Briefen

Für die Versendung bzw. den Transport der in den Versicherten-, Grund- oder Konsiliarpauschalen enthaltenen ärztlichen Untersuchungsberichte entsprechend der Gebührenordnungsposition 01600 oder individuellen Arztbriefe entsprechend der Gebührenordnungsposition 01601 sind die Kostenpauschalen nach den Gebührenordnungspositionen 40110 und 40111 berechnungsfähig.

Kommentar:

Diese Bestimmung regelt klarstellend, dass für die Versendung bzw. den Transport der genannten Untersuchungsberichte bzw. individuellen Arztbriefe entsprechende Kostenpauschalen berechnungsfähig sind.

1.9 Arztgruppen, Schwerpunkte und Zusatzbezeichnungen

Die im Einheitlichen Bewertungsmaßstab verwendeten Facharzt-, Schwerpunkt- und Zusatzbezeichnungen richten sich grundsätzlich nach der aktuell gültigen (Muster-)Weiterbildungsordnung der Bundesärztekammer und schließen die Ärzte ein, die aufgrund von Übergangsregelungen der für sie zuständigen Ärztekammern zum Führen der aktuellen Bezeichnung berechtigt sind oder eine nach den vorher gültigen Weiterbildungsordnungen erworbene entsprechende Bezeichnung führen.

2 Erbringung der Leistungen

2.1 Vollständigkeit der Leistungserbringung

Eine Gebührenordnungsposition ist nur berechnungsfähig, wenn der Leistungsinhalt vollständig erbracht worden ist. Bei arztpraxisübergreifender Behandlung durch denselben Arzt ist eine Gebührenordnungsposition von derjenigen Arztpraxis zu berechnen, in der die Vollständigkeit des Leistungsinhalts erreicht worden ist. Wirken an der Behandlung mehrere Ärzte zusammen, erfolgt die Berechnung durch denjenigen Vertragsarzt (Arztnummer), von dem die Vollständigkeit des Leistungsinhalts erreicht worden ist. Haben an der Leistungserbringung in dem selben Arztfall mehrere Arztpraxen mitgewirkt, so hat die die Gebührenordnungsposition berechnende Arztpraxis in einer der Quartalsabrechnung beizufügenden und zu unterzeichnenden Erklärung zu bestätigen, dass die Arztpraxis mit den anderen Arztpraxen eine Vereinbarung getroffen hat, wonach nur sie in den jeweiligen Fällen diese Gebührenordnungsposition berechnet.

Die Vollständigkeit der Leistungserbringung ist gegeben, wenn die obligaten Leistungsinhalte erbracht worden sind und die in den Präambeln, Leistungslegenden und Anmerkungen aufgeführten Dokumentationspflichten – auch die der Patienten- bzw. Prozedurenklassifikation (z.B. OPS, ICD 10 GM) – erfüllt, sowie die erbrachten Leistungen dokumentiert sind.

Ist im Leistungsinhalt ein Leistungsbestandteil mit „einschließlich" benannt, handelt es sich um einen obligaten Leistungsinhalt. Sind einzelne Leistungsinhalte einer Gebührenordnungsposition mit „und" verbunden, müssen alle diese Leistungsinhalte durchgeführt werden. Sofern der obligate Leistungsinhalt Aufzählungen, bspw. durch Spiegelstriche ohne eindeutige Verknüpfung, enthält, müssen alle diese aufgezählten Inhalte durchgeführt werden. Sind einzelne Leistungsinhalte einer Gebührenordnungsposition mit „oder" verbunden, müssen nur die vor bzw. nach dem „oder" verbundenen Leistungsinhalte durchgeführt werden. Werden mehrere Leistungsinhalte durchgeführt, ist die Gebührenordnungsposition entsprechend den jeweils betreffenden durchgeführten Leistungsinhalten berechnungsfähig. Sind einzelne Leistungsinhalte einer Gebührenordnungsposition mit „und/oder" verbunden, müssen nur die vor bzw. nach dem „und/oder" aufgeführten Leistungsinhalte durchgeführt werden.

Die Durchführung mehrerer Leistungsinhalte, die mit „und/oder" verbunden sind, berechtigt nicht zur mehrfachen Abrechnung der Gebührenordnungsposition.

Kommentar:

Nur vollständig erbrachte Leistungen dürfen abgerechnet werden. Vollständig ist eine Leistung dann erbracht, wenn alle im EBM aufgeführten obligaten Leistungsanteile erbracht worden sind, die in der Leistungsbeschreibung genannten Dokumentationspflichten erfüllt und fakultativ erbrachte Leistungen dokumentiert sind.

a) Wird ein Arzt arztpraxisübergreifend tätig, kann die Leistung von der Praxis abgerechnet werden, in der die Vollständigkeit der Leistung erreicht wurde, wenn also der letzte der obligaten Bestandteile erbracht wurde.

b) Wirken an der Leistungserbringung mehrere Ärzte zusammen, rechnet derjenige unter Angabe seiner Arztnummer die Leistung ab, der die Vollständigkeit erreicht. Besonderheiten gelten allerdings dann, wenn einzelne Bestandteile einer Pauschale per Überweisung von einem anderen Arzt angefordert werden. Hier ist die Regelung in Abschnitt 2.1.6 (s.u.) zu beachten.

Für den Fall einer quartalsübergreifenden Erbringung der einzelnen Leistungsbestandteile wurde eine Abrechnungsfähigkeit nur dann angenommen, wenn eine obligate Berichterstattung oder Befundübermittlung innerhalb von 14 Tagen nach Abschluss der vollständigen Leistungserbringung stattfindet.

2.1.1 Fakultative Leistungsinhalte

Fakultative Leistungsinhalte sind Bestandteil des Leistungskataloges in der Gesetzlichen Krankenversicherung; deren Erbringung ist vom Einzelfall abhängig.

Kommentar:

Wird ein als fakultativ bezeichneter Leistungsbestandteil erbracht, kann dieser dann nicht mehr gesondert abgerechnet werden, da er mit der eigentlichen Leistung abgegolten ist.

Genauso wenig kann ein als fakultativ bezeichneter Leistungsbestandteil, der erbracht wurde, dem Patienten privat in Rechnung gestellt werden. Eine Leistung kann auch nicht abgerechnet werden, wenn die dazu erforderliche Ausstattung fehlt (z. B. fehlendes Dermatoskop bei 01745/ 01746).

2.1.2 Unvollständige Leistungserbringung

Eine Gebührenordnungsposition, deren Leistungsinhalt nicht vollständig erbracht wurde, kann nicht berechnet werden.

Kommentar:

Das ist die logische Folgerung aus dem Grundsatz nach 2.1. Wurde die nicht vollständig erbrachte Leistung aber berechnet, kann die Kassenärztliche Vereinigung eine Rückerstattung der Vergütung verlangen.

2.1.3 Inhaltsgleiche Gebührenordnungspositionen

Für die Nebeneinanderberechnung von Gebührenordnungspositionen gilt: Inhaltsgleiche Gebührenordnungspositionen, die in mehreren Abschnitten/Kapiteln des EBM aufgeführt sind, sind nicht nebeneinander berechnungsfähig. Sämtliche Abrechnungsbestimmungen und Ausschlüsse sind entsprechend zu berücksichtigen.

Eine Gebührenordnungsposition ist nicht berechnungsfähig, wenn deren obligate und – sofern vorhanden – fakultative Leistungsinhalte vollständig Bestandteil einer anderen berechneten Gebührenordnungsposition sind. Sämtliche Abrechnungsbestimmungen und Ausschlüsse sind zu berücksichtigen.

Diese Regelung ist auch anzuwenden, wenn die Gebührenordnungsposition in verschiedenen Abschnitten/Kapiteln des EBM aufgeführt sind. Dies gilt für Gebührenordnungspositionen mit Gesprächs- und Beratungsinhalten auch dann, wenn das Gespräch mit unterschiedlicher Zielsetzung (Diagnose/Therapie) geführt wird. Erfüllen erbrachte ärztliche Leistungen die Voraussetzungen sowohl zur Berechnung von Einzelleistungen, Komplexen oder Pauschalen, so ist statt der Einzelleistung entweder der zutreffende Komplex bzw. die Pauschale bzw. statt des Komplexes die zutreffende Pauschale zu berechnen. Dies gilt auch für den Arztfall, jedoch nicht für Auftragsleistungen.

Kommentar:

Die in diesem Abschnitt genannten sogenannten „unselbständigen Teilleistungen" finden sich vor allem – aber nicht nur – unter den in Anhang 1 genannten Leistungen, die obligate oder fakultative Teile von Gebührenordnungspositionen, insbesondere von Pauschalen und Komplexen sind. Diese sind nicht gesondert abrechnungsfähig. Das gilt auch dann, wenn die Gebührenordnungspositionen in verschiedenen Abschnitten oder Kapiteln des EBM stehen. Ferner sind in einem solchen Fall sämtliche Abrechnungsbestimmungen und – ausschlüsse zu berücksichtigen.

Aber auch weitere unselbständige Teilleistungen sind denkbar – obwohl die Leistung nicht im Anhang 1 genannt ist –, wie z.B.

- die Aufklärung eines Patienten vor der Leistungserbingung
- das Absaugen von Schleim aus der Luftröhre
- eine Blasenspülung bei der Zystoskopie
- Dehnung der Cervix uteri vor Abrasio
- Einläufe zur Reinigung vor Koloskopie u.ä.

Besonders hervorgehoben wird, dass mehrere Gesprächs- oder Beratungsleistungen während eines Arzt-Patienten-Kontaktes auch dann nicht nebeneinander abgerechnet werden können, wenn sie unterschiedliche Zielrichtungen haben.

Explizit geregelt ist, dass inhaltsgleiche Gebührenordnungspositionen nicht nebeneinander abgerechnet werden können, auch wenn sie in unterschiedlichen Abschnitten oder Kapiteln des EBM stehen und der Arzt berechtigt ist, Leistungen dieser unterschiedlichen Kapitel auch zu berechnen. Ferner sind in einem solchen Fall sämtliche Abrechnungsbestimmungen und -ausschlüsse zu berücksichtigen.

Ist eine Tätigkeit sowohl als Einzelleistung als auch als Komplex oder als Pauschale im EBM abgebildet, so kann nicht die Einzelleistung, sondern nur der Komplex bzw. die Pauschale, bzw. nicht der Komplex, sondern nur die zutreffende Pauschale berechnet werden.

2.1.4 Berichtspflicht

Die nachfolgend beschriebene Übermittlung der Behandlungsdaten und Befunde in den unten genannten Fällen setzt gemäß § 73 Abs. 1b SGBV voraus, dass hierzu eine schriftliche Einwilligung des Versicherten vorliegt, die widerrufen werden kann. Gibt der Versicherte auf Nachfrage keinen Hausarzt an bzw. ist eine schriftliche Einwilligung zur Information des Hausarztes gemäß § 73 Abs. 1b SGB V nicht erteilt, sind die nachstehend aufgeführten Gebührenordnungspositionen auch ohne schriftliche Mitteilung an den Hausarzt berechnungsfähig.

Unbeschadet der grundsätzlichen Verpflichtung zur Übermittlung von Behandlungsdaten sind die nachfolgenden Gebührenordnungspositionen insbesondere nur dann vollständig erbracht und können nur berechnet werden, wenn mindestens ein Bericht im Behandlungsfall entsprechend der Gebührenordnungsposition 01600 bzw. ein Brief entsprechend der Gebührenordnungsposition 01601 an den Hausarzt erfolgt ist, sofern sie nicht vom Hausarzt selbst erbracht worden sind, es sei denn die Leistungen werden auf Überweisung zur Durchführung von Auftragsleistungen (Indikations- oder Definitionsauftrag) gemäß § 24 Abs. 3 Bundesmantelvertrag-Ärzte (BMV-Ä) erbracht: 02311, 02312, 02313, 07310, 07311, 07320, 07330, 08310, 13250, 13300, 13350, 13500, 13501, 13502, 13545, 13561, 13600, 13601, 13602, 13650, 13700, 13701, 14313, 14314, 16230, 16231, 16232, 16233, 18310, 18311, 18320, 18330, 18331, 21230, 21231, 21233, 30110, 30111, 30702, 30704 und 30901. Für Gebührenordnungspositionen des Abschnitts 35.2. ist die Berichtspflicht erfüllt, wenn zu Beginn und nach Beendigung einer Psychotherapie, mindestens jedoch einmal im Krankheitsfall bei Therapien, die länger als ein Jahr dauern, ein Bericht an den Hausarzt entsprechend der Gebührenordnungsposition 01600 bzw. ein Brief entsprechend der Gebührenordnungsposition 01601 erstellt und versendet wird.

Bei der Leistungserbringung durch einen Arzt des fachärztlichen Versorgungsbereichs auf Überweisung durch einen anderen Arzt des fachärztlichen Versorgungsbereichs ist die Erstellung und Versendung
entweder

- eines Berichtes entsprechend der Gebührenordnungsposition 01600 bzw. eines Briefes entsprechend der Gebührenordnungsposition 01601 an den Hausarzt

oder

- einer Kopie des an den überweisenden Facharzt gerichteten Berichts bzw. Briefes an den Hausarzt entsprechend der Gebührenordnungsposition 01602

zusätzliche Voraussetzung zur Berechnung dieser Gebührenordnungspositionen.

Bei Berechnung der nachfolgenden Gebührenordnungspositionen ist die Übermittlung mindestens einer Befundkopie an den Hausarzt Abrechnungsvoraussetzung:
01722, 01741, 01743, 01772, 01773, 01774, 01775, 01781, 01782, 01787, 01793, 01794, 01795, 01796, 01830, 01831, 01841, 01842, 01854, 01855, 01904, 01905, 01906, 02341, 02343, 06320, 06321, 06331, 06332, 06343, 08311, 08575, 08576, 09315, 09317, 09326, 09332, 13251, 13252, 13253, 13254, 13255, 13256, 13257, 13258, 13400, 13410, 13411, 13412, 13421, 13422, 13430, 13431, 13662, 13670, 14320, 14321, 14331, 16310, 16311, 16321, 16322, 16371, 20326, 20332, 20371, 21310, 21311, 21321, 26310, 26311, 26313, 26325, 26341, 27323, 27324, 30500, 30501, 30600, 30610, 30611, 30710, 30720, 30721, 30722, 30723, 30724, 30730, 30731, 30740, 30750, 30810, 30811 und 30900 sowie der Gebührenordnungsposition der Kapitel III.b-11, III.b-17, III.b-25, IV-33 und IV-34.

Kommentar:

Hinweis der Autoren:
Ob Berichte, Briefe oder Befundkopien erforderlich sind, damit die jeweilige EBM-Leistung korrekt erbracht ist, wurde bei den betreffenden EBM-Nrn. vermerkt!

An dieser Stelle wird in sehr komplexer Weise die Berichtspflicht geregelt, die im Übrigen in den Leistungsbeschreibungen der hier genannten Leistungen noch einmal gesondert Erwähnung findet.

Bereits im Gesetz (§ 73 SGB V) sowie in den Bundesmantelverträgen (§ 24 Abs. 6 BMV-Ärzte,) ist die Verpflichtung der Ärzte zur gegenseitigen Information bei der Behandlung eines GKV-Versicherten normiert.

BMV-Ä: § 24 Abs. 6, Überweisungen

Der Vertragsarzt hat dem auf Überweisung tätig werdenden Vertragsarzt, soweit es für die Durchführung der Überweisung erforderlich ist, von den bisher erhobenen Befunden und/oder getroffenen Behandlungsmaßnahmen Kenntnis zu geben. Der auf Grund der Überweisung tätig gewordene Vertragsarzt hat seinerseits den erstbehandelnden Vertragsarzt über die von ihm erhobenen Befunde und Behandlungsmaßnahmen zu unterrichten, soweit es für die Weiterbehandlung durch den überweisenden Arzt erforderlich ist. Nimmt der Versicherte einen an der fachärztlichen Versorgung teilnehmenden Facharzt unmittelbar in Anspruch, übermittelt dieser Facharzt mit Einverständnis des Versicherten die relevanten medizinischen Informationen an den vom Versicherten benannten Hausarzt.

Als Grundsatz gilt: Der Hausarzt ist immer zu informieren, auch wenn die Leistung nicht aufgrund einer von ihm ausgestellten Überweisung erbracht wurde. Voraussetzung ist natürlich, dass der Patient einen Hausarzt benannt und die Einwilligung zur Weitergabe der Information erteilt hat.

Im Zusammenhang mit Leistungen des Abschnitts 35.2 des EBM (antragspflichtige psychotherapeutische Leistungen) ist der Berichtspflicht genüge getan, wenn zum Beginn und nach Ende der Therapie und bei Therapien, die länger als ein Jahr dauern, mindestens einmal im Krankheitsfall ein Bericht an den Hausarzt geht.

Die Erstellung des Berichtes selbst ist berechnungsfähig, soweit er nicht obligatorischer oder fakultativer Bestandteil der Leistung ist oder die Berechnung durch sonstige Bestimmungen ausgeschlossen ist. Nähere Hinweise finden sich jeweils bei den einzelnen Leistungen.

Leistungen aus dem Katalog der allgemeinen Bestimmungen 2.1.4 des EBM sind nur dann ohne schriftliche Mitteilung an den Hausarzt abrechenbar, wenn der Patient keinen Hausarzt angibt oder keine schriftliche Einwilligung zur Weitergabe an den Hausarzt abgibt. Sollte dies der Fall sein, muss die Symbolnummer 99970 EBM eingetragen werden.

2.1.5 Ausnahme von der Berichtspflicht

Ausschließlich auf Überweisung tätige Ärzte gemäß § 13 Abs. 4 Bundesmantelvertrag-Ärzte (BMV-Ä) sind von der Regelung in Nr. 2.1.4 entbunden.

Kommentar:

Die in Abschnitt 2.1.4 beschriebene Berichtspflicht gilt nicht für ausschließlich auftragnehmende Ärzte nach den Bestimmungen der Bundesmantelverträge. Das sind zur Zeit Ärzte für:

• Laboratoriumsmedizin
• Mikrobiologie und Infektionsepidemiologie
• Nuklearmedizin

- Pathologie
- Radiologische Diagnostik bzw. Radiologie
- Strahlentherapie und Transfusionsmedizin.

2.1.6 Beauftragung zur Erbringung von in berechnungsfähigen Versicherten-, Grund- oder Konsiliarpauschalen enthaltenen Teilleistungen

Wird ein Vertragsarzt ausschließlich zur Durchführung von Leistungen beauftragt, die im „Verzeichnis der nicht gesondert berechnungsfähigen Leistungen" (Anhang II-1) des EBM aufgeführt und die einer Versicherten-, Grund- oder Konsiliarpauschale zugeordnet sind, ist anstelle der einzelnen Leistungen die Versicherten-, Grund- oder Konsiliarpauschale der Fachgruppe einmal im Behandlungsfall mit 50 % der Punktzahl zu berechnen. Auch bei Durchführung von mehreren Auftragsleistungen (Indikations- oder Definitionsaufträge gemäß § 24 Abs. 7 Nr. 1 Bundesmantelvertrag-Ärzte (BMV-Ä) in einem Behandlungsfall ist die mit 50 % der Punktzahl zu berechnende Versicherten-, Grund- oder Konsiliarpauschale nur einmalig berechnungsfähig.

Neben den o.g. mit 50 % der Punktzahl zu berechnenden Pauschalen ist für die Berechnung der jeweiligen arztgruppenspezifischen Versicherten-, Grund- oder Konsiliarpauschale anstelle der mit 50 % der Punktzahl zu berechnenden Pauschale in demselben Behandlungsfall mindestens ein weiterer persönlicher Arzt-Patienten-Kontakt außerhalb der Durchführung der Auftragsleistungen (Indikations- oder Definitionsauftrag) notwendig.

Kommentar:

Der Umstand, wonach eine Vielzahl von Leistungen wegen der umfangreichen Pauschalgebühren nicht mehr einzeln abrechnungsfähig ist, hat zu einer Regelung in den Fällen führen müssen, in denen eine derartige Leistung per Überweisung von einem anderen Arzt angefordert wird. Dieser kann die Versicherten-, Grund- oder Konsiliarpauschale der Fachgruppe einmal im Behandlungsfall zu 50 % der Punktzahlen berechnen, auch wenn er mehrere Aufträge im selben Behandlungsfall erhält. Wird er allerdings darüber hinaus außerhalb der Aufträge in mindestens einem weiteren persönlichen Arzt-Patienten-Kontakt bei dem Patienten tätig, ist anstelle der hälftigen Pauschale die jeweilige arztgruppenspezifische Versicherten- oder Grundpauschale berechnungsfähig.

Für den Auftraggeber gilt dann im übrigen: Ist die überwiesene Leistung obligatorischer Bestandteil einer Pauschale, kann diese von ihm nicht abgerechnet werden, da dann der Leistungsumfang von ihm nicht voll erbracht wurde. Abschnitt 2.1 (s.o.) ist nicht anwendbar, da es sich hier um eine Spezialregelung für Auftragsüberweisungen handelt. Ist die überwiesene Leistung allerdings fakultativer Bestandteil der Pauschale, kann diese vom Überweiser in Rechnung gestellt werden.

2.2 Persönliche Leistungserbringung

Eine Gebührenordnungsposition ist nur berechnungsfähig, wenn der an der vertragsärztlichen Versorgung teilnehmende Arzt die für die Abrechnung relevanten Inhalte gemäß §§ 14a, 15 und § 25 BMV-Ä persönlich erbringt.

Kommentar:

Für die Verpflichtung zur persönlichen Leistungserbringung gilt nach wie vor der Grundsatz, wonach jeder an der vertragsärztlichen Versorgung teilnehmende Arzt verpflichtet ist, die vertragsärztliche Tätigkeit persönlich auszuüben.

Als persönliche Leistungserbringung gilt auch die Erbringung durch genehmigte Assistenten, angestellte Ärzte und Vertreter sowie die Hilfeleistung durch nichtärztliche Mitarbeiter unter den berufsrechtlich zu beachtenden Grundsätzen (Anordnung und fachliche Überwachung durch Arzt, entsprechende Qualifizierung des Mitarbeiters).

Zur Vermeidung von Problemen empfiehlt es sich dennoch, insbesondere wenn genehmigungspflichtige Leistungen betroffen sind, eine fachkundige Stellungnahme der zuständigen Kassenärztlichen Vereinigung einzuholen.

2.3 Ausübung der vertragsärztlichen Tätigkeit durch ermächtigte Ärzte, ermächtigte Krankenhäuser bzw. ermächtigte Institute

Die Berechnung einer Gebührenordnungsposition durch einen ermächtigten Arzt bzw. durch ermächtigte Krankenhäuser oder ermächtigte Institute ist an das Fachgebiet und den Ermächtigungsumfang gebunden. Entspricht der Ermächtigungsumfang dem eines zugelassenen Vertragsarztes, kann anstelle der Gebührenordnungspositionen 01320 und 01321 die Berechnung einer in den arztgruppenspezifischen Kapiteln genannten Pauschale durch den Zulassungsausschuss ermöglicht werden.

Ärzte mit einer Ermächtigung nach § 24 Abs. 3 Ärzte-ZV berechnen anstelle der Gebührenordnungspositionen 01320 und 01321 die Pauschalen der arztgruppenspezifischen Kapitel.

Kommentar:

Besondere Erwähnung findet die Abrechnungsbeschränkung aufgrund der Teilnahme an der vertragsärztlichen Versorgung in Form einer eingeschränkten Ermächtigung. Primär bestimmt der Umfang der erteilten Ermächtigung die abrechnungsfähigen Leistungen.

Für die Berechnung der Grundpauschalen sieht der EBM besonders für Ermächtigungen spezielle Nummern vor (Nrn. 01320 und 01321). Davon kann aber abgewichen werden, wenn die Ermächtigung ihrem Umfange nach der Zulassung eines Vertragsarztes entspricht.

Bei Ermächtigungen zur vertragsärztlichen **Tätigkeit an einem weiteren Ort im Bereich einer anderen Kassenärztlichen Vereinigung** sind immer anstelle der Nrn. 01320 und 01321 EBM die Pauschalen des jeweiligen arztgruppenspezifischen Kapitels abrechnungsfähig.

3 Behandlungs-, Krankheits-, Betriebsstätten- und Arztfall

3.1 Behandlungsfall

Der Behandlungsfall ist definiert in § 21 Abs. 1 BMV-Ä als Behandlung desselben Versicherten durch dieselbe Arztpraxis in einem Kalendervierteljahr zu Lasten derselben Krankenkasse.

Kommentar:

Der EBM benutzt den Begriff „Behandlungsfall" an verschiedenen Stellen in Leistungslegende bzw. Anmerkungen, in aller Regel als Abrechnungseinschränkung.

Die Definition des Bundesmantelvertrages, auf die ausdrücklich abgestellt wird, lautet wie folgt:

> **§ 21 Abs. 1 BMV-Ä: Behandlungsfall/ Krankheitsfall/Betriebsstättenfall/Arztfall**
> https://www.kbv.de/html/bundesmantelvertrag.php
>
> 1) Die gesamte von derselben Arztpraxis (Vertragsarzt, Vertragspsychotherapeut, Berufsausübungsgemeinschaft, Medizinisches Versorgungszentrum) innerhalb desselben Kalendervierteljahres an demselben Versicherten ambulant zu Lasten derselben Krankenkasse vorgenommene Behandlung gilt jeweils als Behandlungsfall. Ein einheitlicher Behandlungsfall liegt auch dann vor, wenn sich aus der zuerst behandelten Krankheit eine andere Krankheit entwickelt oder während der Behandlung hinzutritt oder wenn der Versicherte, nachdem er eine Zeitlang einer Behandlung nicht bedurfte, innerhalb desselben Kalendervierteljahres wegen derselben oder einer anderen Krankheit in derselben Arztpraxis behandelt wird. Ein einheitlicher Behandlungsfall liegt auch dann vor, wenn sich der Versichertenstatus während des Quartals ändert. Es wird der Versichertenstatus bei der Abrechnung zugrunde gelegt, der bei Quartalsbeginn besteht. Stationäre belegärztliche Behandlung ist ein eigenständiger Behandlungsfall auch dann, wenn in demselben Quartal ambulante Behandlung durch denselben Belegarzt erfolgt. Unterliegt die Häufigkeit der Abrechnung bestimmter Leistungen besonderen Begrenzungen durch entsprechende Regelungen im Einheitlichen Bewertungsmaßstab (EBM), die auf den Behandlungsfall bezogen sind, können sie nur in diesem Umfang abgerechnet werden, auch wenn sie durch denselben Arzt in demselben Kalendervierteljahr bei demselben Versicherten sowohl im ambulanten als auch stationären Behandlungsfall durchgeführt werden.
>
> Alle Leistungen, die in einer Einrichtung nach § 311 SGB V oder einem medizinischen Versorgungszentrum bei einem Versicherten pro Quartal erbracht werden, gelten als ein Behandlungsfall. Die

Abrechnung der Leistungen, ihre Vergütung sowie die Verpflichtung zur Erfassung der erbrachten Leistungen werden durch die Gesamtvertragspartner geregelt.

Ein Krankheitsfall umfasst das aktuelle sowie die nachfolgenden drei Kalendervierteljahre, die der Berechnung der krankheitsfallbezogenen Leistungsposition folgen.

Alle Leistungen, die in einer Einrichtung nach § 311 SGB V oder einem MVZ bei einem Versicherten pro Quartal erbracht werden, gelten als ein Behandlungsfall. Die Abrechnung der Leistungen, ihre Vergütung sowie die Verpflichtung zur Erfassung der erbrachten Leistungen werden durch die Gesamtvertragspartner geregelt.

3.2 Krankheitsfall

Der Krankheitsfall ist definiert in § 21 Abs. 1 BMV-Ä und umfasst das aktuelle sowie die drei nachfolgenden Kalendervierteljahre, die der Berechnung der krankheitsfallbezogenen Gebührenordnungsposition folgen.

Kommentar:

Auch der Begriff „Krankheitsfall" wird an verschiedenen Stellen im EBM verwendet. Die Definition der Bundesmantelverträge, auf die ausdrücklich abgestellt wird, findet sich in § 21 Abs. 1 BMV-Ärzte und lautet:

Ein Krankheitsfall umfasst das aktuelle sowie die nachfolgenden drei Kalendervierteljahre, die der Berechnung der krankheitsfallbezogenen Leistungsposition folgen.

Krankheitsfall = Erkrankungsfall im aktuellen Quartal sowie in den darauf folgenden 3 Quartalen

Dieser Definition unterliegen damit zahlreiche langwierige oder chron. Erkrankungen z.B. Diabetes, Fettstoffwechselstörungen, Hypertonie, Asthma bronchiale.

Beispiel:

Eine Patientin wird innerhalb des **3. Quartals 2016** am 10.7.16, 18.08.16 und 28.9.16 wegen **chron. Hauterkrankung** behandelt. Der Krankheitsfall „chron. Hauterkrankung" endet am 31.06.2016. Ein neuer Krankheitsfall mit der unverändert vorhandenen Erkrankung **„chron. Hauterkrankung"** beginnt mit dem 01.07.2017.

Von dieser Frist ist eine andere, neu z.B. am 28.10.2016 aufgetretene Erkrankung, z.B. „Herzrhythmusstörungen" nicht betroffen. Für sie gilt – wenn sich keine Änderung einstellt – eine neue eigene Frist des Krankheitsfalles bis zum 31.09.2017.

3.3 Betriebsstättenfall

Der Betriebsstättenfall ist definiert in § 21 Abs. 1a BMV-Ä und umfasst die Behandlung desselben Versicherten in einem Kalendervierteljahr durch einen oder mehrere Ärzte derselben Betriebsstätte oder derselben Nebenbetriebsstätte zu Lasten derselben Krankenkasse unabhängig vom behandelnden Arzt.

Kommentar:

Der Begriff „Betriebsstättenfall" wird an verschiedenen Stellen im EBM verwendet. Die Definition des Bundesmantelvertrages, auf die ausdrücklich abgestellt wird, lautet:

Beim Betriebsstättenfall kommt es nicht mehr auf die Person des behandelnden Arzte an, sondern auf den Ort der Behandlung. Wird derselbe Versicherte in einem Quartal in derselben Betriebsstätte oder derselben Nebenbetriebsstätte zu Lasten derselben Krankenkasse behandelt, handelt es sich um einen Betriebsstättenfall, unabhängig von Person oder Status (zugelassen, angestellt) des behandelnden Arztes oder dem „Abrechnungssubjekt" (Arzt, Berufsausübungsgemeinschaft, MVZ).

Siehe auch Kommentar zu 3.1 Behandlungsfall.

3.4 Arztfall

Der Arztfall ist definiert in § 21 Abs. 1b Bundesmantelvertrag-Ärzte (BMV-Ä) und umfasst die Behandlung desselben Versicherten durch denselben an der vertragsärztlichen Versorgung teilnehmenden Arzt in einem Kalendervierteljahr zu Lasten derselben Krankenkasse unabhängig von der Betriebs- oder Nebenbetriebsstätte.

Kommentar:

Auch der Begriff „Arztfall" wird an verschiedenen Stellen im EBM verwendet. Die Definition der Bundes-mantelverträge, auf die ausdrücklich abgestellt wird, findet sich in § 21 Abs. 1b BMV-Ärzte bzw. § 25 Abs. 1b BMV-Ärzte/Ersatzkassen.

Beim Arztfall kommt es nun nur auf die Person des behandelnden Arztes an. Wird derselbe Versicherte in einem Quartal von demselben an der vertragsärztlichen Versorgung teilnehmenden Arzt behandelt, handelt es sich um einen Arztfall, unabhängig davon, in welcher Betriebs- oder Nebenbetriebsstätte die Behandlung stattgefunden hat.

3.5 Arztgruppenfall

Der Arztgruppenfall ist definiert in § 21 Abs. 1c Bundesmantelvertrag-Ärzte (BMVÄ) und umfasst die Behandlung desselben Versicherten durch dieselbe Arztgruppe einer Arztpraxis in demselben Kalendervierteljahr zu Lasten derselben Krankenkasse. Zu einer Arztgruppe gehören diejenigen Ärzte, denen im EBM ein Kapitel bzw. in Kapitel 13 ein Unterabschnitt zugeordnet ist.

3.6 Zyklusfall

Der Zyklusfall ist in den Bestimmungen zum Abschnitt 8.5 Punkt 6 definiert.

3.7 Reproduktionsfall

Der Reproduktionsfall ist in den Bestimmungen zum Abschnitt 8.5 Punkt 7 definiert.

3.8 Zeiträume/Definitionen

3.8.1 Kalenderjahr

Behandlung desselben Versicherten durch dieselbe Arztpraxis im Kalenderjahr. Das Kalenderjahr beginnt mit dem 1. Januar (00:00 Uhr) und endet mit dem nachfolgenden 31. Dezember (24:00 Uhr).

3.8.2 Im Zeitraum von 3 Tagen beginnend mit dem Operationstag

Behandlung desselben Versicherten durch dieselbe Arztpraxis am aktuellen Tag (beginnend mit dem Zeitpunkt der Operation) sowie den zwei nachfolgenden Tagen. Der nachfolgende Tag umfasst jeweils den Zeitraum von vierundzwanzig Stunden, beginnend ab 00:00 Uhr.

3.8.3 Im Zeitraum von X Tagen

Behandlung desselben Versicherten durch dieselbe Arztpraxis am aktuellen Tag (beginnend mit dem Zeitpunkt der jeweiligen Leistung) sowie den X − 1 nachfolgenden Tagen. Die nachfolgenden Tage umfassenden Zeitraum von vierundzwanzig Stunden, beginnend ab 00:00 Uhr.

3.8.4 Im Zeitraum von X Wochen

Behandlung desselben Versicherten durch dieselbe Arztpraxis in der aktuellen Woche (beginnend mit dem Tag der Durchführung des Leistungsinhaltes der Gebührenordnungsposition) sowie den X − 1 nachfolgenden Wochen. Die Woche umfasst den Zeitraum von 7 Tagen, beginnend um 0:00 Uhr an dem Tag an dem die Leistung durchgeführt wird, bis zum 7. Tag 24:00 Uhr

3.8.5 Behandlungstag

Behandlung desselben Versicherten durch dieselbe Arztpraxis am Kalendertag der Behandlung (an einem Datum, unabhängig von der Zahl der Sitzungen). Der Tag ist als Zeitraum von vierundzwanzig Stunden, beginnend ab 00:00 Uhr, definiert.

Für in-vitro-diagnostische Leistungen gilt das Datum des Tages der Probenentnahme als Behandlungstag. Bei einer mehrfachen Berechnung einer Gebührenordnungsposition am Behandlungstag ist die medizinische Notwendigkeit durch zusätzliche Angaben (Zeitpunkt, Material, Art der Untersuchung o. ä.) kenntlich zu machen.

3.8.6 Quartal

Unterteilung eines Kalenderjahres in 4 Kalendervierteljahre.
1. Quartal: 1. Januar bis 31. März,
2. Quartal: 1. April bis 30. Juni,
3. Quartal: 1. Juli bis 30. September,
4. Quartal: 1. Oktober bis 31. Dezember

3.8.7 Der letzten vier Quartale

Umfasst den Zeitraum des Quartals, in dem der Inhalt einer Gebührenordnungsposition durchgeführt wird sowie die drei vorangegangenen Kalendervierteljahre.

3.9 Weitere Abrechnungsbestimmungen

3.9.1 Je vollendeten Minuten

Die Gebührenordnungsposition ist erst berechnungsfähig, wenn die im obligaten Leistungsinhalt genannte Zeitdauer vollständig erfüllt wurde. Für eine Mehrfachberechnung muss die genannte Zeitdauer entsprechend mehrfach vollständig erfüllt sein.

3.9.2 Je Bein, je Sitzung

Ist eine Leistung in einer Sitzung einmal je Bein berechnungsfähig, kann diese bei der Behandlung beider Beine zweimal in einer Sitzung berechnet werden.

3.9.3 Je Extremität, je Sitzung

Ist eine Leistung in einer Sitzung einmal je Extremität berechnungsfähig, kann diese bei der Behandlung mehrerer Extremitäten entsprechend der Anzahl der in der Sitzung behandelten Extremitäten berechnet werden.

3.9.4 Gebührenordnungspositionen mit „bis" verknüpft

Sind Gebührenordnungspositionen mit „bis" verknüpft, bezieht sich die Angabe auf die zuerst angegebene, alle dazwischen liegenden sowie auf die zuletzt genannte Gebührenordnungsposition

4 Berechnung der Gebührenordnungspositionen

4.1 Versicherten-, Grund- oder Konsiliarpauschale

Die Versicherten-, Grund- oder Konsiliarpauschalen sind von den in der Präambel der entsprechenden arztgruppenspezifischen oder arztgruppenübergreifenden Kapitel genannten Vertragsärzten beim ersten kurativ-ambulanten oder kurativ-stationären (belegärztlich) persönlichen Arzt-Patienten-Kontakt oder Arzt-Patienten-Kontakt im Rahmen einer

Videosprechstunde gemäß Anlage 31b zum Bundesmantelvertrag-Ärzte (BMV-Ä) im Behandlungsfall zu berechnen. Sie sind nur einmal im Behandlungsfall bzw. bei arztpraxisübergreifender Behandlung nur einmal im Arztfall (s. Allgemeine Bestimmung 4.3.4) berechnungsfähig und umfassen die in Anhang 1 aufgeführten Leistungen entsprechend der tabellarischen Gliederung. Die Versicherten-, Grund- oder Konsiliarpauschalen sind von den in der Präambel der entsprechenden arztgruppenspezifischen oder arztgruppenübergreifenden Kapitel genannten Vertragsärzten nicht in einem ausschließlich präventiv-ambulanten Behandlungsfall berechnungsfähig.

Bei einer kurativ-ambulanten und kurativ-stationären (belegärztlichen) Behandlung in demselben Quartal sind die Versicherten-, Grund- oder Konsiliarpauschalen je einmal berechnungsfähig (jeweils kurativ-ambulanter Arzt-/Behandlungsfall und kurativ-stationärer Arzt-/Behandlungsfall); hierbei ist von der Punktzahl der jeweils zweiten zur Berechnung gelangenden Versicherten-, Grund- oder Konsiliarpauschale ein Abschlag in Höhe von 50 % vorzunehmen.

Neben der Gebührenordnungsposition 01436 ist für die Berechnung der jeweiligen arztgruppenspezifischen Versicherten-, Grund- und/oder Konsiliarpauschale in demselben Behandlungsfall mindestens ein weiterer persönlicher Arzt-Patienten-Kontakt oder Arzt-Patienten-Kontakt im Rahmen einer Videosprechstunde gemäß Anlage 31b zum BMV-Ä notwendig.

Bei Überweisungen zur Durchführung von Auftragsleistungen (Indikations- oder Definitionsauftrag gemäß § 24 Abs. 7 Nr. 1 BMV-Ä, die nicht im Anhang 1 (Spalten VP und/oder GP) aufgeführt sind (s. Allgemeine Bestimmung 2.1.6) an nicht ausschließlich auf Überweisung tätige Ärzte gemäß § 13 Abs. 4 BMV-Ä, ist nicht die Versicherten- oder Grundpauschale sondern die Konsultationspauschale entsprechend der Gebührenordnungsposition 01436 zu berechnen.

Bei einer in demselben Behandlungsfall erfolgten Berechnung den Gebührenordnungspositionen 01210 bzw. 01212 (Not(-fall) pauschale im organisierten Not(-fall)dienst) ist für die Berechnung einer Versicherten-, Grund- oder Konsiliarpauschale mindestens ein weiterer persönlicher kurativer Arzt-Patienten-Kontakt außerhalb des organisierten Not(-fall)dienstes notwendig.

Kommentar:

Diese Pauschalen haben die früheren Ordinations- und Konsultationskomplexe abgelöst und setzen die bereits im EBM 2000plus begonnene Tendenz zur Pauschalierung der Vergütung ärztlicher Leistungen weiter fort.

Diese in den jetzigen Pauschalen „aufgegangenen" Leistungen sind im Anhang 1 enthalten. Da sie Bestandteil der Pauschalen sind, sind sie nicht etwa entfallen, sondern weiterhin zu erbringen, nur werden sie nicht gesondert vergütet. Sie können deshalb weder privat in Rechnung gestellt noch durch andere Leistungen „ersetzt" werden. Letzteres wäre eine Umgehung der Pauschalierung.

Die Versicherten- und Grundpauschalen werden ab dem 1.10.2013 nach fünf (zuvor drei) Altersklasse unterschiedlich hoch bewertet

- für Versicherte bis zum vollendeten 4. Lebensjahr,
- für Versicherte vom 5. Lebensjahr bis zum vollendeten 18 Lebensjahr,
- für Versicherte vom 19. Lebensjahr bis zum vollendeten 54. Lebensjahr,
- für Versicherte vom 55. Lebensjahr bis zum vollendeten 75 Lebensjahr,
- für Versicherte ab dem 76. Lebensjahr.

Voraussetzung für die Berechnung ist ein kurativer Arzt-Patienten-Kontakt. Beim ersten solchen Kontakt können die Pauschalen von den jeweils in der Präambel des entsprechenden arztgruppenspezifischen oder arztgruppenübergreifenden Kapitels genannten Ärzten berechnet werden. Ein rein präventiver Kontakt, wenn er denn wirklich so stattfindet, reicht nicht aus. Berechnungsfähig sind sie einmal im Behandlungsfall bzw. wenn die Behandlung arztpraxisübergreifend stattfindet, einmal im Arztfall (s.o. unter 3.4 und unten unter 4.3.4).

Findet neben einer kurativ-ambulanten im selben Quartal auch eine belegärztliche Behandlung des gleichen Patienten statt, können die Pauschalen bei Vorliegen den Voraussetzungen zweimal berechnet werden, allerdings die zweite Pauschale nur noch zu 50 % der Punktzahl.

Wird eine Konsultationspauschale (Nr. 01436) berechnet, ist für die Berechnung der Versicherten-, Grund- oder Konsiliarpauschale im selben Behandlungsfall mindestens ein weiterer Arzt-Patienten-Kontakt erforderlich..

Bei Auftragsüberweisungen zu Leistungen, die nicht als Bestandteil der Grund- oder Versicherten-pauschale in der Anlage 1 aufgeführt sind, kann, wenn der Überweisungsempfänger nicht ein Arzt ist, der nach den Bestimmungen der Bundesmantelverträge nur auf Überweisung tätig werden darf, von diesem anstelle der Versicherten- oder Grundpauschale nur die Konsultationspauschale nach Nr. 01436 berechnet werden.

Vielen Praxen ist nicht klar, dass sie wenn sie als Hausarzt eine Nachsorge einer ambulanten OP einen Behandlungsschein zur Mit- und Weiterbehandlung oder auch Zielauftrag bekommen, sie in ihrer

Arztsoftware unbedingt einen neuen Abrechnungsschein anlegen müssen, diesen auf 21 Tage nach OP Datum begrenzen und abzurechnen ist die 01436, 88115 (Kennzeichnung amb. Operieren und die 31600 (bei Allgemeinmediziner).

Für den organisierten Notfalldienst ist eine eigene Notfallpauschale (Nr. 01210) vorgesehen. Daneben können im Falle eines weiteren persönlichen kurativen Arzt-Patienten-Kontaktes außerhalb des organisierten Notfalldienstes die Versicherten-, Grund- oder Konsiliarpauschale berechnet werden.

4.2 Diagnostische bzw. therapeutische Gebührenordnungspositionen

Gebührenordnungspositionen mit diagnostischem und/oder therapeutischem Leistungsinhalt sind als Einzelleistungen, Leistungskomplexe oder Zusatzpauschalen beschrieben. Mit Zusatzpauschalen wird der besondere Leistungsaufwand vergütet, der sich aus den Leistungs-, Struktur- und Qualitätsmerkmalen des Leistungserbringers und, soweit dazu Veranlassung besteht, in bestimmten Behandlungsfällen ergibt.

Kommentar:

Hier wird noch einmal das Nebeneinander von Einzel- und Pauschalleistungen im neuen EBM betont. Wobei die Zahl der abrechnungsfähigen Einzelleistungen insbesondere im hausärztlichen Kapitel gegenüber dem EBM 2000plus deutlich abgenommen hat. Allerdings wurden ab dem 1.10.2013 durch den sog. Hausarzt-EBM ausführliche Gespräche für Haus-, Kinder- und Jugendärzte aus den Pauschalen ausgegliedert und können seitdem als Einzelleistungen berechnet werden.

4.2.1 Abrechnung geschlechtsspezifischer Gebührenordnungspositionen bei Intersexualität oder Transsexualität

Gebührenordnungspositionen mit geschlechtsorganbezogenem Inhalt sind bei Intersexualität oder Transsexualität entsprechend dem geschlechtsorganbezogenen Befund (z.B. bei Vorliegen von Tests, Ovarien, Prostata) unabhängig von der personenstandsrechtlichen Geschlechtszuordnung berechnungsfähig.

Für Versicherte gemäß Satz 1. dieser Bestimmung ist bei Urethro(-zysto)skopien die Gebührenordnungsposition 08311 oder 26311 bei überwiegend interner Lage der Urethra und einer Urethralänge bis zu 8 cm zu berechnen. Bei einer Urethralänge von mehr als 8 cm und/oder nicht überwiegend interner Lage der Urethra ist die Gebührenordnungsposition 26310 zu berechnen.

Gebührenordnungspositionen ohne geschlechtsorganbezogenen Inhalt, deren Anspruchsberechtigung sich nach dem Geschlecht der Versicherten richtet (z.B. Ultraschallscreening auf Bauchaortenaneurysmen nach den Gebührenordnungspositionen 01747 und 01748), sind bei Intersexualität oder Transsexualität auch dann berechnungsfähig, wenn die personenstandsrechtliche Geschlechtszuordnung der Versicherten nicht dem anspruchsberechtigten Geschlecht für die Leistung entspricht.

Gebührenordnungspositionen ohne geschlechtsorganbezogenen Inhalt, deren Anspruchsberechtigung sich nach Alter und Geschlecht der Versicherten richtet und nicht auf ein Geschlecht beschränkt sind (z.B. Koloskopischer Komplex nach der Gebührenordnungsposition 01741), sind bei Intersexualität oder Transsexualität auch dann entsprechend der in der jeweiligen Richtlinie aufgeführten niedrigeren Altersgrenze berechnungsfähig, wenn die personenstandsrechtliche Geschlechtszuordnung nicht dem anspruchsberechtigten Geschlecht mit der niedrigeren Altersgrenze für die Leistung entspricht.

Entspricht der geschlechtsorganbezogene Befund bei Intersexualität oder Transsexualität nicht der personenstandsrechtlichen Geschlechtszuordnung, sind Gebührenordnungspositionen mit geschlechtsorganbezogenem Inhalt mit einer bundeseinheitlich kodierten Zusatzkennzeichnung zu versehen. Bei Gebührenordnungspositionen ohne geschlechtsorganbezogenen Inhalt besteht die in Abs. 4 Satz 1 genannte Kennzeichnungspflicht, wenn die personenstandsrechtliche Geschlechtszuordnung nicht dem anspruchsberechtigten Geschlecht bzw. nicht dem anspruchsberechtigten Geschlecht mit der niedrigeren Altersgrenze für die Leistung entspricht. Als Begründung ist der ICD-10-Kode für Intersexualität oder Transsexualität anzugeben. Bei Vorliegen der Kennzeichnung „X" für das unbestimmte Geschlecht oder der Kennzeichnung „D" für das diverse Geschlecht auf der elektronischen Gesundheitskarte ist keine kodierte Zusatzkennzeichnung anzugeben.

Kommentar:

Die KBV informiert zu den obigen Allgemeinen Bestimmungen mit Wirkung zum 1.7.2019 in Ihren „Entscheidungserheblichen Gründen" u.a.

... „Am 22. Dezember 2018 hat der Gesetzgeber das Personenstandsgesetz dahingehendgeändert, dass der Personenstandsfall von Neugeborenen außer als „weiblich", „männlich" oder „ohne Angabe" nunmehr auch mit der Angabe „divers" in das Geburtsregister eingetragen werden kann und dass Personen mit Varianten der Geschlechtsentwicklung ihren Personenstandseintrag entsprechend ändern oder streichen lassen können. Entsprechend wurde in Nr. 4.2.1 der Allgemeinen Bestimmungen zum EBM die Kennzeichnung „D" für das diverse Geschlecht auf der elektronischen Gesundheitskarte ergänzt. Darüber hinaus wurden Regelungen zur Berechnungsfähigkeit geschlechtsspezifischer Gebührenordnungspositionen ohne geschlechtsorganbezogenen Inhalt (z. B. Ultraschallscreening auf Bauchaortenaneurysmen nach den Gebührenordnungspositionen 01747 und 01748) bei Intersexualität oder Transsexualität in Nr. 4.2.1 der Allgemeinen Bestimmungen zum EBM aufgenommen. Demnach sind geschlechtsspezifische Gebührenordnungspositionen ohne geschlechtsorganbezogenen Inhalt bei Intersexualität oder Transsexualität auch dann berechnungsfähig, wenn die personenstandsrechtliche Geschlechtszuordnung nicht der Geschlechtszuordnung der Anspruchsberechtigten der jeweiligen Gebührenordnungsposition entspricht, sofern eine medizinische Begründung einschließlich des ICD-10-Kodes für Intersexualität oder Transsexualität angegeben wird.

Durch die aufgenommenen Regelungen wurden die bestehenden Regelungen zur Berechnungsfähigkeit geschlechtsspezifischer Gebührenordnungspositionen mit geschlechtsorganbezogenem Inhalt ergänzt. Als Unterscheidungskriterium der beiden Konstellationen wurde die Bezeichnung mit oder ohne geschlechtsorganbezogenem Inhalt entsprechend konkretisiert..."

4.3 Spezifische Voraussetzungen zur Berechnung

4.3.1 Arzt-Patienten-Kontakt

Ein persönlicher Arzt-Patienten-Kontakt setzt die räumliche und zeitgleiche Anwesenheit von Arzt und Patient und die direkte Interaktion derselben voraus.

Andere Arzt-Patienten-Kontakte setzen mindestens einen telefonischen Kontakt und/oder einen Kontakt im Rahmen einer Videosprechstunde gemäß Anlage 31b zum Bundesmantelvertrag-Ärzte (BMV-Ä) und/oder mittelbaren Kontakt voraus, soweit dies berufsrechtlich zulässig ist. Ein mittelbarer anderer Arzt-Patienten-Kontakt umfasst insbesondere die Interaktion des Vertragsarztes mit Bezugsperson(en) und setzt nicht die unmittelbare Anwesenheit von Arzt, Bezugsperson(en) und Patient an demselben Ort voraus.

Telefonische Arzt-Patienten-Kontakte, Arzt-Patienten-Kontakte im Rahmen einer Videosprechstunde gemäß Anlage 31b zum BMV-Ä und andere mittelbare Arzt-Patienten-Kontakte sind Inhalt der Pauschalen und nicht gesondert berechnungsfähig. Finden im Behandlungsfall ausschließlich telefonische Arzt-Patienten-Kontakte oder andere mittelbare Arzt-Patienten-Kontakte statt, sind diese nach der Gebührenordnungsposition 01435 berechnungsfähig. Finden im Behandlungsfall ausschließlich Arzt-Patienten-Kontakte im Rahmen einer Videosprechstunde gemäß Anlage 31b zum BMV-Ä statt, gilt:

1. Die Notfallpauschalen im organisierten Not(-fall)dienst, die Versicherten-, Grund- oder Konsiliarpauschale des entsprechenden arztgruppenspezifischen oder arztgruppenübergreifenden Kapitels ist einmal im Behandlungsfall bzw. bei arztpraxisübergreifender Behandlung einmal im Arztfall berechnungsfähig (s. Allgemeine Bestimmung 4.1). Es erfolgt ein Abschlag auf die Punktzahl der jeweiligen Notfall-, Versicherten-, Grund- oder Konsiliarpauschale und den Zuschlägen bzw. Zusatzpauschalen im hausärztlichen Versorgungsbereich nach den Gebührenordnungspositionen 03040, 03060, 03061 und 04040.

Die Höhe des Abschlags beträgt
- 30 % für die Grundpauschalen der Kapitel 5, 6, 9 und 20 und die jeweiligen vorgenannten Zuschläge und für die Gebührenordnungsposition 37706,
- 25 % für die Grundpauschalen der Kapitel 7, 8, 10, 11, 13, 15, 18, 26 und 27 und die jeweiligen vorgenannten Zuschläge,
- 20 % für die Versichertenpauschalen nach den Gebührenordnungspositionen 03000 und 04000, die Grundpauschalen der Kapitel 14, 16, 21, 22 und 23, die Grund- bzw. Konsiliarpauschalen nach den Gebührenordnungspositionen 01320, 01321, 25214 und 30700 und die jeweiligen vorgenannten Zuschläge,
- 10 % für die Notfallpauschalen nach den Gebührenordnungspositionen 01210 und 01212.

Die Abschläge werden durch die zuständige Kassenärztliche Vereinigung vorgenommen.

2. Die Aufschläge auf die Versicherten-, Grund- oder Konsiliarpauschalen gemäß den Allgemeinen Bestimmungen 5.1 und 4.3.10 und den Präambeln 3.1 Nr. 8, 4.1 Nr. 4 und 4.1 Nr. 11 erfolgen auf Basis der um die Abschläge gemäß Abs. 5 Nr. 1 reduzierten Versicherten-, Grund- oder Konsiliarpauschalen.

3. Die Zuschläge nach den Gebührenordnungspositionen 01630, 01641, 03020, 04020, 05215, 05227, 06215, 06227, 07215, 07227, 08215, 08227, 09215, 09227, 10215, 10227, 11215, 12215, 13215, 13227, 13295, 13297, 13345, 13347, 13395, 13397, 13495, 13497, 13546, 13547, 13595, 13597, 13645, 13647, 13695, 13697, 14215, 14217, 15215, 16214, 16218, 17215, 18215, 18227, 19215, 20215, 20227, 21222, 21227, 21228, 22215, 22219, 23215, 24215, 25215, 26215, 26227, 27215, 27227, 30701, 30703 und 32001 sind nicht berechnungsfähig.

4. Die um die Abschläge gemäß Abs. 5 Nr. 1 reduzierte Versicherten-, Grund- oder Konsiliarpauschale ist im Behandlungsfall nicht neben der Versicherten-, Grund- oder Konsiliarpauschale bei persönlichem Arzt-Patienten-Kontakt (s. Allgemeine Bestimmung 4.1) berechnungsfähig.

5. Der Fall ist gegenüber der Kassenärztlichen Vereinigung anhand der Gebührenordnungsposition 88220 nachzuweisen.

6. Die Anzahl der Behandlungsfälle gemäß Abs. 5 ist auf 30 % aller Behandlungsfälle des Vertragsarztes begrenzt. Dabei sind Behandlungsfälle mit ausschließlichen Leistungen im Rahmen der Versorgung im organisierten Not(-fall)dienst nicht zu berücksichtigen.

Gebührenordnungspositionen, die entsprechend ihrer Leistungsbeschreibung auch im Rahmen einer Videosprechstunde gemäß Anlage 31b zum BMV-Ä durchgeführt werden können, unterliegen einer Obergrenze. Die Obergrenze beträgt 30 % je berechneter Gebührenordnungsposition je Vertragsarzt und Quartal. Abweichend hiervon bezieht sich die Obergrenze bei Leistungen des Kapitels 35 auf das Punktzahlvolumen aller vom Vertragsarzt bzw. -psychotherapeuten berechneten Gebührenordnungspositionen des Kapitels 35, die entsprechend ihrer Leistungsbeschreibung im Rahmen einer Videosprechstunde gemäß Anlage 31b zum BMV-Ä durchgeführt werden können, mit Ausnahme der Gebührenordnungsposition 35152. Für die Gebührenordnungsposition 35152 beträgt die Obergrenze gemäß Absatz 6 Satz 1 und 2 30 % je Vertragsarzt und Quartal. Leistungen im Rahmen der Versorgung im organisierten Not(-fall)dienst sind bei Anwendung der Obergrenze nicht zu berücksichtigen.

Bei mehr als einer Inanspruchnahme derselben Betriebsstätte an demselben Tag sind die Uhrzeitangaben erforderlich, sofern berechnungsfähige Leistungen durchgeführt werden.

Bei Neugeborenen, Säuglingen und Kleinkindern gemäß I-4.3.5 sowie bei krankheitsbedingt erheblich kommunikationsgestörten Kranken (z.B. Taubheit, Sprachverlust) ist ein persönlicher Arzt-Patienten-Kontakt auch dann gegeben, wenn die Interaktion des Vertragsarztes indirekt über die Bezugsperson(en) erfolgt, wobei sich Arzt, Patient und Bezugsperson(en) gleichzeitig an demselben Ort befinden müssen.

Bei den Gebührenordnungspositionen 02310, 07310, 07311, 07330, 07340, 10330, 18310, 18311, 18330 und 18340, deren Berechnung mindestens drei oder mehr persönliche bzw. andere Arzt-Patienten-Kontakte im Behandlungsfall voraussetzt, kann ein persönlicher Arzt-Patienten-Kontakt auch als Arzt-Patienten-Kontakt im Rahmen einer Videosprechstunde gemäß Anlage 31b zum BMV-Ä erfolgen.

Kommentar:

Hier wird definiert, was erfüllt sein muss, um den Begriff „Arzt-Patienten-Kontakt" des EBM zu erfüllen. Hierfür gibt es zwei Möglichkeiten:

- Zunächst der persönliche Kontakt. Hierfür ist eine Kommunikation „von Angesicht zu Angesicht" erforderlich mit allen dazugehörigen Aspekten (Worte, Gesten, Mimik).
- Der ebenfalls denkbare nicht persönliche Kontakt kann telefonisch direkt (mit dem Patienten) oder indirekt (mit vom Patienten legitimierter Person) – sondern mittelbar – erfolgen. Dieser nicht persönliche Kontakt berechtigt nur zur Abrechnung der Nr. 01435 und auch nur dann, wenn ausschließlich ein telefonischer Kontakt stattfand. Ein telefonischer Arzt-Patienten-Kontakt gestattet nicht die Abrechnung von Versicherten-, Grund- oder Konsiliarpauschale, dazu ist stets **ein persönlicher Arzt-Patienten-Kontakt** nötig.

Nur ein E-Mail oder ein Briefwechsel oder ein Internet-Chatten sind nicht abrechenbar, da die vorgeschriebenen Voraussetzungen nicht erfüllt sind. Eine Ausnahme stellt die Videosprechstunde dar – siehe dort.

Werden an einer Betriebsstätte an einem Tag zu unterschiedlichen Zeiten berechnungsfähige Leistungen erbracht, müssen die Uhrzeiten angegeben werden.

Ferner ist in besonderen Fällen auch von einem „persönlichen" Arzt-Patienten.-Kontakt auszugehen, wenn die Interaktion indirekt über eine Bezugsperson erfolgt. Allerdings ist das nur unmittelbar, bei gleichzeitiger Anwesenheit von Arzt, Patient und Bezugsperson, möglich. Die Begriffe „Neugeborene", Säuglinge" und „Kleinkinder" werden nachfolgend unter 4.3.5 erläutert.

Von einer Kommunikationsstörung im Sinne dieser Bestimmung kann nur gesprochen werden, wenn diese auf einer Erkrankung des Patienten beruht, die eine dauerhafte Störung

- der Sprache, z.B. Aphasie nach Schlaganfall oder Hirntumor
- oder des Gehörs, z.B. angeboren Taubheit, erworbene Taubheit durch Meningitis

bedingt.

Eine nur vorübergehende Kommunikationsbeeinträchtigung ist ebenso wenig eine Kommunikationsstörung im Sinne des Abschnittes 4.3.1 wie Verständigungsschwierigkeiten aufgrund sprachlicher Probleme.

In 4.3.1 der Allgemeinen Bestimmungen sind Ausnahmen (Säugling, Kleinkind, krankheitsbedingt erheblich kommunikationsgestört) fest gelegt, in denen das persönliche Gespräch Arzt/Bezugsperson nur dann als persönlicher Arzt-Patienten-Kontakt gewertet werden, wenn Handlungen/Behandlunge, über den Patienten ausgetauscht werden, und in Anwesenheit des Patienten stattfindet. Arzt, Patient und Bezugsperson müssen sich gleichzeitig an demselben Ort (meist Sprechzimmer des Arztes oder Patientenwohnung oder Zimmer) befinden.

Wezel/Liebold schreibt in seinem Kommentar u.a. auch: … „Der Kontakt kann jedoch z.B. auch im Freien stattfinden. Entscheidend ist die zeitgleiche Interaktion zwischen Arzt, Patient und Bezugsperson…"

4.3.1 regelt zudem die Voraussetzungen zur Erbringung und Abrechnung von Leistungen im Rahmen der Videosprechstunde. Voraussetzungen zur Erbringung und Abrechnung richten sich u.a. nach Anlage 4b (Vereinbarung Authentifizierung Fernbehandlung), Anlage 31 (Telemedizinische Leistungen), 31b BMV-Ä (Vereinbarung Videosprechstunde) sowie § 17 Psychotherapie-Vereinbarung.

Fallzahl und Leistungsmenge per Videosprechstunde waren während der Corona-Pandemie durch eine Sonderregelung unbegrenzt möglich (vgl. Kommentierung in Vorauflagen). Seit 1. April 2022 liegt die Obergrenze bei 30 Prozent je Leistung (GOP) und Quartal. Für die Psychotherapie gilt die Obergrenze von 30 Prozent für alle per Video möglichen Leistungen nach der Psychotherapie-Richtlinie (EBM-Kapitel 35), die eine Praxis in einem Quartal abrechnet, und nicht mehr je einzelner GOP, mit Ausnahme der GOP psychotherapeutischen Akutbehandlung (GOP 35152).

Weiterführende Informationen zur Erbringung und Abrechnung sowie den technischen Anforderungen unter: https://www.kbv.de/html/videosprechstunde.php

4.3.2 Räumliche und persönliche Voraussetzungen

Die Berechnung von Gebührenordnungspositionen ist nur möglich, wenn die apparativen, räumlichen und persönlichen Voraussetzungen – in Berufsausübungsgemeinschaften, Medizinischen Versorgungszentren bzw. Arztpraxen mit angestellten Ärzten unbeschadet der Regelung gemäß § 11 Abs. 1 Bundesmantelvertrag-Ärzte (BMV-Ä) und § 41 der Bedarfsplanungs-Richtlinie zumindest von einem an der vertragsärztlichen Versorgung teilnehmenden Arzt – zur Erbringung mindestens eines obligaten sowie aller fakultativen Leistungsinhalte im Gebiet und/oder im Schwerpunkt gegeben sind. Die apparative Ausstattung zur Erbringung fakultativer Leistungsinhalte ist beim Vertragsarzt erfüllt, wenn er über die Möglichkeit der Erbringung der fakultativen Leistungsinhalte verfügt und diese der zuständigen Kassenärztlichen Vereinigung auf Anforderung nachweisen kann. Für Ärzte, die ausschließlich im Status eines angestellten Arztes tätig sind, gilt diese Regelung nur für die Betriebsstätten derselben Arztpraxis. Für die in den Versicherten-, Grund- bzw. Konsiliarpauschalen und die in Anhang VI-1 (Spalte VP / GP) genannten Leistungen findet diese Bestimmung keine Anwendung.

Kommentar:

Aus dem Wesen der Komplexe und Pauschalen folgt, dass diese nur abgerechnet werden können, wenn die auch die Ausstattung betreffenden Voraussetzungen vorliegen, um alle im Komplex auch fakultativ enthaltenen Leistungen zu erbringen und abzurechnen. Es genügt, wenn die persönlichen Voraussetzungen zumindest von einem an der vertragsärztlichen Versorgung teilnehmenden Arzt erfüllt werden und zwar für mindest einen obligatorischen sowie alle fakultativen Leistungsinhalte im Gebiet bzw. Schwerpunkt. Für die apparative Ausstattung für fakultative Leistungsinhalte reicht es, wenn der Arzt über die Möglichkeit der Erbringung verfügt.

4.3.3 Mindestkontakte

Gebührenordnungspositionen, die eine Mindestzahl an Arzt-Patienten-Kontakten im Behandlungsfall voraussetzen, sind auch berechnungsfähig, wenn die Mindestzahl an Arzt-Patienten-Kontakten im Arztfall stattfindet.
Behandlungs-, krankheits- oder arztfallbezogene Leistungskomplexe und Pauschalen sind nur mit mindestens einem persönlichen Arzt-Patienten-Kontakt berechnungsfähig, soweit in den Leistungsbeschreibungen nicht anders angegeben.

Kommentar:

Fordert der EBM für die Abrechenbarkeit einer Leistung eine Mindestzahl von Arzt-Patienten-Kontakten, muss diese nicht zwingend in derselben Betriebsstätte stattfinden. Es reicht, wenn die Mindestzahl im Arztfall erreicht wird.

Ist eine Pauschale bzw. ein Leistungskomplex je Behandlungsfall, Krankheitsfall oder Arztfall berechnungsfähig, ist mindestens eine persönliche Arzt-Patienten-Begegnung erforderlich.

4.3.4 Arztpraxisübergreifende Tätigkeit

Sämtliche auf den Behandlungsfall bezogenen Abrechnungsbestimmungen und Berechnungsausschlüsse gelten bei Erbringung von Gebührenordnungspositionen in arztpraxisübergreifender Tätigkeit bezogen auf den Arztfall. Krankheitsfallbezogene Abrechnungsbestimmungen und Berechnungsausschlüsse gelten auch bei der Erbringung von Gebührenordnungspositionen bei arztpraxisübergreifender Tätigkeit.

Kommentar:

Wird ein Arzt infolge der flexiblen Möglichkeiten nach dem Vertragsarztrechtsänderungsgesetz arztpraxisübergreifend tätig, d.h. in mehreren Betriebsstätten, gilt folgendes:

- Stellt der EBM für die Abrechnungsfähigkeit einer Leistung auf den Behandlungsfall ab, gilt in diesem Fall die Voraussetzung als erfüllt, wenn der Arztfall herangezogen wird, es kommt also nicht auf die Identität der Betriebsstätten an.
- Stellt der EBM für die Abrechnungsfähigkeit einer Leistung auf den Krankheitsfall ab, ist dieser auch gegeben, wenn die Behandlung in verschiedenen Betriebsstätten (arztpraxisübergreifend) stattfindet.

4.3.5 Altersgruppen

Die Verwendung der Begriffe Neugeborenes, Säugling, Kleinkind, Kind, Jugendlicher und Erwachsener ist an nachfolgende Zeiträume gebunden:
- Neugeborenes bis zum vollendeten 28. Lebenstag
- Säugling ab Beginn des 29. Lebenstages bis zum vollendeten 12. Lebensmonat
- Kleinkind ab Beginn des 2. bis zum vollendeten 3. Lebensjahr
- Kind ab Beginn des 4. bis zum vollendeten 12. Lebensjahr
- Jugendlicher ab Beginn des 13. bis zum vollendeten 18. Lebensjahr
- Erwachsener ab Beginn des 19. Lebensjahres

Maßgeblich für die Zuordnung zu einer Altersklasse bzw. einem Zeitraum ist das Alter des Patienten bei der ersten Inanspruchnahme bzw. am Tag der ersten Leistungsabrechnung im Kalendervierteljahr.

Kommentar:

Diese Bestimmung ist gegenüber dem EBM 2000plus unverändert. Hier finden sich eindeutige – nicht interpretationsfähige – Definitionen der Begriffe „Neugeborenes", „Säugling", „Kleinkind", „Kind", „Jugendlicher" und „Erwachsener", die keine Ausnahmen zulassen.

Auch wenn ein „Aufstieg" in die nächste „Altersklasse" am Tage nach der ersten Inanspruchnahme bzw. Leistungsabrechnung im Quartal erfolgt, bleibt die bisherige Zuordnung das gesamte restliche Quartal bestehen.

Beispiel: Wird ein Kleinkind im 3. Quartal z.B. am 13.Juli behandelt und vollendet am 6.8. das 3. Lebensjahr – feiert also den 4. Geburtstag – und wird damit nach der Definition zum „Kind", bleibt die bisherige Zuordnung als „Kleinkind" das gesamte restliche 3. Quartal bestehen.

4.3.5.1 Für Altersangaben gilt:

Ein Lebensjahr beginnt am Geburtstag (00:00 Uhr). Somit entspricht das Lebensjahr dem Alter plus 1. Ein Lebensjahr ist mit Ablauf des Kalendertages vor dem Geburtstag vollendet (24:00 Uhr).

4.3.6 Labor

Die Gebührenordnungspositionen 01700, 01701, 12220, 12225 und 32001 sind bei arztpraxisübergreifender Behandlung nur einmal im Arztfall berechnungsfähig.

Kommentar:

Die genannten Gebührenordnungspositionen beinhalten die Laborgrundpauschalen sowie den Wirtschaftlichkeitsbonus. Diese sind auch bei der Tätigkeit in mehreren Betriebsstätten (arztpraxisübergreifender Behandlung) nur einmal je Arztfall berechnungsfähig.

4.3.7 Operative Eingriffe

1. 1. Die Verwendung der Begriffe klein/groß, kleinflächig/großflächig, lokal/radikal und ausgedehnt bei operativen Eingriffen entspricht den Definitionen nach dem vom Deutsche Institut für medizinische Dokumentation und Information herausgegebenen Schlüssel für Operationen und sonstige Prozeduren gemäß § 295 Abs. 1 Satz 4 SGB V:

Länge: kleiner/größer 3 cm,

Fläche: kleiner/größer 4 cm²,

lokal: bis 4 cm² oder bis zu 1 cm³,

radikal und ausgedehnt: größer 4 cm² oder größer 1 cm³.

Nicht anzuwenden ist der Begriff „klein" bei Eingriffen am Kopf und an den Händen.

2. Operative Eingriffe setzen die Eröffnung von Haut und/oder Schleimhaut bzw. eine primäre Wundversorgung voraus, soweit in den Leistungsbeschreibungen nicht anders angegeben. Punktionen mit Nadeln, Kanülen und Biopsienadeln fallen nicht unter die Definition eines operativen Eingriffs.

3. Lokalanästhesien und Leitungsanästhesien sind, soweit erforderlich, Bestandteil der berechnungsfähigen Gebührenordnungspositionen.

4. Wird der operative Eingriff und die postoperative Behandlung nach dem operativen Eingriff von unterschiedlichen Ärzten einer Berufsausübungsgemeinschaft bzw. eines medizinischen Versorgungszentrums durchgeführt, ist die Gebührenordnungsposition des Operateurs zu berechnen. Führen Ärzte gemäß Präambel 3.1 bzw. 4.1 die postoperative Behandlung durch, ist die Leistung nach der Gebührenordnungsposition 31600 zu berechnen.

Kommentar:

Mit dieser Bestimmung zu 1. sollte offensichtlich die Diskussion über sonst gelegentlich subjektiv eingeschätzte Größenverhältnisse beendet und die Begriffsdefinitionen durch klare objektive Größen geklärt werden.

Weiterer offensichtlich aus der Praxis sich ergebender Klärungsbedarf hat zu den Regelungen unter 1. und 2. geführt.

- Danach wird der Begriff „operativer Eingriff" näher definiert durch Eröffnung vom Haut und/oder Schleimhaut bzw. eine primäre Wundversorgung, es sei denn, die Leistungsbeschreibung besagt etwas anderes. Ausdrücklich ausgenommen von der Definition werden Punktionen mit Nadeln, Kanülen oder Biopsienadeln.
- Eine weitere Klarstellung erfolgte bezüglich der Lokal- und Leitungsanästhesien, diese sind, soweit sie erforderlich sind, Bestandteil der berechnungsfähigen operativen Leistung.

Rechtsprechung

▶ **Kein Vergütungsanspruch bei fehlender Erforderlichkeit einer stationären Behandlung**

Ein Krankenhaus, das im Rahmen der Heilbehandlung der gesetzlichen Unfallversicherung eine Operation stationär durchführt, die auch durch eine ambulante ärztliche Behandlung hätte vorgenommen werden können, hat keinen entsprechenden Vergütungsanspruch. Entscheide dort der Durchgangsarzt, dass eine stationäre Behandlung erforderlich sei, so unterliege die angenommene Erforderlichkeit der vollumfänglichen gerichtlichen Überprüfung, befand das Landessozialgericht (LSG) Niedersachsen-Bremen. Eine solche sei u.a. zu verneinen, wenn es gereicht hätte, den Patienten nach der Operation für einige Stunden ambulant zu beobachten, um ihn ggf. später stationär aufzunehmen.
Aktenzeichen: LSG Niedersachsen-Bremen, 15.04.2013, AZ: L 3 U 40/10
Entscheidungsjahr: 2013

4.3.8 Fachärztliche Grundversorgung

In Behandlungsfällen, in denen ausschließlich Leistungen erbracht werden, die gemäß der Kennzeichnung des Anhangs 3 des EBM der fachärztlichen Grundversorgung zugerechnet werden, können als Zuschlag zu den entsprechenden Grundpauschalen die arztgruppenspezifischen Leistungen für die fachärztliche Grundversorgung der einzelnen Kapitel berechnet werden. Dies gilt im Behandlungsfall entsprechend für die versorgungsbereichs-, schwerpunkt- oder fachgebietsübergreifende Behandlung in Berufsausübungsgemeinschaften und Praxen mit angestellten Ärzten, sofern keine von der fachärztlichen Grundversorgung ausgeschlossene(n) Leistung(en) erbracht wird (werden). Die Zuschläge können ausschließlich von an der vertragsärztlichen Versorgung teilnehmenden zugelassenen Vertragsärzten und zugelassenen medizinischen Versorgungszentren berechnet werden. Entspricht der

Ermächtigungsumfang eines ermächtigten Arztes bzw. eines ermächtigten Krankenhauses oder eines ermächtigten Instituts dem eines zugelassenen Vertragsarztes, kann die Berechnung der Zuschläge durch den Zulassungsausschuss ermöglicht werden.

Rechtsprechung

▶ **Keine Abrechenbarkeit fachärztlicher Leistungen ohne Schwerpunktbezeichnung**

Einem Arzt ohne entsprechende Schwerpunktbezeichnung muss keine Abrechnungsgenehmigung für fachärztliche Leistungserbringung erteilt werden. Auf die persönliche Qualifikation des Arztes kommt es nicht an, entschied das Bundessozialgericht (BSG). Im vorliegenden Fall wollte ein Arzt für Kinder- und Jugendmedizin ohne Berechtigung, die Schwerpunktbezeichnung Neuropädiatrie zu führen, entsprechende fachärztliche Leitungen abrechnen.
Aktenzeichen: BSG, 10.12.2014, AZ: B 6 KA 49/13 R
Entscheidungsjahr: 2014

4.3.9 Ärztliche Zweitmeinung

4.3.9.1 Einleitung der Zweitmeinung

Voraussetzung für die Berechnung der Gebührenordnungsposition 01645 ist die Dokumentation der Indikation mit einer bundeseinheitlich kodierten Zusatzkennzeichnung.

Zweitmeinungsverfahren für Indikationen an paarigen Organen oder Körperteilen sind je Seite berechnungsfähig. Der ICD-10-Kode der jeweiligen Indikation ist mit dem Zusatzkennzeichen für die Seitenangabe zu versehen.

4.3.9.2 Berechnung der Zweitmeinung

Für die ärztliche Zweitmeinung gemäß § 3 Abs. 1 der Richtlinie des Gemeinsamen Bundesausschusses zum Zweitmeinungsverfahren sind in Abhängigkeit der Arztgruppe des Zweitmeiners die jeweiligen arztgruppenspezifischen Versicherten-, Grund- oder Konsiliarpauschalen beim ersten persönlichen Arzt-Patienten-Kontakt einmal im Behandlungsfall zu berechnen.

Die im Rahmen der ärztlichen Zweitmeinung abgerechneten Versicherten-, Grund- und Konsiliarpauschalen sind vom abrechnenden Arzt eingriffsspezifisch und bundeseinheitlich nach Vorgabe der Kassenärztlichen Bundesvereinigung zu kennzeichnen.

4.3.9.3 Ergänzende Untersuchungen im Rahmen des Zweitmeinungsverfahrens

Neben den Versicherten-, Grund- oder Konsiliarpauschalen zur Vergütung der ärztlichen Zweitmeinung sind ausschließlich gegebenenfalls medizinisch notwendige Untersuchungen gemäß § 3 Abs. 2 der Richtlinie des Gemeinsamen Bundesausschusses zum Zweitmeinungsverfahren entsprechend den Abrechnungsbestimmungen des EBM berechnungsfähig. Die Nebeneinanderberechnung der ärztlichen Zweitmeinung gemäß Nr. 4.3.9.2 und medizinisch notwendiger Untersuchungsleistungen setzt die Angabe einer medizinischen Begründung voraus. Die im Rahmen der ärztlichen Zweitmeinung abgerechneten Untersuchungsleistungen sind vom abrechnenden Arzt bundeseinheitlich und eingriffsspezifisch nach Vorgabe der Kassenärztlichen Bundesvereinigung zu kennzeichnen. Werden im Rahmen des Zweitmeinungsverfahrens Untersuchungsleistungen veranlasst, so setzt die Berechnung der veranlassten Untersuchungsleistungen die bundeseinheitliche und eingriffsspezifische Kennzeichnung nach Vorgabe der Kassenärztlichen Bundesvereinigung voraus.

4.3.10 Terminvermittlung durch die Terminservicestelle

Kommentar:

Die Kassenärztlichen Vereinigungen wurden bereits im Rahmen des GKV-Versorgungsstärkungsgesetzes verpflichtet, seit dem 23. Januar 2016 Terminservicestellen (TSS) einzurichten. Mit dem am 11.05.2019 in Kraft getretenen Terminservice- und Versorgungsgesetz wurden u.a. die Aufgaben der Servicestellen erweitert (z.B. Vermittlung von Terminen auch an Haus- und Kinderärzte). Aufgabe der TSS ist es, gesetzlich Versicherten innerhalb einer Woche einen Behandlungstermin bei einem Vertragsarzt in ihrem KV-Bezirk zu vermitteln. Die Wartezeit auf den zu vermittelnden Behandlungstermin darf vier Wochen nach Ablauf der Wochenfrist nicht überschreiten. Die Vermittlung von Behandlungsterminen erfolgt über den eTerminservice (www.eterminservice.de) oder die bundeseinheitliche Rufnummer 116117.

Ärzte und Psychotherapeuten sind verpflichtet, freie Termine an die TSS zu melden. Die nähere Ausgestaltung dieser Verpflichtung durch die Kassenärztlichen Vereinigungen erfolgt unterschiedlich – einige Kassenärztliche Vereinigungen geben detailliert fachgruppenbezogen vor, wie viele freie Termine Ärzte im Quartal zu melden haben, andere belassen es bei einer generellen Meldepflicht ohne eine Mindestanzahl an Terminen vorzugeben.

Rechtsgrundlage: § 75 Abs. 1a SGB V, Vereinbarung über die Einrichtung von TSS und die Vermittlung von Arztterminen (Anlage 28 zum BMV-Ä)

Zum TSS-Terminfall: siehe Kommentierung zu 4.3.10.1

Zum TSS-Akutfall: siehe Kommentierung zu 4.3.10.2

Offene Sprechstunden: Grundversorgende und der wohnortnahen Patientenversorgung zugehörige Fachärzte sind verpflichtet, mindestens fünf offene Sprechstunden pro Woche anzubieten. Dies gilt für folgende Facharztgruppen: Augenärzte, Chirurgen, Gynäkologen, HNO-Ärzte, Hautärzte, Kinder- und Jugendpsychiater, Nervenärzte, Neurologen, Orthopäden, Psychiater und Urologen.

Die KBV informiert ausführlich:
https://www.kbv.de/html/terminservicestellen.php
https://www.kbv.de/html/terminvermittlung.php

4.3.10.1 Terminservicestellen-Terminfall

Für die Behandlung eines Versicherten aufgrund einer Terminvermittlung durch die TSS (Terminservicestellen-Terminfall, kurz: TSS-Terminfall) erhält der Arzt einen Aufschlag auf die jeweilige Versicherten-, Grund- oder Konsiliarpauschale in Form eines Zuschlags. Für die Durchführung von Früherkennungsuntersuchungen bei Kindern des Abschnitts 1.7.1 (ausgenommen Laborleistungen und Gebührenordnungsposition 01720) aufgrund einer Terminvermittlung durch die TSS erhält der Arzt einen Aufschlag in Form einer Zusatzpauschale nach der Gebührenordnungsposition 01710.

Die Höhe des Zuschlags ist abhängig von der Anzahl der Kalendertage nach der Terminvermittlung durch die TSS gemäß § 75 Absatz 1a Satz 3 bis zum Tag der Behandlung und beträgt
- ab dem gleichen bis 4. Kalendertag nach der Terminvermittlung 100 % der jeweiligen altersklassenspezifischen Versicherten-, Grund- oder Konsiliarpauschale
- vom 5. bis 14. Kalendertag nach der Terminvermittlung 80 % der jeweiligen altersklassenspezifischen Versicherten-, Grund- oder Konsiliarpauschale
- vom 15. bis 35. Kalendertag nach der Terminvermittlung 40 % der jeweiligen altersklassenspezifischen Versicherten-, Grund- oder Konsiliarpauschale.

Die Höhe der Zusatzpauschale nach der Gebührenordnungsposition 01710 ist abhängig von der Anzahl der Kalendertage bis zum Tag der Behandlung und beträgt
- vom gleichen bis 4. Kalendertag nach der Terminvermittlung 217 Punkte
- vom 5. bis 14. Kalendertag nach der Terminvermittlung 173 Punkte
- vom 15. bis 35. Kalendertag nach der Terminvermittlung 87 Punkte.

Bei der Abrechnung des Zuschlags bzw. der Zusatzpauschale nach der Gebührenordnungsposition 01710 ist das zutreffende Zeitintervall des TSS-Terminfalls durch Angabe einer bundeseinheitlich kodierten Zusatzkennzeichnung zu dokumentieren.

Der Zuschlag kann nur in Fällen mit Versicherten-, Grund- oder Konsiliarpauschale berechnet werden.

Die Zusatzpauschale nach der Gebührenordnungsposition 01710 kann nur in Fällen, in denen Früherkennungsuntersuchungen bei Kindern des Abschnitts 1.7.1 (ausgenommen Laborleistungen und Gebührenordnungsposition 01720) durchgeführt werden, berechnet werden.

Der Zuschlag bzw. die Zusatzpauschale nach der Gebührenordnungsposition 01710 ist nicht in die Berechnung von Abschlägen und Aufschlägen, die auf die Versicherten-, Grund- bzw. Konsiliarpauschalen vorgenommen werden, einzubeziehen.

Der Zuschlag bzw. die Zusatzpauschale nach der Gebührenordnungsposition 01710 ist im Arztgruppenfall insgesamt nur einmal berechnungsfähig. Dies gilt auch dann, wenn in demselben Quartal eine erneute Behandlung desselben Versicherten aufgrund einer erneuten Terminvermittlung durch die TSS (TSS-Terminfall und/oder TSS-Akutfall) oder durch den Hausarzt (Hausarztvermittlungsfall) erfolgt.

Kommentar:

Die Höhe des Zuschlags ist abhängig von der Anzahl der Kalendertage bis zum Tag der Behandlung.

Wichtig: Als erster Zähltag zur Berechnung des Zuschlags gilt der Tag des Patientenkontakts mit der TSS.

Die Höhe der Zuschläge wurde zum 1.1.2023 aufgrund der Neuregelungen im GKV-Finanzstabilisierungsgesetz (GKV-FinStG) deutlich angehoben:

Vom 1. bis 8. Kalendertag von 50 % auf 100 %, vom 9. bis 14. Kalendertag von 30 % auf 80 % und vom 15. bis 35. Kalendertag von 20 % auf 40 % der Versicherten- bzw. Konsiliarpauschale.

KENNZEICHNUNG UND BERECHNUNG DER ZUSCHLÄGE MIT A, B, C ODER D

Zeitraum ab Kontaktaufnahme des Versicherten bei der TSS bis zum Behandlungstag	Bezeichnung	Zuschlag
TSS-Akutfall: Spätestens Folgetag (nach medizinischer Ersteinschätzung durch die 116117)*	A	Bis 31.12.22: **50%** Ab 1.1.23 (gem. GKV-FinStG): **200%**
TSS-Terminfall: spätestens am 4. Tag	B	Bis 31.12.22: **50%** Ab 1.1.23 (gem. GKV-FinStG): **100%**
TSS-Terminfall: spätestens am 14. Tag	C	Bis 31.12.22: **30%** Ab 1.1.23 (gem. GKV-FinStG): **80%**
TSS-Terminfall: spätestens am 35. Tag	D	Bis 31.12.22: **20%** Ab 1.1.23 (gem. GKV-FinStG): **40%**

Alle Zusatzpauschalen können nur in Fällen mit Versicherten-, Grund-, oder Konsiliarpauschale berechnet werden.

Die KBV informiert über die Details der TSVG-Regelungen nebst Beispielen unter https://www.kbv.de/html/terminvermittlung.php

4.3.10.2 Terminservicestellen-Akutfall

Gemäß § 75 Abs. 1a Satz 3 Nr. 3 SGB V ist Versicherten durch die TSS in Akutfällen auf der Grundlage eines bundesweit einheitlichen, standardisierten Ersteinschätzungsverfahrens eine unmittelbare ärztliche Versorgung in der medizinisch gebotenen Versorgungsebene zu vermitteln (Terminservicestellen Akutfall, kurz: TSS-Akutfall).

Für die Behandlung eines Versicherten aufgrund der Vermittlung eines TSS-Akutfalls erfolgt ein Aufschlag in Höhe von 200 % auf die jeweilige Versicherten- oder Grundpauschale bzw. Konsiliarpauschale in Form eines Zuschlags. Der Zuschlag ist nur berechnungsfähig, wenn der vermittelte Termin spätestens am Kalendertag nach Kontaktaufnahme des Versicherten bei der TSS und Einschätzung als TSS-Akutfall erfolgt.

Bei der Abrechnung des Zuschlags ist der TSS-Akutfall durch Angabe einer bundeseinheitlich kodierten Zusatzkennzeichnung zu dokumentieren.

Der Zuschlag kann nur in Fällen mit Versicherten-, Grund- oder Konsiliarpauschale berechnet werden.

Der Zuschlag ist nicht in die Berechnung von Abschlägen und Aufschlägen, die auf die Versicherten-, Grund- bzw. Konsiliarpauschalen vorgenommen werden, einzubeziehen.

Der Zuschlag ist im Arztgruppenfall einmal berechnungsfähig. Das gilt auch dann, wenn in demselben Quartal eine erneute Behandlung desselben Versicherten aufgrund einer erneuten Terminvermittlung durch die TSS (TSS-Terminfall und/oder TSS-Akutfall) oder durch den Hausarzt (Hausarztvermittlungsfall) erfolgt.

Kommentar:

Der Zuschlag ist nur berechnungsfähig, wenn der vermittelte Termin spätestens am Tag nach Kontaktaufnahme des Versicherten bei der TSS und Einschätzung als TSS-Akutfall erfolgt. Die Vergütung erfolgt extrabudgetär.

Cave: Ab dem 01.01.2023 gelten andere Regelungen zur Höhe des Zuschlags, siehe Kommentierung zur 4.3.10.1

Die KBV informiert über die Details der TSVG-Regelungen nebst Beispielen unter https://www.kbv.de/html/terminvermittlung.php

4.3.10.3 Hausarztvermittlungsfall

Für die Vermittlung eines Behandlungstermins gemäß § 73 Abs. 1 Satz 2 Nr. 2 SGB V bei einem an der fachärztlichen Versorgung teilnehmenden Vertragsarzt ist die Gebührenordnungsposition 03008 bzw. 04008 unter Berücksichtigung der jeweiligen Abrechnungsbestimmungen berechnungsfähig.

Für die Behandlung eines Versicherten aufgrund einer Terminvermittlung gemäß § 73 Abs. 1 Satz 2 Nr. 2 SGB V durch den Hausarzt gemäß § 73 Abs. 1a S. 1 SGB V (Hausarztvermittlungsfall) erhält der an der fachärztlichen Versorgung teilnehmende Vertragsarzt einen Aufschlag auf die jeweilige Versicherten-, Grund- oder Konsiliarpauschale in Form eines Zuschlags. Der Zuschlag ist berechnungsfähig, sofern eine der folgenden Bedingungen erfüllt ist:

- die Behandlung des Versicherten beginnt spätestens am 4. Kalendertag nach Feststellung der Behandlungsnotwendigkeit durch den Hausarzt

oder

- die Behandlung des Versicherten beginnt spätestens am 35. Kalendertag nach Feststellung der Behandlungsnotwendigkeit durch den Hausarzt und eine Terminvermittlung durch die Terminservicestellen der Kassenärztlichen Vereinigung oder eine eigenständige Terminvereinbarung durch den Patienten (oder eine Bezugsperson) war aufgrund der medizinischen Besonderheit des Einzelfalls nicht angemessen oder nicht zumutbar.

Der Zuschlag ist nicht berechnungsfähig, wenn der vermittelte Patient bei der an der fachärztlichen Versorgung teilnehmenden Arztgruppe derselben Praxis in demselben Quartal bereits behandelt wurde.

Die Höhe des Zuschlags ist abhängig von der Anzahl der Kalendertage nach der Feststellung der Behandlungsnotwendigkeit durch den Hausarzt bis zum Tag der Behandlung und beträgt

- ab dem gleichen bis zum 4. Kalendertag nach der Feststellung 100 % der jeweiligen altersklassenspezifischen Versicherten-, Grund- oder Konsiliarpauschale
- vom 5. bis 14. Kalendertag nach der Feststellung 80 % der jeweiligen altersklassenspezifischen Versicherten-, Grund- oder Konsiliarpauschale
- vom 15. bis 35. Kalendertag nach der Feststellung 40 % der jeweiligen altersklassenspezifischen Versicherten-, Grund- oder Konsiliarpauschale

Bei der Abrechnung des Zuschlags ist das zutreffende Zeitintervall des Hausarztvermittlungsfalls durch Angabe einer bundeseinheitlich kodierten Zusatzkennzeichnung zu dokumentieren.

Der Zuschlag kann nur in Fällen mit Versicherten-, Grund- oder Konsiliarpauschale berechnet werden.

Der Zuschlag ist nicht in die Berechnung von Abschlägen und Aufschlägen, die auf die Versicherten-, Grund- bzw. Konsiliarpauschalen vorgenommen werden, einzubeziehen.

Der Zuschlag ist im Arztgruppenfall insgesamt nur einmal berechnungsfähig. Dies gilt auch dann, wenn in demselben Quartal eine erneute Behandlung desselben Versicherten aufgrund einer erneuten Terminvermittlung durch den Hausarzt (Hausarztvermittlungsfall) oder durch die TSS (TSS-Terminfall und/oder TSS-Akutfall) erfolgt.

4.4 Abrechnungsausschlüsse

4.4.1 Nicht neben/nicht nebeneinander

Ausschluss der Berechnungsfähigkeit im genannten Zeitraum.

4.4.2 Zuschlag

Als Zuschlag benannte Gebührenordnungspositionen sind nur in derselben Arztpraxis berechnungsfähig, welche die dem Zuschlag zugrunde liegende Gebührenordnungsposition berechnet hat. Zuschläge sind nur im zeitlichen Zusammenhang mit der in der Grundleistung ggf. genannten Abrechnungsbestimmung berechnungsfähig. Ist keine Abrechnungsbestimmung genannt, ist der Zuschlag nur in demselben Quartal berechnungsfähig.

5 Berufsausübungsgemeinschaften, Medizinische Versorgungszentren und angestellte Ärzte

5.1 Berechnungsfähige Gebührenordnungspositionen

Die Berechnung der arztgruppenspezifischen Gebührenordnungspositionen von (Teil-)Berufsausübungsgemeinschaften, Arztpraxen mit angestellten Ärzten oder Medizinischen Versorgungszentren richtet sich unter Berücksichtigung von

I-1.3 der Allgemeinen Bestimmungen zum EBM nach den Arztgruppen, die in einer (Teil-)Berufsausübungsgemeinschaft, Arztpraxis mit angestellten Ärzten oder einem Medizinischen Versorgungszentrum vertreten sind.
In internistischen schwerpunktübergreifenden Berufsausübungsgemeinschaften sind, entgegen der Präambel III.b-13.1 Nrn. 3 und 4 und den Anmerkungen unter den Leistungen, unter Beachtung von I-2.1.3 und I-5.2 der Allgemeinen Bestimmungen, Leistungen aus unterschiedlichen schwerpunktorientierten Abschnitten und/oder dem Abschnitt III.b-13.2.1 nebeneinander berechnungsfähig. In pädiatrischen schwerpunktübergreifenden Berufsausübungsgemeinschaften sind, entgegen den Anmerkungen unter den Leistungen, unter Beachtung von I-2.1.3 und I-5.2 der Allgemeinen Bestimmungen, Leistungen aus unterschiedlichen schwerpunktorientierten Abschnitten nebeneinander berechnungsfähig.
In arztgruppen- und schwerpunktgleichen (Teil-)Berufsausübungsgemeinschaften oder Arztpraxen mit angestellten Ärzten derselben Arztgruppe/desselben Schwerpunktes erfolgt ein Aufschlag in Höhe von 10 % auf die jeweiligen Versicherten-, Grund- oder Konsiliarpauschalen. Finden im Behandlungsfall ausschließlich Arzt- Patienten-Kontakte im Rahmen einer Videosprechstunde gemäß Anlage 31b zum BMV-Ä statt, erfolgt der Aufschlag auf die jeweiligen Versicherten-, Grund- oder Konsiliarpauschalen auf Basis der um die Abschläge gemäß Abs. 5 Nr. 1 der Allgemeinen Bestimmungen 4.3.1 reduzierten Versicherten-, Grund- oder Konsiliarpauschalen.

Kommentar:

Für Kooperationen der verschiedensten Art gibt es eine Reihe von Sonderregelungen. Dabei ist hervorzuheben, dass ausdrücklich auch ein angestellter Arzt den Grund für die Berechnungsfähigkeit von Leistungen liefern kann, auch wenn der Arbeitgeber die Voraussetzungen nicht erfüllt.

Als Grundsatz gilt: arztgruppenspezifische Gebührenordnungspositionen können – immer unter der Voraussetzung der Qualifikationsregelungen (s.u. 1.3) von einer Berufsausübungsgemeinschaft, von Arztpraxen mit angestellten Ärzten oder von Medizinischen Versorgungszentren immer dann berechnet werden, wenn eine der erforderlichen Arztgruppen vertreten ist.

Für internistische Berufsausübungsgemeinschaften mit verschiedenen Schwerpunkten werden Abrechnungsausschlüsse des EBM aus der Präambel zu Kapitel 13 sowie den Anmerkungen einzelner Leistungen unter bestimmten Voraussetzungen (keine Inhaltsidentität, Kennzeichnung) wieder aufgehoben.

Ähnliches gilt für pädiatrische Berufsausübungsgemeinschaften mit verschiedenen Schwerpunkten.

5.1. des EBM sieht einen Kooperationszuschlag (10 %-iger Aufschlag auf die jeweiligen Versicherten-. Grund- bzw. Konsiliarpauschalen) für *„arztgruppen- und schwerpunktgleichen (Teil-)Berufsausübungsgemeinschaften oder Arztpraxen mit angestellten Ärzten derselben Arztgruppe/desselben Schwerpunktes"* vor.

Für den Fall, dass der Honorarverteilungsmaßstab einer Kassenärztlichen Vereinigung einen sog. Kooperationszuschlag auf das für die Praxis zugewiesene RLV/QZV für „nicht standortübergreifende fach- und schwerpunktgleichen BAGen, MVZ und Praxen mit angestellten Ärzten der gleichen Arztgruppe" gewährt, hatte das BSG entschieden, dass hierunter auch Arztpraxen, in der ein weiterer Arzt im Rahmen des Jobsharings beschäftigt wird, fallen. Zwar bestehe keine Verpflichtung der Kassenärztlichen Vereinigung, die Behandlung in einer Jobsharing-BAG oder in einer Praxis mit Jobsharing-Anstellung in die Förderung der kooperativen Behandlung einzubeziehen. Der Ausschluss bedarf jedoch einer eindeutigen Regelung im HVM (BSG, Urt. v. 17.03.2021, Az.: B 6 KA 32/19 R). Mit Blick auf das Urteil des BSG spricht vieles dafür, dass der Aufschlag gem. 5.1. des EBM auch Praxen mit Jobsharing-Konstellation zu gewähren ist.

5.2 Kennzeichnungspflicht

Bei der Berechnung sind die Gebührenordnungspositionen nach Maßgabe der Kassenärztlichen Vereinigungen unter Angabe der Arztnummer sowie aufgeschlüsselt nach Betriebs- und Nebenbetriebsstätten gemäß § 44 Abs. 7 Bundesmantelvertrag-Ärzte (BMV-Ä) zu kennzeichnen.

Kommentar:

Die Trennung der Gesamtvergütungen in einen hausärztlichen und einen fachärztlichen Teil, aber insbesondere auch die erleichterten Kooperationsmöglichkeiten und die Möglichkeiten, an verschiedenen Orten tätig zu sein, machen es unverzichtbar, dass in der Abrechnung gekennzeichnet wird, wer welche Leistungen erbracht hat. Die Regelung des Bundesmantelvertrages lautet wie folgt:

I Allgemeine Bestimmungen

6 Vertragsärzte, die ihre Tätigkeit unter mehreren Gebietsbezeichnungen ausüben oder auch als Vertragszahnärzte zugelassen sind

§ 44 Abs. 7 BMV-Ä:

„Bei der Abrechnung sind die vertragsärztlichen Leistungen nach Maßgabe der von der Kassenärztlichen Vereinigung vorgeschriebenen Regelungen unter Angabe der Arztnummer sowie aufgeschlüsselt nach Betriebsstätten und Nebenbetriebsstätten zu kennzeichnen. Satz 1 gilt entsprechend für die Anstellung von Ärzten."

5.3 Aufhebung von Nebeneinanderberechnungsausschlüssen

Die Nebeneinanderberechnungsausschlüsse

der Gebührenordnungspositionen **02300 bis 02302** neben
den Gebührenordnungspositionen **05330 und 05331** sowie
der Gebührenordnungspositionen **des Abschnitts 31.2** neben
den Gebührenordnungspositionen **des Abschnitts 31.5.3** bzw.
der Gebührenordnungspositionen **des Abschnitts 36.2** neben
den Gebührenordnungspositionen **des Abschnitts 36.5.3**

beziehen sich nur auf die Erbringung der operativen Leistungen und der Anästhesie durch denselben an der vertragsärztlichen Versorgung teilnehmenden Arzt. Bei Erbringung der Gebührenordnungsposition durch Vertragsärzte verschiedener Fachgruppen findet dieser Ausschluss, auch in (Teil-)Berufsausübungsgemeinschaften, Arztpraxen mit angestellten Ärzten und Medizinischen Versorgungszentren von Anästhesiologen mit operativ tätigen Vertragsärzten, keine Anwendung.

Kommentar:

Auch hier werden – wie bereits oben unter Abschnitt 5.1 – Abrechnungsausschlüsse des EBM (bei Operationen und Anästhesien) relativiert. Die genannten Abrechnungsausschlüsse gelten nicht, wenn die Leistungen von Ärzten verschiedener Fachgruppen erbracht werden, auch wenn die „Fachgruppenvielfalt" durch Kooperationen oder angestellte Ärzte bedingt ist.

Hier gilt das bereits zu Abschnitt 5.1 Gesagte, dass es für die Zukunft dringend angeraten wäre, diese Ausnahmen (auch) direkt an den entsprechenden Stellen im EBM deutlich zu vermerken.

6 Vertragsärzte, die ihre Tätigkeit unter mehreren Gebietsbezeichnungen ausüben oder auch als Vertragszahnärzte zugelassen sind

6.1 Höhe der Versicherten-, Grund- bzw. Konsiliarpauschale

Für einen Vertragsarzt, der seine Tätigkeit unter mehreren Gebietsbezeichnungen bzw. mit mehreren Schwerpunktkompetenzen ausübt, richten sich die Berechnungsfähigkeit der Versicherten-, Grund- bzw. Konsiliarpauschalen nach dem Versorgungsauftrag, mit dem er in diesem Behandlungsfall überwiegend tätig war und zur vertragsärztlichen Versorgung zugelassen ist, sofern in den Präambeln der arztgruppenspezifischen Kapitel nichts anderes bestimmt ist. Der Vertragsarzt darf im Behandlungsfall nur eine Versicherten-, Grund- bzw. Konsiliarpauschale berechnen.

Kommentar:

Nimmt ein Vertragsarzt mit mehreren Gebietsbezeichnungen an der vertragsärztlichen Versorgung teil, wird die Höhe Versicherten-, Grund- oder Konsiliarpauschale an dem Versorgungsauftrag ausgerichtet. Die noch im alten EBM vorgesehene Orientierung anhand der Abrechnungsnummer wird dann, wenn die neue Nummernsystematik mit Arzt- und Betriebsstättennummer eingeführt wird, nicht mehr zwingend funktionieren, da die neue Arztnummer dann „lebenslang" gültig ist und damit die Fachgruppe oder den Versorgungsauftrag bei der Teilnahme an der vertragsärztlichen Versorgung nicht mehr abbilden kann. Hier werden die Kassenärztlichen Vereinigungen neue interne Kriterien schaffen müssen, um die richtige Zuordnung eines Arztes zu den für ihn gültigen Pauschalen zu gewährleisten. Dies gilt um so mehr, als die Zulassungen durch die Zulassungsausschüsse in der Vergangenheit in der Regel nicht den Versorgungsaustrag, für den die Zulassung erteilt wurde, expressis verbis benannt haben. Auch wird u.U. eine Änderung notwendig werden.

I Allgemeine Bestimmungen

6 Vertragsärzte, die ihre Tätigkeit unter mehreren Gebietsbezeichnungen ausüben oder auch als Vertragszahnärzte zugelassen sind

6.2 Berechnungsfähige Gebührenordnungspositionen

Die Berechnung der arztgruppenspezifischen Gebührenordnungspositionen eines Vertragsarztes, der seine Tätigkeit unter mehreren Gebietsbezeichnungen ausübt, richtet sich – mit Ausnahme der Versicherten- bzw. Grundpauschale (s. I-6.1) – unter Berücksichtigung von I-1.3 dieser Bestimmungen nach den berechnungsfähigen Leistungen der Gebiete, in denen er seine vertragsärztliche Tätigkeit ausübt. Dies gilt gemäß I-2.1.3 nicht für inhaltsgleiche Gebührenordnungspositionen.

Kommentar:

Die Berechnungsfähigkeit der übrigen Leistungen eines Vertragsarztes, der mit mehreren Gebietsbezeichnungen an der vertragsärztlichen Versorgung teilnimmt, orientiert sich an den für das jeweilige Gebiet abrechnungsfähigen Leistungen. Das gilt nicht für inhaltsgleiche Gebührenordnungsnummern (s.o. zu 2.1.3).

Das bedeutet, dass ein Arzt, der mit den Gebietsbezeichnungen Gynäkologie und Chirurgie zugelassen ist, Leistungen aus den Bereichen Orthopädie und Chirurgie erbringen und abrechnen darf.

6.2.1 Nebeneinanderberechnung von Gebührenordnungspositionen der Abschnitte 4.4, 4.5 und/oder 13.3

Abweichend von den Allgemeinen Bestimmungen zum EBM ist die Nebeneinanderberechnung von Gebührenordnungspositionen der schwerpunktorientierten pädiatrischen Versorgung der Abschnitte III.a-4.4 und/oder III.a-4.5 und/oder der schwerpunktorientierten internistischen Versorgung des Abschnitts III.b-13.3 – mit Ausnahme der Grundpauschalen – durch einen Vertragsarzt, der seine Tätigkeit unter mehreren Schwerpunktbezeichnungen ausübt, bei schwerpunktübergreifender Behandlung des Patienten unter Vornahme eines Abschlags in Höhe von 10 % von der Punktzahl der jeweiligen im selben Arztfall berechneten Gebührenordnungsposition der Abschnitte III.a-4.4, III.a-4.5 und/oder III.b-13.3 möglich.
Bei den Gebührenordnungspositionen der Abschnitte III.a-4.4, III.a-4.5 und/oder III.b-13.3, auf die diese Abschlagsregelung angewendet wird, wird die Prüfzeit gemäß Anhang VI-3 des EBM ebenfalls um 10 % vermindert.

Kommentar:

Diese nicht leicht verständliche Regelung hat das Ziel, bei Behandlungen von Ärzten, die mit mehreren pädiatrischen und/oder internistischen Schwerpunktbezeichnungen an der vertragsärztlichen Versorgung teilnehmen, bei einer schwerpunktübergreifenden Behandlung eines Patienten ansonsten bestehende Abrechnungsausschlüsse im Interesse eines solchen Behandlung zu beseitigen.

Konkret heißt das: Die Gebührenordnungspositionen der Abschnitte 4.4 (schwerpunktorientierte Kinder- und Jugendmedizin) und/oder 4.5 (Pädiatrische Leistungen mit Zusatzweiterbildung) und/oder des Abschnitts 13.3 (schwerpunktorientierte internistische Versorgung) können in einem solchen Fall nebeneinander berechnet werden. **Aber:** Die Punktzahlen werden jeweils um 10 % abgesenkt und die Ausnahme gilt nicht für die Grundpauschale. Konsequenterweise wird dann in diesen Fällen auch die Prüfzeit nach Anhang 3 des EBM bei diesen Leistungen um 10 % gemindert.

6.3 Gleichzeitige Teilnahme an der vertragszahnärztlichen Versorgung

Vertragsärzte, die auch als Vertragszahnärzte gemäß § 95 Abs. 1 SGB V an der Versorgung teilnehmen, dürfen die in einem einheitlichen Behandlungsfall durchgeführten Leistungen entweder nur über die Kassenärztliche Vereinigung oder nur über die Kassenzahnärztliche Vereinigung abrechnen. Die Berechnung einzelner Leistungen über die Kassenzahnärztliche Vereinigung schließt die Berechnung weiterer Leistungen in einem einheitlichen Behandlungsfall über die Kassenärztliche Vereinigung aus. Die Aufteilung eines einheitlichen Behandlungsfalls in zwei Abrechnungsfälle ist nicht zulässig.

Kommentar:

Nimmt ein Vertragsarzt gleichzeitig aufgrund einer weiteren Zulassung an der vertragszahnärztlichen Versorgung teil, können die Leistungen eines Behandlungsfalls entweder nur über die Kassenärztliche Vereinigung oder nur über die Kassenzahnärztliche Vereinigung abgerechnet werden. Die Bildung von zwei Abrechnungsfällen aus einem Behandlungsfall ist unzulässig. Mangels geeigneter Prüfungsmöglichkeiten der Kassenärztlichen Vereinigungen kann eine Überprüfung der Einhaltung dieser Bestimmung nur durch die Krankenkassen erfolgen, bei der die Daten von KV und KZV vorliegen.

7 Kosten

7.1 In den Gebührenordnungspositionen enthaltene Kosten

In den Gebührenordnungspositionen sind – soweit nichts anderes bestimmt ist – enthalten:
- Allgemeine Praxiskosten,
- Kosten, die durch die Anwendung von ärztlichen Instrumenten und Apparaturen entstanden sind,
- Kosten für Einmalspritzen, Einmalkanülen, Einmaltrachealtuben, Einmalabsaugkatheter, Einmalhandschuhe, Einmalrasierer, Einmalharnblasenkatheter, Einmalskalpelle, Einmalproktoskope, Einmaldarmrohre, Einmalspekula, Einmalküretten, Einmal-Abdecksets,
- Kosten für Reagenzien, Substanzen und Materialien für Laboratoriumsuntersuchungen,
- Kosten für Filmmaterial,
- Versand- und Transportkosten, insbesondere Kosten für die Versendung bzw. den Transport von Briefen und/oder schriftlichen Unterlagen, Telefaxen, digitalen Befunddatenträgern sowie Kosten für fotokopierte oder EDV-technisch reproduzierte Befundmitteilungen, Berichte, Arztbriefe und andere patientenbezogene Unterlagen ausschließlich für den mit- oder weiterbehandelnden oder konsiliarisch tätigen Arzt oder den Arzt des Krankenhauses.

Kommentar:

In diesem Abschnitt ist geregelt, welche Kosten Bestandteil der jeweiligen Gebührenordnungspositionen sind. So hat der Arzt aus dem Honorar für erbrachte Leistungen die allgemeinen Praxiskosten zu finanzieren. Hierzu gehören alle Aufwendungen, die für die freiberufliche ärztliche Tätigkeit als niedergelassener Vertragsarzt in eigener Praxis anfallen. Solche allgemeinen Praxiskosten sind Raum- und Raumnebenkosten, Abschreibungen auf Geräte und Einrichtungen, Löhne und Gehälter für die Angestellten, Fortbildungskosten, Mitgliedsbeiträge, Verwaltungskosten für die KV, Wartezimmerliteratur, Bürobedarf, Telefonkosten usw.

Nicht besonders berechnungsfähig sind auch Kosten, die durch die Anwendung von ärztlichen Instrumenten und Apparaturen entstanden sind. Hierzu gehören beispielsweise Röntgenfilme und Entwickler, Stromkosten, Desinfektion, Elektroden für das EKG, Reparaturkosten usw.

Im nächsten Spiegelstrich sind bestimmte Kosten für Einmalartikel als in den Leistungen enthalten beschrieben. Dieser Katalog ist abschließend. Alle anderen Einmalartikel sind nach Abschnitt 7.3 gesondert berechnungsfähig.

Schließlich ist hier geregelt, welche Porto- und Versandkosten gesondert berechnet werden können. Diese Kosten sind pauschaliert und nach den entsprechenden EBM Nrn. abrechnungsfähig.

Die Abrechnungspositionen des EBM sind in der Regel so bewertet, dass die üblichen Vorhaltekosten der Praxis bereits enthalten sind (Raummiete, Heizung, Strom, Telefon, Reinigung, Gehälter, fiktiver „Arzt-Lohn", Anschaffungs- und Betriebs- sowie Wartungskosten für Geräte, Bürobedarf, Wartezimmerlektüre, Fortbildung usw.).

7.2 Nicht berechnungsfähige Kosten

Kosten für Versandmaterial, für die Versendung bzw. den Transport des Untersuchungsmaterials und die Übermittlung des Untersuchungsergebnisses innerhalb des Medizinischen Versorgungszentrums, einer (Teil-)Berufsausübungsgemeinschaft, zwischen Betriebsstätten derselben Arztpraxis, innerhalb einer Apparate- bzw. Laborgemeinschaft oder innerhalb eines Krankenhausgeländes sind nicht berechnungsfähig.

Kosten für externe Übertragungsgeräte (Transmitter) im Zusammenhang mit einer telemedizinischen Leistungserbringung sind nicht berechnungsfähig, sofern in den Präambeln und Gebührenordnungspositionen des EBM nichts anderes bestimmt ist.

Kommentar:

Die Versandkostenpauschalen für Laborleistungen können z.B. nicht berechnet werden, wenn eine Laborgemeinschaft die Transportwege organisiert hat und ein Laborarzt auf diesen Transportwegen ebenfalls sein Material erhält. Organisiert der Laborarzt den Transportweg für seine Praxis und wird dieser Transportweg auch von der Laborgemeinschaft benutzt, so können Versandkostenpauschalen nicht in Anrechnung gebracht werden, wenn aus demselben Körpermaterial (z.B. einer Blutentnahme) sowohl beim Laborarzt als auch in der Laborgemeinschaft Laborleistungen ausgeführt werden.

Die bereits früher bestehende Regelung für den Transport innerhalb einer Apparate- bzw. Laborgemeinschaft oder innerhalb eines Krankenhausgeländes wurde, der Weiterentwicklung der Versorgungsrealität folgend, ausgedehnt auf Transporte innerhalb eines Medizinischen Versorgungszentrums, einer (Teil-) Berufsausübungsgemeinschaft und zwischen verschiedenen Betriebsstätten derselben Arztpraxis.

Die Einführung telemedizinischer Leistungen zum 1.6.2016 in den EBM erforderte auch eine Regelung zu den Kosten für erforderliche Übertragungsgeräte (Transmitter).

7.3 Nicht in den Gebührenordnungspositionen enthaltene Kosten

In den Gebührenordnungspositionen sind – soweit nichts anderes bestimmt ist – nicht enthalten:
- Kosten für Arzneimittel, Verbandmittel, Materialien, Instrumente, Gegenstände und Stoffe, die nach der Anwendung verbraucht sind oder die der Kranke zur weiteren Verwendung behält,
- Kosten für Einmalinfusionsbestecke, Einmalinfusionskatheter, Einmalinfusionsnadeln und Einmalbiopsienadeln,

Kommentar:

Der Abschnitt 7.3 regelt, welche Kosten nicht in den abrechnungsfähigen Leistungen enthalten sind und deshalb gesondert abgerechnet bzw. auch über Sprechstundenbedarf oder Einzelverordnung angefordert werden können.

Der erste Spiegelstrich dieses Abschnitts ist eine generelle Auffangklausel und besagt, dass alle am Patienten verbrauchten Materialien nicht in den Leistungsansätzen enthalten sind, sofern dies nicht ausdrücklich in der Leistung oder aber in Abschnitt 7.1 festgestellt wird.

Der zweite Spiegelstrich verdeutlicht für einige Einmalartikel diese Regelung.

Im dritten Spiegelstrich ist der einzige Fall der Abrechnungsfähigkeit von Telefonkosten aufgeführt. Telefonkosten – und zwar der Preis je Gebühreneinheit – sind nur dann abrechnungsfähig, wenn ein niedergelassener Arzt mit einem Krankenhaus zu einer erforderlichen stationären Behandlung Rücksprache nehmen muss. Grundgebühren können als Telefonkosten auch in diesem Fall nicht mit in Ansatz gebracht werden.

7.4 Berechnung von nicht in den Gebührenordnungspositionen enthaltenen Kosten

Die Berechnung und Abgeltung der Kosten nach I-7.3 erfolgt nach Maßgabe der Gesamtverträge.

Kommentar:

Der Inhalt des Kapitels 40 (Kostenpauschalen) ist nach wie vor streng genommen nicht Teil des EBM, sondern Inhalt gesamtvertraglicher Regelungen der Vertragspartner. Da diese aber für Gesamtverträge und EBM dieselben sind, kann über diese Unebenheit hinweggesehen werden.

II Arztgruppenübergreifende allgemeine Gebührenordnungspositionen

Die Gebührenordnungspositionen dieses Bereiches sind zusätzlich in den arztgruppenspezifischen Kapiteln aufgeführt. Die Möglichkeit der Berechnung von Gebührenordnungspositionen dieses Bereiches ist für die in den Präambeln zu einem arztgruppenspezifischen Kapitel genannten Vertragsärzte grundsätzlich nur gegeben, wenn sie in der Präambel des arztgruppenspezifischen Kapitels auch aufgeführt sind.

Kommentar:

Die in diesem Kapitel aufgeführten als Einzelleistungen abrechnungsfähigen Gebührenordnungspositionen können nur unter bestimmten Voraussetzungen abgerechnet werden. Sie müssen in der Präambel eines arztgruppenspezifischen Kapitels ausdrücklich für die dort genannten Vertragsärzte als abrechnungsfähig verzeichnet sein! Die alleinige Aufnahme in den Abschnitt II des EBM sagt daher noch nichts darüber aus, wer diese Leistungen tatsächlich abrechnen darf.

Beispiel: Nr. 01420 (Überprüfung der Notwendigkeit und Koordination der verordneten häuslichen Krankenpflege)

Diese Leistung ist zwar als Einzelleistung im Abschnitt II des EBM verzeichnet, kann aber trotzdem z.B. von Hausärzten und Pädiatern nicht abgerechnet werden, da sie im Katalog der Leistungen, die nach der Präambel Nr. 3 zu Kapiteln III. a, 3 (Hausärztlicher Versorgungsbereich) und IV. (Versorgungsbereich Kinder- und Jugendmedizin), zusätzlich zu den in diesem Kapitel genannten Gebührenordnungspositionen berechnungsfähig sind, nicht enthalten ist. Dagegen kann sie z.B. von einem HNO-Arzt und Internisten abgerechnet werden, da in Nr. 3 der Präambeln 9 (Hals-Nasen-Ohrenärztliche Gebührenpositionen) und 13 (Internisten) diese Gebührenordnungsposition ausdrücklich als zusätzlich berechnungsfähig genannt ist.

Das heißt, zum einen kann aus der Aufnahme einer Leistung in den Anhang 1 (Verzeichnis der nicht gesondert berechnungsfähigen Leistungen) nicht automatisch geschlossen werden, dass alle dort genannten Leistungen in keinem Fall als Einzelleistungen berechnungsfähig sind. Andererseits läßt aber auch eine Aufnahme einer Leistung in den Abschnitt II nicht den Schluss zu, dass sie dann regelmäßig abrechnungsfähig ist.

Es ist also in jedem Fall sehr sorgfältig zu prüfen, welche Inhalte die einzelnen arztgruppenspezifischen Kapitel des Abschnittes III (Arztgruppenspezifische Gebührenordnungspositionen) haben. Nur die dort genannten Leistungen sind für die jeweils in der Präambel genannten Arztgruppen berechnungsfähig.

Siehe aber auch die auf Antrag möglichen Ausnahmen (Kommentar zu Kapitel I, Abschnitt 1.3 und 1.5). So kann z. B. ein Internist ohne Schwerpunkt, wenn er bereits am 31.03.2005 zugelassen war, bei seiner KV einen Antrag stellen gastroenterologische Leistungen nach Abschnitt 13.3.3 zu erbringen und abzurechnen, obwohl diese nach Nr. 1 der Präambel zu diesem Abschnitt nur von Fachärzten für innere Medizin mit Schwerpunkt Gastroenterologie berechnet werden dürfen. Voraussetzung ist der Nachweis der erforderlichen persönlichen und strukturellen Voraussetzungen für diese Leistungen, sofern solche Voraussetzungen z. B. in Richtlinien des Gemeinsamen Bundesausschusses niedergelegt sind, und der Umstand, dass er zwischen Januar 2003 und 30.6.2004 diese Leistungen schwerpunktmäßig erbracht hat.

© Springer-Verlag GmbH Deutschland, ein Teil von Springer Nature 2024
P. M. Hermanns und K. von Pannwitz (Hrsg.), *EBM 2024 Kommentar Kinderheilkunde*, Abrechnung erfolgreich und optimal,
https://doi.org/10.1007/978-3-662-68662-1_2

1 Allgemeine Gebührenordnungspositionen

1.1 Aufwandserstattung für die besondere Inanspruchnahme des Vertragsarztes durch einen Patienten

01100 Unvorhergesehene Inanspruchnahme des Vertragsarztes durch einen Patienten **196**
23,39
- zwischen 19:00 und 22:00 Uhr
- an Samstagen, Sonntagen und gesetzlichen Feiertagen, am 24.12. und 31.12. zwischen 07:00 und 19:00 Uhr

Anmerkung Die Gebührenordnungsposition 01100 ist nicht berechnungsfähig, wenn Sprechstunden vor 07:00 Uhr oder nach 19:00 Uhr stattfinden oder Patienten zu diesen Zeiten bestellt werden.
Im Rahmen der unvorhergesehenen Inanspruchnahme des Vertragsarztes ist die Gebührenordnungsposition 01100 auch dann nur einmal berechnungsfähig, wenn es sich um eine Gruppenbehandlung handelt.
Die Gebührenordnungsposition 01100 ist ausschließlich bei kurativer Behandlung berechnungsfähig.

Abrechnungsausschluss
am Behandlungstag 01955, 01956
in derselben Sitzung 01101, 01102, 01205, 01207, 01210, 01212, 01214, 01216, 01218, 01410, 01411 bis 01413, 01415, 01418, 01949, 01950, 01951, 03373, 04373, 37306

Aufwand in Min. **Kalkulationszeit:** KA **Prüfzeit:** ./. **Eignung d. Prüfzeit:** Keine Eignung

GOÄ entsprechend oder ähnlich: Erbrachte Leistung(en) nach GOÄ + Zuschlag A, B, D

Kommentar: Die EBM-Nrn. 01100, 01101 und 01102 für Inanspruchnahme zu „Unzeiten" sind nur für den Vertragsarzt oder seinen persönlichen Vertreter – auch für die telefonische Inanspruchnahme – abrechenbar.

Eine Abrechnung der Nrn. 01100, 01101 und 01103 nebeneinander ist ausgeschlossen.

Ferner ausgeschlossen ist die Abrechnung der Nrn. Nrn. 01100 und 01101 neben:
- **01210 Notfallpauschale** – Persönlicher Arzt-Patienten-Kontakt
- **01214 Notfallkonsultationspauschale I** – Weiterer persönlicher oder anderer Arzt-Patienten-Kontakt
- **01216 Notfallkonsultationspauschale II** bei Inanspruchnahme zwischen 19:00 und 22:00 Uhr, an Samstagen, Sonntagen und gesetzlichen Feiertagen, am 24.12. und 31.12. zwischen 07:00 und 19:00 Uhr
- **01218 Notfallkonsultationspauschale III** bei Inanspruchnahme zwischen 22:00 und 7:00 Uhr, an Samstagen, Sonntagen und gesetzlichen Feiertagen, am 24.12. und 31.12. zwischen 19:00 und 7:00 Uhr
- **01410 Besuch eines Kranken,** wegen der Erkrankung ausgeführt
- **01411, 01412 Dringende Besuche** – Details siehe dort
- **01413 Besuch eines weiteren Kranken** in derselben sozialen Gemeinschaft (z. B. Familie) und/oder in beschützenden Wohnheimen bzw. Einrichtungen bzw. Pflege- oder Altenheimen mit Pflegepersonal
- **01950** Substitutionsgestützte Behandlung Opiatabhängiger
- **01951** Zuschlag zu der **Gebührenordnungsposition** 01950 für die Behandlung an Samstagen, an Sonn- und gesetzlichen Feiertagen, am 24. und 31. Dezember
- **präventiven Leistungen**
- **wenn während der Zeit eine regelmäßige Sprechstundentätigkeit ausgeübt wird.** Die gilt auch für Fälle, in denen ein Patient noch rechtzeitig während der normalen Sprechstunde die Praxis aufsucht und wegen einer längere Wartezeit erst zur „Unzeit" nach Nrn. 01100 bis 01102 behandelt wird. Ebenso ist die im Rahmen einer ambulanten Operation erforderliche Nachkontrolle, die in dem angegebenen Zeitraum der EBM-Nrn. 01100 und 01101 fällt, nicht abrechenbar.
- wenn der Arzt z.B. einen Patienten samstags zwischen 7 und 19 Uhr einbestellt.

Im Rahmen einer Gruppenbehandlung (2 Patienten sind schon eine Gruppe) kann nur für den ersten Patienten die Leistung nach 01100 oder 11001 berechnet werden.

Die „Unzeitziffern" EBM-Nrn. 01100 bis 01102 sind jedoch neben der Visite auf Belegstation nach Nr. 01414 abrechenbar.

Die nachfolgende Tabelle zeigt die gesetzlichen Feiertage im gesamten Bundesgebiet

- Neujahr
- Karfreitag
- Ostermontag
- 01.05. Maifeiertag

- Christi Himmelfahrt
- Pfingstmontag
- 03.10.Tag der Deutschen Einheit
- 25.12. und 26.12. 1. und 2. Weihnachtstag

und in den verschiedenen Bundesländern.

- 06.01. Heilige drei Könige in Baden-Württemberg, Bayern, Sachsen-Anhalt
- Fronleichnam in Baden-Württemberg, Bayern, Hessen, Nordrhein-Westfalen, Rheinland-Pfalz, Saarland, in Sachsen und Thüringen in Gemeinden mit überwiegend katholischer Bevölkerung
- 08.03. Internationaler Frauentag in Berlin
- 08.05. Tag der Befreiung in Berlin
- 08.08. Friedensfest in Augsburg
- 15.08 Mariä Himmelfahrt in Bayern (nur in Gemeinden mit überwiegend katholischer Bevölkerung), Saarland
- 31.10 Reformationstag in Brandenburg, Mecklenburg-Vorpommern, Sachsen,Sachsen-Anhalt nur in Gemeinden mit überwiegend evangelischer Bevölkerung,
- 01.11 Allerheiligen in Baden-Württemberg, Bayern, Nordrhein-Westfalen,Rheinland-Pfalz, Saarland
- Buß- und Bettag im Saarland

Neben Nrn. 01100 und 01101 abrechenbar sind z. B.

- die arztgruppenspezifische Versichertenpauschale im Hausärztlichen Versorgungsbereich nach Kapiteln III.a und III.b (Hausärzte und Ärzte im Bereich der allgemeinen Kinder- und Jugendmedizin),
- sowie die Grundpauschale bei Ärzten aus dem fachärztlichen Versorgungsbereich Kapitel III.B 5 bis 27

bei persönlichem Arzt-Patienten-Kontakt.

Für eine erforderliche und vereinbarte „vorgesehene" Inanspruchnahme z. B.

eines Verbandswechsels am Sonntag ist im EBM keine Gebührenordnungs-Nr. vorhanden, so dass nur die erbrachte Leistung abgerechnet werdenkann.

Lediglich bei unvorhergesehener Inanspruchnahme können je nach der Tageszeit die entsprechenden EBM-Nrn. nach 01100 oder 01101 auch am Wochenende abgerechnet werden.

Rechtsprechung

▶ **Die Nr. 01100, 01101 und 01210 EBM 2005 nur im organisierten Not(fall)dienst ansetzbar.**
Es ist keine unvorhergesehene Inanspruchnahme des Vertragsarztes durch einen Patienten i.S. der Nr. 01100 EBM 2005, wenn dieser das vom Vertragsarzt vorgehaltene Angebot einer Notfallsprechstunde annimmt. Es ist dabei unerheblich, ob der medizinische Fall unvorhergesehen war oder nicht.
Organisierter Not(fall)dienst i.S. der Nr. 01210 EBM ist nur der durch § 75 I 2 SGB V legal definierte Notdienst, den die KVen zur Erfüllung ihrer gesetzlichen Sicherstellungsverpflichtung zu organisieren haben. Der Ausschluss der Abrechnung nach Nr. 01210 EBM für eigenverantwortlich und freiwillig organisierte Notfalldienste außerhalb des durch die KV organisierten Notfalldienstes ist gerechtfertigt.
Aktenzeichen: LSG Hamburg, 07.06.2012, AZ: L 1 KA 59/09
Entscheidungsjahr: 2012

▶ Allein die Bekanntgabe der Mobiltelefonnummer und die Gewährleistung der telefonischen Erreichbarkeit des Vertragsarztes für seine Patienten steht der „unvorhergesehenen" Inanspruchnahme und damit dem Ansatz der Gebührenordnungsposition 01100 des Einheitlichen Bewertungsmaßstabs für vertragsärztliche Leistungen (juris: EBM-Ä 2008) nicht entgegen. (BSG, Urt. v. 15.07.2020, Az.: B 6 KA 13/19 R – Leitsatz).
Allein der Umstand, dass ein Arzt für (im Fall des BSG) operierte Patienten über eine Mobiltelefonnummer rund um die Uhr erreichbar ist, hat nicht zur Folge, dass die Inanspruchnahme des Arztes durch die Patienten generell nicht mehr als „unvorhergesehen" anzusehen wäre. (BSG, Urt. v. 15.07.2020, Az.: B 6 KA 13/19 R).

1 Allgemeine Gebührenordnungspositionen

EBM-Nr. EBM-Punkte / Euro

Von der Abrechnung der GOP 01100 EBM sind alle Behandlungen ausgeschlossen, die im Rahmen der regulären Behandlungtätigkeit des Arztes stattfinden (z.B. Behandlung von Patienten im Rahmen der Sprechstunde oder auch nach besonderer Vereinbarung). Auch die Tätigkeit des Arztes in einer Notfallambulanz ist reguläre Dienstzeit des Arztes, der sich dort gerade aufhält, um Patienten außerhalb der üblichen Sprechstundenzeiten zu behandeln. An einer unvorhergesehenen Inanspruchnahme fehlt es auch, wenn die Initiative für die Inanspruchnahme nicht unmittelbar vom Patienten, sondern vom Operateur ausgeht. (BSG, Urt. v. 15.07.2020, Az.: B 6 KA 13/19 R)

Tipp: Auf einen Blick: Alle möglichen unvorhergesehenen Inanspruchnahmen und die EBM Nrn.
- Mo.–Fr. 19–22 Uhr = **EBM Nr. 01100**
- Mo.–Fr. 22–07 Uhr = **EBM Nr. 01101**
- Sa. bei reguläre Sprechstunde 07–14 Uhr = **EBM Nr. 01102**
- Sa. So, feiertags 24./31.12., 07–19 Uhr = **EBM Nr. 01100**
- Sa., So., feiertags, 24./31.12. 19–07 Uhr = **EBM Nr. 01101**

01101 Unvorhergesehene Inanspruchnahme des Vertragsarztes durch einen Patienten **313**
- zwischen 22:00 und 07:00 Uhr **37,35**
- an Samstagen, Sonntagen und gesetzlichen Feiertagen, am 24.12. und 31.12. zwischen 19:00 und 07:00 Uhr

Anmerkung Die Gebührenordnungsposition 01101 ist nicht berechnungsfähig, wenn Sprechstunden vor 07:00 Uhr oder nach 19:00 Uhr stattfinden oder Patienten zu diesen Zeiten bestellt werden.
Im Rahmen der unvorhergesehenen Inanspruchnahme des Vertragsarztes ist die Gebührenordnungsposition 01101 auch dann nur einmal berechnungsfähig, wenn es sich um eine Gruppenbehandlung handelt.
Die Gebührenordnungsposition 01101 ist ausschließlich bei kurativer Behandlung berechnungsfähig.

Abrechnungsausschluss
am Behandlungstag 01955, 01956
in derselben Sitzung 01100, 01102, 01205, 01207, 01210, 01212, 01214, 01216, 01218, 01410, 01411 bis 01413, 01415, 01418, 01949, 01950, 01951, 03373, 04373 und 37306

Aufwand in Min. **Kalkulationszeit:** KA **Prüfzeit:** ./. **Eignung d. Prüfzeit:** Keine Eignung

GOÄ entsprechend oder ähnlich: Erbrachte Leistung(en) nach GOÄ + Zuschläge A, B, C, D zu erbrachten Beratungen oder Untersuchungen

Kommentar: Siehe Kommentar zu Nr. 01100

Die EBM-Nrn. 01100, 01101 und 01102 für Inanspruchnahme zu „Unzeiten" sind nur für den Vertragsarzt oder seinen persönlichen Vertreter – auch für die telefonische Inanspruchnahme – abrechenbar.
Eine Abrechnung der Nrn. 01100, 01101 und 01103 nebeneinander ist ausgeschlossen.

Ferner ausgeschlossen ist die Abrechnung der Nrn. 01100 und 01101 neben einer Reihe weiterer Leistungen – siehe Legende der Leistung.

Im Rahmen einer Gruppenbehandlung (2 Patienten sind schon eine Gruppe) kann nur für den ersten Patienten die Leistung nach 01100 oder 01101 berechnet werden. Die „Unzeitziffern" EBM-Nrn. 01100 bis 01102 sind jedoch neben der Visite auf Belegstation nach Nr. 01414 abrechenbar.
- die arztgruppenspezifische Versichertenpauschale im Hausärztlichen Versorgungsbereich nach Kapiteln III.a und III.b (Hausärzte und Ärzte im Bereich der allgemeinen Kinder- und Jugendmedizin),
- sowie die Grundpauschale bei Ärzten aus dem fachärztlichen Versorgungsbereich Kapitel III.B 5 bis 27.

Tipp: Auf einen Blick: Alle möglichen unvorhergesehenen Inanspruchnahmen und die EBM Nrn.
- Mo.–Fr. 19–22 Uhr = **EBM Nr.01100**
- Mo.–Fr. 22–07 Uhr = **EBM Nr.01101**
- Sa. bei reguläre Sprechstunde 07–14 Uhr = **EBM Nr.01102**
- Sa. So, feiertags 24./31.12., 07–19 Uhr = **EBM Nr.01100**
- Sa., So., feiertags, 24./31.12. 19–07 Uhr = **EBM Nr.01101**

01102 Inanspruchnahme des Vertragsarztes an Samstagen zwischen 07:00 und 19:00 Uhr   **101**
12,05

Anmerkung Im Rahmen der Inanspruchnahme des Vertragsarztes ist die Gebührenordnungsposition 01102 auch dann nur einmal berechnungsfähig, wenn es sich um eine Gruppenbehandlung handelt.
Die Gebührenordnungsposition 01102 ist nur dann neben der Gebührenordnungsposition 01413 berechnungsfähig, wenn die Inanspruchnahme nach der Nr. 01413 in beschützenden Wohnheimen bzw. Einrichtungen bzw. Pflege- oder Altenheimen mit Pflegepersonal auf besondere Anforderung erfolgt.

Abrechnungsausschluss
in derselben Sitzung 01100, 01101, 01205, 01207, 01210, 01212, 01214, 01216, 01218, 01410 bis 01412, 01415, 01418, 01949, 01950, 01951, 03373, 04373, 04564, 04565, 04566, 04572, 04573, 13610, 13611, 13612, 13620, 13621, 13622, 37306
am Behandlungstag 01955, 01956

Aufwand in Min. **Kalkulationszeit: KA   Prüfzeit: ./.   Eignung d. Prüfzeit:** Keine Eignung

GOÄ   entsprechend oder ähnlich: Erbrachte Leistung(en)nach GOÄ + Zuschlag D

Kommentar: Diese Leistung kann nur vom Vertragsarzt oder seinem persönlichen Vertreter abgerechnet werden. Die Leistung kann abgerechnet werden
* am Samstag, wenn generell eine Sprechstunde stattfindet, aber auch wenn Patienten entsprechend zu diesem Termin einbestellt wurden
* bei telefonischer Beratung

1.2 Gebührenordnungspositionen für die Versorgung im Notfall und im organisierten ärztlichen Not(-fall)dienst

1. Neben den Gebührenordnungspositionen dieses Abschnittes sind nur Gebührenordnungspositionen berechnungsfähig, die in unmittelbarem diagnostischen oder therapeutischen Zusammenhang mit der Notfallversorgung stehen. Die Nr. I-1.5 der Allgemeinen Bestimmungen gilt für die Berechnung von im Rahmen der Notfallversorgung erbrachten Gebührenordnungspositionen nicht.

2. Bei der ersten persönlichen Inanspruchnahme im Notfall oder im organisierten Not(-fall)dienst ist die Gebührennungsposition 01205, 01207, 01210 oder 01212 entsprechend der in der Leistungslegende vorgegebenen Zeiten im Behandlungsfall zu berechnen. Die Gebührenordnungspositionen 01210 und 01212 sind im organisierten Not(-fall)dienst zudem auch bei erster Inanspruchnahme im Rahmen einer Videosprechstunde entsprechend den in der Leistungslegende vorgegebenen Zeiten im Behandlungsfall berechnungsfähig. Für jede weitere Inanspruchnahme ist im Notfall oder im organisierten Not(-fall)dienst im Behandlungsfall ist die Gebührenordnungsposition 01214, 01216 bzw. 01218 zu berechnen. Wird bei der ersten Inanspruchnahme im Notfall oder im organisierten Not(-fall) dienst die Gebührenordnungsposition 01205 oder 01207 berechnet, sind die Gebührenordnungspositionen 01214, 01216 und 01218 nur mit ausführlicher schriftlicher medizinischer Begründung abrechnungsfähig.

3. Neben den Gebührenordnungspositionen 01205, 01207, 01210, 01212, 01214, 01216 und 01218 sind Beratungs-, Gesprächs- und Erörterungsleistungen nicht berechnungsfähig.

4. Nicht an der vertragsärztlichen Versorgung teilnehmende Ärzte, Institute und Krankenhäuser dürfen die Gebührenordnungspositionen 01210, 01212, 01214, 01216, 01218, 01223, 01224 und 01226 nur berechnen, wenn die Erkrankung des Patienten auf Grund ihrer Beschaffenheit einer sofortigen Maßnahme bedarf und die Versorgung durch einen Vertragsarzt entsprechend § 76 SGB V nicht möglich und/oder auf Grund der Umstände nicht vertretbar ist.

5. Die Berechnung der Gebührenordnungspositionen 01205, 01207, 01210, 01212, 01214, 01216 und 01218 setzt die Angabe der Uhrzeit der Inanspruchnahme voraus.

6. Sofern im Zeitraum vom 1. Januar 2008 bis zum 31. März 2015 nicht für alle Behandlungsfälle des Quartals die Angabe der Uhrzeit der Inanspruchnahmen gemäß Nr. 5 im organisierten Not(-fall)dienst oder von nicht an der vertragsärztlichen Versorgung teilnehmenden Ärzten, Instituten oder Krankenhäusern bei Inanspruchnahme in diesem Quartal gegenüber der Kassenärztlichen Vereinigung erfolgt ist bzw. nachgewiesen werden kann, wird abweichend von Nr. 2 für alle Behandlungsfälle in diesem Quartal die erste Inanspruchnahme im Notfall oder im organisierten Not(-fall)dienst wie folgt bewertet:01.01.2008 bis 31.12.2008: 430 Punkte, 01.01.2009 bis 30.9.2013: 475 Punkte, 01.10.2013 bis 31.3.2015: 168 Punkte.

7. Wenn die Erkrankung des Patienten aufgrund ihrer Beschaffenheit keiner sofortigen Maßnahme bedarf und die nachfolgende Versorgung durch einen Vertragsarzt außerhalb der Notfallversorgung möglich und/

oder auf Grund der Umstände vertretbar ist, ist die Gebührenordnungsposition 01205 bzw. 01207 zu berechnen.

8. Die Gebührenordnungspositionen 01223 und 01224 sind ausschließlich bei Patienten berechnungsfähig, die aufgrund der Art, Schwere und Komplexität der Behandlungsdiagnose einer besonders aufwändigen Versorgung im Rahmen der Notfallversorgung bedürfen. Die Gebührenordnungspositionen 01223 und 01224 können nur bei Erfüllung mindestens einer der nachfolgenden gesicherten Behandlungsdiagnosen berechnet werden:

- Frakturen im Bereich der Extremitäten proximal des Metacarpus und Metatarsus,
- Schädel-Hirn-Trauma mit Bewusstlosigkeit von weniger als 30 Minuten (S06.0 und S06.70),
- Akute tiefe Beinvenenthrombose,
- Hypertensive Krise,
- Angina pectoris (ausgenommen: ICD I20.9),
- Pneumonie,
- Akute Divertikulis.

In Fällen, in denen diese Kriterien nicht erfüllt werden, aber auf Grund der Art, Schwere und Komplexität der Behandlungsdiagnose eine besonders aufwändige Versorgung im Rahmen der Notfallversorgung notwendig ist, können die Gebührenordnungspositionen 01223 und 01224 mit ausführlicher schriftlicher medizinischer Begründung im Ausnahmefall berechnet werden. Hierbei ist insbesondere die Schwere und Komplexität der Behandlungsdiagnose darzulegen.

9. Die Gebührenordnungsposition 01226 ist nur berechnungsfähig bei

- Neugeborenen, Säuglingen und Kleinkindern

oder

- Patienten mit krankheitsbedingt erheblich komplexer Beeinträchtigung kognitiver, emotionaler und verhaltensbezogener Art (ausgenommen Beeinträchtigung kognitiver, emotionaler und verhaltensbezogener Art infolge psychotroper Substanzen)

und/oder

- Patienten ab dem vollendeten 70. Lebensjahr mit geriatrischem Versorgungsbedarf und Frailty-Syndrom (Kombination von unbeabsichtigtem Gewichtsverlust, körperlicher und/oder geistiger Erschöpfung, muskulärer Schwäche, verringerter Ganggeschwindigkeit und verminderter körperlicher Aktivität)

und/oder

- Patienten mit einer der folgenden Erkrankungen: F00-F02 dementielle Erkrankungen, G30 Alzheimer-Erkrankung, G20.1 Primäres Parkinson-Syndrom mit mäßiger bis schwerer Beeinträchtigung und G20.2 Primäres Parkinson-Syndrom mit schwerster Beeinträchtigung.

Kommentar:

Im Rahmen des organisierten ärztlichen Notfalldienstes sind neben den Leistungen nach diesem Abschnitt alle die Leistungen von der Abrechnung ausgeschlossen, die nicht in unmittelbarem diagnostischen oder therapeutischen Zusammenhang mit der Notfallversorgung stehen. Die in Abschnitt 1.5. der allgemeinen Bestimmungen enthaltene Abrechnungsbeschränkung für arztgruppenspezifische Leistungen auf die jeweils in der einschlägigen Präambel genannten Arztgruppen gilt hingegen im Notfalldienst nicht.

Merke: Im Notfall und Notdienst „öffnet sich" der EBM

Die erforderliche Gabe von Infusionen nach EBM Nr. 02100 ist im Notdienst abrechenbar.

Die Abrechnung der Pauschalen nach den Nrn. 01210, 01212, 01214, 01216 und 01218 durch Ärzte oder Einrichtungen, die nicht an der vertragsärztlichen Versorgung teilnehmen ist beschränkt auf die Fälle, die als Notfall einer sofortigen Behandlung bedürfen, diese aber im Rahmen des der Kassenärztlichen Vereinigung obliegenden Sicherstellung einen an der vertragsärztlichen Versorgung teilnehmenden Arzt bzw. eine entsprechende Einrichtung nicht oder nicht unter vertretbaren Umständen in Anspruch nehmen können.

Mit Wirkung zum 1.4.2017 wurden zudem Schweregradzuschläge für besonders aufwändige Behandlungsfälle eingeführt sowie eine sog. Abklärungspauschale für Patienten, die nicht notfallmäßig in der Notfallaufnahme eines Krankenhauses oder im organisierten Notfall- bzw. Bereitschaftsdienst ersorgt werden müssen und deshalb in eine Arztpraxis weitergeleitet werden können.

Schweregradzuschläge sind nach EBM Nrn. 01223 als Zuschlag zur Nr. 01210 und 01224 als Zuschlag zur Nr. 01212 abzurechnen (s. oben) Kapitel 1.2 und Pkt. 8.)

Nur in Fällen, in denen diese Kriterien nicht erfüllt werden, dafür aber aufgrund von Art, Schwere und Komple-xität der Behandlungsdiagnose eine vergleichbar aufwändige Versorgung im Rahmen der Notfallversorgung erfolgt, können die Schweregradzuschläge mit einer ausführlicher Begründung berechnet werden.

Der Zuschlag nach EBM Nr. 01226 (als Zuschlag zur Nr. 01212) ist ausschließlich bei Nacht, am Wochenende und an Feiertagen bei

• Neugeborenen, Säuglingen und Kleinkindern
• sowie Patienten mit schweren kognitiven, emotionalen und verhaltensbezogenen Beeinträchtigungen
• und/oder Demenz/Parkinson-Syndrom

berechnungsfähig.

Rechtsprechung

▶ **Vergütung von Notfallbehandlungen**

Die punktzahlmäßige Bewertung des Ordinationskomplexes für Notfallbehandlungen im EBM-Ä darf nicht danach differenzieren, ob die Behandlung im organisierten vertragsärztlichen Notfalldienst oder in einem Krankenhaus durchgeführt worden ist. Für eine unterschiedliche Bewertung gibt es keinen sachlichen Grund; das Gleichheitsgebot des Art. 3 Abs.1 GG wäre verletzt.
Aktenzeichen: BSG, 17.09.2008, AZ: B 6 KA 46/07 R
Entscheidungsjahr: 2008

01205   Notfallpauschale im organisierten Not(-fall)dienst und für nicht an der vertrags-   **45**
              ärztlichen Versorgung teilnehmende Ärzte, Institute und Krankenhäuser für die   5,37
              Abklärung der Behandlungsnotwendigkeit bei Inanspruchnahme
              • zwischen 07:00 und 19:00 Uhr (außer an Samstagen, Sonntagen, gesetzlichen Feiertagen
                und am 24.12. und 31.12.)

Obligater Leistungsinhalt
• Persönlicher Arzt-Patienten-Kontakt im organisierten Not(-fall)dienst und für nicht an der vertragsärztlichen Versorgung teilnehmende Ärzte, Institute und Krankenhäuser,
• Bewertung der Dringlichkeit der Behandlungsnotwendigkeit,

Fakultativer Leistungsinhalt
• Koordination der nachfolgenden Versorgung durch einen Vertragsarzt außerhalb der Notfallversorgung,
• Erhebung Lokalbefund

Abrechnungsbestimmung einmal im Behandlungsfall

Anmerkung Gemäß der Nr. 7 der Bestimmung zum Abschnitt 1.2 ist die Gebührenordnungsposition 01205 zu berechnen, wenn die Erkrankung des Patienten auf Grund ihrer Beschaffenheit keiner sofortigen Maßnahme bedarf und die nachfolgende Versorgung durch einen Vertragsarzt außerhalb der Notfallversorgung möglich und/oder auf Grund der Umstände vertretbar ist.
Neben der Gebührenordnungsposition 01205 ist für die Berechnung der jeweiligen arztgruppenspezifischen Versicherten-, Grund- oder Konsiliarpauschale in demselben Behandlungsfall mindestens ein weiterer persönlicher Arzt-Patienten-Kontakt bzw. Arzt-Patienten-Kontakt im Rahmen einer Videosprechstunde außerhalb des organisierten ärztlichen Not(-fall)dienstes notwendig.

Abrechnungsausschluss
am Behandlungstag 01626, 01955, 01956
im Behandlungsfall 01207, 01210, 01212
in derselben Sitzung 01100, 01101, 01102, 01214, 01216, 01218, 01411, 01412, 01414, 01415, 01949, 01950, 01951, 03030, 03373, 04030, 04355, 04356, 04373, 14220, 14221, 16220, 21220, 21221, 22220, 22221, 22222, 23220, 27310, 30930, 30931, 30932, 30933, 34720, 34721, 35163 bis 35169 und 35173 bis 35179, 37306, 37500, 37510 und Kapitel 33, 34 und 35

Berichtspflicht Nein

Aufwand in Min.   **Kalkulationszeit:** 2   **Prüfzeit:** ./.   **Eignung d. Prüfzeit:** Keine Eignung

Kommentar: **Die Abklärungspauschale:** Für Patienten, die nicht notfallmäßig in der Notaufnahme im Krankenhaus oder im organisierten Bereitschaftsdienst behandelt werden müssen und deshalb in eine Arztpraxis weitergeleitet werden können, gibt es künftig zwei sogenannte Abklärungspauschalen:
- **Nr. 01205** – bewertet mit 45 Punkten (4,74 Euro) – für die Abklärung der Behandlungsnotwendigkeit am Tag (zwischen 7 und 19 Uhr, außer an Wochenenden, Feiertagen sowie am 24.12. und 31.12)
- **Nr. 01207** – bewertet mit 80 Punkten (8,42 Euro) – für die Abklärung der Behandlungsnotwendigkeit in der Nacht (zwischen 19 und 7 Uhr, an Wochenenden, Feiertagen sowie am 24.12. und 31.12).

Durch die Einführung einer solchen Abklärungspauschale sollen – so die KBV – vor allem die überfüllten Notaufnahmen der Kliniken entlastet werden.

Die KBV erläutert…" Die Abklärungspauschale kann abgerechnet werden, wenn ein Patient in die reguläre vertragsärztliche Versorgung weitergeleitet werden kann, weil er kein Notfall ist. Damit wird die Abklärung der Behandlungsnotwendigkeit und Koordination der weiteren Behandlung vergütet.
Die Ausschlüsse sind die gleichen wie bei den bestehenden Notfallpauschalen (EBM 01210, 01212, 01214 und 01216 und 01218).

Zudem dürfen neben der Abklärungspauschale nicht die EBM-Kapitel IV-34, IV-33, und IV-35 (bildgebende Diagnostik) abgerechnet werden…"
Siehe KBV Infos: http://www.kbv.de/html/1150_25783.php

01207   Notfallpauschale im organisierten Not(-fall)dienst und für nicht an der vertrags-   **80**
            ärztlichen Versorgung teilnehmende Ärzte, Institute und Krankenhäuser für die   9,55
            Abklärung der Behandlungsnotwendigkeit bei Inanspruchnahme

Obligater Leistungsinhalt
- zwischen 19:00 und 07:00 Uhr des Folgetages
- ganztägig an Samstagen, Sonntagen, gesetzlichen Feiertagen und am 24.12. und 31.12.

Fakultativer Leistungsinhalt
- Persönlicher Arzt-Patienten-Kontakt im organisierten Not(-fall)dienst und für nicht an der vertragsärztlichen Versorgung teilnehmende Ärzte, Institute und Krankenhäuser,
- Bewertung der Dringlichkeit der Behandlungsnotwendigkeit

Abrechnungsbestimmung   einmal im Behandlungsfall

Anmerkung   Gemäß der Nr. 7 der Bestimmung zum Abschnitt 1.2 ist die Gebührenordnungsposition 01207 zu berechnen, wenn die Erkrankung des Patienten auf Grund ihrer Beschaffenheit keiner sofortigen Maßnahme bedarf und die nachfolgende Versorgung durch einen Vertragsarzt außerhalb der Notfallversorgung möglich und/oder auf Grund der Umstände vertretbar ist.
Neben der Gebührenordnungsposition 01207 ist für die Berechnung der jeweiligen arztgruppenspezifischen Versicherten-, Grund- oder Konsiliarpauschale in demselben Behandlungsfall mindestens ein weiterer persönlicher Arzt-Patienten-Kontakt bzw. Arzt-Patienten-Kontakt im Rahmen einer Videosprechstunde außerhalb des organisierten ärztlichen Not(-fall)dienstes notwendig.

Abrechnungsausschluss
am Behandlungstag 01626, 01955 und 01956
im Behandlungsfall 01205, 01210, 01212
in derselben Sitzung 01100 bis 01102, 01214, 01216, 01218, 01411, 01412, 01414, 01415, 01950, 01951, 03030, 03373, 04030, 04355, 04356, 04373, 14220, 14221, 16220, 21220, 21221, 22220 bis 22222, 23220, 27310, 30930 bis 30933, 34720, 34721, 35163 bis 35169 und 35173 bis 35179, 37306, 37500, 37510 und Kapitel 33, 34 und 35.

Berichtspflicht   Nein

Aufwand in Min.   **Kalkulationszeit: 2**   **Prüfzeit: ./.**   **Eignung d. Prüfzeit:** Keine Eignung

GOÄ   entsprechend oder ähnlich: Bei anderer Gliederung sind die Zuschläge A, B, C, D zu Beratungen und Untersuchungen möglich.

Kommentar: Siehe auch Kommentar zu Nr. 01205 und KBV Informationen unter https://www.kbv.de/html/notfallversorgung.php

01210 Notfallpauschale I im organisierten Not(-fall)dienst und für nicht an der vertrags- **120**
ärztlichen Versorgung teilnehmenden Ärzte, Institute und Krankenhäuser bei 14,32
Inanspruchnahme zwischen 07:00 Uhr und 19:00 Uhr (außer an Samstagen,
Sonntagen, gesetzlichen Feiertagen und am 24.12. und 31.12.)

Obligater Leistungsinhalt
• Persönlicher Arzt-Patienten-Kontakt im organisierten Not(-fall)dienst und für nicht an
  der vertragsärztlichen Versorgung teilnehmende Ärzte, Institute und Krankenhäuser
oder
• Arzt-Patienten-Kontakt im Rahmen einer Videosprechstunde im organisierten Not(-fall)
  dienst,

Fakultativer Leistungsinhalt
• In Anhang VI-1, Spalte GP, aufgeführte Leistungen,
• Funktioneller Ganzkörperstatus (27310),

Abrechnungsbestimmung einmal im Behandlungsfall

Anmerkung Neben der Gebührenordnungsposition. 01210 ist für die Berechnung der
jeweiligen arztgruppenspezifischen Versicherten-, Grund- oder Konsiliarpauschale in
demselben Behandlungsfall mindestens ein weiterer persönlicher Arzt-Patienten-Kontakt
bzw. Arzt-Patienten-Kontakt im Rahmen einer Videosprechstunde außerhalb des organisierten ärztlichen Not(-fall)dienstes notwendig.
Bei Durchführung der Leistung im Rahmen einer Videosprechstunde ist dies durch
Angabe einer bundeseinheitlich kodierten Zusatzkennzeichnung zu dokumentieren. Für
die Abrechnung gelten die Anforderungen gemäß Anlage 31b zum BMV-Ä entsprechend.

Abrechnungsausschluss
am Behandlungstag 01626, 01955, 01956
im Behandlungsfall 01205, 01207, 01212
in derselben Sitzung 01100, 01101, 01102, 01212, 01214, 01216, 01218, 01411, 01412,
01414, 01415, 01949, 01950, 01951, 03030, 03373, 04030, 04355, 04356, 04373, 14220,
14221, 16220, 21220, 21221, 22220, 22221, 22222, 23220, 27310, 30930, 30931, 30932,
30933, 35163 bis 35169 und 35173 bis 35179, 37306, 37500, 37510 und Kapitel 35

Aufwand in Min. **Kalkulationszeit: KA   Prüfzeit: ./.   Eignung d. Prüfzeit:** Keine Eignung
GOÄ entsprechend oder ähnlich: Erbrachte Leistung(en) nach GOÄ + Zuschläge A, B, C, D
Kommentar: Nach der Legende kann die Leistung nur berechnet werden, wenn ein persönlicher Arzt-
Patienten-Kontakt stattgefunden hat.

In der Notfallpauschale sind die Leistungen des EBM, die **im Anhang 1 (Verzeichnis der
nicht gesondert abrechnungsfähigen Leistungen ...)** verzeichnet sind, integriert (somit
auch als Kassenleistungen honoriert) und können damit nicht mehr gesondert abgerechnet
werden, es sei denn, sie finden sich in den arztgruppenspezifischen Kapiteln als Leistung
angegeben.

Es ist dem Vertragsarzt nicht gestattet, die in der Anlage 1 aufgeführten Leistungen einem
GKV-Versicherten als individuelle Gesundheitsleistung (IGel) anzubieten und entsprechend
privat über GOÄ z. B. als IGeL-Leistungen abzurechnen.

Auch Beratungs-, Gesprächs- und Erörterungsleistungen sind nicht neben Nr. 01211
berechnungsfähig.

Die Abrechnung der Versichertenpauschale ist nur bei einem weiterem Arzt-Patient-
Kontakt außerhalb des organisierten Notdienstes möglich.

Die Uhrzeit der Inanspruchnahme ist anzugeben.

Die bisherigen Zusatzpauschalen für die Vergütung der Besuchsbereitschaft (EBM-Ziffern
01211, 01215, 01217 und 01219) wurden gestrichen.

01212 Notfallpauschale II im organisierten Not(-fall)dienst und für nicht an der vertrags- **195**
ärztlichen Versorgung teilnehmende Ärzte, Institute und Krankenhäuser bei 23,27
Inanspruchnahme
– zwischen 19:00 und 07:00 Uhr des Folgetages
– ganztägig an Samstagen, Sonntagen, gesetzlichen Feiertagen
und am 24.12. und 31.12.

Obligater Leistungsinhalt
- Persönlicher Arzt-Patienten-Kontakt im organisierten Not(-fall)dienst und für nicht an der vertragsärztlichen Versorgung teilnehmende Ärzte, Institute und Krankenhäuser oder
- Arzt-Patienten-Kontakt im Rahmen einer Videosprechstunde im organisierten Not(-fall) dienst,

Fakultativer Leistungsinhalt
- In Anhang 1, Spalte GP, aufgeführte Leistungen,
- Funktioneller Ganzkörperstatus (27310),

Abrechnungsbestimmung einmal im Behandlungsfall

Anmerkung Neben der Gebührenordnungsposition 01212 ist für die Berechnung der jeweiligen arztgruppenspezifischen Versicherten-, Grund- oder Konsiliarpauschale in demselben Behandlungsfall mindestens ein weiterer persönlicher Arzt-Patienten-Kontakt bzw. Arzt-Patienten-Kontakt im Rahmen einer Videosprechstunde außerhalb des organisierten ärztlichen Not(-fall)dienstes notwendig.
Bei Durchführung der Leistung im Rahmen einer Videosprechstunde ist dies durch Angabe einer bundeseinheitlich kodierten Zusatzkennzeichnung zu dokumentieren. Für die Abrechnung gelten die Anforderungen gemäß Anlage 31b zum BMV-Ä entsprechend.

Abrechnungsausschluss: am Behandlungstag 01626, 01955, 01956
im Behandlungsfall 01205, 01207, 01212
in derselben Sitzung 01100 bis 01102, 01214, 01216, 01218, 01411, 01412, 01414, 01415, 01949 bis 01951, 03030, 03373, 04030, 04355, 04356, 04373, 14220, 14221, 16220, 21220, 21221, 22220 bis 22222, 23220, 27310, 30930 bis 30933, 35163 bis 35169 und 35173 bis 35179, 37306, 37500, 37510 und Kapitel 35

Aufwand in Min. **Kalkulationszeit:** KA   **Prüfzeit:** ./.   **Eignung d. Prüfzeit:** Keine Eignung

Kommentar: Neben der Gebührenordnungsposition 01212 ist für die Berechnung der jeweiligen arztgruppenspezifischen Versicherten-, Grund- oder Konsiliarpauschale in demselben Behandlungsfall mindestens ein weiterer persönlicher Arzt-Patienten-Kontakt außerhalb des organisierten ärztlichen Not(-fall)dienstes notwendig. Die Uhrzeit der Inanspruchnahme ist anzugeben. Die bisherigen Zusatzpauschalen für die Vergütung der Besuchsbereitschaft (EBM-Ziffern 01211, 01215, 01217 und 01219) wurden gestrichen.

01214   Notfallkonsultationspauschale I im organisierten Not(-fall)dienst und für nicht an der vertragsärztlichen Versorgung teilnehmende Ärzte, Institute und Krankenhäuser   **50**
5,97

Obligater Leistungsinhalt
- Weiterer persönlicher oder anderer Arzt-Patienten-Kontakt gemäß I-4.3.1 der Allgemeinen Bestimmungen im organisierten Not(-fall)dienst oder für nicht an der vertragsärztlichen Versorgung teilnehmende Ärzte, Institute und Krankenhäuser bei Inanspruchnahme außerhalb der in den Gebührenordnungspositionen 01216 und 01218 angegebenen Zeiten,

Fakultativer Leistungsinhalt
- In Anhang VI-1, Spalte GP, aufgeführte Leistungen,
- Funktioneller Ganzkörperstatus (27310),

Abrechnungsbestimmung je Arzt-Patienten-Kontakt

Abrechnungsausschluss
am Behandlungstag 01626, 01955, 01956
in derselben Sitzung 01100, 01101, 01102, 01205, 01207, 01210, 01212, 01216, 01218, 01411, 01412, 01414, 01415, 01949, 01950, 01951, 03030, 03373, 04030, 04355, 04356, 04373, 14220, 14221, 16220, 21220, 21221, 22220, 22221, 22222, 23220, 27310, 30930, 30931, 30932, 30933, 35163 bis 35169 und 35173 bis 35179, 37306, 37500, 37510 und Kapitel 35

Aufwand in Min. **Kalkulationszeit:** KA   **Prüfzeit:** ./.   **Eignung d. Prüfzeit:** Keine Eignung

GOÄ   entsprechend oder ähnlich: Erbrachte Leistung(en) nach GOÄ.

Kommentar: Für die Abrechnung der Notfallkonsultationspauschale I ist auch ein telefonischer Kontakt zwischen Arzt und Patient ausreichend. Die Notfallkonsultationspauschale kann – wenn erforderlich – am selben Tag auch mehrmals abgerechnet werden, nur muss dann die jeweilige Uhrzeit mit angegeben werden, obwohl eine Begründungspflicht nach Leistungslegende nicht vorgesehen ist. Bei mehrfacher Erbringung einer GOP ist eine Uhrzeitangabe erforderlich.

Neben dieser Leistung sind diagnostische und therapeutische Leistungen abrechenbar, die in Zusammenhang mit der Notfallversorgung des Patienten erforderlich sind. Zu beachten ist aber, ob diese Leistungen durch die Präambel oder durch die Leistungslegenden selber ausgeschlossen sind.

Auch Beratungs-, Gesprächs-, und Erörterungsleistungen sind nicht neben Nr. 01211 berechnungsfähig.

01216 Notfallkonsultationspauschale II im organisierten Not(-fall)dienst und für nicht an   **140** der vertragsärztlichen Versorgung teilnehmende Ärzte, Institute und Krankenhäuser   **16,71** bei Inanspruchnahme
- **zwischen 19:00 und 22:00 Uhr**
- **an Samstagen, Sonntagen und gesetzlichen Feiertagen, am 24.12. und 31.12. zwischen 07:00 und 19:00 Uhr**

Obligater Leistungsinhalt
- Weiterer persönlicher oder anderer Arzt-Patienten-Kontakt gemäß 4.3.1 der Allgemeinen Bestimmungen im organisierten Not(-fall)dienst oder für nicht an der vertragsärztlichen Versorgung teilnehmende Ärzte, Institute und Krankenhäuser,

Fakultativer Leistungsinhalt
- In Anhang VI-1, Spalte GP, aufgeführte Leistungen,
- Funktioneller Ganzkörperstatus (27310),

Abrechnungsbestimmung je Arzt-Patienten-Kontakt

Abrechnungsausschluss am Behandlungstag 01626, 01955, 01956
in derselben Sitzung 01100, 01101, 01102,01205, 01207, 01210, 01212, 01214, 01218, 01411, 01412, 01414, 01415, 01949, 01950, 01951, 03030, 03373, 04030, 04355, 04356, 04373, 14220, 14221, 16220, 21220, 21221, 22220 bis 22222, 23220, 27310, 30930, 30931, 30932, 30933, 35163 bis 35169 und 35173 bis 35179, 37306, 37500, 37510 und Kapitel 35

Aufwand in Min. **Kalkulationszeit:** KA   **Prüfzeit:** ./.   **Eignung d. Prüfzeit:** Keine Eignung
GOÄ   entsprechend oder ähnlich: Erbrachte Leistung(en) nach GOÄ.
Kommentar: Wie 01214 im angegebenen Zeitrahmen abends, Sa, So und Feiertage tagsüber.

01218 Notfallkonsultationspauschale III im organisierten Not(-fall)dienst und für nicht an   **170** der vertragsärztlichen Versorgung teilnehmende Ärzte, Institute und Krankenhäuser   **20,29** bei Inanspruchnahme
- **zwischen 22:00 und 7:00 Uhr**
- **an Samstagen, Sonntagen und gesetzlichen Feiertagen, am 24.12. und 31.12. zwischen 19:00 und 7:00 Uhr**

Obligater Leistungsinhalt
- Weiterer persönlicher oder anderer Arzt-Patienten-Kontakt gemäß I-4.3.1 der Allgemeinen Bestimmungen im organisierten Not(fall)dienst oder für nicht an der vertragsärztlichen Versorgung teilnehmende Ärzte, Institute und Krankenhäuser,

Fakultativer Leistungsinhalt
- In Anhang VI-1, Spalte GP, aufgeführte Leistungen,
- Funktioneller Ganzkörperstatus (27310),

Abrechnungsbestimmung je Arzt-Patienten-Kontakt

Abrechnungsausschluss
am Behandlungstag 01626, 01955, 01956
in derselben Sitzung 01100, 01101, 01102, 01205, 01207, 01210, 01212, 01214, 01216, 01411, 01412, 01414, 01415, 01949, 01950, 01951, 03030, 03373, 04030, 04355, 04356, 04373, 14220, 14221, 16220, 21220, 21221, 22220, 22221, 22222, 23220, 27310, 30930, 30931, 30932, 30933, 35163 bis 35169 und 35173 bis 35179, 37306, 37500, 37510 und Kapitel 35

Aufwand in Min. **Kalkulationszeit:** KA   **Prüfzeit:** ./.   **Eignung d. Prüfzeit:** Keine Eignung

GOÄ   entsprechend oder ähnlich: Leistung in der GOÄ nicht vorhanden. Abrechnung der einzelnen erbrachten GOÄ-Leistung(en).

Kommentar: Wie 01214 im angegebenen Zeitrahmen nachts, Sa, So und Feiertage nachts

Siehe auch Kommentar zu EBM-Nr. 01210.

01220 Reanimationskomplex   **1027**
                                                                        122,56

Obligater Leistungsinhalt
* Künstliche Beatmung und/oder extrathorakale Herzmassage

Fakultativer Leistungsinhalt
* Infusion(en) (Nr. 02100),
* Einführung einer Magenverweilsonde (Nr. 02320),
* Legen und/oder Wechsel eines transurethralen Dauerkatheters(Nr. 02323),
* Blutentnahme durch Arterienpunktion (Nr. 02330),
* Intraarterielle Injektion(en) (Nr. 02331),
* Punktion(en) I (Nr. 02340),
* Punktion(en) II (Nr. 02341),
* Ausspülungen des Magens

Anmerkung Die Gebührenordnungsposition 01220 kann für die Reanimation eines Neugeborenen unmittelbar nach der Geburt nur in Verbindung mit dem Zuschlag nach der Nr. 01221 berechnet werden.

Abrechnungsausschluss
am Behandlungstag 01626
in derselben Sitzung 01856, 01913, 02100, 02101, 02320, 02321, 02322, 02323, 02330, 02331, 02340, 02341, 05372 und Kapitel 5.3, 31.5, 36.5

Aufwand in Min. **Kalkulationszeit:** KA   **Prüfzeit:** ./.   **Eignung d. Prüfzeit:** Keine Eignung

GOÄ   entsprechend oder ähnlich: Erbrachte Leistung(en) nach z.B. GOÄ-Nrn. 429, 430, 431, 433

Kommentar: Neben den obligaten Leistungen einer künstlichen Beatmung und/oder extrathorakalen Herzmassage sind die fakultativen Leistungsinhalte der Notfallversorgung wie
* Infusion EBM-Nr. 02100
* Einführung Magensonde EBM-Nr. 02320 und Ausspülen des Magens
* transurethraler Blasenkatheter EBM-Nr. 02323
* Blutentnahme aus Arterien EBM-Nr. 02330
* interarterielle Injektion EBM-Nr. 02331
* Punktionen nach EBM-Nrn. 02340 und 02341

in der Leistung nach EBM-Nr. 01220 integriert und nicht gesondert abrechenbar.

Die EBM-Nr. 01220 kann für die Reanimation eines Neugeborenen unmittelbar nach der Geburt nur in Verbindung mit dem Zuschlag 01221 (Koniotomie und/oder endotracheale Intubation(en)) abgerechnet werden.

01221 Zuschlag zu der Gebührenordnungsposition 01220   **203**
                                                                         24,23

Obligater Leistungsinhalt
* Koniotomie
und/oder
* Endotracheale Intubation(en)

Abrechnungsausschluss
am Behandlungstag 01626
in derselben Sitzung 01856, 01913, 02100, 02101, 02320, 02321, 02322, 02323, 02330, 02331, 02340, 02341, 05372 und Kapitel 5.3, 31.5, 36.5

Aufwand in Min. **Kalkulationszeit:** KA   **Prüfzeit:** ./.   **Eignung d. Prüfzeit:** Keine Eignung

GOÄ   entsprechend oder ähnlich: Erbrachte Leistung(en) z.B. nach GOÄ-Nrn. 429, 430, 431, 433

Kommentar: Diese Leistung einer Koniotomie und/oder endotrachealer Intubation(en) kann **nur als Zuschlag** zur Reanimation nach EBM-Nr. 01220 berechnet werden.

01222 Zuschlag zu der Gebührenordnungsposition 01220 **288**
34,37

Obligater Leistungsinhalt
• Elektrodefibrillation(en)
und/oder
• Elektrostimulation(en) des Herzens

Abrechnungsausschluss
am Behandlungstag 01626
in derselben Sitzung 01856, 01913, 02100, 02101, 02320, 02321, 02322, 02323, 02330, 02331, 02340, 02341, 05372, 13551 und Kapitel 5.3, 31.5, 36.5

Aufwand in Min. **Kalkulationszeit:** KA **Prüfzeit:** ./. **Eignung d. Prüfzeit:** Keine Eignung

GOÄ entsprechend oder ähnlich: Erbrachte Leistung(en) nach GOÄ z.B. Nrn. 429, 430, 431, 433

Kommentar: Diese Leistung einer Elektrodefibrillation(en) und/oder Elektrostimulation(en) des Herzens kann **nur als Zuschlag** zur Reanimation nach EBM-Nr. 01220 berechnet werden.

01223 Zuschlag zu der Gebührenordnungsposition 01210 bei Erfüllung der Vorausset- **128**
zungen gemäß der Nr. 8 der Bestimmung zum Abschnitt 1.2 15,28

Abrechnungsbestimmung einmal im Behandlungsfall

Anmerkung Die Berechnung der Gebührenordnungsposition 01223 setzt die Kodierung nach ICD-10-GM unter Angabe des Zusatzkennzeichens für die Diagnosensicherheit voraus.
Die Gebührenordnungsposition 01223 ist ausschließlich bei einem persönlichen Arzt-Patienten-Kontakt berechnungsfähig.

Abrechnungsausschluss am Behandlungstag 01626

Aufwand in Min. **Kalkulationszeit:** KA **Prüfzeit:** ./. **Eignung d. Prüfzeit:** Keine Eignung

Kommentar: **Abrechnungshinweise zu Schweregradzuschlägen GOP 01223 und GOP 01224**

Beide GOP sind ausschließlich bei Bei Patienten berechnungsfähig, die aufgrund der Art, Schwere und Komplexität der Behandlungsdiagnose einer besonders aufwändigen Versorgung im Rahmen der Notfallversorgung bedürfen.

Dazu muss mindestens eine der folgenden Behandlungsdiagnosen gesichert vorliegen:
• Frakturen im Bereich der Extremitäten proximal des Metacarpus und Metatarsus
• Schädel-Hirn-Trauma mit Bewusstlosigkeit von weniger als 30 Minuten (S06.0 und S06.70)
• Akute tiefe Beinvenenthrombose
• Hypertensive Krise
• Angina pectoris (ausgenommen: ICD I20.9)
• Pneumonie (J18.1-9) (Nordrhein: Bronchopneumonie J18.0 nicht akzeptiert)
• Akute Divertikulitis

Bei Patienten mit anderen Erkrankungen, die ebenfalls eine besonders aufwändige Versorgung benötigen, können die GOP 01223 und 01224 im Einzelfall berechnet werden. Dafür ist eine ausführliche schriftliche Begründung erforderlich.

Zur Ausnahmeregelung:
Die vorstehend benannten Diagnosen berücksichtigen die Besonderheiten der pädiatrischen Notfallversorgung nicht. In Fällen, in denen diese Kriterien nicht erfüllt werden, aber auf Grund der Art, Schwere und Komplexität der Behandlungsdiagnose eine besonders aufwändige pädiatrische Versorgung im Rahmen der Notfallversorgung notwendig ist (z.B. Invagination, RSV-Bronchiolitis, spastische Bronchitis beim Säugling mit Partialsauerstoffinsuffizienz), kann der Zuschlag 01223 zu der Gebührenordnungsposition 01210 und der Zuschlag 01224 zu der Gebührenordnungsposition 01212 mit ausführlicher schriftlicher medizinischer Begründung im Ausnahmefall berechnet werden.

Die Schwere und Komplexität der Behandlungsdiagnose ist darzulegen.

1 Allgemeine Gebührenordnungspositionen

EBM-Nr.   EBM-Punkte / Euro

01224 Zuschlag zu der Gebührenordnungsposition 01212 bei Erfüllung der Vorausset-   **195**
zungen gemäß der Nr. 8 der Bestimmung zum Abschnitt 1.2   23,27

Abrechnungsbestimmung einmal im Behandlungsfall

Anmerkung Die Berechnung der Gebührenordnungsposition 01224 setzt die Kodierung
nach ICD-10-GM unter Angabe des Zusatzkennzeichens für die Diagnosensicherheit voraus.
Die Gebührenordnungsposition 01224 ist ausschließlich bei einem persönlichen Arzt-
Patienten-Kontakt berechnungsfähig.

Abrechnungsausschluss
am Behandlungstag 01626
im Behandlungsfall 01226

Kommentar: Siehe Kommentar zu EBM Nr. 01223.

Aufwand in Min.   **Kalkulationszeit:** KA   **Prüfzeit:** ./.   **Eignung d. Prüfzeit:** Keine Eignung

01226 Zuschlag zu der Gebührenordnungsposition 01212 bei Erfüllung der Vorausset-   **90**
zungen gemäß der Nr. 9 der Bestimmung zum Abschnitt 1.2   10,74

Abrechnungsbestimmung einmal im Behandlungsfall

Anmerkung Die Berechnung der Gebührenordnungsposition 01226 setzt die Kodierung
nach ICD-10-GM unter Angabe des Zusatzkennzeichens für die Diagnosensicherheit voraus.
Die Gebührenordnungsposition 01226 ist ausschließlich bei einem persönlichen Arzt-
Patienten-Kontakt berechnungsfähig.

Abrechnungsausschluss
am Behandlungstag 01626
im Behandlungsfall 01224

Aufwand in Min.   **Kalkulationszeit:** KA   **Prüfzeit:** ./.   **Eignung d. Prüfzeit:** Keine Eignung

Kommentar: **Die KBV gibt folgenden Abrechnungshinweis:**
... „Diese GOP ist nur berechnungsfähig bei:
- Neugeborenen, Säuglingen und Kleinkindern
oder
- bei Patienten mit erheblichen krankheitsbedingten kognitiven, emotionalen und verhaltensbezogenen Beeinträchtigungen (ausgenommen Beeinträchtigung kognitiver,
emotionaler und verhaltensbezogener Art infolge psychotroper Substanzen)
und/oder
- Patienten ab dem vollendeten 70. Lebensjahr mit geriatrischem Versorgungsbedarf und
Frailty-Syndrom (Kombination aus unbeabsichtigtem Gewichtsverlust, körperlicher und/
oder geistiger Erschöpfung, muskulärer Schwäche, verringerter Ganggeschwindigkeit
und verminderter körperlicher Aktivität)
und/oder
- Patienten mit einer dementiellen Erkrankung (F00-F02), einer Alzheimer-Erkrankung
(G30), einem primären Parkinson–Syndrom mit mäßiger bis schwerster Beeinträchtigung
(G20.1 und G20.2)
Dieser Zuschlag wird nur nachts (Nacht = 19-7 Uhr; ganztägig an Wochenenden,
Feiertagen & 24./31.12) gewährt, da die Behandlung nicht durch den behandelnden
Arzt erfolgen kann.
Die beiden Schweregradzuschläge sind nicht nebeneinander berechnungsfähig ...“

1.4 Besuche, Visiten, Prüfung der häuslichen Krankenpflege, Verordnung besonderer Behandlungsmaßnahmen, Verwaltungskomplex, telefonische Beratung, Konsultationspauschale, Verweilen, Beratung zur Organ- und Gewebespende

1. Ein Besuch/eine Visite ist eine ärztliche Inanspruchnahme, zu der der Arzt seine Praxis, Wohnung oder einen
anderen Ort verlassen muss, um sich an eine andere Stelle zur Behandlung eines Erkrankten zu begeben. Ein
Besuch liegt somit auch vor, wenn der Arzt zur Notversorgung eines Unfallverletzten auf der Straße gerufen wird.
Sucht der Arzt seine eigene Arztpraxis oder eine andere Betriebs- oder Nebenbetriebsstätte auf, an denen er selbst
vertragsärztlich oder angestellt tätig ist, ist kein Besuch berechnungsfähig.

2. Der Vertragsarzt erhält für jeden Besuch nach den Gebührenordnungspositionen. 01410, 01411, 01412, 01415 oder 01418 sowie für die erste Visite nach der Gebührenordnungsposition 01414 einmal je Visitentag eine Wegepauschale entsprechend der vertraglichen Regelungen zu den Pauschalerstattungen. Bei Berechnung von mehr als einem Besuch und/oder mehr als einer Visite pro Tag bei demselben Patienten ist eine Begründung (Uhrzeitangabe) erforderlich. Dies gilt nicht für Visiten am Operationstag und/oder an dem auf die Operation folgenden Tag.

3. Die Gebührenordnungspositionen 01425 und 01426 sind nur von Ärzten berechnungsfähig, die berechtigt sind, Gebührenordnungspositionen der Kapitel 3, 4, 5, 7, 8, 9, 10, 13, 14, 15, 16, 18, 21, 25, 26 und/oder 27 abzurechnen.

4. Bei durchgängiger Behandlung im Sinne der spezialisierten ambulanten Palliativversorgung sind gemäß der Richtlinien des Gemeinsamen Bundesausschusses nach § 37b SGB V nach Ablauf des Versorgungszeitraumes der Erstverordnung nur noch Folgeverordnungen auszustellen, auch wenn ein neues Quartal begonnen hat. Wird die Behandlung unterbrochen und zu einem späteren Zeitpunkt eine erneute Behandlungsbedürftigkeit festgestellt, ist erneut eine Erstverordnung auszustellen.

5. Die Berechnung der Gebührenordnungsposition 01418 setzt die Angabe der Uhrzeit der Inanspruchnahme voraus.

6. Die Gebührenordnungspositionen 01442, 01444 und 01450 können nur berechnet werden, wenn die Voraussetzungen gemäß der Anlage 31b zum Bundesmantelvertrag-Ärzte (BMV-Ä) erfüllt sind und dies in Bezug auf die technischen Anforderungen durch eine Erklärung des Videodienstanbieters für die Arztpraxis gegenüber der Kassenärztlichen Vereinigung nachgewiesen wird. Jede Änderung ist der Kassenärztlichen Vereinigung anzuzeigen.

7. Die Gebührenordnungsposition 01480 ist nur von Ärzten berechnungsfähig, die berechtigt sind, Gebührenordnungspositionen der Kapitel 3 und/oder 4 abzurechnen.

8. Die Gebührenordnungsposition 01474 kann ausschließlich von Vertragsärzten bzw. -psychotherapeuten, die über eine Genehmigung zur Ausführung und Abrechnung von Verhaltenstherapie gemäß der Psychotherapie-Vereinbarung verfügen, berechnet werden.

Kommentar:

zu Pkt. 1–2

Neben den Besuchsgebühren nach diesem Kapitel sind die anlässlich des Besuches durchgeführten Leistungen – unter Beachtung der sonstigen Bestimmungen des EBM – abrechnungsfähig, da die Besuchsgebühr eine Abgeltung des Zeitaufwandes und der Mühen aufgrund des Aufsuchens des Patienten darstellen soll.

Nicht um Besuche im Sinne dieser Vorschrift handelt es sich, wenn ein Arzt einen Ort aufsucht, an dem er zulässigerweise regelmäßig oder auch nur zeitweise seine vertragsärztliche Tätigkeit – auch z.B. als angestellter Arzt – ausübt (wie z. B. Praxis oder eine andere Betriebs- oder Nebenbetriebsstätte). Bei Besuchen am Krankenbett in der Belegklinik, aber auch in sonstigen Einrichtungen (beschützten Wohnheimen, Kranken-, Pflegeheimen) ist statt eines Besuches u. U. die Abrechnung einer Visite möglich.

Auch wenn es sich nicht im eigentlichen Sinne um einen „Besuch" handelt, ist die Tätigkeit des Arztes auch dann abrechnungsfähig, wenn er einen Kranken beim Transport zur unmittelbar notwendigen stationären Behandlung begleitet (Nr. 01416 EBM).

Wie bei allen Leistungen gilt auch hier, dass eine Abrechnung nur dann möglich ist, wenn der Besuch oder die Visite wirtschaftlich, das heißt, notwendig, zweckmäßig und ausreichend im Sinne des Wirtschaftlichkeitsgebotes ist. Reine Gefälligkeitsbesuche ohne medizinische Notwendigkeit sind demgemäß natürlich nicht zu Lasten der gesetzlichen Krankenversicherung abrechnungsfähig.

Kann ein Besuch nicht vollendet werden, weil z. B. der Arzt den Patienten nicht antrifft (wurde bereits in ein Krankenhaus gebracht, niemand öffnet die Wohnungstür o. ä.), so kann zwar die Besuchsgebühr sowie die dazugehörige Wegepauschale abgerechnet werden, weitere Leistungen – auch Ordinations- oder Konsultationskomplexe – können aus diesem Anlass nicht abgerechnet werden.

zu Pkt. 3

Die Verordnung von Palliativversorgung (Nrn. 01425 und 01426) können von denjenigen Ärzten abgerechnet werden, die auch berechtigt sind, Leistungen folgender Kapitel zu berechnen:

- Kapitel 3: Hausärztlicher Versorgungsbereich,
- Kapitel 4: Kinder- und Jugendmedizin,
- Kapitel 5: Anästhesiologie,

- Kapitel 7: Chirurgie,
- Kapitel 8: Gynäkologie,
- Kapitel 9: HNO,
- Kapitel 10: Dermatologie,
- Kapitel 13: Innere Medizin,
- Kapitel 14: Kinder- und Jugendpsychiatrie /-psychotherapie,
- Kapitel 15: Mund-, Kiefer-, Gesichtschirurgie,
- Kapitel 16: Neurologie / Neurochirurgie,
- Kapitel 18: Orthopädie,
- Kapitel 21: Psychiatrie,
- Kapitel 25: Strahlentherapie,
- Kapitel 26: Urologie,
- Kapitel 27: Physikalische und Rehabilitative Medizin.

zu Pkt. 4

Die Nr.01425 für die Erstverordnung kann nicht jedes Quartal erneut, sondern nur einmal zum Beginn abgerechnet werden, auch wenn es sich um eine durchgängige mehrere Quartale dauernde Palliativ-versorgung handelt.

zu Pkt. 5

Aufgrund einer Entscheidung des Bundessozialgerichts vom 12. Dezember 2012 (B6 KA 3/12 R) war eine Neuregelung zur Höhe der Vergütung für im Krankenhaus erfolgte Notfallbehandlungen erforderlich geworden. Diese wurden vom Bewertungsausschuss am 17. Dezember 2014 beschlossen – und zwar rückwirkend zum 1. Januar 2008. In diesem Zusammenhang wurde unter anderem das Erfordernis eingeführt, bei der Abrechnung der Nr. 01418 die Uhrzeit der Inanspruchnahme anzugeben.

01410	Besuch eines Kranken, wegen der Erkrankung ausgeführt	**212** 25,30

Anmerkung Die Berechnung der Gebührenordnungsposition 01410 im Zusammenhang mit der Durchführung von probatorischen Sitzungen im Krankenhaus gemäß § 12 Abs. 6 der Psychotherapie-Richtlinie oder im Zusammenhang mit der Versorgung gemäß den Leistungen des Abschnitts 37.5 (KSVPsych-RL) ist durch Angabe einer bundeseinheitlich kodierten Zusatzkennzeichnung zu dokumentieren.

Abrechnungsausschluss in derselben Sitzung 01100, 01101, 01102, 01411, 01412, 01413, 01414, 01415, 01721, 05230

Aufwand in Min. **Kalkulationszeit:** KA   **Prüfzeit:** 13   **Eignung d. Prüfzeit:** Tages- und Quartalsprofil

GOÄ   entsprechend oder ähnlich: Nr. 50

Kommentar: Die Leistungslegende beschreibt den normalen vom Patienten bestellten Hausbesuch, der nicht sofort, sondern z. B. erst nach der Sprechstunde ausgeführt werden muss.

Nach der Rechtsprechung liegt ein Besuch nur dann vor, wenn sich der Arzt aus seinem Wirkungskreis oder seinem Aufenthaltsort heraus zum Patienten begibt und nicht der Patient sich bereits im Wirkungsbereich des Arztes aufhält. Der Arzt muss also seine Wohnung, Praxis oder einen anderen Ort verlassen, um sich an anderer Stelle zur Behandlung eines Kranken bereitzufinden.

Ein Besuch im Sinne dieser Definition liegt auch dann vor, wenn der Arzt zur Behandlung von Unfallverletzten z.B. auf die Straße gerufen wird.

Ein Besuch im Sinne des EBM liegt nicht vor, wenn der Arzt sich von seiner Wohnung zu einer zweiten (genehmigten) Zweitpraxis begibt, um dort Patienten zu behandeln.

Die Besuchsgebühren nach den Nrn. 01410 bis 01413 setzen einen direkten Arzt-Patienten-Kontakt voraus; ein Aufsuchen des Patienten durch nichtärztliches Praxispersonal z. B. MFA ist daher nicht nach den Besuchsnummern abrechenbar. Für den Besuch durch nichtärztliches Praxispersonal siehe GOP 03062 ff. bzw. 38100 ff.

Gefälligkeitsbesuch

Besuchsnummern sind nur dann abrechenbar, wenn der Patient krankheitsbedingt nicht die Praxis des Arztes aufsuchen kann; sogenannte „Gefälligkeitsbesuche" sind daher grundsätzlich nicht nach den Besuchsnummern abrechenbar.

Hausbesuch auch bei diagnostischen Maßnahmen

Einem Urteil des Sozialgerichtes München zufolge (vom 29.10.1991 – S 131 Ka 1097/91) setzt die Abrechenbarkeit der Besuchsgebühren nicht voraus, dass ausschließlich **therapeutische Maßnahmen** erfolgen. Vielmehr kann die Besuchsgebühr auch im Zusammenhang mit der Erbringung **diagnostischer Leistungen,** (z.B. Blutentnahmen für Labor) abgerechnet werden, wenn die übrigen Leistungsvoraussetzungen gegeben sind.

Dringender Besuch in beschützenden Einrichtungen, Wohnheimen, Pflege- und Altenheimen

Für diese Besuche wurde im EBM 2008 neu die EBM Nr. 01415 eingeführt.

Vergeblicher Besuch

Wenn der Arzt zum Patienten gerufen wird, die ärztlichen Leistungen dort aber nicht mehr ausgeführt werden können, z.B. weil der Patient zwischenzeitlich keiner weiteren ärztlichen Hilfe bedarf oder z.B. vom Rettungswagen ins Krankenhaus gebracht worden ist oder nicht angetroffen wird, handelt es sich um einen vergeblichen Besuch. In der Regel hat der Vertragsarzt die Unmöglichkeit der weiteren Leistungserbringung nicht zu vertreten, so dass in diesem Fall die Besuchsgebühr sowie das Wegegeld ansetzbar sind. Nicht abgerechnet werden könnten in diesem Fall Ordinations- oder Konsultationskomplex.

Besuch durch nichtärztliches Praxispersonal

Für **das Aufsuchen eines Kranken durch einen vom behandelnden Arzt beauftragten angestellten Mitarbeiter der Arztpraxis** mit abgeschlossener Ausbildung in einem nichtärztlichen Heilberuf zur Verrichtung medizinisch notwendiger delegierbarer Leistungen kann eine Kostenpauschale einschl. Wegekosten – entfernungsunabhängig – nach den Nrn. 03062 ff. bzw. 38100 ff. (s. dort) berechnet werden.

Hausbesuch bei einem Sterbenden oder Verstorbenen

Wird ein Arzt zu einem Moribunden gerufen, der bei seinem Eintreffen bereits verstorben ist, kann der Arzt die entsprechende Besuchsgebühr und die Wegegebühr abrechnen, nicht aber die weiteren mit der Leichenschau verbundenen Leistungen. Untersuchungen zur Todesursache oder Todeszeit sowie die Ausstellung des Totenscheines müssen nach den Bestimmungen der GOÄ Nr. 100 abgerechnet werden. Nach dem jeweiligen Bestattungsgesetz hat die Kosten der Leichenschau nämlich der sogenannte ‚Veranlasser' der Leichenschau (Angehörige, Verwandte, ggf. Polizei) zu tragen.

Verweilen beim Patienten außerhalb der Praxis

Wenn ein Verweilen bei dem Patienten erforderlich ist und wenn während dieser Zeit keine ärztliche Tätigkeit erfolgt, kann eine Verweilgebühr nach EBM-Nr. 01440 berechnet werden.

Wegepauschale

Neben jedem Hausbesuch – bis auf Nr. 01413 – ist eine Wegepauschale abrechenbar.

Siehe auch die Kommentierungen von Abschnitt 1.4 und Kommentare zu den EBM-Nummern 01411, 01412 und 01415.

01411	Dringender Besuch wegen der Erkrankung, unverzüglich nach Bestellung ausgeführt	**469**
	• zwischen 19:00 und 22:00 Uhr, oder an Samstagen, Sonntagen und gesetzlichen Feiertagen, am 24.12. und 31.12. zwischen 07:00 und 19:00 Uhr	55,97

Anmerkung: Die Berechnung der Gebührenordnungsposition 01411 im Zusammenhang mit der Versorgung gemäß den Leistungen des Abschnitts 37.5 (KSVPsych-RL) ist durch Angabe einer bundeseinheitlich kodierten Zusatzkennzeichnung zu dokumentieren.

Abrechnungsausschluss in derselben Sitzung 01100, 01101, 01102, 01210, 01212, 01214, 01216, 01218, 01410, 01412, 01413, 01414, 01415, 01721, 05230

Aufwand in Min.　**Kalkulationszeit:** KA　**Prüfzeit:** ./.　**Eignung d. Prüfzeit:** Keine Eignung

GOÄ　entsprechend oder ähnlich: Nr. 50 mit Zuschlägen nach ggf. E, F, G, H, K2*

Kommentar:　In der Legende zur EBM-Nr. 01411 sind die Tage und Zeiten für den dringenden Besuch vorgeschrieben.

Der „unverzüglich nach Bestellung" ausgeführte Besuch setzt nicht voraus, dass der Arzt sofort alles stehen und liegen lässt, um zum Patienten zu eilen. Unverzüglich bedeutet, ohne schuldhaftes Zögern, so dass der Arzt seinen bereits bei ihm im Sprechzimmer anwesenden Patienten zu Ende behandeln kann. Die EBM-Nr. 01411 kann allerdings nicht angesetzt werden, wenn der Arzt nach einer gewissen Zeit der Behandlung von mehren Patienten in seiner Praxis eine ‚Besuchstour' fährt.

Wird ein Vertragsarzt in dringenden Fällen (z.B. zu einem Verkehrsunfall) gerufen und wird der Patient nicht angetroffen, so kann der Vertragsarzt unter Angabe von Gründen die Nrn. 01411 oder 01412 berechnen.

Wenn ein Verweilen bei dem ggf. Patienten erforderlich ist und während dieser Zeit keine ärztliche Tätigkeit erfolgt, kann eine Verweilgebühr nach EBM-Nr. 01440 berechnet werden. Siehe Präambel Ihrer Fachgruppe, ob 01440 abgerechnet werden darf. Werden Besuche zwischen 19 und 7 Uhr (z.B. um 20 Uhr nach oder um 6.45 Uhr vor der Sprechstunde) vereinbart, so gelten diese nicht als dringende Besuche und müssen mit der Nummer für den normalen Hausbesuch EBM-Nr. 01410 abgerechnet werden.

Neben dem Hausbesuch können alle erforderlichen Leistungen abgerechnet werden, auch ein Versicherten- oder Grundpauschalen. Neben jedem Hausbesuch – bis auf Nr. 01413 – ist eine Wegpauschale abrechenbar. Siehe Kommentar zu Nr. 01410.

Der dringende Besuch im Altenheim auf besonders Anforderungen wird mit der EBM-Nr. 01415 abgerechnet.

01412	**Dringender Besuch / dringende Visite auf der Belegstation wegen der Erkrankung, unverzüglich nach Bestellung ausgeführt** **626** 74,71

- Dringender Besuch zwischen 22:00 und 07:00 Uhr

oder

- Dringender Besuch an Samstagen, Sonntagen und gesetzlichen Feiertagen, am 24.12. und 31.12. zwischen 19:00 und 07:00 Uhr

oder

- Dringender Besuch bei Unterbrechen der Sprechstundentätigkeit mit Verlassen der Praxisräume

oder

- Dringende Visite auf der Belegstation bei Unterbrechen der Sprechstundentätigkeit mit Verlassen der Praxisräume

Anmerkung Die Gebührenordnungsposition 01412 ist für Besuche im Rahmen des organisierten Not(-fall)dienstes bzw. für Besuche im Rahmen der Notfallversorgung durch nicht an der vertragsärztlichen Versorgung teilnehmende Ärzte, Institute und Krankenhäuser nicht berechnungsfähig.

Sofern die Partner der Gesamtverträge eigene Regelungen zur Vergütung der dringenden Visite auf der Belegstation bei Unterbrechen der Sprechstundentätigkeit mit Verlassen der Praxisräume getroffen haben, ist die Gebührenordnungsposition 01412 für die dringende Visite auf der Belegstation bei Unterbrechen der Sprechstundentätigkeit mit Verlassen der Praxisräume nicht berechnungsfähig.

Die Berechnung der Gebührenordnungsposition 01412 im Zusammenhang mit der Versorgung gemäß den Leistungen des Abschnitts 37.5 (KSVPsych-RL) ist durch Angabe einer bundeseinheitlich kodierten Zusatzkennzeichnung zu dokumentieren.

Abrechnungsausschluss in derselben Sitzung 01100, 01101, 01102, 01210, 01214, 01216, 01218, 01410, 01411, 01413, 01414, 01415, 01721, 05230

Aufwand in Min.   **Kalkulationszeit:** KA   **Prüfzeit:** ./.   **Eignung d. Prüfzeit:** Keine Eignung

GOÄ   entsprechend oder ähnlich: Nr. 50 mit Zuschlägen nach ggf. F, G, H, K2

Kommentar: In der Legende zur EBM-Nr. 01412 sind die Tage und Zeiten für den dringenden Besuch oder die Visite auf Belagstation vorgeschrieben.

Dringende Besuche/Visiten sind immer Besuche/Visiten, die sofort ausgeführt werden. In der Regel spiegelt sich diese Notwendigkeit auch in der angegebenen Diagnose wieder. Wenn der Arzt zum dringenden Besuch/Visite gerufen wird, ist dieser auch abrechenbar und es ist für die Abrechnungsfähigkeit ohne Bedeutung, wenn es sich beim Hausbesuch/der Visite selbst erst herausstellt, dass ein dringender Besuch/eine Visite nicht erforderlich gewesen wäre.

Ansetzen des Wegegeldes nicht vergessen.

Der dringende Besuch im Altenheim wird nach der Nr. 01415, der im organisierten Notfalldienst nach der Nr. 01418 abgerechnet.

Wenn ein Verweilen bei dem Patienten erforderlich ist und während dieser Zeit keine ärztliche Tätigkeit erfolgt, kann eine Verweilgebühr nach EBM-Nr. 01440 berechnet werden. Neben dem Hausbesuch können alle erforderlichen Leistungen abgerechnet werden, auch ein Ordinations- oder Konsultationskomplex. Allerdings können die beiden Komplexe nicht bei ein und demselben Arzt-Patienten-Kontakt nebeneinander berechnet werden.

Neben jedem Hausbesuch – bis auf Nr. 01413 – ist eine Wegpauschale abrechenbar.

01413   Besuch eines weiteren Kranken in derselben sozialen Gemeinschaft (z.B. Familie)   **106**
und/oder in beschützenden Wohnheimen bzw. Einrichtungen bzw. Pflege- oder   **12,65**
Altenheimen mit Pflegepersonal

Obligater Leistungsinhalt
* Besuch eines weiteren Kranken in derselben sozialen Gemeinschaft (z.B. Familie) und/
  oder in beschützenden Wohnheimen bzw. Einrichtungen bzw. Pflege- oder Altenheimen
  mit Pflegepersonal in unmittelbarem zeitlichen Zusammenhang mit einem Besuch nach
  den Nrn. 01410, 01411, 01412, 01415 oder 01418.

Anmerkung Die Gebührenordnungsposition 01413 ist nur dann neben der Gebührenordnungsposition 01102 berechnungsfähig, wenn die Inanspruchnahme nach der Nr. 01413
in beschützenden Wohnheimen bzw. Einrichtungen bzw. Pflege- oder Altenheim mit
Pflegepersonal auf besondere Anforderung erfolgt.
Die Gebührenordnungsposition 01413 ist entgegen der Leistungslegende auch im
Zusammenhang mit der Durchführung von probatorischen Sitzungen im Krankenhaus
gemäß § 12 Abs. 6 der Psychotherapie-Richtlinie berechnungsfähig. In diesem Fall ist
die Berechnung durch Angabe einer bundeseinheitlich kodierten Zusatzkennzeichnung
zu dokumentieren.
Die Berechnung der Gebührenordnungsposition 01413 im Zusammenhang mit der
Versorgung gemäß den Leistungen des Abschnitts 37.5 (KSVPsych-RL) ist durch Angabe
einer bundeseinheitlich kodierten Zusatzkennzeichnung zu dokumentieren.

Abrechnungsausschluss in derselben Sitzung 01100, 01101, 01410, 01411, 01412,
01414, 01415, 01418, 01721, 05230

Aufwand in Min. **Kalkulationszeit:** KA   **Prüfzeit:** 6   **Eignung d. Prüfzeit:** Tages- und Quartalsprofil

GOÄ   entsprechend oder ähnlich: Nr. 51, ggf. Zuschläge für „Unzeiten". Bei Kleinkindern ferner
                 Zuschlag nach K2

Kommentar: Für Mit-Besuche nach Ansatz der Nrn. 01410, 01411 oder 01412 kann nur die reduzierte
                 Gebühr nach Nr. 01413 angesetzt werden. Die EBM Nr. 01102 kann zusätzlich zur EBM
                 Nr. 01413 abgerechnet werden, wenn eine Pflegekraft anmerkt, der Arzt solle bitte noch
                 jemanden anderes auch ansehen.

                 ‚Dieselbe soziale Gemeinschaft' liegt nicht vor, wenn ein Patient beispielsweise in Seni-
                 orenresidenz, Schwesternheim oder Studentenheim in seiner abgeschlossenen, eigenen
                 Wohnung besucht wird.

                 Zu den EBM-Nrn. 01410, 01411, 01412, 01415, 01418 und 01721 und auch für die erste
                 Visite je Tag nach EBM-Nr. 01414 ist die Abrechnung einer Wegepauschale möglich. Eine
                 Wegepauschale kann aber nicht neben der Nummer 01413 berechnet werden.

                 Merke: eigener Schlüssel, eigener Briefkasten, eigener Eingang = nicht dieselbe soziale
                 Gemeinschaft.

                 Gemeinsamer Eingang, gemeinsame Post, gemeinsames Essen, kein eigener Haushalt =
                 dieselbe soziale Gemeinschaft.

                 Ein „eigener Hausstand" liegt auch dann vor, wenn der Altenheimbewohner sein Essen
                 über eine Zentralküche erhält, die zuvor genannten Kriterien aber erfüllt sind.

                 Ordinations- und Konsultationskomplexe (nur nicht nebeneinander bei demselben Arzt-
                 Patienten-Kontakt) können abgerechnet werden. Die Wegepauschale kann nur für den
                 ersten Patienten in der sozialen Gemeinschaft berechnet werden. Beim zweiten ggf. dritten
                 Patienten ist diese Pauschale nicht mehr ansetzbar.

                 Wenn ein Verweilen bei dem Patienten erforderlich ist und wenn während dieser Zeit
                 keine ärztliche Tätigkeit erfolgt, kann eine Verweilgebühr nach EBM-Nr. 01440 berechnet
                 werden.

Auch wenn die besuchten Patienten Mitglieder unterschiedlicher Krankenkassen sind, ist die ermäßigte Besuchsgebühr abzurechnen. Bei Patienten, die nach GOÄ versichert sind, ist dies nicht erforderlich.

Palliativmedizinische Betreuung

Wird der Hausbesuch bei einem der Kranken im Rahmen einer palliativmedizinischen Betreuung erbracht, kann bei diesem Patienten zusätzlich die Nr. 03372 oder 03373 berechnet werden.

01414*　Visite auf der Belegstation, je Patient　　　　　　　　　　　　　**87**
Abrechnungsbestimmung je Patient　　　　　　　　　　　　　　　　　　10,38

Abrechnungsausschluss in derselben Sitzung 01210, 01212, 01214, 01216, 01218, 01410, 01411, 01412, 01413, 01415, 01418, 01721

Aufwand in Min.　**Kalkulationszeit:** KA　　**Prüfzeit:** ./.　　**Eignung d. Prüfzeit:** Keine Eignung

GOÄ　　entsprechend oder ähnlich: Visiten im Krankenhaus Nrn. 45, 46 ggf. mit Zuschlag E.-In Pflegeheimen: Nr. 50 ggf. mit Zuschlägen nach ggf. E, F, G, H. Bei Kleinkindern ist zusätzlich ein Zuschlag nach K2 ansetzbar.

Kommentar:　Neben der Visite können auch Versicherten- und Grundpauschalen abgerechnet werden. Die Behandlung des Patienten in einem Belegkrankenhaus ist ein eigener Behandlungsfall unabhängig davon, ob vorher eine ambulante kurative Behandlung durchgeführt wurde. Dies bedeutet, dass ein Gynäkologe, der eine Patientin zu einem stationären Eingriff ins Belegkrankenhaus bestellt und im Rahmen seiner ambulanten Behandlung die Grundpauschale schon abgerechnet hat, innerhalb seiner belegärztlichen Tätigkeit noch einmal die Grundpauschale abrechnen kann.

Neben der Visite nach der EBM-Nr. 01414 sind die „Unzeitziffern" EBM-Nrn. 01100 bis 01102 abrechenbar.

01415　Dringender Besuch eines Patienten in beschützenden Wohnheimen bzw. Einrich-　**546**
tungen bzw. Pflege- oder Altenheimen mit Pflegepersonal wegen der Erkrankung,　65,16
noch am Tag der Bestellung ausgeführt

Anmerkung Die Gebührenordnungsposition 01415 ist im Rahmen des organisierten Not(-fall)dienstes nicht berechnungsfähig.
Die Berechnung der Gebührenordnungsposition 01415 im Zusammenhang mit der Versorgung gemäß den Leistungen des Abschnitts 37.5 (KSVPsych-RL) ist durch Angabe einer bundeseinheitlich kodierten Zusatzkennzeichnung zu dokumentieren.

Abrechnungsausschluss in derselben Sitzung 01100, 01101, 01102, 01210, 01212, 01214, 01216, 01218, 01410, 01411, 01412, 01413, 01414, 01721, 05230

Aufwand in Min.　**Kalkulationszeit:** KA　　**Prüfzeit:** ./.　　**Eignung d. Prüfzeit:** Keine Eignung

GOÄ:　　entsprechend oder ähnlich: Ansatz der Nr. 50 mit entsprechenden Zuschlägen E oder ggf. F, G, H. Bei Kleinkindern ist zusätzlich ein Zuschlag nach K2 ansetzbar.

Kommentar:　Ein Besuch nach 01415 ist nur dann möglich, wenn der Patient eine Dringlichkeit schildert oder das Pflegepersonal auf die Dringlichkeit hinweist. Nach einer Empfehlung von **Wezel/ Liebold** sollte zur Begründung die ärztliche Dokumentation folgende Angaben enthalten:
- Zeitpunkt der Bestellung des Besuches
- geschildertes Krankheitsbild, aus denen diese Dringlichkeit abgeleitet wurde
- beim Patienten erhobenen Befunde sowie
- veranlasste therapeutischen Maßnahmen.

Palliativmedizinische Betreuung

Wird der dringende Heimbesuch bei einem der Kranken im Rahmen einer palliativmedizinischen Betreuung erbracht, kann bei diesem Patienten zusätzlich die Nr. 03372 oder 03373 berechnet werden.

01416　Begleitung eines Kranken durch den behandelnden Arzt beim Transport zur　**117**
unmittelbar notwendigen stationären Behandlung,　13,96

Abrechnungsbestimmung je vollendete 10 Minuten

Abrechnungsausschluss in derselben Sitzung 01440

Aufwand in Min.   **Kalkulationszeit:** 10   **Prüfzeit:** 10   **Eignung d. Prüfzeit:** Tages- und Quartalsprofil
GOÄ   entsprechend oder ähnlich: Nr. 55
Kommentar: Nach 01416 ist die Begleitung eines Kranken zur stationären Versorgung im Krankenhaus
                  ansetzbar. Die Aufwendung von Zeit zur Organisation der Krankenhausauflage,
                  Anforderung eines Rettungswagens, etc. ist nicht abrechenbar, da durch die Leistung
                  01416 abgegolten. Allerdings wären erforderliche Telefonkosten berechnungsfähig.

                  Für die Rückfahrt vom Krankenhaus zurück zur Praxis kann der Arzt die Kosten z.B. eines
                  Taxis mit entsprechender Quittung in Rechnung stellen.

                  Werden vom Arzt während der Begleitung im Krankenwagen Versorgungsleistungen erfor-
                  derlich (Injektionen, Infusionen, Anlage-EKG und Deutung), so sind diese Leistungen auch
                  berechnungsfähig.

                  Nach einem Urteil des Bundessozialgerichtes (BSG, B 6 KA 35/05 R vom 11. Okt. 2006)
                  sind Verweilgebühren für die Transportzeit nicht ansetzbar. Die Leistung nach 01416
                  kann auch nur dann berechnet werden, wenn z.B. der Arzt mit einem eigenen Fahrzeug
                  direkt hinter dem Krankentransporter hinterherfährt, so dass ein ständiger Kontakt bei
                  Verschlechterung des Patienten möglich ist. Fährt der Arzt auf einem vom Krankentrans-
                  port unabhängigem Weg ins Krankenhaus, so ist die Legende nach 01416 nicht erfüllt
                  und kann auch die Leistung nicht berechnet werden. Auch durch einen Eigentransport
                  des Patienten durch einen Arzt in seinem PKW wird die Leistung nach 01416 nicht erfüllt,
                  da nicht jederzeit eine Notfallversorgung gewährleistet ist. In diesen Fällen dürfte der Arzt
                  aber für die Fahrten im eigenen PKW Wegegebühr ansetzen.

01418   Besuch im organisierten Not(-fall)dienst   **778**
                                                                                                 92,85

             Abrechnungsausschlus in derselben Sitzung 01100 bis 01102, 01410 bis 01415, 01721,
             01950, 01955 und 05230

Aufwand in Min.   **Kalkulationszeit:** KA   **Prüfzeit:** ./.   **Eignung d. Prüfzeit:** Keine Eignung

01420   Überprüfung der Notwendigkeit und Koordination der verordneten häuslichen   **94**
             Krankenpflege gemäß den Richtlinien des Gemeinsamen Bundesausschusses   11,22
             Obligater Leistungsinhalt
             • Anleitung der Bezugs- und Betreuungsperson(en),
             • Überprüfung von Maßnahmen der häuslichen Krankenpflege,
             Fakultativer Leistungsinhalt
             • Koordinierende Gespräche mit einbezogenen Pflegefachkräften bzw. Pflegekräften,
             Abrechnungsbestimmung einmal im Behandlungsfall
             Anmerkung Die Gebührenordnungsposition 01420 ist bei Vorliegen der Voraussetzungen
             gemäß § 3 Absatz 1a der Häusliche Krankenpflege-Richtlinie bei einer Folgeverordnung
             häuslicher Krankenpflege auch in einem Behandlungsfall berechnungsfähig, in dem kein
             persönlicher Arzt-Patienten-Kontakt, aber ein Arzt-Patienten-Kontakt im Rahmen einer
             Videosprechstunde stattgefunden hat. Dies ist durch Angabe einer bundeseinheitlich
             kodierten Zusatzkennzeichnung zu dokumentieren. Für die Abrechnung gelten die Anfor-
             derungen gemäß Anlage 31b zum BMVÄ entsprechend.
             Die Berechnung der Gebührenordnungsposition 01420 setzt die Verordnung häuslicher
             Krankenpflege nach Muster 12 der Vordruckvereinbarung und die Genehmigung durch
             die zuständigen Krankenkassen voraus.

Aufwand in Min.   **Kalkulationszeit:** KA   **Prüfzeit:** 2   **Eignung d. Prüfzeit:** Nur Quartalsprofil
GOÄ   entsprechend oder ähnlich: Leistungskomplex in der GOÄ nicht vorhanden. Abrechnung
                  der einzelnen erbrachten GOÄ-Leistung(en).
Kommentar: Die Verordnung häuslicher Krankenpflege kann erfolgen
                  • zur Vermeidung oder Abkürzung eines stationären Krankenhausaufenthaltes
                  • zur Sicherung der ärztlichen Behandlung.

                  Während die häusliche Krankenpflege zur Vermeidung oder Abkürzung eines Kranken-
                  hausaufenthaltes nur für einen Zeitraum von 2 Wochen (mit medizinischer Begründung ist
                  eine Ausnahme und damit ein längerer Zeitraum möglich) verordnet werden darf, ist bei

der häuslichen Krankenpflege zur Sicherung der ärztlichen Behandlung keine Zeitgrenze vorgeschrieben. Sie ist also unbegrenzt abhängig von der Notwendigkeit verordnungsfähig.

Die Leistung nach der EBM-Nr. 01420 kann nur einmal im Quartal abgerechnet werden. Dies gilt auch für den Fall, dass am Anfang eines Quartals eine Verordnung erforderlich ist und dann nach einer gewissen Zeit keine Notwendigkeit mehr dafür besteht, aber z. B. gegen Ende des Quartals wieder eine Verordnung erforderlich ist.

Tipp: Prüfen Sie in der Präambel zum Kapitel Ihrer Fachgruppe, ob diese Leistung, die auch im Anhang 1 (Verzeichnis der nicht gesondert berechnungsfähigen Leistungen) aufgelistet ist, von Ihrer Fachgruppe gesondert abgerechnet werden kann.

Finden Sie diese Leistung **nicht** in einem der Präambel-Absätze als abrechenbar aufgeführt, ist sie nicht berechnungsfähig. Die Leistung ist in der Regel dann bei Ihrer Fachgruppe Bestandteil der Versicherten- oder Grundpauschale und damit nicht gesondert berechnungsfähig.

01422   Erstverordnung von Behandlungsmaßnahmen zur psychiatrischen häuslichen   **149** Krankenpflege gemäß der Richtlinie des Gemeinsamen Bundesausschusses über   **17,78** die Verordnung von häuslicher Krankenpflege

Obligater Leistungsinhalt
- Erstverordnung über einen Zeitraum von bis zu 14 Tagen zur Erarbeitung der Pflegeakzeptanz und zum Beziehungsaufbau,
- Behandlungsplan mit Angaben zur Indikation, zu den Fähigkeitsstörungen, zur Zielsetzung der Behandlung und zu den Behandlungsschritten,
- Anwendung der GAF-Skala (Global Assessment of Functioning Scale) und Angabe des GAF-Werts auf der Verordnung,
- Überprüfung von Maßnahmen der psychiatrischen häuslichen Krankenpflege,

Fakultativer Leistungsinhalt
- Anleitung der relevanten Bezugspersonen des Patienten im Umgang mit dessen Erkrankung,
- Koordinierende Gespräche mit den einbezogenen Pflegefachkräften bzw. Pflegekräften,

Abrechnungsbestimmung einmal im Behandlungsfall

Anmerkung Die Erstverordnung von Behandlungsmaßnahmen zur psychiatrischen häuslichen Krankenpflege ist nur verordnungs- und berechnungsfähig für Indikationen und bei Vorliegen von Störungen und Einbußen nach Maßgabe des § 4 Abs. 8 bis 10 der Richtlinie über die Verordnung von häuslicher Krankenpflege.
Die Berechnung der Gebührenordnungsposition 01422 setzt die Erstverordnung von Behandlungsmaßnahmen zur psychiatrischen häuslichen Krankenpflege nach Muster 12 P der Vordruckvereinbarung und die Genehmigung durch die zuständige Krankenkasse voraus. Steht bereits zum Zeitpunkt der Erstverordnung die Behandlungsfähigkeit des Patienten fest, kann der Zeitraum der Erstverordnung länger als 14 Tage betragen. Die Begründung ist in der Verordnung anzugeben.

Abrechnungsausschluss am Behandlungstag 01424

Berichtspflicht Nein

Aufwand in Min.   **Kalkulationszeit:** KA   **Prüfzeit:** ./.   **Eignung d. Prüfzeit:** Keine Eignung
GOÄ   entsprechend oder ähnlich: Leistungskomplex in der GOÄ nicht vorhanden. Abrechnung der einzelnen erbrachten GOÄ-Leistung(en).
Kommentar: Siehe Kommentar zu EBM Nr. 04124.

01424   Folgeverordnung von Behandlungsmaßnahmen zur psychiatrischen häuslichen   **154** Krankenpflege gemäß der Richtlinie des Gemeinsamen Bundesausschusses über   **18,38** die Verordnung von häuslicher Krankenpflege

Obligater Leistungsinhalt
- Folgeverordnung von Behandlungsmaßnahmen zur psychiatrischen häuslichen Krankenpflege,
- Behandlungsplan mit Angaben zur Indikation, zu den Fähigkeitsstörungen, zur Zielsetzung der Behandlung und zu den Behandlungsschritten,

- Anwendung der GAF-Skala (Global Assessment of Functioning Scale) und Angabe des GAF-Werts auf der Verordnung,
- Überprüfung von Maßnahmen der psychiatrischen häuslichen Krankenpflege,
- Begründung bei einem Verordnungszeitraum von insgesamt mehr als 4 Monaten gemäß Nr. 27 a des Verzeichnisses verordnungsfähiger Maßnahmen der häuslichen Krankenpflege,

Fakultativer Leistungsinhalt
- Anleitung der relevanten Bezugspersonen des Patienten im Umgang mit dessen Erkrankung,
- Koordinierende Gespräche mit den einbezogenen Pflegefachkräften bzw. Pflegekräften,

Abrechnungsbestimmung zweimal im Behandlungsfall

Anmerkung Die Gebührenordnungsposition 01424 ist bei Vorliegen der Voraussetzungen gemäß § 3 Absatz 1a der Häusliche Krankenpflege-Richtlinie auch in einem Behandlungsfall berechnungsfähig, in dem kein persönlicher Arzt-Patienten-Kontakt, aber ein Arzt-Patienten-Kontakt im Rahmen einer Videosprechstunde stattgefunden hat. Dies ist durch Angabe einer bundeseinheitlich kodierten Zusatzkennzeichnung zu dokumentieren. Für die Abrechnung gelten die Anforderungen gemäß Anlage 31b zum BMVÄ entsprechend. Die Folgeverordnung von Behandlungsmaßnahmen zur psychiatrischen häuslichen Krankenpflege ist nur verordnungs- und berechnungsfähig für Indikationen und bei Vorliegen von Störungen und Einbußen nach Maßgabe des § 4 Abs. 8 bis 10 der Richtlinie über die Verordnung von häuslicher Krankenpflege.
Die Berechnung der Gebührenordnungsposition 01424 setzt die Folgeverordnung von Behandlungsmaßnahmen zur psychiatrischen häuslichen Krankenpflege nach Muster 12 P der Vordruckvereinbarung und die Genehmigung durch die zuständige Krankenkasse voraus. Sofern eine Einschätzung der Voraussetzungen gemäß § 4 Abs. 3 der Richtlinie über die Verordnung von häuslicher Krankenpflege in dem 14-tägigen Zeitraum der Erstverordnung nicht möglich ist, kann eine Folgeverordnung für weitere 14 Tage ausgestellt werden.

Abrechnungsausschluss am Behandlungstag 01422

Berichtspflicht Nein

Aufwand in Min. **Kalkulationszeit:** KA   **Prüfzeit:** ./.   **Eignung d. Prüfzeit:** Keine Eignung

GOÄ   entsprechend oder ähnlich: Leistungskomplex in der GOÄ nicht vorhanden. Abrechnung der einzelnen erbrachten GOÄ-Leistung(en).

Kommentar: Psychiatrische Krankenpflege kann nur durch Ärzte für Nervenheilkunde, Neurologie, Psychiatrie, psychotherapeutische Medizin oder Ärzte mit der Zusatzbezeichnung Psychotherapie verordnet werden. Auch Hausärzte können dies verordnen, wenn vorher eine Diagnosesicherung durch einen Arzt der genannten Fachgebiete durchgeführt wurde.

Voraussetzung zur Verordnung der psychiatrischen häuslichen Krankenpflege ist eine ausreichende Behandlungsfähigkeit des Patienten, um bei Beeinträchtigungen der Aktivitäten (Fähigkeitsstörungen) positiv beeinflussen zu können. Das verfolgte Therapieziel sollte mit der Behandlung auch umgesetzt werden können, wenn sie vom verordnenden Arzt eingeschätzt werden, können.

Die psychiatrische häusliche Krankenpflege kann für einen Zeitraum von mehr als 14 Tagen verordnet werden Ist in diesem Zeitraum eine abschließend noch nicht möglich, kann eine weitere Verordnung für 14 Tage verordnet werden.

Der Gemeinsame Bundesausschuss eine Änderung der Richtlinien-Inhalte zu den Besonderheiten der psychiatrischen häuslichen Krankenpflege im Oktober 2018 beschlossen. Diese beinhalten für die Verordnung von Leistungen nach Nr. 27a des Verzeichnisses verordnungsfähiger Leistungen (psychiatrische häusliche Krankenpflege)

Siehe: Beschluss Häusliche Krankenpflege-Richtlinie: Psychiatrische häusliche Krankenpflege unter: https://www.g-ba.de/beschluesse/3411/ (12.1.2021)

Weitere Informationen:
- Richtlinie über die Konkretisierung des Anspruchs auf eine unabhängige ärztliche Zweitmeinung gemäß § 27b Absatz 2 SGB V – Zm-RL
https://www.g-ba.de/richtlinien/107/

- Patientenmerkblatt Zweitmeinungsverfahren bei geplanten Eingriffen (Dez. 2018) https://www.g-ba.de/downloads/17-98-4765/2019-10-28_G-BA_Patientenmerkblatt_ Zweitmeinungsverfahren_bf.pdf

01425 Erstverordnung der spezialisierten ambulanten Palliativversorgung gemäß der **253** Richtlinie des Gemeinsamen Bundesausschusses nach § 37 b SGB V **30,19**

Aufwand in Min. **Kalkulationszeit:** KA **Prüfzeit:** 15 **Eignung d. Prüfzeit:** Tages- und Quartalsprofil

Kommentar: Der § 37b SGB V lautet wie folgt:

§ 37b Spezialisierte ambulante Palliativversorgung

(1) Versicherte mit einer nicht heilbaren, fortschreitenden und weit fortgeschrittenen Erkrankung bei einer zugleich begrenzten Lebenserwartung, die eine besonders aufwändige Versorgung benötigen, haben Anspruch auf spezialisierte ambulante Palliativversorgung. Die Leistung ist von einem Vertragsarzt oder Krankenhausarzt zu verordnen. Die spezialisierte ambulante Palliativversorgung umfasst ärztliche und pflegerische Leistungen einschließlich ihrer Koordination insbesondere zur Schmerztherapie und Symptomkontrolle und zielt darauf ab, die Betreuung der Versicherten nach Satz 1 in der vertrauten Umgebung des häuslichen oder familiären Bereichs zu ermöglichen; hierzu zählen beispielsweise Einrichtungen der Eingliederungshilfe für behinderte Menschen und der Kinder- und Jugendhilfe. Versicherte in stationären Hospizen haben einen Anspruch auf die Teilleistung der erforderlichen ärztlichen Versorgung im Rahmen der spezialisierten ambulanten Palliativversorgung. Dies gilt nur, wenn und soweit nicht andere Leistungsträger zur Leistung verpflichtet sind. Dabei sind die besonderen Belange von Kindern zu berücksichtigen.

(2) Versicherte in stationären Pflegeeinrichtungen im Sinne von § 72 Abs. 1 des Elften Buches haben in entsprechender Anwendung des Absatzes 1 einen Anspruch auf spezialisierte Palliativversorgung. Die Verträge nach § 132d Abs. 1 regeln, ob die Leistung nach Absatz 1 durch Vertragspartner der Krankenkassen in der Pflegeeinrichtung oder durch Personal der Pflegeeinrichtung erbracht wird; § 132d Abs. 2 gilt entsprechend.

(3) Der Gemeinsame Bundesausschuss bestimmt in den Richtlinien nach § 92 das Nähere über die Leistungen, insbesondere

- die Anforderungen an die Erkrankungen nach Absatz 1 Satz 1 sowie an den besonderen Versorgungsbedarf der Versicherten,
- Inhalt und Umfang der spezialisierten ambulanten Palliativversorgung einschließlich von deren Verhältnis zur ambulanten Versorgung und der Zusammenarbeit der Leistungserbringer mit den bestehenden ambulanten Hospizdiensten und stationären Hospizen (integrativer Ansatz); die gewachsenen Versorgungsstrukturen sind zu berücksichtigen,
- Inhalt und Umfang der Zusammenarbeit des verordnenden Arztes mit dem Leistungserbringer.

01426 Folgeverordnung zur Fortführung der spezialisierten ambulanten Palliativversorgung **152** gemäß der Richtlinie des Gemeinsamen Bundesausschusses nach § 37 b SGB V **18,14**

Abrechnungsbestimmung höchstens zweimal im Behandlungsfall

Aufwand in Min. **Kalkulationszeit:** KA **Prüfzeit:** 9 **Eignung d. Prüfzeit:** Tages- und Quartalsprofil

Kommentar: Siehe § 37b SGB V Spezialisierte ambulante Palliativversorgung – siehe in Kommentar zu EBM Nummer 01425.

01430 Verwaltungskomplex **12** **1,43**

Obligater Leistungsinhalt
- Ausstellung von Wiederholungsrezepten ohne persönlichen Arzt-Patienten-Kontakt und/oder
- Ausstellung von Überweisungsscheinen ohne persönlichen Arzt-Patienten-Kontakt und/oder
- Übermittlung von Befunden oder ärztlichen Anordnungen an den Patienten im Auftrag des Arztes durch das Praxispersonal

Fakultativer Leistungsinhalt
• Übermittlung mittels technischer Kommunikationseinrichtungen

Anmerkung Die Gebührenordnungsposition 01430 ist – **mit Ausnahme der Gebühren-ordnungsposition 01431** – im Arztfall nicht neben anderen Gebührenordnungspositionen und nicht mehrfach an demselben Tag berechnungsfähig.
Kommt in demselben Arztfall eine Versicherten-, Grund- und/oder Konsiliarpauschale zur Abrechnung, ist die Gebührenordnungsposition 01430 nicht berechnungsfähig.

Aufwand in Min.   **Kalkulationszeit:** KA   **Prüfzeit:** ./.   **Eignung d. Prüfzeit:** Keine Eignung
GOÄ   entsprechend oder ähnlich: Nr. 2*
Kommentar: Die Leistung nach EBM Nr. 01430 kann nicht neben anderen Leistungen -Ausnahme sind Pauschalkosten für Porto nach Nr. 40110 ff. –, sondern nur alleine angesetzt werden.

Werden gleichartige Leistungen im Rahmen der Empfängnisregelung, einer Sterilisation oder eines Schwangerschaftsabbruches erbracht, ist die EBM-Nr. 01820 abzurechnen.

Werden ärztliche Anordnungen, Überweisungsscheine und Befunde nicht persönlich dem Patienten oder seinem Angehörigen übergeben, sondern per Post oder per E-mail geschickt, so kann die Leistung nach EBM-Nr. 01430 berechnet werden, aber Portokosten sind nicht berechnungsfähig.

Trotz dieser umfangreichen Reglementierungen ist die Verwendung der EBM-Ziffer 01430 sinnvoll, weil fallzahlrelevant und damit RLV erhöhend.

Für die alleinige Übermittlung von Laborwerten auf Vordrucken des Arztes oder einer Laborgemeinschaft ohne weitere Erklärungen kann die Leistung nach EBM-Nr. 01430 nicht angesetzt werden. Nur wenn von der Arzthelferin auf Anweisung des Arztes dem Patienten ein Ergebnis einer Laboruntersuchung erläutert wird, kann die Nr. 01430 berechnet werden.

Wir halten den Vorschlag von **Wezel/Liebold** in seinem Kommentar, z. B. den Buchstaben „A" zur Dokumentation bei Auskunftserteilung in die Patientenakte aufzunehmen, für sinnvoll.

01431   Zusatzpauschale zu den Gebührenordnungspositionen 01430, 01435 und 01820 für   **3**
ärztliche Tätigkeiten im Zusammenhang mit der elektronischen Patientenakte   0,36
Obligater Leistungsinhalt
• Erfassung und/oder Verarbeitung und/oder Speicherung von Daten nach § 341 Absatz 2 Nrn. 1 bis 5 und 10 bis 13 SGB V aus dem aktuellen Behandlungskontext für eine einrichtungs-, fach- und sektorenübergreifende Dokumentation über den Patienten in der elektronischen Patientenakte ohne persönlichen Arzt-Patienten-Kontakt,
• Prüfung, ob erhebliche therapeutische Gründe oder sonstige erhebliche Rechte Dritter einer Übermittlung in die elektronische Patientenakte entgegenstehen,
• Prüfung und ggf. Ergänzung der zu den Dokumenten gehörenden Metadaten

Anmerkung Die Gebührenordnungsposition 01431 ist höchstens 4-mal im Arztfall berechnungsfähig.
Die Gebührenordnungsposition 01431 ist – mit Ausnahme der Gebührenordnungspositionen 01430, 01435 und 01820 – im Arztfall nicht neben anderen Gebührenordnungspositionen und nicht mehrfach an demselben Tag berechnungsfähig.
Kommt in demselben Arztfall eine Versicherten-, Grund- und/oder Konsiliarpauschale zur Abrechnung, ist die Gebührenordnungsposition 01431 nicht berechnungsfähig.

Berichtspflicht Nein

Aufwand in Min.   **Kalkulationszeit:** KA   **Prüfzeit:** ./.   **Eignung d. Prüfzeit:** Keine Eignung
Kommentar: Die Vergütung der Leistung nach den EBM-Nrn. 01431 und 01647 erfolgt außerhalb der morbiditätsbedingten Gesamtvergütungen.

Die EBM-Nr. 01431 ist eine Zusatzpauschale zu den EBM-Nrn. 01430 (Verwaltungskomplex), 01435 (Haus-/Fachärztliche Bereitschaftspauschale) und 01820 (Rezepte, Überweisungen, Befundübermittlung) und umfasst Behandlungen mit ärztlichen Tätigkeiten im Zusammenhang mit der ePA, ohne Berechnung von Versicherten-, Grund- oder Konsiliarpauschale.

Die EBM-Nr. 01431 ist im Arztfall höchstens 4-mal berechnungsfähig und ist – mit Ausnahme der EBM-Nrn. 01430, 01435 und 01820 – im Arztfall nicht neben anderen EBM Leistungen und nicht mehrfach an demselben Tag berechnungsfähig.

01435 Haus-/Fachärztliche Bereitschaftspauschale 88
10,5

Obligater Leistungsinhalt

* Telefonische Beratung des Patienten im Zusammenhang mit einer Erkrankung durch den Arzt bei Kontaktaufnahme durch den Patienten
und/oder
* Anderer mittelbarer Arzt-Patienten-Kontakt gemäß I-4.3.1 der Allgemeinen Bestimmungen

Abrechnungsbestimmung einmal im Behandlungsfall

Anmerkung Die Gebührenordnungsposition 01435 ist im organisierten Not(-fall)dienst nicht berechnungsfähig.
Kommt in demselben Arztfall eine Versicherten-, Grund- und/oder Konsilarpauschale zur Abrechnung, ist die Gebührenordnungsposition 01435 nicht berechnungsfähig.
Die Gebührenordnungsposition 01435 ist – **mit Ausnahme der Gebührenordnungspositionen 01431 und 40128** – nicht neben anderen Gebührenordnungspositionen berechnungsfähig.
Die Gebührenordnungsposition 01435 ist bei Neugeborenen, Säuglingen, Kleinkindern und Kindern bis zum vollendeten 12. Lebensjahr zweimal im Behandlungsfall berechnungsfähig.

Aufwand in Min. **Kalkulationszeit:** KA **Prüfzeit:** ./. **Eignung d. Prüfzeit:** Keine Eignung

GOÄ entsprechend oder ähnlich: Nrn. 1 oder 3 (mind. 10 Minuten)

Kommentar: Die Leistung gilt nicht nur für tel. Inanspruchnahme, sondern auch für andere mittelbare Arzt-Patienten-Kontakte wie z. B. Kontakte ausschließlich über die Eltern oder über Pflegepersonal im Quartal.

Bei Kindern bis zum vollendeten 12. Lebensjahr kann diese Leistung bis zu 2x im Behandlungsfall (Quartal) berechnet werden.

Da die Bezugnahme auf den Behandlungsfall die Behandlung aller Ärzte in einer Berufsausübungsgemeinschaft einschließt, kann auch bei Verfügbarkeit mehrerer LANR (mehreren Arztsitzen) die EBM-Ziffer 01435 bis zum 12. Geburtstag höchstens 2x, danach höchsten 1x berechnet werden.

Die KV Westfalen-Lippe informiert dazu in ihren Internet-Infos für Vertragsärzte: „…Mit dieser Änderung der GOP 01435 EBM ist das Problem der Berechnung mittelbarer Arzt-Patienten-Kontakte gelöst. Hintergrund: Mit Einführung des EBM 2008 und dadurch Wegfall der Konsultationsziffer erhielt der Arzt für mittelbare telefonische Arzt-Patienten-Kontakte keine Vergütung, sofern nicht mindestens ein persönlicher Kontakt im Quartal mit dem Patienten stattfand. Erfolgt beispielsweise bei Kindern der einzige Arztkontakt im Quartal telefonisch über die Erziehungsberechtigten oder findet ausschließlich im Quartal ein Kontakt über eine Pflegeperson statt, kann in solchen Fällen die EBM-Nr. 01435 berechnet werden …"

Nr. 01435 ab 01.01.2009 auf einen Blick:
* **Haus- bzw. fachärztliche Bereitschaftspauschale.**
* **Ausschließlich für eine telefonische Beratung** des Patienten im Zusammenhang mit einer Erkrankung bei Kontaktaufnahme durch den Patienten oder andere mittelbare Arzt-Patienten-Kontakte.
* **Nicht neben einer Versicherten-, Grund- oder Konsiliarpauschale in demselben Arztfall berechnungsfähig.**
* **Abrechnung neben anderen EBM-Nrn. nicht möglich.**
* Einmal mit Behandlungsfall berechnungsfähig. **Ausnahme:** Bei Kindern bis zum vollendeten 12. Lebensjahr zweimal im Behandlungsfall berechnungsfähig. Dies gilt auch in Berufsausübungsgemeinschaften mit mehreren Arztsitzen.
* **Abrechnung im organisierten Notfall nicht möglich. Tipp:** In diesem Falle wären die Nrn. 01214, 01216 oder 01218 zzgl. Zuschlag berechenbar.

Die vom Bewertungsausschuss im Rahmen der Coronapandemie geschaffene Gebührenordnungsposition 88322 (Bewertete Pseudo GOP (10 Euro) für die ausschließliche Covid-

Impfberatung ohne Impfung) ist nach Meinung der der Autoren als Nicht-EBM-Ziffern vom Abrechnungsausschluss der GOP 01435 nicht betroffen. Die Covid-Impfberatung könnte demnach auch telefonisch oder per Videosprechstunde stattfinden (537. Sitzung des Bewertungsausschuss mit Wirkung zum 1.1.2021).

01436 Konsultationspauschale **18**
2,15

Obligater Leistungsinhalt
* Persönlicher Arzt-Patienten-Kontakt,
* Diagnostik und/oder Behandlung einer/von Erkrankung(en) eines Patienten im Rahmen einer Überweisung zur Durchführung von Auftragsleistungen (Indikations- oder Definitionsauftrag gemäß § 24 Abs. 7 Nr. 1 Bundesmantelvertrag-Ärzte (BMV-Ä) bzw. § 27 Abs. 7 Nr. 1 Bundesmantelvertrag-Ärzte (BMV-Ä)) an nicht ausschließlich auf Überweisung tätige Ärzte gemäß § 13 Abs. 4 Bundesmantelvertrag-Ärzte (BMV-Ä)
und/oder
* Diagnostik einer/von Erkrankungen eines Patienten im Rahmen einer Überweisung zur Konsiliaruntersuchung, Mitbehandlung oder Weiterbehandlung gemäß § 24 Abs. 7 Nrn. 2, 3 oder 4 Bundesmantelvertrag-Ärzte (BMV-Ä) zur Erbringung von Leistungen entsprechend der Gebührenordnungspositionen des Abschnitts 31.1, ggf. in mehreren Sitzungen
und/oder
* Diagnostik und/oder Behandlung einer/von Erkrankung(en) eines Patienten im Rahmen einer Überweisung zur Konsiliaruntersuchung, Mitbehandlung oder Weiterbehandlung gemäß § 24 Abs. 7 Nrn. 2, 3 oder 4 Bundesmantelvertrag-Ärzte (BMV-Ä) innerhalb derselben Arztgruppe gemäß § 24 Abs. 4 Bundesmantelvertrag-Ärzte (BMV-Ä), zur Durchführung von Leistungen entsprechend der Gebührenordnungspositionen der Abschnitte 31.2 und/oder 31.5, ggf in mehreren Sitzungen
und/oder
* Diagnostik und/oder Behandlung einer/von Erkrankung(en) eines Patienten im Rahmen einer Überweisung zur Konsiliaruntersuchung, Mitbehandlung oder Weiterbehandlung gemäß § 24 Abs. 7 Nrn. 2, 3 oder 4 Bundesmantelvertrag-Ärzte (BMV-Ä) innerhalb derselben Arztgruppe gemäß § 24 Abs. 4 Bundesmantelvertrag-Ärzte (BMV-Ä), zur Durchführung von Leistungen entsprechend der Gebührenordnungspositionen des Abschnitts 31.4

Anmerkung Die Gebührenordnungsposition 01436 kann nicht neben Versicherten-, Grund- und/oder Konsiliarpauschalen berechnet werden.
Neben der Gebührenordnungsposition 01436 ist für die Berechnung der jeweiligen arztgruppenspezifischen Versicherten-, Grund- und/oder Konsiliarpauschale in demselben Behandlungsfall mindestens ein weiterer persönlicher Arzt-Patienten-Kontakt oder Arzt-Patienten-Kontakt im Rahmen einer Videosprechstunde gemäß Anlage 31b zum BMV-Ä notwendig.

Abrechnungsausschluss in derselben Sitzung 03000, 03010, 03030, 04000, 04010, 04030, 30700 und 33706

Aufwand in Min. **Kalkulationszeit:** KA **Prüfzeit:** ./. **Eignung d. Prüfzeit:** Keine Eignung
GOÄ entsprechend oder ähnlich: Die GOÄ kennt keine entsprechende Pauschalleistung. Es sind die einzelnen erbrachten Leistungen abzurechnen.

Kommentar: Versicherten- oder Grundpauschalen dürfen nach § 13 Abs. 4 des Bundesmantelvertrages Ärzte nicht von Ärzten für Laboratoriumsmedizin, Mikrobiologie und Infektionsepidemiologie, Nuklearmedizin, Pathologie, Radiologische Diagnostik bzw. Radiologie, Strahlentherapie und Transfusionsmedizin abgerechnet werden.

Diese Arztgruppen dürfen nur auf Überweisung Patienten behandeln und neben den erbrachten angeforderten Leistungen ggf. die für ihre Arztgruppe ausgewiesenen Konsiliarpauschalen berechnen.

01438 Telefonische Kontaktaufnahme im Zusammenhang mit der Gebührenordnungsposition 04414, 04416, 13574 oder 13576 **88**
10,50

Obligater Leistungsinhalt
* Telefonische Kontaktaufnahme mit dem Patienten im Zusammenhang mit der telemedizinischen Funktionsanalyse,

Abrechnungsbestimmung höchstens dreimal im Krankheitsfall

Anmerkung Die Gebührenordnungsposition 01438 ist nur in Behandlungsfällen berechnungsfähig, in denen die Gebührenordnungsposition 04414, 04416, 13574 oder 13576 berechnet wurde.

Entgegen Nr. 4.3.1 der Allgemeinen Bestimmungen ist die Gebührenordnungsposition 01438 im Behandlungsfall auch neben den Versicherten- und Grundpauschalen berecnungsfähig.

Abrechnungsausschluss
am Behandlungstag 01439
im Behandlungsfall 01435

Berichtspflicht Nein

Aufwand in Min.   **Kalkulationszeit:** KA   **Prüfzeit:** ./.   **Eignung der Prüfzeit:** Keine Eignung

Kommentar: Dies ist die erste telemedizinische Leistung, die in den EBM aufgenommen wurde. Die Funktionsanalyse eines implantierten Kardioverters bzw. Defibrillators oder eines implantierten Systems zur kardialen Resynchronisationstherapie (CRT-P, CRT-D) kann ab dem 1. April 2016 auch telemedizinisch durchgeführt und abgerechnet werden.Eingeführt wurde diese Leistung für den Kontakt des Arztes mit seinem Patienten zu der ebenfalls ab 1.4.2016 abrechenbaren Leistung telemedizinische Funktionsprüfung definierter kardiologisch rhythmonologischer Implantate auch (gesondert abrechnen).

01440   Verweilen außerhalb der Praxis ohne Erbringung weiterer berechnungsfähiger   **352**
Gebührenordnungspositionen, wegen der Erkrankung erforderlich,   42,01

Abrechnungsbestimmung je vollendete 30 Minuten

Anmerkung Die Gebührenordnungsposition 01440 ist im Zusammenhang mit der Erbringung von Leistungen in der Praxis nicht berechnungsfähig.

Abrechnungsausschluss in derselben Sitzung 01416, 05210, 05211, 05212, 05230, 05310, 05320, 05330, 05331, 05340, 05341, 05350, 05372, 08410, 30708, 31820, 31821, 31822, 31823, 31824, 31825, 31826, 31827, 31828, 36820, 36821, 36822, 36823, 36824, 36825, 36826, 36827, 36828, 36840, 36841

Aufwand in Min.   **Kalkulationszeit:** 30   **Prüfzeit:** 30   **Eignung d. Prüfzeit:** Tages- und Quartalsprofil

GOÄ   entsprechend oder ähnlich: Nr. 56*

Kommentar: Die Verweildauer ist gestaffelt und kann nur für je vollendete 30 Minuten berechnet werden. Der Ansatz der Verweilgebühr nach Nr.01440 setzt voraus, dass der Arzt im Wesentlichen untätig beim Patienten verweilt.

EBM Nr. 01440 ist eine GOP insbesondere für den Notdienst. Muss der Arzt auf das Eintreffen des **Krankentransportwagens** warten, weil eine stationäre **Notfalleinweisung** erforderlich ist, kann je vollendete 30 Minuten die EBM Nr. 01440 berechnet werden (Verweilen außerhalb der Praxis ohne Erbringung weiterer berechnungsfähiger Gebührenordnungspositionen, wegen der Erkrankung erforderlich).

Wird dem Patienten eine **Infusion** verabreicht, die mindestens zehn Minuten läuft, kommt die EBM Nr. 02100 (Infusion intravenös und/oder in das Knochenmark und/oder mittels Portsystem und/oder intraarteriell) zum Ansatz. **In einem solchen Fall kann allerdings die Verweilgebühr nicht berechnet werden.**

Sie hat keinen Ausschluss mit 01223, 01224 und 01226.

Tipp: **Prüfen Sie in der Präambel zum Kapitel Ihrer Fachgruppe, ob diese Leistung, die auch im Anhang 1 (Verzeichnis der nicht gesondert berechnungsfähigen Leistungen) aufgelistet ist, von Ihrer Fachgruppe gesondert abgerechnet werden kann.**

Finden Sie diese Leistung **nicht** in einem der Präambel-Absätze als abrechenbar aufgeführt, ist sie nicht berechnungsfähig. Die Leistung ist in der Regel dann bei Ihrer Fachgruppe Bestandteil der Versicherten- oder Grundpauschale und damit nicht gesondert berechnungsfähig.

01442   Videofallkonferenz mit der / den an der Versorgung des Patienten beteiligten   **86**
Pflege(fach)kraft / Pflege(fach)kräften gemäß Anlage 31b zum Bundesmantelvertrag-Ärzte (BMV-Ä)   10,26

Obligater Leistungsinhalt
* Patientenorientierte Videofallbesprechung zwischen dem behandelnden Vertragsarzt, der die Koordination von diagnostischen und/oder therapeutischen und/oder rehabilitativen Maßnahmen und/oder der pflegerischen Versorgung für den Patienten durchführt und der Pflege(fach)kraft /den Pflege(fach)kräften, die an der Versorgung des Patienten in der Häuslichkeit des Patienten oder einer Pflegeeinrichtung oder einer beschützenden Einrichtung beteiligt ist/sind in Bezug auf den chronisch pflegebedürftigen Patienten

Anmerkung Die Gebührenordnungsposition 01442 ist höchstens dreimal im Krankheitsfall berechnungsfähig.

Die Gebührenordnungsposition 01442 ist nur berechnungsfähig, wenn im Zeitraum der letzten drei Quartale unter Einschluss des aktuellen Quartals ein persönlicher Arzt-Patienten-Kontakt in derselben Arztpraxis stattgefunden hat.

Für die Abrechnung der Gebührenordnungsposition 01442 gelten die Anforderungen gemäß Anlage 31b zum BMV-Ä entsprechend.

Abrechnungsausschluss in derselben Sitzung 01758, 30210, 30706, 30948, 37120, 37320, 37400, 37720

Aufwand in Min. **Kalkulationszeit:** KA **Prüfzeit:** ./. **Eignung d. Prüfzeit:** Keine Eignung

Kommentar: Hinweise des Bewertungsausschusses: Seit Aufnahme in den Einheitlichen Bewertungsmaßstab (EBM) wurde die Nr. 01442 zunächst außerhalb der morbiditätsbedingten Gesamtvergütungen vergütet. Die extrabudgetäre Vergütung war dabei so lange vorgesehen, bis die Mengenentwicklung eine weitere extrabudgetäre Vergütung nicht erfordert.

Mittlerweile hat der Bewertungsausschuss die Mengenentwicklung überprüft und empfiehlt die Überführung der Leistungen in die morbiditätsbedingten Gesamtvergütungen zum 1. Januar 2025.

Deshalb werden mit Wirkung zum 1. Januar 2025 die Leistungen nach der Gebührenordnungsposition 01442 in die morbiditätsbedingte Gesamtvergütung überführt.

Der Bewertungsausschuss prüft bis 31. Mai 2024, ob das Verfahren zur Überführung von Leistungen in die morbiditätsbedingte Gesamtvergütung vereinfacht werden kann. Sofern das Verfahren als Folge der Überprüfung angepasst wird, erfolgt die Überführung der Leistungen nach der Gebührenordnungsposition 01442 in die morbiditätsbedingten Gesamtvergütungen zum 1. Januar 2025 gemäß dem neuen Verfahren.

01444 Zuschlag zu den Versichertenpauschalen nach den Gebührenordnungspositionen 03000 und 04000, zu den Grundpauschalen der Kapitel 5 bis 11, 13 bis 16, 18, 20 bis 23, 26 und 27 und zu den Gebührenordnungspositionen 01210, 01212, 01320, 01321, 25214, 30700 und 37700 für die Authentifizierung eines unbekannten Patienten gemäß Anlage 4b zum Bundesmantelvertrag-Ärzte (BMV-Ä) im Rahmen einer Videosprechstunde gemäß Anlage 31b zum BMV-Ä durch das Praxispersonal **10**
1,19

Obligater Leistungsinhalt
* Praxispersonal-Patienten-Kontakt im Rahmen einer Videosprechstunde oder Videofallbesprechung gemäß Anlage 31b zum BMV-Ä bei Kontaktaufnahme durch den Patienten,
* Überprüfung der vorgelegten eGK gemäß Anlage 4b zum BMV-Ä,
* Erhebung der Stammdaten,

Abrechnungsbestimmung einmal im Behandlungsfall

Anmerkung Die Gebührenordnungsposition 01444 ist nur für die Authentifizierung eines unbekannten Patienten berechnungsfähig, sofern im Behandlungsfall ausschließlich Arzt-Patienten-Kontakte im Rahmen einer Videosprechstunde gemäß Anlage 31b zum BMV-Ä stattfinden oder im Behandlungsfall ein Arzt-Patienten-Kontakt im Rahmen einer Videosprechstunde gemäß Anlage 31b zum BMV-Ä vor einem persönlichen Arzt-Patienten-Kontakt stattfindet.

Aufwand in Min. **Kalkulationszeit:** KA **Prüfzeit:** ./. **Eignung d. Prüfzeit:** Keine Eignung

Kommentar: Der Bewertungsausschuss beschloss, die ursprünglich bis zum 31. Dezember 2023 befristete Gebührenordnungsposition 01444 bis zum 31. Dezember 2025 weiterzuführen. Der Bewertungsausschuss prüft bis zum 30. September 2025, ob eine Verlängerung der Frist erforderlich ist.

Als „unbekannt" gilt im Rahmen dieser Regelungen nicht nur ein Patient, der noch nie oder nur noch nicht im laufenden Quartal oder im Vorquartal in der Praxis behandelt wurde, sondern auch ein Bestandspatient, der noch nicht im laufenden Quartal oder im Vorquartal in der Praxis behandelt wurde. Die Überprüfung des Versicherungsstatus und Verifizierung der Identität rechtfertigt den Ansatz der GOP 01444. Die GOP 01444 wird extrabudgetär vergütet.

01450	Zuschlag im Zusammenhang mit den Versichertenpauschalen nach den Gebührenordnungspositionen 03000 und 04000, den Grundpauschalen der Kapitel 5 bis 11, 13 bis 16, 18, 20 bis 23, 26 und 27 und den Gebührenordnungspositionen 01210, 01212, 01214, 01216, 01218, 01320, 01321, 01442, 01670 bis 01672, 01952, 25214, 30210, 30700, 30706, 30932, 30933, 30948, 35110 bis 35113, 35141, 35142, 35152, 35173 bis 35178, 35401, 35402, 35405, 35411, 35412, 35415, 35421, 35422, 35425, 35431, 35432, 35435, 35503 bis 35508, 35513 bis 35518, 35523 bis 35528, 35533 bis 35538, 35543 bis 35548, 35553 bis 35558, 35703 bis 35708, 35713 bis 35718, 35600, 35601, 37120, 37320, 37400, 37550, 37700, 37706 und 37720 für die Betreuung eines Patienten im Rahmen einer Videosprechstunde oder für eine Videofallkonferenz gemäß Anlage 31b zum Bundesmantelvertrag-Ärzte (BMV-Ä) oder für ein Videokonsilium gemäß § 1 Absatz 5 der Telekonsilien-Vereinbarung	**40** 4,77

Obligater Leistungsinhalt
* Arzt-Patienten-Kontakt im Rahmen einer Videosprechstunde gemäß Anlage 31b zum BMV-Ä bei Kontaktaufnahme durch den Patienten

oder
* Videofallkonferenz gemäß Anlage 31b zum BMV-Ä durch den initiierenden Vertragsarzt,

Fakultativer Leistungsinhalt
* Dokumentation,
* Erneute Einbestellung des Patienten,

je Arzt-Patienten-Kontakt im Rahmen einer Videosprechstunde oder Videofallkonferenz 40 Punkte

Für die Gebührenordnungsposition 01450 wird ein Punktzahlvolumen je Arzt gebildet, aus dem alle gemäß der Gebührenordnungsposition 01450 durchgeführten Leistungen im Quartal zu vergüten sind. Der Höchstwert für das Punktzahlvolumen für die Gebührenordnungsposition 01450 beträgt 1.899 Punkte je abrechnendem Vertragsarzt.

Die Gebührenordnungsposition 01450 ist als Zuschlag im Zusammenhang mit den Gebührenordnungspositionen 30210, 30706, 30948, 37120, 37320 und 37400 ausschließlich berechnungsfähig, sofern die Fallkonferenz bzw. Fallbesprechung als Videofallkonferenz durchgeführt wird, die die Anforderungen gemäß Anlage 31b zum BMV-Ä erfüllt. Die Gebührenordnungsposition 01450 ist nur vom Vertragsarzt, der die Videofallkonferenz initiiert, berechnungsfähig. Dabei gilt ein Höchstwert von 40 Punkten je Arzt je Videofallkonferenz.

Für die Gebührenordnungsposition 01450 gilt ein Höchstwert von 40 Punkten je Gruppenbehandlung nach den Gebührenordnungspositionen 35112 und 35113, aus dem alle gemäß der Gebührenordnungsposition 01450 durchgeführten Leistungen je Gruppenbehandlung zu vergüten sind.

Abrechnungsbestimmung je Arzt-Patienten-Kontakt im Rahmen einer Videosprechstunde

Anmerkung Für die Gebührenordnungsposition 01450 wird ein Punktzahlvolumen je Vertragsarzt gebildet, aus dem alle gemäß der Gebührenordnungsposition 01450 durchgeführten Leistungen im Quartal zu vergüten sind. Der Höchstwert für das Punktzahlvolumen für die Gebührenordnungsposition 01450 beträgt 1.899 Punkte je abrechnendem Vertragsarzt.

Die Gebührenordnungsposition 01450 ist als Zuschlag im Zusammenhang mit den Gebührenordnungspositionen 01442, 30210, 30706, 30948, 37120, 37320, 37400, 37550 und 37720 ausschließlich berechnungsfähig, sofern die Fallkonferenz bzw. Fallbesprechung als Videofallkonferenz durchgeführt wird, die die Anforderungen gemäß Anlage 31b zum BMV-Ä erfüllt. Die Gebührenordnungsposition 01450 ist nur vom Vertragsarzt, der die Videofallkonferenz initiiert, berechnungsfähig. Dabei gilt ein Höchstwert von 40 Punkten je Vertragsarzt und je Videofallkonferenz.

EBM-Nr.   EBM-Punkte / Euro

Für die Gebührenordnungsposition 01450 gilt ein Höchstwert von 40 Punkten je Gruppen-behandlung nach den Gebührenordnungspositionen 14221, 21221, 22222, 30933, 35112, 35113, 35173 bis 35178, 35503 bis 35508, 35513 bis 35518, 35523 bis 35528, 35533 bis 35538, 35543 bis 35548, 35553 bis 35558, 35703 bis 35708 und 35713 bis 35718, aus dem alle gemäß der Gebührenordnungsposition 01450 durchgeführten Leistungen je Gruppenbehandlung zu vergüten sind.

Die Gebührenordnungsposition 01450 ist als Zuschlag im Zusammenhang mit den Gebührenordnungspositionen 01670, 01671 und 01672 nur berechnungsfähig, sofern die Leistungen im Rahmen eines Videokonsiliums durchgeführt werden, das die Anforde-rungen gemäß Anlage 31b zum BMV-Ä erfüllt. Die Gebührenordnungsposition 01450 ist nur vom Vertragsarzt, der das Videokonsilium initiiert, berechnungsfähig.

Die Gebührenordnungsposition 01450 ist auch von im Krankenhaus tätigen, nicht ermäch-tigten Ärzten oder Psychotherapeuten berechnungsfähig, sofern diese das Videokonsilium mit einem das Telekonsilium einholenden Vertragsarzt initiieren.

Aufwand in Min.   **Kalkulationszeit: KA   Prüfzeit:** ./.   **Eignung d. Prüfzeit:** Keine Eignung

Kommentar: Die EBM-Nr. 01450, wurde für Kosten eingeführt, die durch die Nutzung eines Video-dienstanbieters gemäß Anlage 31b Bundesmantelvertrag-Ärzte entstehen, sie gilt als Zuschlag im Zusammenhang mit den Versichertenpauschalen 03000 und 04000 im Rahmen der haus- bzw. kinderärztlichen, ferner als Zuschlag der Grundpauschalen der Kapitel 5 bis 11, 13 bis 16, 18, 20 bis 23, 26 und 27 und den Gebührenordnungspositionen 01320, 01321, 01442, 25214, 30210, 30700, 30706, 30932, 30948, 35110 bis 35113, 35141, 35142, 35401, 35402, 35405, 35411, 35412, 35415, 35421, 35422, 35425, 35600, 35601, 37120, 37320 und 37400 ferner als Zuschlag für die Betreuung eines Patienten im Rahmen einer Videosprechstunde oder für eine Videofallkonferenz gemäß Anlage 31b zum Bundesmantelvertrag-Ärzte (BMV-Ä).

Der Zuschlag für die Videosprechstunde ist auch gemäß den EBM-Nrn. 35431, 35432 und 35435 bei Systemischer Therapie einer Einzelbehandlung berechnungsfähig.

Die Anlage 31b zum Bundesmantelvertrag-Ärzte (BMV-Ärzte) wurde zum 31. Mai 2020 angepasst und tritt per 21. Juli 2020 in Kraft.

Weitere Informationen und Inhalte der entsprechenden Anlage zum Bundesmantelvertrag finden sich unter: https://www.kbv.de/media/sp/Anlage_31b_Videosprechstunde.pdf.

Hinweis:

Das Kontingent von 1899 Pkt pro Quartal bezieht sich auf die Anzahl verfügbarer LANR einer Praxis, unabhängig ob es sich um volle oder hälftige Arztsitze handelt.

Beispiel Einzelpraxis: 47 Videokontakte werden vergütet

Beispiel Gemeinschaftspraxis: 47 Videokontakte je LANR werden vergütet

Bitte beachten Sie, dass Sie die durchgeführten Videosprechstunden LANR-spezifisch zuordnen, um das Kontingent ausschöpfen zu können.

01476   Zusatzpauschale für die Auswahl und/oder Individualisierung von Inhalten der   **64**
digitalen Gesundheitsanwendung (DiGA) Mawendo gemäß dem Verzeichnis für   7,64
digitalen Gesundheitsanwendungen gemäß § 139e SGB V,

Abrechnungsbestimmung einmal im Krankheitsfall

Anmerkung Die Gebührenordnungsposition 01476 ist ausschließlich bei Versicherten ab Vollendung des 12. Lebensjahres berechnungsfähig.

Aufwand in Min.   **Kalkulationszeit: KA   Prüfzeit:** ./.   **Eignung d. Prüfzeit:** keine Eignung

Berichtspflicht Nein

Kommentar: Die Nr. 01476 wurde zum 01.10.2023 zur Abbildung der im Zusammenhang mit der digitalen Gesundheitsanwendung „Mawendo" notwendigen Auswahl und/oder Individualisierung von Inhalten in den EBM aufgenommen. Hierbei handelt es sich um Trainingsprogramme mit Übungsvideos, Gesundheitsinformationen und Dokumentationsmöglichkeiten bei Krankheiten der Patella. Sie kann nur bei Versicherten ab dem 12. Lebensjahr berechnet werden.

01480 Beratung über Organ- und Gewebespenden gemäß § 2 Abs. 1a TPG   **65**
                                                                              7,76
Obligater Leistungsinhalt
- Persönlicher Arzt-Patienten-Kontakt,
- Beratung über Organ- und Gewebespenden gemäß § 2 Abs. 1a TP

Fakultativer Leistungsinhalt
- Aushändigung von Aufklärungsunterlagen,
- Aushändigung eines Organspendeausweises,
- Übertragung der Information, dass ein Organspendeausweis vorhanden ist, auf die elektronische Gesundheitskarte (eGK) des Patienten

Anmerkung Die Gebührenordnungsposition 01480 ist nur alle zwei Kalenderjahre berechnungsfähig.
Die Gebührenordnungsposition 01480 ist bei Versicherten ab dem vollendeten 14. Lebensjahr berechnungsfähig.
Bei der Nebeneinanderberechnung diagnostischer bzw. therapeutischer Gebühren-nungspositionen und der Gebührenordnungsposition 01480 ist eine mindestens 5 Minuten längere Arzt-Patienten-Kontaktzeit als in den entsprechenden Gebührenordnungsposi-tionen angegeben Voraussetzung für die Berechnung der Gebührenordnungsposition 01480.

Kommentar: Hausärzte dürfen ab 1. März 2022 ihre Patienten bei Bedarf alle zwei Jahre zur Organ- und Gewebespende beraten – entsprechend dem aktualisierte Transplantationsgesetz. Mit dem Gesetz wurde eine Beratung als zusätzliche hausärztliche Leistung verankert.
Außerdem sollen sie unter anderem über die Möglichkeit, eine Erklärung zur Organ- und Gewebespende im Organspende-Register abzugeben, informieren. Die Vergütung der Beratung erfolgt extrabudgetär.
Zur Abrechnung der Leistungen wird ab 1. März 2022 die EBM-Nr. 01480 in den EBM aufgenommen. Haus- sowie Kinder- und Jugendärzte können die Gebührenordnungspo-sition alle zwei Jahre pro Patient ab dem vollendeten 14. Lebensjahr abrechnen.
Die Bundeszentrale für gesundheitliche Aufklärung (BZgA) hat mit der KBV, der Bundes-ärztekammer und dem Deutschen Hausärzteverband Informationsmaterialien für Ärzte und Patienten entwickelt. Alle Hausärzte erhalten ein Starterpaket der Infomaterialien mit Hinweis auf die kostenfreie Bestellmöglichkeit weiterer Unterlagen. Das Paket enthält Material zur Aufklärung von zehn Patientinnen und Patienten sowie 100 Organspendeaus-weise. Ein Manual für das Arzt-Patienten-Gespräch zur Organ- und Gewebespende sowie weitere Aufklärungsmaterialien können zusätzlich kostenfrei bei der BZgA unter folgendem Link bestellt werden: https://shop.bzga.de/alle-kategorien/organspende/

Aufwand in Min. **Kalkulationszeit:** 5   **Prüfzeit:** 5.   **Eignung d. Prüfzeit:** Tages- und Quartalsprofil
Berichtspflicht Nein

1.5 Ambulante praxisklinische Betreuung und Nachsorge

1. Haben an der Erbringung von Leistungen entsprechend den Gebührenordnungspositionen dieses Abschnitts mehrere Ärzte mitgewirkt, hat der die Gebührenordnungspositionen dieses Abschnitts abrechnende Vertragsarzt in einer der Quartalsabrechnung beizufügen und von ihm zu unterzeichnenden Erklärung zu bestätigen, dass er mit den anderen Ärzten eine Vereinbarung darüber getroffen hat, wonach nur er allein in den jeweiligen Fällen diese Gebührenordnungspositionen abrechnet.

2. Die Gebührenordnungspositionen des Abschnitts II-1.5 sind bei kurativ-stationärer (belegärztlicher) Behandlung nicht berechnungsfähig.

Kommentar:

Durch diese Regelung soll gewährleistet werden, dass die gleichzeitige Abrechnung von Beobach-tungs- und Betreuungsmaßnahmen durch mehrere Ärzte, die tatsächlich beteiligt waren, ausge-schlossen ist.

Sinnvoll wird diese Regelung jedoch nur dann, wenn die vorgeschriebene schriftliche Erklärung auch die Namen der „anderen Ärzte" enthält, da sonst eine Prüfung z. B. im Rahmen einer Plausibilitätsprüfung nicht möglich wäre.

Zusatzpauschalen für Beobachtung und Betreuung

01510* Dauer mehr als 2 Stunden   **443**
                                                                               52,87

Obligater Leistungsinhalt

- Beobachtung und Betreuung eines Kranken mit konsumierender Erkrankung (fortgeschrittenes Malignom, HIV-Erkrankung im Stadium AIDS) in einer Arztpraxis oder praxisklinischen Einrichtung gemäß § 115 Abs. 2 SGB V unter parenteraler intravasaler Behandlung mittels Kathetersystem und/oder
- Beobachtung und Betreuung eines Kranken in einer Arztpraxis oder praxisklinischen Einrichtung gemäß § 115 Abs. 2 SGB V, in ermächtigten Einrichtungen oder durch einen ermächtigten Arzt gemäß §§ 31, 31a Ärzte-ZV unter parenteraler intravasaler Behandlung mit Zytostatika und/oder monoklonalen Antikörpern und/oder Alglucosidase alfa oder Avalglucosidase alfa bei Morbus Pompe und/oder nach subkutaner Injektion von Trastuzumab
- Beobachtung und Betreuung eines kachektischen Patienten mit konsumierender Erkrankung während enteraler Ernährung über eine Magensonde oder Gastrostomie (PEG) in einer Praxis oder praxisklinischen Einrichtung gemäß § 115 Abs. 2 SGB V und/oder
- Beobachtung und Betreuung einer Patientin, bei der ein i.v.-Zugang angelegt ist, am Tag der Follikelpunktion zur intendierten Eizellentnahme, entsprechend der Gebührenordnungsposition 08537 oder 08637 und/oder
- Beobachtung und Betreuung eines Patienten nach einer Punktion an Niere, Leber, Milz oder Pankreas

Fakultativer Leistungsinhalt

- Infusion(en)

Anmerkung Für die Behandlung mit monoklonalen Antikörpern ist nur die Gebührenordnungsposition 01510 ; in begründeten Ausnahmefällen unter Angabe des Präparates und der Infusionsdauer die Gebührenordnungsposition 01511 berechnungsfähig.

Für die Behandlung mit Alglucosidase alfa bei Morbus Pompe sind nur die Gebührenordnungspositionen 01510 und 01511 berechnungsfähig.

Abrechnungsausschluss in derselben Sitzung 01511, 01512, 01520, 01521, 01530, 01531, 01540, 01541, 01542, 01543, 01544, 01545, 01546, 01549, 01857, 01910, 01911, 02100, 02101, 02102, 04564, 04565, 04566, 04572, 04573, 13610, 13611, 13612, 13620, 13621, 13622, 30708, 32247, 34502, 34503 und Kapitel 31.5.3, 5

Aufwand in Min.   **Kalkulationszeit:** 4   **Prüfzeit:** 4   **Eignung d. Prüfzeit:** Tages- und Quartalsprofil

GOÄ   entsprechend oder ähnlich: Leistungskomplex in der GOÄ nicht vorhanden. Abrechnung der einzelnen erbrachten GOÄ-Leistung(en).

Kommentar: Seit 1.10.2019 wird diese Behandlung bei den EBM Nrn. 01510 bis 01511 berechnungsfähig.

Nach einem BSG-Urteil vom 25. Januar 2017 sind die EBM Nrn. 01510 bis 01512 der Betreuungs- und Beobachtungsleistungen auch von ermächtigten stationären Einrichtungen abrechenbar.

Die Leistungen der EBM Nrn. 01510 bis 01512 können berechnet werden:

a) wenn der Kranke mehr als 2 Stunden (die reine Betreuungszeit muss mehr als zwei Stunden, also mindestens 121 Minuten gedauert haben) in der Praxis oder praxisklinischen Einrichtung, nicht jedoch im Rahmen einer belegärztlichen Behandlung beobachtet und betreut wurde und

b) wenn es sich um eine der in der Leistungslegende definierten Gruppen von Behandlungsmaßnahmen gehandelt hat.

EBM Nr. 01511 setzt mindestens eine Betreuungszeit von 241 Minuten,

EBM Nr. 01512 setzt 361 Minuten voraus.

Der Arzt darf sich während der Betreuungszeit auch um andere Patienten kümmern und ggf. eine Betreuung und Beobachtung durch eine ausgebildete Hilfskraft sicherstellen.

Die EBM Nrn. 01510 bis 01512 sind je Patient auch dann berechnungsfähig, wenn der Arzt mehrere Patienten gleichzeitig betreut. Der Arzt muss sich aber immer wieder vom

Zustand seines speziellen Patienten vergewissern. Infusionen sind Bestandteil der Betreuungsleistung und nicht zusätzlich berechnungsfähig.

Leistungen, die eine nach dem EBM vergütete Beobachtung und/oder Betreuung eines Patienten erfordern, sind an demselben Behandlungstag nicht neben den EBM Nrn. 01510–01512 abrechenbar.

Rechtsprechung: Der Leistungsinhalt des 1. Spiegelstrichs der GOP 01510 EBM ist auch erfüllt, wenn vom Vertragsarzt mittels Kathetersystem Infusionen von Opiaten oder Benzodiazepin zur Analogiesedierung sowie Infusionen zur Kreislaufstabilisierung verabreicht werden. Dem Wortlaut ist nicht zu entnehmen, dass die parenterale intravasale Behandlung der (unmittelbaren) Behandlung der Krebserkrankung dienen muss. Raum für eine systematische Interpretation besteht nicht (LSG Baden-Württemberg, Urt. v. 28.04.2021, Az.: L 5 KA 1986/18 – Leitsatz).

01511* Dauer mehr als 4 Stunden

872
104,06

Abrechnungsausschluss in derselben Sitzung 01510, 01512, 01520, 01521, 01530, 01531, 01540, 01541, 01542, 01543, 01544, 01545, 01546, 01549, 01857, 01910, 01911, 02100, 02101, 02102, 04564, 04565, 04566, 04572, 13612, 13620, 13621, 13622, 30708, 32247, 34503, 34504, 34505
04573, 13610, 13611, Kapitel: 5, 31.5

Aufwand in Min. **Kalkulationszeit:** 6 **Prüfzeit:** 6 **Eignung d. Prüfzeit:** Tages- und Quartalsprofil

GOÄ entsprechend oder ähnlich: Leistungskomplex in der GOÄ nicht vorhanden. Abrechnung der einzelnen erbrachten GOÄ-Leistung(en).

Kommentar: Siehe Kommentar zu EBM Nr. 01510

01512* Dauer mehr als 6 Stunden

1299
155,02

Abrechnungsausschluss in derselben Sitzung 01510, 01520, 01521, 01530, 01531, 01540, 01541, 01542, 01543, 01544, 01545, 01546, 01549, 01857, 01910, 01911, 02100, 02101, 02102, 04564, 04565, 04566, 04572, 13612, 13620, 13621, 13622, 30708, 32247, 34503, 34504, 34505
04573, 13610, 13611, Kapitel: 5, 31.5

Aufwand in Min. **Kalkulationszeit:** 8 **Prüfzeit:** 10 **Eignung d. Prüfzeit:** Tages- und Quartalsprofil

GOÄ entsprechend oder ähnlich: Leistungskomplex in der GOÄ nicht vorhanden. Abrechnung der einzelnen erbrachten GOÄ-Leistung(en).

Kommentar: Siehe Kommentar zu EBM Nr. 01510

Zusatzpauschale für die Beobachtung und Betreuung eines Kranken unter Behandlung mit Arzneimitteln, einschließlich Infusionen

Obligater Leistungsinhalt
* Beobachtung und Betreuung eines Kranken unter parenteraler intravasaler Behandlung mit Sebelipase alfa und/oder Velmanase alfa und/oder Olipudase alfa

Fakultativer Leistungsinhalt
* Überwachung der Vitalparameter

Kommentar: Die Infusionsziffern 01540ff beziehen sich zum einen auf eine Fettstoffwechselstörung, die zu einem Mangel an lysosomaler saurer Lipase führt (Ziffer 01540-01542), zum anderen auf die Behandlung der Multiplen Sklerose (Ziffern 01543-01545). In beiden Fällen ist intravenöse Gabe der dafür zugelassenen Arzneimittel Sebelipase alfa und/oder Velmanase alfa, bzw. Fingolimod, Ponesimod, Siponimod oder Ozanimod obligat.

01540* Dauer mehr als 2 Stunden

386
46,06

Anmerkung Die Berechnung der Gebührenordnungspositionen 01540, 01541 und 01542 setzt die Angabe des Präparates, der Begründung der erforderlichen Überwachung gemäß der jeweils aktuell gültigen Fachinformation (z.B. Dosierung, Dosisanpassung, Erstgabe, Körpergewicht) und der Überwachungsdauer voraus.

Kommentar: Der Bewertungsausschuss hat beschlossen, zum 1. April 2022 zwei neue Katalogleistungen zur Beobachtung und Betreuung in den Abschnitt 1.5 des EBM aufzunehmen und andere zu streichen.

Dazu zählen die

- neue Zusatzpauschale für die Beobachtung und Betreuung eines Kranken unter Behandlung mit Arzneimitteln, einschließlich Infusionen, abgebildet: über die EBM-Nr. 01540 für die Dauer von mehr als zwei Stunden, die EBM-Nr. 01541 für die Dauer von mehr als vier Stunden und die EBM-Nr. 01542 für die Dauer von mehr als sechs Stunden,
- neue Zusatzpauschale für die Beobachtung und Betreuung eines Kranken unmittelbar nach der Gabe eines Arzneimittels, durch die EBM-Nrn.

EBM-Nr. 01543 für die Dauer von mehr als zwei Stunden,
EBM-Nr. 01544 für die Dauer von mehr als vier Stunden
EBM-Nr. 01545 für die Dauer von mehr als sechs Stunden.

Gestrichen wurden die Zusatzpauschalen für die Beobachtung und Betreuung eines Kranken bei der Gabe von Velmanase alfa oder Sebelipase alfa (Gebührenordnungsposition 01514), bei der Gabe von Fingolimod (Gebührenordnungsposition 01516) sowie bei oraler Gabe von Siponimod gemäß aktuell gültiger Fachinformation (Gebührenordnungsposition 01517). Diese Streichung erfolgte, da deren Leistungsbestandteile in die neuen, oben genannten Katalogleistungen (Gebührenordnungspositionen 01540 bis 01545) überführt wurden.

Zusätzlich wurde der Inhalt der mehrstündigen Beobachtungsleistungen nach der Gabe von Ponesimod oder Ozanimod in die neuen EBM-Nrn. 01543 bis 01545 aufgenommen. Die Beobachtung des Patienten nach der Gabe dieser Medikamente kann unter bestimmten Bedingungen gemäß den Fachinformationen medizinisch geboten sein, sodass eine Berücksichtigung im EBM erfolgte.

Die neuen EBM-Nrn. sind berechnungsfähig durch Fachärzte für Innere Medizin, für Kinder- und Jugendmedizin (Schwerpunktpädiater), für Neurologie, für Nervenheilkunde sowie für Neurologie und Psychiatrie.

Die Vergütung der neuen Zusatzpauschalen erfolgt zunächst außerhalb der morbiditätsbedingten Gesamtvergütungen (MGV).

Abrechnungsausschluss in derselben Sitzung 01510 bis 01512, 01520, 01521, 01530, 01531, 01541 bis 01545, 01857, 01910, 01911, 02100 bis 02102, 04564 bis 04566, 04572, 04573, 13610 bis 13612, 13620 bis 13622, 30708, 32247 und 34503 bis 34505 sowie Abschnitt 31.5.3 und Kapitel 5

Aufwand in Min.   **Kalkulationszeit:** 3   **Prüfzeit:** 3   **Eignung d. Prüfzeit:** Tages- und Quartalsprofil

Berichtspflicht Nein

01541*   Dauer mehr als 4 Stunden   **625**
                                                                    74,59

Anmerkung Die Berechnung der Gebührenordnungspositionen 01540, 01541 und 01542 setzt die Angabe des Präparates, der Begründung der erforderlichen Überwachung gemäß der jeweils aktuell gültigen Fachinformation (z.B. Dosierung, Dosisanpassung, Erstgabe, Körpergewicht) und der Überwachungsdauer voraus.

Kommentar: s. Kommentar Nr. 01540

Abrechnungsausschluss in derselben Sitzung 01510 bis 01512, 01520, 01521, 01530, 01531, 01540, 01542 bis 01545, 01857, 01910, 01911, 02100 bis 02102, 04564 bis 04566, 04572, 04573, 13610 bis 13612, 13620 bis 13622, 30708, 32247 und 34503 bis 34505 sowie Abschnitt 31.5.3 und Kapitel 5

Aufwand in Min.   **Kalkulationszeit:** 4   **Prüfzeit:** 4   **Eignung d. Prüfzeit:** Tages- und Quartalsprofil

Berichtspflicht Nein

01542*   Dauer mehr als 6 Stunden   **961**
                                                                    114,68

Anmerkung Die Berechnung der Gebührenordnungspositionen 01540, 01541 und 01542 setzt die Angabe des Präparates, der Begründung der erforderlichen Überwachung gemäß der jeweils aktuell gültigen Fachinformation (z.B. Dosierung, Dosisanpassung, Erstgabe, Körpergewicht) und der Überwachungsdauer voraus.

Kommentar: s. Kommentar Nr. 01540

Abrechnungsausschluss in derselben Sitzung 01510 bis 01512, 01520, 01521, 01530, 01531, 01540, 01541, 01543 bis 01545, 01857, 01910, 01911, 02100 bis 02102, 04564 bis 04566, 04572, 04573, 13610 bis 13612, 13620 bis 13622, 30708, 32247 und 34503 bis 34505 sowie Abschnitt 31.5.3 und Kapitel 5

Aufwand in Min.   **Kalkulationszeit:** 5   **Prüfzeit:** 5   **Eignung d. Prüfzeit:** Tages- und Quartalsprofil

Berichtspflicht Nein

Zusatzpauschale für die Beobachtung und Betreuung eines Kranken unmittelbar nach der Gabe eines Arzneimittels

Obligater Leistungsinhalt
* Beobachtung und Betreuung eines Kranken nach der oralen Gabe von Fingolimod oder Ozanimod oder Ponesimod oder Siponimod

Fakultativer Leistungsinhalt
* Überwachung der Vitalparameter

Kommentar: Die Infusionsziffern 01540ff beziehen sich zum einen auf eine Fettstoffwechselstörung, die zu einem Mangel an lysosomaler saurer Lipase führt (Ziffer 01540-01542), zum anderen auf die Behandlung der Multiplen Sklerose (Ziffern 01543-01545). In beiden Fällen ist intravenöse Gabe der dafür zugelassenen Arzneimittel Sebelipase alfa und/oder Velmanase alfa, bzw. Fingolimod, Ponesimod, Siponimod oder Ozanimod obligat.

01543*   Dauer mehr als 2 Stunden   **311**
                                                                                                                          37,11

Anmerkung Die Berechnung der Gebührenordnungspositionen 01543, 01544 und 01545 setzt die Angabe des Präparates, der Begründung der erforderlichen Überwachung gemäß der jeweils aktuell gültigen Fachinformation (z.B. Dosierung, Dosisanpassung, Erstgabe, Körpergewicht) und der Überwachungsdauer voraus.

Kommentar: s. Kommentar Nr. 01540

Abrechnungsausschluss in derselben Sitzung 01510 bis 01512, 01520, 01521, 01530, 01531, 01540 bis 01542, 01544, 01545, 01857, 01910, 01911, 02100 bis 02102, 04564 bis 04566, 04572, 04573, 13610 bis 13612, 13620 bis 13622, 30708, 32247 und 34503 bis 34505 sowie Abschnitt 31.5.3 und Kapitel 5

Aufwand in Min.   **Kalkulationszeit:** 1   **Prüfzeit:** 1   **Eignung d. Prüfzeit:** Tages- und Quartalsprofil

Berichtspflicht Nein

01544*   Dauer mehr als 4 Stunden   **550**
                                                                                                                          65,64

Anmerkung Die Berechnung der Gebührenordnungspositionen 01543, 01544 und 01545 setzt die Angabe des Präparates, der Begründung der erforderlichen Überwachung gemäß der jeweils aktuell gültigen Fachinformation (z.B. Dosierung, Dosisanpassung, Erstgabe, Körpergewicht) und der Überwachungsdauer voraus.

Kommentar: s. Kommentar Nr. 01540

Abrechnungsausschluss in derselben Sitzung 01510 bis 01512, 01520, 01521, 01530, 01531, 01540 bis 01543, 01545, 01857, 01910, 01911, 02100 bis 02102, 04564 bis 04566, 04572, 04573, 13610 bis 13612, 13620 bis 13622, 30708, 32247 und 34503 bis 34505 sowie Abschnitt 31.5.3 und Kapitel 5

Aufwand in Min.   **Kalkulationszeit:** 2   **Prüfzeit:** 2   **Eignung d. Prüfzeit:** Tages- und Quartalsprofil

Berichtspflicht Nein

01545*   Dauer mehr als 6 Stunden   **885**
                                                                                                                          105,62

Anmerkung Die Berechnung der Gebührenordnungspositionen 01543, 01544 und 01545 setzt die Angabe des Präparates, der Begründung der erforderlichen Überwachung gemäß der jeweils aktuell gültigen Fachinformation (z.B. Dosierung, Dosisanpassung, Erstgabe, Körpergewicht) und der Überwachungsdauer voraus.

Kommentar: s. Kommentar Nr. 01540

Abrechnungsausschluss in derselben Sitzung 01510 bis 01512, 01520, 01521, 01530, 01531, 01540 bis 01544, 01857, 01910, 01911, 02100 bis 02102, 04564 bis 04566, 04572, 04573, 13610 bis 13612, 13620 bis 13622, 30708, 32247 und 34503 bis 34505 sowie Abschnitt 31.5.3 und Kapitel 5

Aufwand in Min. **Kalkulationszeit:** 3   **Prüfzeit:** 3   **Eignung d. Prüfzeit:** Tages- und Quartalsprofil

Berichtspflicht Nein

01546   Beobachtung und Betreuung eines Patienten unter Behandlung mit monoklonalen   **491**
Antikörpern gegen SARS-CoV-2   **58,60**

Obligater Leistungsinhalt
* Beobachtung und Betreuung eines Patienten mit bestätigter COVID-19-Erkrankung unter intravenöser Infusionstherapie mit Sotrovimab gemäß aktuell gültiger Fachinformation,
* Unterbringung des Patienten in einem separaten Bereich,
* Dauer mindestens 90 Minuten

Anmerkung Erfolgt über denselben liegenden Zugang (z.B. Kanüle, Katheter) mehr als eine Infusion nach den Gebührenordnungspositionen 01546, 02100 bis 02102 und/oder 30710, so sind die Gebührenordnungspositionen 01546, 02100 bis 02102 und/oder 30710 je Behandlungstag nur einmal berechnungsfähig.

Abrechnungsausschluss in derselben Sitzung 01510, 01511, 01512, 01910, 01911, 02100, 02101, 02102, 04564, 04565, 04566, 04572, 04573, 13610, 13611, 13612

Aufwand in Min. **Kalkulationszeit:** 6   **Prüfzeit:** 4   **Eignung der Prüfzeit:** Tages- und Quartalsprofil

Berichtspflicht Nein

1.6 Schriftliche Mitteilungen, Gutachten

1. Für das Ausstellen von Auskünften, Bescheinigungen, Zeugnissen, Berichten und Gutachten auf besonderes Verlangen der Krankenkassen bzw. des Medizinischen Dienstes gelten die Regelungen gemäß § 36 Bundesmantelvertrag-Ärzte (BMV-Ä).

2. Zweitschriften und alle weiteren als der erste Ausdruck EDV-gespeicherter Dokumentationen von Berichten und Arztbriefen mit Ausnahme der Gebührenordnungsposition 01602 sind nicht nach den Gebührenordnungspositionen dieses Abschnitts berechnungsfähig.

3. Die für Reproduktion und Versendung entstandenen Kosten können nach den vertraglichen Regelungen zu den Pauschalerstattungen geltend gemacht werden.

4. Bei Probenuntersuchungen ohne Arzt-Patienten-Kontakt sind die Gebührenordnungspositionen 01600 und 01601 nicht berechnungsfähig.

5. Die Gebührenordnungsposition 01640 ist von Vertragsärzten berechnungsfähig, die durch Diagnostik und/oder Therapie ein umfassendes Bild zu Befunden, Diagnosen und Therapiemaßnahmen des Patienten haben bzw. infolge einer krankheitsspezifischen Diagnostik und/oder Therapie über notfallrelevante Informationen zum Patienten verfügen.

6. Die Gebührenordnungsposition 01650 kann ausschließlich von

- Fachärzten im Gebiet Chirurgie,
- Fachärzten für Orthopädie,
- Fachärzten für Frauenheilkunde und Geburtshilfe,
- Fachärzten für Urologie

berechnet werden.

Kommentar:

Die Bundesmantelverträge regeln in den genannten Vorschriften, wann und unter welchen Voraussetzungen der Vertragsarzt verpflichtet ist, Auskünfte und sonstige Informationen an die Krankenkasse zu geben. Beispielhaft wird hier § 36 BMV-Ä:

„§ 36 Schriftliche Informationen

(1) Der Vertragsarzt ist befugt und verpflichtet, die zur Durchführung der Aufgaben der Kranken-kassen erforderlichen schriftlichen Informationen (Auskünfte, Bescheinigungen, Zeugnisse, Berichte und Gutachten) auf Verlangen an die Krankenkasse zu übermitteln. Wird kein vereinbarter Vordruck verwendet, gibt die Krankenkasse an, gemäß welcher Bestimmungen des Sozialgesetzbuches oder anderer Rechtsvorschriften die Übermittlung der Information zulässig ist.

(2) Für schriftliche Informationen werden Vordrucke vereinbart. Vereinbarte Vordrucke, kurz. B.schei-nigungen und Auskünfte sind vom Vertragsarzt ohne besonderes Honorar gegen Erstattung von Auslagen auszustellen, es sei denn, dass eine andere Vergütungsregelung vereinbart wurde. Der Vordruck enthält einen Hinweis darüber, ob die Abgabe der Information gesondert vergütet wird oder nicht. Gutachten und Bescheinigungen mit gutachtlichen Fragestellungen, für die keine Vordrucke vereinbart wurden, sind nach den Leistungspositionen des BMÄ zu vergüten.

(3) Soweit Krankenkassen Versicherte bei der Verfolgung von Schadensersatzansprüchen, die bei der Inanspruchnahme von Versicherungsleistungen aus Behandlungsfehlern entstanden sind, unter-stützen, sind die Vertragsärzte bei Vorliegen einer aktuellen Schweigepflichtsentbindung berechtigt, die erforderlichen Auskünfte zu erteilen."

Da die Übermittlungsart der schriftlichen Mitteilung nicht vorgeschrieben ist, kann diese per normaler Post, aber auch per Fax oder per E-Mail erfolgen. Bei den beiden letztgenannten Übermittlungsarten sind aber hohe Anforderungen an die datenschutzrechtlichen Belange zu stellen. So muss der Arzt sicherstellen, dass Fax bzw. E-Mail nur an den befugten Empfänger gelangen. Kann er das nicht hundertprozentig, sollte er auf diese Art der Übermittlung verzichten. Aus dem Wortlaut der Präambel, insbesondere der Nr. 1.4, ist zu schließen, dass Anlass des Berichts eine vorausgegangene Patientenuntersuchung gewesen sein muss. Entsprechend können reine Befundmitteilungen oder die Mitteilung über das Ergebnis von Proben-untersuchungen keine nach Nrn. 01600 und 01601 abrechnungsfähige Leistung darstellen. Allerdings können in solchen Fällen u. U. Versand- oder Kostenpauschalen nach Kapitel 40 anfallen.

01600   Ärztlicher Bericht über das Ergebnis einer Patientenuntersuchung   **55**
                                                                                       6,56
Anmerkung Der Höchstwert für die Gebührenordnungsposition 01600 und
01601 beträgt 180 Punkte je Behandlungsfall. Der Höchstwert ist auch auf den
Arztfall anzuwenden.
Die Gebührenordnungsposition 01600 ist in den berechnungsfähigen Gebührenordnungs-
positionen der Abschnitte III.b-8.5, IV-31.2, IV-32.2, IV-32.3, IV-36.2 und der Kapitel III.b-11,
III.b-12, III.b-17, III.b-19, III.b-24, III.b-25 und IV-34 enthalten.
Die Gebührenordnungsposition 01600 ist im Behandlungsfall nicht neben den Versi-
cherten-, Grund- oder Konsiliarpauschalen berechnungsfähig.

Abrechnungsausschluss
im Krankheitsfall 01838
am Behandlungstag 31010, 31011, 31012, 31013
im Behandlungsfall 01790, 01791, 01792, 01793, 01835, 01836, 01837, 03000, 03010,
03030, 04000, 04010, 04030, 25213, 30700, 33706

Aufwand in Min. **Kalkulationszeit:** KA   **Prüfzeit:** ./.   **Eignung d. Prüfzeit:** Keine Eignung
GOÄ   entsprechend oder ähnlich: Nr. 70
Kommentar: Die Vergütung der Leistung nach 01600 ist nach der Präambel des pädiatrischen Kapitels
                 04 möglich, jedoch nicht, wenn im Behandlungsfall („Quartal") die Versichertenpauschale
                 04000 angesetzt wird. Sie erfolgt außerhalb der morbiditätsbedingten Gesamtvergütung.
                 Operationsberichte können nicht mit der EBM Nr. 01600 berechnet werden, da sie mit
                 den OP-Gebühren abgegolten sind.

                 Wenn ein Patient, bei dem eine berichtspflichtige Leistung erbracht wurde, nicht die
                 Weitergabe eines Befundes an den Hausarzt wünscht oder wenn er gar keinen hat, so
                 ist nach den Allgemeinen Bestimmungen 2.1.4 die berichtspflichtige Leistung trotzdem
                 vollständig erfüllt und damit auch abrechnungsfähig.

                 Gemäß den Allgemeinen Bestimmungen 2.1.4 muss der Bericht immer schriftlich abgefasst
                 werden und kann nicht – auch nicht im Rahmen einer Praxisgemeinschaft – mündlich,
                 d. h. telefonisch übermittelt werden.

Nach den allgemeinen Bestimmungen 7.1 können Versand- bzw. Kostenpauschale nach den EBM-Nrn. 40110 ff. abgerechnet werden. Nicht abrechnungsfähig sind Schreibgebühren. Bei Übermittlung des ärztlichen Berichtes per Fax kann die EBM-Nr. 40111 zusätzlich berechnet werden.

Hinweis:

Bei der GOP 01660 handelt es sich um eine Strukturförderpauschale (GOP 01660) von einem EBM-Punkt (10,99 Cent) je elektronisch versendetem Brief.

Tipp: Prüfen Sie in der Präambel zum Kapitel Ihrer Fachgruppe, ob diese Leistung, die auch im Anhang 1 (Verzeichnis der nicht gesondert berechnungsfähigen Leistungen) aufgelistet ist, von Ihrer Fachgruppe gesondert abgerechnet werden kann.

Finden Sie diese Leistung nicht in einem der Präambel-Absätze als abrechenbar aufgeführt, ist sie nicht berechnungsfähig. Die Leistung ist in der Regel dann bei Ihrer Fachgruppe Bestandteil der Versicherten- oder Grundpauschale und damit nicht gesondert berechnungsfähig.

01601   Ärztlicher Brief in Form einer individuellen schriftlichen Information des Arztes an **108**
einen anderen Arzt über den Gesundheits- bzw. Krankheitszustand des Patienten **12,89**

Obligater Leistungsinhalt
• Schriftliche Informationen zu
 – Anamnese,
 – Befund(e),
 – Epikritische Bewertung,
 – Schriftliche Informationen zur Therapieempfehlung

Anmerkung Der Höchstwert für die Gebührenordnungspositionen 01600 und 01601 beträgt 180 Punkte je Behandlungsfall. Der Höchstwert ist auch auf den Arztfall anzuwenden.
Die Gebührenordnungsposition 01601 ist in den berechnungsfähigen Gebührenordnungspositionen der Abschnitte III.b-8.5, IV-31.2, IV-32.2, IV-32.3, IV-36.2 und der Kapitel III.b-11, III.b-12, III.b-17, III.b-19, III.b-24, III.b-25 und IV-34 enthalten.
Die Gebührenordnungsposition 01601 ist im Behandlungsfall nicht neben den Versicherten-, Grund- oder Konsiliarpauschalen berechnungsfähig.

Abrechnungsausschluss
im Krankheitsfall 01838
am Behandlungstag 31010, 31011, 31012, 31013
im Behandlungsfall 01790, 01791, 01792, 01793, 01835, 01836, 01837, 03000, 03030, 04000, 04010, 04030, 25213, 25214, 30700, 33706

Aufwand in Min. **Kalkulationszeit:** 8   **Prüfzeit:** 2   **Eignung d. Prüfzeit:** Tages- und Quartalsprofil
GOÄ   entsprechend oder ähnlich: Nrn. 75, 80 (Gutachten)
Kommentar: Nach der Leistungslegende wird eine abschließende Beurteilung (epikritische Bewertung) gefordert, so dass ein allgemeiner Bericht über die Patientenuntersuchung und die entsprechenden Befunde nicht dieser Leistungslegende entspricht, sondern nur der EBM-Nr. 01600.

Alle Kopien für den Hausarzt sind nach der festgelegten EBM-Nr. 01602 berechnungsfähig. **Wezel/Liebold** weist in seinem Kommentar nochmals darauf hin, dass die zum Zeitpunkt der Untersuchung festgestellten Symptome und Befunde relativ zeitnah am Untersuchungstermin versendet werden sollten, und gibt ein Urteil des Sozialgerichtes Stuttgart AZ.: S11Ka2267/02 vom 14. Mai 2003 an, dass nur in Ausnahmefällen der Zeitraum von 4 Wochen tolerabel ist.

01602   Gebührenordnungsposition für die Mehrfertigung (z.B. Kopie) eines Berichtes oder **12**
Briefes nach den Gebührenordnungspositionen 01600, 01601, 01794, 01841 oder **1,43**
08575 an den Hausarzt gemäß § 73 Abs. 1b SGB V

Anmerkung Bei der Berechnung der Gebührenordnungsposition 01602 ist auf dem Behandlungsausweis die Arztabrechnungsnummer oder der Name des Hausarztes gemäß § 73 Abs. 1b SGB V anzugeben.

Die Gebührenordnungsposition 01602 für die Kopie eines Berichtes oder Briefes an den Hausarzt ist nur berechnungsfähig, wenn bereits ein Bericht oder Brief an einen anderen Arzt erfolgt ist.

Abrechnungsausschluss im Behandlungsfall 17210, 19210, 24210, 24211, 24212, 25210, 25211, 25213, 25214

Aufwand in Min. **Kalkulationszeit:** KA   **Prüfzeit:** ./.   **Eignung d. Prüfzeit:** Keine Eignung

GOÄ   entsprechend oder ähnlich: Berechnung entstandener Kopie-Kosten nach § 10 Abs.1 GOÄ

Kommentar: Seit dem neuen EBM2000plus wird fast für jeden „Spezialisten", der diagnostische Leistungen an Patienten vollbringt, der Brief an den Hausarzt bzw. an einen anderen überweisenden Spezialisten zur Grundvoraussetzung für die Abrechnung. Erst mit Versendung dieses Briefes ist die Leistung abgeschlossen.

Erfolgt eine Überweisung von einem Spezialisten zu einem anderen, so ist sowohl ein Arztbrief an den überweisenden Spezialisten und eine Befundkopie an den Hausarzt zu senden.

Hausärzte sollten bei Überweisung ihre Patienten darauf hinweisen, dass der Gebietsarzt unverzüglich eine Befundkopie zusenden muss.

01610   Bescheinigung zur Feststellung der Belastungsgrenze (Muster 55)   **14**

Aufwand in Min. **Kalkulationszeit:** KA   **Prüfzeit:** ./.   **Eignung d. Prüfzeit:** Keine Eignung   1,67

GOÄ   entsprechend oder ähnlich: Nr. 70

Kommentar: Erwachsene müssen nicht mehr als 2 % ihrer jährlichen Bruttoeinnahmen aus eigener Tasche für Heil- und Hilfsmittel, Fahrtkosten, Vorsorge- und Rehabilitationsleistungen hinzuzahlen. Für chronisch Kranke, die wegen derselben schwerwiegenden Krankheit in Dauerbehandlung sind, liegt die Belastungsgrenze bei 1 % der jährlichen Bruttoeinnahmen.

Eine „Dauerbehandlung" liegt vor, wenn der Versicherte mindestens ein Jahr lang vor Ausstellung dieser Bescheinigung jeweils wenigstens einmal im Quartal wegen derselben Krankheit in ärztlicher Behandlung war.

Der Begriff der „schwerwiegenden chronischen Krankheit" wurde vom gemeinsamen Bundesausschuss in der „Richtlinie zur Definition schwerwiegender chronischer Krankheiten" im Sinne des § 62 SGB V" wie folgt definiert (§ 2 der Richtlinie):

Schwerwiegende chronische Krankheit

Eine Krankheit i. S. d. § 62 Abs. 1 Satz 2 SGB V ist ein regelwidriger körperlicher oder geistiger Zustand, der Behandlungsbedürftigkeit zur Folge hat. Gleiches gilt für die Erkrankung nach § 62 Abs. 1 Satz 4 SGB V.

Eine Krankheit ist schwerwiegend chronisch, wenn sie wenigstens ein Jahr lang, mindestens einmal pro Quartal ärztlich behandelt wurde (Dauerbehandlung) und eines der folgenden Merkmale vorhanden ist:

a) Es liegt eine Pflegebedürftigkeit der Pflegestufe 2 oder 3 nach dem zweiten Kapitel SGB XI vor.

b) Es liegt ein Grad der Behinderung (GdB) von mindestens 60 oder eine Minderung der Erwerbsfähigkeit (MdE) von mindestens 60 % vor, wobei der GdB oder die MdE nach den Maßstäben des § 30 Abs. 1 BVG oder des § 56 Abs. 2 SGB VII festgestellt und zumindest auch durch die Krankheit nach Satz 1 begründet sein muss.

c) Es ist eine kontinuierliche medizinische Versorgung (ärztliche oder psychotherapeutische Behandlung, Arzneimitteltherapie, Behandlungspflege, Versorgung mit Heil- und Hilfsmitteln) erforderlich, ohne die nach ärztlicher Einschätzung eine lebensbedrohliche Verschlimmerung, eine Verminderung der Lebenserwartung oder eine dauerhafte Beeinträchtigung der Lebensqualität durch die aufgrund der Krankheit nach Satz 1 verursachte Gesundheitsstörung zu erwarten ist.

Ist eine Person nach zumindest einem dieser Kriterien chronisch erkrankt, beträgt die Belastungsgrenze 1 % des maßgeblichen Jahreseinkommens.

Den betroffenen Patienten ist auf jeden Fall zu empfehlen, alle Quittungen von Zuzahlungen und auch die Quittungen der Praxisgebühr zu sammeln. Wenn im Laufe des Jahres die

Belastungsgrenze erreicht wird, dann sollten diese Patienten ihre Einkommensnachweise mit den aufgebrachten Aufwendungen für Zuzahlungen und Praxisgebühren bei der Krankenkasse einreichen. Sie werden dann für den Rest des Jahres von den Zuzahlungen befreit.

Zur Abrechnung der Leistung nach Nr. 01610 muss das Muster 55 ausgefüllt sein.

Tipp: **Auf der u. a. KBV-Seite finden Sie die aktuelle Vordruckvereinbarung: https://www. kbv.de/media/sp/02_Vordruckvereinbarung.pdf**

Prüfen Sie in der Präambel zum Kapitel Ihrer Fachgruppe, ob diese Leistung, die auch im Anhang 1 (Verzeichnis der nicht gesondert berechnungsfähigen Leistungen) aufgelistet ist, von Ihrer Fachgruppe gesondert abgerechnet werden kann.

Finden Sie diese Leistung **nicht** in einem der Präambel-Absätze als abrechenbar aufgeführt, ist sie nicht berechnungsfähig. Die Leistung ist in der Regel dann bei Ihrer Fachgruppe Bestandteil der Versicherten- oder Grundpauschale und damit nicht gesondert berechnungsfähig.

01611   Verordnung von medizinischer Rehabilitation unter Verwendung des Vordrucks   **302** Muster 61 gemäß Anlage 2 der Richtlinie des Gemeinsamen Bundesausschusses   36,04 über Leistungen zur medizinischen Rehabilitation (Rehabilitations-Richtlinie) nach § 92 Abs. 1 SGB V

Anmerkung Die Gebührenordnungsposition 01611 ist bei Vorliegen der Voraussetzungen gemäß § 1b der Rehabilitations-Richtlinie auch in einem Behandlungsfall berechnungsfähig, in dem kein persönlicher Arzt-Patienten-Kontakt, aber ein Arzt-Patienten-Kontakt im Rahmen einer Videosprechstunde stattgefunden hat. Dies ist durch Angabe einer bundeseinheitlich kodierten Zusatzkennzeichnung zu dokumentieren. Für die Abrechnung gelten die Anforderungen gemäß Anlage 31b zum BMVÄ entsprechend.

Aufwand in Min.   **Kalkulationszeit:** KA   **Prüfzeit:** 20   **Eignung d. Prüfzeit:** Tages- und Quartalsprofil

GOÄ   entsprechend oder ähnlich: Nrn. 80, 85 (aufwendiges Gutachten)

Kommentar: Die aktualisierten Rehabilitations-Richtlinien finden Sie unter: https://www.g-ba.de/ downloads/62-492-3095/Reha-RL_2023-01-19_iK-2023-03-22.pdf – in Kraft getreten am: 22.03.2023

Zur Abrechnung der Leistung nach Nr. 01611 muss das Muster 61 ausgefüllt sein (https://www.kbv.de/media/sp/Muster_61_VE.pdf).

Die Reha-Verordnung hat sich zum 1.7.2022 geändert – Arzt- und Psychotherapiepraxen müssen seither neue Formulare verwenden. Der Gesetzgeber wollte den Zugang zur Reha erleichtern.

Informationen zur Reha-Verordnung und der Verwendung des neuen Formulars finden sich unter: https://www.kbv.de/html/1150_58484.php

Krankenkassen prüfen bei der Verordnung einer geriatrischen Reha nicht mehr, ob die Maßnahme medizinisch erforderlich ist, sofern ärztlicherseits im Antrag alle erforderlichen Angaben gemacht sind. Neu ist die notwendige Einwilligung der Versicherten, ob sie einer Übersendung der gutachterlichen Stellungnahme des Medizinischen Dienstes an die verordnende Praxis zustimmen. Ferner, ob sie zustimmen, dass die Krankenkassenentscheidung an Dritte, zum Beispiel Angehörige, übermittelt wird. Die Versichertenentscheidung ist auf dem Reha-Formular zu dokumentieren.

Da derzeit immer noch keine zuverlässigen Prognosen über die Anzahl der vertragsärztlichen Verordnungen von medizinischer Rehabilitation möglich sind, empfiehlt der Bewertungsausschuss eine erneute Verlängerung der befristeten Finanzierung dieser Leistung außerhalb der morbiditätsbedingten Gesamtvergütungen um vier Quartale bis zum 31. Dezember 2024. Der Bewertungsausschuss wird bis zum 30. September 2024 prüfen, ob weiterer Regelungsbedarf hinsichtlich der Finanzierung besteht.

01612   Konsiliarbericht eines Vertragsarztes vor Aufnahme einer Psychotherapie durch   **37** den Psychologischen Psychotherapeuten oder Kinder- und Jugendlichenpsycho-   4,42 therapeuten (Muster 22) gemäß der Psychotherapie-Richtlinie

Aufwand in Min.   **Kalkulationszeit:** KA   **Prüfzeit:** 1   **Eignung d. Prüfzeit:** Tages- und Quartalsprofil

1 Allgemeine Gebührenordnungspositionen
EBM-Nr.   EBM-Punkte / Euro

GOÄ   entsprechend oder ähnlich: Nr. 75

Kommentar: Patienten können psychologische Psychotherapeuten und Kinder- und Jugendlichen-
             psychotherapeuten, die an der vertragsärztlichen Versorgung teilnehmen, unmittelbar
             aufsuchen, doch ist der Aufgesuchte verpflichtet, den Patienten zur Einholung des Konsi-
             liarberichtes spätestens nach Beendigung der probatorischen Sitzungen und vor Beginn
             der Psychotherapie den Patienten an einen Konsiliararzt zu überweisen.

             Auf der Überweisung hat er dem Konsiliararzt eine kurze Information über die von ihm
             erhobenen Befunde und die Indikation zur Durchführung einer Psychotherapie zukommen
             zu lassen.

             Der Konsiliararzt hat den Konsiliarbericht nach persönlicher Untersuchung des Patienten
             zu erstellen. Der Bericht ist dem Psychologischen Psychotherapeuten oder Kinder- und
             Jugendlichenpsychotherapeuten möglichst zeitnah, spätestens aber drei Wochen nach
             der Untersuchung zu übermitteln.

             Der Konsiliarbericht ist vom Konsiliararzt insbesondere zum Ausschluss somatischer
             Ursachen und gegebenenfalls psychiatrischer oder kinder- und jugendpsychiatrischer
             Ursachen abzugeben.

             Die Angaben sind nur zur Einsicht für den Therapeuten (Muster 22a), den Konsiliararzt
             (Muster 22c) und gegebenenfalls den Gutachter oder Obergutachter (Muster 22b) selbst
             bestimmt, die Krankenkasse (Muster 22d) erhält keine Einsicht.

             Ist eine psychotherapeutische Behandlung nach Ansicht des Arztes kontraindiziert und
             wird trotzdem ein Antrag auf therapeutische Behandlung bei der Vertragskasse gestellt,
             so veranlasst die Krankenkasse eine Begutachtung durch den Medizinischen Dienst der
             Krankenkassen.

             Da die EBM-Ziffer 01612 in der Präambel zum Kapitel 04 (Kinderheilkunde) nicht als
             „zusätzlich zu berechnende EBM-Ziffer" aufgezählt ist, wird sie für Kinder- und Jugendärzte
             nicht extra vergütet.

01615   Feststellung der medizinischen Notwendigkeit einer Mitaufnahme einer Begleit-   **30**
            person im Vorfeld einer nicht geplanten Krankenhausbehandlung und formlose   3,58
            Bescheinigung gemäß § 3 Abs. 2 der Krankenhausbegleitungs-Richtlinie des
            Gemeinsamen Bundesausschusses,

            Abrechnungsbestimmung einmal im Krankheitsfall

            Berichtspflicht Nein

Aufwand in Min.   **Kalkulationszeit:** KA   **Prüfzeit:** ./.   **Eignung d. Prüfzeit:** keine Eignung

Kommentar: Menschen mit Behinderung können aus medizinischen Gründen bei einer stationären
             Behandlung eine Begleitperson benötigen. Ärzte und Psychotherapeuten können ihnen
             dazu eine formlose Bescheinigung ausstellen, die bis zu zwei Jahre gültig ist. Die Gebüh-
             renordnungsposition (GOP) 01615 ist mit 30 Punkten/3,45 Euro bewertet und kann einmal
             im Krankheitsfall (= 4 Quartale) abgerechnet werden. Das hat der Bewertungsausschuss
             beschlossen.

             Hintergrund ist die Krankenhausbegleitungs-Richtlinie des Gemeinsamen Bundesaus-
             schusses. Begleitpersonen können in bestimmten Fällen Anspruch auf Krankengeld
             geltend machen.

             Die abschließende Feststellung und Entscheidung über die Mitaufnahme trifft der Kran-
             kenhausarzt. Im Krankenhaus werden auch die erforderlichen Bescheinigungen für die
             Begleitperson ausgestellt, die für den Arbeitgeber beziehungsweise die Krankenkasse
             notwendig sind.

             Die medizinische Notwendigkeit für eine Begleitperson kann sich beispielsweise dadurch
             ergeben, dass ein Mensch mit Behinderung nur mit ihrer Hilfe den Anweisungen des
             Krankenhauspersonals folgen kann. Die Behinderung allein genügt laut Krankenhausbe-
             gleitungs-Richtlinie nicht als Kriterium.

01620   Kurze Bescheinigung oder kurzes Zeugnis, nur auf besonderes Verlangen der   **30**
            Krankenkasse oder Ausstellung des vereinbarten Vordrucks nach dem Muster 50   3,58

Abrechnungsausschluss in derselben Sitzung 01735

Aufwand in Min.	**Kalkulationszeit:** KA **Prüfzeit:** ./. **Eignung d. Prüfzeit:** Keine Eignung
GOÄ	entsprechend oder ähnlich: Nr. 70
Kommentar:	Unter dieser Leistungsziffer sind folgende Anfragen der Krankenkasssen abzurechnen:

Muster 41 – Bericht des behandelnden Arztes – Arztanfrage
Muster 50 – Anfrage zur Zuständigkeit einer anderen Krankenkasse
Muster 58 – Bescheinigung zur Folgevereinbarung von Rehabilitationssport oder Funktionstraining

01621   Krankheitsbericht, nur auf besonderes Verlangen der Krankenkasse oder   **44**
Ausstellung der vereinbarten Vordrucke nach den Mustern 11, 53 oder 56   5,25

Abrechnungsausschluss in derselben Sitzung 01735

Aufwand in Min.	**Kalkulationszeit:** KA **Prüfzeit:** ./. **Eignung d. Prüfzeit:** Keine Eignung
GOÄ	entsprechend oder ähnlich: Nr. 75
Kommentar:	Unter dieser Leistungsziffer sind folgende Anfragen der Krankenkasssen abzurechnen:

Muster 11 – Bericht für den Medizinischen Dienst
Muster 53 – Anfrage Arbeitsunfähigkeitszeiten
Muster 56 – Antrag auf Kostenübernahme für Rehabilitationssport
Muster 57 – Antrag auf Kostenübernahme für Funktiontraining

01622   Ausführlicher schriftlicher Kurplan oder begründetes schriftliches Gutachten oder   **83**
schriftliche gutachterliche Stellungnahme, nur auf besonderes Verlangen der   9,91
Krankenkasse oder Ausstellung der vereinbarten Vordrucke nach den Mustern 20
a-d, 51, 52 oder 65

Aufwand in Min.	**Kalkulationszeit:** KA **Prüfzeit:** ./. **Eignung d. Prüfzeit:** Keine Eignung
GOÄ	entsprechend oder ähnlich: Nr. 77
Kommentar:	Wegen der Wahrung des Datenschutzes ist es in jeden Fall zweckmäßig, das Einverständnis des Patienten (schrftl.) einzuholen.

Siehe Kommentar zu Nr. 01624. Formular 65 siehe bei KBV unter: http://www.kbv.de/media/sp/Muster_65.pdf.
Vereinbarung über alle Vordrucke für die vertragsärztliche Versorgung - Stand: Juli 2022 siehe unter https://www.kbv.de/media/sp/02_Vordruckvereinbarung.pdf
Die EBM Nr. 01622 kann für einen ausführlichen schriftlichen Kurplan, ein begründetes schriftliches Gutachten oder eine schriftliche gutachterliche Stellungnahme auf besonderes Verlangen der Krankenkasse berechnet werden.
Die EBM-Nr. 01622 kann für die folgende Ausstellung angesetzt werden:

Vordruck	Leistungsbeschreibung
20a–d	Maßnahmen zur stufenweisen Wiedereingliederung in das Erwerbsleben
51	Anfrage zur Zuständigkeit eines sonstigen Kostenträgers (bei Arbeits- oder sonstigem Unfall und Drittschädigung oder zum ursächlichen Zusammenhang mit einem Versorgungsleiden)
52	Anfrage bei Fortbestehen der Arbeitsunfähigkeit
65	Ärztliches Attest für/über Kind

Tipp:	Kostenpauschale Nr. 40142 für Leistung Nr.01622 bei Abfassung in freier Form, wenn keine vereinbarten Vordrucke verwendbar sind.

01623   Kurvorschlag des Arztes zum Antrag auf ambulante Kur, Ausstellung des verein-   **53**
barten Vordrucks nach Muster 25   6,32

Aufwand in Min.	**Kalkulationszeit:** KA **Prüfzeit:** ./. **Eignung d. Prüfzeit:** Keine Eignung
GOÄ	entsprechend oder ähnlich: Nr. 77

Kommentar: Der Vordruck Muster 25 (Kurantrag zu Lasten der GKV) besteht aus drei Teilen:
- Selbstauskunftsbogen, in dem der Patient die persönlichen Daten einträgt und ggf. seine Wunschklinik
- Bogen für die Krankenkasse
- Bogen für den Arzt

Den Unterlagen sollten noch weitere Schriftstücke beigefügt werden:
- Kopien der vorausgegangenen Operationen
- Kopien der pathologischen Befunde
- sofern vorhanden – eine Kopie des Schwerbehindertenausweises.

Neben der Leistung nach Nr. 01623 kann der Arzt für den Versand Porto nach Nrn. 40110 f. berechnen.

Vom Patienten erwartete Befundberichte, Anträge und Empfehlungen zu Heilverfahren an die Kostenträger der Rentenversicherung, der Unfallversicherung oder der privaten Versicherungen sind keine GKV-Leistungen und nicht mit der EBM-Nr. 01623 berechnungsfähig. Diese Leistungen müssen nach GOÄ-Nr. 77 (Planung und Leitung einer Kur) berechnet werden.

Siehe auch Abrechnungstipp zu Nr. 01610.

01624   Verordnung medizinischer Vorsorge für Mütter oder Väter gemäß   **210**
§ 24 SGB V unter Verwendung des Vordrucks Muster 64   25,06

Berichtspflicht Nein

Aufwand in Min.   **Kalkulationszeit:** KA   **Prüfzeit:** 14   **Eignung d. Prüfzeit:** Tages- und Quartalsprofil

Kommentar: Die Verordnung medizinischer Vorsorge für Mütter oder Väter nach § 24 SGB V (früher inkorrekt als „Mutter-Kind-Kur bezeichnet) benutzt das Muster 64. Das Formular sehen Sie bei der KBV unter http://www.kbv.de/media/sp/Muster_64.pdf, Erläuterungen zum Formular unter https://www.kbv.de/html/34806.php

Unter dem Punkt V. Zuweisungsempfehlungen sind Angaben zu den mitreisenden Kindern zu machen. Wichtig für den Hausarzt: Nur wenn bei den Kindern eine eigenständige Behandlungsbedürftigkeit vorliegt, ist es notwendig das Muster 65 „Ärztliche Verordnung Kind zur Verordnung einer Medizinischen Vorsorge/Rehabilitation beim Kinder- und Jugendarzt ausfüllen zu lassen. Handelt es sich lediglich um begleitende Kinder ohne eigenständige medizinische Indikation („Kind altersbedingt nicht von den Eltern zu trennen"), genügt es die Personendaten der Kinder unter dem Punkt V. B. im Muster 64 einzutragen.

01626   Ärztliche Stellungnahme für die Krankenkasse bei der Beantragung einer   **143**
Genehmigung gemäß § 31 Absatz 6 SGB V zur Verordnung von   17,07
- Cannabis in Form von getrockneten Blüten
oder
- Cannabis in Form von Extrakten
oder
- Arzneimitteln mit dem Wirkstoff Dronabinol
oder
- Arzneimitteln mit dem Wirkstoff Nabilon,

Abrechnungsbestimmung einmal je Erstverordnung

Anmerkung
Die Gebührenordnungsposition 01626 ist höchstens viermal im Krankheitsfall berechnungsfähig.

Abrechnungsausschluss am Behandlungstag 1.2

Berichtspflicht Nein

Aufwand in Min.   **Kalkulationszeit:** KA   **Prüfzeit:** 8   **Eignung d. Prüfzeit:** Tages- und Quartalsprofil

Kommentar: Die Ärzte Zeitung informiert: „... Zudem weist die KBV darauf hin, dass ein Wechsel innerhalb der verschiedenen Cannabis-Darreichungen – von Blüten und Extrakten auf

Dronabinol- oder Nabilon-Fertigarzneimittel oder umgekehrt –, als neue Therapie gilt. „Daher kann eine Berechnung je durch die Krankenkasse genehmigter Leistung erfolgen", heißt es…"

Bitte beachten Sie, dass Sie verpflichtet sind, Ihre Patienten vor der ersten Verordnung einmalig über die verpflichtende Begleiterhebung zu informieren. Bei dieser Aufklärung händigen Sie den Patienten das Informationsblatt des BfArM aus https://www.bfarm.de/SharedDocs/Downloads/DE/Bundesopiumstelle/Cannabis/Infoblatt_Patienten.pdf?__blob=publicationFile&v=3.

Hinweise zur Verordnung: http://www.kbv.de/html/cannabis-verordnen.php

01630 Zuschlag zu den Gebührenordnungspositionen 03000, 04000, 07345, 08345,   **39**
09345, 10345, 13435, 13437, 13561, 13601, 13675, 13677, 15345, 26315 und   **4,65**
30700 für die Erstellung eines Medikationsplans gemäß § 29a Bundesmantelvertrag-Ärzte (BMV-Ä)

Obligater Leistungsinhalt
• Erstellen eines Medikationsplans,
• Aushändigung des Medikationsplans in Papierform an den Patienten oder dessen Bezugsperson,

Fakultativer Leistungsinhalt
• Übertragung des elektronischen Medikationsplas auf die elektronische Gesundheits-karte (eGK) des Patienten

Anmerkung Die Gebührenordnungsposition 01630 kann im Laufe von vier Quartalen nur von einem Vertragsarzt abgerechnet werden.
Die Gebührenordnungspositionen 03222, 03362, 04222, 05227, 06227, 07227, 08227, 09227, 10227, 13227, 13297, 13347, 13397, 13497, 13547, 13597, 13647, 13697, 14217, 16218, 18227, 20227, 21227, 21228, 22219, 26227, 27227 und 30701 sind in den drei Quartalen, die der Berechnung der Gebührenordnungsposition 01630 unmittelbar folgen, nicht berechnungsfähig.

Abrechnungsausschluss im Behandlungsfall 03220, 03221, 03222, 03362, 04220, 04221, 04222, 05227, 06227, 07227, 08227, 09227, 10227, 13227, 13297, 13347, 13397, 13497, 13547, 13597, 13647, 13697, 14217, 16218, 18227, 20227, 21227, 21228, 22219, 26227, 27227, 30701

Berichtspflicht Nein

Aufwand in Min. **Kalkulationszeit:** 2   **Prüfzeit:** 2   **Eignung d. Prüfzeit:** Nur Quartalsprofil

Kommentar: 1) Nicht chronisch kranke Patienten, die dauerhaft (Zeitraum > 28 Tage) mindestens 3 systemisch wirkende Medikamente bekommen, können einen Medikationsplan erhalten. **CAVE:** Bei Übergang in eine chronische Erkrankung „blockiert" die GOP 01630 drei Quartale lang die Chronikervergütung nach 03220 und 03221.

Voraussetzung: 03220 noch nicht abgerechnet, Versichertenpauschale abgerechnet

Abzurechnen: 01630 einmal im Krankheitsfall – gleichgültig wie oft der Plan geändert wird

2) Chronisch kranke Patienten bei denen die Chronikerziffer 03220 bereits abgerechnet wird, wird von Seiten der KV automatisch die Ziffer 03222 hinzugesetzt.

Chroniker (03220)	Nicht Chroniker
Zuschlag zur 03220	Einzelleistung als Zuschlag zur Versicher-tenpauschale
Berechnet auch ohne Erstellen des Medikationsplanes	Bedingung: Erstellen eines Medikations-planes
03222/04222 (f. Kinderärzte)	01630
Wert: 1,11 € aktuell	Wert: 4,34 €
1x im Behandlungsfall (1 Quartal)	1x im Krankheitsfall (1 Jahr)
Automatische Zusetzung durch die KV	Muss vom Praxispersonal hinzugesetzt werden

Ausschluss: 03362 und 01630 im selben Behandlungsfall, für 03362 ist in demselben Behandlungsfall mind. ein weiterer persönlicher APK notwendig	

01640   Zuschlag zu den Versichertenpauschalen der Kapitel 3 und 4, den Grundpauschalen   **80**
der Kapitel 5 bis 11, 13 bis 16, 18, 20 bis 23, 26 und 27, den Konsiliarpauschalen   9,55
der Kapitel 12, 17, 19, 24 und 25 und der Gebührenordnungsposition 30700
für die Anlage eines Notfalldatensatzes gemäß Anhang 2 der Anlage 4a zum
Bundesmantelvertrag-Ärzte (BMV-Ä)

Obligater Leistungsinhalt
- Persönlicher Arzt-Patienten-Kontakt,
- Überprüfung der Notwendigkeit zur Anlage eines Notfalldatensatzes,
- Einholung der Einwilligung des Patienten zur Anlage eines Notfalldatensatzes und Anlage eines Notfalldatensatzes mit Eintragungen zu medizinisch notfallrelevanten Informationen über den Patienten,
- Übertragung des Notfalldatensatzes auf die elektronische Gesundheitskarte (eGK) des Patienten,

Fakultativer Leistungsinhalt
- Aufklärung über die Hintergründe, Ziele, Inhalte und Vorgehensweise zur Erstellung von Notfalldatensätzen gemäß § 334 Absatz 1 Satz 2 Nummer 5 SGB V,
- Erläuterung des Notfalldatensatzes gegenüber dem Patienten und/oder einer Bezugsperson,

Abrechnungsbestimmung einmal im Krankheitsfall

Anmerkung Sofern die Vertragsarztpraxis noch nicht an die Telematikinfrastruktur angeschlossen ist und nach Kenntnis der zuständigen Kassenärztlichen Vereinigung die technischen Voraussetzungen zur Nutzung der Anwendung gemäß § 334 Absatz 1 Satz 2 Nummer 5 SGB V i. V. m. Anlage 4a zum BMV-Ä noch nicht vorliegen, ist die Gebührenordnungsposition 01640 nicht berechnungsfähig.
Die Gebührenordnungsposition 01640 ist nur berechnungsfähig, sofern die Anlage des Notfalldatensatzes auf der eGK medizinisch notwendig ist und erstmalig zur Erfassung medizinisch notfallrelevanter Informationen über den Patienten (Befunddaten (z. B. zu Diagnosen oder Allergien/Unverträglichkeiten oder besonderen Hinweisen) und/oder der Medikation) erfolgt.
Die Gebührenordnungsposition 01640 ist nicht berechnungsfähig, sofern die Anlage des Notfalldatensatzes auf der eGK ausschließlich zur Erfassung von Kommunikationsdaten (Versichertendaten, Angaben zu behandelnden Ärzten, Eintragungen zu im Notfall zu kontaktierenden Personen) und/oder freiwilligen Zusatzinformationen gemäß der Spezifikation der gematik zum Informationsmodell Notfalldaten-Management auf Wunsch des Patienten erfolgt.
Die Gebührenordnungsposition 01640 ist nicht berechnungsfähig, sofern auf der eGK des Patienten bereits ein Notfalldatensatz mit Eintragungen zu medizinisch notfallrelevanten Informationen über den Patienten (Befunddaten (z. B. zu Diagnosen oder Allergien/Unverträglichkeiten oder besonderen Hinweisen) und/oder Angaben der Medikation) vorhanden ist.
Sofern für den Patienten bereits ein Notfalldatensatz mit Eintragungen zu medizinisch notfallrelevanten Informationen über den Patienten (Befunddaten (z. B. zu Diagnosen oder Allergien/Unverträglichkeiten oder besonderen Hinweisen) auf einer eGK angelegt wurde, die z. B. ausgetauscht oder verloren wurde, ist die Gebührenordnungsposition 01640 für die Übertragung des in der Vertragsarztpraxis bestehenden Notfalldatensatzes auf die neue eGK des Patienten nicht berechnungsfähig.
Die Gebührenordnungsposition 01640 ist in den drei Quartalen, die der Berechnung der Gebührenordnungsposition 01642 zur Löschung eines Notfalldatensatzes unmittelbar folgen, nicht berechnungsfähig.

Abrechnungsausschluss im Behandlungsfall 01641, 01642

Berichtspflicht Nein

Aufwand in Min.   **Kalkulationszeit:** KA   **Prüfzeit:** ./.   **Eignung d. Prüfzeit:** Keine Eignung

Kommentar: Die Leistung ist nur von Ärzten berechnungsfähig, die durch Diagnostik und/oder Therapie ein umfassendes Bild zu Befunden, Diagnosen und Therapiemaßnahmen des Patienten haben bzw. infolge einer krankheitsspezifischen Diagnostik und/oder Therapie über notfallrelevante Informationen zum Patienten verfügen, vgl. Nr. 5 der Präambel zu Abschnitt 1.6.

01641 Zuschlag zu den Versichertenpauschalen der Kapitel 3 und 4, den Grundpauschalen **4** der Kapitel 5 bis 11, 13 bis 16, 18, 20 bis 23, 26 und 27, den Konsiliarpauschalen der **0,48** Kapitel 12, 17, 19, 24 und 25 und der Gebührenordnungsposition 30700 für den Notfalldatensatz gemäß Anhang 2 der Anlage 4a zum Bundesmantelvertrag-Ärzte (BMV-Ä)

Abrechnungsbestimmung einmal im Behandlungsfall

Anmerkung Sofern die Vertragsarztpraxis noch nicht an die Telematikinfrastruktur angeschlossen ist und nach Kenntnis der zuständigen Kassenärztlichen Vereinigung die technischen Voraussetzungen zur Nutzung der Anwendung gemäß § 334 Absatz 1 Satz 2 Nummer 5 SGB V i. V. m. Anlage 4a zum BMV-Ä noch nicht vorliegen, ist die Gebührenordnungsposition 01641 nicht berechnungsfähig.

Mit der Gebührenordnungsposition 01641 wird insbesondere die Überprüfung auf Notwendigkeit eines Notfalldatensatzes ohne anschließende Anlage oder die Überprüfung und ggf. Aktualisierung eines vorhandenen Notfalldatensatzes (einschließlich Anpassung des Notfalldatensatzes auf der eGK) und/oder die erstmalige Anlage oder Löschung eines Notfalldatensatzes mit ausschließlichen Eintragungen von Kommunikationsdaten (Versichertendaten, Angaben zu behandelnden Ärzten, Eintragungen zu im Notfall zu kontaktierenden Personen) und/oder freiwilligen Zusatzinformationen gemäß der Spezifikation der gematik zum Informationsmodell Notfalldaten-Management auf Wunsch des Patienten und/oder die Übertragung des in der Vertragsarztpraxis bestehenden Notfalldatensatzes, z. B. bei einem Austausch oder Verlust der eGK des Patienten, vergütet.

Die Gebührenordnungsposition 01641 wird durch die zuständige Kassenärztliche Vereinigung zugesetzt.

Abrechnungsausschluss im Behandlungsfall 01640, 01642

Berichtspflicht Nein

Aufwand in Min. **Kalkulationszeit:** KA   **Prüfzeit:** ./.   **Eignung d. Prüfzeit:** Keine Eignungl

Kommentar Der Zuschlag zu den Versichertenpauschalen der Kapitel 03 und 04 wird automatisch durch die KV zugesetzt. Voraussetzung ist, dass in einem früheren Quartal oder dem aktuellen Quartal, mindestens einmalig ein Notfalldatensatz für einen Patienten angelegt wurde. Ab diesem Zeitpunkt erhalten Sie für JEDE abgerechnete Versichertenpauschale im Quartal 4Pkt (0,46ct) automatisch zugesetzt. Für eine Praxis mit 1000 Abrechnungsscheinen summiert sich dies beispielsweise auf ca. 460.-EUR je Quartal. Abgegolten wird Ihre ärztliche Überprüfung, ob für Ihre behandelten Patienten die Anlage eines Notfalldatensatzes sinnvoll und notwendig ist oder auch nicht.

Siehe ausführliche Anmerkungen im Kommentar zu EBM-Nr. 01640.

01642 Löschen eines Notfalldatensatzes gemäß Anlage 4a zum Bundesmantelvertrag- **1** Ärzte (BMV-Ä) **0,12**

Abrechnungsbestimmung einmal im Behandlungsfall

Anmerkung Sofern die Vertragsarztpraxis noch nicht an die Telematikinfrastruktur angeschlossen ist und nach Kenntnis der zuständigen Kassenärztlichen Vereinigung die technischen Voraussetzungen zur Nutzung der Anwendung gemäß § 334 Absatz 1 Satz 2 Nummer 5 SGB V i. V. m. Anlage 4a zum Bundesmantelvertrag-Ärzte (BMV-Ä) noch nicht vorliegen, ist die Gebührenordnungsposition 01642 nicht berechnungsfähig.

Die Gebührenordnungsposition 01642 ist nur berechnungsfähig, sofern ein Notfalldatensatz mit medizinisch notfallrelevanten Informationen auf der eGK vorhanden ist und der Patient die Löschung sämtlicher Einträge ausdrücklich wünscht.

Die Gebührenordnungsposition 01640 ist in den drei Quartalen, die der Berechnung der Gebührenordnungsposition 01642 unmittelbar folgen, nicht berechnungsfähig.

Abrechnungsausschluss im Behandlungsfall 01640, 01641

Berichtspflicht Nein

Aufwand in Min.   **Kalkulationszeit:** KA   **Prüfzeit:** ./.   **Eignung d. Prüfzeit:** Keine Eignungl

Kommentar   Siehe ausführliche Anmerkungen im Kommentar zu EBM Nr. 01640.

01645   Aufklärung und Beratung im Zusammenhang mit einem ärztlichen Zweitmei-   **75**
nungsverfahren sowie die Zusammenstellung, Mehrfertigung und Aushändigung   **8,95**
von Befundmitteilungen, Berichten, Arztbriefen und anderen patientenbezogenen
Unterlagen an den Patienten gemäß § 6 Abs. 4 der Richtlinie des Gemeinsamen
Bundesausschusses zum Zweitmeinungsverfahren

Obligater Leistungsinhalt
- Aufklärung über den Anspruch auf eine ärztliche Zweitmeinung gemäß § 27b Abs. 2 SGB V,
- Beratung im Zusammenhang mit einer ärztlichen Zweitmeinung gemäß § 27b Abs. 2 SGB V,
- Aushändigung des Informationsblattes des Gemeinsamen Bundesausschusses zum Zweitmeinungsverfahren,
- Zusammenstellung, Mehrfertigung und Aushändigung von Befundmitteilungen, Berichten, Arztbriefen und anderen patientenbezogenen Unterlagen an den Patienten,
- Information zu geeigneten Zweitmeinungsärzten,

Fakultativer Leistungsinhalt
- Zusammenführung und ggf. Aufbereitung der patientenbezogenen Unterlagen,
- Beratung nach ärztlicher Zweitmeinung,

Abrechnungsbestimmung je dokumentierter Indikation einmal im Krankheitsfall

Anmerkung Die Gebührenordnungsposition 01645 ist nur durch den indikationsstellenden Arzt gemäß § 6 der Richtlinie des Gemeinsamen Bundesausschusses zum Zweitmeinungsverfahren berechnungsfähig.

Die Berechnung der Gebührenordnungsposition 01645 setzt die eingriffsspezifische Dokumentation gemäß der bundeseinheitlich kodierten Zusatzkennzeichnung voraus.

Aufwand in Min.   **Kalkulationszeit:** KA   **Prüfzeit:** ./.   **Eignung d. Prüfzeit:** Keine Eignungl

Kommentar   **Die KV Hessen informierte ihre Vertragsärzte sehr detailliert zur ärztlichen Zweitmeinung u.a.:**

... „Der Beschluss zur Aufnahme der ärztlichen Zweitmeinung in den EBM tritt zum 1. Januar 2019 in Kraft und wird in den Abschnitt 1.6 EBM aufgenommen. Für die ärztliche Zweitmeinung wird der neue Abschnitt 4.3.9 in den Allgemeinen Bestimmungen des EBM aufgenommen.

Durch eine zweite ärztliche Meinung soll das Risiko einer zu weiten Indikationsstellung und damit zu hohen Zahlen bestimmter planbarer „mengenanfälliger" Eingriffe, die nicht immer medizinisch geboten sind, verringert werden. **Ein rechtlicher Zweitmeinungsanspruch besteht bei einer Mandeloperation** (Tonsillotomie oder Tonsillektomie) **sowie bei einer Gebärmutterentfernung** (Hysterektomie). Weitere Indikationen sollen folgen.

In der Praxis heißt das: Rät ein HNO-Arzt einem Patienten zu einer Tonsillektomie, Tonsillotomie oder ein Gynäkologe zu einer Hysterektomie, muss er den Patienten darauf hinweisen, dass er sich vor dem Eingriff eine Zweitmeinung einholen kann. Er händigt ihm dazu alle für die Zweitmeinungsberatung nötigen Befunde sowie ein Merkblatt des G-BA aus. Der indikationsstellende Arzt muss den Patienten auf die Liste der zweitmeinungsgebenden Ärzte hinweisen.

Der indikationsstellende Arzt rechnet für die Aufklärung zur Zweitmeinung mit den oben aufgeführten Bestandteilen die neue GOP 01645 ab. Die Leistung ist mit 8,95 Euro bewertet (75 Punkte, bundeseinheitlicher Orientierungspunktwert 2024 von 11,9339 Cent) und soll zunächst extrabudgetär vergütet werden. Die GOP 01645 kann einmal im Krankheitsfall abgerechnet werden. Die Aufklärung zur Zweit-meinung soll vom indikationsstellenden Arzt mindestens zehn Tage vor dem geplanten Eingriff erfolgen.

GOP 01645 benötigt ein Suffix: Bei der Aufklärung zur Zweitmeinung bei einer bevorstehenden Mandeloperation setzt der HNO-Arzt das Suffix „A" an. Er rechnet also die EBM Nr. 01645A ab. Bei der Aufklärung zur Zweitmeinung bei einer bevorstehenden Gebärmutterentfernung setzt der Gynäkologe das Suffix „B" an. Er rechnet also die EBM Nr. 01645B ab.

Zweitmeinung. Im neuen Abschnitt 4.3.9 der Allgemeinen Bestimmungen EBM wird festgelegt, dass der zweitmeinungsgebende Arzt die arztgruppen-spezifischen Versicherten-, Grund- oder Konsiliarpauschalen seiner Arztgruppe beim ersten Arzt-Patienten-Kontakt abrechnet.

Die Zweitmeinung umfasst die Durchsicht vorliegender Befunde des indikationsstellenden Arztes und ein Anamnesegespräch. Hinzu kommen ärztliche Untersuchungen, sofern sie zur Befunderhebung und Überprüfung der Indikationsstellung erforderlich sind. Die medizinische Notwendigkeit der Untersuchungen muss im freien Begründungsfeld (Feldkennung 5009) angegeben werden.

Leistungen müssen gekennzeichnet werden: Der Zweitmeiner kennzeichnet alle Leistungen zum Zweitmeinungsverfahren. Die Kennzeichnung erfolgt als Begründung im freien Text. Der Beschluss zur Aufnahme der ärztlichen Zweitmeinung in den Einheitlichen Bewertungsmaßstab (EBM) tritt zum 1. Januar 2019 in Kraft. Für den indikationsstellenden Arzt wird die neue Gebührenordnungsposition (GOP) 01645 in den Abschnitt 1.6 EBM aufgenommen. Für die ärztliche Zweitmeinung wird der neue Abschnitt 4.3.9 in den Allgemeinen Bestimmungen des EBM aufgenommen. Durch eine zweite ärztliche Meinung soll das Risiko einer zu weiten Indikationsstellung und damit zu hohen Zahlen bestimmter planbarer „mengenanfälliger" Eingriffe, die nicht immer medizinisch geboten sind, verringert werden. Ein rechtlicher Zweitmeinungsanspruch besteht bei einer Mandeloperation (Tonsillotomie oder Tonsillektomie) sowie bei einer Gebärmutter-entfernung (Hysterektomie). Weitere Indikationen sollen folgen.

01645 für indikationsstellenden Arzt

Ärzte müssen nach der Zweitmeinungsrichtlinie des Gemeinsamen Bundesausschusses (G-BA) Patienten über ihren Rechtsanspruch informieren, wenn Begründungsfeld (Feldkennung 5009).Bei der bevorstehenden Mandeloperation wird die Kennzeichnung 88200A in das freie Begründungsfeld gesetzt. Bei der bevorstehenden Gebärmutterentfernung die Kennzeichnung 88200B.

Zweitmeinungsgebende Ärzte benötigen Genehmigung
Ab Januar 2019 kann eine Zweitmeinung zu den planbaren Eingriffen (Mandeloperationen oder Gebärmutterentfernung) von HNO-Ärzten oder Gynäkologen durchgeführt werden.Für die Teilnahme am Zweitmeinungsverfahren benötigen Ärzte eine Genehmigung der KVH.

Überweisung vom zweitmeinungsgebenden Arzt
Im Rahmen des Zweitmeinungsverfahrens können (wenn med. zwingend notwendig) Aufträge an weitere Vertragsärzte erfolgen. Der Arzt, der beauftragt wird, muss seine Leistungen kennzeichnen (88200A bei einer bevorstehenden Mandeloperation oder 88200B bei einer bevorstehenden Gebärmutterentfernung). Der zweitmeinungsgebende Arzt gibt hierfür auf der Überweisung bei dem Auftrag „Zweitmeinung" an. Alle Leistungen im Rahmen der Zweitmeinung sollen zunächst extrabudgetär vergütet werden.

Siehe:
Merkblatt des Gemeinsamen Bundesausschusses zum Zweitmeinungsverfahren bei geplanten Eingriffen: https://www.g-ba.de/richtlinien/107/

01647 Zusatzpauschale zu den Versichertenpauschalen der Kapitel 3 und 4, den Grund- **15** pauschalen der Kapitel 5 bis 11, 13 bis 16, 18, 20 bis 23, 26 und 27, zu den Konsi- **1,79** liarpauschalen der Kapitel 12,17, 19, 24 und 25, den Gebührenordnungspositionen 01320, 01321 und 30700 und den Leistungen des Abschnitts 1.7 (ausgenommen in-vitrodiagnostische Leistungen) im Zusammenhang mit der elektronischen Patientenakte

Obligater Leistungsinhalt
- Erfassung und/oder Verarbeitung und/oder Speicherung von Daten nach § 341 Absatz 2 Nrn. 1 bis 5 und 10 SGB V aus dem aktuellen Behandlungskontext für eine einrichtungs-, fach- und sektorenübergreifende Dokumentation über den Patienten in der elektronischen Patientenakte
- Prüfung, ob erhebliche therapeutische Gründe oder sonstige erhebliche Rechte Dritter einer Übermittlung in die elektronische Patientenakte entgegenstehen,
- Prüfung und ggf. Ergänzung der zu den Dokumenten gehörenden Metadaten,
- Fakultativer Leistungsinhalt
- Einholung der Zugriffsberechtigung vom Patienten zur Datenverarbeitung in dessen elektronischer Patientenakte,

Abrechnungsbestimmung einmal im Behandlungsfall

Abrechnungsausschluss im Behandlungsfall 01648

Berichtspflicht Nein

Aufwand in Min. **Kalkulationszeit:** 1   **Prüfzeit:** 1   **Eignung d. Prüfzeit:** Nur Quartalsprofil

Kommentar: Die Vergütung der Leistung nach den Gebührenordnungspositionen 01431 und 01647 erfolgt außerhalb der morbiditätsbedingten Gesamtvergütungen. Formal betrachtet, stellt die EBM-Nr. 01647 eine Zusatzpauschale zu den Versicherten-, Grund- und Konsiliarpauschalen sowie den Leistungen des Abschnitts 1.7 (ausgenommen in-vitro-diagnostische Leistungen) dar.

Diese Leistung soll die ärztliche Arbeit für das kontinuierliche Führen der elektronischen Patientenakte (ePA) abbilden. Der quartalsgleiche Ausschluss mit der EBM-Ziffer 01648 (Erstbefüllung der ePA) und die Abrechnungsbeschränkung auf den Krankheitsfall (umfasst die Behandlung derselben Erkrankung innerhalb eines Jahres, also im aktuellen und in den drei folgenden Quartalen) lässt die Vergütung der EBM-Ziffer 01647 noch absurder erscheinen, als es die absolute Höhe von 15 Pkt (=1,79 EUR) für den Arzt darstellt.

01648   Sektorenübergreifende Erstbefüllung einer elektronischen Patientenakte   **89**
                                                                               10,62

Obligater Leistungsinhalt

• Speicherung von Daten gemäß der ePAErstbefüllungsvereinbarung nach § 346 Absatz 6 SGB V in der elektronischen Patientenakte,

• Prüfung, ob erhebliche therapeutische Gründe oder sonstige erhebliche Rechte Dritter einer Übermittlung in die elektronische Patientenakte entgegenstehen,

• Prüfung und ggf. Ergänzung der zu den Dokumenten gehörenden Metadaten,

Fakultativer Leistungsinhalt

• Einholung der Zugriffsberechtigung vom Patienten zur Datenverarbeitung in dessen elektronischer Patientenakte,

• Erfassung und/oder Verarbeitung und/oder Speicherung von (weiteren) Daten nach § 341 Absatz 2 Nrn. 1 bis 5 und 10 bis 13 SGB V aus dem aktuellen Behandlungskontext für eine einrichtungs-, fach- und sektorenübergreifende Dokumentation über den Patienten in der elektronischen Patientenakte im selben Behandlungsfall,

Abrechnungsbestimmung einmalig je Versicherten

Abrechnungsausschluss im Behandlungsfall 01647

Aufwand in Min. **Kalkulationszeit:** KA   **Prüfzeit:** ./.   **Eignung d. Prüfzeit:** Keine Eignung

Kommentar: Seit dem 1. Januar 2022 rechnen Vertragsärztinnen und Vertragsärzte die sektorenübergreifende Erstbefüllung einer ePA über die Gebührenordnungsposition (GOP) 01648 (89 Punkte/10,62 Euro) ab. Diese ersetzt die bis dahin gültige Pseudo-GOP 88270. Die Vergütung erfolgt extrabudgetär.

Die Leistung umfasst nur das Befüllen der Akte mit Befunden, Arztbriefen und anderen Dokumenten, die für die Behandlung relevant sind. Die Beratung des Patienten ist weiterhin nicht Bestandteil der Leistung. Auch Vertragspsychotherapeuten können die Erstbefüllung vornehmen und die neue GOP abrechnen.

Einmal je Patient abrechenbar

Die GOP 01648 kann einmal je Versicherten abgerechnet werden. Ärzte sollten also vor Erstbefüllung der ePA möglichst den Patienten fragen, ob bereits Einträge durch einen anderen Arzt vorgenommen wurden. Dann ist die GOP 01648 nicht berechnungsfähig. Der sektorenübergreifende Ansatz macht die Vergütung des Arztes von der verlässlichen Auskunft des Patienten über von anderen Behandlern vorgenommene Einträge in die ePA abhängig. Aus honorarpolitischer Sicht ist die Koppelung einer Vergütung an nicht überprüfbare Auskünfte von Patienten schlichtweg nicht akzeptabel und würde im Rechtssystem außerhalb des im SGB V verankerten EBM keinen Bestand haben.

Eine Abrechnung neben der GOP 01647 (= Pauschale zur laufenden Führung der ePA, 15 Punkte/1,79 Euro) ist im Behandlungsfall ausgeschlossen. Die Zusatzpauschale zur Versicherten-, Grund- und Konsiliarpauschale können Ärztinnen und Ärzte einmal im Behandlungsfall ansetzen, wenn sie Daten in der ePA erfassen, verarbeiten und/oder speichern. Die GOP 01648 enthält zudem einen Anteil zur Förderung der ePA.

Am 29. September 2023 beschloss der Bewertungsausschuss die zeitlich befristete Weiterführung der GOP 01648 bis zum 14. Januar 2025. Diese Befristung erfolgt unter der Bedingung, dass ab dem 15. Januar 2025 eine Änderung der ePA-Anwendung und der damit verbundenen vertragsärztlichen Regelungen nach dem Kabinettsentwurf vom 28. August 2023 zum Gesetz zur Beschleunigung der Digitalisierung des Gesundheitswesens (Digital-Gesetz) vorgesehen ist („Opt-out-Prinzip"). Sollte sich der Termin des Inkrafttretens im weiteren gesetzgeberischen Verlauf ändern, wird die Laufzeit dieses Beschlusses entsprechend angepasst.

Der Bewertungsausschuss wird spätestens zum 30. September 2024 prüfen, ob eine Anpassung der Leistung, insbesondere hinsichtlich der Bewertung, mit Wirkung zum 15. Januar 2025 erforderlich ist.

Hinweis:

Die Ausgabe der ePA durch die Krankenkassen ist seit Jahresbeginn 2021 möglich. Ärzte in Praxen und Krankenhäusern sind seit Juli 2021 verpflichtet, auf Wunsch des Patienten die digitalen Akten mit Befunden, Therapieplänen etc. zu befüllen. Auch Psychotherapeuten und Zahnärzte können diese Aufgabe übernehmen. Dabei darf die sektorenübergreifende Erstbefüllung je Patient nur einmal abgerechnet werden.

01650* Zuschlag zu den Gebührenordnungspositionen 31112, 31114, 31121 bis 31126, **47**
31131 bis 31135, 31142 bis 31146, 31152 bis 31155, 31162 bis 31164, 31202 5,61
bis 31205, 31212 bis 31215, 31271 bis 31275, 31284, 31302, 31303, 31312 bis
31314, 36112, 36114, 36121 bis 36126, 36131 bis 36135, 36142 bis 36146, 36152
bis 36155, 36162 bis 36164, 36202 bis 36205, 36212 bis 36215, 36271 bis 36275,
36284, 36302, 36303 und 36312 bis 36314

Fakultativer Leistungsinhalt
* Einrichtungsbefragung gemäß der Richtlinie zur einrichtungs- und sektorenübergreifenden Qualitätssicherung (Qesü-RL), Verfahren 2, Anlage II Buchstabe e

Anmerkung Der Höchstwert für die Gebührenordnungsposition 01650 beträgt je Praxis 704 Punkte im Quartal.

Die Gebührenordnungsposition 01650 wird durch die zuständige Kassenärztliche Vereinigung zugesetzt.

Berichtspflicht Nein

Aufwand in Min. **Kalkulationszeit:** KA   **Prüfzeit:** ./.   **Eignung d. Prüfzeit:** Keine Eignungl

Kommentar Zum 1. Januar 2018 rückwirkend wurde die GOP 01650 zur Vergütung des Aufwandes für die Erfüllung der Verpflichtungen zur „Vermeidung nosokomialer Infektionen – postoperative Wundinfektion" erfordert,aufgenommen.

Hier geht es um ein Honorar für das einfache Ausfüllen eines vielseitigen Fragebogens, den jeder Arzt der definierte Operationen erbringt, ausfüllen und bei der entsprechenden Datenannahmestelle einreichen muss.

Es ergibt sich Vergütung von ca. 300 Euro im Jahr für die korrekteTeilnahme an dieser Qualitätssicherungsmaßnahme.

Sanktionsmaßnahmen sollen in der nächsten Zeit veröffentlicht werden.

01660 Zuschlag zur eArztbrief-Versandpauschale gemäß Anlage 8 § 2 Absatz 3 der **1**
Vereinbarung zur Finanzierung und Erstattung der bei den Vertragsärzten 0,12
entstehenden Kosten im Rahmen der Einführung und des Betriebes der Telematikinfrastruktur zur Förderung der Versendung elektronischer Briefe

Aufwand in Min. **Kalkulationszeit:** KA   **Prüfzeit:** ./.   **Eignung d. Prüfzeit:** Keine Eignung

GOÄ Keine vergleichbare GOÄ Leistung vorhanden.

Kommentar: Diese Leistung ist für die Versendung eines eArztbriefes abrechenbar und soll nach KBV: ... „im Rahmen der Einführung und des Betriebes der Telematikinfrastruktur zur Förderung der Versendung elektronischer Briefe... „dienen.

Protokollnotiz der KBV:

Bei der GOP 01660 handelt es sich um eine Strukturförderpauschale von einem EBM-Punkt (10,99 Cent) je elektronisch versendetem Brief. Der Bewertungsausschuss überprüft zum 31. Dezember 2022 die Entwicklung der befristeten Aufnahme der Gebührenordnungsposition 01660 und wird über die Ergebnisse dieser Überprüfung und den Umgang mit den Ergebnissen beraten.

Empfehlung des Bewertungsausschusses:
1. Die Vergütung der Leistungen nach der Gebührenordnungsposition 01660 erfolgt außerhalb der morbiditätsbedingten Gesamtvergütungen.
2. Die Überführung der Gebührenordnungsposition 01660 in die morbiditätsbedingte Gesamtvergütung gemäß Nr. 5 des Beschlusses des Bewertungsausschusses in seiner 323. Sitzung am 25. März 2014, oder entsprechender Folgebeschlüsse, zu einem Verfahren zur Aufnahme von neuen Leistungen in den EBM erfolgt nicht.

01670* Zuschlag im Zusammenhang mit den Versicherten-, Grund- oder Konsiliarpau- **110**
schalen für die Einholung eines Telekonsiliums   13,13

Obligater Leistungsinhalt
- Beschreibung der medizinischen Fragestellung,
- Zusammenstellung und elektronische Übermittlung aller für die telekonsiliarische Beurteilung der patientenbezogenen, medizinischen Fragestellung relevanten Informationen,
- Einholung der Einwilligung des Patienten bzw. Überprüfung des Vorliegens einer Einwilligung,

Fakultativer Leistungsinhalt
- Abstimmung mit dem konsiliarisch tätigen Arzt, Zahnarzt bzw. Psychotherapeuten, Abrechnungsbestimmung zweimal im Behandlungsfall

Anmerkung Die Beauftragung nach Nr. 7 des Abschnitts 1.6 ist gemäß der Vereinbarung nach § 367 SGB V über technische Verfahren zu telemedizinischen Konsilien (Telekonsilien-Vereinbarung) vorzunehmen.

Abrechnungsausschluss:
am Behandlungstag 34.8
im Behandlungsfall 01671, 01672

Berichtspflicht Nein

Aufwand in Min. **Kalkulationszeit: 7   Prüfzeit: 6   Eignung d. Prüfzeit:** Tages- und Quartalsprofil

Kommentar: Am 1.10.2020 hat der ergänzende Bewertungsausschuss mit dem Ziel einer Ausweitung und Etablierung von Telekonsilien kurzfristig die Aufnahme der GOP 01670, 01671 und 01672 in den EBM beschlossen.

Bei zeitaufwändigeren telekonsiliarischen Beurteilungen kann die Nr. 01672 als Zuschlag zur Nr. 01671 je vollendete fünf Minuten maximal dreimal im Behandlungsfall berechnet werden. Definiert ist ein Telekonsil als zeitgleiche beziehungsweise zeitversetzte Kommunikation zwischen einem anfragenden Arzt/Zahnarzt und einem antwortenden Konsiliararzt/Konsiliarzahnarzt mittels elektronischen Austausches der patientenbezogenen, medizinischen Fragestellung sowie der sonstigen, für die telekonsiliarische Beurteilung dieser medizinischen Fragestellung relevanten Patienteninformationen. Es besteht eine Bindung an die definierten gesicherten Kommunikationswege KIM. (KIM-Dienste nach § 291b Abs. 1e SGB V für elektronische Arztbriefe, Dienste für die Übertragung von Bildformaten gemäß dem DICOM-Standard, die die Anforderungen gemäß der Anlage 31a zum BMV-Ä erfüllen und Videodienste für Videokonsile, die die Anforderungen gemäß der Anlage 31b zum BMV-Ä erfüllen).

Voraussetzungen für den anfragenden Arzt:
Eine patientenbezogene, interdisziplinäre medizinische Fragestellung, die außerhalb des Fachgebietes des behandelnden Vertragsarztes liegt und das Telekonsilium bei einem Konsiliararzt, Konsiliarzahnarzt oder Konsiliarpsychotherapeuten eingeholt wird, innerhalb dessen Fachgebiet die medizinische Fragestellung liegt
oder

Eine besonders komplexe medizinische Fragestellung, die innerhalb des Fachgebietes des behandelnden Vertragsarztes liegt und das Telekonsilium bei einem Konsiliararzt oder Konsiliarpsychotherapeuten desselben Fachgebietes eingeholt wird.
Im Übrigen können Pädiater auf das besser vergütete und leitlinienbasierte Expertenkonsil Paedexpert (Selektivvertragslösung mit vielen Kassen) zurückgreifen.

01671* Telekonsiliarische Beurteilung einer medizinischen Fragestellung **128**
15,28
Obligater Leistungsinhalt
• Konsiliarische Beurteilung der medizinischen Fragestellung gemäß der Gebührenordnungsposition 01670 bzw. der entsprechenden Leistung nach dem Bewertungsmaßstab zahnärztlicher Leistungen,
• Erstellung eines schriftlichen Konsiliarberichtes und elektronische Übermittlung an den das Telekonsilium einholenden Vertragsarzt oder Vertragszahnarzt,
• Dauer mindestens 10 Minuten,

Fakultativer Leistungsinhalt
• Abstimmung mit dem das Telekonsilium einholenden Vertragsarzt oder Vertragszahnarzt,

Abrechnungsbestimmung einmal im Arztgruppenfall

Abrechnungsausschluss:
am Behandlungstag 37714 und 34.8
im Behandlungsfall 01670

Anmerkung Die Durchführung des Telekonsiliums ist gemäß der Vereinbarung nach § 367 SGB V über technische Verfahren zu telemedizinischen Konsilien (Telekonsilien-Vereinbarung) vorzunehmen.

Berichtspflicht Nein
Kommentar: Siehe Kommentar zu EBM-Nr. 01670
Aufwand in Min. **Kalkulationszeit:** 10 **Prüfzeit:** 10 **Eignung d. Prüfzeit:** Tages- und Quartalsprofil

01672 Zuschlag zur Gebührenordnungsposition 01671 für die Fortsetzung der telekonsili- **65**
arischen Beurteilung **7,76**

Abrechnungsbestimmung je weitere vollendete 5 Minuten, bis zu dreimal im Arztgruppenfall

Abrechnungsausschluss:
am Behandlungstag 34.8
im Behandlungsfall 01670

Berichtspflicht Nein
Kommentar: Siehe Kommentar zu EBM-Nr. 01670
Aufwand in Min. **Kalkulationszeit:** 5 **Prüfzeit:** 5 **Eignung d. Prüfzeit:** Tages- und Quartalsprofil

1.7 Gesundheits- und Früherkennungsuntersuchungen, Mutterschaftsvorsorge, Empfängnisregelung und Schwangerschaftsabbruch (vormals Sonstige Hilfen)

1. Für die Berechnung der in diesem Abschnitt genannten Gebührenordnungspositionen sind – mit Ausnahme der Gebührenordnungspositionen des Abschnitts 1.7.8 – die entsprechenden Richtlinien des Gemeinsamen Bundesausschusses maßgeblich.

2. Die gemäß diesen Richtlinien vorgeschriebenen (Bild-) Dokumentationen, notwendigen Bescheinigungen und Ultraschalluntersuchungen sind – soweit sie nicht gesondert in diesem Abschnitt aufgeführt sind – Bestandteil der Gebührenordnungspositionen.

3. Die Gebührenordnungspositionen der Abschnitte 1.7.4, 1.7.5 und 1.7.7 – mit Ausnahme der Gebührenordnungspositionen 01776, 01777, 01783, 01788 bis 01790, 01793 bis 01796, 01799, 01800, 01802 bis 01812, 01816, 01820 bis 01824, 01826, 01828, 01833, 01840 bis 01842, 01869, 01870, 01900, 01903, 01913, 01915 – sind vorbehaltlich der Regelung in Nummer 4 nur von Fachärzten für Frauenheilkunde berechnungsfähig. Die Gebührenordnungspositionen 01852, 01856, 01869, 01870, 01903 und 01913 sind nicht von Fachärzten für Frauenheilkunde

berechnungsfähig. Die Gebührenordnungspositionen 01910 und 01911 können von allen Vertragsärzten – soweit dies berufsrechtlich zulässig ist – berechnet werden. Haben an der Erbringung der Gebührenordnungspositionen 01910 und 01911 mehrere Ärzte mitgewirkt, so hat der die Gebührenordnungsposition 01910 oder 01911 abrechnende Arzt in einer der Quartalsabrechnung beizufügenden und von ihm zu unterzeichnenden Erklärung zu bestätigen, dass er mit den anderen Ärzten eine Vereinbarung darüber getroffen hat, wonach nur er allein in den jeweiligen Fällen diese Gebührenordnungsposition abrechnet.

4. Die Gebührenordnungspositionen 01793 bis 01796, 01841 und 01842 sind nur von Ärzten berechnungsfähig, die berechtigt sind, Gebührenordnungspositionen des Kapitels III.b-11 abzurechnen.

5. Die Berechnung der Gebührenordnungspositionen 01738, 01763, 01767, 01769, 01783, 01800, 01802 bis 01811, 01816, 01833, 01840, 01865 bis 01867, 01869, 01915 und 01931 bis 01936 setzt eine Genehmigung der Kassenärztlichen Vereinigung nach der Qualitätssicherungsvereinbarung Spezial-Labor gemäß § 135 Abs. 2 SGB V voraus.

6. Für die Berechnung der Gebührenordnungspositionen 01852, 01856, 01857, 01903 und 01913 sind die Bestimmungen des Kapitels III.b-5 maßgeblich.

7. Sind neben den Gebührenordnungspositionen dieses Abschnitts weitere ärztliche Leistungen gemäß den Richtlinien des Gemeinsamen Bundesausschusses notwendig, so sind diese nach den übrigen Gebührenordnungspositionen anzusetzen.

8. In einem ausschließlich präventiv-ambulanten Behandlungsfall sind die Versicherten-, Grund- oder Konsiliarpauschalen von den in der Präambel der entsprechenden arztgruppenspezifischen oder arztgruppenübergreifenden Kapitel genannten Vertragsärzten nicht berechnungsfähig.

Kommentar:

Maßgeblich für die Abrechnung von Leistungen aus diesem Abschnitt sind die jeweiligen Richtlinien des Gemeinsamen Bundesausschusses, in denen Näheres zu Art, Umfang, Häufigkeit der Leistung bzw. Berechtigung zur Erbringung der Leistung usw. geregelt ist. Das gilt auch für die (Bild-)Dokumentationen, die Bescheinigungen sowie Ultraschalluntersuchungen, die nach Maßgabe der Richtlinien Bestandteil der Leistungen sind, auch wenn sie in diesem Abschnitt nicht gesondert aufgeführt werden.

Die Abrechnung bestimmter Leistungen ist zusätzlich an eine Fachgebietsbezeichnung geknüpft oder – umgekehrt – von bestimmten Fachärzten nicht berechnungsfähig. Siehe aber hierzu auch die in der Kommentierung zu Kapitel I, Abschnitt 1.3 und 1.5 beschriebenen Ausnahmemöglichkeiten. Anderer Leistungen können nur unter zusätzlichen – an anderen Stellen des EBM definierten – Voraussetzungen abgerechnet werden.

Sind an der Erbringung der Gebührenordnungsposition 01910 oder 01911 (Beobachtung und Betreuung nach Durchführung eines Schwangerschaftsabbruchs – Dauer mehr als 2 bzw. 4 Stunden) mehrere Ärzte beteiligt, so kann die Nr. nur von einem Arzt abgerechnet werden, der der Quartalsabrechnung eine Erklärung über eine Vereinbarung über seine exklusive Abrechnung mit aller beteiligten Ärzten beifügen muss.

Weitere hier nicht genannte Leistungen, die nach den Richtlinien des Gemeinsamen Bundesausschusses notwendig sind, können nach den für sie geltenden übrigen Bestimmungen des EBM abgerechnet werden.

Es empfiehlt sich, für den einzelnen Arzt anhand dieser Bestimmungen ein persönliches Abrechnungsprofil zu erstellen.

1.7.1 Früherkennung von Krankheiten bei Kindern

Kommentar:

Maßgeblich für diesen Abschnitt ist die Richtlinie des Gemeinsamen Bundesauschusses über die Früherkennung von Krankheiten bei Kindern bis zur Vollendung des 6. Lebensjahres („Kinder-Richtlinie") in der jeweiligen Fassung.

Die Kinder-Richtlinie legt fest: Die Früherkennungsmaßnahmen bei Kindern in den ersten sechs Lebensjahren umfassen insgesamt neun Untersuchungen gemäß den im Untersuchungsheft für Kinder gegebenen Hinweisen. Die Untersuchungen können nur in den jeweils angegebenen Zeiträumen unter Berücksichtigung folgender Toleranzgrenzen in Anspruch genommen werden:

Untersuchungsstufe		Toleranzgrenze	
U 1	unmittelbar nach der Geburt		
U 2	3. – 10. Lebenstag	U 2	3. – 14. Lebenstag
U 3	5. Lebenswoche	U 3	3. – 8. Lebenswoche
U 4	3. – 4. Lebensmonat	U 4	2. – 4 ½. Lebensmonat
U 5	6. – 7. Lebensmonat	U 5	5. – 8. Lebensmonat
U 6	10. – 12. Lebensmonat	U 6	4. – 9. Lebensmonat
U 7	21. – 24. Lebensmonat	U 7	20. – 27. Lebensmonat
U 7a	34. – 36. Lebensmonat	U 7a	33. – 38. Lebensmonat
U 8	46. – 48. Lebensmonat	U 8	43. – 50. Lebensmonat
U 9	60. – 64. Lebensmonat	U 9	58. – 66. Lebensmonat

Neugeborene haben zusätzlich Anspruch auf ein erweitertes Neugeborenen-Screening nach Anlage 2 der Richtlinien.

Auf einen Blick: Früherkennungsuntersuchungen bei Kindern nach G-BA

Richtlinien über die Früherkennung von Krankheiten bei Kindern bis zur Vollendung des 6. Lebensjahres (Kinder-Richtlinien) mit Hinweisen zu den Untersuchungen und Informationen für die Eltern (zuletzt geändert am 18. Mai 2017)
https://www.g-ba.de/informationen/richtlinien/15/
Rat der Autoren: Diese Richtlinie sollte ausgedruckt in den Praxen vorliegen, die diese Früherkennungsuntersuchungen durchführen.

Hinweis: Bei den Kinder-Früherkennungsuntersuchungen U6 bis U9 gibt es eine Übergangsfrist: Bis zum 25. Februar 2022 können die eigentlich vorgegebenen Untersuchungszeiträume überschritten werden. Für die in Selektivverträgen geregelten Früherkennungsuntersuchungen U10, U11 und J2 gelten die vertraglich geregelten Zeiträume der Durchführung unverändert weiter: D.h. hier gelten die Pandemie-Sonderregelungen der KBV nicht.

01702   Beratung im Rahmen des Pulsoxymetrie-Screenings gemäß Abschnitt C Kapitel V   **28**
der Kinder-Richtlinie des Gemeinsamen Bundesausschusses   3,34

Obligater Leistungsinhalt
- Aufklärung der Eltern (mindestens eines Personenberechtigten) des Neugeborenen zu Sinn, Zweck und Ziel des Pulsoxymetrie-Screenings,
- Aushändigung des Informationsblattes gemäß Anlage 6 der Kinder-Richtlinie (Elterninformation zum Pulsoxymetrie-Screening).

Anmerkung Die Gebührenordnungsposition 01702 kann bis zur U2, sofern noch kein Pulsoxymetrie-Screening im Untersuchungsheft für Kinder dokumentiert ist, berechnet werden.
Die Gebührenordnungspositionen 01702 und 01703 sind nicht bei demselben Neugeborenen berechnungsfähig.

Berichtspflicht Nein

Aufwand in Min.   **Kalkulationszeit:** KA   **Prüfzeit:** 2   **Eignung d. Prüfzeit:** Tages- und Quartalsprofil

Kommentar: Mit der neuen Methode können Herzfehler bei Neugeborenen besser entdeckt und somit frühzeitiger behandelt werden.
Die KV Hessen informiert:
... „Die EBM Nr. 01702 ist für die eingehende Aufklärung der Eltern zu Sinn, Zweck und Ziel des Screenings auf kritische angeborene Herzfehler mittels Pulsoxymetrie berechnungsfähig, wenn auf die eingehende Aufklärung keine funktionelle Pulsoxymetrie folgt. Damit kommt diese EBM Nr. in der Behandlungsrealität höchst selten zum Ansatz.
Die Durchführung der funktionellen Pulsoxymetrie wird mit der EBM Nr 01703 (157 Punkte) abgerechnet und beinhaltet u.a. die Aufklärung der Eltern und die Wiederholung der Pulsoxymetrie innerhalb von zwei Stunden nach einem kontrollbedürftigen Messergebnis der Erstmessung.

Abrechnungsvorgaben
Beide GOP können nur bis zur U2 (Toleranzgrenze bis zum vollendeten 14. Lebenstag) abgerechnet werden,sofern noch kein Pulsoxymetrie-Screening im Untersuchungsheft für Kinder dokumentiert ist.
Bei demselben Neugeborenen kann jeweils eine der neuen GOP – entweder die GOP 01702 oder die 01703 – abgerechnet werden.
Wer darf abrechnen?
Die Leistungen sind von Hausärzten, Kinder- und Jugendärzten und Gynäkologen berechnungsfähig. Sie werden daher in Präambel der EBM-Kapitel 3,4 und 8 aufgenommen ...“

01703 Pulsoxymetrie-Screening gemäß Abschnitt C Kapitel V der Kinder-Richtlinie des   **157**
Gemeinsamen Bundesausschusses   18,74

Obligater Leistungsinhalt
• Persönlicher Arzt-Patienten-Kontakt,
• Funktionelle Pulsoxymetrie am Fuß,
• Dokumentation des Pulsoxymetrie-Screenings im Untersuchungsheft für Kinder

Fakultativer Leistungsinhalt
• Aufklärung und Beratung der Eltern (mindestens eines Personenberechtigten) des Neugeborenen zu Sinn, Zweck und Ziel des Pulsoxymetrie-Screenings,
• Aushändigung des Informationsblattes gemäß Anlage 6 der Kinder-Richtlinie (Elterninformation zum Pulsoxymetrie-Screening),
• Funktionelle Pulsoxymetrie am Fuß innerhalb von 2 Stunden nach einem kontrollbedürftigen Messergebnis der Erstmessung,
• Bei positivem Screeningergebnis Veranlassung der Abklärungsdiagnostik bei einem Facharzt für Kinder- und Jugendmedizin möglichst mit der Schwerpunktbezeichnung Kinderkardiologie oder Neonatologie,
• Dokumentation der Kontrollmessung im Untersuchungsheft für Kinder

Anmerkung Die Gebührenordnungsposition 01703 kann bis zur U2, sofern noch kein Pulsoxymetrie-Screening im Untersuchungsheft für Kinder dokumentiert ist, berechnet werden. Die Gebührenordnungspositionen 01702 und 01703 sind nicht bei demselben Neugeborenen berechnungsfähig. Die GOP enthält die Kosten für die mehrfach verwendbaren Sensoren.

Berichtspflicht Nein

Aufwand in Min.   **Kalkulationszeit:** KA   **Prüfzeit:** 2   **Eignung d. Prüfzeit:** Tages- und Quartalsprofil
Kommentar: Siehe zu EBM Nr. 01702

01704 Zuschlag für die Beratung im Rahmen des Neugeborenen-Hörscreenings gemäß   **28**
Abschnitt C Kapitel IV der Kinder-Richtlinie des Gemeinsamen Bundesausschusses   3,34
im Zusammenhang mit der Erbringung der Gebührenordnungsposition 01711

Obligater Leistungsinhalt
• Aufklärung der Eltern (mindestens eines Personensorgeberechtigten) des Neugeborenen zu Sinn, Zweck und Ziel des Neugeborenen-Hörscreenings,
• Aushändigung des Informationsblattes gemäß Anlage 5 der Kinder-Richtlinie (Merkblatt des G-BA zum Neugeborenen-Hörscreening)

Anmerkung Die Beratung zum Neugeborenen-Hörscreening soll möglichst vor dem 2. Lebenstag des Neugeborenen erfolgen.

Abrechnungsausschluss im Krankheitsfall 01705, 01706

Aufwand in Min.   **Kalkulationszeit:** KA   **Prüfzeit:** 2   **Eignung d. Prüfzeit:** Tages- und Quartalsprofil
GOÄ   entsprechend oder ähnlich: Die Leistung fehlt in der GOÄ, abrechenbar wäre ggf. die GOÄ-Nr. 1
Kommentar: Weitere Informationen s. Kinder-Richtlinien bei G-BA im Internet:
             https://www.g-ba.de/institution/themenschwerpunkte/frueherkennung/kinder/ ,
             www.g-ba.de/informationen/richtlinien/15

01705   Neugeborenen-Hörscreening gemäß Abschnitt C Kapitel IV der Kinder-Richtlinie   **157**
des Gemeinsamen Bundesausschusses   18,74

Obligater Leistungsinhalt
* Durchführung der Erstuntersuchung des Neugeborenen mittels TEOAE (transitorisch
  evozierte otoakustische Emissionen) oder AABR (auditorisch evozierte Hirnstammpo-
  tenziale),
* Dokumentation zur Früherkennungsuntersuchung von Hörstörungen bei Neugeborenen
  im (gelben) Kinder-Untersuchungsheft,
* Veranlassung der Kontroll-AABR bei auffälliger Erstuntersuchung,
* Persönlicher Arzt-Patienten-Kontakt,
* beidseitig

Fakultativer Leistungsinhalt
* Aufklärung und Beratung der Eltern (mindestens eines Personensorgeberechtigten) des
  Neugeborenen zu Sinn, Zweck und Ziel des Neugeborenen-Hörscreenings,
* Aushändigung des Informationsblattes gemäß Anlage 5 der Kinder-Richtlinie (Merkblatt
  des G-BA zum Neugeborenen-Hörscreening)

Abrechnungsbestimmung einmal im Krankheitsfall

Abrechnungsausschluss
im Krankheitsfall 01704
in derselben Sitzung 01706
am Behandlungstag 04436, 09324, 14331, 16321, 20324

Aufwand in Min. **Kalkulationszeit:** KA   **Prüfzeit:** 2   **Eignung d. Prüfzeit:** Tages- und Quartalsprofil

Kommentar: Weitere Informationen s. Kinder-Richtlinien bei G-BA im Internet:
https://www.g-ba.de/institution/themenschwerpunkte/frueherkennung/kinder/ ,
www.g-ba.de/informationen/richtlinien/15

01706   Kontroll-AABR gemäß Abschnitt C Kapitel IV der Kinder-Richtlinie des Gemein-   **249**
samen Bundesausschusses nach auffälliger Erstuntersuchung entsprechend der   29,72
Leistung nach der Gebührenordnungsposition

Obligater Leistungsinhalt
* Durchführung einer Kontroll-AABR nach auffälligem Testergebnis der Erstuntersuchung
  mittels TEOAE oder AABR möglichst am selben Tag,
* Dokumentation der Kontroll-AABR im Kinder-Untersuchungsheft,
* Persönlicher Arzt-Patienten-Kontakt,
* beidseitig,

Fakultativer Leistungsinhalt
* Aufklärung und Beratung der Eltern (mindestens eines Personensorgeberechtigten),
* Organisation und Einleitung einer pädaudiologischen Konfirmationsdiagnostik bis zur
  zwölften Lebenswoche bei auffälligem Befund in der Kontroll-AABR,

Abrechnungsbestimmung einmal im Krankheitsfall

Abrechnungsausschluss
in derselben Sitzung 01705
im Krankheitsfall 01704
am Behandlungstag 04436, 09324, 14331, 16321, 20324

Aufwand in Min. **Kalkulationszeit:** KA   **Prüfzeit:** 4   **Eignung d. Prüfzeit:** Tages- und Quartalsprofil

GOÄ   entsprechend oder ähnlich: GOÄ- Nummer 1408

01707	Erweitertes Neugeborenen-Screening gemäß Abschnitt C Kapitel I und II der Kinder-Richtlinie des Gemeinsamen Bundesausschusses	**184** 21,96

Obligater Leistungsinhalt
* Eingehende Aufklärung der Eltern bzw. der (des) Personenberechtigten des Neugeborenen zu Sinn, Zweck und Ziel des erweiterten Neugeborenen-Screenings gemäß Abschnitt C Kapitel I und des Screenings auf Mukoviszidose gemäß Abschnitt C Kapitel II,
* Aushändigung des Informationsblattes gemäß Anlage 3 der Kinder-Richtlinie (Elterninformation zum erweiterten Neugeborenen-Screening),
* Aushändigung des Informationsblattes gemäß Anlage 2 der Kinder-Richtlinie (Elterninformation zum Screening auf Mukoviszidose)

Fakultativer Leistungsinhalt
* Probenentnahme(n) von nativem Venen- oder Fersenblut als erste Blutprobe oder Kontrollblutprobe mit Probenaufbereitung im Rahmen des erweiterten Neugeborenen-Screenings und im Rahmen des Screenings auf Mukoviszidose gemäß Abschnitt C Kapitel I und II der Kinder-Richtlinie, ggf. in einer anderen Sitzung,
* Screeningdokumentation gemäß Anlage 4 der Kinder-Richtlinie,
* Versendung an das Screening-Labor

Anmerkung Die Gebührenordnungsposition 01707 kann zur U3, sofern noch kein Erweitertes Neugeborenen-Screening im Untersuchungsheft für Kinder dokumentiert ist, berechnet werden.
Neben der Gebührenordnungsposition 01707 können Kostenpauschalen für die Versendung von Untersuchungsmaterial des Kapitels 40 berechnet werden.

Abrechnungsausschlüsse
im Behandlungsfall 01709

Aufwand in Min. **Kalkulationszeit:** 10   **Prüfzeit:** 8   **Eignung d. Prüfzeit:** Tages- und Quartalsprofil

GOÄ entsprechend oder ähnlich: Leistungskomplex in der GOÄ nicht vorhanden. Abrechnung der einzelnen erbrachten GOÄ-Leistung(en) z.B. analoger Ansatz der Nr. 26

Kommentar: Die Durchführung und Abrechnung des Erweiterten Neugeborenen-Screening ist, sofern diese noch nicht im Kinderuntersuchungsheft dokumentiert ist, bis zur U3 möglich. Aus den Richtlinien des Bundesausschusses der Ärzte und Krankenkassen über die Früherkennung von Krankheiten bei Kindern bis zur Vollendung des 6. Lebensjahres („Kinder-Richtlinien") mit Hinweisen zu den Untersuchungen und Informationen für die Eltern (zuletzt geändert am 21. April 2022)
https://www.g-ba.de/informationen/richtlinien/15/

Der Gemeinsame Bundesausschuss hatte das Neugeborenen-Screening Ende 2020 zunächst um die Sichelzellkrankheit und dann um die 5q-assoziierte spinale Muskelatrophie (SMA) erweitert. Um dem erhöhten Beratungsaufwand Rechnung zu tragen, ist die Vergütung der EBM-Nr. 01707 um 49 Punkte (5,77.-EUR) und die Vergütung der EBM-Nr. 01724 um 76 Punkte (8,94.-EUR) angehoben worden.

Elterninformation des Gemeinsamen Bundesausschusses zur Früherkennung von Krankheiten bei Kindern

In der **Richtlinie des Gemeinsamen Bundesausschusses über die Früherkennung von Krankheiten bei Kindern (Kinder-Richtlinie)** finden sich in den Anlagen ausformulierte Elterninformationen u.a. zum Erweiterten Neugeborenen-Screening (und weiterer Screenings): **https://www.g-ba.de/richtlinien/15/**

Erweitertes Neugeborenen-Screening
§17 Zielkrankheiten und deren Untersuchung

(1) Im erweiterten Neugeborenen-Screening wird ausschließlich auf die nachfolgenden Zielkrankheiten gescreent:

   1. Hypothyreose

   2. Adrenogenitales Syndrom (AGS)

   3. Biotinidasemangel

4. Galaktosämie

5. Phenylketonurie (PKU) und Hyperphenylalaninämie (HPA)

6. Ahornsirupkrankheit (MSUD)

7. Medium-Chain-Acyl-CoA-Dehydrogenase-Mangel (MCAD)

8. Long-Chain-3-OH-Acyl-CoA-Dehydrogenase-Mangel (LCHAD)

9. Very-Long-Chain-Acyl-CoA-Dehydrogenase-Mangel (VLCAD)

10. Carnitinzyklusdefekte

    a) Carnitin-Palmitoyl-Transferase-I-Mangel (CPT-I)

    b) Carnitin-Palmitoyl-Transferase-II-Mangel (CPT-II)

    c) Carnitin-Acylcarnitin-Translocase-Mangel

11. Glutaracidurie Typ I (GA I)

12. Isovalerianacidämie (IVA)

13. Tyrosinämie Typ I

14. Schwere kombinierte Immundefekte (SCID)

15. Sichelzellkrankheit

16. 5q-assoziierte spinale Muskelatrophie (SMA)

(2) Das Screening auf die Zielkrankheiten Nummern 1 – 4 erfolgt mit konventionellen Laboruntersuchungsverfahren (Nr. 1 und Nr. 2 mittels immunometrischer Teste [Radioimmunoassays/Fluoroimmunoassays], Nr. 3 mittels eines photometrischen Tests, Nr. 4 mittels eines photometrischen und fluorometrischen Tests). Das Screening auf die Zielkrankheiten Nummern 5 – 13 wird mittels der Tandemmassenspektrometrie und auf die Zielerkrankung Nummer 14 mittels quantitativer oder semi-quantitativer Polymerase Chain Reaction (PCR) durchgeführt. Das Screening auf die Zielerkrankung Nummer 15 wird mit den Messmethoden Tandemmassenspektrometrie, Hochleistungsflüssigkeitschromatographie oder Kapillarelektrophorese durchgeführt. Das Screening auf die Zielerkrankung Nummer 16 erfolgt mittels PCR zum Nachweis einer homozygoten SMN 1-Gen-Deletion.

Für das SCID- und SMA-Screening können sowohl Testverfahren in Form von CEzertifizierten Medizinprodukten als auch sogenannte hausinterne Standardprozeduren („Inhouse SOPs") zur Anwendung kommen. Die Anwendung von hausinternen Standardprozeduren als Messverfahren setzt voraus, dass diese einer Qualitätssicherung in Form von Ringversuchen unterliegen.

(3) Die Untersuchung weiterer, nicht in Absatz 1 genannter Krankheiten ist nicht Teil des Screenings. Daten zu solchen Krankheiten sind, soweit technisch ihre Erhebung nicht unterdrückt werden kann, unverzüglich zu vernichten. Deren Nutzung, Speicherung oder Weitergabe ist nicht zulässig. Die im Rahmen des Screenings erhobenen Daten dürfen ausschließlich zu dem Zweck verwendet werden, die vorgenannten Zielkrankheiten zu erkennen und zu behandeln.

01709   Screening auf Mukoviszidose gemäß Abschnitt C Kapitel II der Kinder-Richtlinie des **50**
Gemeinsamen Bundesausschusses 5,97

Obligater Leistungsinhalt
* Eingehende Aufklärung der Eltern bzw. der (des) Personenberechtigten des Neugeborenen zu Sinn, Zweck und Ziel des Screenings auf Mukoviszidose,
* Aushändigung des Informationsblattes gemäß Anlage 2 der Kinder-Richtlinie (Elterninformation zum Screening auf Mukoviszidose)

Fakultativer Leistungsinhalt
* Probenentnahme von nativem Venen- oder Fersenblut mit Probenaufbereitung im Rahmen des Screenings auf Mukoviszidose, ggf. in einer anderen Sitzung,
* Screeningdokumentation gemäß Anlage 4 der Kinder-Richtlinie,
* Versendung an das Screening-Labor

Anmerkung Die Gebührenordnungsposition 01709 kann bis zum vollendeten 28. Lebenstag, sofern noch kein Screening auf Mukoviszidose im Untersuchungsheft für Kinder dokumentiert ist, berechnet werden.

Neben der Gebührenordnungsposition 01709 können Kostenpauschalen für die Versendung von Untersuchungsmaterial des Kapitels 40 berechnet werden.

Abrechnungsausschluss
im Behandlungsfall 01707

Berichtspflicht Nein

Aufwand in Min. **Kalkulationszeit:** 3   **Prüfzeit:** 2   **Eignung d. Prüfzeit:** Tages- und Quartalsprofil

Kommentar: Die EBM Nr. 01709 ist für die Aufklärung der Eltern zu Sinn, Zweck und Ziel des Screenings auf Mukoviscidose berechnungsfähig. Sie wird nur dann angestezt, wenn hierauf kein Mucovis-cidosescreening im Rahmen der Fersenblutentnahme zum Neugeborenenscreening erfolgt. Damit kommt diese EBM-Nr. in der Behandlungsrealität höchst selten zum Ansatz.

In den Kinder-Richtlinie (https://www.g-ba.de/informationen/richtlinien/15/) ist das Screening der Früherkennung der Mukoviszidose bei Neugeborenen beschrieben. Mit dem Screening soll eine unverzügliche Therapieeinleitung im Krankheitsfall ermöglicht sein. Das Mukoviszidose-Screening wird in der Regel zum selben Zeitpunkt wie das erweiterte Neugeborenen-Screening (aus derselben Blutprobe) erfolgen.

Die Tests im Einzelnen (zwei biochemischen Tests und eine DNA-Mutationsanalyse)

- **IRT (= Immun Reaktives Trypsin):** Trypsin wird in der Bauchspeicheldrüse (Pankreas) gebildet und in den Darm abgegeben, wo es in seiner aktiven Form Nahrungsbestandteile spaltet. Ein Teil des Trypsins gelangt von der Bauchspeicheldrüse auch direkt in die Blutbahn. Bei Mukoviszidose ist die Bauchspeicheldrüse durch den zähen Schleim verstopft und es kommt zu einem Rückstau von Trypsin, wodurch vermehrt Trypsin in das Blut gelangt und dort gemessen werden kann.
- **PAP (= Pankreatitis Assoziiertes Protein):** das PAP ist ein Stressprotein, das von der erkrankten Bauchspeicheldrüse gebildet wird und im Blut von Neugeborenen mit Mukoviszidose erhöht ist.
- **DNA-Mutationsanalyse**

Die Eltern (Personensorgeberechtigten) des Neugeborenen sind vor der Durchführung des Screenings eingehend und mit Unterstützung eines Informationsblatts (https://www.g-ba.de/downloads/83-691-422/2016-07-01_Merkblatt_Screening_Mukoviszidose_BF.pdf) durch verantwortlichen Arzt/Ärztin entsprechen aufzuklären.

Die Eltern sind auch bei geleiteten Geburten durch Hebamme oder Entbindungspfleger über den Anspruch des Neugeborenen auf ein Mukoviszidose-Screening zu informieren. Aufklärung und Untersuchung muss von Arzt /Ärztin bis zu einem Alter des Kindes von vier Wochen (z.B. U2 oder U3) vorgenommen werden.

01710   Zusatzpauschale für die Durchführung von Früherkennungsuntersuchungen bei Kindern aufgrund einer TSS-Vermittlung gemäß Allgemeiner Bestimmung 4.3.10.1,

Wenn eine kurative Diagnose neben der Kindervorsorgeuntersuchung zum Ansatz kommt (z.B. Paukenerguss, V.a. Entwicklungsstörung, Genu valgum), kann neben der entsprechenden Kindervorsorgeuntersuchung auch die Ver-sichertenpauschale angesetzt werden. Dann sind auch die gängigen TSS-Zusätze möglich und es bedarf nicht der EBM-Ziffer 01710.

Abrechnungsbestimmung einmal im Arztgruppenfall

Anmerkung Die Gebührenordnungsposition 01710 kann durch die zuständige Kassenärztliche Vereinigung zugesetzt werden.

Die Gebührenordnungsposition 01710 ist nicht berechnungsfähig, wenn der vermittelte Patient bei der die Früherkennungsuntersuchung duchführenden Arztgruppe derselben Praxis in demselben Quartal bereits behandelt wurde.

Die Gebührenordnungsposition 01710 ist am Behandlungstag nicht neben einer Versicherten- oder Grundpauschale berechnungsfähig.

Abrechnungsausschluss im Arztgruppenfall 01322, 01323, 03010, 04010, 05228, 06228, 07228, 08228, 09228, 10228, 11228, 13228, 13298, 13348, 13398, 13498, 13548, 13598, 13648, 13698, 14218, 15228, 16228, 17228, 18228, 20228, 21236, 21237, 22228, 23228, 23229, 24228, 25228, 25229, 25230, 26228, 27228 und 30705

Aufwand in Min. **Kalkulationszeit:** KA   **Prüfzeit:** ./.   **Eignung d. Prüfzeit:** Keine Eignungl

Kommentar: Ab 2020 kann eine Zusatzpauschale abgerechnet werden, wenn am Behandlungstag ausschließlich eine U-Untersuchung erfolgt.

Dazu wurde die EBM Nr. 01710 aufgenommen.

Die Höhe der Bewertung der Nr. 01710 ist wie bei den TSS-Zuschlägen abhängig von der Wartezeit auf einen Termin

Siehe auch Kommentar EBM Nr. 04010.

Der BVKJ Bayern informiert seine Facharztgruppe u.a.:

Kinder- und Jugendärzte rechnen die Zusatzpauschale anstatt der zeitgestaffelten Zuschläge zur Versicherten- beziehungsweise Grundpauschale ab.

Die GOP kann nur in Fällen abgerechnet werden, in denen der Termin zur Früherkennungsuntersuchung über eine Terminservicestelle vermittelt wurde <u>und</u> keine weitere kurative Leistung erbracht wurde (d.h. auch keine Versichertenpauschale!).

Die GOP ist einmal im Arztgruppenfall berechnungsfähig. Das heißt: Sie ist nicht berechnungsfähig, wenn das Kind in demselben Quartal in derselben Praxis bereits von einem Arzt der Arztgruppe, die die Früherkennungsuntersuchung durchführt, behandelt wurde.

Kennzeichnung als TSS-Terminfall und nach Zeitraum ab Kontaktaufnahme mit den Buchstaben B (50 Prozent), C (30 Prozent) und D (20 Prozent).

50 Prozent: Termin innerhalb von acht Tagen = 114 Punkte

30 Prozent: Termin innerhalb von neun bis 14 Tagen = 68 Punkte

20 Prozent: Termin innerhalb von 15 bis 35 Tagen = 45 Punkte

Komplexe für ärztliche Maßnahmen bei Kindern zur Früherkennung von Krankheiten, die ihre körperliche oder geistige Entwicklung in nicht geringfügigem Maße gefährden, entsprechend der Richtlinie des Gemeinsamen Bundesausschusses über die Früherkennung von Krankheiten bei Kindern (Kinder-Richtlinie) bzw. Jugendlichen (Richtlinien zur Jugendgesundheitsuntersuchung)

Anmerkung Die Gebührenordnungspositionen 01711 bis 01717 und 01719 sind nicht neben den Gebührenordnungspositionen 03350, 03351, 04350 bis 04353, 22230, 27310 und 27311 berechnungsfähig.

Kommentar: Für die EBM Nr. 03335 (Orientierende audiometrische Untersuchung nach vorausgegangener, dokumentierter, auffälliger Hörprüfung) wird der Nebeneinanderberechnungsausschluss zu den EBM Nrn. der Früherkennungsuntersuchung 01711 bis 01717, 01719 und 01723 aufgehoben, da nur im Leistungsumfang der U8 (EBM Nr. 01718) eine audiometrische Untersuchung enthalten ist. Der Nebeneinanderberechnungsausschluss der EBM Nr. 03335 zur GOP 01718 bleibt bestehen.

01711 Neugeborenen-Erstuntersuchung (U1)   **126**
                                                                              15,04
Abrechnungsausschluss
im Behandlungsfall 04431
in derselben Sitzung ~~03335,~~ 03350, 03351, 04350, 04351, 04352, 04353, 22230, 27310, 27311

Aufwand in Min. **Kalkulationszeit:** 8   **Prüfzeit:** 6   **Eignung d. Prüfzeit:** Tages- und Quartalsprofil
GOÄ   entsprechend oder ähnlich: Nr. 25
Kommentar: Die Neugeborenen-Erstuntersuchung erfolgt direkt nach der Geburt. Die Beurteilung des AGPAR-Tests

A	Atmung
B	Plus (Herzschlag)
G	Grundhaltung
A	Aussehen (Hautkolorit)
R	Reflexe

erfolgt nach 1 Minute, nach 5 Minuten und 10 Minuten. Desweiteren wird überprüft, ob es irgendeinen Anhalt für Ödeme, Gelbsucht oder eine äußerlich sichtbare Fehlbildung gibt. Wird diese Untersuchung im Krankenhaus ausgeführt, ist sie Bestandteil der stationären Behandlung und kann nicht im Rahmen der vertragsärztlichen Leistungen abgerechnet werden.

Siehe **Richtlinien des Bundesausschusses der Ärzte und Krankenkassen über die Früherkennung von Krankheiten bei Kindern bis zur Vollendung des 6. Lebensjahres („Kinder-Richtlinie")** mit Hinweisen zu den Untersuchungen und Informationen für die Eltern (zuletzt geändert am 21.04.2022) https://www.g-ba.de/informationen/richtlinien/15/

Früherkennungsuntersuchungen nach den Nrn. 01711 bis 01719 können nur abgerechnet werden, wenn sie in dem vorgeschriebenen Zeitraum (einschl. der in den Richtlinien angegebenen Toleranzgrenzen – siehe unter 1.7.1 Früherkennung von Krankheiten bei Kindern) erbracht werden.

Die einzelnen Untersuchungen (U1 bis U9) können im Verlauf der Zeit von verschiedenen Ärzten erbracht werden.

01712   Neugeborenen-Basisuntersuchung am 3. bis 10. Lebenstag (U2), einschließlich der Überprüfung der erfolgten Blutentnahme zum erweiterten Neugeborenen-Screening   **401** 47,85

Abrechnungsausschluss
im Behandlungsfall 04431
in derselben Sitzung 03335, 03350, 03351, 04350, 04351, 04352, 04353, 22230, 27310, 27311

Aufwand in Min.   **Kalkulationszeit:** 22   **Prüfzeit:** 16   **Eignung d. Prüfzeit:** Tages- und Quartalsprofil

GOÄ   entsprechend oder ähnlich: Nr. 26

Kommentar: Siehe **Richtlinien des Bundesausschusses der Ärzte und Krankenkassen über die Früherkennung von Krankheiten bei Kindern bis zur Vollendung des 6. Lebensjahres („Kinder-Richtlinien")** mit Hinweisen zu den Untersuchungen und Informationen für die Eltern (zuletzt geändert am 21.04.2022) https://www.g-ba.de/informationen/richtlinien/15/

Früherkennungsuntersuchungen nach den Nrn. 01711 bis 01719 können nur abgerechnet werden, wenn sie in dem vorgeschriebenen Zeitraum (einschl. der in den Richtlinien angegebenen Toleranzgrenzen – siehe unter 1.7.1 Früherkennung von Krankheiten bei Kindern) erbracht werden.

Die einzelnen Untersuchungen (U1 bis U9) können im Verlauf der Zeit von verschiedenen Ärzten erbracht werden.

01713   Untersuchung in der 4. bis 5. Lebenswoche (U3)   **402** 47,97

Abrechnungsausschluss
im Behandlungsfall 04431
in derselben Sitzung 03335, 03350, 03351, 04350, 04351, 04352, 04353, 22230, 27310, 27311

Aufwand in Min.   **Kalkulationszeit:** 22   **Prüfzeit:** 16   **Eignung d. Prüfzeit:** Tages- und Quartalsprofil

GOÄ   entsprechend oder ähnlich: Nr. 26

Kommentar: Siehe **Richtlinien des Bundesausschusses der Ärzte und Krankenkassen über die Früherkennung von Krankheiten bei Kindern bis zur Vollendung des 6. Lebensjahres („Kinder-Richtlinien")** mit Hinweisen zu den Untersuchungen und Informationen für die Eltern (zuletzt geändert am 21.04.2022) https://www.g-ba.de/informationen/richtlinien/15/

Screening auf Hüftgelenksdysplasie und -luxation (Sonographische Untersuchung der Hüftgelenke nach Maßgabe der in der Anlage 3 dieser Richtlinien angegebenen Durchführungsempfehlungen)

Ernährungshinweise im Hinblick auf Mundgesundheit

Früherkennungsuntersuchungen nach den Nrn. 01711 bis 01719 können nur abgerechnet werden, wenn sie in dem vorgeschriebenen Zeitraum (einschl. der in den Richtlinien angegebenen Toleranzgrenzen – siehe unter 1.7.1 Früherkennung von Krankheiten bei Kindern) erbracht werden.

Die einzelnen Untersuchungen (U1 bis U9) können im Verlauf der Zeit von verschiedenen Ärzten erbracht werden.

01714 Untersuchung im 3. bis 4. Lebensmonat (U4) **402**
47,97

Abrechnungsausschluss
im Behandlungsfall 04431
in derselben Sitzung 03335, 03350, 03351, 04350, 04351, 04352, 04353, 22230, 27310, 27311

Aufwand in Min. **Kalkulationszeit:** 22 **Prüfzeit:** 16 **Eignung d. Prüfzeit:** Tages- und Quartalsprofil

GOÄ entsprechend oder ähnlich: Nr. 26

Kommentar: Siehe **Richtlinien des Bundesausschusses der Ärzte und Krankenkassen über die Früherkennung von Krankheiten bei Kindern bis zur Vollendung des 6. Lebensjahres („Kinder-Richtlinien")** mit Hinweisen zu den Untersuchungen und Informationen für die Eltern (zuletzt geändert am 21.04.2022)
https://www.g-ba.de/informationen/richtlinien/15/

Früherkennungsuntersuchungen nach den Nrn. 01711 bis 01719 können nur abgerechnet werden, wenn sie in dem vorgeschriebenen Zeitraum (einschl. der in den Richtlinien angegebenen Toleranzgrenzen – siehe unter 1.7.1 Früherkennung von Krankheiten bei Kindern) erbracht werden.

Die einzelnen Untersuchungen (U1 bis U9) können im Verlauf der Zeit von verschiedenen Ärzten erbracht werden.

01715 Untersuchung im 6. bis 7. Lebensmonat (U5) **402**
47,97

Abrechnungsausschluss
in derselben Sitzung 03335, 03350, 03351, 04350, 04351, 04352, 04353, 22230, 27310, 27311
im Behandlungsfall 04431

Aufwand in Min. **Kalkulationszeit:** 22 **Prüfzeit:** 16 **Eignung d. Prüfzeit:** Tages- und Quartalsprofil

GOÄ entsprechend oder ähnlich: Nr. 26

Kommentar: Siehe **Richtlinien des Bundesausschusses der Ärzte und Krankenkassen über die Früherkennung von Krankheiten bei Kindern bis zur Vollendung des 6. Lebensjahres („Kinder-Richtlinien")** mit Hinweisen zu den Untersuchungen und Informationen für die Eltern (zuletzt geändert am 21.04.2022)
https://www.g-ba.de/informationen/richtlinien/15/

01716 Untersuchung im 10. bis 12. Lebensmonat (U6) **402**
47,97

Abrechnungsausschluss
im Behandlungsfall 04431
in derselben Sitzung 03335, 03350, 03351, 04350, 04351, 04352, 04353, 22230, 27310, 27311

Aufwand in Min. **Kalkulationszeit:** 22 **Prüfzeit:** 16 **Eignung d. Prüfzeit:** Tages- und Quartalsprofil

GOÄ entsprechend oder ähnlich: Nr. 26

Kommentar: Siehe **Richtlinien des Bundesausschusses der Ärzte und Krankenkassen über die Früherkennung von Krankheiten bei Kindern bis zur Vollendung des 6. Lebensjahres („Kinder-Richtlinien")** mit Hinweisen zu den Untersuchungen und Informationen für die Eltern (zuletzt geändert am 21.04.2022)
https://www.g-ba.de/informationen/richtlinien/15/

01717   Untersuchung im 21. bis 24. Lebensmonat (U7)   **402**
                                                               47,97

Abrechnungsausschluss
im Behandlungsfall 04431
in derselben Sitzung 03335, 03350, 03351, 04350, 04351, 04352, 04353, 22230, 27310, 27311

Aufwand in Min.   **Kalkulationszeit:** 22   **Prüfzeit:** 16   **Eignung d. Prüfzeit:** Tages- und Quartalsprofil

GOÄ   entsprechend oder ähnlich: Nr. 26

Kommentar: Siehe **Richtlinien des Bundesausschusses der Ärzte und Krankenkassen über die Früherkennung von Krankheiten bei Kindern bis zur Vollendung des 6. Lebensjahres ("Kinder-Richtlinien")** mit Hinweisen zu den Untersuchungen und Informationen für die Eltern (zuletzt geändert am 21.04.2022)
https://www.g-ba.de/informationen/richtlinien/15/

01718   Untersuchung im 46. bis 48. Lebensmonat (U8)   **402**
                                                               47,97

Abrechnungsausschluss
im Behandlungsfall 04431
in derselben Sitzung 03335, 03350, 03351, 04335, 04350, 04351, 04352, 04353, 22230, 27310, 27311

Aufwand in Min.   **Kalkulationszeit:** 22   **Prüfzeit:** 16   **Eignung d. Prüfzeit:** Tages- und Quartalsprofil

GOÄ   entsprechend oder ähnlich: Nr. 26

Kommentar: Ausschluss der Audiometrieziffer 04335, da die Hörtestung obligater Leistungsbaustein der Vorsorge U8 ist.

Siehe **Richtlinien des Bundesausschusses der Ärzte und Krankenkassen über die Früherkennung von Krankheiten bei Kindern bis zur Vollendung des 6. Lebensjahres ("Kinder-Richtlinien")** mit Hinweisen zu den Untersuchungen und Informationen für die Eltern (zuletzt geändert am 21.04.2022)
https://www.g-ba.de/informationen/richtlinien/15/

01719   Untersuchung im 60. bis 64. Lebensmonat (U9)   **402**
                                                               47,97

Abrechnungsausschluss
im Behandlungsfall 04431
in derselben Sitzung 03335, 03350, 03351, 04335, 04350, 04351, 04352, 04353, 22230, 27310, 27311

Aufwand in Min.   **Kalkulationszeit:** 22   **Prüfzeit:** 16   **Eignung d. Prüfzeit:** Tages- und Quartalsprofil

GOÄ   entsprechend oder ähnlich: Nr. 26

Kommentar: Seit 1.4.2020 ist die Audiometrie nur noch bei der Vorsorge U8 ausgeschlossen. Neben der Vorsorgeuntersuchung U9 ist die Abrechnung der Audiometrie möglich, sofern ein anamnestischer oder klinischer Verdacht auf eine Hörstörung vorliegt und die Untersuchung kurativ recht-fertigt. Es ist dann allerdings der Abrechnungsausschluss mit der Vorsorgenzuschlagsziffer 04354 (orientierende Audiometrie als fakultativer Leistungsinhalt inkludiert) zu beachten.

Siehe **Richtlinien des Bundesausschusses der Ärzte und Krankenkassen über die Früherkennung von Krankheiten bei Kindern bis zur Vollendung des 6. Lebensjahres ("Kinder-Richtlinien")** mit Hinweisen zu den Untersuchungen und Informationen für die Eltern (zuletzt geändert am 21.04.2022)
https://www.g-ba.de/informationen/richtlinien/15/

01720   Jugendgesundheitsuntersuchung (J1)   **356**
                                                                 42,48

Abrechnungsausschluss
in derselben Sitzung 03351, 04352, 04353, 27310; im Behandlungsfall 04431

Aufwand in Min.   **Kalkulationszeit:** 22   **Prüfzeit:** 15   **Eignung d. Prüfzeit:** Tages- und Quartalsprofil

GOÄ   entsprechend oder ähnlich: Analoger Ansatz der Nr. 26

Kommentar: Seit 1.4.2020 ist die Audiometrie nur noch bei der Vorsorge U8 ausgeschlossen. Neben der Vorsorgeuntersuchung J1 ist die Abrechnung der Audiometrie möglich, sofern ein anamnestischer oder klinischer Verdacht auf eine Hörstörung vorliegt und die Untersuchung kurativ

rechtfertigt. Es ist dann allerdings der Abrechnungsausschluss mit der Vorsorgenzuschlags-ziffer 04354 (orientie-rende Audiometrie als fakultativer Leistungsinhalt inkludiert) zu beachten.
Siehe **Richtlinien des Gemeinsamen Bundesausschusses zur Jugendgesundheits-untersuchung**
http://www.kbv.de/media/sp/2016_07_21_Jugend_RL.pdf

01721 Besuch im Rahmen einer Kinderfrüherkennungsuntersuchung nach den Gebühren-ordnungspositionen 01711 und 01712 **198**
23,63

Anmerkung: Die Gebührenordnunsposition 01721 kann im Rahmen einer Kinderfrüherken-nungsuntersuchung nach der Gebührenordnungsposition 01712 im Belegkrankenhaus durch einen Facharzt für Kinder- und Jugendmedizin an demselben Tag nur einmal berechnet werden, auch wenn bei mehreren Kindern eine Früherkennungsuntersuchung durchgeführt wird.

Abrechnungsausschluss in derselben Sitzung 01410, 01411, 01412, 01413, 01414, 01415 und 01421.

Aufwand in Min. **Kalkulationszeit:** KA **Prüfzeit:** 12 **Eignung d. Prüfzeit:** Tages- und Quartalsprofil

GOÄ entsprechend oder ähnlich: Nr. 50

Kommentar: Der Besuch im Rahmen der Kinderfrüherkennung kann nur für die Neugeborenen-Erstun-tersuchung nach EBM-Nr. 01711 (U1) oder die Neugeborenen-Basisuntersuchung nach EBM-Nr. 01712 (U2) abgerechnet werden. Auch wenn die Untersuchung nach EBM-Nr. 01711 oder EBM-Nr. 01712 per Hausbesuch am Samstag oder an Sonn- oder Feiertagen erfolgt, ist nur die EBM-Nr. 01721 abrechenbar.

Wenn die Untersuchung der U1 oder U2 von einem Arzt in einem Belegkrankenhaus durchgeführt wird, so kann auch nur die EBM-Nr. 01721 abgerechnet werden.

01722 Sonographische Untersuchung der Säuglingshüften entsprechend der Durchfüh-rungsempfehlung nach Abschnitt C Kapitel III der Kinder-Richtlinie **170**
20,29

Anmerkung Die Berechnung der Gebührenordnungsposition 01722 setzt eine Genehmigung der Kassenärztlichen Vereinigung nach der Ultraschall-Vereinbarung gemäß § 135 Abs. 2 SGB V voraus.

Abrechnungsausschluss in derselben Sitzung 33050, 33051

Berichtspflicht Ja

Aufwand in Min. **Kalkulationszeit:** 9 **Prüfzeit:** 7 **Eignung d. Prüfzeit:** Tages- und Quartalsprofil

GOÄ entsprechend oder ähnlich: Nr. 413

Kommentar: Die sonographische Untersuchung der Säuglingshüfte soll nach den Kinder-Richtlinien im zeitlichen Zusammenhang mit der 3. Früherkennungsuntersuchung, also im Zeitraum zwischen der 4. und 6. Lebenswoche (Toleranzgrenze 3. – 8. Lebenswoche) durchgeführt werden. Ergeben sich bei dieser Untersuchung Anhaltspunkte, dass weitere Kontrollunter-suchungen erforderlich sind, so können diese nur nach der EBM-Nr. 33051 abgerechnet werden. Für die Untersuchung beider Säuglingshüften sind sowohl die EBM-Nrn. 01722 als auch 33051 nur 1x berechnungsfähig. Muss für die Untersuchung ein anderer Arzt beauftragt werden, so kann dies im Rahmen der Überweisung erfolgen; auf dem Über-weisungsschein sind Präventiv und Zielauftrag zu markieren.

Für Ärzte mit Genehmigung zur Sonographie von Säuglingshüften sind die geänderten Bestimmungen der Anlage V der Ultraschallvereinbarung wichtig:

https://www.kvberlin.de/fileadmin/user_upload/qs_leistungen/ultraschall/ultraschall_anlv_saeugl.pdf

01723 Komplexe für ärztliche Maßnahmen bei Kindern zur Früherkennung von Krankheiten, die ihre körperliche oder geistige Entwicklung in nicht geringfügigem Maße gefährden, entsprechend der Richtlinien des Gemeinsamen Bundesaus-schusses über die Früherkennung von Krankheiten bei Kindern (Kinder-Richtlinien) bzw. Jugendlichen (Richtlinien zur Jugendgesundheitsuntersuchung) **402**
47,97

Untersuchung im 34. bis 36. Lebensmonat (U7a)

Abrechnungsausschluss
im Behandlungsfall 04431
in derselben Sitzung 03335, 03350, 03351, 04350, 04351, 04353, 22230, 27310, 27311

Aufwand in Min.   **Kalkulationszeit:** 22   **Prüfzeit:** 16   **Eignung d. Prüfzeit:** Tages- und Quartalsprofil

GOÄ   entsprechend oder ähnlich: Nr. 26

Kommentar: Seit 1.4.2020 ist die Audiometrie nur noch bei der Vorsorge U8 ausgeschlossen. Neben der Vorsorgeuntersuchung U7a ist die Abrechnung der Audiometrie möglich, sofern ein anamnestischer oder klinischer Verdacht auf eine Hörstörung vorliegt und die Untersuchung kurativ rechtfertigt. Es ist dann allerdings der Abrechnungsausschluss mit der Vorsorgenzuschlagsziffer 04354 (orientierende Audiometrie als fakultativer Leistungsinhalt inkludiert) zu beachten.

Die **Richtlinien des Bundesausschusses der Ärzte und Krankenkassen über die Früherkennung von Krankheiten bei Kindern bis zur Vollendung des 6. Lebensjahres ("Kinder-Richtlinien"** https://www.g-ba.de/downloads/62-492-2848/Kinder-RL_2022-04-21_iK-2022-06-23.pdf**)**
informieren zu den Untersuchungsleistungen der U7a.

01724 bis 01727 Laboruntersuchungen gemäß Abschnitt C Kapitel I und II der Kinder-Richtlinie, einschließlich der Befundübermittlung an den verantwortlichen Einsender, gilt für die Gebührenordnungspositionen 01724 bis 01727

Abrechnungsbestimmung je Untersuchung

Anmerkung Die Berechnung der Gebührenordnungspositionen 01724 bis 01727 setzt eine Genehmigung der Kassenärztlichen Vereinigung gemäß der §§ 23 bzw. 38 der Kinder-Richtlinie voraus. Die Berechnung der Gebührenordnungspositionen 01724 bis 01727 setzt den Nachweis einer vorliegenden Einwilligung der Personensorgeberechtigten (z. B. Eltern) des Neugeborenen gemäß § 16 bzw. § 32 der Kinder-Richtlinie voraus.

Kommentar: Seit 1. Januar 2017 sind gemäß der Kinder-Richtlinien die EBM Nrn. 01724 bis 01727 aufgenommen.
- EBM Nr. 01724 bisherige Neugeborenen-Screeninguntersuchung der Zielkrankheiten
- EBM Nrn. 01725 bis 01727 dreistufige Diagnostik (serielle Kombination von zwei biochemischen Tests auf immunreaktives Trypsin [IRT] und Pankreatitis-assoziiertes Protein [PAP] und einer DNA-Mutationsanalyse) auf Mukoviszidose. Entsprechend der Kinder-Richtlinie haben Neugeborene Anspruch auf Teilnahme am erweiterten Neugeborenen-Screening bzw. am Screening auf Mukoviszidose.

Das Mukoviszidose-Screening (s. Nrn. 01725 bis 01727) kann in den ersten vier Lebenswochen des Kindes nachgeholt werden – im Gegensatz zum erweiterten Neugeborenen-Screening (s. Nr. 01724), dass 36 Stunden nach der Geburt erfolgt.

Die bei einem auffälligen Befund indizierte Zweituntersuchung sollte vom selben Screeninglabor durchgeführt werden um riskante Informationslücken zu vermeiden

Eine Wiederholung des Screenings ist in folgenden Fällen erforderlich:
- bei Entlassung vor der 36. Lebensstunde
- bei Frühgeborenen < 32. Schwangerschaftswoche
- nicht durchgeführtes Neugeborenenscreening
- Zweifel an der Durchführung des Neugeborenenscreenings

Das Ergebnis des Neugeborenenscreenings ist niemals eine definitive Diagnose. Es ergibt nur den Verdacht auf das Vorliegen einer Erkrankung. Es folgen daher in der Regel weitere Untersuchungen, um das Ergebnis durch weitere Methoden zu bestätigen.

01724   Erweiterte Neugeborenen-Screeninguntersuchung der Zielkrankheiten gemäß   **297**
Abschnitt C Kapitel I § 17 der Kinder-Richtlinie   35,44

Aufwand in Min.   **Kalkulationszeit:** 1   **Prüfzeit:** 1   **Eignung d. Prüfzeit:** Tages- und Quartalsprofil

Kommentar: Die im erweiterten Neugeborenen-Screening erfassten Stoffwechseldefekte und endokrinen Störungen sind stets aktuell in den Kinderrichtlinien (https://www.g-ba.de/downloads/62-492-2848/Kinder-RL_2022-04-21_iK-2022-06-23.pdf) des G-BA in den Kapiteln C.I. „Erweitertes Neugeborenen-Screening" und C.II „Screening auf Mucoviscidose" nachzulesen.

Das erweiterte Neugeborenen-Screening umfasst ausschließlich die folgenden Stoffwechseldefekte und endokrinen Störungen:

1. Hypothyreose
2. Adrenogenitales Syndrom (AGS)
3. Biotinidasemangel
4. Galaktosämie
5. Phenylketonurie (PKU) und Hyperphenylalaninämie (HPA)
6. Ahornsirupkrankheit (MSUD)
7. Medium-Chain-Acyl-CoA-Dehydrogenase-Mangel (MCAD)
8. Long-Chain-3-OH-Acyl-CoA-Dehydrogenase-Mangel
9. Very-Long-Chain-Acyl-CoA-Dehydrogenase-Mangel (VLCAD)
10. Carnitinzyklusdefekte
    a) Carnitin-Palmitoyl-Transferase-I-Mangel (CPT-I)
    b) Carnitin-Palmitoyl-Transferase-II-Mangel (CPT-II)
    c) Carnitin-Acylcarnitin-Translocase-Mangel
11. Glutaracidurie Typ I (GA I)
12. Isovalerianacidämie (IVA)
13. Tyrosinämie Typ I.
14. Schwere kombinierte Immundefekte (SCID)
15. Sichelzellkrankheit
16. 5q-assoziierte spinale Muskelatrophie (SMA)

Siehe dazu auch weiterführende Erläuterungen vom Labor **Becker & Kollegen** unter https://www.labor-becker.de/leistungsverzeichnis/stichwort/neugeborenen-screening.html

Der Gemeinsame Bundesausschuss hatte das Neugeborenen-Screening Ende 2020 zunächst um die Sichelzellkrankheit und dann um die 5q-assoziierte spinale Muskelatrophie (SMA) erweitert. Um dem erhöhten Beratungsaufwand Rechnung zu tragen, ist die Vergütung der EBM-Nr. 01707 um 49 Punkte (5,77 EUR) und die Vergütung der EBM-Nr. 01724 um 76 Punkte (8,94,– EUR) angehoben worden.

01725   Immunologische Bestimmung des immunreaktiven Trypsins (IRT)   **23**
                                                                            2,74
Aufwand in Min.   **Kalkulationszeit:** KA   **Prüfzeit:** ./.   **Eignung d. Prüfzeit:** Keine Eignungl
Kommentar: Siehe dazu auch weiterführende Erläuterungen vom Labor **Becker & Kollegen** unter https://www.labor-becker.de/leistungsverzeichnis/stichwort/neugeborenen-screening.html

01726   Immunologische Bestimmung Pankreatitisassoziiertes Protein (PAP)   **399**
                                                                                47,62
Aufwand in Min.   **Kalkulationszeit:** KA   **Prüfzeit:** ./.   **Eignung d. Prüfzeit:** Keine Eignungl
Kommentar: Siehe dazu auch weiterführende Erläuterungen vom Labor **Becker & Kollegen** unter https://www.labor-becker.de/leistungsverzeichnis/stichwort/neugeborenen-screening.html

01727   Gezielte molekulargenetische Untersuchung des Cystic Fibrosis Transmembran   **3746**
             Regulator-Gens (CFTR-Gens) gemäß Anlage 4a „DNA-Mutationsanalyse" der   447,04
             Kinder-Richtlinie
Aufwand in Min.   **Kalkulationszeit:** KA   **Prüfzeit:** ./.   **Eignung d. Prüfzeit:** Keine Eignungl
             Abrechnungsausschluss im Krankheitsfall 11301, 11351

1.7.9 COVID-19-Präexpositionsprophylaxe (gültig vom 1. Januar bis 7. April 2023)

1. Die Gebührenordnungsposition 01940 kann nur von
- Ärzten gemäß Präambel 3.1 Nr. 1,
- Fachärzten für Kinder- und Jugendmedizin,
- Fachärzten für Innere Medizin mit und ohne Schwerpunkt, die gegenüber dem Zulassungsausschuss ihre Teilnahme an der fachärztlichen Versorgung erklärt haben, berechnet werden.

2. Die Gebührenordnungsposition 01940 ist gemäß § 1a SARS-CoV-2- Arzneimittelversorgungsverordnung nur bei Patienten berechnungsfähig, bei denen
- aus medizinischen Gründen kein oder kein ausreichender Immunschutz gegen eine Erkrankung an der Coronavirus-Krankheit (COVID-19) durch eine Impfung erzielt werden kann

oder
- bei denen Impfungen gegen das Coronavirus SARS-CoV-2 aufgrund einer Kontraindikation nicht durchgeführt werden können und sie Risikofaktoren für einen schweren Verlauf einer Erkrankung an COVID-19 haben.

01940	COVID-19-Präexpositionsprophylaxe (COVID19-PrEP) gemäß § 1a SARS-CoV-2- Arzneimittelversorgungsverordnung	**163** 18,73

Obligater Leistungsinhalt
- Persönlicher Arzt-Patienten-Kontakt,
- Prüfung der Indikation zur COVID-19-PrEP,
- Aufklärung und Beratung,
- Dauer mindestens 10 Minuten

Fakultativer Leistungsinhalt
- Intramuskuläre Injektionen

Anmerkung Die Gebührenordnungsposition 01940 ist höchstens zweimal im Krankheitsfall berechnungsfähig. Die zweimalige Berechnung der Gebührenordnungsposition 01940 im Krankheitsfall setzt mindestens eine Gabe der COVID-19-PrEP voraus.

Die Gebührenordnungsposition 01940 ist am Behandlungstag nicht neben den Versicherten- und Grundpauschalen berechnungsfähig.

Im Quartal der Berechnung der Gebührenordnungsposition 01940 und im Folgequartal sind Leistungen gemäß § 2 Abs. 2 Nr. 2 der Monoklonale-Antikörper-Verordnung nicht berechnungsfähig.

Abrechnungsausschluss in derselben Sitzung   03220, 03230, 04220 und 04230

Berichtspflicht: Nein

Aufwand in Min.   **Kalkulationszeit:** 10   **Prüfzeit:** 10   **Eignung d. Prüfzeit:** Keine Eignung

Kommentar: Die Gebührenordnungsposition 01940 zielt auf den Schutz besonders vulnerabler Patientengruppen mit dem monoklonalen Antikörper-Duo MAK Evusheld® (Wirkstoffe: Tixagevimab und Cilgavimab) vor einer Infektion mit COVID-19 ab.

Voraussetzung ist, dass aus medizinischen Gründen kein ausreichender Immunschutz gegen COVID-19 durch eine Impfung erzielt werden kann oder eine Kontraindikation zur Impfung vorliegt. Medizinische Gründe im Sinne dieser Regelung sind beispielsweise angeborene oder erworbene Immundefekte, Grunderkrankungen oder eine maßgebliche Beeinträchtigung der Immunantwort aufgrund einer immunsuppressiven Therapie.

Die i.m. Injektion der monoklonalen Antikörper ist als fakultativer Leistungsinhalt formuliert, falls nach erfolgter Beratung keine COVID-19-PrEP durchgeführt wird. Derzeit ist mit der GOP 01940 die Gabe des monoklonalen Antikörper-Duos MAK Evusheld® (Wirkstoffe: Tixagevimab und Cilgavimab) berechnungsfähig.

Bitte beachten Sie die begrenzte Gültigkeit bis 7. April 2023.
Sofern die 01940 darüber hinaus noch gültig sein sollte, müsste dies im Rahmen einer Beschlussfassung des Bewertungsausschusses beschlossen werden, die amtlich bekannt gemacht werden müsste.

2 Allgemeine diagnostische und therapeutische Gebührenordnungspositionen

2.1 Infusionen, Transfusionen, Reinfusionen, Programmierung von Medikamentenpumpen

02100 Infusion **67**
8,00

Obligater Leistungsinhalt
• Infusion
  – intravenös und/oder
  – in das Knochenmark und/oder
  – mittels Portsystem und/oder
  – intraarteriell
• Dauer mindestens 10 Minuten

Anmerkung Erfolgt über denselben liegenden Zugang (z.B. Kanüle, Katheter) mehr als eine Infusion nach den Gebührenordnungspositionen 01546, 02100 bis 02102 und/oder 30710, so sind die Gebührenordnungspositionen 01546, 02100 bis 02102 und/oder 30710 je Behandlungstag nur einmal berechnungsfähig.

Abrechnungsausschluss
am Behandlungstag 31800, 31801, 36800, 36801
im Behandlungsfall 04410, 13545, 13550, 26330, 34291
in derselben Sitzung 01220, 01221, 01222, 01510, 01511, 01512, 01520, 01521, 01530, 01531, 01540, 01541, 01542, 01543, 01544, 01545, 01546, 01549, 01856, 01857, 01910, 01911, 01913, 02120, 02330, 02331, 06331, 06332, 08313, 13310, 13311, 26317, 30320, 30321, 30322, 30323, 30708, 30710, 31501, 31502, 31503, 31504, 31505, 31506, 31507, 31820, 31821, 31822, 31823, 31824, 31825, 31826, 31827, 31828, 31840, 31841, 34720, 34721,36501, 36502, 36503, 36504, 36505, 36506, 36507, 36820, 36821, 36822, 36823, 36824, 36825, 36826, 36827, 36828, 36882 und Kapitel 5, 34

Aufwand in Min. **Kalkulationszeit:** 1 **Prüfzeit:** 1 **Eignung d. Prüfzeit:** Tages- und Quartalsprofil
GOÄ entsprechend oder ähnlich: Nrn. 271, 272, 273, 274, 277, 278, 279
Kommentar: Werden im Rahmen des organisierten Notfalldienstes Reanimationen durchgeführt, so sind Infusionen nicht gesondert abrechenbar. Sie befinden sich im Leistungskomplex der Reanimation.

Da die EBM-Ziffern 02100 bis 02200 in der Präambel zum Kapitel 03 und 04 (Kinderheilkunde) nicht als „zusätzlich zu berechnende EBM-Ziffern" aufgezählt sind, werden sie für Haus-, Kinder- und Jugendärzte nicht extra vergütet. Diese Leistungen werden mit der Versichertenpauschale pauschal vergütet.

02101 Infusionstherapie **165**
19,69

Obligater Leistungsinhalt
• Intravasale Infusionstherapie mit Zytostatika, Virustatika, Antimykotika und/oder Antibiotika bei einem Kranken mit konsumierender Erkrankung (fortgeschrittenes Malignom, HIV-Erkrankung im Stadium AIDS)
und/oder
• Intraperitoneale bzw. intrapleurale Infusionstherapie bei einem Kranken mit konsumierender Erkrankung (z.B. fortgeschrittenes Malignom)
und/oder
• Intravasale Infusionstherapie mit monoklonalen Antikörperpräparaten,
und/oder
• Intravasale Infusionstherapie mit Immunglobulinen
• Dauer mind. 60 Minuten

Anmerkung Erfolgt über denselben liegenden Zugang (z.B. Kanüle, Katheter) mehr als eine Infusion nach den Gebührenordnungspositionen 01546, 02100 bis 02102 und/oder 30710, so sind die Gebührenordnungspositionen 01546, 02100 bis 02102 und/oder 30710 je Behandlungstag nur einmal berechnungsfähig.

Abrechnungsausschluss
im Behandlungsfall 13545, 26330, 34291
am Behandlungstag 31800, 31801, 31802, 36800, 36801

in derselben Sitzung 01220, 01221, 01222, 01540, 01541, 01542, 01543, 01544, 01545, 01546, 01549, 01856, 01857, 01910, 01911, 01913, 02120, 02330, 02331, 06331, 06332, 13310, 13311, 16225, 30320, 30321, 30322, 30323, 30708, 30712, 30720, 30721, 30722, 30723, 30724, 30730, 30731, 30740, 30750, 30751, 30760, 34720, 34721, 36882 und Kapitel 1.5, 5, 31.5.3, 34, 36.5.3

Aufwand in Min.	**Kalkulationszeit:** 2 **Prüfzeit:** 2 **Eignung d. Prüfzeit:** Tages- und Quartalsprofil
GOÄ	entsprechend oder ähnlich: Nrn. 275, 276
Kommentar:	Siehe EBM Nr. 02100

02110*   Erste Transfusion   **182**
                                                                    21,72

Obligater Leistungsinhalt
- Transfusion der ersten Blutkonserve und/oder
- Transfusion der ersten Blutpräparation und/oder
- Transfusion von Frischblut

Fakultativer Leistungsinhalt
- ABO-Identitätstest (Bedside-Test)

Anmerkung Die Gabe von Humanalbumin ist nicht nach der Gebührenordnungsposition 02110 berechnungsfähig.

Abrechnungsausschluss im Behandlungsfall 34291

Aufwand in Min.	**Kalkulationszeit:** 4 **Prüfzeit:** 4 **Eignung d. Prüfzeit:** Tages- und Quartalsprofil
GOÄ	entsprechend oder ähnlich: Nr. 280
Kommentar:	Die erforderliche Kreuzprobe ist für jede einzelne Blutkonserve o.ä. nach Nr. 32531 abzurechnen. Die Konserven können über Rezept zu Lasten des Patienten bezogen werden oder es werden die Kosten auf dem Behandlungsschein aufgeführt.

02111*   Jede weitere Transfusion im Anschluss an die Gebührenordnungsposition 02110   **149**
                                                                            17,78

Obligater Leistungsinhalt
- Weitere Transfusion im Anschluss an die Gebührenordnungsposition 02110,

Fakultativer Leistungsinhalt
- ABO-Identitätstest (Bedside-Test),

Abrechnungsbestimmung je Konserve bzw. Blutpräparation (auch Frischblut)

Anmerkung Die Gabe von Humanalbumin ist nicht nach der Gebührenordnungsposition 02111 berechnungsfähig.

Abrechnungsausschluss im Behandlungsfall 34291

Aufwand in Min.	**Kalkulationszeit:** 3 **Prüfzeit:** 3 **Eignung d. Prüfzeit:** Tages- und Quartalsprofil
GOÄ	entsprechend oder ähnlich: Nr. 282
Kommentar:	Die Leistung bezieht sich auf die zeitlich fortlaufenden Transfusion : eine erste Transfusion (nach Nr. 02110) und unmittelbar danach über liegendes System eine oder mehrere weitere Transfusionen. Bei längerem Zeitraum zwischen den Transfusionen (z.B. morgens und dann abends) und dem Legen eines **neuen** Zuganges kann die Nr. 2110 erneut berechnet werden. Auf dem Behandlungsschein sollten – um Nachfragen zu vermeiden – die verschiedenen Uhrzeiten aufgeführt werden.

02112*   Reinfusion   **141**
                                                                        16,83

Obligater Leistungsinhalt
- Mindestens 200 ml Eigenblut oder Eigenplasma,
- ABO-Identitätstest (Bedside-Test)

Abrechnungsausschluss im Behandlungsfall 34291

Aufwand in Min.	**Kalkulationszeit:** 2 **Prüfzeit:** 2 **Eignung d. Prüfzeit:** Tages- und Quartalsprofil
GOÄ	entsprechend oder ähnlich: Nrn. 286, 286a
Tipp:	Prüfen Sie in der Präambel zum Kapitel Ihrer Fachgruppe, ob diese Leistung, die auch im Anhang 1 (Verzeichnis der nicht gesondert berechnungsfähigen Leistungen) aufgelistet ist, von Ihrer Fachgruppe gesondert abgerechnet werden kann.

Finden Sie diese Leistung **nicht** in einem der Präambel-Absätze als abrechenbar aufgeführt, ist sie nicht berechnungsfähig. Die Leistung ist in der Regel dann bei Ihrer Fachgruppe Bestandteil der Versicherten- oder Grundpauschale und damit nicht gesondert berechnungsfähig.

02120* Erstprogrammierung einer externen elektronisch programmierbaren Medikamen- **101**
tenpumpe zur Applikation von Zytostatika   **12,05**

Abrechnungsausschluss
in derselben Sitzung 02100, 02101, 30750
im Behandlungsfall 34291

Aufwand in Min. **Kalkulationszeit:** 7   **Prüfzeit:** 7   **Eignung d. Prüfzeit:** Tages- und Quartalsprofil
GOÄ   entsprechend oder ähnlich: Nr. 784

2.2 Tuberkulintestung

02200 Tuberkulintestung   **9**
           Obligater Leistungsinhalt   **1,07**
           • Intrakutane Testung nach Mendel-Mantoux oder
           • Intrakutaner TINE-Test oder
           • Testung
             – kutan nach von Pirquet
           • oder
             – perkutan nach Moro
           • oder
             – mittels Pflaster (Hamburger-Test),
           Abrechnungsbestimmung je Test

Aufwand in Min. **Kalkulationszeit:** 1   **Prüfzeit:** 0   **Eignung d. Prüfzeit:** Tages- und Quartalsprofil
GOÄ   entsprechend oder ähnlich: Nrn. 383, 384
Kommentar: Entsprechende Testsubstanzen können auf Rezept zu Lasten des Patienten oder eventuell über Sprechstundenbedarf verordnet werden.

                  Sind mehrere der in der Legende aufgeführten Tests medizinisch erforderlich, so können diese auch abgerechnet werden.

2.3 Kleinchirurgische Eingriffe, Allgemeine therapeutische Leistungen

1. Die Vereinbarung von Qualitätssicherungsmaßnahmen beim ambulanten Operieren und bei stationsersetzenden Eingriffen gemäß § 15 des Vertrages nach § 115 b Abs. 1 SGB V gilt nicht für Leistungen dieses Abschnitts, sofern die Eingriffe nicht im Katalog zum Vertrag nach § 115 b SGB V genannt sind.

2. Operative Eingriffe setzen die Eröffnung von Haut und/oder Schleimhaut bzw. eine primäre Wundversorgung voraus.

3. Lokalanästhesien und Leitungsanästhesien sind, soweit erforderlich, Bestandteil der berechnungsfähigen Gebührenordnungspositionen.

4. Die Gebührenordnungspositionen 02300 bis 02302 sind bei Patienten mit den Diagnosen Nävuszellnävussyndrom (ICD-10-GM: D22.-) und/oder mehreren offenen Wunden (ICD-10-GM: T01.-) mehrfach in einer Sitzung – auch nebeneinander, jedoch insgesamt höchstens fünfmal am Behandlungstag – berechnungsfähig.

5. Die Berechnung der Gebührenordnungspositionen 02325 bis 02328 setzt die metrische und fotografische Dokumentation vor Beginn und nach Abschluss der Therapie voraus. Sofern die Therapie nicht abgeschlossen werden kann, ist die Fotodokumentation zu Beginn der Therapie ausreichend.

Kommentar:

Die Vereinbarung zwischen den Spitzenverbänden der Krankenkassen, der Deutschen Krankenhausgesellschaft und der Kassenärztlichen Bundesvereinigung ist für die Leistungen dieses Abschnitts nicht anwendbar. Inhalt dieser Vereinbarung ist die Qualitätssicherung für ambulante Operationen und stationsersetzende Eingriffe einschließlich der notwendigen Anästhesien. Sie regelt insbesondere die erforderliche fachliche

Befähigung sowie die organisatorischen, baulichen, apparativ-technischen und hygienischen Anforderungen. Diese Vereinbarung ist übrigens, wie alle Regelungen der Bundesebene (Bundesmantelverträge, Richtlinien des Gemeinsamen Bundesausschusses u.ä.) im Internet einsehbar unter http://daris.kbv.de.

Die hier genannten Eingriffe der sog. „Kleinen Chirurgie" setzen die Eröffnung von Haut und/oder Schleimhaut bzw. eine primäre Wundversorgung voraus. Eventuell erforderliche Lokal- und Leitungs-anästhesien sind Bestandteil der Leistungen und somit nicht gesondert berechnungsfähig.

In den Kapiteln des Fachärztlichen Versorgungsbereiches finden sich bei einzelnen Fachgruppen auch Leistungen der „Kleinen Chirurgie". Dies ist auch der Grund dafür, dass die Liste der Leistungsaus-schlüsse für die EBM Nrn. 02300 und 02301 so ausgedehnt ist.

Wenn z. B. ein Allgemeinarzt oder ein Internist eine Wundversorgung am Auge vornimmt, so kann er diese Leistung nur nach den Nrn. 02300 oder 02301 abrechnen, da die Leistungen nach den Nrn. 06350 bis 06352 entsprechend Nr. 1 der Präambel zu Kapitel 6 nur von Fachärzten für Augenheilkunde berechnet werden dürfen.

02300   Kleinchirurgischer Eingriff I und/oder primäre Wundversorgung und/oder Epilation   **68**

8,12

Obligater Leistungsinhalt

- Operativer Eingriff mit einer Dauer von bis zu 5 Minuten und/oder
- Primäre Wundversorgung und/oder
- Epilation durch Elektrokoagulation im Gesicht und/oder an den Händen bei krankhaftem und entstellendem Haarwuchs,

Abrechnungsbestimmung einmal am Behandlungstag

Anmerkung Die Gebührenordnungsposition 02300 ist bei Neugeborenen, Säuglingen, Kleinkindern und Kindern bis zum vollendeten 12. Lebensjahr nach der Gebührenord-nungsposition 31101 oder nach der Gebührenordnungsposition 36101 berechnungsfähig, sofern der Eingriff in Narkose erfolgt. Die Voraussetzungen gemäß § 115b SGB V müssen dabei nicht erfüllt sein, sofern die Eingriffe nicht im Katalog zum Vertrag nach § 115b SGB V genannt sind. In diesen Fällen ist die postoperative Behandlung nach den Gebührenord-nungspositionen des Abschnitts IV-31.4 nicht berechnungsfähig. Die in der Präambel IV-31.2.1 Nr. 8 bzw. Präambel IV-36.2.1 Nr. 4 benannten Einschränkungen entfallen in diesen Fällen, es gelten die Abrechnungsausschlüsse der Gebührenordnungsposition 02300 entsprechend.

Abrechnungsausschluss in derselben Sitzung 01741, 02301, 02302, 02311, 02321 bis 02323, 02330, 02331, 02340 bis 02343, 02350, 02360, 03331, 04331, 04410, 04511 bis 04514, 04516, 04518, 04520, 04521, 05320, 05330, 05331, 05340, 05341, 06331, 06332, 06340, 06350 bis 06352, 07310, 07311, 07330, 07340, 08311, 08320, 08330 bis 08334, 08340, 08341, 09310, 09315 bis 09317, 09350, 09351, 09360 bis 09362, 10320, 10322, 10324, 10340 bis 10342, 13257, 13260, 13400 bis 13402, 13410 bis 13412, 13421 bis 13424, 13430, 13431, 13435, 13545, 13550, 13551, 13662, 13663, 13670, 15310, 15321 bis 15323, 16232, 20334, 26320 bis 26325, 26330, 26340, 26341, 26350 bis 26352, 30601, 30610, 30611, 36882 und die Abschnitte 18.3, 30.5, 31.5.3, 34.5 und 36.5.3
am Behandlungstag 09329, 10343 und 10344
im Behandlungsfall 02310, 02312, 10330 und 34291
im Zeitraum von 21 Tagen nach Erbringung einer Leistung des Abschnitts 31.2 Kapitel 31.4

Aufwand in Min.   **Kalkulationszeit:** 4   **Prüfzeit:** 3   **Eignung d. Prüfzeit:** Tages- und Quartalsprofil

GOÄ   entsprechend oder ähnlich: Leistungskomplex in der GOÄ so nicht vorhanden, aber ggf. Wundversorgung nach Nrn. 2000 – 2006

Kommentar: Der kleinchirurgische Eingriff I ist ohne Altersbegrenzung formuliert. Er wird von Internisten, Haus-ärzten und in der Pädiatrie vor Allem zur primären Wundversorgung ohne Naht bei Jugendlichen ab dem 12.Geburtstag eingesetzt. Die kleinchirurgischen Eingriffe nach den EBM-Ziffern 02300 – 02302 sind bei mehreren Wunden bis zu 5x täglich berechenbar. Dann ist ICD-Codierung T01.x (offene Wunden) oder D22.x (Melanocyten-Nävus) erfor-derlich und es ist empfehlenswert die Lokalisation anzugeben.

Bei der Versorgung mehrerer Wunden ist eine „Mischung" der EBM-Ziffern 02300 - 02302 zur korrekten Wundabrechnung möglich. Auch hier ist die Angabe der jeweiligen Lokali-sation zu empfehlen.

Beachten Sie den Abrechnungsausschluss zur EBM-Ziffer 31600 (postoperative Betreuung): Die EBM-Ziffern 02300-02302 sind im Zeitraum von 21 Tagen nach Erbringung einer Leistung des Abschnitts 31.2 (ambulante OP) nicht neben den EBM-Ziffern des Abschnitts 31.4 (postoperative Betreuung) berechnungsfähig.

Der Berechnungsausschluss im Zeitraum von 21 Tagen nach Erbringung einer Leistung des Abschnitts 31.2 bedeutet, dass nach einer postoperativen Behandlung nach GOP 31600 auch Wundbehandlungen aus jeglichen anderen Gründen gesperrt sind.

Beispiel: Die Wundversorgung einer Verbrühung nach GOP 02300–02302 kann im EBM nicht mehr abgerechnet werden, wenn im Zeitraum von 21 Tagen vorher eine postoperative Kontrolluntersuchung z.B. nach Cirkumcision stattgefunden hat. Hier liegt nach Meinung der Autoren ein Regelungsfehler im EBM vor.

Hinweis: Werden die gleichen Wunden an den Folgetagen erneut versorgt, handelt es sich nicht mehr um eine Erstversorgung.

Die EBM-Ziffern 02300 – 02302 können bei mehreren Wunden bis zu 5x täglich abgerechnet werden. Dann ist ICD-Codierung T01.x (offene Wunden) oder D22.x (Melanocyten-Nävus) erforderlich und es ist empfehlenswert die Lokalisation anzugeben. Eine „Mischung" der EBM-Ziffern 02300 – 02302 ist zur korrekten Wundabrechnung möglich.

02301 Kleinchirurgischer Eingriff II und/oder primäre Wundversorgung mittels Naht   **133**
                                                                                               15,87
Obligater Leistungsinhalt
*   Primäre Wundversorgung bei Säuglingen, Kleinkindern und Kindern und/oder
*   Primäre Wundversorgung mittels Naht und/oder Gewebekleber und/oder
*   Koagulation und/oder Kauterisation krankhafter Haut- und/oder Schleimhautveränderungen und/oder
*   Operative Entfernung einer oder mehrerer Geschwülste an der Harnröhrenmündung und/oder
*   Operative Entfernung eines unter der Oberfläche von Haut oder Schleimhaut gelegenen Fremdkörpers nach Aufsuchen durch Schnitt und/oder
*   Öffnung eines Körperkanalverschlusses an der Körperoberfläche oder Eröffnung eines Abszesses oder Exzision eines Furunkels und/oder
*   Verschiebeplastik zur Deckung eines Hautdefektes und/oder
*   Eröffnung eines subcutanen Panaritiums oder einer Paronychie,

Abrechnungsbestimmung einmal am Behandlungstag

Anmerkung Die Gebührenordnungsposition 02301 ist bei Neugeborenen, Säuglingen, Kleinkindern und Kindern bis zum vollendeten 12. Lebensjahr nach der Gebührenordnungsposition 31101 oder nach der Gebührenordnungsposition 36101 berechnungsfähig, sofern der Eingriff in Narkose erfolgt. Die Voraussetzungen gemäß § 115b SGB V müssen dabei nicht erfüllt sein, sofern die Eingriffe nicht im Katalog zum Vertrag nach § 115b SGB V genannt sind. In diesen Fällen ist die postoperative Behandlung nach den Gebührenordnungspositionen des Abschnitts IV-31.4 nicht berechnungsfähig. Die in der Präambel IV-31.2.1 Nr. 8 bzw. Präambel IV-36.2.1 Nr. 4 benannten Einschränkungen entfallen in diesen Fällen, es gelten die Abrechnungsausschlüsse der Gebührenordnungsposition 02301 entsprechend.

Abrechnungsausschluss in derselben Sitzung 01741, 02300, 02302, 02311, 02321, 02322, 02331, 02340 bis 02343, 02350, 02360, 03331, 04331, 04410, 04511 bis 04514, 04516, 04518, 04520, 04521, 05320, 05330, 05331, 05340, 05341, 06331, 06332, 06340, 06350 bis 06352, 07310, 07311, 07330, 07340, 08311, 08320, 08330 bis 08334, 08340, 08341, 09310, 09315 bis 09317, 09350, 09351, 09360 bis 09362, 10320, 10322, 10324, 10340 bis 10342, 13257, 13260, 13400 bis 13402, 13410 bis 13412, 13421 bis 13424, 13430, 13431, 13545, 13550, 13551, 13662, 13663, 13670, 15310, 15321 bis 15323, 16232, 18310, 18311, 18320, 18330, 18331, 18340, 18700, 20334, 26320 bis 26325, 26330, 26340, 26341, 26350 bis 26352, 30601, 30610, 30611, 31820 bis 31828, 31840, 31841, 34500, 34501, 34503 bis 34505, 36820 bis 36828, 36840, 36841, 36882 und Abschnitt 30.5
am Behandlungstag 09329, 10343 und 10344
im Behandlungsfall 02310, 02312, 10330 und 34291

im Zeitraum von 21 Tagen nach Erbringung einer Leistung des Abschnitts 31.2 Kapitel 31.4

Aufwand in Min. **Kalkulationszeit:** 5   **Prüfzeit:** 5   **Eignung d. Prüfzeit:** Tages- und Quartalsprofil

GOÄ   entsprechend oder ähnlich: Leistungskomplex in der GOÄ so nicht vorhanden, aber ggf. Wundversorgung nach Nrn. 2000 – 2006.

Kommentar: Der kleinchirurgische Eingriff II wird von Internisten, Hausärzten und in der Pädiatrie vor Allem zur primären Wundversorgung ohne Naht bis zum 12. Geburtstag und zur primären Wundversorgung mit Naht nach dem 12. Geburtstag eingesetzt.

Die kleinchirurgischen Eingriffe nach den EBM-Ziffern 02300 – 02302 sind bei mehreren Wunden bis zu 5x täglich berechenbar. Dann ist ICD-Codierung T01.x (offene Wunden) oder D22.x (Mela-nocyten-Nävus) erforderlich und es ist empfehlenswert die Lokalisation anzugeben.

Bei der Versorgung mehrerer Wunden ist eine „Mischung" der EBM-Ziffern 02300 – 02302 zur korrekten Wundabrechnung möglich. Auch hier ist die Angabe der jeweiligen Lokalisation zu empfehlen.

Die mittels Schnitt erfolgende Entfernung eines festsitzenden Zecken-Stechrüssels kann mit der 02301 abgerechnet werden.

Beachten Sie den Abrechnungsausschluss zur EBM-Ziffer 31600 (postoperative Betreuung): Die EBM-Ziffern 02300-02302 sind im Zeitraum von 21 Tagen nach Erbringung einer Leistung des Abschnitts 31.2 (ambulante OP) nicht neben den EBM-Ziffern des Abschnitts 31.4 (postoperative Betreuung) berechnungsfähig.

Der Berechnungsausschluss im Zeitraum von 21 Tagen nach Erbringung einer Leistung des Abschnitts 31.2 bedeutet, dass nach einer postoperativen Behandlung nach GOP 31600 auch Wundbehandlungen aus jeglichen anderen Gründen gesperrt sind.

Beispiel: Die Wundversorgung einer Verbrühung nach GOP 02300–02302 kann im EBM nicht mehr abgerechnet werden, wenn im Zeitraum von 21 Tagen vorher eine postoperative Kontrolluntersuchung z.B. nach Cirkumcision stattgefunden hat. Hier liegt nach Meinung der Autoren ein Regelungsfehler im EBM vor.

Hinweis: Werden die gleichen Wunden an den Folgetagen erneut versorgt, handelt es sich nicht um eine Erstversorgung.

Die EBM-Ziffern 02300 – 02302 können bei mehreren Wunden bis zu 5x täglich abgerechnet werden. Dann ist ICD-Codierung T01.x (offene Wunden) oder D22.x (Melanocyten-Nävus) erforderlich und es ist empfehlenswert die Lokalisation anzugeben. Eine „Mischung" der EBM-Ziffern 02300 – 02302 ist zur korrekten Wundabrechnung möglich.

02302   Kleinchirurgischer Eingriff III und/oder primäre Wundversorgung bei Säuglingen,   **230**
            Kleinkindern und Kindern   27,45

Obligater Leistungsinhalt
* Primäre Wundversorgung mittels Naht bei Säuglingen, Kleinkindern und Kindern und/oder
* Exzision eines Bezirkes oder einer intradermalen Geschwulst aus der Haut des Gesichts mit Wundverschluss und/oder
* Hochtouriges Schleifen von Bezirken der Haut bei schweren Entstellungen durch Naevi oder Narben und/oder
* Exzision eines großen Bezirkes aus Haut und/oder Schleimhaut oder einer kleinen unter der Haut und/oder Schleimhaut gelegenen Geschwulst und/oder
* Exzision und/oder Probeexzision von tiefliegendem Körpergewebe (z.B. Fettgewebe) und/oder aus einem Organ ohne Eröffnung einer Körperhöhle und/oder
* Emmert-Plastik und/oder
* Venae sectio,

Abrechnungsbestimmung einmal am Behandlungstag

Anmerkung Die Gebührenordnungsposition 02302 ist bei Neugeborenen, Säuglingen, Kleinkindern und Kindern bis zum vollendeten 12. Lebensjahr nach der Gebührenordnungsposition 31101 oder nach der Gebührenordnungsposition 36101 berechnungsfähig, sofern der Eingriff in Narkose erfolgt. Die Voraussetzungen gemäß § 115b SGB V müssen dabei nicht erfüllt sein, sofern die Eingriffe nicht im Katalog zum Vertrag nach § 115b SGB V genannt sind. In diesen Fällen ist die postoperative Behandlung nach den Gebührenordnungspositionen des Abschnitts IV-31.4 nicht berechnungsfähig. Die in der Präambel IV-31.2.1 Nr. 8 bzw. Präambel IV-36.2.1 Nr. 4 benannten Einschränkungen entfallen in diesen Fällen, es gelten die Abrechnungsausschlüsse der Gebührenordnungsposition 02302 entsprechend.

Abrechnungsausschluss in derselben Sitzung 01741, 02300, 02301, 02311, 02321, 02322, 02331, 02340, 02341, 02342, 02343, 02350, 02360, 03331, 03332, 04331, 04332, 04410, 04511, 04512, 04513, 04514, 04516, 04518, 04520, 04521, 05320, 05330, 05331, 05340, 05341, 06331, 06332, 06340, 06350, 06351, 06352, 07310, 07311, 07330, 07340, 08311, 08320, 08330, 08331, 08332, 08333, 08334, 08340, 08341, 09310, 09315, 09316, 09317, 09350, 09351, 09360, 09361, 09362, 10320, 10322, 10324, 10340, 10341, 10342, 13260, 13400, 13401, 13402, 13410, 13411, 13412, 13420, 13421, 13422, 13423, 13424, 13430, 13431, 13545, 13550, 13551, 13662, 13663, 13670, 15310, 15321, 15322, 15323, 16232, 18310, 18311, 18330, 18340, 18700, 20334, 26320, 26321, 26322, 26323, 26324, 26325, 26330, 26340, 26341, 26350, 26351, 26352, 30601, 30610, 30611, 31820, 31821, 31822, 31823, 31824, 31825, 31826, 31827, 31828, 31840, 31841, 34500, 34501, 34502, 34503, 36820, 36821, 36822, 36823, 36824, 36825, 36826, 36827, 36828, 36840, 36841, 36882 und Abschnitt 30.5
am Behandlungstag 09329, 10343 und 10344
im Behandlungsfall 02310, 02312, 10330 und 34291
im Zeitraum von 21 Tagen nach Erbringung einer Leistung des Abschnitts 31.2 Kapitel 31.4

Aufwand in Min.	**Kalkulationszeit: 10** **Prüfzeit: 8** **Eignung d. Prüfzeit:** Tages- und Quartalsprofil
GOÄ	entsprechend oder ähnlich: Leistungskomplex in der GOÄ nicht vorhanden. Abrechnung der einzelnen erbrachten GOÄ-Leistung(en).
Kommentar:	Die EBM Nrn. 02300 bis 02302 können in der Regel nur 1x am Behandlungstag und nicht neben-einander berechnet werden. Die kleinchirurgischen Eingriffe nach den EBM-Ziffern 02300 – 02302 sind bei mehreren Wunden bis zu 5x täglich berechenbar. Dann ist ICD-Codierung T01.x (offene Wunden) oder D22.x (Melanocyten-Nävus) erforderlich und es ist empfehlenswert die Lokalisation anzugeben.

Bei der Versorgung mehrerer Wunden ist eine „Mischung" der EBM-Ziffern 02300 – 02302 zur korrekten Wundabrechnung möglich. Auch hier ist die Angabe der jeweiligen Lokalisation zu empfehlen.

Der kleinchirurgische Eingriff III wird von Internisten, Hausärzten und in der Pädiatrie vor Allem zur primären Wundversorgung mit Naht bis zum 12. Geburtstag eingesetzt. Der Wundverschluss mittels Gewebekleber ist dem gleichgestellt.

Beachten Sie den Abrechnungsausschluss zur EBM-Ziffer 31600 (postoperative Betreuung): Die EBM-Ziffern 02300-02302 sind im Zeitraum von 21 Tagen nach Erbringung einer Leistung des Abschnitts 31.2 (ambulante OP) nicht neben den EBM-Ziffern des Abschnitts 31.4 (postoperative Betreuung) berechnungsfähig.

Der Berechnungsausschluss im Zeitraum von 21 Tagen nach Erbringung einer Leistung des Abschnitts 31.2 bedeutet, dass nach einer postoperativen Behandlung nach GOP 31600 auch Wundbehandlungen aus jeglichen anderen Gründen gesperrt sind.

Beispiel: Die Wundversorgung einer Verbrühung nach GOP 02300–02302 kann im EBM nicht mehr abgerechnet werden, wenn im Zeitraum von 21 Tagen vorher eine postoperative Kontrolluntersuchung z.B. nach Cirkumcision stattgefunden hat. Hier liegt nach Meinung der Autoren ein Regelungsfehler im EBM vor.

Hinweis: Werden die gleichen Wunden an den Folgetagen erneut versorgt, handelt es sich nicht mehr um eine Erstversorgung.

Die EBM-Ziffern 02300 – 02302 können bei mehreren Wunden bis zu 5x täglich abgerechnet werden. Dann ist ICD-Codierung T01.x (offene Wunden) oder D22.x (Melanocyten-Nävus) erforderlich und es ist empfehlenswert die Lokalisation anzugeben. Eine „Mischung" der EBM-Ziffern 02300 – 02302 ist zur korrekten Wundabrechnung möglich.

02310 Behandlung einer/eines/von sekundär heilenden Wunde(n) und/oder Decubita-   **212**
lulcus (-ulcera)   **25,30**

Obligater Leistungsinhalt
- Abtragung von Nekrosen und/oder
- Wunddebridement und/oder
- Anlage und/oder Wechsel eines Kompressionsverbandes und/oder
- Einbringung und/oder Wechsel einer Wundtamponade,
- Mindestens 3 persönliche Arzt-Patienten-Kontakte im Behandlungsfall,

Fakultativer Leistungsinhalt
- Einbringung, Wechsel oder Entfernung von Antibiotikaketten,
- Anlage/Wechsel von Schienenverbänden,

Abrechnungsbestimmung einmal im Behandlungsfall

Anmerkung Die Gebührenordnungsposition 02310 kann nicht berechnet werden beim diabetischen Fuß, beim chronisch venösen Ulcus cruris, bei der chronisch venösen Insuffizienz, beim postthrombotischen Syndrom, beim Lymphödem und bei oberflächlichen sowie tiefen Beinvenenthrombosen.

Abrechnungsausschluss
in derselben Sitzung 02312, 02313, 02350, 15323
im Zeitraum von 21 Tagen nach Erbringung einer Leistung des Abschnitts 31.2 und Kapitel 31.4
im Behandlungsfall 02300, 02301, 02302, 02311, 02340, 02341, 02360, 07340, 10330, 10340, 10341, 10342, 18340, 34291

Aufwand in Min. **Kalkulationszeit:** 9   **Prüfzeit:** 7   **Eignung d. Prüfzeit:** Nur Quartalsprofil

GOÄ   entsprechend oder ähnlich: Nr. 2006

Kommentar: Es sind mindestens drei Arzt-Patienten-Kontakte im selben Abrechnungsquartal gefordert.

Bei mindestens einem der drei Arzt-Patienten-Kontakte muss eine Wundbehandlung nach EBM-Ziffer 02310 erfolgt sein.

Wichtig: Arzt-Patientenkontakte auch aus anderen Gründen als zur Wundbehandlung und vor dem Unfalltermin zählen mit!

Beachten Sie den Abrechnungsausschluss der EBM-Ziffer 02310 (sekundär heilende Wunde) neben EBM-Ziffer 02300 bis 02302 (primäre Wundbehandlung) im Behandlungsfall.

Unabhängig von der Anzahl der zu behandelnden Wunden kann die EBM-Ziffer 02310 nur einmal im Quartal abgerechnet werden.

02311 Behandlung des diabetischen Fußes   **138**
                                                                                        16,47
Obligater Leistungsinhalt
- Abtragung ausgedehnter Nekrosen der unteren Extremität beim diabetischen Fuß,
- Überprüfung und/oder Verordnung von geeignetem Schuhwerk,

Fakultativer Leistungsinhalt
- Verband,

Abrechnungsbestimmung je Bein, je Sitzung

Anmerkung Die Gebührenordnungsposition 02311 kann nur dann berechnet werden, wenn der Vertragsarzt – im Durchschnitt der letzten 4 Quartale vor Antragstellung – je Quartal die Behandlung von mindestens 100 Patienten mit Diabetes mellitus durchgeführt hat und die Qualifikation zur Durchführung von programmierten Schulungen für Diabetiker nachweisen kann. Fachärzte für Chirurgie, Orthopädie und Dermatologie können diese Leistung auch dann berechnen, wenn sie die Qualifikation zur Durchführung von programmierten Schulungen für Diabetiker nicht nachweisen können.

Abrechnungsausschluss
in derselben Sitzung 02300, 02301, 02302, 02313, 02350, 02360, 10340, 10341, 10342, 30500, 30501
im Behandlungsfall 02310, 02312, 07310, 07311, 07340, 10330, 18310, 18311, 18340

Bericht: Berichtspflicht – Übermittlung der Behandlungsdaten siehe Allg. Bestimmungen 2.1.4
                Berichtspflicht

Aufwand in Min. **Kalkulationszeit:** 6   **Prüfzeit:** 4   **Eignung d. Prüfzeit:** Tages- und Quartalsprofil

GOÄ   entsprechend oder ähnlich: Nr. 2006

Kommentar: Anders als beim Dekubitalulcus, bei dem die Behandlung nur einmal im Behandlungsfall
                = Quartalsfall abgerechnet werden kann, kann beim Diabetischen Fuß jede Behandlung/
                Sitzung – und dies auch je Bein – abgerechnet werden. Zur Abrechnung ist eine
                Genehmigung der KV erforderlich.

02312   Behandlungskomplex eines oder mehrerer chronisch venösen/r Ulcus/Ulcera cruris   **55**
                                                                                                6,56
Obligater Leistungsinhalt
* Abtragung von Nekrosen,
* Lokaltherapie unter Anwendung von Verbänden,
* Entstauende phlebologische Funktionsverbände,
* Fotodokumentation zu Beginn der Behandlung, danach alle 4 Wochen,

Fakultativer Leistungsinhalt
* Thromboseprophylaxe,
* Teilbäder,

Abrechnungsbestimmung je Bein, je Sitzung

Anmerkung Die Gebührenordnungsposition 02312 unterliegt einer Höchstpunktzahl im
Behandlungsfall von 4.224 Punkten. Der Höchstwert ist auch auf den Arztfall anzuwenden.

Abrechnungsausschluss
in derselben Sitzung 02310, 02350, 02360, 07340, 10330, 18340
im Behandlungsfall 02300, 02301, 02302, 02311, 07310, 07311, 10340, 10341, 10342,
18310, 18311

Bericht: Berichtspflicht – Übermittlung der Behandlungsdaten siehe Allg. Bestimmungen 2.1.4
                Berichtspflicht

Aufwand in Min. **Kalkulationszeit:** 3   **Prüfzeit:** 2   **Eignung d. Prüfzeit:** Tages- und Quartalsprofil

GOÄ   entsprechend oder ähnlich: Nr. 2006

Kommentar: Werden z.B. an einem Bein mehrere Ulcera behandelt, so kann Nr. 02312 nur 1x abgerechnet
                werden. Müssen an beiden Beinen Ulcera behandelt werden, kann die Nr. 02312 auch 2x
                abgerechnet werden. Zur Abrechnung ist eine Fotodokumentation (analog oder digital)
                vorgeschrieben!
                Die Teilung der Höchstpunktzahl (s. Allgemeine Bestimmungen zur Leistung) pro Quartal
                von 12.000 Punkten durch die Punktzahl 155 der einzelnen Leistung nach 02312 ergibt,
                dass die Leistung im Quartal maximal 77x erbracht werden darf.
                Siehe auch Kommentar zur EBM Nr. 02313.

02313   Kompressionstherapie bei der chronisch venösen Insuffizienz, beim postthrombo-   **50**
              tischen Syndrom, bei oberflächlichen und tiefen Beinvenenthrombosen und/oder   5,97
              beim Lymphödem
Obligater Leistungsinhalt
* Kompressionstherapie,
* Dokumentation des Beinumfangs an mindestens drei Messpunkten zu Beginn der
  Behandlung, danach alle vier Wochen,

Abrechnungsbestimmung je Bein, je Sitzung

Anmerkung Die Gebührenordnungsposition 02313unterliegt einer Höchstpunktzahl
im Behandlungsfall von 4.244 Punkten. Der Höchstwert ist auch auf den Arztfall
anzuwenden.

Abrechnungsausschluss in derselben Sitzung 02310, 02311, 02350, 07340, 10330, 18340,
30501

2 Allgemeine diagnostische und therapeutische Gebührenordnungspositionen
EBM-Nr.   EBM-Punkte / Euro

Bericht:	Berichtspflicht – Übermittlung der Behandlungsdaten siehe Allg. Bestimmungen 2.1.4 Berichtspflicht
Aufwand in Min.	**Kalkulationszeit:** 1 **Prüfzeit:** 1 **Eignung d. Prüfzeit:** Tages- und Quartalsprofil
GOÄ	entsprechend oder ähnlich: Leistungskomplex in der GOÄ so nicht vorhanden. Abrechnung der einzelnen erbrachten GOÄ-Leistung(en).
Kommentar:	Die Ärzte Zeitung informiert: ... „Die GOP 02312 ist auf die Behandlung eines oder mehrerer chronisch venöser Ulcera cruris beschränkt und beinhaltet den entstauenden phlebologischen Funktionsverband. Die alleinige Diagnose „Thrombose" schließt die Berechnung dieser GOP aus.

Die Berechnung der GOP 02350 ist nur für den fixierenden Verband mit Einschluss mindestens eines großen Gelenkes unter Verwendung unelastischer, individuell anmodellierbarer, nicht weiter verwendbarer Materialien möglich.

Somit bleibt die GOP 02313 als Kompressionstherapie bei der chronisch venösen Insuffizienz, beim postthrombotischen Syndrom, bei oberflächlichen und tiefen Beinvenenthrombosen und/oder beim Lymphödem berechnungsfähig. Beachten Sie jedoch, dass die Dokumentation des Beinumfangs an mindestens drei Messpunkten zu Beginn der Behandlung und danach alle vier Wochen gefordert ist ..."

Nach Nr. 30401 ist eine intermittierende apparative Kompressionstherapie abzurechnen.

02320*   Einführung einer Magenverweilsonde   **48**
                                                                                     5,73
Abrechnungsausschluss
im Behandlungsfall 34291
in derselben Sitzung 01220, 01221, 01222, 01856, 01857, 01913, 04513, 04521, 05330, 05331, 05340, 05370, 05371, 13412, 31821, 31822, 31823, 31824, 31825, 31826, 31827, 31828, 36821, 36822, 36823, 36824, 36825, 36826, 36827, 36828

Aufwand in Min.	**Kalkulationszeit:** 3 **Prüfzeit:** 2 **Eignung d. Prüfzeit:** Tages- und Quartalsprofil
GOÄ	entsprechend oder ähnlich: Nr. 670
Kommentar:	Wird die Verweilsonde aus diagnostischen Gründen sowie im Rahmen einer Anästhesie oder Narkose gelegt, kann dies nicht nach Nr. 02330 berechnet werden.

02321   Legen eines suprapubischen Harnblasenkatheters   **125**
                            14,92
Abrechnungsausschluss
im Behandlungsfall 34291
in derselben Sitzung 01220, 01221, 01222, 01856, 01857, 01913, 02300, 02301, 02302, 02322, 02340, 02341, 05330, 05331, 05340, 05370, 05371, 10340, 10341, 10342, 31821, 31822, 31823, 31824, 31825, 31826, 31827, 31828, 36821, 36822, 36823, 36824, 36825, 36826, 36827, 36828

Aufwand in Min.	**Kalkulationszeit:** 8 **Prüfzeit:** 6 **Eignung d. Prüfzeit:** Tages- und Quartalsprofil
GOÄ	entsprechend oder ähnlich: Nr. 1795
Kommentar:	Nach unterschiedliche Regelungen in den einzelnen KV-Bezirken kann der Katheter per Rezept auf den Namen des/der Patient(en)in verordnet werden oder über Sprechstundenbedarf. Katheter-Wechsel oder -Entfernung können nach Nr. 02322 berechnet werden.

02322   Wechsel oder Entfernung eines suprapubischen Harnblasenkatheters   **53**
                            6,32
Abrechnungsausschluss
im Behandlungsfall 34291
in derselben Sitzung 01220, 01221, 01222, 01856, 01857, 01913, 02300, 02301, 02302, 02321, 02323, 02340, 02341, 05330, 05331, 05340, 05370, 05371, 10340, 10341, 10342, 31821, 31822, 31823, 31824, 31825, 31826, 31827, 31828, 36821, 36822, 36823, 36824, 36825, 36826, 36827, 36828

Aufwand in Min.	**Kalkulationszeit:** 3 **Prüfzeit:** 2 **Eignung d. Prüfzeit:** Tages- und Quartalsprofil

2 Allgemeine diagnostische und therapeutische Gebührenordnungspositionen

EBM-Nr.   EBM-Punkte/Euro

GOÄ   entsprechend oder ähnlich: Nr. A 1833
Kommentar: Der suprapubische Katheter wird mit der Symbolnummer 90979 abgerechnet. Er kann
               nicht über Sprechstundenbedarf bestellt werden, sondern wird in der Apotheke gekauft
               und über das Ansetzen der Symbolnummer berechnet.
               Siehe auch Kommentar zu Nr. 02322.

02323   Legen und/oder Wechsel eines transurethralen Dauerkatheters   **68**
               Abrechnungsausschluss   8,12
               im Behandlungsfall 34291
               in derselben Sitzung 01220, 01221, 01222, 01856, 01913, 02300, 02322, 05330, 05331,
               05340, 05370, 05371, 10340, 31821, 31822, 31823, 31824, 31825, 31826, 31827, 31828,
               36821, 36822, 36823, 36824, 36825, 36826, 36827, 36828 und Kapitel 36.3
Aufwand in Min. **Kalkulationszeit: 4   Prüfzeit: 3   Eignung d. Prüfzeit:** Tages- und Quartalsprofil
GOÄ   entsprechend oder ähnlich: Nrn. 1728, 1730 + Nr. 1732
Kommentar: Die Entfernung eines transurethralen Katheters ist Bestandteil einer Versicherten- oder
               Grundpauschale und gesondert berechnungsfähig.
               Siehe auch Kommentar zu Nr. 02322.

02325   Epilation mittels Lasertechnik bei Mann-zu-Frau-Transsexualismus im Rahmen   **88**
               geschlechtsangleichender Maßnahmen im Gesicht und/oder am Hals   10,50
               Obligater Leistungsinhalt
               • Persönlicher Arzt-Patienten-Kontakt,
               • Dauer 5 Minuten

               Anmerkung Die Berechnung der Gebührenordnungspositionen 02325 und 02326 setzt
               eine Begutachtung voraus, aus der hervorgeht, dass die medizinische Indikation zur
               Durchführung geschlechtsangleichender Maßnahmen bei Transsexualismus (ICD-10-GM:
               F64.0) besteht.
               Die Gebührenordnungspositionen 02325 und 02326 sind am Behandlungstag jeweils
               einmal berechnungsfähig.
               Die Gebührenordnungspositionen 02325 und 02327 sind in Summe am Behandlungstag
               höchstens 4-mal für die Epilation im Gesicht/am Hals berechnungsfähig.
               Die Gebührenordnungspositionen 02326 und 02328 sind am Behandlungstag in Summe
               höchstens 4-mal für die Epilation an einer Hand/den Händen berechnungsfähig.
               Die Gebührenordnungspositionen 02325 und 02327 sind in Summe im Krankheitsfall
               höchstens 32-mal für die Epilation im Gesicht/am Hals berechnungsfähig.
               Die Gebührenordnungspositionen 02326 und 02328 sind im Krankheitsfall in Summe
               höchstens 32-mal für die Epilation an einer Hand/den Händen berechnungsfähig.
               Die Gebührenordnungspositionen 02325 und 02326 sind nicht berechnungsfähig bei einer
               Epilation mittels hochenergetischen Blitzlampen (IPL-Technologie). Lokalanästhesien und
               Verbände sind, soweit erforderlich, Bestandteil der Gebührenordnungspositionen 02325
               und 02326.

               Abrechnungsausschluss im Behandlungsfall 02360
               in derselben Sitzung 02300 und 10340

               Berichtspflicht Nein
Kommentar   Die Epilation mittels Lasertechnik kann seit 1. Oktober 2017 bei Mann-zu-Frau-Transsexu-
               alismus im Rahmen geschlechtsangleichender Maßnahmen als vertragsärztliche Leistung
               über den EBM abgerechnet werden.

               Die Berechnung setzt eine Begutachtung voraus, aus der hervorgeht, dass die medizini-
               sche Indikation zur Durchführung geschlechtsangleichender Maßnahmen bei Transsexu-
               alismus (ICD-10-GM: F64.0) besteht.

               Insgesamt werden vier neue EBM Nrn. in den Abschnitt 2.3 (Kleinchirurgische Eingriffe,
               Allgemeine therapeutische Leistungen) aufgenommen. Sie können von Hautärzten,
               Chirurgen und Gynäkologen für die Epilation im Gesicht und/oder am Hals sowie die
               Epilation an einer Hand und/oder den Händen berechnet werden.

Epilation mittels Lasertechnik im Gesicht und/oder am Hals

GOP	Kurzbeschreibung	Erläuterung	Bewertung
02325	Epilation von 5 Minuten Dauer	Die GOP 02325 und 02327 sind in Summe am Behandlungstag höchstens viermal (entsprechend 20 Minuten) und im Krankheitsfall höchstens 32-mal (entsprechend 160 Minuten bzw. ca. 8 Sitzungen/Tage) berechnungsfähig.	88 Punkte
02327	Zuschlag zur GOP 02325 je weitere vollendete 5 Minuten Dauer	Die GOP 02325 und 02327 sind in Summe am Behandlungstag höchstens viermal (entsprechend 20 Minuten) und im Krankheitsfall höchstens 32-mal (entsprechend 160 Minuten bzw. ca. 8 Sitzungen/Tage) berechnungsfähig.	70 Punkte

Epilation mittels Lasertechnik an einer Hand und/oder den Händen

GOP	Kurzbeschreibung	Erläuterung	Bewertung
02326	Epilation von 5 Minuten Dauer	Die GOP 02326 und 02328 sind ebenfalls in Summe am Behandlungstag höchstens viermal und im Krankheitsfall höchstens 32-mal berechnungsfähig.	88 Punkte
02328	Zuschlag zur GOP 02326 je weitere vollendete 5 Minuten Dauer	Die GOP 02326 und 02328 sind ebenfalls in Summe am Behandlungstag höchstens viermal und im Krankheitsfall höchstens 32-mal berechnungsfähig.	70 Punkte

Aufwand in Min. **Kalkulationszeit: 3**   **Prüfzeit: 2**   **Eignung d Prüfzeit:** Tages- und Quartalsprofil

---

02330*   Blutentnahme durch Arterienpunktion   49
                                                                              5,85
Abrechnungsausschluss
im Behandlungsfall 04410, 13545, 13550, 34291
in derselben Sitzung 01220, 01221, 01222, 01856, 01857, 01913, 02100, 02101, 02300, 02331, 02340, 02341, 04530, 04536, 05330, 05331, 05340, 05370, 05371, 10340, 13311, 13650, 13661, 31821, 31822, 31823, 31824, 31825, 31826, 31827, 31828, 34283, 34284, 34285, 34286, 34287, 34290, 34291, 34292, 36821, 36822, 36823, 36824, 36825, 36826, 36827, 36828, 36881, 36882 und 37705

Aufwand in Min. **Kalkulationszeit: 1**   **Prüfzeit: 1**   **Eignung. d. Prüfzeit:** Tages- und Quartalsprofil
GOÄ   entsprechend oder ähnlich: Nr. 251

02331*   Intraarterielle Injektion   62
                                                                              7,40
Abrechnungsausschluss
im Behandlungsfall 04410, 13545, 13550, 34291
in derselben Sitzung 01220, 01221, 01222, 01856, 01857, 01913, 02100, 02101, 02300, 02301, 02302, 02330, 02340, 02341, 05330, 05331, 05340, 10340, 10341, 10342, 13311, 31821, 31822, 31823, 31824, 31825, 31826, 31827, 31828, 34283, 34284, 34285, 34286, 34287, 34290, 34291, 34292, 34502, 36821, 36822, 36823, 36824, 36825, 36826, 36827, 36828, 36882

Aufwand in Min. **Kalkulationszeit: 2**   **Prüfzeit: 1**   **Eignung. d. Prüfzeit:** Tages- und Quartalsprofil
GOÄ   entsprechend oder ähnlich: Nr. 254
Kommentar   Siehe auch Kommentar zu 02330.

2 Allgemeine diagnostische und therapeutische Gebührenordnungspositionen

02340   Punktion I   **45**
               Obligater Leistungsinhalt   5,37
               • Punktion der/des
                 – Lymphknoten und/oder
                 – Schleimbeutel und/oder
                 – Ganglien und/oder
                 – Serome und/oder
                 – Hygrome und/oder
                 – Hämatome und/oder
                 – Wasserbrüche (Hydrocelen) und/oder
                 – Ascites und/oder
                 – Harnblase und/oder
                 – Pleura-/Lunge und/oder
                 – Schilddrüse und/oder
                 – Prostata und/oder
                 – Speicheldrüse

               Abrechnungsausschluss
               im Zeitraum von 21 Tagen nach Erbringung einer Leistung des Abschnitts 31.2 und
               Kapitel 31.4
               im Behandlungsfall 02310, 07310, 07311, 07320, 07330, 07340, 10330, 18310, 18311,
               18320, 18330, 18340, 34291
               in derselben Sitzung 01220, 01221, 01222, 01781, 01782, 01787, 02300, 02301, 02302,
               02321, 02322, 02330, 02331, 02342, 02343, 04513, 05330, 05331, 05341, 05350, 05372,
               08320, 08331, 09315, 09316, 09317, 10340, 10341, 10342, 13412, 13662, 13663, 13670,
               26341, 31821, 31822, 31823, 31824, 31825, 31826, 31827, 31828, 31840, 31841, 34235,
               34236, 34500, 34501, 34502, 34503, 36821, 36822, 36823, 36824, 36825, 36826, 36827,
               36828, 36840, 36841

Aufwand in Min.   **Kalkulationszeit: 2   Prüfzeit: 1   Eignung d. Prüfzeit:** Tages- und Quartalsprofil

GOÄ   entsprechend oder ähnlich: Nrn. 303, 306, 307, 308, 318, 319

Kommentar: Die Punktion einer Schrittmachertasche ist nach Nr. 02340 zu berechnen. Mehrfache
                  Punktionen eines Organs nach Nr. 02340 oder 02341 sind nur abrechenbar, wenn es sich
                  um 2 unterschiedliche Punktionsarten z.B. Stanzbiopsie und Feinnadelbiopsie handelt. Ist
                  eine Punktion unter Sonographie erforderlich sind zusätzlich die entsprechenden Sono-
                  graphieleistungen nach den EBM-Nrn. 33012 ff. sowie ggf. die Zuschläge für optische
                  Führungshilfen nach den Nrn. 33091 (zu den Nrn. 33012, 33040, 33041, 33081)oder 33092
                  (zu den Nrn. 33042, 33043) abrechenbar.

                  Da die EBM-Ziffern 02340 bis 02343 in der Präambel zum Kapitel 04 (Kinderheilkunde)
                  nicht als „zusätzlich zu berechnende EBM-Ziffer" aufgezählt sind, werden sie für Kinder-
                  und Jugendärzte nicht extra vergütet.

                  Beachten Sie: Diese Leistungen sind im Notfall und im organisierten ärztlichen Not(-fall)
                  dienst für Pädiater zugänglich (Entfall der Fachgebietsgrenzen).

                  Auf einen Blick: Punktionen nach den Nrn. 02340 und 02341 von A-Z

Punktion von	EBM-Nr.
Adnextumoren, ggf. einschl. Doug-lasraum	02341
Ascites	02340
Ascites (Entlastungspunktion)	02341
Ganglien	02340
Gelenke	02341
Hämatome	02340
Harnblase	02340
Hoden	02341
Hydrocelen	02340

Punktion von	EBM-Nr.
Hygrome	02340
Knochenmark	02341
Leber	02341
Lymphknoten	02340
Mammae	02341
Nieren	02341
Pankreas	02341
Pleura-/Lunge	02340
Prostata	02340
Schilddrüse	02340
Schleimbeutel	02340
Serome	02340

02341 Punktion II   **137**
                                                                                16,35
Obligater Leistungsinhalt
- Punktion der/des
  - Mammae und/oder
  - Knochenmarks und/oder
  - Leber und/oder
  - Nieren und/oder
  - Pankreas und/oder
  - Gelenke und/oder
  - Adnextumoren, ggf. einschl. Douglasraum und/oder
  - Hodens und/oder
  - Ascites als Entlastungspunktion unter Gewinnung von mindestens 250 ml Ascites-Flüssigkeit und/oder
  - Milz

Abrechnungsausschluss
im Behandlungsfall 02310, 07310, 07311, 07320, 07330, 07340, 10330, 18310, 18311, 18320, 18330, 18340, 34291
in derselben Sitzung 01220, 01221, 01222, 01781, 01782, 01787, 02300, 02301, 02302, 02321, 02322, 02330, 02331, 02342, 02343, 04513, 05330, 05331, 05341, 05350, 05372, 08320, 08331, 09315, 09316, 09317, 10340, 10341, 10342, 13412, 13662, 13663, 13670, 17371, 17373, 26341, 31821, 31822, 31823, 31824, 31825, 31826, 31827, 31828, 31840, 31841, 34235, 34236, 34500, 34501, 34502, 34503, 36821, 36822, 36823, 36824, 36825, 36826, 36827, 36828, 36840, 36841
im Zeitraum von 21 Tagen nach Erbringung einer Leistung des Abschnitts 31.2 Kapitel 31.4.

Berichtspflicht Ja

Aufwand in Min. **Kalkulationszeit:** 8   **Prüfzeit:** 6   **Eignung d. Prüfzeit:** Tages- und Quartalsprofil
GOÄ   entsprechend oder ähnlich: Nrn. 300, 301, 302, 311, 314, 315, 317
Kommentar: Mehrfache Punktionen eines Organs nach Nr. 02340 oder 02341 sind nur abrechenbar, wenn es sich um 2 unterschiedliche Punktionsarten z.B. Stanzbiopsie und Feinnadel-biopsie handelt. Ist eine optische Führungshilfe unter Sonographie erforderlich sind zusätzlich die entsprechenden Sonographieleistungen nach den EBM-Nrn. 33012 ff. sowie ggf. die Zuschläge für optische Führungshilfen nach den Nrn. 33091 (zu den Nrn. 33012, 33040, 33041, 33081)oder 33092 (zu den Nrn. 33042, 33043) abrechenbar. Siehe auch Tabelle in Kommentar zu Nr. 02340.

02342* Lumbalpunktion   **582**
                                                                                69,46
Obligater Leistungsinhalt
- Abklärung einer Hirn- oder Rückenmarkserkrankung mittels Lumbalpunktion,
- Mindestens zweistündige Nachbetreuung mit ärztlicher Abschlussuntersuchung

Fakultativer Leistungsinhalt
* Lokalanästhesie,
* Messung des Liquordrucks

Anmerkung Die Gebührenordnungsposition 02342 kann nur von Fachärzten für Neurologie, Nervenheilkunde, Neurochirurgie, Psychiatrie und Psychotherapie, Innere Medizin, Fachärzten für Kinder- und Jugendmedizin oder von Fachärzten für Anästhesiologie berechnet werden.

Abrechnungsausschluss
im Behandlungsfall 34291
in derselben Sitzung 01856, 01913, 02300, 02301, 02302, 02340, 02341, 10340, 10341, 10342, 31840, 31841, 34223, 34502, 34503, 36820, 36821, 36822, 36823, 36824, 36825, 36826, 36827, 36828, 36840, 36841 und Kapitel 5.3, 5.4

Berichtspflicht Ja

Aufwand in Min. **Kalkulationszeit:** 9 **Prüfzeit:** 7 **Eignung d. Prüfzeit:** Tages- und Quartalsprofil

GOÄ entsprechend oder ähnlich: Nr. 305

02343* Entlastungspunktion des Pleuraraums und/oder nichtoperative Pleuradrainage **260**
31,03
Obligater Leistungsinhalt
* Entlastungspunktion des Pleuraraums und Gewinnung von mindestens 250 ml Ergußflüssigkeit
und/oder
* Nichtoperative Anlage einer Pleuradrainage

Fakultativer Leistungsinhalt
* Lokalanästhesie

Abrechnungsausschluss
im Behandlungsfall 34291
in derselben Sitzung 01781, 01782, 01787, 02300, 02301, 02302, 02340, 02341, 05330, 05331, 09315, 09316, 10340, 10341, 10342, 13662, 13663, 13670, 31821, 31822, 31823, 31824, 31825, 31826, 31827, 31828, 34502, 34503, 36821, 36822, 36823, 36824, 36825, 36826, 36827, 36828

Bericht: mind. Befundkopie (Nr. 01602) an Hausarzt

Aufwand in Min. **Kalkulationszeit:** 10 **Prüfzeit:** 8 **Eignung d. Prüfzeit:** Nur Quartalsprofil

GOÄ entsprechend oder ähnlich: Nr. 307

02350 Fixierender Verband mit Einschluss mindestens eines großen Gelenkes unter **144**
Verwendung unelastischer, individuell anmodellierbarer, nicht weiter verwendbarer 17,18
Materialien

Abrechnungsausschluss
in derselben Sitzung 02300, 02301, 02302, 02310, 02311, 02312, 02313, 10340, 10341, 10342, 27332
am Behandlungstag 31614, 31615, 31616, 31617, 31618, 31619, 31620, 31621
im Zeitraum von 21 Tagen nach Erbringung einer Leistung des Abschnitts 31.2 31600, 31614, 31615, 31616, 31617, 31618, 31619, 31620, 31621
im Behandlungsfall 07310, 07311, 07330, 07340, 10330, 18310, 18311, 18330, 18340, 34291

Aufwand in Min. **Kalkulationszeit:** 5 **Prüfzeit:** 4 **Eignung d. Prüfzeit:** Nur Quartalsprofil

GOÄ entsprechend oder ähnlich: Nrn. 204, 207 (Tape- aber kein Zinkleimverband), 208, 214, 227, 230 ff.

Kommentar: Nach dieser Nr. kann auch die Wiederanlage eines Gipsverbandes – mit Einschluss mind. eines großen Gelenkes – berechnet werden. Zinkleimverbände – da nicht fixierend- können nicht nach dieser Nr. berechnet werden.

Da die EBM-Ziffer 02350 in der Präambel zum Kapitel 04 (Kinderheilkunde) nicht als „zusätzlich zu berechnende EBM-Ziffer" aufgezählt ist, wird sie für Kinder- und Jugendärzte nicht extra vergütet.

Beachten Sie: Diese Leistungen sind **im Notfall und im organisierten ärztlichen Not(-fall) dienst** für Pädiater zugänglich (Entfall der Fachgebietsgrenzen).

02360   Behandlung mit Lokalanästhetika   **94**
11,22

Obligater Leistungsinhalt
- Mindestens 3 persönliche Arzt-Patienten-Kontakte im Behandlungsfall,
- Anwendung von Lokalanästhetika
  - zur Behandlung funktioneller Störungen
- und/oder
  - zur Schmerzbehandlung,

Abrechnungsbestimmung einmal im Behandlungsfall

Abrechnungsausschluss
im Behandlungsfall 02310, 07310, 07311, 07320, 07330, 07340, 10330, 16232, 18310, 18311, 18320, 18330, 18331, 18340, 34291
in derselben Sitzung 01832, 02300, 02301, 02302, 02311, 02312, 06350, 06351, 06352, 09315, 09316, 09317, 09351, 09360, 09361, 09362, 10340, 10341, 10342, 15321, 15322, 15323, 26350, 26351, 26352, 34503
im Zeitraum von 21 Tagen nach Erbringung einer Leistung des Abschnitts 31.2 und Kapitel 31.4

Aufwand in Min.   **Kalkulationszeit: KA**   **Prüfzeit: 3**   **Eignung d. Prüfzeit:** Nur Quartalsprofil

GOÄ   entsprechend oder ähnlich: Nrn. 483 bis 494

Kommentar: Mit dieser Leistungsziffer kann auch die Neuraltherapie – einmal im Behandlungsfall = Quartalsfall – berechnet werden.

Diese Ziffer ist von Ärzten für Allgemeinmedizin nicht abrechenbar.

2.4 Diagnostische Verfahren, Tests, Corona-Abstrich

02400*   Durchführung des 13C-Harnstoff-Atemtests ohne Analyse nach der Gebührenord-   **23**
nungsposition 32315   2,74

Anmerkung Die Gebührenordnungsposition 02400 ist grundsätzlich nur berechnungsfähig zur Erfolgskontrolle nach Eradikationstherapie einer Helicobacter pylori-Infektion (frühestens 4 Wochen nach Ende der Therapie) oder bei Kindern mit begründetem Verdacht auf eine Ulcuserkrankung.

Abrechnungsausschluss in derselben Sitzung 04511, 13400, 32706

Aufwand in Min.   **Kalkulationszeit: 1**   **Prüfzeit: 1**   **Eignung d. Prüfzeit:** Tages- und Quartalsprofil

GOÄ   entsprechend oder ähnlich: Analoger Ansatz der Nr. A 619*

02401*   H2-Atemtest, einschl. Kosten   **78**
9,31

Obligater Leistungsinhalt
- Mehrere Probenentnahmen,
- Mehrere Messungen der H2-Konzentration,
- Zeitbezogene Dokumentation der Messergebnisse

Abrechnungsausschluss in derselben Sitzung 01741, 04514, 13421

Aufwand in Min.   **Kalkulationszeit: 3**   **Prüfzeit: 1**   **Eignung d. Prüfzeit:** Tages- und Quartalsprofil

GOÄ   entsprechend oder ähnlich: Nr. A 618*

Kommentar: Jedoch ist die Verordnung des 13C-Harnstoffs als Fertigpräparat je nach Ausgestaltung der regionalen Sprechstundenbedarfsverordnung über Sprechstundenbedarf oder auf den Namen des Patienten möglich. Die Kostenpauschale nach EBM-Ziffer 40154 darf nur angesetzt werden, wenn der 13C-Harnstoff nicht über Sprechstundenbedarf bezogen wird.

2.5 Physikalisch-therapeutische Gebührenordnungspositionen

1. In den Gebührenordnungspositionen dieses Abschnitts sind alle Kosten enthalten mit Ausnahme der Arzneimittel und wirksamen Substanzen, die für Inhalationen, für die Thermotherapie, für die Iontophorese sowie für die Photochemotherapie erforderlich sind.

Kommentar:

Zu den nach dieser Bestimmung nicht in den Leistungsbewertungen enthaltenen Kosten gehören z. B. die bei der Inhalationsbehandlung benutzten Arzneimittel, aber auch die Kosten für wirksame Substanzen in der Thermotherapie wie Moor, Fango usw. Die hierbei verwendeten Arzneimittel sind in der Regel auf den Namen des Patienten zu verordnen, die Kosten der Substanzen für die Thermotherapie können in der Regel gesondert auf dem Behandlungsausweis geltend gemacht werden. Es ist aber in jedem Fall bei der zuständigen KV zu erfragen, ob im Rahmen der Sprechstundenbedarfsregelungen oder sonstiger Abmachungen mit den Kostenträgern abweichende Berechnungsmöglichkeiten vorgesehen sind.

02500   Einzelinhalationstherapie   **12**
                                                                               1,43

Obligater Leistungsinhalt
* Intermittierende Überdruckbeatmung

und/oder
* Inhalation mittels alveolengängiger Teilchen (z.B. Ultraschallvernebelung),

Abrechnungsbestimmung je Sitzung

Abrechnungsausschluss in derselben Sitzung 02501

Aufwand in Min.   **Kalkulationszeit:** 0   **Prüfzeit:** ./.   **Eignung d. Prüfzeit:** Keine Eignung
GOÄ   entsprechend oder ähnlich: Nr. 501*
Kommentar: Auch Inhalation mit Spacer abrechenbar.

02501   Einzelinhalationstherapie mit speziellem Verneblersystem zur Pneumocystis carinii   **44**
             Prophylaxe   5,25

Obligater Leistungsinhalt
* Einzelinhalationstherapie mit speziellem Verneblersystem zur Pneumocystis carinii Prophylaxe

Abrechnungsausschluss in derselben Sitzung 02500

Aufwand in Min.   **Kalkulationszeit:** KA   **Prüfzeit:** ./.   **Eignung d. Prüfzeit:** Keine Eignung
GOÄ   entsprechend oder ähnlich: Nr. 500*
Kommentar: Entsprechende Materialkosten für die zur Inhalation erforderlichen Medikamente können auf Rezept oder eventuell über Sprechstundenbedarf verordnet oder in Rechnung gestellt werden.

02510   Wärmetherapie   **21**
                                                                               2,51

Obligater Leistungsinhalt
* Mittels Packungen mit Paraffinen und/oder
* Mittels Peloiden und/oder
* Mittels Heißluft und/oder
* Mittels Kurz-, Dezimeterwelle und/oder
* Mittels Mikrowelle und/oder
* Mittels Hochfrequenzstrom und/oder
* Mittels Infrarotbestrahlung und/oder
* Mittels Ultraschall mit einer Leistungsdichte von weniger als 3 Watt pro cm^2,

Abrechnungsbestimmung je Sitzung

Aufwand in Min.   **Kalkulationszeit:** KA   **Prüfzeit:** ./.   **Eignung d. Prüfzeit:** Keine Eignung
GOÄ   entsprechend oder ähnlich: Nrn. 530*, 535*, 536*, 538*, 539*, 548*, 549*, 551*

2 Allgemeine diagnostische und therapeutische Gebührenordnungspositionen

EBM-Nr.   EBM-Punkte / Euro

02511 Elektrotherapie unter Anwendung niederfrequenter und/oder mittelfrequenter **9**
Ströme   1,07

Obligater Leistungsinhalt
- Galvanisation und/oder
- Reizstrom und/oder
- Neofaradischer Schwellstrom und/oder
- Iontophorese und/oder
- Amplituden-modulierte Mittelfrequenztherapie und/oder
- Schwellstromtherapie und/oder
- Interferenzstromtherapie,

Abrechnungsbestimmung je Sitzung

Anmerkung Die Gebührenordnungsposition 02511 ist im Behandlungsfall höchstens achtmal berechnungsfähig.

Abrechnungsausschluss in derselben Sitzung 07310, 07311, 16232, 18310, 18311

Aufwand in Min. **Kalkulationszeit:** KA   **Prüfzeit:** ./.   **Eignung d. Prüfzeit:** Keine Eignung

GOÄ entsprechend oder ähnlich: Nrn. 551*, 552*

Kommentar: Im Behandlungsfall = Quartalsfall kann die Leistung insgesamt 8x berechnet werden – unabhängig von der Zahl der behandelten Erkrankungen (Diagnosen). Für eine neue Erkrankung (zweite Diagnose) ist die Leistung nicht erneut 8x berechenbar. Die für eine Iontophorese ggf. erforderlichen Medikamente können zu Lasten des Patienten verordnet oder über Sprechstundenbedarf bezogen werden.

02512 Gezielte Elektrostimulation bei spastischen und/oder schlaffen Lähmungen **18**
2,15
Obligater Leistungsinhalt
- Elektrostimulation,
- Festlegung der Reizparameter,

Abrechnungsbestimmung je Sitzung

Aufwand in Min. **Kalkulationszeit:** KA   **Prüfzeit:** ./.   **Eignung d. Prüfzeit:** Keine Eignung

GOÄ entsprechend oder ähnlich: Nr. 555*

02520* Phototherapie eines Neugeborenen, **96**
11,46
Abrechnungsbestimmung je Tag

Aufwand in Min. **Kalkulationszeit:** KA   **Prüfzeit:** ./.   **Eignung d. Prüfzeit:** Keine Eignung

GOÄ entsprechend oder ähnlich: Nr. 566*

III Arztgruppenspezifische Gebührenordnungspositionen

4 Versorgungsbereich Kinder- und Jugendmedizin

Kommentar:

Die im Anhang 4 aufgelisteten Leistungen wurden durch den Bewertungsausschuss aus dem EBM als abrechnungsfähige Leistungen gestrichen.

4.1 Präambel

1. Die in diesem Kapitel aufgeführten Gebührenordnungspositionen können – unbeschadet der Regelung gemäß 6.2 der Allgemeinen Bestimmungen – ausschließlich von Fachärzten für Kinder- und Jugendmedizin berechnet werden.

2. Fachärzte für Kinder- und Jugendmedizin können – wenn sie im Wesentlichen spezielle Leistungen erbringen – gemäß § 73 Abs. 1a SGB V auf deren Antrag die Genehmigung zur Teilnahme an der fachärztlichen Versorgung erhalten.

3. Die in der Präambel unter 1. aufgeführten Vertragsärzte können zusätzlich die arztgruppenspezifischen Leistungen entsprechend den Gebührenordnungspositionen 01510 bis 01512, 01520, 01521, 01530, 01531, 01540 bis 01545, 02100, 02101, 02102 sowie die Gebührenordnungspositionen der Abschnitte 4.4, 4.5, 31.2, 31.3, 31.4.3, 31.5, 31.6, 32.3, 33 und 34 berechnen, wenn sie die Voraussetzungen zur Berechnung von Gebührenordnungspositionen gemäß Abschnitt 4.4 und/oder 4.5 erfüllen.

4. Wird ein Facharzt für Kinder- und Jugendmedizin mit Schwerpunkt oder Zusatzweiterbildung im Arztfall ausschließlich im hausärztlichen Versorgungsbereich tätig, sind die pädiatrischen Versichertenpauschalen aus Abschnitt 4.2.1 berechnungsfähig. Wird ein Facharzt für Kinder- und Jugendmedizin mit Schwerpunkt oder Zusatzweiterbildung im Arztfall im fachärztlichen Versorgungsbereich tätig, sind abweichend von 4.1 der Allgemeinen Bestimmungen die Versichertenpauschalen aus Abschnitt 4.2.1 mit einem Aufschlag in Höhe von 60 % der jeweiligen Punktzahl berechnungsfähig. Finden im Behandlungsfall ausschließlich Arzt- Patienten-Kontakte im Rahmen einer Videosprechstunde gemäß Anlage 31b zum Bundesmantelvertrag-Ärzte (BMV-Ä) statt, erfolgt der Aufschlag auf die Versichertenpauschale nach der Gebührenordnungsposition 04000 auf Basis der um die Abschläge gemäß Abs. 5 Nr. 1 der Allgemeinen Bestimmungen 4.3.1 reduzierten Versicherten-, Grund- oder Konsiliarpauschalen. Die Regelungen unter 6.1 der Allgemeinen Bestimmungen bleiben davon unberührt. Erfolgt die Behandlung eines Versicherten auf Überweisung zur Durchführung von Auftragsleistungen (Indikations- bzw. Definitionsauftrag gemäß § 24 Abs. 7 Nr. 1 BMV-Ä bzw. § 27 Abs. 7 Nr. 1) ist für den Facharzt für Kinder- und Jugendmedizin gemäß 4.1 der Allgemeinen Bestimmungen neben den Gebührenordnungspositionen seines Abschnitts die Gebührenordnungsposition 01436 – Konsultationspauschale – berechnungsfähig.

5. Außer den in diesem Kapitel genannten Gebührenordnungspositionen sind von den in der Präambel genannten Vertragsärzten – unbeschadet der Regelungen gemäß I-5 und I-6.2 der Allgemeinen Bestimmungen – zusätzlich nachfolgende Gebührenordnungspositionen berechnungsfähig: 01100 bis 01102, 01205, 01207, 01210, 01212, 01214, 01216, 01218, 01220 bis 01224, 01226, 01320 bis 01323, 01410 bis 01416, 01418, 01425, 01426, 01430, 01431, 01435, 01438, 01442, 01444, 01450, 01480, 01546, 01600 bis 01602, 01610, 01611, 01620 bis 01624, 01626, 01630, 01640 bis 01642, 01645, 01647, 01648, 01660, 01670 bis 01672, 01702 bis 01707, 01709 bis 01723, 01799, 01820 bis 01824, 01828, 01940, 01949 bis 01953, 01955, 01956, 01960, 02300 bis 02302, 02310 bis 02313, 02500, 02501, 02510 bis 02512, 02520 und 30706.

6. Die Gebührenordnungspositionen 01816, 01821 bis 01824 und 01828 sind von Fachärzten für Kinder- und Jugendmedizin berechnungsfähig, wenn sie eine mindestens einjährige Weiterbildung im Gebiet Frauenheilkunde und Geburtshilfe nachweisen können oder wenn entsprechende Leistungen bereits vor dem 31.12.2002 durchgeführt und abgerechnet wurden.

7. Außer den in diesem Kapitel genannten Gebührenordnungspositionen sind bei Vorliegen der entsprechenden Qualifikationsvoraussetzungen von den in der Präambel genannten Vertragsärzten – unbeschadet der Regelungen gemäß I-5 und I-6.2 der Allgemeinen Bestimmungen – zusätzlich nachfolgende Gebührenordnungspositionen berechnungsfähig: 01474, 01920 bis 01922, 30400 bis 30402, 30410, 30411, 30420, 30421, 30430, 30610, 30611, 30800, 30810, 30811, 30902, 30905, 31912, 33000 bis 33002, 33010 bis 33012, 33040 bis 33044, 33050 bis 33052, 33060 bis 33062, 33076, 33080, 33081 und 33090 bis 33092, 37700 bis 37705, 37714, 37710, 37711, 37720, Gebührenordnungspositionen der Abschnitte IV-30.1, IV-30.2.1, IV-30.3, IV-30.5, IV-30.7, IV-30.9, IV-30.12, IV-31.1, IV-31.1, IV-31.4.2, IV-32.1, IV-32.2, IV-36.2, IV-36.3, IV-36.6, Kap. 37 und Kap. 38 sowie Gebührenordnungspositionen des Kapitels IV-35.

© Springer-Verlag GmbH Deutschland, ein Teil von Springer Nature 2024
P. M. Hermanns und K. von Pannwitz (Hrsg.), *EBM 2024 Kommentar Kinderheilkunde*, Abrechnung erfolgreich und optimal,
https://doi.org/10.1007/978-3-662-68662-1_3

8. Außer den in diesem Kapitel genannten Gebührenordnungspositionen sind bei Vorliegen der entsprechenden Qualifikationsvoraussetzungen von den in der Präambel genannten Vertragsärzten - unbeschadet der Regelungen gemäß 5 und 6.2 der Allgemeinen Bestimmungen - zusätzlich die Gebührenordnungspositionen der Abschnitte 11.3, 11.4.1, 11.4.3, 11.4.4 und 19.4 berechnungsfähig, wenn sie die Voraussetzungen zur Berechnung von Gebührenordnungspositionen gemäß Abschnitt 4.4 und/oder 4.5 erfüllen. Außer den in diesem Kapitel genannten Gebührenordnungspositionen sind bei Vorliegen der entsprechenden Qualifikationsvoraussetzungen von den in der Präambel genannten Vertragsärzten – unbeschadet der Regelungen gemäß 5 und 6.2 der Allgemeinen Bestimmungen – zusätzlich die Gebührenordnungspositionen der Abschnitte 11.3, 11.4.1, 11.4.3, 11.4.4 und 19.4 berechnungsfähig, wenn sie die Voraussetzungen zur Berechnung von Gebührenordnungspositionen gemäß Abschnitt 4.4 und/oder 4.5 erfüllen.

9. Bei der Berechnung der zusätzlichen Gebührenordnungspositionen in den Nrn. 3, 5, 6 und 7 sind die Maßnahmen zur Qualitätssicherung gemäß § 135 Abs. 2 SGB V, die berufsrechtliche Verpflichtung zur grundsätzlichen Beschränkung auf das jeweilige Gebiet sowie die Richtlinien des Gemeinsamen Bundesausschusses zu beachten.

10. Werden die in den Versichertenpauschalen enthaltenen Leistungen entsprechend den Gebührenordnungspositionen 01600, 01601, 01610 und 01612 durchgeführt, sind für die Versendung bzw. den Transport die Kostenpauschalen nach den Gebührenordnungspositionen 40110 und 40111 berechnungsfähig. Wird die in den Versichertenpauschalen enthaltene Leistung entsprechend der Gebührenordnungsposition 02400 erbracht, ist für die Erbringung der Leistung die Kostenpauschale nach der Gebührenordnungsposition 40154 berechnungsfähig.

11. Abweichend von 5.1 der Allgemeinen Bestimmungen erfolgt in fachgleichen (Teil-)Berufsausübungsgemeinschaften zwischen Ärzten gemäß Nr. 1 dieser Präambel und in fachgleichen Praxen von Ärzten gemäß Nr. 1 dieser Präambel mit angestelltem/n Arzt/Ärzten gemäß Nr. 1 dieser Präambel ein Aufschlag in Höhe von 22,5 % auf die Versichertenpauschalen nach den Gebührenordnungspositionen 04000 und 04030. Finden im Behandlungsfall ausschließlich Arzt-Patienten-Kontakte im Rahmen einer Videosprechstunde gemäß Anlage 31b zum Bundesmantelvertrag-Ärzte (BMV-Ä) statt, erfolgt der Aufschlag auf die Versichertenpauschale nach der Gebührenordnungsposition 04000 auf Basis der um die Abschläge gemäß Abs. 5 Nr. 1 der Allgemeinen Bestimmungen 4.3.1 reduzierten Versichertenpauschale.

12. Für die Gebührenordnungspositionen 04230 und 04231 wird ein Punktzahlvolumen für die gemäß den Gebührenordnungsposition 04230 erbrachten und berechneten Gespräche gebildet, aus dem alle gemäß den Gebührenordnungspositionen 04230 und 04231 erbrachten Leistungen zu vergüten sind. Das Punktzahlvolumen beträgt 45 Punkte multipliziert mit der Anzahl der Behandlungsfälle gemäß Nr. 12 dieser Präambel. In Berufsausübungsgemeinschaften, Medizinischen Versorgungszentren und Praxen mit angestellten Ärzten beträgt das Punktzahlvolumen 45 Punkte für jeden Behandlungsfall gemäß Nr. 12 dieser Präambel, bei dem ein Arzt gemäß Nr. 1 dieser Präambel vertragsärztliche Leistungen durchführt und berechnet.

13. Relevant für die Fallzählung der Vergütung der Gebührenordnungsposition 04230 sind Behandlungsfälle gemäß § 21 Abs. 1 und Abs. 2 Bundesmantelvertrag-Ärzte (BMV-Ä) bzw. § 25 Abs. 1 und Abs. 2 Arzt-/Ersatzkassenvertrag (EKV), ausgenommen Notfälle im organisierten Not-(fall)dienst (Muster 19 der Vordruck-Vereinbarung) und Überweisungsfälle zur Durchführung ausschließlich von Probenuntersuchungen oder zur Befundung von dokumentierten Untersuchungsergebnissen und Behandlungsfälle, in denen ausschließlich Kostenerstattungen des Kapitels 40 berechnet werden, sowie stationäre (belegärztliche) Behandlungsfälle.

14. Die in der Präambel unter 1. aufgeführten Vertragsärzte können die arztgruppenspezifische Gebührenordnungsposition 08619 berechnen.

Kommentar:

Alle Gebührenordnungspositionen des Kapitels 4 – das sind die Leistungen nach den Nrn. 04110 bis 04580 – können grundsätzlich (s. Kommentierung zu Kapitel I, Abschnitt 1.5) nur von Fachärzten für Kinder- und Jugendmedizin abgerechnet werden:

Erfüllt ein Kinderarzt die Voraussetzungen nach Abschnitt 4.4 (Gebührenordnungspositionen der schwerpunktorientierten Kinder- und Jugendmedizin) und/oder 4.5 (Pädiatrische Gebührenordnungspositionen mit Zusatzweiterbildung) kann er darüber hinaus folgende Gebührenordnungspositionen abrechnen:

- Nrn. 01520, 01521, 01530, 01531 Zusatzpauschale für Beobachtung und Betreuung eines Kranken, sowie die Gebührenordnungspositionen der folgenden Abschnitte
- 4.4 schwerpunktorientierte Kinder- und Jugendmedizin,
- 4.5 pädiatrische Gebührenordnungspositionen mit Zusatzweiterbildung,
- 11.3 diagnostische Humangenetik,
- 11.3 diagnostische Humangenetik,

- 31.2 ambulante Operationen,
- 31.3 Postoperativer Überwachungskomplex
- 31.4.3 Postoperativer Behandlungskomplex im fachärztlichen Versorgungsbereich,
- 31.5 Anästhesien im Zusammenhang mit ambulanten Operationen,
- 31.6 orthopädisch-chirurgisch konservative Gebührenordnungspositionen
- 32.3 Spezielle Laboruntersuchungen, molekuluargenetische und molekularpathologische Untersuchungen,
- 33 Ultraschalldiagnostik,
- 34 Radiologie, CT, NMR

In diesem Fall können nicht die Qualitäts- und Qualifikationszuschläge des Abschnitts 4.2.2 abgerechnet werden, dafür aber die Gebührenordnungspositionen aus den Bereichen II (Arztgruppenübergreifende allgemeine Gebührenordnungspositionen) und III (Arztgruppenspezifische Gebührenordnungspositionen).

Bei einem Facharzt für Kinder- und Jugendmedizin mit Schwerpunkt oder Zusatzweiterbildung richtet sich die Berechnungsfähigkeit der Versichertenpauschalen danach, wie er im Arztfall tätig wird:

- wird er im Arztfall ausschließlich im hausärztlichen Versorgungsbereich tätig, sind die pädiatrischen Versichertenpauschalen nach Abschnitt 4.2.1 zu 100 % abrechnungsfähig,
- wird er hingegen im fachärztlichen Versorgungsbereich tätig, sind die pädiatrischen Versichertenpauschalen nach Abschnitt 4.2.1 mit einem Aufschlag von 40 % der Punktzahl abrechnungsfähig.

Wird ein Kinderarzt im Rahmen einer Auftragsüberweisung tätig, kann er zusätzlich die Nr. 01436 (Konsultationspauschale) abrechnen.

Zusätzlich sind für Kinderärzte abrechnungsfähig, sofern die übrigen Abrechnungsvoraussetzungen des EBM gegeben sind

- die nachfolgenden Leistungen des Abschnitts II (arztgruppenübergreifende allgemeine Leistungen):
  - Nrn. 01100 bis 01102 Unvorhergesehene Inanspruchnahme,
  - Nrn. 01205, 01207 Notfallpauschale für die Abklärung des Behandlungsnotwendigkeit,
  - Nr. 01210 Notfallpauschale im organisierten Not(fall)dienst,
  - Nr. 01211 Zusatzpauschale für die Besuchsbereitschaft im Notfall bez. organisierten Not(fall)dienst,
  - Nr. 01212 Notfallpauschale im organisierten Not(fall)dienst,
  - Nr. 01214 bis 01222 Notfallkonsultationspauschale im organisierten Not(fall)dienst, Zusatzpauschale für die Besuchsbereitschaft im Notfall bez. organisierten Not(fall)dienst, Reanimationskomplex,
  - Nrn. 01223 bis 01226 Zuschlag zur Notfallpauschale in besonderen Fällen,
  - Nrn. 01320, 01321 Grundpauschale für ermächtigte Ärzte, Krankenhäuser bzw. Institute,
  - Nrn. 01410 bis 01416 Besuche, Visite, Begleitung eines Kranken beim Transport,
  - Nr. 01418 Besuch im organisierten Not(fall)dienst,
  - Nrn. 01425, 01426 Verordnung spezialisierter ambulanter Palliativversorgung,
  - Nr. 01430 Verwaltungskomplex,
  - Nr. 01435 Telefonische Beratung,
  - Nr. 01436 Konsultationspauschale,
  - Nrn. 01600 bis 01602 Ärztlicher Bericht/Brief,
  - Nrn. 01620 bis 01623 Bescheinigung, Krankheitsbericht, Kurplan, Kurvorschlag,
  - Nr. 01630 Meditationsplan,
  - Nr. 01704 Neugeborenen-Hörscreening,
  - Nrn. 01705, 01706 Neugeborenen-Hörscreening,
  - Nr. 01707 Erweitertes Neugeborenen-Screening
  - Nrn. 01711 bis 01723 Neugeborenen-Untersuchungen Jugendgesundheitsuntersuchung, Besuch zur Früherkennung, Sonographie Säuglingshüfte,
  - Nr. 01816 bis 01818 Clamydienscreening,
  - Nrn. 01820 bis 01822 Empfängnisregelung,
  - Nr. 01828 Entnahme von Venenblut,
  - Nrn. 01840, 01842, 01843 Clamydienscreening,
  - Nrn. 01915, 01917, 01918 Clamydienscreening,

- Nrn. 01950 bis 01952 Substitutionsbehandlung,
- Nrn. 01955, 01956 Diamorphingestützte Behandlung Opiatabhängiger,
- Nrn. 02300 bis 02302 Kleinchirurgischer Eingriff,
- Nr. 02310 Behandlung sek. heilender Wunden, Dekubitalulcus,
- Nr. 02311 Diabetischer Fuß
- Nrn. 02500, 02501 Einzelinhalationen,
- Nrn. 02510 bis 02512 Wärme- u. Elektrotherapie, Elektrostimulation und
- Nr. 02520 Phototherapie eines Neugeborenen
- sowie die folgenden Gebührenordnungspositionen des Abschnitts IV (arztgruppenübergreifende spezielle Leistungen):
  - Nrn. 30400 bis 30402 Massage-, Kompressions- oder Unterwassertherapie,
  - Nrn. 30410, 30411 Atemgymnastik,
  - Nrn. 30420, 30421 Krankengymnastik,
  - Nr. 30430 Selektive Phototherapie,
  - Nrn. 30610, 30611 Hämorrhoidenbehandlung
  - Nr. 30800 Soziotherapie – Hinzuziehen eines Leistungserbringers,
  - Nr. 31912 Einrichtung von Fraktur / Luxationen des Ellenbogen- / Kniegelenks
  - Nrn. 33000 bis 33002 – 33010 bis 33012 – 33040 bis 33044 – 33050 bis 33052 – 33060 bis 33062 – 33076 – 33080 – 33081 – 33090 bis 33092 Sonographische Leistungen,
- Gebührenordnungspositionen der Abschnitte
  - 30.1 Allergologie
  - 30.2 Chirotherapie
  - 30.3 Neurophysiologische Übungsbehandlung
  - 30.5 Phlebologie
  - 30.7 Schmerztherapie
  - 30.9 Schlafstörungsdiagnostik
  - 30.12 Diagnostik und Therapie bei MRSA
  - 31.1 Präoperative Gebührenordnungspositionen
  - 31.4.2 Postoperativer Behandlungskomplex im Hausärztlichen Versorgungsbereich
  - 32.1 Labor-Grundleistungen
  - 32.2 Allgemeine Laboruntersuchungen,
  - 36.2 Belegärztliche Operationen
  - 36.3 Postoperativer Überwachungskomplex nach belegärztlichen Operationen
  - 36.6 Belegärztlich konservativer Bereich
  - 36.6.2 Konservativ-belegärztliche Strukturpauschalen
- Gebührenordnungspositionen des Kapitels
  - 35 Psychotherapie

Hat ein Kinderarzt eine mindestens einjährige Weiterbildung im Gebiet der Frauenheilkunde und Geburtshilfe nachgewiesen, kann er ferner aus dem Bereich des Abschnitts II (arztgruppenübergreifende allgemeine Leistungen) die Leistungen nach den Nrn. 01816 bis 01818, 01821, 01822, 01828, 01840, 01842, 01843, 01915, 01917 und 01918 (Beratung und Blutentnahme bei Empfängnisregelung, Clamydienscreening) abrechnen.

Wichtig ist, dass auch für die nach der obigen Regelung zusätzlich abrechnungsfähigen Leistungen immer auch die Abrechnungsvoraussetzungen und -ausschlüsse beachtet werden müssen, die im EBM für die Abrechnung der jeweiligen Leistung genannt sind.

Generell gilt, dass die übrigen Bestimmungen des EBM sowie die Maßnahmen zur Qualitätssicherung sowie die berufsrechtlichen Fachgebietsbeschränkungen zu beachten sind. Insbesondere sollte geprüft werden, ob zur Erbringung und Abrechnung bestimmter Leistungen eine Genehmigung erforderlich ist und welche Voraussetzungen hierfür nachgewiesen werden müssen.

Werden Leistungen nach den Gebührenordnungspositionen 01600, 01601, 01610 und 01612 (Bericht, Brief, Bescheinigung) erbracht, können auch dann, wenn die Leistung nicht gesondert berechnungsfähig sein sollte, da sie in der Versichertenpauschale enthalten ist, für Versendung und Transport die Kostenpauschalen nach den Nrn. 40110 oder 40111 abgerechnet werden. Ähnliches gilt für den 13C-Harnstoff-Atemtest (Nr. 02400). Hier ist für den Bezug des 13C-Harnstoffs die Kostenpauschale nach Nr. 40154 berechnungsfähig.

Rechtsprechung:

Eine Kinder- und Jugendärztin ohne Schwerpunktbezeichnung, welche Leistungen nach Kapitel 4, Abschnitt 4.5.1 EBM-Ä (pädiatrisch-gastroenterologischen GOP) erbringen möchte, bedarf einer Erlaubnis zur partiellen Teilnahme an der fachärztlichen Versorgung nach § 73 Abs. 1a Satz 3 SGB V. Fachärzte für Kinder- und Jugendmedizin ohne Schwerpunktbezeichnung nehmen grundsätzlich an der hausärztlichen Versorgung teil. Anders als Kinder- und Jugendärzte mit Schwerpunktbezeichnung, dürfen sie in der vertragsärztlichen Versorgung keine Leistungen, die nach der vom Bewertungsausschuss vorgenommenen Aufgliederung dem fachärztlichen Versorgungsbereich zuzuordnen sind, erbringen und abrechnen.
Aktenzeichen: BSG, 23.03.2023, B 6 KA 4/22 R
Entscheidungsjahr: 2023

4.2 Gebührenordnungspositionen der allgemeinen Kinder- und Jugendmedizin

4.2.1 Pädiatrische Versichertenpauschalen, Versorgungsbereichsspezifische Vorhaltung

04000 Versichertenpauschale

Obligater Leistungsinhalt
* Persönlicher Arzt-Patienten-Kontakt und/oder Arzt-Patienten-Kontakt im Rahmen einer Videosprechstunde gemäß Anlage 31b zum BMV-Ä,

Fakultativer Leistungsinhalt
* Allgemeine und fortgesetzte ärztliche Betreuung eines Patienten in Diagnostik und Therapie bei Kenntnis seines häuslichen und familiären Umfeldes,
* Koordination diagnostischer, therapeutischer und pflegerischer Maßnahmen, insbesondere auch mit anderen behandelnden Ärzten, nichtärztlichen Hilfen und flankierenden Diensten,
* Einleitung präventiver und rehabilitativer Maßnahmen sowie die Integration nichtärztlicher Hilfen und flankierender Dienste in die Behandlungsmaßnahmen,
* Erhebung von Behandlungsdaten und Befunden bei anderen Leistungserbringern und Übermittlung erforderlicher Behandlungsdaten und Befunde an andere Leistungserbringer, sofern eine schriftliche Einwilligung des Versicherten, die widerrufen werden kann, vorliegt,
* Dokumentation, insbesondere Zusammenführung, Bewertung und Aufbewahrung der wesentlichen Behandlungsdaten,
* Weitere persönliche oder andere Arzt-Patienten-Kontakte gemäß 4.3.1 der Allgemeinen Bestimmungen,
* In Anhang 1 aufgeführte Leistungen,

Abrechnungsbestimmung einmal im Behandlungsfall

Anmerkung Die Dokumentation der ggf. erfolgten schriftlichen, widerrufbaren Einwilligung des Versicherten zur Erhebung, Dokumentation und Übermittlung von Behandlungsdaten und Befunden an andere Leistungserbringer erfolgt nach Maßgabe der zuständigen Kassenärztlichen Vereinigung auf der Grundlage des § 73 SGB V und verbleibt beim Hausarzt.
Bei Behandlung im organisierten Not(-fall)dienst sind anstelle der Versichertenpauschale nach der Gebührenordnungsposition 04000 die Notfallpauschalen nach den Gebührenordnungspositionen 01210, 01214, 01216 und 01218 zu berechnen.
Bei einer Behandlung im Rahmen einer nach Art und Umfang definierten Überweisung (Definitionsauftrag) ist die Versichertenpauschale nach der Gebührenordnungsposition 04000 nicht berechnungsfähig.
Erfolgt im Behandlungsfall lediglich eine Inanspruchnahme durch den Patienten unvorhergesehen im Zusammenhang mit der Erbringung der Leistungen entsprechend den Gebührenordnungspositionen 01100, 01101, 01411, 01412, 01415, 01418 so ist anstelle der Versichertenpauschale 04000 die Versichertenpauschale 04030 zu berechnen.

Abrechnungsausschluss in derselben Sitzung 01436

GOÄ   entsprechend oder ähnlich: Eine vergleichbare Leistung ist in der GOÄ nicht aufgeführt, daher einzelne erbrachte Leistungen ansetzen

Kommentar: Der Arzt setzt die Versichertenpauschale nach 04000 an. Die zuständige KV setzt die entsprechend dem Alter vorgesehene Leistung und Punktzahl an.

Es werden folgende Pseudoziffern (auch in Kommentaren) verwendet:

Auch in diesem Kommentar verwenden wir die Pseudoziffern:

04001   bis zum vollendeten 4. Lebensjahr   **225**   26,85

Aufwand in Min.   **Kalkulationszeit:** 21   **Prüfzeit:** 16   **Eignung d. Prüfzeit:** Nur Quartalsprofil

04002   ab Beginn des 5. bis zum vollendeten 18. Lebensjahr   **142**   16,95

Aufwand in Min.   **Kalkulationszeit:** 14   **Prüfzeit:** 11   **Eignung d. Prüfzeit:** Nur Quartalsprofil

04003   ab Beginn des 19. bis zum vollendeten 54. Lebensjahr   **114**   13,60

Aufwand in Min.   **Kalkulationszeit:** 12   **Prüfzeit:** 9   **Eignung d. Prüfzeit:** Nur Quartalsprofil

04004   ab Beginn des 55. bis zum vollendeten 75. Lebensjahr   **148**   17,66

Aufwand in Min.   **Kalkulationszeit:** 15   **Prüfzeit:** 11   **Eignung d. Prüfzeit:** Nur Quartalsprofil

04005   ab Beginn des 76. Lebensjahres   **200**   23,87

Aufwand in Min.   **Kalkulationszeit:** 21   **Prüfzeit:** 16   **Eignung d. Prüfzeit:** Nur Quartalsprofil

---

04008   Zuschlag zu der Versichertenpauschale nach der Gebührenordnungsposition 04000 für die Vermittlung eines aus medizinischen Gründen dringend erforderlichen Behandlungstermins gemäß § 73 Abs. 1 Satz 2 Nr. 2 SGB V   **131**   15,63

Obligater Leistungsinhalt
- Vermittlung eines Behandlungstermins bei einem an der fachärztlichen Versorgung teilnehmenden Vertragsarzt,
- Überweisung an einen an der fachärztlichen Versorgung teilnehmenden Vertragsarzt

Anmerkung Die Gebührenordnungsposition 04008 ist berechnungsfähig, sofern die Behandlung des Versicherten spätestens am 4. Kalendertag nach Feststellung der Behandlungsnotwendigkeit durch den Hausarzt beginnt.
Die Gebührenordnungsposition 04008 ist auch berechnungsfähig, wenn der Termin der Behandlung des Versicherten spätestens auf dem 35. Kalendertag nach Feststellung der Behandlungsnotwendigkeit durch den Hausarzt beginnt und eine Terminvermittlung durch die Terminservicestellen der Kassenärztlichen Vereinigung oder eine eigenständige Terminvereinbarung durch den Patienten (oder eine Bezugsperson) aufgrund der medizinischen Besonderheit des Einzelfalls nicht angemessen oder nicht zumutbar ist. Die Berechnungsfähigkeit der Gebührenordnungsposition 04008 ab dem 24. Kalendertag nach Feststellung der Behandlungsnotwendigkeit setzt die Angabe einer medizinischen Begründung voraus.
Der Tag nach der Feststellung der Behandlungsnotwendigkeit gilt jeweils als erster Zähltag.
Die Gebührenordnungsposition 04008 ist auch bei Überweisung an einen Facharzt für Kinder- und Jugendmedizin, der die Voraussetzungen zur Berechnung von Gebührenordnungspositionen des Abschnitts 4.4 oder 4.5 erfüllt, berechnungsfähig.
Die Gebührenordnungsposition 04008 ist nur dann mehrfach im Behandlungsfall berechnungsfähig, wenn der Patient in demselben Quartal zu mehreren Fachärzten unterschiedlicher Arztgruppen vermittelt wird.
Die Gebührenordnungsposition 04008 ist nicht berechnungsfähig, wenn der vermittelte Patient nach Kenntnis des vermittelnden Arztes bei der an der fachärztlichen Versorgung teilnehmenden Arztgruppe derselben Praxis in demselben Quartal bereits behandelt wurde. Der Arzt ist verpflichtet, sich zu erkundigen, ob der Patient in demselben Quartal bei dieser Arztgruppe in dieser Praxis bereits behandelt wurde.
Abweichend von Nr. 4.4.2 der Allgemeinen Bestimmungen und der Leistungslegende ist der Zuschlag nach der Gebührenordnungsposition 04008 in selektivvertraglichen Fällen auch ohne Berechnung der Grundleistung nach der Gebührenordnungsposition

04000 berechnungsfähig, sofern die Leistung nach der Gebührenordnungsposition 04008 nicht Gegenstand des Selektivvertrags ist. Der Fall ist gegenüber der Kassenärztlichen Vereinigung anhand der Gebührenordnungsposition 88196 nachzuweisen.
Bei der Abrechnung der Gebührenordnungsposition 04008 ist die (Neben-)Betriebsstättennummer der Praxis, an die der Patient vermittelt wurde, anzugeben.

Kommentar: Die EBM-Nr. 03008 bei Hausärzten und auch die EBM-Nr. 04008 bei Pädiatern wurden schon zum 1. September 2019 als Zuschlag auf die hausärztliche Versichertenpauschale für die Vermittlung eines aus medizinischen Gründen dringend erforderlichen Behandlungstermins bei einem in einer anderen Praxis fachärztlich tätigen Vertragsarzt eingeführt. **Der Termin muss spätestens 4 Kalendertage nach dem Datum des hausärztlichen Kontakts erfolgen.**

„Die KV informiert u.a.– im Internet: https://www.kbv.de/html/terminvermittlung.php
Pädiater und Hausärzte erhalten ab 1.1.2023 für die zeitnahe Vermittlung des Termins beim Facharzt 15.-EUR statt wie bislang 10.-EUR. Für den 15-Euro-Zuschlag zur Versichertenpauschale rechnen Sie die GOP 03008 bzw. GOP 04008 ab.
Fachärzte können die Zuschläge (mit Ausnahmen des Zuschlags im Akutfall) auch dann abrechnen, wenn der Termin durch einen Hausarzt oder Pädiater vermittelt wurde. Die Behandlung wird weiterhin extrabudgetär und damit in voller Höhe vergütet.
Wichtig: Sie müssen die BSNR der Facharztpraxis angeben: Zusätzlich geben Sie bei der Abrechnung die Betriebsstättennummer (BSNR) der Praxis an, bei der Sie für den Patienten einen Termin vereinbart haben. Hierfür gibt es das Feld „BSNR des vermittelten Facharztes". Wier finden Sie die BSNR der einzelnen Praxen? Sie können unter dem Stichwort „Kollegensuche" im Sicheren Netz nachsehen – oder einfacher persönlich erfragen."

Aufwand in Min.   **Kalkulationszeit:** KA   **Prüfzeit:** ../.   **Eignung d. Prüfzeit:** Keine Eignung

04010   Zuschlag zu der Gebührenordnungsposition 04000 für die Behandlung aufgrund einer TSS-Vermittlung und/oder Vermittlung durch den Hausarzt gemäß Allgemeiner Bestimmung 4.3.10.1, 4.3.10.2 oder 4.3.10.3
Abrechnungsbestimmung einmal im Arztgruppenfall
Anmerkung Die Gebührenordnungsposition 04010 kann durch die zuständige Kassenärztliche Vereinigung zugesetzt werden.
Kommentar: Die KV informiert u.a.– im Internet:
https://www.kbv.de/html/terminvermittlung.php
Siehe auch 4.3.10 der Allg. Bestimmungen und unter Nr. 03008

04020   Hygienezuschlag zu der Versichertenpauschale nach der Gebührenordnungsposition 04000   **2**
0,24
Abrechnungsbestimmung einmal im Behandlungsfall
Anmerkung Die Gebührenordnungsposition 04020 wird durch die zuständige Kassenärztliche Vereinigung zugesetzt.
Berichtspflicht Nein
Aufwand in Min.   **Kalkulationszeit:** KA   **Prüfzeit:** ./.   **Eignung d. Prüfzeit:** Keine Eignung

04030   Versichertenpauschale bei unvorhergesehener Inanspruchnahme zwischen 19:00   **77**
und 7:00 Uhr, an Samstagen, Sonntagen, gesetzlichen Feiertagen, am 24.12. und   **9,19**
31.12. bei persönlichem Arzt-Patienten-Kontakt
Obligater Leistungsinhalt
Persönlicher Arzt-Patienten-Kontakt im Zusammenhang mit der Erbringung der Leistungen entsprechend den Gebührenordnungspositionen 01100, 01101, 01411, 01412, 01415 oder 01418
Fakultativer Leistungsinhalt
• In Anhang 1 aufgeführte Leistungen,
Abrechnungsbestimmung höchstens zweimal im Behandlungsfall

Anmerkung Die Versichertenpauschale nach der Nr. 04030 ist im belegärztlich-stationären Behandlungsfall nicht berechnungsfähig.

Erfolgt im Behandlungsfall lediglich eine Inanspruchnahme durch den Patienten unvorhergesehen im Zusammenhang mit der Erbringung der Leistungen entsprechend den Gebührenordnungspositionen 01100, 01101, 01411, 01412, 01415 oder 01418, so ist anstelle der Versichertenpauschale 04000 die Versichertenpauschale 04030 zu berechnen.

Abrechnungsausschluss
in derselben Sitzung 01210, 01214, 01216, 01218, 01436, 30702
im Behandlungsfall 01600, 01601, 04000, 04010

Aufwand in Min. **Kalkulationszeit:** KA   **Prüfzeit:** ./.   **Eignung d. Prüfzeit:** Keine Eignung

GOÄ   entsprechend oder ähnlich: Eine vergleichbare Leistung ist in der GOÄ nicht aufgeführt, daher einzelne erbrachte Leistungen ansetzen.

Kommentar: Eine Berechnung neben der kinderärztlichen Versichertenpauschale ist dann möglich, wenn eine spezifisch neuropädiatrische Einzelbehandlung von mind. 10 Min. (z.B. persönliches Gespräches, Beratung, Erörterung oder Abklärung) erfolgt

Allerdings gibt es einen Leistungsausschluss mit den fakultativen Inhalten der kinderärztlichen Versichertenpauschale 04000 zu beachten: Die Koordination diagnostischer, therapeutischer und pflegerischer Maßnahmen, insbesondere auch mit anderen behandelnden Ärzten, nichtärztlichen Hilfen und flankierenden Diensten darf nicht über die Ziffer 04430 abgerechnet werden. Ebenso vom Abrechnungsausschluss betroffen ist die Einleitung präventiver und rehabilitativer Maßnahmen sowie die Integration nichtärztlicher Hilfen und flankierender Dienste in die Behandlungsmaßnahmen.

Das neuropädiatrische Gespräch ist im Notfalldienst nicht abrechenbar, da Gesprächsleistungen in der EBM-Nr. 01210 genannt sind.

> **Hinweis:** Siehe Informationen zur Zusatzpauschale vor EBM Nr. 03040!

04040   Zusatzpauschale zu den Gebührenordnungspositionen 04000 und 04030 für die   **138**
              Wahrnehmung des hausärztlichen Versorgungsauftrags gemäß § 73 Abs. 1 SGB V   16,47

Obligater Leistungsinhalt
• Vorhaltung der zur Erfüllung von Aufgaben der hausärztlichen Grundversorgung notwendigen Strukturen,

Abrechnungsbestimmung einmal im Behandlungsfall

Anmerkung Bei der Nebeneinanderberechnung der Gebührenordnungsposition 04040 und der Gebührenordnungsposition 04030 in demselben Behandlungsfall ist ein Abschlag in Höhe von 50 % auf die Gebührenordnungsposition 04040 vorzunehmen. Bei zweimaliger Berechnung der Gebührenordnungsposition 04030 im Behandlungsfall neben der Gebührenordnungsposition 04040 ist kein Abschlag auf die Gebührenordnungsposition 04040 vorzunehmen.

Neben den Gebührenordnungspositionen des Abschnitts 1.2 ist für die Berechnung der Gebührenordnungsposition 04040 in demselben Behandlungsfall mindestens ein weiterer persönlicher Arzt-Patienten-Kontakt außerhalb des organisierten Not(-fall)dienstes gemäß der Gebührenordnungsposition 04000 notwendig.

Die Gebührenordnungsposition 04040 ist im Behandlungsfall nicht neben den Gebührenordnungspositionen der „Onkologie-Vereinbarung" (Anlage 7 des Bundesmantelvertrags-Ärzte (BMV-Ä)) berechnungsfähig. Diese Ausschlüsse finden in versorgungsbereichsübergreifenden Berufsausübungsgemeinschaften, Medizinischen Versorgungszentren und Praxen mit angestellten Ärzten keine Anwendung, sofern diese Leistungen von Vertragsärzten des fachärztlichen Versorgungsbereiches erbracht werden.

Die Gebührenordnungsposition 04040 ist im Behandlungsfall nicht neben Leistungen gemäß § 6 (Abgrenzungen der fachärztlichen Versorgung) Anlage 5 Bundesmantelvertrag-Ärzte (BMV-Ä) berechnungsfähig. Diese Ausschlüsse finden in versorgungsbereichsübergreifenden Berufsausübungsgemeinschaften, Medizinischen Versorgungszentren und Praxen mit angestellten Ärzten keine Anwendung, sofern diese Leistungen von Vertragsärzten des fachärztlichen Versorgungsbereiches erbracht werden.

Bei Praxen mit weniger als 400 Behandlungsfällen je Arzt gemäß Nr. 12 der Präambel 4.1, an denen ein Arzt gemäß Nr. 1 der Präambel 4.1 vertragsärztliche Leistungen durchführt und berechnet (Behandlungsfälle der Praxis gemäß Nr. 12 der Präambel 4.1, an denen ein Arzt gemäß Nr. 1 der Präambel 4.1 vertragsärztliche Leistungen durchführt und berechnet, dividiert durch Anzahl der Ärzte gemäß Nr. 1 der Präambel 4.1) ist ein Abschlag in Höhe von 14 Punkten auf die Gebührenordnungsposition 04040 vorzunehmen. Bei Praxen mit mehr als 1200 Behandlungsfällen je Arzt gemäß Nr. 12 der Präambel 4.1, an denen ein Arzt gemäß Nr. 1 der Präambel 4.1 vertragsärztliche Leistungen durchführt und berechnet, ist ein Aufschlag in Höhe von 14 Punkten auf die Gebührenordnungsposition 04040 vorzunehmen. Für die Bestimmung der Anzahl der Ärzte gemäß Nr. 1 der Präambel 4.1 ist der Umfang der Tätigkeit laut Zulassungs- bzw. Genehmigungsbescheid zu berücksichtigen.

Die Gebührenordnungsposition 04040 wird durch die zuständige Kassenärztliche Vereinigung zugesetzt.

Die Gebührenordnungsposition 04040 ist im Behandlungsfall nicht neben den Gebührenordnungspositionen 35111 bis 35113, 35120, 35130, 35131, 35140 bis 35142 und 35150 und nicht neben den Gebührenordnungspositionen der Abschnitte 30.5, 30.7, 30.9 und 35.2 berechnungsfähig. Diese Ausschlüsse finden in versorgungsbereichsübergreifenden Berufsausübungsgemeinschaften, Medizinischen Versorgungszentren und Praxen mit angestellten Ärzten keine Anwendung, sofern diese Leistungen von Vertragsärzten des fachärztlichen Versorgungsbereiches erbracht werden.

Abrechnungsausschluss im Behandlungsfall 30902, 30905, 35163 bis 35169, 35173 bis 35179 und 32779

Aufwand in Min. **Kalkulationszeit:** KA   **Prüfzeit:** ./.   **Eignung d. Prüfzeit:** Keine Eignung

GOÄ   entsprechend oder ähnlich: Eine vergleichbare Leistung ist in der GOÄ nicht aufgeführt.

Kommentar: Die Pauschale kann nur für Behandlungen im Rahmen der hausärztlichen Versorgung angesetzt werden, hierzu zählt auch die Behandlung von Diabetikern. Nicht zu hausärztlichen Versorgungsleistungen zählen nach Kommentar **Wezel/Liebold** z.B. Phlebologie, Psychotherapie, Schlfdiagnostik und Schmerztherapie, Akupunktur.

Es handelt sich um einen Finanzierungsbeitrag zu den Praxisstrukturen, die für den hausärztlichen Versorgungsauftrag notwendig sind. Dementsprechend wird die EBM-Ziffer 04040 nur bei haus-ärztlichen Behandlungsfällen gewährt. Der Zusatz erfolgt automatisiert durch die Kassenärztliche Vereinigung. Der EBM-Ziffer 04040 sind keine Prüfzeiten hinterlegt.

Neben fachärztlichen Leistungen der Kapitel 4.4 + 4.5 (kinderärztliche Schwerpunkte und Zu-satzbezeichnungen) ist die EBM-Ziffer 04040 grundsätzlich möglich. Nicht zum Ansatz kommt diese Ziffer bei den sogenannten KO-Leistungen. Zu den KO-Leistungen gehören unter anderem die Leistungen der antragspflichtigen Psychotherapie und Leistungen gemäß §6 Anlage 5 BMV-Ä (darunter die Duplex-Sonografie!).

Die Zusatzpauschale 04040 wird fallzahlabhängig wie folgt angepasst:

< 400 Fälle	-> minus 13 Pkt	123 Pkt	13,51 EUR
400-1200 Fälle	-> Grundbetrag	138 Pkt	15,16 EUR
>1200 Fälle	-> plus 13 Pkt	151 Pkt	16,59 EUR

Rechtsprechung:

Soweit die GOP 04040 EBM (Anmerkung 5) bezüglich der Bestimmung der Anzahl der Ärzte bei dem Aufschlag bei der Zusatzpauschale auf den Umfang der Tätigkeit laut Zulassungs- bzw Genehmigungsbescheid Rückgriff nimmt, ist bei einer Jobsharing BAG in der Variante einer Jobsharing-Zulassung der Juniorärztin in Verbindung mit einer BAG-Bildung zwischen Seniorarzt und Juniorärztin von einem Arzt auszugehen (Leitsatz) **Aktenzeichen:** Hessisches Landessozialgericht, 22.03.2023, L 4 KA 6/20 **Entscheidungsjahr:** 2023

Ob die Ausnahmeregelung in Anmerkung 4 Satz 2 eingreift, hängt nicht davon ab, ob bestimmte ärztliche Leistungen dem haus- oder dem fachärztlichen Versorgungsbereich zuzurechnen sind, sondern davon, ob die Leistungen „von Vertragsärzten des fachärztlichen Versorgungsbereiches erbracht" worden sind. Kinderärzte mit Schwerpunktbezeichnung, die nach § 73 Abs. 1a Satz 4 SGB V berechtigt sind, „auch an der fachärztlichen

Versorgung teilzunehmen", sind deshalb noch nicht Vertragsärzte „des fachärztlichen Versorgungsbereiches" im Sinne der Ausnahmeregelung. Sie werden dadurch nicht insgesamt zu „Vertragsärzten des fachärztlichen Versorgungsbereichs".
Aktenzeichen: BSG, 01.03.2023, B 6 KA 22/22 B
Entscheidungsjahr: 2023

4.2.2 Chronikerpauschalen, Gesprächsleistung

Die Gebührenordnungspositionen 04220 bis 04222 sind nur bei Patienten berechnungsfähig, die folgende Kriterien erfüllen:
• Vorliegen mindestens einer lang andauernden, lebensverändernden Erkrankung,
• Notwendigkeit einer kontinuierlichen ärztlichen Behandlung und Betreuung.
Eine kontinuierliche ärztliche Behandlung liegt vor, wenn im Zeitraum der letzten vier Quartale wegen derselben gesicherten chronischen Erkrankung(en) jeweils mindestens ein Arzt-Patienten-Kontakt gemäß I-4.3.1 der Allgemeinen Bestimmungen pro Quartal in mindestens drei Quartalen in derselben Praxis stattgefunden hat. Hierbei müssen in mindestens zwei Quartalen persönliche Arzt-Patienten-Kontakte stattgefunden haben , wobei davon ein persönlicher Arzt-Patienten-Kontakt auch als Arzt-Patienten-Kontakt im Rahmen einer Videosprechstunde gemäß Anlage 31b zum BMV-Ä erfolgen kann. Die Gebührenordnungspositionen 04220 bis 04222 können bei Neugeborenen und Säuglingen auch ohne die Voraussetzung der kontinuierlichen ärztlichen Behandlung berechnet werden. Eine kontinuierliche ärztliche Behandlung liegt auch vor, wenn der Patient mit mindestens einer lebensverändernden chronischen Erkrankung seinen ihn betreuenden Hausarzt gewechselt hat. In diesem Fall muss der die hausärztliche Betreuung übernehmende Hausarzt die bei einem anderen Hausarzt stattgefundenen Arzt-Patienten-Kontakte dokumentieren. Die Dokumentation ist mit der Abrechnung mittels einer kodierten Zusatznummer nachzuweisen.

Kommentar:

Der sog. „Chroniker-Komplex" wurde dahin geändert, dass der Zuschlag für die Behandlung und Betreuung eines Patienten mit chronischer Erkrankung entsprechend des Aufwandes vergütet wird. Siehe Hinweise im Kommentar zu 3.2.2 Hausärztl. Versorgungsbereich.

04220   Zuschlag zu der Versichertenpauschale nach der Gebührenordnungsposition   **130**
               04000 für die Behandlung und Betreuung eines Patienten mit mindestens einer   15,51
               lebensverändernden chronischen Erkrankung

Obligater Leistungsinhalt
• Persönlicher Arzt-Patienten-Kontakt,

Fakultativer Leistungsinhalt
• Fortlaufende Beratung hinsichtlich Verlauf und Behandlung der chronischen Erkrankung(en),
• Leitliniengestützte Behandlung der chronischen Erkrankung(en),
• Anleitung zum Umgang mit der/den chronischen Erkrankung(en),
• Koordination ärztlicher und/oder pflegerischer Maßnahmen im Zusammenhang mit der Behandlung der chronischen Erkrankung(en),
• Erstellung und ggf. Aktualisierung eines Medikationsplans und ggf. Anpassung der Selbstmedikation und der Arzneimittelhandhabung,
• Überprüfung und fortlaufende Kontrolle der Arzneimitteltherapie mit dem Ziel des wirtschaftlichen und versorgungsgerechten Umgangs mit Arzneimitteln,

Abrechnungsbestimmung einmal im Behandlungsfall

Anmerkung Die Berechnung der Gebührenordnungsposition 04220 setzt die Angabe der gesicherten Diagnose(n) der chronischen Erkrankung(en) gemäß ICD-10-GM voraus. Die Gebührenordnungsposition 04220 ist im Behandlungsfall nicht neben den Gebührenordnungspositionen der „Onkologie-Vereinbarung" (Anlage 7 des Bundesmantelvertrags-Ärzte (BMV-Ä)) berechnungsfähig. Diese Ausschlüsse finden in versorgungsbereichsübergreifenden Berufsausübungsgemeinschaften, Medizinischen Versorgungszentren und Praxen mit angestellten Ärzten keine Anwendung, sofern diese Leistungen von Vertragsärzten des fachärztlichen Versorgungsbereiches erbracht werden.

Die Gebührenordnungsposition 04220 ist im Behandlungsfall nicht neben Leistungen gemäß § 6 (Abgrenzungen der fachärztlichen Versorgung) Anlage 5 Bundesmantelvertrag-Ärzte (BMV-Ä) berechnungsfähig. Diese Ausschlüsse finden in versorgungsbereichsübergreifenden Berufsausübungsgemeinschaften, Medizinischen Versorgungszentren und Praxen mit angestellten Ärzten keine Anwendung, sofern diese Leistungen von Vertragsärzten des fachärztlichen Versorgungsbereiches erbracht werden.

Die Gebührenordnungsposition 04220 ist im Behandlungsfall nicht neben den Gebührenordnungspositionen 35111 bis 35113, 35120, 35130, 35131, 35140 bis 35142 und 35150 und nicht neben den Gebührenordnungspositionen der Abschnitte 4.4, 4.5, 30.5, 30.7, 30.9 und 35.2 berechnungsfähig. Diese Ausschlüsse finden in versorgungsbereichsübergreifenden Berufsausübungsgemeinschaften, Medizinischen Versorgungszentren und Praxen mit angestellten Ärzten keine Anwendung, sofern diese Leistungen von Vertragsärzten des fachärztlichen Versorgungsbereiches erbracht werden.

Abrechnungsausschluss in derselben Sitzung 01940, 04370, 04371, 04372, 04373, 37300, 37307, 307305, 307306, 37711
im Behandlungsfall 01630, 30902, 30905, 35163 bis 35169, 35173 bis 35179 und 32779

Aufwand in Min. **Kalkulationszeit:** 10 **Prüfzeit:** 8 **Eignung d. Prüfzeit:** Nur Quartalsprofil

04221 Zuschlag zu der Gebührenordnungsposition 04220 für die intensive Behandlung und Betreuung eines Patienten mit mindestens einer lebensverändernden chronischen Erkrankung **40** **4,77**

Obligater Leistungsinhalt
• Mindestens zwei persönliche Arzt-Patienten-Kontakte,
oder
• Mindestens ein persönlicher Arzt-Patienten-Kontakt und ein Arzt-Patienten-Kontakt im Rahmen einer Videosprechstunde gemäß Anlage 31b zum BMV-Ä
oder
• Mindestens ein persönlicher Arzt-Patienten-Kontakt und ein telefonischer Arzt-Patienten-Kontakt,
• Überprüfung und/oder Anpassung und/oder Einleitung von Maßnahmen der leitliniengestützten Behandlung der chronischen Erkrankung(en),

Fakultativer Leistungsinhalt
• Fortlaufende Beratung hinsichtlich Verlauf und Behandlung der chronischen Erkrankung(en),
• Anleitung zum Umgang mit der/den chronischen Erkrankung(en),
• Koordination ärztlicher und/oder pflegerischer Maßnahmen im Zusammenhang mit der Behandlung der chronischen Erkrankung(en),
• Erstellung und ggf. Aktualisierung eines Medikationsplans und ggf. Anpassung der Selbstmedikation und der Arzneimittelhandhabung,
• Überprüfung und fortlaufende Kontrolle der Arzneimitteltherapie mit dem Ziel des wirtschaftlichen und versorgungsgerechten Umgangs mit Arzneimitteln,

Abrechnungsbestimmung einmal im Behandlungsfall

Abrechnungsausschluss im Behandlungsfall 01630, 30902, 30905, 35163 bis 35169, 35173 bis 35179 und 32779

Aufwand in Min. **Kalkulationszeit:** 3 **Prüfzeit:** 2 **Eignung d. Prüfzeit:** Nur Quartalsprofil

04222 Zuschlag zu der Gebührenordnungsposition 04220, einmal im Behandlungsfall **10** **1,19**
Die Gebührenordnungsposition 04222 wird durch die zuständige Kassenärztliche Vereinigung zugesetzt.

Aufwand in Min. **Kalkulationszeit:** KA **Prüfzeit:** ./. **Eignung d. Prüfzeit:** Keine Eignung

04230 Problemorientiertes ärztliches Gespräch, das aufgrund von Art und Schwere der Erkrankung erforderlich ist **128** **15,28**

Obligater Leistungsinhalt
- Gespräch von mindestens 10 Minuten Dauer,
- mit einem Patienten und/oder
- einer Bezugsperson,

Fakultativer Leistungsinhalt
- Beratung und Erörterung zu den therapeutischen, familiären, sozialen oder beruflichen Auswirkungen und deren Bewältigung im Zusammenhang mit der/den Erkrankung(en), die aufgrund von Art und Schwere das Gespräch erforderlich macht (machen),

Abrechnungsbestimmung je vollendete 10 Minuten

Anmerkung Die Gebührenordnungsposition 04230 ist auch bei Durchführung der Leistung im Rahmen einer Videosprechstunde berechnungsfähig und dies durch Angabe einer bundeseinheitlich kodierten Zusatzkennzeichnung zu dokumentieren. Für die Abrechnung gelten die Anforderungen gemäß Anlage 31b zum BMV-Ä entsprechend.
Die Gebührenordnungsposition 04230 ist im Notfall und im organisierten Not(-fall)dienst nicht berechnungsfähig.
Bei der Nebeneinanderberechnung diagnostischer bzw. therapeutischer Gebührenordnungspositionen und der Gebührenordnungsposition 04230 ist eine mindestens 10 Minuten längere Arzt-Patienten-Kontaktzeit als in den entsprechenden Gebührenordnungspositionen angegeben Voraussetzung für die Berechnung der Gebührenordnungsposition 04230.

Abrechnungsausschluss
in derselben Sitzung 01940, 04370, 04372, 04373, 35100, 35110, 35150, 35151, 35152, 35163 bis 35169 und 35173 bis 35179, 37300, 37307, 307305, 307306, 37711 und Kapitel 35.2.1, 35.2.2
im Behandlungsfall 30700

Aufwand in Min. **Kalkulationszeit:** 10   **Prüfzeit:** 10   **Eignung d. Prüfzeit:** Tages- und Quartalsprofil

GOÄ   entsprechend oder ähnlich: Nr. 3.

Kommentar: Im Zug der Aufwertung der sprechenden Medizin durch die EBM Reform 2020, erfuhr das problemorientierte ärztliche Gespräch seit dem 1.4.2020 eine Aufwertung von bisher 90 Pkt. auf nunmehr 128 Pkt. Das Vergütungsniveau entspricht dem fachärztlichen pädiatrischen Gesprächsleistungen.
Das mindestens 10 Minuten dauernde Gespräch muss aufgrund von Art und Schwere der Erkrankung notwendig sein. Der früher geforderte Begriff „lebensverändernd" ist nicht mehr nötig. Eine subjektiv empfundene Schwere des Problems oder ein Gespräch über präventivmedizinische Inhalte genügt.
Die EBM-Ziffer 04230 darf für Gespräche mit dem Patienten selbst, den Eltern und weiterer Bezugspersonen (z.B. Großeltern, Erzieher, Lehrer) verwendet werden.
Die in den Versichertenpauschalen beinhaltete Gesprächsdauer von 10 Minuten bezieht sich auf eine unterstellte Gesamtgesprächsleistung im Quartal . Daher darf die EBM-Ziffer 04230 bereits ab einer Gesprächsdauer von 10 Minuten neben der Versichertenpauschale angesetzt werden.
Die EBM-Ziffer 04230 ist neben den psychosomatischen Gesprächsziffern (35100, 35110) nicht berechnungsfähig, darf jedoch neben den Sozialpädiatrieziffern angesetzt werden (04355, 04356).
Die Gebührenordnungsposition 04230 ist im Notfall und im organisierten Not(-fall)dienst nicht berechnungsfähig.
Es ist ein Gesprächskontingent in Höhe 64 Punkte je Praxis (BSNR) pro Patient vorgegeben. Dies entspricht in etwa der halben Fallzahl im Quartal – darüber hinaus gehende Gesprächsleistungen werden nicht vergütet.
Berufsausübungsgemeinschaften, Praxen mit angestellten Ärzten und MVZ sind unabhängig von der Zahl der Behandler an das Gesprächskontingent von 64 Punkten je Patient gebunden.
Schwerpunktpädiater mit Zugriff auf die Kapitel 4.4 + 4.5 (kinderärztliche Schwerpunkte und Zusatzbezeichnungen) können die EBM-Ziffern 04230 und 04231 abrechnen, Allgemeinpädiater nur die EBM-Ziffer 04230, aber beide Gruppen haben die gleiche Menge Gespräche zur Verfügung (Quotierung 64Pkt./Behandlungsfall)

04231   Gespräch, Beratung und/oder Erörterung (Abschnitte 4.4 und 4.5)   **128**
15,28
Obligater Leistungsinhalt
* Dauer mindestens 10 Minuten,
* mit einem Patienten und/oder
* einer Bezugsperson,

Abrechnungsbestimmungen je vollendete 10 Minuten

Anmerkung Die Gebührenordnungsposition 04231 ist auch bei Durchführung der Leistung im Rahmen einer Videosprechstunde berechnungsfähig und dies durch Angabe einer bundeseinheitlich kodierten Zusatzkennzeichnung zu dokumentieren.
Für die Abrechnung gelten die Anforderungen gemäß Anlage 31b zum BMV-Ä entsprechend.
Die Gebührenordnungsposition 04231 ist nur für Fachärzte für Kinder-und Jugendmedizin, die die Voraussetzungen zur Berechnung von Gebührenordnungspositionen des Abschnitts 4.4 oder 4.5 erfüllen, berechnungsfähig.
Die Gebührenordnungsposition 04231 ist im Notfall und im organisierten Not(-fall)dienst nicht berechnungsfähig.
Bei der Nebeneinanderberechnung diagnostischer bzw. therapeutischer Gebührenordnungspositionen und der Gebührenordnungsposition 04231 ist eine mindestens 10 Minuten längere Arzt-Patienten-Kontaktzeit als in den entsprechenden Gebührenordnungspositionen angegeben Voraussetzung für die Berechnung der Gebührenordnungsposition 04231.

Abrechnungsausschluss in derselben Sitzung 04230, 04370, 04372, 04373, 35100, 35110, 35150, 35151, 35152, 35163 bis 35169 und 35173 bis 35179, 37300, 37302, 37305, 37306, 37711 und Kap. 35.2.1, 35.2.2
im Behandlungsfall 30700

Kommentar: Seit 1.4.2020 ist das problemorientierte fachärztliche Gespräch, im Zug der Aufwertung der sprechenden Medizin durch die EBM Reform 2020 neu aufgenommen worden.
Das Vergütungsniveau entspricht mit 128Pkt. dem der anderen pädiatrischen und fachärztlichen Gesprächsleistungen.
Berechnungsfähig ist die EBM-Ziffer 04231 nur für Fachärzte für Kinder- und Jugendmedizin, die auf Gebührenordnungspositionen der Abschnitte 4.4 oder 4.5 (kinderärztliche Schwerpunkte und Zusatzbezeichnungen) zugreifen können. Diese EBM-Ziffer hat auch Ihre Bedeutung in der Sichtbar-Machung von schwerpunkt-pädiatrischen Fällen.
Eine Parallelabrechnung der EBM-Ziffern 04230 und 04231 ist für Schwerpunktpädiater möglich. Das Gesamtgesprächsbudget (EBM-Ziffern 04230 + 04231) bleibt allerdings den Allgemeinpädiatern gleichgestellt (Quotierung 64Pkt./   Behandlungsfall).
Die Gebührenordnungsposition 04231 ist im Notfall und im organisierten Not(-fall)dienst nicht berechnungsfähig.

Aufwand in Min.   **Kalkulationszeit:** 10   **Prüfzeit:** .10   **Eignung d. Prüfzeit:** Tages- und Quartalsprofil

4.2.3 Besondere Leistungen

1. Die Gebührenordnungspositionen 04325 und 04326 sind nur von Ärzten gemäß Präambel 4.1 Nr. 1 berechnungsfähig, die Patienten im Rahmen des Telemonitoring Herzinsuffizienz gemäß Nr. 37 Anlage I „Anerkannte Untersuchungs- oder Behandlungsmethoden" der Richtlinie Methoden vertragsärztliche Versorgung des Gemeinsamen Bundesausschusses als primär behandelnder Arzt (PBA) behandeln.

04241*   Computergestützte Auswertung eines kontinuierlich aufgezeichneten Langzeit-EKG   **86**
von mindestens 18 Stunden Dauer   10,26

Anmerkung Die Berechnung der Gebührenordnungsposition 04241 setzt eine Genehmigung der Kassenärztlichen Vereinigung nach der Vereinbarung zur Durchführung von Langzeitelektrokardiographischen Untersuchungen gemäß § 135 Abs. 2 SGB V voraus.

Abrechnungsausschluss
im Behandlungsfall 04410, 13250, 13545, 13550
in derselben Sitzung 13253, 27323

Aufwand in Min.	**Kalkulationszeit:** 7　　**Prüfzeit:** 7　　**Eignung d. Prüfzeit:** Tages- und Quartalsprofil
GOÄ	entsprechend oder ähnlich: GOÄ: Nr. 659* (in GOÄ allerdings Untersuchung + Auswertung)
Kommentar:	Wer die Genehmigung zur Auswertung von Langzeit-EKGs hat, kann die beiden Nrn. für das EKG-Aufzeichnen nach Nr. 04322 und die Auswertung nach Nr. 04241 abrechnen. Auch längere Zeiträume als 18 Stunden berechtigen nicht zu einem mehrfachen Ansatz der Nrn.
	Versandkosten können im Rahmen einer Überweisung vom überweisenden Arzt und vom auswertenden Arzt nach Nr. 40110 oder 40111 abgerechnet werden. In einer Apparategemeinschaft zur Auswertung von Langzeit-EKGs können keine Versandkosten abgerechnet werden.

04242　Funktionelle Entwicklungstherapie bei Ausfallerscheinungen in bzw. im　　**114**
　　13,60
- Motorik und/oder
- Sensorik und/oder
- Sprachbereich und/oder
- Sozialverhalten,

Obligater Leistungsinhalt
- Einzelbehandlung,
- Dauer mindestens 15 Minuten,

Abrechnungsbestimmung je vollendete 15 Minuten

Aufwand in Min.	**Kalkulationszeit:** 2　　**Prüfzeit:** 2　　**Eignung d. Prüfzeit:** Tages- und Quartalsprofil

04243　Funktionelle Entwicklungstherapie bei Ausfallerscheinungen in bzw. im　　**54**
　　6,44
- Motorik und/oder
- Sensorik und/oder
- Sprachbereich und/oder
- Sozialverhalten

Obligater Leistungsinhalt
- Gruppenbehandlung mit bis zu 4 Teilnehmern,
- Dauer mindestens 15 Minuten,

Abrechnungsbestimmung je Teilnehmer, je vollendete 15 Minuten

Aufwand in Min.	**Kalkulationszeit:** 1　　**Prüfzeit:** 1　　**Eignung d. Prüfzeit:** Tages- und Quartalsprofil

04321* 　Belastungs-Elektrokardiographie (Belastungs-EKG)　　**198**
　　　　　　Obligater Leistungsinhalt　　　　　　　　　　　　　　　　　　　　　　23,63
- Untersuchung in Ruhe und nach Belastung mit mindestens 12 Ableitungen sowie während physikalisch definierter und reproduzierbarer Belastung mit mindestens 3 Ableitungen und fortlaufender Kontrolle des Kurvenverlaufes,
- Wiederholte Blutdruckmessung

Abrechnungsausschluss
in derselben Sitzung 13251, 17330, 17332
im Behandlungsfall 04410, 04434, 13250, 13545, 13550, 27321

Aufwand in Min.	**Kalkulationszeit:** 7　　**Prüfzeit:** 6　　**Eignung d. Prüfzeit:** Tages- und Quartalsprofil
GOÄ	entsprechend oder ähnlich: Nr. 652
Kommentar:	Eine kontinuierliche Überwachung des EKG-Kurvenverlaufes ist am Monitor erforderlich. Ein kontinuierliches Schreiben eines Papierstreifens allerdings nicht. Diese Leistung darf nur in Anwesenheit des Arztes in der Praxis durchgeführt werden.

04322* 　Aufzeichnung eines Langzeit-EKG von mindestens 18 Stunden Dauer　　**48**
　　　　　　Anmerkung Die Berechnung der Gebührenordnungsposition 04322 setzt eine　5,73
　　　　　　Genehmigung der Kassenärztlichen Vereinigung nach der Vereinbarung zur Durchführung von Langzeit-elektrokardiographischen Untersuchungen gemäß § 135 Abs. 2 SGB V voraus.

Abrechnungsausschluss
in derselben Sitzung 13252, 27322
im Behandlungsfall 04410, 04434, 13250, 13545, 13550

Aufwand in Min. **Kalkulationszeit:** 1   **Prüfzeit:** 1   **Eignung d. Prüfzeit:** Tages- und Quartalsprofil

GOÄ   entsprechend oder ähnlich: Nr. 659* (in GOÄ mit Auswertung)

Kommentar: Eine ebenfalls durchgeführte Langzeit-Blutdruckmessung, bei der allerdings der Zeitraum zwei Stunden länger sein muss, ist zusätzlich nach Nr. 04324 abrechenbar.

04324* Langzeit-Blutdruckmessung   **57**
                                                                           6,80
Obligater Leistungsinhalt
• Automatisierte Aufzeichnung von mindestens 20 Stunden Dauer,
• Computergestützte Auswertung,
• Aufzeichnung der Blutdruckwerte mindestens alle 15 Minuten während der Wach- und mindestens alle 30 Minuten während der Schlafphase mit gleichzeitiger Registrierung der Herzfrequenz,
• Auswertung und Beurteilung des Befundes

Abrechnungsausschluss
im Behandlungsfall 04410, 13250, 13545, 13550
in derselben Sitzung 13254, 27324

Aufwand in Min. **Kalkulationszeit:** 2   **Prüfzeit:** 2   **Eignung d. Prüfzeit:** Tages- und Quartalsprofil

GOÄ   entsprechend oder ähnlich: Nr. 654*

Kommentar: Ein ebenfalls durchgeführtes Langzeit-EKG, bei dem allerdings der Zeitraum nur 18 Stunden betragen muß, ist zusätzlich nach Nr. 04322 – und ggf. bei Auswertung auch noch mit Nr. 04241 – abrechenbar.

04330* Spirographische Untersuchung   **53**
                                                                           6,32
Obligater Leistungsinhalt
• Darstellung der Flussvolumenkurve,
• In- und exspiratorische Messungen,
• Graphische Registrierung

Abrechnungsausschluss
im Behandlungsfall 13250
in derselben Sitzung 13255, 27330
am Behandlungstag 31013

Aufwand in Min. **Kalkulationszeit:** 2   **Prüfzeit:** 2   **Eignung d. Prüfzeit:** Tages- und Quartalsprofil

GOÄ   entsprechend oder ähnlich: Nr. 605* und zusätzlich Nr. 605a*

Kommentar: In der Leistungslegende findet sich keine Begrenzung der Häufigkeit zur Anwendung diese Untersuchung, so dass ein mehrmaliger Ansatz im Quartal, wenn medizinisch erforderlich, abrechnungsfähig ist.

04331* Prokto-/Rektoskopischer Untersuchungskomplex   **94**
                                                                          11,22
Obligater Leistungsinhalt
• Rektale Untersuchung,
• Proktoskopie
und/oder
• Rektoskopie,
• Patientenaufklärung,
• Information zum Ablauf der vorbereitenden Maßnahmen vor dem Eingriff und zu einer möglichen Sedierung und/oder Prämedikation,
• Nachbeobachtung und -betreuung

Fakultativer Leistungsinhalt
• Prämedikation/Sedierung

Abrechnungsausschluss
im Behandlungsfall 13250
in derselben Sitzung 02300, 02301, 02302, 04516, 08333, 13257, 30600

Aufwand in Min. **Kalkulationszeit:** 4   **Prüfzeit:** 3   **Eignung d. Prüfzeit:** Tages- und Quartalsprofil
GOÄ   entsprechend oder ähnlich: Leistungskomplex in der GOÄ so nicht vorhanden. Erbrachte
Einzelleistungen berechnen.

04335   Orientierende audiometrische Untersuchung nach vorausgegangener, dokumen-   **90**
tierter, auffälliger Hörprüfung   10,74

Obligater Leistungsinhalt
- Untersuchung(en) ein- und/oder beidseitig,
- Binaurikulare Untersuchung,
- Bestimmung(en) der Hörschwelle in Luftleitung mit mindestens 8 Prüffrequenzen

Fakultativer Leistungsinhalt
- Otoskopie,
- Kontinuierliche Frequenzänderung

Anmerkung Die Gebührenordnungsposition 04335 ist nur berechnungsfähig bei Verwendung
eines von der PTB bzw. eines entsprechend der EU-Richtlinie 93/42/EWG zugelassenen
Audiometers mit mindestens einmal jährlich durchgeführter messtechnischer Kontrolle gemäß
§ 14 der Verordnung über das Errichten, Betreiben und Anwenden von Medizinprodukten
(MPBetreibV) durch einen zugelassenen Wartungsdienst entsprechend der MPBetreibV. Der
Vertragsarzt hat in einer der Quartalsabrechnung beizufügenden Erklärung zu bestätigen, dass
die Wartung durchgeführt wurde.
Entgegen Nr. I-4.3.2 der Allgemeinen Bestimmungen kann die Gebührenordnungsposi-
tion 04335 auch dann berechnet werden, wenn durch die Arztpraxis die kontinuierliche
Frequenzänderung nicht vorgehalten wird.

Abrechnungsausschluss in derselben Sitzung 01718, 04353, 04354

Aufwand in Min. **Kalkulationszeit:** 3   **Prüfzeit:** 2   **Eignung d. Prüfzeit:** Tages- und Quartalsprofil
GOÄ   entsprechend oder ähnlich: Nr. 1401*
Kommentar: Die Audiometrie ist seit 1.4.2020 neben Kinderfrüherkennungsuntersuchungen,
ausgenommen die Vorsorge U8, berechnungsfähig. Damit ist ein Legendierungsfehler,
der aus der Reform der Kinderfrüherkennungsrichtlinie vom 18.6.2015 resultiert, korrigiert
worden.

Der Hörtest nach EBM Nr. 04335 ist jetzt nur noch neben der U8 ausgeschlossen und damit
z.B. neben der U7a oder U9 bei Bedarf abrechenbar. Insofern wurde der frühere Legendierungsfehler korrigiert. Da die EBM Nr. 04354 einen Abrechnungsausschluss darstellt,
besteht allerdings ein gravierender Nachteil, der sachlich nicht zu rechtfertigen ist: Das
pathologische Ergebnis einer Früherkennungsuntersuchung nach EBM 04534 hat mit den
Gründen eine Hörtestung durchzuführen (z.B. Mittelohrschwerhörigkeit durch Adenoide)
nichts zu tun! Letztlich schmilzt die Vergütung für die Durchführung der Audiometrie in
den meisten Fällen auf unbefriedigende 14 Pkt. = ca. 1,50,– EUR (EBM Nr. 04335/90 Pkt.
minus EBM Nr. 04354/76 Pkt.) zusammen.

Die Leistung kann für eine Untersuchung beider Ohren nur einmal abgerechnet werden.

Erläuterung: PTB = Physikalisch-technische Bundesanstalt.

Die Bestimmung mit weniger als 8 Prüffrequenzen ist, ebenso wie die in der Pädiatrie
häufig durchgeführte Sprachaudiometrie, nicht berechnungsfähig.

Die messtechnischen Kontrollen sind jährlich bei der zuständigen Kassenärztlichen
Vereinigung nachzuweisen.

04350   Untersuchung und Beurteilung der funktionellen Entwicklung eines Säuglings,   **183**
Kleinkindes oder Kindes bis zum vollendeten 6. Lebensjahr   21,84

Obligater Leistungsinhalt
- Untersuchung von mindestens 4 Funktionsbereichen (Grobmotorik, Handfunktion,
geistige Entwicklung, Perzeption, Sprache, Sozialverhalten oder Selbstständigkeit) nach
standardisierten Verfahren,

Abrechnungsbestimmung je Sitzung

Anmerkung Die Gebührenordnungsposition 04350 ist im Behandlungsfall höchstens zweimal berechnungsfähig.

Abrechnungsausschluss in derselben Sitzung 01711, 01712, 01713, 01714, 01715, 01716, 01717, 01718, 01719, 01723, 04351, 04352, 04354

Aufwand in Min. **Kalkulationszeit:** 13   **Prüfzeit:** 10   **Eignung d. Prüfzeit:** Tages- und Quartalsprofil

GOÄ   entsprechend oder ähnlich: Nr. 715

Kommentar: Die Leistung wird innerhalb des Regelleistungsvolumens (RLV) vergütet.

Zur Abrechnung der Leistung müssen mind. 4 der in der Legende aufgezählten Funktionsbereiche untersucht und dies auch dokumentiert werden.

04351 Orientierende entwicklungsneurologische Untersuchung eines Neugeborenen,   **123**
Säuglings, Kleinkindes oder Kindes   14,68

Obligater Leistungsinhalt
- Beurteilung der altersgemäßen Haltungs- und Bewegungskontrolle,
- Beurteilung des Muskeltonus, der Eigen- und Fremdreflexe sowie der Hirnnerven

Abrechnungsausschluss in derselben Sitzung 01711, 01712, 01713, 01714, 01715, 01716, 01717, 01718, 01719, 01723, 04350, 04352, 04354, 35142

Aufwand in Min. **Kalkulationszeit:** 9   **Prüfzeit:** 8   **Eignung d. Prüfzeit:** Tages- und Quartalsprofil

GOÄ   entsprechend oder ähnlich: Nr. 716

Kommentar: Die Leistung nach Nr. 04351 wird innerhalb des Regelleistungsvolumens (RLV) vergütet.

04352 Erhebung des vollständigen Entwicklungsstatus eines Neugeborenen, Säuglings,   **316**
Kleinkindes, Kindes oder Jugendlichen mit Störungen im Bereich der Koordination,   37,71
Visuomotorik, der kognitiven Wahrnehmungsfähigkeit unter Berücksichtigung
entwicklungsneurologischer, psychologischer und sozialer Aspekte

Obligater Leistungsinhalt
- Erhebung des vollständigen Entwicklungsstatus,
- Berücksichtigung entwicklungsneurologischer, psychologischer und sozialer Aspekte,

Fakultativer Leistungsinhalt
- Entwicklungsneurologische Untersuchungen entsprechend der Gebührenordnungsposition 04351,

Abrechnungsbestimmung einmal im Behandlungsfall

Abrechnungsausschluss in derselben Sitzung 01711, 01712, 01713, 01714, 01715, 01716, 01717, 01718, 01719, 01720, 01723, 04350, 04351, 04354

Aufwand in Min. **Kalkulationszeit:** 23   **Prüfzeit:** 18   **Eignung d. Prüfzeit:** Nur Quartalsprofil

GOÄ   entsprechend oder ähnlich: Nrn. 800, 714ff

Kommentar: Die Leistung nach Nr. 04352 wird innerhalb des Regelleistungsvolumens (RLV) vergütet.

04353 Orientierende Untersuchung der Sprachentwicklung eines Säuglings, Kleinkindes,   **170**
Kindes oder Jugendlichen   20,29

Obligater Leistungsinhalt
- Standardisiertes Verfahren,
- Prüfung aktiver und passiver Wortschatz,
- Prüfung des Sprachverständnisses,
- Prüfung der Fein- und Grobmotorik,

Fakultativer Leistungsinhalt
- Orientierende audiometrische Untersuchung entsprechend der Gebührenordnungsposition 04335,

Abrechnungsbestimmung einmal im Behandlungsfall

Abrechnungsausschluss in derselben Sitzung 01711, 01712, 01713, 01714, 01715, 01716, 01717, 01718, 01719, 01720, 01723, 04335, 04354

Aufwand in Min. **Kalkulationszeit:** 11   **Prüfzeit:** 10   **Eignung d. Prüfzeit:** Nur Quartalsprofil

GOÄ   entsprechend oder ähnlich: Nr. 717

Kommentar: Die Leistung nach Nr. 04353 wird innerhalb des Regelleistungsvolumens (RLV) vergütet.

04354   Zuschlag zu den Gebührenordnungspositionen 01712 bis 01720 und 01723 für die   **76** Erbringung des Inhalts der Gebührenordnungspositionen 04351 und/oder 04353   **9,07** bei pathologischem Ergebnis einer Kinderfrüherkennungs- bzw. Jugendgesundheitsuntersuchung

       Abrechnungsausschluss in derselben Sitzung 04335, 04350, 04351, 04352, 04353

Aufwand in Min. **Kalkulationszeit:** 5   **Prüfzeit:** 4   **Eignung d. Prüfzeit:** Tages- und Quartalsprofil

GOÄ   entsprechend oder ähnlich: In der GOÄ findet sich keine ähnliche Leistung, daher ggf. höheren Steigerungssatz für die einzeln erbrachten Leistungen wählen.

Kommentar: Die Leistung nach Nr. 04354 wird innerhalb des Regelleistungsvolumens (RLV) vergütet.

4.2.4 Sozialpädiatrische Versorgung

1. Die Gebührenordnungsposition 04356 ist nur berechnungsfähig von Vertragsärzten gemäß Präambel 4.1 Nr. 1, die gegenüber der Kassenärztlichen Vereinigung eine sozialpädiatrische Qualifikation im Umfang von mindestens 40 Stunden gemäß dem Curriculum „Entwicklungs- und Sozialpädiatrie für die kinder- und jugendärztliche Praxis" der Bundesärztekammer oder eine ärztliche Tätigkeit von mindestens sechs Monaten – auch im Rahmen der Weiterbildungszeit – in einem Sozialpädiatrischen Zentrum bzw. in einer interdisziplinären Frühförderstelle nachweisen. Bis zum 30. Juni 2016 ist die Gebührenordnungsposition 04356 auch ohne Nachweis der Qualifikation berechnungsfähig, wenn Vertragsärzte gemäß Präambel 4.1 Nr. 1 die Leistung nach der Gebührenordnungsposition 04355 im Vorjahresquartal und in dem auf das Vorjahresquartal folgenden Quartal durchschnittlich in mindestens 50 Behandlungsfällen je Quartal abgerechnet haben.

2. Die Gebührenordnungsposition 04356 ist nur berechnungsfähig, wenn die Praxis mindestens folgende Kooperationen vorhält:

- Logopädie,
- Physiotherapie,
- Ergotherapie,
- Sozialpädiatrisches Zentrum,
- Fachärzte für Kinder- und Jugendpsychiatrie und -psychotherapie.

Kommentar:

Im Zuge der Neuregelung eines „Hausarzt-EBM" wurde zum 1.10.2013 die Sozialpädiatrische Versorgung neu eingeführt, für die Krankenkassen nach einem Beschluss des Bewertungsausschusses vom 22.10.2012 zusätzliche Finanzmittel zur Verfügung stellen.

Zum 1.1.2015 wurde mit der Änderung der Nr. 04355 und der Einführung der Nr. 04356 dieser Abschnitt weiterentwickelt.

04355   Sozialpädiatrisch orientierte eingehende Beratung, Erörterung und/oder Abklärung   **184**

       Obligater Leistungsinhalt   **21,96**
- Persönlicher Arzt-Patienten-Kontakt,
- Dauer mindestens 15 Minuten,
- Als Einzelsitzung,
- Berücksichtigung krankheitsspezifischer, teilhabebezogener und prognostischer sowie entwicklungsabhängiger, familiendynamischer Faktoren,

       Fakultativer Leistungsinhalt
- Erhebung der bestehenden Befunde und/oder Erkenntnisse,
- Befunderhebung(en) unter sozialpädiatrischen Kriterien zur (drohenden) Störung, körperlichen, psychischen oder psychosomatischen Erkrankung oder (drohenden) Behinderung oder bei Verdacht/Hinweisen auf Vernachlässigung und/oder Kindesmisshandlung::
  - Entwicklungsstand,
  - Intelligenz,
  - Körperlicher und neurologischer Befund,
  - Psychischer Befund,
  - Psychosozialer Hintergrund,

- Prüfung der Anwendung ganzheitlicher Förder- und/oder Therapieverfahren,
- Berücksichtigung der Therapieprinzipien der Sozialpädiatrie,
- Dokumentation unter Anwendung standardisierter Verfahren,
- Anleitung der Bezugsperson(en),
- Einleitung und/oder Koordination störungsspezifischer Maßnahmen,

Abrechnungsbestimmung einmal im Behandlungsfall

Anmerkung Die Gebührenordnungsposition 04355 ist nur bei mindestens einer der im Folgenden genannten Erkrankungen berechnungsfähig: G25 Sonstige extrapyramidale Krankheiten und Bewegungsstörungen, G31 Sonstige degenerative Krankheiten des Nervensystems, anderenorts nicht klassifiziert, G40 Epilepsie, G43 Migräne, G44.2 Spannungskopfschmerz, G80 Infantile Zerebralparese, F45.0 Somatisierungsstörung, F45.1 Undifferenzierte Somatisierungsstörung, F45.2 Hypochondrische Störung, F45.3 Somatoforme autonome Funktionsstörung, F45.4 Anhaltende Schmerzstörung, F45.8 Sonstige somatoforme Störungen, F60-F69 Persönlichkeits- und Verhaltensstörungen, F80-F89 Entwicklungsstörungen, F90-F98 Verhaltens- und emotionale Störungen mit Beginn in der Kindheit und Jugend, R27.8 Sonstige Koordinationsstörungen, T73 Schäden durch sonstigen Mangel sowie T74 Missbrauch von Personen.
Die Gebührenordnungsposition 04355 ist auch bei Durchführung der Leistung im Rahmen einer Videosprechstunde berechnungsfähig und dies durch Angabe einer bundeseinheitlich kodierten Zusatzkennzeichnung zu dokumentieren. Für die Abrechnung gelten die Anforderungen gemäß Anlage 31b zum BMV-Ä entsprechend.
Bei der Nebeneinanderberechnung diagnostischer bzw. therapeutischer Gebührenordnungspositionen und der Gebührenordnungsposition 04355 ist eine mindestens 15 Minuten längere Arzt-Patienten-Kontaktzeit als in den entsprechenden Gebührenordnungspositionen angegeben Voraussetzung für die Berechnung der Gebührenordnungsposition 04355.

Abrechnungsausschluss in derselben Sitzung 01210, 01214, 01216, 01218, 35163 bis 35169 und 35173 bis 35179 und Kapitel 30.3.1, 30.3.2, 30.11, 35.1, 35.2

Aufwand in Min. **Kalkulationszeit:** KA   **Prüfzeit:** 15   **Eignung d. Prüfzeit:** Tages- und Quartalsprofil

04356 Zuschlag im Zusammenhang mit der Gebührenordnungsposition 04355 für die weiterführende sozialpädiatrisch orientierte Versorgung   **193** 23,03

Obligater Leistungsinhalt
- Persönlicher Arzt-Patienten-Kontakt
- und/oder
- Persönlicher Kontakt des Arztes zu einer Bezugsperson,
- Erhebung und/oder Monitoring von lokalisierten oder übergreifenden motorischen, kognitiven, emotionellen und/oder organbedingten Einschränkungen und/oder Auffälligkeiten,
- Beratung zu weiterführenden Maßnahmen,
- Dauer mindestens 15 Minuten,

Fakultativer Leistungsinhalt
- Erstellung eines (interdisziplinären) Therapieplanes,
- Koordination der Heilmittelversorgung und der Schnittstelle zum Sozialpädiatrischen Zentrum,
- Untersuchung und Beratung zur Indikationsstellung einer Überweisung an ein Sozialpädiatrisches Zentrum oder eine vergleichbare Einrichtung,
- Einleitung/Überwachung medikamentöser Therapiemaßnahmen,
- Dokumentation unter Anwendung standardisierter Verfahren,
- Informationen zu entsprechenden helfenden Institutionen und/oder Personen,

Abrechnungsbestimmung höchstens dreimal im Krankheitsfall

Anmerkung Die Gebührenordnungsposition 04356 ist nur bei mindestens einer der im Folgenden genannten Erkrankungen berechnungsfähig: G25 Sonstige extrapyramidale Krankheiten und Bewegungsstörungen, G31 Sonstige degenerative Krankheiten des Nervensystems, anderenorts nicht klassifiziert, G40 Epilepsie, G43 Migräne, G44.2 Spannungskopfschmerz, G80 Infantile Zerebralparese, F45.0 Somatisierungsstörung, F45.1 Undifferenzierte Somatisierungsstörung, F45.2 Hypochondrische Störung, F45.3

Somatoforme autonome Funktionsstörung, F45.4 Anhaltende Schmerzstörung, F45.8 Sonstige somatoforme Störungen, F60-F69 Persönlichkeits- und Verhaltensstörungen, F80-F89 Entwicklungsstörungen, F90-F98 Verhaltens- und emotionale Störungen mit Beginn in der Kindheit und Jugend, R27.8 Sonstige Koordinationsstörungen, T73 Schäden durch sonstigen Mangel sowie T74 Missbrauch von Personen.

Bei der Nebeneinanderberechnung diagnostischer bzw. therapeutischer Gebührenordnungspositionen und der Gebührenordnungsposition 04356 ist eine mindestens 15 Minuten längere Arzt-Patienten-Kontaktzeit als in den entsprechenden Gebührenordnungspositionen angegeben Voraussetzung für die Berechnung der Gebührenordnungsposition 04356.

Abrechnungsausschluss in derselben Sitzung 01210, 01214, 01216, 01218, 35163 bis 35169 und 35173 bis 35179 und Kapitel 30.3.1, 30.3.2, 30.11, 35.1, 35.2

Aufwand in Min. **Kalkulationszeit: 15 Prüfzeit: 15 Eignung d. Prüfzeit:** Tages- und Quartalsprofil

Kommentar: Zum 1. Januar 2017 beschloss der Bewertungsausschuss Ausschöpfung des Finanzvolumens, dass 2015 für die haus- und fachärztliche Grundversorgung zur Verfügung gestellt wurde, die bis zu 3x Ansatzmöglichkeit der EBM Nr. 04 356 im Krankheitsfall, statt wie bis 2016 nur 2x .

Kinder- und Jugendärzte dürfen die EBM Nr. 04 356 abrechnen, wenn die Qualifikations- und Kooperationsvoraussetzungen der zum Abschnitt 4.2.4 aufgenommenen Präambel sowie die übrigen geforderten Leistungsinhalte erfüllt werden. Durch die EBM Nr. 04356 ergibt sich eine Erweiterung des Behandlungsspektrums der EBM Nr. 04 355 .

Eine Kooperationen mit den Fachärzten für Kinder- und Jugendpsychiatrie sowie den anderen unter 4.2.4 Sozialpädiatrische Versorgung aufgeführten Partnern sollte eindeutig dokumentieren, dass ein entsprechender Nachweis im Falle einer Plausibilitätsprüfung zu führen ist.

4.2.5 Palliativmedizinische Versorgung

1. Die Gebührenordnungspositionen 04370 bis 04373 sind für die Behandlung von schwerstkranken und sterbenden Patienten in jedem Alter berechnungsfähig, die an einer nicht heilbaren, fortschreitenden und so weit fortgeschrittenen Erkrankung leiden, dass dadurch nach fachlicher Einschätzung des behandelnden Arztes die Lebenserwartung auf Tage, Wochen oder Monate gesunken ist. Eine Erkrankung ist nicht heilbar, wenn nach dem allgemein anerkannten Stand der Medizin Behandlungsmaßnahmen nicht zur Beseitigung dieser Erkrankung führen können. Sie ist fortschreitend, wenn ihrem Verlauf trotz medizinischer Maßnahmen nach dem allgemein anerkannten Stand der Medizin nicht nachhaltig entgegengewirkt werden kann. Der behandelnde Arzt ist verpflichtet, in jedem Einzelfall zu überprüfen, ob eine angemessene ambulante Versorgung in der Häuslichkeit (darunter fallen auch Pflege- und Hospizeinrichtungen) möglich ist.

2. Der grundsätzliche Anspruch eines Patienten auf eine spezialisierte ambulante Palliativversorgung (SAPV) im Sinne des § 37b SGB V wird durch das Erbringen der nachfolgenden Gebührenordnungspositionen nicht berührt.

3. Die Gebührenordnungspositionen 04371, 04372 und 04373 sind nicht bei Patienten berechnungsfähig, die eine Vollversorgung nach § 5 Abs. 2 der Richtlinie zur Verordnung von spezialisierter ambulanter Palliativversorgung (SAPV) des Gemeinsamen Bundesausschusses erhalten.

4. Die Gebührenordnungspositionen 04370 bis 04373 sind nicht berechnungsfähig, wenn der behandelnde Vertragsarzt äquivalente Leistungen bei dem Patienten im Rahmen der spezialisierten ambulanten Palliativversorgung gemäß § 37b SGB V i. V. m. § 132d Abs. 1 SGB V erbringt.

Kommentar:

Die Aufnahme der palliativmedizinischen Versorgung in den EBM ist ausdrücklich als eine Ergänzung neben der spezialisierten ambulanten Palliativversorgung (SAPV) nach den Richtlinien des Gemeinsamen Bundesausschusses konzipiert. Die SAPV beruht auf folgenden Grundlagen:

§ 37b SGB V Spezialisierte ambulante Palliativversorgung

https://www.g-ba.de/themen/veranlasste-leistungen/palliativversorgung/

(1) Versicherte mit einer nicht heilbaren, fortschreitenden und weit fortgeschrittenen Erkrankung bei einer zugleich begrenzten Lebenserwartung, die eine besonders aufwändige Versorgung benötigen,

haben Anspruch auf spezialisierte ambulante Palliativversorgung. Die Leistung ist von einem Vertragsarzt oder Krankenhausarzt zu verordnen. Die spezialisierte ambulante Palliativversorgung umfasst ärztliche und pflegerische Leistungen einschließlich ihrer Koordination insbesondere zur Schmerztherapie und Symptomkontrolle und zielt darauf ab, die Betreuung der Versicherten nach Satz 1 in der vertrauten Umgebung des häuslichen oder familiären Bereichs zu ermöglichen; hierzu zählen beispielsweise Einrichtungen der Eingliederungshilfe für behinderte Menschen und der Kinder- und Jugendhilfe. Versicherte in stationären Hospizen haben einen Anspruch auf die Teilleistung der erforderlichen ärztlichen Versorgung im Rahmen der spezialisierten ambulanten Palliativversorgung. Dies gilt nur, wenn und soweit nicht andere Leistungsträger zur Leistung verpflichtet sind. Dabei sind die besonderen Belange von Kindern zu berücksichtigen.

(2) Versicherte in stationären Pflegeeinrichtungen im Sinne von § 72 Abs. 1 des Elften Buches haben in entsprechender Anwendung des Absatzes 1 einen Anspruch auf spezialisierte Palliativversorgung. Die Verträge nach § 132d Abs. 1 regeln, ob die Leistung nach Absatz 1 durch Vertragspartner der Krankenkassen in der Pflegeeinrichtung oder durch Personal der Pflegeeinrichtung erbracht wird; § 132d Abs. 2 gilt entsprechend.

(3) Der Gemeinsame Bundesausschuss bestimmt in den Richtlinien nach § 92 das Nähere über die Leistungen, insbesondere

1. die Anforderungen an die Erkrankungen nach Absatz 1 Satz 1 sowie an den besonderen Versorgungsbedarf der Versicherten,
2. Inhalt und Umfang der spezialisierten ambulanten Palliativversorgung einschließlich von deren Verhältnis zur ambulanten Versorgung und der Zusammenarbeit der Leistungserbringer mit den bestehenden ambulanten Hospizdiensten und stationären Hospizen (integrativer Ansatz); die gewachsenen Versorgungsstrukturen sind zu berücksichtigen,
3. Inhalt und Umfang der Zusammenarbeit des verordnenden Arztes mit dem Leistungserbringer.
Im Zuge der Neuregelung des EBM wurde zum 1.10.2013 die Palliativmedizinische Versorgung neu eingeführt, für die Krankenkassen nach einem Beschluss des Bewertungsausschusses vom 22.10.2012 zusätzliche Finanzmittel zur Verfügung stellen.

Angesichts der bereits bestehenden Richtlinie des Gemeinsamen Bundesausschusses zur spezialisierten ambulanten Palliativversorgung (SAPV), deren praktische Umsetzung wohl nicht den Erwartungen des Richtliniengebers entsprach, war eine Aufnahme in den EBM, aber auch eine Abgrenzung zu den Leistungen der SAPV notwendig.

04370 Palliativmedizinische Ersterhebung des Patientenstatus inkl. Behandlungsplan **341**
                                                                                         40,69

Obligater Leistungsinhalt
- Untersuchung des körperlichen und psychischen Zustandes des Patienten,
- Beratung und Aufklärung des Patienten und/oder der betreuenden Person zur Ermittlung des Patientenwillens und ggf. Erfassung des Patientenwillens,
- Erstellung und Dokumentation eines palliativmedizinischen Behandlungsplans unter Berücksichtigung des Patientenwillens,

Abrechnungsbestimmung einmal im Krankheitsfall

Abrechnungsausschluss in derselben Sitzung 04220, 04230
im Krankheitsfall 37300

Aufwand in Min. **Kalkulationszeit:** KA   **Prüfzeit:** ./.   **Eignung d. Prüfzeit:** Keine Eignung

---

04371 Zuschlag zu der Versichertenpauschale 04000 für die palliativmedizinische **159**
            Betreuung des Patienten in der Arztpraxis   18,97

Obligater Leistungsinhalt
- Persönlicher Arzt-Patienten-Kontakt,
- Dauer mindestens 15 Minuten,
- Palliativmedizinische Betreuung des Patienten (z.B. Schmerztherapie, Symptomkontrolle),

Fakultativer Leistungsinhalt
- Koordinierung der palliativmedizinischen und -pflegerischen Versorgung in Zusammenarbeit mit anderen spezialisierten Leistungserbringern wie z.B. Vertragsärzten, Psychotherapeuten, Pflegediensten, psychosozialen Betreuungsdiensten, Hospizen,
- Anleitung und Beratung der Betreuungs- und Bezugspersonen,

Abrechnungsbestimmung einmal im Behandlungsfall

Abrechnungsausschluss in derselben Sitzung 04220, 04372, 04373, 37305
im Behandlungsfall 37302, 37711

Aufwand in Min. **Kalkulationszeit:** KA   **Prüfzeit:** 12   **Eignung d. Prüfzeit:** Tages- und Quartalsprofil

04372
Zuschlag zu den Gebührenordnungspositionen 01410 oder 01413 für die palliativ-   **124**
medizinische Betreuung in der Häuslichkeit   **14,80**

Obligater Leistungsinhalt
- Persönlicher Arzt-Patienten-Kontakt,
- Dauer mindestens 15 Minuten,
- Palliativmedizinische Betreuung des Patienten (z.B. Schmerztherapie, Symptomkontrolle),

Fakultativer Leistungsinhalt
- Koordinierung der palliativmedizinischen und -pflegerischen Versorgung in Zusammenarbeit mit anderen spezialisierten Leistungserbringern wie z.B. Vertragsärzten, Psychotherapeuten, Pflegediensten, psychosozialen Betreuungsdiensten, Hospizen,
- Anleitung und Beratung der Betreuungs- und Bezugspersonen,

Abrechnungsbestimmung je vollendete 15 Minuten

Anmerkung Der Höchstwert für die Gebührenordnungsposition 04372 beträgt am Behandlungstag 620 Punkte.

Abrechnungsausschluss in derselben Sitzung 04220, 04230, 04371, 04373, 37305, 37306

Aufwand in Min. **Kalkulationszeit:** KA   **Prüfzeit:** 12   **Eignung d. Prüfzeit:** Tages- und Quartalsprofil

04373
Zuschlag zu den Gebührenordnungspositionen 01411, 01412 oder 01415 für die   **124**
palliativmedizinische Betreuung in der Häuslichkeit   **14,80**

Obligater Leistungsinhalt
- Persönlicher Arzt-Patienten-Kontakt,
- Palliativmedizinische Betreuung des Patienten (z.B. Schmerztherapie, Symptomkontrolle),

Abrechnungsbestimmung je Besuch

Anmerkung Die Gebührenordnungsposition 04373 ist für Besuche im Rahmen des organisierten Not(-fall)dienstes, für Besuche im Rahmen der Notfallversorgung durch nicht an der vertragsärztlichen Versorgung teilnehmende Ärzte, Institute und Krankenhäuser sowie für dringende Visiten auf der Belegstation nicht berechnungsfähig.

Abrechnungsausschluss in derselben Sitzung 01100, 01101, 01102, 01210, 01214, 01216, 01218, 04220, 04230, 04371, 04372, 37305, 37306

Aufwand in Min. **Kalkulationszeit:** KA   **Prüfzeit:** ./.   **Eignung d. Prüfzeit:** Keine Eignung

4.4 Gebührenordnungspositionen der schwerpunktorientierten Kinder- und Jugendmedizin

4.4.1 Gebührenordnungspositionen der Kinder-Kardiologie

1. Die Gebührenordnungspositionen des Abschnitts III.a-4.4.1 können – unter Berücksichtigung von I-1.3 der Allgemeinen Bestimmungen – nur von Fachärzten für Kinder- und Jugendmedizin mit Schwerpunkt Kinder-Kardiologie berechnet werden.

2. Darüber hinaus kann von Fachärzten für Kinder- und Jugendmedizin mit Schwerpunkt Kinder-Kardiologie die Gebührenordnungsposition 04537 des Abschnitts 4.5.2 sowie die Gebührenordnungsposition 01645 des Abschnitts 1.6 berechnet werden.

Kommentar:

Unter der Voraussetzung des Nachweises zusätzlicher Qualifikationen gem. Abschnitt I.3 der Allgemeinen Bestimmungen können die Leistungen dieses Abschnitts nur abgerechnet werden, wenn der Facharzt für Kinder- und Jugendmedizin den Schwerpunkt Kinder-Kardiologie besitzt.

04410* Zusatzpauschale Kinderkardiologie   **739**
                                                                               88,19

Obligater Leistungsinhalt
- Duplex-Echokardiographische Untersuchung (Nr. 33022),
- Druckmessung(en),

Fakultativer Leistungsinhalt
- Infusion(en) (Nr. 02100),
- Arterielle Blutentnahme (Nr. 02330),
- Intraarterielle Injektion (Nr. 02331),
- Belastungs-EKG (Nr. 04321),
- Aufzeichnung Langzeit-EKG (Nr. 04322),
- Computergestützte Auswertung Langzeit-EKG (Nr. 04241),
- Langzeit-Blutdruckmessung (Nr. 04324),
- Doppler-Echokardiographische Untersuchung (Nr. 33021),
- Echokardiographische Untersuchung (Nr. 33020),
- Untersuchung mit Einschwemmkatheter in Ruhe,
- Untersuchung mit Einschwemmkatheter in Ruhe sowie während und nach physikalisch reproduzierbarer Belastung,
- Laufbandergometrie(n),
- Intraluminale Messung(en) des Arteriendrucks oder des zentralen Venendrucks,
- Messung(en) von Herzzeitvolumen und/oder Kreislaufzeiten,
- Applikation der Testsubstanz(en),

Abrechnungsbestimmung einmal im Behandlungsfall

Anmerkung Die Berechnung der Gebührenordnungsposition 04410 setzt eine Genehmigung der Kassenärztlichen Vereinigung nach der Ultraschallvereinbarung gemäß § 135 Abs. 2 SGB V voraus.
Entgegen Nr. I-4.3.2 der Allgemeinen Bestimmungen kann die Gebührenordnungsposition 04410 auch dann berechnet werden, wenn die Arztpraxis nicht über die Möglichkeit zur Erbringung von Einschwemmkathetern, der intraluminalen Messung des Arteriendrucks oder des zentralen Venendrucks, der Messung von Herzzeitvolumen und/oder Kreislaufzeiten und von Leistungsinhalten der Gebührenordnungspositionen 13300 und 13301 verfügt.
In der Gebührenordnungsposition 04410 sind die Kosten für den Einschwemmkatheter mit Ausnahme des Swan-Ganz-Katheters enthalten.

Abrechnungsausschluss
in derselben Sitzung 02300, 02301, 02302
im Behandlungsfall 02100, 02330, 02331, 04241, 04321, 04322, 04324, 13545, 33020, 33021, 33022, 34283, 36882, 36883 und Kapitel 4.4.2, 4.4.3, 4.5

Aufwand in Min. **Kalkulationszeit:** KA   **Prüfzeit:** 28   **Eignung d. Prüfzeit:** Nur Quartalsprofil

GOÄ   entsprechend oder ähnlich: Leistungskomplex in der GOÄ so nicht vorhanden. Erbrachte Einzelleistungen berechnen.

04411* Funktionsanalyse eines Herzschrittmachers zur antibradykarden Therapie   **396**
                                                                                       47,26

Obligater Leistungsinhalt
- Persönlicher Arzt-Patienten-Kontakt,
- Funktionsanalyse eines Herzschrittmachers zur antibradykarden Therapie,

- Überprüfung des Batteriezustandes,
- Überprüfung und Dokumentation der programmierbaren Parameter und Messwerte durch Ausdruck des Programmiergerätes,
- Kontrolle der Funktionsfähigkeit der Elektrode(n)

Fakultativer Leistungsinhalt
- Umprogrammierung

Anmerkung
Die Berechnung der Gebührenordnungsposition 04411 setzt eine Genehmigung der Kassenärztlichen Vereinigung nach der Qualitätssicherungsvereinbarung zur Rhythmusimplantat-Kontrolle gemäß § 135 Abs. 2 SGB V voraus.
Die Gebührenordnungsposition 04411 ist höchstens fünfmal im Krankheitsfall berechnungsfähig. Bei Versicherten, bei denen gleichzeitig eine Strahlentherapie durchgeführt wird, besteht mit Begründung im Krankheitsfall keine Obergrenze. Als Begründung ist der ICD-10-Kode der für die Strahlentherapie maßgeblichen Erkrankung bei der Abrechnung anzugeben.

Abrechnungsausschluss im Behandlungsfall 04220, 04221, 04413, 04414, 04415, 04416, 36881, 36882, 36883 und Kapitel 4.4.2, 4.4.3, 4.5

Berichtspflicht Nein

Aufwand in Min. **Kalkulationszeit:** KA   **Prüfzeit:** 7   **Eignung d Prüfzeit:** Tages- und Quartalsprofil

Kommentar: Die KVNord informiert u.a.: ... „Die Abrechnungssystematik zur Kontrolle von Schrittmachersystemen wurde ab 1. Oktober 2017 differenzierter. In EBM-Kapitel 4 (Pädiatrie) und 13 (Innere Medizin, Kardiologie) werden jeweils drei neue Gebührenordnungspositionen für die konventionelle Kontrolle und zwei EBM Nrn. für die telemedizinische Funktionsanalyse von Schrittmachern aufgenommen. **Zugleich werden die bisherigen EBM Nrn. 04418, 13552 und 13554 gestrichen.**

Die Bewertung der neuen EBM Nrn. ist abhängig vom Aggregattyp und nicht davon, ob es sich um eine konventionelle und telemedizinische Funktionskontrolle handelt. Damit wird der Aufwand für die Kontrolle der unterschiedlichen Systeme besser berücksichtigt. Die Vergütung erfolgt – wie bei den bisherigen EBM Nrn. – innerhalb der morbiditätsbedingten Gesamtvergütung. Unterschieden werden Herzschrittmacher, implantierte Kardioverter/ Defibrillatoren und implantierte Systeme zur kardialen Resynchronisationstherapie (CRT-P, CRT-D).

Vertragsärzte, die solche Kontrolluntersuchungen durchführen wollen, benötigen eine Genehmigung der Kassenärztlichen Vereinigung.

Art der Funktionskontrolle	EBM Nr.	Bewertung (Punkte)
konventionell	04411 (Schrittmacher) 04413 (Kardioverter/Defibrillator) 04415 (CRT)	396 732 901
telemedizinisch	04414 (Kardioverter/Defibrillator) 04416 (CRT)	732 901

04413* Funktionsanalyse eines implantierten Kardioverters bzw. Defibrillators **732**
87,36

Obligater Leistungsinhalt
- Persönlicher Arzt-Patienten-Kontakt,
- Funktionsanalyse eines implantierten Kardioverters bzw. Defibrillators,
- Überprüfung des Batteriezustandes,
- Überprüfung und Dokumentation der programmierbaren Parameter und Messwerte durch Ausdruck des Programmiergerätes,
- Kontrolle der Funktionsfähigkeit der Elektrode

Fakultativer Leistungsinhalt
- Umprogrammierung

Anmerkung

Die Berechnung der Gebührenordnungsposition 04413 setzt eine Genehmigung der Kassenärztlichen Vereinigung nach der Qualitätssicherungsvereinbarung zur Rhythmusimplantat-Kontrolle gemäß § 135 Abs. 2 SGB V voraus.

Die Gebührenordnungspositionen 04413 und 04414 sind in Summe höchstens fünfmal im Krankheitsfall berechnungsfähig. Bei Versicherten, bei denen gleichzeitig eine Strahlentherapie durchgeführt wird, besteht mit Begründung im Krankheitsfall keine Obergrenze. Als Begründung ist der ICD-10-Kode der für die Strahlentherapie maßgeblichen Erkrankung bei der Abrechnung anzugeben.

Die Gebührenordnungsposition 04413 ist einmal im Krankheitsfall neben der Gebührenordnungsposition 13584 berechnungsfähig. Zum Zweck der Umprogrammierung oder bei nicht vorhergesehener Inanspruchnahme ist die Gebührenordnungsposition 04413 weitere zweimal im Krankheitsfall neben der Gebührenordnungsposition 13584 berechnungsfähig.

Abrechnungsausschluss im Behandlungsfall 04220, 04221, 04411, 04415, 04416, 36881, 36882, 36883, 4.4.2, 4.4.3, 4.5
in derselben Sitzung 04414

Berichtspflicht Nein

Aufwand in Min.   **Kalkulationszeit:** KA   **Prüfzeit:** 14   **Eignung d Prüfzeit:** Tages- und Quartalsprofil

Kommentar: Siehe Kommentar zu Nr. 13571

04414*   Telemedizinische Funktionsanalyse eines implantierten Kardioverters bzw.   **732**
Defibrillators   87,36

Obligater Leistungsinhalt
- Telemedizinische Funktionsanalyse eines implantierten Kardioverters bzw. Defibrillators,
- Überprüfung des Batteriezustandes,
- Überprüfung und Dokumentation der erhobenen Parameter und Messwerte,
- Kontrolle der Funktionsfähigkeit der Elektrode(n)

Anmerkung
Die Berechnung der Gebührenordnungsposition 04414 setzt im Krankheitsfall mindestens eine Funktionsanalyse gemäß der Gebührenordnungsposition 04413 – möglichst in der Arztpraxis des telemedizinisch überwachenden Vertragsarztes – voraus.

Die Berechnung der Gebührenordnungsposition 04414 setzt eine Genehmigung der Kassenärztlichen Vereinigung nach der Qualitätssicherungsvereinbarung zur Rhythmusimplantat-Kontrolle gemäß § 135 Abs. 2 SGB V voraus.

Die Berechnung der Gebührenordnungsposition 04414 setzt den Nachweis der Erfüllung der Vorgaben gemäß Anlage 31 zum Bundesmantelvertrag-Ärzte (BMV-Ä) voraus.

Die Gebührenordnungspositionen 04413 und 04414 sind in Summe höchstens fünfmal im Krankheitsfall berechnungsfähig. Bei Versicherten, bei denen gleichzeitig eine Strahlentherapie durchgeführt wird, besteht mit Begründung im Krankheitsfall keine Obergrenze. Als Begründung ist der ICD-10- Kode der für die Strahlentherapie maßgeblichen Erkrankung bei der Abrechnung anzugeben.

Abrechnungsausschluss im Behandlungsfall 04220, 04221, 04411, 04415, 04416, 13584, 36881, 36882, 36883, 4.4.2, 4.4.3, 4.5
in derselben Sitzung 04413

Berichtspflicht Nein

Aufwand in Min.   **Kalkulationszeit:** KA   **Prüfzeit:** 14   **Eignung d Prüfzeit:** Nur Quartalsprofil

Kommentar: Siehe Kommentar zu Nr. 13574

04415*   Funktionsanalyse eines implantierten Systems zur kardialen Resynchronisations-   **901**
therapie (CRT-P, CRT-D)   107,52

Obligater Leistungsinhalt
- Persönlicher Arzt-Patienten-Kontakt,
- Funktionsanalyse eines implantierten Systems zur kardialen Resynchronisationstherapie (CRT-P, CRTD),
- Überprüfung des Batteriezustandes,

* Überprüfung und Dokumentation der programmierbaren Parameter und Messwerte durch Ausdruck des Programmiergerätes,
* Kontrolle der Funktionsfähigkeit der Elektrode

Fakultativer Leistungsinhalt
* Umprogrammierung

Anmerkung
Die Berechnung der Gebührenordnungsposition 04415 setzt eine Genehmigung der Kassenärztlichen Vereinigung nach der Qualitätssicherungsvereinbarung zur Rhythmusimplantat-Kontrolle gemäß § 135 Abs. 2 SGB V voraus.
Die Gebührenordnungspositionen 04415 und 04416 sind in Summe höchstens fünfmal im Krankheitsfall berechnungsfähig. Bei Versicherten, bei denen gleichzeitig eine Strahlentherapie durchgeführt wird, besteht mit Begründung im Krankheitsfall keine Obergrenze. Als Begründung ist der ICD-10-Kode der für die Strahlentherapie maßgeblichen Erkrankung bei der Abrechnung anzugeben.
Die Gebührenordnungsposition 04415 ist einmal im Krankheitsfall neben der Gebührenordnungsposition 13584 berechnungsfähig. Zum Zweck der Umprogrammierung oder bei nicht vorhergesehener Inanspruchnahme ist die Gebührenordnungsposition 04415 weitere zweimal im Krankheitsfall neben der Gebührenordnungsposition 13584 berechnungsfähig.

Abrechnungsausschluss im Behandlungsfall 04220, 04221, 04411, 04415, 04416, 36881, 36882, 36883, 4.4.2, 4.4.3, 4.5
in derselben Sitzung 04416

Berichtspflicht Nein

Aufwand in Min. **Kalkulationszeit:** KA **Prüfzeit:** 18 **Eignung d Prüfzeit:** Tages- und Quartalsprofil
Kommentar: Siehe Kommentar zu Nr. 13571

04416* Telemedizinische Funktionsanalyse eines implantierten Systems zur kardialen **901**
Resynchronisationstherapie (CRT-P, CRT-D) **107,52**

Obligater Leistungsinhalt
* Telemedizinische Funktionsanalyse eines implantierten Systems zur kardialen Resynchronisationstherapie (CRT-P, CRTD),
* Überprüfung des Batteriezustandes,
* Überprüfung und Dokumentation der erhobenen Parameter und Messwerte,
* Kontrolle der Funktionsfähigkeit der Elektrode(n)

Anmerkung
Die Berechnung der Gebührenordnungsposition 04416 setzt im Krankheitsfall mindestens eine Funktionsanalyse gemäß der Gebührenordnungsposition 04415 – möglichst in der Arztpraxis des telemedizinisch überwachenden Vertragsarztes – voraus.
Die Berechnung der Gebührenordnungsposition 04416 setzt eine Genehmigung der Kassenärztlichen Vereinigung nach der Qualitätssicherungsvereinbarung zur Rhythmusimplantat-Kontrolle gemäß § 135 Abs. 2 SGB V voraus.
Die Berechnung der Gebührenordnungsposition 04416 setzt den Nachweis der Erfüllung der Vorgaben gemäß Anlage 31 zum Bundesmantelvertrag-Ärzte (BMV-Ä) voraus.
Die Gebührenordnungspositionen 04415 und 04416 sind in Summe höchstens fünfmal im Krankheitsfall berechnungsfähig. Bei Versicherten, bei denen gleichzeitig eine Strahlentherapie durchgeführt wird, besteht mit Begründung im Krankheitsfall keine Obergrenze. Als Begründung ist der ICD-10- Kode der für die Strahlentherapie maßgeblichen Erkrankung bei der Abrechnung anzugeben.

Abrechnungsausschluss im Behandlungsfall 04220, 04221, 04411, 04415, 04416, 13584, 36881, 36882, 36883, 4.4.2, 4.4.3, 4.5
in derselben Sitzung 04415

Berichtspflicht Nein

Aufwand in Min. **Kalkulationszeit:** KA **Prüfzeit:** 18 **Eignung d Prüfzeit:** Nur Quartalsprofil
Kommentar: Siehe Kommentar zu Nr. 04411

04417* Zuschlag zu den Gebührenordnungspositionen 04411, 04413 und 04415   **40**

         Berichtspflicht Nein   4,77

Aufwand in Min. **Kalkulationszeit:** KA   **Prüfzeit:** ./.   **Eignung d. Prüfzeit:** Keine Eignung

Kommentar: Seit 1.7.2020 können Kosten von Programmier- und Auslesegeräten kardial rhythmologischer Implantate (Herzschrittmacher, ICD etc.) mit der EBM-Nr. 04417 bzw. 13577 abgerechnet werden.
Wezel-Liebold weist in seinem Kommentar darauf hin: … „Programmier- und Auslesegeräte für solche Implantate wurden Vertragsärzten zuvor meist von den Herstellern kostenfrei zur Verfügung gestellt, was aufgrund des Antikorruptionsgesetzes unzulässig erscheint…"

04419* Ergospirometrische Untersuchung   **394**

        Obligater Leistungsinhalt   47,02

- Ergospirometrische Untersuchung in Ruhe und unter physikalisch definierter und reproduzierbarer Belastungsstufe,
- Gleichzeitige obligatorische Untersuchung der Atemgase, Ventilationsparameter und der Herz-Kreislauf-Parameter
- Monitoring,
- Dokumentation mittels „9-FelderGraphik"

        Fakultativer Leistungsinhalt
- Beratung der Bezugsperson(en)

        Abrechnungsausschluss im Behandlungsfall 36881, 36882, 36883 und Kapitel 4.4.2, 4.4.3, 4.5

Aufwand in Min. **Kalkulationszeit:** 9   **Prüfzeit:** 9   **Eignung d. Prüfzeit:** Tages- und Quartalsprofil

GOÄ   entsprechend oder ähnlich: Nr. 606*

04420* Behandlung eines Herz-Transplantatträgers   **211**

        Obligater Leistungsinhalt   25,18

- Behandlung eines Transplantatträgers,
- Kontrolle der Transplantatfunktion(en),
- Überwachung des spezifischen Therapieschemas,

        Fakultativer Leistungsinhalt
- Instruktion der Bezugsperson(en),
- Abstimmung mit dem Hausarzt,

        Abrechnungsbestimmung einmal im Behandlungsfall

        Abrechnungsausschluss im Behandlungsfall 36881, 36882, 36883 und Kapitel 4.4.2, 4.4.3, 4.5

Aufwand in Min. **Kalkulationszeit:** KA   **Prüfzeit:** 15   **Eignung d. Prüfzeit:** Nur Quartalsprofil

GOÄ   entsprechend oder ähnlich: Leistungskomplex in der GOÄ so nicht vorhanden. Erbrachte Einzelleistungen berechnen

4.4.2 Neuropädiatrische Gebührenordnungspositionen

1. Die Gebührenordnungspositionen des Abschnitts III.a-4.4.2 können – unter Berücksichtigung von I-1.3 der Allgemeinen Bestimmungen – nur von Fachärzten für Kinder- und Jugendmedizin mit Schwerpunkt Neuropädiatrie berechnet werden.
2. Bei Vorliegen der entsprechenden Qualifikationsvoraussetzungen sind von den Fachärzten für Kinder- und Jugendmedizin mit Schwerpunkt Neuropädiatrie – unbeschadet der Regelungen gemäß 5 und 6.2 der allgemeinen Bestimmungen – zusätzlich nachfolgende Gebührenordnungspositionen berechnungsfähig: Gebührenordnungspositionen des Abschnitts 30.11.
3. Die Gebührenordnungspositionen 01510 bis 01512, 02100 und 02101 sind entgegen der Bestimmungen im Anhang 1 des EBM für Fachärzte für Kinder- und Jugendmedizin mit Schwerpunkt Neuropädiatrie neben den Versichertenpauschalen nach den Gebührenordnungspositionen 04000 und 04030 berechnungsfähig. In diesem Fall sind die Gebühren-ordnungspositionen 01510 bis 01512, 02100 und 02101 mit einer bundeseinheitlich kodierten Zusatzkennzeichnung zu versehen.

Kommentar:

Unter der Voraussetzung des Nachweises entsprechender Qualifikationsvoraussetzungen können Kinder- und Jugendärzte zusätzlich die Leistungen der Neuropsychologischen Therapie nach Abschnitt 30.11 abrechnen.

04430*   Neuropädiatrisches Gespräch, Behandlung, Beratung, Erörterung und/oder Abklärung (Einzelbehandlung)

128
15,28

Obligater Leistungsinhalt
- Persönlicher Arzt-Patienten-Kontakt,
- Dauer mindestens 10 Minuten,
- als Einzelbehandlung,
- Berücksichtigung krankheitsspezifischer, behinderungsbezogener und prognostischer sowie entwicklungsabhängiger, sprachlicher und familiendynamischer Faktoren,

Fakultativer Leistungsinhalt
- Erhebung der biographischen Anamnese zur Störung, Erkrankung oder Behinderung,
- Vertiefte Exploration mit differentialdiagnostischer Einordnung eines neuropädiatrischen Krankheitsbildes und der möglichen Komorbiditäten,
- Syndrombezogene therapeutische Intervention,
- Anleitung der Bezugsperson(en),

Anmerkung Die Gebührenordnungsposition 04430 ist auch bei Durchführung der Leistung im Rahmen einer Videosprechstunde berechnungsfähig und dies durch Angabe einer bundeseinheitlich kodierten Zusatzkennzeichnung zu dokumentieren. Für die Abrechnung gelten die Anforderungen gemäß Anlage 31b zum BMV-Ä entsprechend.

Abrechnungsbestimmung je vollendete 10 Minuten

Abrechnungsausschluss
im Behandlungsfall 04220, 04221 und Kapitel 4.4.1, 4.4.3, 4.5
in derselben Sitzung 35150, 35151, 35152, 35163 bis 35169 und 35173 bis 35179 und Kapitel 35.2.1, 35.2.2

Aufwand in Min.   **Kalkulationszeit:** 10   **Prüfzeit:** 10   **Eignung d. Prüfzeit:** Tages- und Quartalsprofil

GOÄ   Keine vergleichbaren Leistungen

Kommentar: Das neuropädiatrische Gespräch ist im Notfalldienst nicht abrechenbar, da Gesprächsleistungen in der EBM-Nr. 01 210 genannt sind.

Eine Berechnung neben der kinderärztlichen Versichertenpauschale ist dann möglich,
- wenn mind. eine spezifisch neuropädiatrische Einzelbehandlung von mind. 10 Min. (z.B. persönliches Gespräch, Beratung , Erörterung oder Abklärung) erfolgt.

Allerdings gibt es einen Leistungsausschluss mit den fakultativen Inhalten der kinderärztlichen Versichertenpauschale 04000 zu beachten: Die Koordination diagnostischer, therapeutischer und pflegerischer Maßnahmen, insbesondere auch mit anderen behandelnden Ärzten, nichtärztlichen Hilfen und flankierenden Diensten darf nicht über die Ziffer 04430 abgerechnet werden. Ebenso vom Abrechnungsausschluss betroffen ist die Einleitung präventiver und rehabilitativer Maßnahmen sowie die Integration nichtärztlicher Hilfen und flankierender Dienste in die Behandlungsmaßnahmen.

Rechtsprechung: Ein Kinderarzt ohne Zusatzbezeichnung kann weder die Leistung gem. GOP 04430 EBM noch die Zusatzpauschale gem. 04433 EBM abrechnen. Der Zulassungsausschuss kann ihn hierzu auch nicht gem. § 73 Abs. 1a Satz 3 SGB V ermächtigen. Dies gilt unabhängig davon, ob und inwieweit die bedarfsgerechte Versorgung gewährleistet ist oder nicht (BSG, Urt. v. 10.12.2014, Az.: B 6 KA 49/13 R).

04431*   Ausführliche neurologisch-motoskopische Untersuchung bei einem Säugling, Kleinkind, Kind oder Jugendlichen

114
13,60

Obligater Leistungsinhalt
- Prüfung von
  - altersgemäßer Haltungs- und Bewegungskontrolle,
  - muskulärem Ruhe- und Aktivitätstonus, Muskelkraft,
  - Eigen- und Fremdreflexen sowie der Hirnnerven,

– Oberflächen- und Tiefensensibilität,
– statischem und dynamischem Gleichgewicht,
– Koordination, Bewegungsübergängen und-zwischenstufen,
– Feinmotorik,

Fakultativer Leistungsinhalt
• Lateralisation, Mittellinienkreuzung,
• Motometrische Testung,

Abrechnungsbestimmung je vollendete 15 Minuten, höchstens zweimal im Behandlungsfall

Abrechnungsausschluss im Behandlungsfall 01711, 01712, 01713, 01714, 01715, 01716, 01717, 01718, 01719, 01720, 01723 und Kapitel 4.4.1, 4.4.3, 4.5

Aufwand in Min. **Kalkulationszeit:** 2   **Prüfzeit:** 2   **Eignung d. Prüfzeit:** Tages- und Quartalsprofil

GOÄ   entsprechend oder ähnlich: Nr. 800

04433*   Zusatzpauschale Koordination der neuropädiatrischen Betreuung bei der fortge-   **340**
setzten Betreuung von Patienten bei mindestens einer der Diagnosen: 40,58
• Epilepsie (G40, G41),
• Migräne (G43),
• infantile Zerebralparese, sonstige Lähmung (G80 bis G83),
• kombinierte Entwicklungsstörung (F83),
• tiefgreifende Entwicklungsstörung (F84 bis F89),
• geistige Behinderung (F70 bis F79),
• schwerwiegendes Fehlbildungssyndrom, Myelomeningocele (Q01 bis Q18, Q71 bis Q74, Q76 bis Q78, Q85 bis Q87, Q90 bis Q99),
• Hydrocephalus, Hypoxischer Hirnschaden (G91 bis G94),
• metabolische Erkrankung, Neuropathien, neurodegenerative Erkrankung (G10 bis G25, G32 bis G37, G50 bis G64),
• Muskeldystrophie, Myopathien (G70 bis G73),
• Zustand nach SHT III (S06.1 bis S06.9),
• Aufmerksamkeitsstörungen (F90),

Obligater Leistungsinhalt
• Ein persönlicher Arzt-Patienten-Kontakt

Fakultativer Leistungsinhalt
• Ärztliche Koordination intra- und/oder multiprofessioneller, komplementärer Versorgungsstrukturen und/oder -instanzen, psycho-, physio-, ergo- und/oder sprachtherapeutischer Einrichtungen und/oder multiprofessioneller Teams, der Gruppenarbeit mit Patienten, Angehörigen und Laienhelfern sowie der Anleitung der Eltern,

Abrechnungsbestimmung einmal im Behandlungsfall

Anmerkung Die Angabe der Diagnose nach ICD-10 ist Voraussetzung für die Berechnung der Gebührenordnungsposition 04433.

Abrechnungsausschluss im Behandlungsfall und Kapitel 4.4.1, 4.4.3, 4.5

Aufwand in Min. **Kalkulationszeit:** 25   **Prüfzeit:** 17   **Eignung d. Prüfzeit:** Nur Quartalsprofil

GOÄ   entsprechend oder ähnlich: Leistungskomplex in der GOÄ so nicht vorhanden. Erbrachte Einzelleistungen berechnen

Rechtsprechung: Ein Kinderarzt ohne Zusatzbezeichnung kann weder die Leistung gem. GOP 04430 EBM noch die Zusatzpauschale gem. 04433 EBM abrechnen. Der Zulassungsausschuss kann ihn hierzu auch nicht gem. § 73 Abs. 1a Satz 3 SGB V ermächtigen. Dies gilt unabhängig davon, ob und inwieweit die bedarfsgerechte Versorgung gewährleistet ist oder nicht (BSG, Urt. v. 10.12.2014, Az.: B 6 KA 49/13 R).

04434*   Elektroenzephalographische Untersuchung bei einem Neugeborenen, Säugling,   **274**
Kleinkind, Kind oder Jugendlichen   32,70
Obligater Leistungsinhalt
• Ableitungsdauer mindestens 20 Minuten,
• Aufzeichnungsdauer mindestens 20 Minuten,

- Auswertung,
- Übergangswiderstandsmessung

Fakultativer Leistungsinhalt
- Provokation(en)

Anmerkung Die für die Gebührenordnungsposition 04434 erforderliche Berichtspflicht gilt als erfüllt, wenn im Behandlungsfall ein Bericht/Arztbrief erstellt wurde.

Abrechnungsausschluss
im Behandlungsfall 04321, 04322 und Kapitel 4.4.1, 4.4.3, 4.5
in derselben Sitzung 04435, 14320, 14321, 16310, 16311, 21310, 21311, 30900, 30901, 30902 und 30905

Aufwand in Min. **Kalkulationszeit:** 11   **Prüfzeit:** 9   **Eignung d. Prüfzeit:** Tages- und Quartalsprofil

GOÄ   entsprechend oder ähnlich: Nr. 827

04435*   Pädiatrische Schlaf-EEG-Untersuchung bei einem Neugeborenen, Säugling, Kleinkind, Kind oder Jugendlichen
612
73,04

Obligater Leistungsinhalt
- Ableitungsdauer mindestens 2 Stunden,
- Aufzeichnung inklusive vollständiger Einschlaf- und Aufwachphase,
- Auswertung

Fakultativer Leistungsinhalt
- Provokation(en),
- Polygraphie

Abrechnungsausschluss
im Behandlungsfall und Kapitel 4.4.1, 4.4.3, 4.5
in derselben Sitzung 04434, 14320, 14321, 16310, 16311, 21310, 21311, 30900, 30901, 30902 und 30905

Aufwand in Min. **Kalkulationszeit:** 39   **Prüfzeit:** 30   **Eignung d. Prüfzeit:** Tages- und Quartalsprofil

GOÄ   entsprechend oder ähnlich: Nrn. 827, 827a

Kommentar   Mit der EBM-Reform 2020 änderte sich zum 1.4.2020 die Leistungsbeschreibung in „pädiatrische Kurz-Schlaf-EEG-Untersuchung". Damit verbunden wurde, bei gleicher Vergütung, die Ableitungsdauer auf 45 Minuten (vorher 120 Minuten) reduziert.

04436*   Neurophysiologische Untersuchung (SEP, VEP, AEP, MEP)
263
31,39

Obligater Leistungsinhalt
- Bestimmung somatosensibel evozierter Potenziale und/oder
- Bestimmung visuell evozierter Potenziale und/oder
- Bestimmung akustisch evozierter Potenziale und/oder
- Bestimmung magnetisch evozierter Potenziale,
- beidseitig,

Abrechnungsbestimmung je Sitzung

Anmerkung Die Gebührenordnungsposition 04436 ist im Behandlungsfall insgesamt höchstens zweimal berechnungsfähig.

Abrechnungsausschluss
im Behandlungsfall und Kapitel 4.4.1, 4.4.3, 4.5
am Behandlungstag 01705, 01706
in derselben Sitzung 14331, 16321, 21321

Aufwand in Min. **Kalkulationszeit:** 13   **Prüfzeit:** 10   **Eignung d. Prüfzeit:** Tages- und Quartalsprofil

GOÄ   entsprechend oder ähnlich: Nr. 828

04437* Zusatzpauschale Abklärung einer peripheren neuromuskulären Erkrankung bei   **209**
einem Neugeborenen, Säugling, Kleinkind, Kind oder Jugendlichen   24,94

Obligater Leistungsinhalt
- Elektromyographische Untersuchung(en) mit Oberflächen- und/oder Nadelelektroden und/oder
- Elektroneurographische Untersuchung(en) mit Bestimmung(en) der motorischen oder sensiblen Nervenleitgeschwindigkeit,
- Ein- und/oder beidseitig

Anmerkung Die Gebührenordnungsposition 04437, 16322 und 27331 ist im Behandlungsfall höchstens dreimal berechnungsfähig.

Abrechnungsausschluss
in derselben Sitzung 16322, 27331
im Behandlungsfall und Kapitel 4.4.1, 4.4.3, 4.5
im Zeitraum von 21 Tagen nach Erbringung einer Leistung des Abschnitts 31.2 31614, 31615, 31616, 31617, 31618, 31619, 31620, 31621

Aufwand in Min. **Kalkulationszeit:** 8   **Prüfzeit:** 8   **Eignung d. Prüfzeit:** Tages- und Quartalsprofil

GOÄ   entsprechend oder ähnlich: Leistungskomplex in der GOÄ so nicht vorhanden. Erbrachte Einzelleistungen berechnen

04439* Elektronystagmo-/Okulographie, Blinkreflexprüfung   **118**
14,08
Obligater Leistungsinhalt
- Elektronystagmo-/Okulographie und/oder
- Blinkreflexprüfung,
- Ein- und/oder beidseitig,

Abrechnungsbestimmung einmal im Behandlungsfall

Abrechnungsausschluss im Behandlungsfall 14330, 16320, 21320 und Kapitel 4.4.1, 4.4.3, 4.5

Aufwand in Min. **Kalkulationszeit:** 7   **Prüfzeit:** 6   **Eignung d. Prüfzeit:** Nur Quartalsprofil

GOÄ   entsprechend oder ähnlich: Nr. 1413

4.4.3 Gebührenordnungspositionen der pädiatrischen Hämatologie und Onkologie

Die Gebührenordnungspositionen des Abschnitts III.a-4.4.3 können - unter Berücksichtigung von I-1.3 der Allgemeinen Bestimmungen – nur von Fachärzten für Kinder- und Jugendmedizin mit Schwerpunkt Kinder-Hämatologie und -Onkologie berechnet werden.

Kommentar:

Unter der Voraussetzung des Nachweises zusätzlicher Qualifikationen gem. Abschnitt I.3 der Allgemeinen Bestimmungen können die Leistungen dieses Abschnitts nur abgerechnet werden, wenn der Facharzt für Kinder- und Jugendmedizin den Schwerpunkt Kinder-Hämatologie und -Onkologie besitzt.

04441* Zusatzpauschale Behandlung einer laboratoriumsmedizinisch oder histologisch/   **191**
zytologisch gesicherten, primär hämatologischen und/oder onkologischen und/   22,79
oder immunologischenSystemerkrankung

Obligater Leistungsinhalt
- Behandlung einer laboratoriumsmedizinisch oder histologisch/zytologisch gesicherten, primär hämatologischen und/oder onkologischen und/oder immunologischen Systemerkrankung,
- Erstellung eines krankheitsspezifischen Therapiekonzeptes unter Berücksichtigung individueller Faktoren,

Abrechnungsbestimmung einmal im Behandlungsfall

Abrechnungsausschluss im Behandlungsfall 36882, 36883 und Kapitel 4.4.1, 4.4.2, 4.5

Aufwand in Min. **Kalkulationszeit:** 14   **Prüfzeit:** 13   **Eignung d. Prüfzeit:** Nur Quartalsprofil

| GOÄ | entsprechend oder ähnlich: Leistungskomplex in der GOÄ so nicht vorhanden. Erbrachte Einzelleistungen berechnen |

04442* Zusatzpauschale intensive, aplasieinduzierende und/oder toxizitätsadaptierte, antiproliferative Behandlung bei einem Säugling, Kleinkind, Kind oder Jugendlichen **177**
21,12

Obligater Leistungsinhalt
- Intensive, aplasieinduzierende

und/oder
- Toxizitätsadaptierte Behandlung,
- Erfassung und Dokumentation der Toxizität,

Abrechnungsbestimmung einmal im Behandlungsfall

Abrechnungsausschluss im Behandlungsfall 36882, 36883 und Kapitel 4.4.1, 4.4.2, 4.5

Aufwand in Min. **Kalkulationszeit:** 13   **Prüfzeit:** 12   **Eignung d. Prüfzeit:** Nur Quartalsprofil
GOÄ   entsprechend oder ähnlich: Leistungskomplex in der GOÄ so nicht vorhanden. Erbrachte Einzelleistungen berechnen

04443* Zusatzpauschale intensivierte Nachbetreuung nach Tumorbehandlung und/oder allogener(n) oder autologer(n) Transplantation(en) hämatopoetischer Stammzellen bei einem Säugling, Kleinkind, Kind oder Jugendlichen **189**
22,56

Obligater Leistungsinhalt
- Intensivierte Nachbetreuung nach Tumorbehandlung

und/oder
- Intensivierte Nachbehandlung nach allogener oder autologer Transplantation(en) hämatopoetischer Stammzellen

und/oder
- Nachbetreuung von Patienten mit Stammzellentransplantation

Fakultativer Leistungsinhalt
- Überwachung des spezifischen Therapieschemas
- Erfassung und Dokumentation der Toxizität

Abrechnungsbestimmung einmal im Behandlungsfall

Abrechnungsausschluss im Behandlungsfall 36882, 36883 und Kapitel 4.4.1, 4.4.2, 4.5

Aufwand in Min. **Kalkulationszeit:** 13   **Prüfzeit:** 12   **Eignung d. Prüfzeit:** Nur Quartalsprofil
GOÄ   entsprechend oder ähnlich: Leistungskomplex in der GOÄ so nicht vorhanden. Erbrachte Einzelleistungen berechnen

4.5 Pädiatrische Gebührenordnungspositionen mit Zusatzweiterbildung

4.5.1 Pädiatrisch-gastroenterologische Gebührenordnungspositionen

1. Die Gebührenordnungspositionen des Abschnitts III.a-4.5.1 können – unter Berücksichtigung von I-1.3 der Allgemeinen Bestimmungen – nur von Fachärzten für Kinder- und Jugendmedizin mit der Zusatzweiterbildung Kinder-Gastroenterologie berechnet werden.

2. Die Gebührenordnungspositionen 01510 bis 01512, 02100 und 02101 sind entgegen der Bestimmung im Anhang 1 des EBM für Fachärzte für Kinder- und Jugendmedizin mit der Zusatzweiterbildung Kinder-Gastroenterologie neben den Versichertenpauschalen nach den Gebührenordnungspositionen 04000 und 04030 berechnungsfähig.
In diesem Fall sind die Gebührenordnungspositionen 01510 bis 01512, 02100 und 02101 mit einer bundeseinheitlich kodierten Zusatzkennzeichnung zu versehen.

Kommentar:
Unter der Voraussetzung des Nachweises zusätzlicher Qualifikationen gem. Abschnitt I.3 der Allgemeinen Bestimmungen (s.o.) können die Leistungen dieses Abschnitts nur abgerechnet werden, wenn der Facharzt für Kinder- und Jugendmedizin die Zusatzweiterbildung Kinder-Gastroenterologie besitzt. Zusätzlich kann die Nr. 04527 auch von Fachärzten für Kinder- und Jugendmedizin mit der Zusatzweiterbildung „Kinder-Nephrologie" berechnet werden.

04511*   Zusatzpauschale Ösophago-Gastroduodenoskopie   **878**
 104,78

Obligater Leistungsinhalt
- Ösophagoskopie

und/oder
- Ösophagogastroskopie

und/oder
- Ösophagogastroduodenoskopie,
- Patientenaufklärung zur Untersuchung und zu den möglichen therapeutischen Maßnahmen in derselben Sitzung in angemessenem Zeitabstand vor dem Eingriff,
- Aufklärung und Instruktion der Bezugsperson(en),
- Information zum Ablauf der vorbereitenden Maßnahmen vor dem Eingriff und zu einer Sedierung und/oder Prämedikation,
- Nachbeobachtung und -betreuung,
- Foto-/Videodokumentation(en)

Fakultativer Leistungsinhalt
- 13 C Harnstoff Atemtest (Nr. 02400),
- Ureasenachweis, einschl. Kosten,
- Probeexzision(en),
- Probepunktion(en),
- Fremdkörperentfernung(en),
- Blutstillung(en),
- Prämedikation, Sedierung, ggf. unter Monitoring von Blutdruck und Pulsoxymetrie

Anmerkung Entgegen Nr. I-4.3.2 der Allgemeinen Bestimmungen kann die Gebührenordnungsposition auch dann berechnet werden, wenn die Arztpraxis nicht über die Möglichkeit zur Durchführung des 13 C-Harnstoff-Atemtests nach der Gebührenordnungsposition 02400 verfügt.

Abrechnungsausschluss
im Behandlungsfall 36881, 36882, 36883 und Kapitel 4.5.2, 4.5.3, 4.5.4, 4.5.5, 4.4
in derselben Sitzung 02300, 02301, 02302, 02400, 04513

Aufwand in Min.   **Kalkulationszeit:** 14   **Prüfzeit:** 11   **Eignung d. Prüfzeit:** Tages- und Quartalsprofil

GOÄ   entsprechend oder ähnlich: Leistungskomplex in der GOÄ so nicht vorhanden. Erbrachte Einzelleistungen berechnen, z.B. 680, 681, 682, 683, 684, A 619*

04512*   Langzeit-ph-Metrie des Ösophagus von mindestens 12 Stunden Dauer mit   **468**
Sondeneinführung   55,85

Obligater Leistungsinhalt
- Lagekontrolle der Sonde,
- Aufklärung und Instruktion der Bezugsperson(en)

Fakultativer Leistungsinhalt
- Fixierung der Sonde

Abrechnungsausschluss
im Behandlungsfall 36881, 36882, 36883 und Kapitel 4.5.2, 4.5.3, 4.5.4, 4.5.5, 4.4
in derselben Sitzung 02300, 02301, 02302, 04515

Aufwand in Min.   **Kalkulationszeit:** 10   **Prüfzeit:** 6   **Eignung d. Prüfzeit:** Tages- und Quartalsprofil

GOÄ   entsprechend oder ähnlich: Leistungskomplex in der GOÄ so nicht vorhanden. Erbrachte Einzelleistungen berechnen, 691, 693, 694.

04513*   Perkutane Gastrostomie beim Säugling, Kleinkind, Kind oder Jugendlichen   **1197**
 142,85

Obligater Leistungsinhalt
- Perkutane Gastrostomie,
- Gastroskopie (Nr. 04511),
- Patientenaufklärung in angemessenem Zeitabstand vor dem Eingriff zur Untersuchung und zu den möglichen therapeutischen Maßnahmen in derselben Sitzung,
- Aufklärung und Instruktion der Bezugsperson(en),

- Information zum Ablauf der vorbereitenden Maßnahmen vor dem Eingriff und zu einer Sedierung und/oder Prämedikation,
- Nachbeobachtung und -betreuung

Fakultativer Leistungsinhalt
- Prämedikation/Sedierung,
- Endoskopische Durchführung,
- Lokalanästhesie,
- Einführen einer Verweilsonde

Abrechnungsausschluss
in derselben Sitzung 02300, 02301, 02302, 02320, 02340, 02341, 04511
im Behandlungsfall 36881, 36882, 36883 und Kapitel 4.5.2, 4.5.3, 4.5.4, 4.5.5, 4.4

Aufwand in Min. **Kalkulationszeit:** 30 **Prüfzeit:** 26 **Eignung d. Prüfzeit:** Tages- und Quartalsprofil

GOÄ entsprechend oder ähnlich: Leistungskomplex in der GOÄ so nicht vorhanden. Erbrachte Einzelleistungen berechnen, 670, 682.

04514* Zusatzpauschale Koloskopie beim Säugling, Kleinkind, Kind oder Jugendlichen **1600**
190,94

Obligater Leistungsinhalt
- Totale Koloskopie mit Darstellung des Zökums,
- Patientenaufklärung zur Koloskopie und Prämedikation in angemessenem Zeitabstand vor dem Eingriff,
- Aufklärung und Instruktion der Bezugsperson(en),
- Aufklärung zum Vorgehen und zu einer möglichen Polyp(en)abtragung und anderer therapeutischer Maßnahmen in derselben Sitzung,
- Information zu Ablauf und Dauer der Darmreinigung,
- Aushändigung aller Substanzen zur Darmreinigung
- Foto-/Videodokumentation(en),
- Nachbeobachtung,
- Einhaltung der Maßnahmen der Überprüfung der Hygienequalität entsprechend der Qualitätssicherungsvereinbarung gemäß § 135 Abs. 2 SGB V,
- Vorhaltung der geeigneten Notfallausstattung entsprechend der Qualitätssicherungs- vereinbarung gemäß § 135 SGB V

Fakultativer Leistungsinhalt
- Lagekontrolle durch ein bildgebendes Verfahren,
- Gerinnungsuntersuchungen und kleines Blutbild,
- Darstellung des terminalen Ileums,
- Probeexzision(en),
- Prämedikation, Sedierung ggf. unter Monitoring von Blutdruck und Pulsoxymetrie

Anmerkung Die Berechnung der Gebührenordnungsposition 04514 setzt eine Genehmigung der Kassenärztlichen Vereinigung gemäß § 135 Abs. 2 SGB V voraus.

Abrechnungsausschluss
im Behandlungsfall 36881, 36882, 36883 und Kapitel 4.5.2, 4.5.3, 4.5.4, 4.5.5, 4.4
in derselben Sitzung 01741, 02300, 02301, 02302, 02401, 04518

Aufwand in Min. **Kalkulationszeit:** 37 **Prüfzeit:** 30 **Eignung d. Prüfzeit:** Tages- und Quartalsprofil

GOÄ entsprechend oder ähnlich: Leistungskomplex in der GOÄ so nicht vorhanden. Erbrachte Einzelleistungen berechnen.

04515* Zuschlag zu den Gebührenordnungspositionen 04511, 04513 und 04514 **518**
61,82

Obligater Leistungsinhalt
- Einführen eines jejunalen Schenkels durch den Pylorus bei gastroösophagealem Reflux oder Magenentleerungsstörung (PEJ) und/oder
- Endoskopische Sklerosierungsbehandlung(en) und/oder
- Ligatur(en) bei Varizen und Ulzeration(en) und/oder
- Vollständige Entfernung eines oder mehrerer Polypen bzw. Mukosektomie mittels Hochfrequenzdiathermieschlinge und/oder
- Ösophagus-Manometrie bei einem Säugling, Kleinkind, Kind oder Jugendlichen

Abrechnungsausschluss
im Behandlungsfall 36881, 36882, 36883 und Kapitel 4.5.2, 4.5.3, 4.5.4, 4.5.5, 4.4
in derselben Sitzung 01742, 04512

Aufwand in Min. **Kalkulationszeit: 10   Prüfzeit: 6   Eignung d. Prüfzeit:** Tages- und Quartalsprofil

GOÄ   entsprechend oder ähnlich: Leistungskomplex in der GOÄ so nicht vorhanden. Erbrachte
                Einzelleistungen berechnen.

Kommentar: Die Bewertungen der EBM Nrn. 04514 (Zusatzpauschale Koloskopie) und 04560 (Zusatz-
                pauschale kontinuierliche Betreuung eines chronisch niereninsuffizienten Patienten)
                werden an die weitestgehend identischen EBM Nrn. 13421 bzw. 13600 angeglichen.

                Zusätzlich wird die Kalkulations- und Prüfzeit der EBM Nr. 04514 entsprechend der EBMNr.
                13421 festgelegt. Die Änderung der Prüfzeiten der EBM Nrn. 04512 (Langzeit-ph-Metrie
                des Ösophagus), 04560 (Zusatzpauschale kontinuierliche Betreuung eines chronisch
                niereninsuffizienten Patienten) und 13256 (Bestimmung des Säurebasenhaushalts und
                Blutgasanalyse) erfolgt zur Angleichung an die Prüfzeiten der EBM Nrn. 13401, 13600
                und 13661.

04516*   Zusatzpauschale Rektoskopie beim Säugling, Kleinkind, Kind oder Jugendlichen   **94**
               Obligater Leistungsinhalt   11,22
               • Rektoskopie,
               • Patientenaufklärung in angemessenem Zeitabstand vor dem Eingriff,
               • Aufklärung und Instruktion der Bezugsperson(en),
               • Information zum Ablauf der vorbereitenden Maßnahmen vor dem Eingriff und zu einer
                 Sedierung und/oder Prämedikation,
               • Aufklärung zum Vorgehen und zu einer möglichen Polyp(en)abtragung und anderer
                 therapeutischer Maßnahmen in derselben Sitzung,
               • Nachbeobachtung und -betreuung,
               • Information zu Ablauf und Dauer der Darmreinigung

               Fakultativer Leistungsinhalt
               • Blutstillung,
               • Fremdkörperentfernung,
               • Gewebebiopsie(n) und Veranlassung einer histologischen Untersuchung,
               • Prämedikation, Sedierung, ggf. unter Monitoring von Blutdruck und Pulsoxymetrie

               Abrechnungsausschluss
               im Behandlungsfall 13250, 36881, 36882, 36883 und Kapitel 4.5.2, 4.5.3, 4.5.4, 4.5.5, 4.4
               in derselben Sitzung 02300, 02301, 02302, 03331, 04331, 08333, 13257, 30600

Aufwand in Min. **Kalkulationszeit: 4   Prüfzeit: 3   Eignung d. Prüfzeit:** Tages- und Quartalsprofil

GOÄ   entsprechend oder ähnlich: Leistungskomplex in der GOÄ so nicht vorhanden. Erbrachte
                Einzelleistungen berechnen.

04518*   Zusatzpauschale (Teil-)Koloskopie und/oder Sigmoidoskopie beim Säugling,   **1048**
               Kleinkind, Kind oder Jugendlichen   125,07
               Obligater Leistungsinhalt
               • (Teil-)Koloskopie entsprechend der Gebührenordnungsposition 04514 mindestens mit
                 Darstellung des Kolon transversum
               und/oder
               • Sigmoidoskopie

               Anmerkung Die Berechnung der Gebührenordnungsposition 04518 setzt eine
               Genehmigung der Kassenärztlichen Vereinigung gemäß § 135 Abs. 2 SGB V voraus.

               Abrechnungsausschluss
               im Behandlungsfall 13422, 36881, 36882, 36883 und Kapitel 4.5.2, 4.5.3, 4.5.4, 4.5.5, 4.4
               in derselben Sitzung 01741, 02300, 02301, 02302, 04514

Aufwand in Min. **Kalkulationszeit: 24   Prüfzeit: 18   Eignung d. Prüfzeit:** Tages- und Quartalsprofil

GOÄ   entsprechend oder ähnlich: Nrn. 688, 689.

04520*   Zusätzliche Leistung(en) im Zusammenhang mit den Gebührenordnungspositionen **233**
04514 oder 04518   27,81

Obligater Leistungsinhalt
- Fremdkörperentfernung(en) und/oder
- Polypektomie(n) von Polypen mit einer Größe > 5 mm mittels Hochfrequenzdiathermieschlingeund/oder
- Schlingenbiopsie(n) mittels Hochfrequenzdiathermieschlinge und/oder
- Blutstillung(en)

Abrechnungsausschluss
im Behandlungsfall 04420, 04221, 04410, 04411, 04413, 01414, 01415, 04416, 04419, 04430, 04431, 04433, 04434, 04435, 04436, 04437, 04439, 04441, 04442, 04443, 04530, 04532, 04534, 04535, 04536, 04537, 04550, 04551, 04560, 04561, 04562, 04564, 04565, 04566, 04572, 04573, 04580, 36881, 36882, 36883
in derselben Sitzung 01742, 02300, 02301, 02302, 13423

Aufwand in Min.   **Kalkulationszeit:** 7   **Prüfzeit:** 6   **Eignung d. Prüfzeit:** Tages- und Quartalsprofil
GOÄ   entsprechend oder ähnlich: Nrn. 695, 696.

04523*   Zusatzpauschale Behandlung eines Lebertransplantatträgers   **211**
  25,18

Obligater Leistungsinhalt
- Behandlung eines Leber-Transplantatträgers,
- Kontrolle der Transplantatfunktionen,
- Überwachung des spezifischen Therapieschemas,

Fakultativer Leistungsinhalt
- Beratung und Instruktion der Bezugsperson(en),
- Abstimmung mit dem Hausarzt,

Abrechnungsbestimmung einmal im Behandlungsfall

Abrechnungsausschluss im Behandlungsfall und Kapitel 4.5.2, 4.5.3, 4.5.4, 4.5.5, 4.4

Aufwand in Min.   **Kalkulationszeit:** KA   **Prüfzeit:** 15   **Eignung d. Prüfzeit:** Nur Quartalsprofil
GOÄ   entsprechend oder ähnlich: Diese Pauschale kennt die GOÄ nicht. Abzurechnen sind die erbrachten Einzelleistungen.

04527*   Zusatzpauschale Behandlung eines Bauchspeicheldrüsen- oder Nieren-   **211**
Bauchspeicheldrüsen-Transplantatträgers   25,18

Obligater Leistungsinhalt
- Behandlung eines Bauchspeicheldrüsen- oder Nieren-Bauchspeicheldrüsen-Transplantatträgers,
- Kontrolle der Transplantatfunktionen,
- Überwachung des spezifischen Therapieschemas,

Fakultativer Leistungsinhalt
- Beratung und Instruktion der Bezugsperson(en),
- Abstimmung mit dem Hausarzt,

Abrechnungsbestimmung einmal im Behandlungsfall

Anmerkung Bei der Behandlung von Nieren-/Bauchspeicheldrüsen-Transplantatträgern ist die Gebührenordnungsposition 04527 nur von Vertragsärzten, die über eine Genehmigung zur Durchführung von Blutreinigungsverfahren gemäß § 135 Abs. 2 SGB V verfügen, berechnungsfähig.

Abrechnungsausschluss im Behandlungsfall 04561 und Kapitel 4.5.2, 4.5.3, 4.5.5, 4.4

Aufwand in Min.   **Kalkulationszeit:** KA   **Prüfzeit:** 15   **Eignung d. Prüfzeit:** Nur Quartalsprofil
GOÄ   entsprechend oder ähnlich: Diese Pauschale kennt die GOÄ nicht. Abzurechnen sind die erbrachten Einzelleistungen.

EBM-Nr.   EBM-Punkte / Euro

04528* Zusatzpauschale Behandlung eines Bauchspeicheldrüsen- oder Nieren- **1109**
Bauchspeicheldrüsen- Transplantatträgers   132,35

Obligater Leistungsinhalt
* Aufklärung zur Kapselendoskopie in angemessenem Zeitabstand vor der Untersuchung,
* Durchführung einer Kapselendoskopie bei Erkrankungen des Dünndarms,
* Dokumentation gemäß § 3 der Nummer 16 in der Anlage 1 „Anerkannte Untersuchungs-
und Behandlungsmethoden" sowie § 7 und § 8 der Qualitätssicherungsvereinbarung
Kapselendoskopie gemäß § 135 Abs. 2 SGB V,

Fakultativer Leistungsinhalt
* Aushändigung aller Substanzen zur Darmreinigung,
* Information zu Ablauf und Dauer der Darmreinigung,

Abrechnungsbestimmung einmal im Behandlungsfall

Anmerkung Die Gebührenordnungsposition 04528 enthält nicht die Kosten für die
Untersuchungskapsel.
Die Berechnung der Gebührenordnungsposition 04528 setzt eine Genehmigung der
Kassenärztlichen Vereinigung nach der Qualitätssicherungsvereinbarung Kapselendos-
kopie gemäß § 135 Abs. 2 SGB V voraus.

Abrechnungsausschluss im Behandlungsfall 04220, 04221 und Kapitel 4.5.2, 4.5.3,
4.5.4, 4.5.5, 4.4

Aufwand in Min. **Kalkulationszeit:** 10   **Prüfzeit:** 8   **Eignung d. Prüfzeit:** Tages- und Quartalsprofil

04529* Zusatzpauschale Durchführung einer Kapselendoskopie bei Erkrankungen des **2474**
Dünndarms entsprechend der Richtlinie des Gemeinsamen Bundesausschusses (Nr. 16   295,24
in der Anlage 1 „Anerkannte Untersuchungs- und Behandlungsmethoden" der Richtlinien
Methoden der vertragsärztlichen Versorgung) und entsprechend der Qualitätssicherungsvereinbarung Kapselendoskopie gemäß § 135 Abs. 2 SGB V

Obligater Leistungsinhalt
* Auswertung einer Untersuchung mittels Kapselendoskopie bei Erkrankungen des
Dünndarms,
* Dokumentation gemäß § 3 der Nr. 16 in der Anlage 1 „Anerkannte Untersuchungs-
und Behandlungsmethoden" sowie § 7 und § 8 der Qualitätssicherungsvereinbarung
Kapselendoskopie gemäß § 135 Abs. 2 SGB V,

Abrechnungsbestimmung einmal im Behandlungsfall

Anmerkung Die Berechnung der Gebührenordnungsposition 04529 setzt eine
Genehmigung der Kassenärztlichen Vereinigung nach der Qualitätssicherungsvereinbarung Kapselendoskopie gemäß § 135 Abs. 2 SGB V voraus.

Abrechnungsausschluss im Behandlungsfall 04220, 04221 und Kapitel 4.5.2, 4.5.3,
4.5.4, 4.5.5, 4.4

Aufwand in Min. **Kalkulationszeit:** 75   **Prüfzeit:** 60   **Eignung d. Prüfzeit:** Tages- und Quartalsprofil

4.5.2 Pädiatrisch-pneumologische Gebührenordnungspositionen

1. Die Gebührenordnungspositionen des Abschnitts III.a-4.5.2 können – unter Berücksichtigung von I-1.3 der
Allgemeinen Bestimmungen – nur von Fachärzten für Kinder- und Jugendmedizin mit der Zusatzweiterbildung
Kinder-Pneumologie berechnet werden.

2. Die Gebührenordnungsposition 04537 kann darüber hinaus von Fachärzten für Kinder- und Jugendmedizin
mit der Zusatzweiterbildung „Kinder-Kardiologie" berechnet werden.

Kommentar:

Unter der Voraussetzung des Nachweises zusätzlicher Qualifikationen gem. Abschnitt I.3 der Allgemeinen
Bestimmungen können die Leistungen dieses Abschnitts nur abgerechnet werden, wenn der Facharzt
für Kinder- und Jugendmedizin die Zusatzweiterbildung Kinder-Pneumologie besitzt.

04530*   Zusatzpauschale pädiatrische Pneumologie   **311**
   37,11

Obligater Leistungsinhalt
- Ganzkörperplethysmographische Lungenfunktionsdiagnostik mit graphischer(-en) Registrierung(en) ab dem vollendeten 5. Lebensjahr und/oder
- Bestimmung des Atemwegwiderstandes (Resistance) mittels Oszillations- oder Verschlussdruckmethode und fortlaufender graphischer Registrierung bei Kindern bis zum vollendeten 6. Lebensjahr und/oder
- Bestimmung(en) der Diffusionskapazität in Ruhe und/oder physikalisch definierter und reproduzierbarer Belastung ab dem vollendeten 5. Lebensjahr und/oder
- Bestimmung(en) der Lungendehnbarkeit (Compliance) mittels Ösophaguskatheter,

Fakultativer Leistungsinhalt
- Bestimmung(en) des intrathorakalen Gasvolumens,
- Applikation(en) von bronchospasmolytisch wirksamen Substanzen,
- Bestimmung(en) der prozentualen Sauerstoffsättigung im Blut (Oxymetrie),
- Spirographische Untersuchung(en) mit Darstellung der Flussvolumenkurve bei in- und exspiratorischer Messung,
- Druckmessung an der Lunge mittels P0 I und Pmax und grafischer Registrierung bei Kindern ab dem 7. Lebensjahr und Jugendlichen,
- Bestimmung des Atemwegswiderstandes (Resistance) mittels Oszillations- oder Verschlussdruckmethode und fortlaufender graphischer Registrierung bei Kindern ab dem 7. Lebensjahr und Jugendlichen,
- Bestimmung des Säurebasenhaushalts und des Gasdrucks im Blut (Blutgasanalyse)
  - – in Ruhe
  - – und/oder
  - – unter definierter und reproduzierbarer Belastung
  - – und/oder
  - – unter Sauerstoffinsufflation
- Bestimmung(en) des Residualvolumens mittels Fremdgasmethode,
- Bestimmung von Hämoglobin(en) (z.B. Met-Hb, CO-Hb) mittels des für die Oxymetrie bzw. für die Blutgasanalyse eingesetzten Gerätes,

Abrechnungsbestimmung einmal im Behandlungsfall

Anmerkung Entgegen I-4.3.2 der Allgemeinen Bestimmungen kann die Gebührenordnungsposition 04530 auch dann berechnet werden, wenn die Arztpraxis nicht über die Möglichkeit zur Bestimmung von Hämoglobin(en) (z.B. Met-Hb, CO-Hb) mittels des für die Oxymetrie bzw. für die Blutgasanalyse eingesetzten Gerätes verfügt.

Abrechnungsausschluss
im Behandlungsfall 04536 und Kapitel 4.5.1, 4.5.3, 4.5.4, 4.5.5, 4.4
in derselben Sitzung 02330

Aufwand in Min.   **Kalkulationszeit:** 4   **Prüfzeit:** 3   **Eignung d. Prüfzeit:** Nur Quartalsprofil

GOÄ   entsprechend oder ähnlich: Leistungskomplex in der GOÄ so nicht vorhanden. Erbrachte Einzelleistungen berechnen.

04532*   Zuschlag zu der Gebührenordnungsposition 04530 für die Durchführung eines   **367**
unspezifischen bronchialen Provokationstests   43,80

Obligater Leistungsinhalt
- Wiederholte Messungen mit Darstellung der Druckflusskurve

oder
- quantitativer inhalativer Mehrstufentest unter kontinuierlicher Registrierung der Druckflusskurve oder Flussvolumenkurve
- Nachbeobachtung von mindestens 30 Minuten Dauer

Fakultativer Leistungsinhalt
- Bronchospasmolysebehandlung nach Provokation

Anmerkung Die Gebührenordnungsposition 04532 ist nicht mehrfach an demselben Tag berechnungsfähig. Voraussetzung für die Berechnung ider Gebührenordnungsposition 04532 ist die Erfüllung der notwendigen sachlichen und personellen Bedingungen für eine gegebenenfalls erforderliche notfallmedizinische Versorgung.

Abrechnungsausschluss im Behandlungsfall 04536, 36882, 36883 und Kapitel 4.5.1, 4.5.3, 4.5.4, 4.5.5, 4.4

Aufwand in Min.   **Kalkulationszeit:** 6   **Prüfzeit:** 3   **Eignung d. Prüfzeit:** Tages- und Quartalsprofil

GOÄ   entsprechend oder ähnlich: Leistungskomplex in der GOÄ so nicht vorhanden. Erbrachte Einzelleistungen berechnen.

04534* Ergospirometrische Untersuchung   **394**
47,02

Obligater Leistungsinhalt
* Ergospirometrische Untersuchung in Ruhe und unter physikalisch definierter Belastung und reproduzierbarer Belastungsstufe ab dem vollendeten 5. Lebensjahr,
* Gleichzeitige obligatorische Untersuchung der Atemgase, Ventilationsparameter und der Herz-Kreislauf-Parameter,
* Monitoring,
* Dokumentation mittels „9-Felder-Graphik"

Abrechnungsausschluss im Behandlungsfall 36882, 36883 und Kapitel 4.5.1, 4.5.3, 4.5.4, 4.5.5, 4.4

Aufwand in Min.   **Kalkulationszeit:** 9   **Prüfzeit:** 9   **Eignung d. Prüfzeit:** Tages- und Quartalsprofil

GOÄ   entsprechend oder ähnlich: Nr. 606*

Kommentar: Die Leistung nach 04534 kann im Quartal nicht neben internistisch-diagnostischen Leistungen berechnet werden.

04535* Schweißtest   **69**
8,23

Schweißtest zur Mukoviszidose-Diagnostik

Obligater Leistungsinhalt
* Gewinnung von Schweiß zur Bestimmung des Elektrolytgehaltes,

Abrechnungsbestimmung je Untersuchung

Anmerkung Die Gebührenordnungsposition 04535 ist höchstens zweimal im Krankheitsfall berechnungsfähig.

Abrechnungsausschluss im Behandlungsfall 36882, 36883 und Kapitel 4.5.1, 4.5.3, 4.5.4, 4.5.5, 4.4

Aufwand in Min.   **Kalkulationszeit:** 2   **Prüfzeit:** 1   **Eignung d. Prüfzeit:** Tages- und Quartalsprofil

GOÄ   entsprechend oder ähnlich: Nr. 752

04536* Bestimmung des Säurebasenhaushalts und Blutgasanalyse   **84**
10,02

Obligater Leistungsinhalt
* Bestimmung in Ruhe
und/oder
* Bei Belastung
und/oder
* Zur Indikationsstellung einer Sauerstoffinhalationstherapie

Abrechnungsausschluss
in derselben Sitzung 02330, 13256, 13661, 32247, 36884 und 37705
im Behandlungsfall 04530, 04532, 13250 und Kapitel 4.5.1, 4.5.3, 4.5.4, 4.5.5, 36.6.3, 4.4

Aufwand in Min.   **Kalkulationszeit:** 2   **Prüfzeit:** 1   **Eignung d. Prüfzeit:** Tages- und Quartalsprofil

GOÄ   entsprechend oder ähnlich: Nr. 3710*

04537* Zusatzpauschale Behandlung eines Lungen- oder Herz-Lungen-Transplantatträgers   **211**
25,18

Obligater Leistungsinhalt
* Behandlung eines Lungen- oder Herz-Lungen-Transplantatträgers,
* Kontrolle der Transplantatfunktionen,
* Überwachung des spezifischen Therapieschemas,

Fakultativer Leistungsinhalt
* Beratung und Instruktion der Bezugsperson(en),
* Abstimmung mit dem Hausarzt,

Abrechnungsbestimmung einmal im Behandlungsfall

Abrechnungsausschluss im Behandlungsfall 04420, 04221, 04411, 04413, 04414, 04415, 04416, 36881, 36882, 36883 und Kapitel 4.4.2, 4.4.3, 4.5.1, 4.5.3, 4.5.4, 4.5.5

Aufwand in Min. **Kalkulationszeit:** KA **Prüfzeit:** 15 **Eignung d. Prüfzeit:** Nur Quartalsprofil

GOÄ entsprechend oder ähnlich: Diese Pauschale kennt die GOÄ nicht. Abzurechnen sind die erbrachten Einzelleistungen.

04538 FeNO-Messung zur Indikationsstellung einer Therapie mit Dupilumab **88**
10,50

Anmerkung Die Gebührenordnungsposition 04538 ist bei einer Überprüfung der Indikationsstellung zur Therapie mit Dupilumab nicht berechnungsfähig.

Abrechnungsausschluss im Behandlungsfall 04220, 04221, 04580, 13678 und Kapitel 4.4, 4.5.1, 4.5.3, 4.5.4

Berichtspflicht Nein

Aufwand in Min. **Kalkulationszeit:** 1 **Prüfzeit:** 1 **Eignung d. Prüfzeit:** Tages- und Quartalsprofil

Kommentar: Zur Abrechnung der neuen Leistung FeNO-Messung werden zum 1. April zwei Positionen in den EBM aufgenommen: Die EBM-Nr. 04538 für Pädiater mit der Zusatzweiterbildung Kinder-Pneumologie und die EBM-Nr. 13678 für Pneumologen.

Beide EBM-Nrn. sind mit 88 Punkten bewertet. Die Sachkosten für Mundstücke und gegebenenfalls Sensoren werden über die EBM-Nr. 40167 mit 7,84 Euro vergütet. Die Vergütung erfolgt zunächst extrabudgetär, außerhalb der morbiditätsorientierten Gesamtvergütung.

4.5.3 Gebührenordnungspositionen der pädiatrischen Rheumatologie

1. Die Gebührenordnungspositionen des Abschnitts III.a-4.5.3 können – unter Berücksichtigung von I-1.3 der Allgemeinen Bestimmungen – nur von Fachärzten für Kinder- und Jugendmedizin mit der Zusatzweiterbildung Kinder-Rheumatologie berechnet werden.

2. Die Gebührenordnungspositionen 01510 bis 01512, 02100 und 02101 sind entgegen der Bestimmung im Anhang 1 des EBM für Fachärzte für Kinder- und Jugendmedizin mit der Zusatzweiterbildung Kinder-Rheumatologie neben den Versi-chertenpauschalen nach den Gebührenordnungspositionen 04000 und 04030 berechnungsfähig. In diesem Fall sind die Gebührenordnungspositionen 01510 bis 01512, 02100 und 02101 mit einer bundeseinheitlich kodierten Zusatzkenn-zeichnung zu versehen.

Kommentar:

Unter der Voraussetzung des Nachweises zusätzlicher Qualifikationen gem. Abschnitt I.3 der Allgemeinen Bestimmungen können die Leistungen dieses Abschnitts nur abgerechnet werden, wenn der Facharzt für Kinder- und Jugendmedizin die Zusatzweiterbildung Kinder-Rheumatolotgie besitzt.

Zusätzlich kann die Nr. 04537 auch von Fachärzten für Kinder- und Jugendmedizin mit der Zusatzweiterbildung „Kinderkardiologie" berechnet werden.

04550* Zusatzpauschale pädiatrische Rheumatologie **232**
Behandlung und/oder Betreuung eines Säuglings, Kleinkindes, Kindes oder Jugendlichen **27,69**
mit mindestens einer der nachfolgend genannten Indikationen:
- chronische Arthritis, Kollagenose, Vaskulitis,
- systemische autoinflammatorische Erkrankung (z.B. periodisches Fiebersyndrom, PAPA, Blau-Syndrom, chronische Osteitis/Osteomyelitis),
- andere entzündlich rheumatische Systemerkrankung (z.B. M. Behcet, Sarkoidose, chronische idiopathische Uveitis),
- chronisches, funktionsbeeinträchtigendes, lokalisiertes oder generalisiertes Schmerz-syndrom mit Manifestation am Bewegungsapparat (Fibromyalgie),

Obligater Leistungsinhalt
- Kontinuierliche Betreuung eines Säuglings, Kleinkindes, Kindes oder Jugendlichen mit chronischer rheumatischer Erkrankung,

- Erhebung der Krankheitsaktivität rheumatischer Erkrankungen bei Kindern und Jugendlichen mittels visueller Analogskala bzw. numerischer Ratingskala,
- Anleitung und Führung der Bezugsperson(en),
- Mindestens 2 Arzt-Patienten-Kontakte im Behandlungsfall,

Fakultativer Leistungsinhalt
- Aufstellung eines Behandlungsplanes mit Bezugsperson(en),
- Konsiliarische Erörterung mit dem überweisenden Arzt bzw. mit dem hausärztlichen Kinderarzt,
- Aufstellung eines Hilfsmittelplanes,
- Erprobung des Einsatzes von Hilfsmitteln, Therapiemitteln der physikalischen Medizin und Ergotherapie,
- Abstimmung mit dem Hilfsmitteltechniker,
- Überprüfung der qualitätsgerechten Zurichtung der Orthesen und Hilfsmittel,
- Beratung bezüglich Schule, Ausbildung und Berufswahl,

Abrechnungsbestimmung einmal im Behandlungsfall

Abrechnungsausschluss im Behandlungsfall 36881, 36882, 36883 und Kapitel 4.5.1, 4.5.2, 4.5.4, 4.5.5, 4.4

Aufwand in Min. **Kalkulationszeit:** 17   **Prüfzeit:** 15   **Eignung d. Prüfzeit:** Nur Quartalsprofil

GOÄ   entsprechend oder ähnlich: Leistungskomplex in der GOÄ so nicht vorhanden. Erbrachte Einzelleistungen berechnen.

04551*   Zusatzpauschale spezielle kinderrheumatologische Funktionsdiagnostik   **154**

Pädiatrisch-Rheumatologische Funktionsdiagnostik bzw. rheumatologisches Assessment   18,38
zur Verlaufskontrolle mindestens einer gesicherten rheumatologischen Erkrankung oder
zur Abklärung bei Verdacht auf mindestens eine der nachfolgenden Erkrankungen:
- chronische Arthritis
- Kollagenose
- Vaskulitis
- systematische autoinflammatorische Erkrankung (z.B. periodisches Fiebersyndrom, PAPA, Blau-Syndrom, chronische Osteitis/Osteomyelitis)
- andere entzündlich rheumatische Systemerkrankung (z.B. M. Behcet, Sarkoidose, chronische idiopathische Uveitis)
- chronisches, funktionsbeeinträchtigendes, lokalisiertes oder generalisiertes Schmerzsyndrom mit Manifestation am Bewegungsapparat (Fibromyalgie),

Obligater Leistungsinhalt
- Rheumatologische Untersuchung von Funktions- und Fähigkeitsstörungen mit Quantifizierung der Funktionseinschränkung mittels standardisiertem qualitätsgesichertem Fragebogen (Childhood Health Assessment Questionnaire = CHAQ) und/oder
- Erhebung des BASDAI bei Jugendlichen mit Morbus Bechterew und/oder seronegativen Spondylarthritiden und/oder
- Erhebung des SLEDAI und/oder ECLAM bei systemischem Lupus erythematodes und/oder
- Erhebung des BIVAS bei Vaskulitiden und/oder
- Erhebung des Disease-Activity-Scores (DAS) bei Myositiden,

Fakultativer Leistungsinhalt
- Erhebung der Krankheitsaktivität rheumatischer Erkrankungen bei Kindern und Jugendlichen mittels visueller Analogskala bzw. numerischer Ratingskala,

Abrechnungsbestimmung einmal im Behandlungsfall

Abrechnungsausschluss im Behandlungsfall 36881, 36882, 36883 und Kapitel 4.5.1, 4.5.2, 4.5.4, 4.5.5, 4.4

Aufwand in Min. **Kalkulationszeit:** 12   **Prüfzeit:** 11   **Eignung d. Prüfzeit:** Nur Quartalsprofil

GOÄ   entsprechend oder ähnlich: Leistungskomplex in der GOÄ so nicht vorhanden. Erbrachte Einzelleistungen berechnen.

4.5.4 Gebührenordnungspositionen der pädiatrischen Nephrologie und Dialyse

1. Die Gebührenordnungspositionen des Abschnitts III.a-4.5.4 können – unter Berücksichtigung von I-1.3 der Allgemeinen Bestimmungen – nur von Fachärzten für Kinder- und Jugendmedizin mit der Zusatzweiterbildung Kinder-Nephrologie berechnet werden.

2. Die Gebührenordnungspositionen 04560 und 04561 können – unter Berücksichtigung von 1.3 der Allgemeinen Bestimmungen – nur von Fachärzten für Kinder- und Jugendmedizin mit der Zusatzweiterbildung Kinder-Nephrologie und/oder Fachärzten für Kinder- und Jugendmedizin, die über eine Genehmigung zur Durchführung von Blutreinigungsverfahren gemäß § 135 Abs. 2 SGB V verfügen, berechnet werden. Die Berechnung der Gebührenordnungspositionen 04562, 04564 bis 04566 setzt eine Genehmigung der Kassenärztlichen Vereinigung nach der Vereinbarung zu den Blutreinigungsverfahren gemäß § 135 Abs. 2 SGB V voraus. Die Berechnung der Gebührenordnungspositionen 04572 und 04573 setzt eine Genehmigung der Kassenärztlichen Vereinigung nach Nr. 1 Ambulante Durchführung der Apheresen als extrakorporales Hämotherapieverfahren, Anlage I „Anerkannte Untersuchungs- oder Behandlungsmethoden" der Richtlinie Methoden vertragsärztlicher Versorgung des Gemeinsamen Bundesausschusses voraus.

3. Der Leistungsumfang der Gebührenordnungsposition 04564 bei Durchführung einer Zentrums- bzw. Praxisdialyse oder bei Apheresen entsprechend der Gebührenordnungsposition 04572 oder 04573 schließt die ständige Anwesenheit des Arztes ein. Der Leistungsumfang der Gebührenordnungsposition 04564 bei Heimdialyse oder zentralisierter Heimdialyse sowie der Gebührenordnungspositionen 04565 und 04566 schließt die ständige Bereitschaft des Arztes ein.

4. Neben den Gebührenordnungspositionen 04564 bis 04566, 04572 und 04573 sind aus den Abschnitten II-1.1, II-1.2, II-1.3, und II-1.4 nur die Gebührenordnungspositionen 01100, 01101, 01220 bis 01222, 01320 bis 01323, 01411, 01412 und 01415 berechnungsfähig.

5. Die Leistungen entsprechend den Gebührenordnungspositionen der Abschnitte II-2.1 und II-2.3 sind, soweit es sich um Maßnahmen zum Anlegen, zur Steuerung und zur Beendigung der Dialyse bzw. von Apheresen handelt, nicht neben den Gebührenordnungspositionen 04564 bis 04573 berechnungsfähig.

6. Solange sich der Kranke in Dialyse- bzw. LDL-Apherese-Behandlung befindet, können die Gebührenordnungspositionen 32038, 32039, 32065, 32066, bzw. 32067, 32068, 32081, 32082, 32083, 32086 und 32112 weder von dem die Dialyse bzw. LDL-Apherese durchführenden noch von dem Arzt berechnet werden, dem diese Leistungen als Auftrag zugewiesen werden. Für die Gebührenordnungsposition 04565 gilt dies in gleicher Weise zusätzlich für die Gebührenordnungsposition 32036.

Kommentar:

Unter der Voraussetzung des Nachweises zusätzlicher Qualifikationen gem. Abschnitt I.3 der Allgemeinen Bestimmungen (s.o.) können die Leistungen dieses Abschnitts nur abgerechnet werden, wenn der Facharzt für Kinder- und Jugendmedizin die Zusatzweiterbildung Kinder-Nephrologie besitzt. Für die Erbringung von Leistungen der Apherese als extrakorporales Hämotherapieverfahren sind nach der Richtlinie Methoden vertragsärztlicher Versorgung des Gemeinsamen Bundesausschusses erleichterte fachliche Voraussetzungen nachzuweisen. Ferner muß er im Besitz einer Genehmigung der Kassenärztlichen Vereinigung zur Dialyse-Behandlung und/oder LDL-Elimination sein.

Die Abrechnung der Gebührenordnungspositionen 04564 (Zusatzpauschale) bei einer Zentrums- oder Praxisdialyse oder der Nrn. 04572 oder 04572 (Zusatzpauschalen) bei Aphereseverfahren setzt die ständige Anwesenheit des Arztes voraus. Dagegen genügt für die Abrechnung der Gebührenordnungspositionen 04564 (Zusatzpauschale) bei Heimdialyse oder zentralisierter Heimdialyse bzw.04565 und 04566 (Zusatzpauschale und Zuschlag) bei CAPD oder CCPD die ständige Bereitschaft des Arztes.

Neben den Pauschalen nach den Nrn. 04564 bis 04566, 04572 und 04573 sind aus den allgemeinen Gebührenordnungspositionen nur folgende Leistungen abrechnungsfähig:

• Nrn. 01100, 01101 Unvorhergesehene Inanspruchnahme
• Nrn. 01220 bis 01222 Reanimationskomplex
• Nrn. 01320, 01321 Grundpauschale für ermächtigte Ärzte, Krankenhäuser bzw. Institute,
• Nrn. 01411, 01412 und 01415 Besuch.

Wichtig ist, dass auch für die nach der obigen Regelung zusätzlich abrechnungsfähigen Leistungen immer auch die Abrechnungsvoraussetzungen und -ausschlüsse beachtet werden müssen, die im EBM für die Abrechnung der jeweiligen Leistung genannt sind.

Neben den Zusatzpauschalen nach den Nrn. 04564 bis 04573 können Leistungen nach den Abschnitten 2.1 (Infusionen, Transfusionen, Reinfusionen, Programmierung von Medikamentenpumpen) und 2.3 (Kleinchirurgische Eingriffe, Allgemeine therapeutische Leistungen) dann nicht abrechnungsfähig, wenn es sich um Maßnahmen zum Anlegen, zur Steuerung oder zur Beendigung von Dialyse oder Apherese handelt.

Während einer Dialyse- bzw. LDL-Apherese-Behandlung dürfen weder vom Dialysearzt noch von einem Arzt, an den ein entsprechender Überweisungsauftrag gerichtet wurde, folgende Laborleistungen abgerechnet werden:

32038 (Hämoglobin), 32039 (Hämatokrit), 32065 (Harnstoff), 32066 bzw. 32067 (Kreatinin), 32068 (Alkalische Phosphatase), 32081 (Kalium), 32082 (Calcium), 32083 (Natrium), 32086 (Phosphor anorganisch) und 32112 (PTT). Bei Abrechnung der Nr. 04565 (Zusatzpauschale bei CAPD oder CCPD) ist auch die Nr. 32036 (Leukozytenzählung) in gleicher Weise nicht abrechnungsfähig.

04560* Zusatzpauschale kontinuierliche Betreuung eines chronisch niereninsuffizienten Patienten

211
25,18

Obligater Leistungsinhalt
- Kontinuierliche Betreuung eines chronisch niereninsuffizienten Patienten mit einer glomerulären Filtrationsrate unter 40 ml/min/1,73 m² Körperoberfläche und/oder
- Kontinuierliche Betreuung eines chronisch niereninsuffizienten Patienten mit nephrotischem Syndrom,
- Aufklärung über ein Dialyse-und/oder Transplantationsprogramm,

Fakultativer Leistungsinhalt
- Beratung und Instruktion der Bezugsperson(en),
- Eintragung und Vorbereitung in ein Dialyse- und/oder Transplantationsprogramm

Abrechnungsbestimmung einmal im Behandlungsfall

Abrechnungsausschluss im Behandlungsfall 04562, 13256, 32247 und Kapitel 4.5.1, 4.5.2, 4.5.3, 4.5.5, 36.6.3, 4.4

Aufwand in Min. **Kalkulationszeit:** KA   **Prüfzeit:** 15   **Eignung d. Prüfzeit:** Nur Quartalsprofil

GOÄ   entsprechend oder ähnlich: Leistungskomplex in der GOÄ so nicht vorhanden. Erbrachte Einzelleistungen berechnen, ggf. analoger Ansatz der Nr. 15.

Kommentar: Die Bewertungen der EBM Nrn. 04514 (Zusatzpauschale Koloskopie) und 04560 (Zusatzpauschale kontinuierliche Betreuung eines chronisch niereninsuffizienten Patienten) werden an die weitestgehend identischen EBM Nrn. 13421 bzw. 13600 angeglichen.

Zusätzlich wird die Kalkulations- und Prüfzeit der EBM Nr. 04514 entsprechend der EBMNr. 13421 festgelegt. Die Änderung der Prüfzeiten der EBM Nrn. 04512 (Langzeit-ph-Metrie des Ösophagus), 04560 (Zusatzpauschale kontinuierliche Betreuung eines chronisch niereninsuffizienten Patienten) und 13256 (Bestimmung des Säurebasenhaushalts und Blutgasanalyse) erfolgt zur Angleichung an die Prüfzeiten der EBM Nrn. 13401, 13600 und 13661.

04561* Zusatzpauschale kindernephrologische Behandlung eines Nierentransplantatträgers

211
25,18

Obligater Leistungsinhalt
- Behandlung eines Transplantatträgers,
- Kontrolle der Transplantatfunktion(en),
- Überwachung des spezifischen Therapieschemas,

Fakultativer Leistungsinhalt
- Beratung und Instruktion der Bezugsperson(en),
- Abstimmung mit dem Hausarzt,

Abrechnungsbestimmung einmal im Behandlungsfall

Abrechnungsausschluss im Behandlungsfall 04220, 04221, 04562, 13256, 32247 und Kapitel 4.5.1, 4.5.2, 4.5.3, 4.5.5, 36.6.3, 4.4

Aufwand in Min. **Kalkulationszeit:** KA   **Prüfzeit:** 15   **Eignung d. Prüfzeit:** Nur Quartalsprofil

GOÄ   entsprechend oder ähnlich: Leistungskomplex in der GOÄ so nicht vorhanden. Erbrachte Einzelleistungen berechnen.

Der Kommentar von **Wezel/Liebold** rät den analogen Ansatz der GOÄ Nr. 15.

Kommentar: Eine Abrechnung der Nr. 04561 nach Nierentransplantation ist auch für möglich, wenn zuvor bereits die Nr. 04560 berechnet wurde, da sich keine Ausschlußbestimmung findet.

04562* Zusatzpauschale kontinuierliche Betreuung eines dialysepflichtigen Patienten **302**
36,04

Obligater Leistungsinhalt
* Kontinuierliche Betreuung eines dialysepflichtigen Patienten,

Fakultativer Leistungsinhalt
* Bestimmung der Blutgase und des Säure-Basen-Status (Nr. 32247),
* Beratung und Instruktion der Bezugsperson(en),

Abrechnungsbestimmung einmal im Behandlungsfall

Abrechnungsausschluss im Behandlungsfall 04220, 04221, 04560, 04561, 13256, 32247 und Kapitel 4.5.1, 4.5.2, 4.5.3, 4.5.5, 36.6.3, 4.4
in derselben Sitzung 37705

Aufwand in Min. **Kalkulationszeit:** 19   **Prüfzeit:** 13   **Eignung d. Prüfzeit:** Nur Quartalsprofil

GOÄ   entsprechend oder ähnlich: Leistungskomplex in der GOÄ so nicht vorhanden. Erbrachte Einzelleistungen berechnen, ggf. analoger Ansatz der Nr. 15.

04563* Zuschlag zu der Versichertenpauschale nach der Gebührenordnungsposition 04000 **950**
für die Wahrnehmung des Versorgungsauftrages gemäß § 3 Abs. 3 Buchstabe e) 113,37
Anlage 9.1 BMV-Ä (Versorgung chronisch niereninsuffizienter Patienten)
neu ab 01.04.2017

Abrechnungsbestimmung einmal im Behandlungsfall

Berichtspflicht Nein

Aufwand in Min. **Kalkulationszeit:** KA   **Prüfzeit:** ./.   **Eignung d. Prüfzeit:** Keine Eignung

04564* Zusatzpauschale kindernephrologische Betreuung eines Säuglings, Kleinkindes, **149**
Kindes oder Jugendlichen bei Hämodialyse als Zentrums- bzw. Praxishämodialyse, 17,78
Heimdialyse oder zentralisierter Heimdialyse, oder bei intermittierender Peritoneal-
dialyse (IPD), einschl. Sonderverfahren (z.B. Hämofiltration, Hämodiafiltration nach
der Vereinbarung zu den Blutreinigungsverfahren gemäß § 135 Abs. 2 SGB V),

Abrechnungsbestimmung je Dialysetag

Anmerkung Die Leistungen entsprechend der Gebührenordnungspositionen der Abschnitte II-2.1 und II-2.3 sind, soweit es sich um Maßnahmen zum Anlegen, zur Steuerung und zur Beendigung der Dialyse bzw. der Apherese handelt, nicht neben der Gebührenordnungsposition 04564 berechnungsfähig.

Abrechnungsausschluss
im Behandlungsfall 04220, 04221, 13256, 32247 und Kapitel 4.5.1, 4.5.2, 4.5.3, 4.5.5, 36.6.3, 4.4
in derselben Sitzung 01102, 01546 und Kapitel 1.5

Aufwand in Min. **Kalkulationszeit:** KA   **Prüfzeit:** 8   **Eignung d. Prüfzeit:** Tages- und Quartalsprofil

GOÄ   entsprechend oder ähnlich: Leistungskomplex in der GOÄ so nicht vorhanden. Erbrachte Einzelleistungen berechnen, ggf. Nrn. 785, 786, 790 – 792.

04565* Zusatzpauschale kindernephrologische Betreuung bei Durchführung einer Peritone- **74**
aldialyse (CAPD oder CCPD) eines Säuglings, Kleinkindes, Kindes oder Jugendlichen 8,83

Abrechnungsbestimmung je Dialysetag

Anmerkung Die Leistungen entsprechend der Gebührenordnungspositionen der Abschnitte II-2.1 und II-2.3 sind, soweit es sich um Maßnahmen zum Anlegen, zur Steuerung und zur Beendigung der Dialyse bzw der Apherese handelt, nicht neben der Gebührenordnungsposition 04565 berechnungsfähig.

Abrechnungsausschluss
in derselben Sitzung 01102, 01546 und Kapitel 1.5
im Behandlungsfall 04220, 04221, 13256, 32247 und Kapitel 4.5.1, 4.5.2, 4.5.3, 4.5.5,
36.6.3, 4.4

Aufwand in Min. **Kalkulationszeit:** KA   **Prüfzeit:** 4   **Eignung d. Prüfzeit:** Tages- und Quartalsprofil

GOÄ   entsprechend oder ähnlich: Nr. 793

04566* Zuschlag zu den Gebührenordnungspositionen 04564 und 04565 für die Durchführ-   **225**
rung einer Trainingsdialyse   26,85

Abrechnungsbestimmung je vollendeter Trainingswoche

Anmerkung Eine vollendete Trainingswoche umfasst mindestens 3 Hämodialysetage
oder mindestens 4 von 7 Peritoneladialysetagen.
Die Leistungen entsprechend der Gebührenordnungspositionen der Abschnitte II-2.1 und
II-2.3 sind, soweit es sich um Maßnahmen zum Anlegen, zur Steuerung und zur Beendigung
der Dialyse bzw der Apherese handelt, nicht neben der Gebührenordnungsposition 04566
berechnungsfähig.

Abrechnungsausschluss
in derselben Sitzung 01102, 01546 und Kapitel 1.5
im Behandlungsfall 04220, 04221, 13256, 32247 und Kapitel 4.5.1, 4.5.2, 4.5.3, 4.5.5,
36.6.3, 4.4

Aufwand in Min. **Kalkulationszeit:** KA   **Prüfzeit:** 12   **Eignung d. Prüfzeit:** Nur Quartalsprofil

GOÄ   entsprechend oder ähnlich: Nr. 790

04567 Zuschlag im Zusammenhang mit der Gebührenordnungsposition 04562   **90**
Obligater Leistungsinhalt   10,74
• Dokumentation gemäß der Richtlinie zur datengestützten einrichtungsübergreifenden
  Qualitätssicherung (DeQS-RL), Verfahren 4, Anlage II Buchstabe a,

Abrechnungsbestimmung einmal im Behandlungsfall

Aufwand in Min. **Kalkulationszeit:** KA   **Prüfzeit:** ./.   **Eignung d. Prüfzeit:** Nur Quartalsprofil

Kommentar: Der Bewertungsausschuss beschließt die zeitlich befristete Weiterführung der GOP 04567
und der GOP 13603 bis zum 31. Dezember 2022.

04572* Zusatzpauschale kindernephrologische Betreuung bei einem Neugeborenen,   **149**
Säugling, Kleinkind, Kind oder Jugendlichen bei LDL-Apherese Nr. 1 Anlage I: 17,78
„Anerkannte Untersuchungs- oder Behandlungsmethoden" der Richtlinie
Methoden vertragsärztliche Versorgung des gemeinsamen Bundesausschusses

Abrechnungsbestimmung je Apherese

Anmerkung Die Leistungen entsprechend der Gebührenordnungspositionen der Abschnitte II-2.1 und II-2.3 sind, soweit es sich um Maßnahmen zum Anlegen, zur Steuerung
und zur Beendigung der Dialyse bzw. der Apherese handelt, nicht neben der Gebührenordnungsposition 04572 berechnungsfähig.

Abrechnungsausschluss
in derselben Sitzung 01102, 01540, 01541, 01542, 01543, 01544, 01545, 01546 und
Kapitel 1.5
im Behandlungsfall 04220, 04221, 13256, 32247 und Kapitel 4.5.1, 4.5.2, 4.5.3, 4.5.5,
36.6.3, 4.4

Aufwand in Min. **Kalkulationszeit:** KA   **Prüfzeit:** 8   **Eignung d. Prüfzeit:** Tages- und Quartalsprofil

GOÄ   entsprechend oder ähnlich: Leistungskomplex in der GOÄ so nicht vorhanden. Erbrachte
Einzelleistungen berechnen, ggf. analoger Ansatz der Nr. 792.

04573* Zusatzpauschale kindernephrologische Betreuung bei einem Neugeborenen,   **149**
Säugling, Kleinkind, Kind oder Jugendlichen bei einer Apherese bei rheumatoider   17,78
Arthritis gemäß Nr. 1 Anlage I „Anerkannte Untersuchungs- oder Behandlungsme-
thoden" der Richtlinie Methoden vertragsärztlicher Versorgung des gemeinsamen
Bundesausschusses

Abrechnungsbestimmung je Apherese

Anmerkung Die Leistungen entsprechend der Gebührenordnungspositionen der Abschnitte II-2.1 und II-2.3 sind, soweit es sich um Maßnahmen zum Anlegen, zur Steuerung und zur Beendigung der Dialyse bzw. der Apherese handelt, nicht neben der Gebührenordnungsposition 04573 berechnungsfähig.

Abrechnungsausschluss

in derselben Sitzung 01102, 01540, 01541, 01542, 01543, 01544, 01545, 01546 und Kapitel 1.5

im Behandlungsfall 04220, 04221, 13256, 32247 und Kapitel 4.5.1, 4.5.2, 4.5.3, 4.5.5, 36.6.3, 4.4

Aufwand in Min. **Kalkulationszeit:** KA   **Prüfzeit:** 8   **Eignung d. Prüfzeit:** Tages- und Quartalsprofil

GOÄ   entsprechend oder ähnlich: Leistungskomplex in der GOÄ so nicht vorhanden. Erbrachte Einzelleistungen berechnen, ggf. analoger Ansatz der Nr. 792.

4.5.5 Gebührenordnungspositionen der pädiatrischen Endokrinologie und Diabetologie

1. Die Gebührenordnungspositionen des Abschnitts III.a-4.5.5 können – unter Berücksichtigung von I-1.3 der Allgemeinen Bestimmungen – nur von Fachärzten für Kinder- und Jugendmedizin mit der Zusatzweiterbildung Kinder-Endokrinologie und -Diabetologie berechnet werden.

2. Die Gebührenordnungsposition 04590 kann darüber hinaus von Fachärzten für Kinder- und Jugendmedizin mit der Zusatzweiterbildung „Diabetologie" oder „Kinder-Endokrinologie und -Diabetologie" **oder der Qualifikation „Diabetologe Deutsche Diabetes Gesellschaft (DDG)" berechnet werden**.

Kommentar:

Unter der Voraussetzung des Nachweises zusätzlicher Qualifikationen gem. Abschnitt I.3 der Allgemeinen Bestimmungen können die Leistungen dieses Abschnitts nur abgerechnet werden, wenn der Facharzt für Kinder- und Jugendmedizin die Zusatzweiterbildung Kinder-Endokrinologie und -Diabetologie besitzt.

04580*   Zusatzpauschale Diagnostik und Behandlung eines Patienten mit morphologischen   **139**
Veränderungen einer Hormondrüse und/oder mit einer laboratoriumsmedizinisch   16,59
gesicherten Hormonüber- oder -unterfunktion

Obligater Leistungsinhalt

* Diagnostik und Behandlung eines Patienten mit morphologischen Veränderungen einer Hormondrüse und/oder mit einer laboratoriumsmedizinisch gesicherten Hormonüber- oder -unterfunktion,
* Einleitung, ggf. Durchführung und Verlaufskontrolle einer entsprechenden medikamentösen oder operativen Therapie bzw. Strahlentherapie,

Fakultativer Leistungsinhalt

* Einleitung einer endokrinologischen Stufendiagnostik (z.B. Insulin-Hypoglykämietest, Releasing-Hormon-Test, Durstversuch),
* Einbeziehung der Bezugsperson(en),

Abrechnungsbestimmung einmal im Behandlungsfall

Abrechnungsausschluss im Behandlungsfall 04220, 04221, 04562, 13256, 32247 und Kapitel 4.5.1, 4.5.2, 4.5.3, 4.5.4, 36.6.3, 4.4

Aufwand in Min. **Kalkulationszeit:** 10   **Prüfzeit:** 9   **Eignung d. Prüfzeit:** Nur Quartalsprofil

GOÄ   entsprechend oder ähnlich: Leistungskomplex in der GOÄ so nicht vorhanden. Erbrachte Einzelleistungen berechnen.

04590   Anleitung zur Selbstanwendung eines Real-Time-Messgerätes zur kontinuierlichen   **72**
interstitiellen Glukosemessung (rtCGM)   8,59

Obligater Leistungsinhalt

* Anleitung eines Patienten und/oder einer Bezugsperson zur Selbstanwendung eines rtCGM gemäß § 3 Nr. 3 der Nr. 20 der Anlage I „Anerkannte Untersuchungs- oder

Behandlungsmethoden" der Richtlinie Methoden vertragsärztliche Versorgung des Gemeinsamen Bundesaus-schusses von mindestens 10 Minuten Dauer,

Abrechnungsbestimmung je vollendete 10 Minuten

Anmerkung: Die Gebührenordnungsposition 04590 ist je rtCGM-System in höchstens zwei aufeinanderfolgenden Quartalen höchstens 7-mal im Krankheitsfall berechnungsfähig. Die Gebührenordnungsposition 04590 ist ausschließlich im Zusammenhang mit der ersten Verordnung eines oder dem Umstieg auf ein anderes rtCGM-System berechnungsfähig.

Aufwand in Min. **Kalkulationszeit:** KA **Prüfzeit:** 2 **Eignung d. Prüfzeit:** Tages- und Quartalsprofil

III.b Fachärztlicher Versorgungsbereich

27 Gebührenordnungspositionen der Physikalischen und Rehabilitativen Medizin

27.2 Physikalisch rehabilitative Grundpauschale

Grundpauschale

Obligater Leistungsinhalt
- Persönlicher Arzt-Patienten-Kontakt und/oder Arzt-Patienten-Kontakt im Rahmen einer Videosprechstunde gemäß Anlage 31b zum BMV-Ä,

Fakultativer Leistungsinhalt
- Weitere persönliche oder andere Arzt-Patienten-Kontakte gemäß I-4.3.1 der Allgemeinen Bestimmungen,
- Ärztlicher Bericht entsprechend der Gebührenordnungsposition 01600,
- Individueller Arztbrief entsprechend der Gebührenordnungsposition 01601,
- In Anhang VI-1 aufgeführte Leistungen,

Abrechnungsbestimmung einmal im Behandlungsfall

27210   für Versicherte bis zum vollendeten 5. Lebensjahr   **210**
                                                                25,06

Obligater Leistungsinhalt
- Persönlicher Arzt-Patienten-Kontakt und/oder Arzt-Patienten-Kontakt im Rahmen einer Videosprechstunde gemäß Anlage 31b zum BMV-Ä,

Fakultativer Leistungsinhalt
- Weitere persönliche oder andere Arzt-Patienten-Kontakte gemäß I-4.3.1 der Allgemeinen Bestimmungen,
- Ärztlicher Bericht entsprechend der Gebührenordnungsposition 01600,
- Individueller Arztbrief entsprechend der Gebührenordnungsposition 01601,
- In Anhang VI-1 aufgeführte Leistungen,

Abrechnungsbestimmung einmal im Behandlungsfall

Abrechnungsausschluss
in derselben Sitzung 01436
im Behandlungsfall 01600, 01601

Aufwand in Min.   **Kalkulationszeit:** 16   **Prüfzeit:** 13   **Eignung d. Prüfzeit:** Nur Quartalsprofil

GOÄ   entsprechend oder ähnlich: Leistungskomplex in der GOÄ nicht vorhanden, daher Abrechnung der einzelnen erbrachten GOÄ-Leistung(en).

Kommentar: Die Grundpauschale ist beim ersten kurativ-ambulanten persönlichen Arzt-Patienten-Kontakt im Behandlungsfall berechnungsfähig. Ein persönlicher Arzt-Patienten-Kontakt setzt die räumliche und zeitgleiche Anwesenheit des Arztes und des Patienten und eine direkte Interaktion (z.B. Gespräch) voraus. Bei einem ausschließlich telefonischen Kontakt, ist die Grundpauschale nicht abrechenbar.

Die Pauschale ist nur einmal im Behandlungsfall bzw. bei arztgruppenübergreifender Behandlung nur einmal im Arztfall berechenbar.

In dieser Pauschale sind die Leistungen des EBM, die im **Anhang 1 (Verzeichnis der nicht gesondert abrechnungsfähigen und in Komplexen enthaltenen Leistungen ...)** enthalten sind, integriert und damit auch als Kassenleistungen honoriert und können nicht mehr gesondert abgerechnet werden, es sei denn, sie finden sich in den arztgruppenspezifischen Kapitel ausdrücklich als abrechnungsfähige Leistung angegeben.

Es ist einem Vertragsarzt nicht gestattet, die in der Anlage 1 aufgeführten Leistungen einem GKV-Versicherten als Individuelle Gesundheitsleistung (IgeL) anzubieten und privat nach GOÄ als IgeL-Leistung abzurechnen.

Wird in demselben Quartal eine kurativ-ambulante und eine kurativ-stationäre (belegärztliche Behandlung) durchgeführt, ist die Grundpauschale je einmal berechnungsfähig. Es ist aber von der Punktzahl der zweiten zur Abrechnung kommenden Grundpauschale ein Abschlag von 50 % vorzunehmen.

27211   für Versicherte ab Beginn des 6. bis zum vollendeten 59. Lebensjahr   **234**
27,93

Abrechnungsbestimmung Siehe Nr. 27210.

Aufwand in Min.   **Kalkulationszeit:** 18   **Prüfzeit:** 15   **Eignung d. Prüfzeit:** Nur Quartalsprofil

GOÄ   entsprechend oder ähnlich: Leistungskomplex in der GOÄ nicht vorhanden, daher Abrechnung der einzelnen erbrachten GOÄ-Leistung(en).

27215   Hygienezuschlag zu den Gebührenordnungspositionen 27210 bis 27212   **2**
0,24

Abrechnungsbestimmung einmal im Behandlungsfall

Anmerkung Die Gebührenordnungsposition 27215 wird durch die zuständige Kassenärztliche Vereinigung zugesetzt.

Berichtspflicht Nein

Aufwand in Min.   **Kalkulationszeit:** KA   **Prüfzeit:** ./.   **Eignung d. Prüfzeit:** Keine Eignung

IV Arztgruppenübergreifende bei spezifischen Voraussetzungen berechnungsfähige Gebührenordnungspositionen

30 Spezielle Versorgungsbereiche

30.1 Allergologie

1. Die Gebührenordnungspositionen 30133 und 30134 sowie die Gebührenordnungspositionen der Abschnitte 30.1.1 und 30.1.2 können nur von
- Fachärzten für Hals-Nasen-Ohrenheilkunde,
- Fachärzten für Haut- und Geschlechtskrankheiten,
- Vertragsärzten mit der Zusatzbezeichnung Allergologie,
- Fachärzten für Innere Medizin mit Schwerpunkt Pneumologie und Lungenärzte,
- Fachärzten für Kinder- und Jugendmedizin
berechnet werden.
2. Die Gebührenordnungspositionen 30130 und 30131 können von allen Vertragsärzten – soweit dies berufsrechtlich zulässig ist – berechnet werden.

Kommentar:

Die Gebührenordnungspositionen des Kapitels 30.1 nach den Nrn. 30110 bis 30123 können grundsätzlich (s. Kommentierung zu Kapitel I, Abschnitt 1.3 und 1.5) nur von den oben angegeben Ärzten abgerechnet werden.

Für die Leistung nach Nr. 30130 und 30131 (Hyposensibilisierungsbehandlung) gilt die Begrenzung auf die oben genannten Arztgruppen nicht, dafür ist aber zu beachten, ob diese Behandlung berufsrechtlich dem Fachgebiet des ausführenden Arztes zugehört. Nur dann darf diese Leistung auch in der ambulanten vertragsärztlichen Versorgung erbracht und abgerechnet werden.

30.1.1 Allergologische Anamnese

30100 Spezifische allergologische Anamnese und/oder Beratung   **65**
7,76

Obligater Leistungsinhalt
• Persönlicher Arzt-Patienten-Kontakt,
• Durchführung einer spezifischen allergologischen Anamnese
und/oder
• Beratung und Befundbesprechung nach Vorliegen der Ergebnisseder Allergietestung,

Fakultativer Leistungsinhalt
• Anwendung eines schriftlichen Anamnesebogens,
• Indikationsstellung zu einer Allergietestung,

Abrechnungsbestimmung je vollendete 5 Minuten

Anmerkung Die Gebührenordnungsposition 30100 ist höchstens viermal imKrankheitsfall berechnungsfähig.

Abrechnungsausschluss im Behandlungsfall 13250 und 13258

Kommentar: Seit 1.4.2020 ist die spezifische allergologische Anamnese in den EBM neu aufgenommen. Im Gegenzug kam zu einer deutlichen Abwertung der allergologisch-diagnostischen Komplexe (EBM-Ziffern 30110, 30111), aus deren Leistungsbeschreibung die anamnestischen Inhalte ausgegliedert wurden. Insofern kommt der EBM-Ziffer 30100 eine wichtige Funktion zu.
Die spezifische allergologische Anamnese darf höchstens viermal im Krankheitsfall, jedoch mehrfach in einer Sitzung berechnet werden. Sie ist je vollendete 5 Minuten berechnungsfähig.
Zu beachten ist die fehlende Bindung an allergologische Testverfahren (z.B. Pricktestung, Spirometrie). Damit eignet sich die EBM-Ziffer 30100 auch für die, häufig neben einer

© Springer-Verlag GmbH Deutschland, ein Teil von Springer Nature 2024
P. M. Hermanns und K. von Pannwitz (Hrsg.), *EBM 2024 Kommentar
Kinderheilkunde*, Abrechnung erfolgreich und optimal,
https://doi.org/10.1007/978-3-662-68662-1_4

Vorsorgeuntersuchung oder Impfung angefragten „kleinen" allergologischen Beratungen, für Beratungen ohne Testungen und für Befundbesprechungen– allerdings leider nur für den o. g. Personenkreis. Die fünfminütige Zeittaktung, passt in diesem Sinne sehr gut. Die Leistung wird nicht auf das Gesprächsbudget (siehe EBM-Ziffer 03230) angerechnet.

Aufwand in Min.   **Kalkulationszeit:** 5   **Prüfzeit:** 5   **Eignung d. Prüfzeit:** Nur Quartalprofil

30.1.2 Allergie-Testungen

30110   Allergologisch-diagnostischer Komplex zur Diagnostik und/oder zum Ausschluss   **258**
einer (Kontakt-)Allergie vom Spättyp (Typ IV)   30,79

Obligater Leistungsinhalt
- Spezifische allergologische Anamnese,
- Epikutan-Testung,
- Überprüfung der lokalen Hautreaktion,

Fakultativer Leistungsinhalt
- Hautfunktionstests (z.B. Alkaliresistenzprüfung, Nitrazingelbtest),
- ROAT-Testung (wiederholter offener Expositionstest),
- Okklusion,

Abrechnungsbestimmung einmal im Krankheitsfall

Abrechnungsausschluss im Behandlungsfall 13250, 13258, 30111

Bericht: Berichtspflicht – Übermittlung der Behandlungsdaten siehe Allg. Bestimmungen 2.1.4 Berichtspflicht

Aufwand in Min.   **Kalkulationszeit:** 5   **Prüfzeit:** 5   **Eignung d. Prüfzeit:** Nur Quartalprofil

GOÄ   entsprechend oder ähnlich: Nrn. 380, 381, 382

Kommentar: Im Rahmen der EBM Reform 2020 kam es zum 1.4.2020 zu einer deutlichen Abwertung technischer Leistungen – die Bewertung der EBM-Ziffer 30110 wurde um 52% reduziert. Die anamnestischen Inhalte wurden in die EBM-Ziffer 30100 (spezifische allergologische Anamnese) ausgegliedert, der damit eine wichtige kompensatorische Funktion zukommt.

Neben dieser Leistung ist die EBM-Ziffer 30111 (Typ-I-Diagnostik) im gesamten Quartal gesperrt. Ein erneuter Ansatz der EBM-Ziffer 30110 ist erst nach vier Quartalen möglich (Arztfall).

Eine evtl. erforderliche Nachüberwachung des Patienten ist integraler Bestandteil der EBM-Ziffer 30110 und kann nicht zusätzlich abgerechnet werden.

Zu beachten: Seit dem 1.4.2020 wurde die EBM-Ziffer 40350 als Sachkostenpauschale (Bewer-tung 16,14,– EUR) zur Durchführung des Allergologischen Komplexes 1 nach EBM-Ziffer 30110 eingeführt.

30111   Allergologisch-diagnostischer Komplex zur Diagnostik und/oder zum Ausschluss   **220**
einer Allergie vom Soforttyp (Typ I)   26,25

Obligater Leistungsinhalt
- Spezifische allergologische Anamnese,
- Prick-Testung, und/oder
- Scratch-Testung und/oder
- Reibtestung und/oder
- Skarifikationstestung und/oder
- Intrakutan-Testung und/oder
- Konjunktivaler Provokationstest und/oder
- Nasaler Provokationstest,
- Vergleich zu einer Positiv- und Negativkontrolle,
- Überprüfung der lokalen Hautreaktion,
- Vorhaltung notfallmedizinischer Versorgung,

Abrechnungsbestimmung einmal im Krankheitsfall

Abrechnungsausschluss im Behandlungsfall 13250, 13258, 30110

EBM-Nr.

Bericht: Berichtspflicht – Übermittlung der Behandlungsdaten siehe Allg. Bestimmungen 2.1.4 Berichtspflicht

Aufwand in Min. **Kalkulationszeit:** 3   **Prüfzeit:** 3   **Eignung d. Prüfzeit:** Nur Quartalsprofil

GOÄ entsprechend oder ähnlich: Leistungskomplex in der GOÄ nicht vorhanden. Abrechnung der einzelnen erbrachten GOÄ-Leistung(en) z.B. Auswahl aus Nrn. 385–391.

Kommentar: Neu ist seit 1.4.2020 die Ziffer 40351 (Bewertung 5,50,– EUR) für die Sachkosten im Zusammenhang mit der Durchführung von Leistungen entsprechend der GOP 30111 oder sofern im Rahmen der Versichertenpauschale 03000 oder 04000 eine allergologische Basisdiagnostik mittels Pricktest erfolgt.

Der Pricktest nach GOP 30111 kann nur 1x im Arztfall (die letzten vier Quartale) abgerechnet werden. Immer wieder passieren hier Fehler in der täglichen Praxis und es werden Pricktests vor Ablauf der Frist durchgeführt. In diesem Fall kann zwar nicht die GOP 30111, aber wenigsten die Kostenpauschale 40351 neben der GOP 04000 angesetzt werden.

30120* Rhinomanometrischer Provokationstest

66
7,88

Obligater Leistungsinhalt
- Nasaler Provokationstest in mindestens 2 Stufen (Kochsalz, Allergen),
- Rhinomanometrische Funktionsprüfung(en) zum Aktualitätsnachweis von Allergenen,
- Testung mit Einzel- und/oder Gruppenextrakt,
- Vorhaltung notfallmedizinischer Versorgung,

Fakultativer Leistungsinhalt
- Testung mit unterschiedlichen Konzentrationen der Extrakte,

Abrechnungsbestimmung je Test, höchstens zweimal am Behandlungstag

Abrechnungsausschluss im Behandlungsfall 13250, 13258

Aufwand in Min. **Kalkulationszeit:** 3   **Prüfzeit:** 3   **Eignung d. Prüfzeit:** Tages- und Quartalsprofil

GOÄ entsprechend oder ähnlich: Nrn. 393, 394, 395

Kommentar: Die Zusatzpauschale fachinternistischer Behandlung und die allergologische Basisdiagnostik der fachärztlich tätigen Internisten kann neben der Leistung nach Nr. 30120 im gesamten Quartal nicht zusätzlich berechnet werden.

Die Kosten der Testsubstanzen können berechnet werden oder auf den Namen des Patienten rezeptiert werden.

30121* Subkutaner Provokationstest

162
19,33

Obligater Leistungsinhalt
- Subkutaner Provokationstest in mindestens 2 Stufen (Kochsalz, Allergen) zum Aktualitätsnachweis von Allergenen,
- Testung mit Einzel- und/oder Gruppenallergenen,
- Vorhaltung notfallmedizinischer Versorgung,
- Mindestens 2 Stunden Nachbeobachtung,

Fakultativer Leistungsinhalt
- Testung mit unterschiedlichen Konzentrationen der Extrakte,

Abrechnungsbestimmung je Test, höchstens fünfmal im Behandlungsfall

Abrechnungsausschluss im Behandlungsfall 13250, 13258

Aufwand in Min. **Kalkulationszeit:** 1   **Prüfzeit:** 1   **Eignung d. Prüfzeit:** Tages- und Quartalsprofil

GOÄ entsprechend oder ähnlich: Leistungskomplex in der GOÄ nicht vorhanden.

Kommentar: Die Zusatzpauschale fachinternistischer Behandlung und die allergologische Basisdiagnostik der fachärztlich tätigen Internisten kann neben der Leistung nach Nr. 30121 im gesamten Quartal nicht zusätzlich berechnet werden. Die mindestens zweistündige Nachbeobachtung ist obligater Leistungsbestandteil und somit nicht zusätzlich berechenbar.

30122* Bronchialer Provokationstest   **741**
                                                                                                 88,43
Obligater Leistungsinhalt
- Bronchialer Provokationstest in mindestens 2 Stufen (Kochsalz, Allergen) zum Aktualitätsnachweis von Allergenen,
- Testung mit Einzel- und/oder Gruppenextrakt,
- Mindestens zweimalige ganzkörperplethysmographische Untersuchungen,
- Nachbeobachtung von mindestens 3 Stunden Dauer,
- Vorhaltung notfallmedizinischer Versorgung,
- Flussvolumenkurve jeweils vor und nach Provokationsstufen,
- Angabe des verwendeten Protokolls und Dokumentation des Testergebnisses,

Fakultativer Leistungsinhalt
- Testung mit unterschiedlichen Konzentrationen der Extrakte,

Abrechnungsbestimmung je Test

Abrechnungsausschluss
im Behandlungsfall 13250, 13258
in derselben Sitzung 13651

Aufwand in Min. **Kalkulationszeit: 10   Prüfzeit: 8   Eignung d. Prüfzeit:** Tages- und Quartalsprofil

GOÄ   entsprechend oder ähnlich: Nrn. 397, 398

Kommentar: Die Zusatzpauschale fachinternistischer Behandlung und die allergologische Basisdiagnostik der fachärztlich tätigen Internisten kann neben der Leistung nach Nr. 30122 im gesamten Quartal nicht zusätzlich berechnet werden.

Die mindestens dreistündige Nachbeobachtung ist obligater Leistungsbestandteil und somit nicht zusätzlich berechenbar.

Die EBM-Ziffer 04532 (Zuschlag zur Bodypletysmographie bei Metacholinprovokation) ist wegen Leistungsüberschneidung parallel nicht möglich.

30123* Oraler Provokationstest   **143**
                                                                                                 17,07
Obligater Leistungsinhalt
- Oraler Provokationstest in mindestens 2 Stufen (Leerwert oder Trägersubstanz, Allergen) zur Ermittlung von allergischen oder pseudoallergischen Reaktionen auf nutritive Allergene oder Arzneimittel,
- Vorhaltung notfallmedizinischer Versorgung,
- Mindestens 2 Stunden Nachbeobachtung,

Abrechnungsbestimmung je Test

Abrechnungsausschluss im Behandlungsfall 13250, 13258

Aufwand in Min. **Kalkulationszeit: 2   Prüfzeit: 2   Eignung d. Prüfzeit:** Tages- und Quartalsprofil

GOÄ   entsprechend oder ähnlich: Nr. 399

Kommentar: Die Ziffer 30123 ist je Test und ohne Beschränkung auf eine bestimmte Anzahl pro Quartal ansetzbar. Die Kosten für den Provokationstests können gesondert berechnet oder die Testsubstanz ggf. auf den Namen des Patienten verordnet werden.

Die Zusatzpauschale fachinternistischer Behandlung und die allergologische Basisdiagnostik der fachärztlich tätigen Internisten kann neben der Leistung nach Nr. 30123 im gesamten Quartal nicht zusätzlich berechnet werden.

Die mindestens zweistündige Nachbeobachtung ist obligater Leistungsbestandteil und somit nicht zusätzlich berechenbar.

30.1.3 Hyposensibilisierungsbehandlung

30130 Hyposensibilisierungsbehandlung   **102**
                                                                                                 12,17
Obligater Leistungsinhalt
- Hyposensibilisierungsbehandlung (Desensibilisierung) durch subkutane Allergeninjektion(en),
- Nachbeobachtung von mindestens 30 Minuten Dauer

Anmerkung Voraussetzung für die Berechnung der Gebührenordnungsposition 30130 ist die Erfüllung der notwendigen sachlichen und personellen Bedingungen für eine gegebenenfalls erforderliche Schockbehandlung und Intubation.

Aufwand in Min. **Kalkulationszeit:** 3   **Prüfzeit:** 3   **Eignung d. Prüfzeit:** Tages- und Quartalsprofil
GOÄ entsprechend oder ähnlich: Nr. 263
Kommentar: Nicht für orale Hypo- bzw. Desensibilisierung (sublinguale Therapie)

30131 Zuschlag zu der Gebührenordnungsposition 30130 für jede weitere Hyposensibi-   **80**
lisierungsbehandlung durch Injektio(en) zu unterschiedlichen Zeiten am selben   9,55
Behandlungstag (zum Beispiel bei Injektion verschiedener nicht mischbarer
Allergene oder Clusteroder Rush-Therapie)

Obligater Leistungsinhalt
• Hyposensibilisierungsbehandlung (Desensibilisierung) durch subkutane Allergen-injektion(en),
• Nachbeobachtung von mindestens 30 Minuten Dauer,

Abrechnungsbestimmung je Hyposensibilisierungsbehandlung

Anmerkung Die Gebührenordnungsposition 30131 ist mit Angabe des jeweiligen Injek-tionszeitpunkts bis zu viermal am Behandlungstag berechnungsfähig.
Die Berechnung der Gebührenordnungsposition 30131 neben der Gebührenordnungs-position 30130 und die mehrmalige Berechnung der Gebührenordnungsposition 30131 setzen jeweils eine Desensibilisierungsbehandlung durch Allergeninjektion(en) mit jeweils mindestens 30minütigem Nachbeobachtungsintervall sowie die Angabe des jeweiligen Behandlungszeitpunktes auch bei der Gebührenordnungsposition 30130 voraus.
Voraussetzung für die Berechnung der Gebührenordnungsposition 30131 ist die Erfüllung der notwendigen, sachlichen und personellen Bedingungen für eine gegebenenfalls erforderliche Schockbehandlung und Intubation.

Aufwand in Min. **Kalkulationszeit:** 2   **Prüfzeit:** 2   **Eignung d. Prüfzeit:** Tages- und Quartalsprofil
Berichtspflicht Nein
Kommentar: Die EBM-Ziffer 30131 ist mit Angabe des jeweiligen Injektionszeitpunkts (Uhrzeitangabe!) bis zu viermal am Behandlungstag berechnungsfähig. Bei mehrfachen Behandlungen am Tag zu unterschiedlichen Zeitpunkten kann maximal 1 × EBM-Ziffer 30130 + 4 × EBM-Ziffer 30131 berechnet werden. Nicht für orale Hypo- bzw. Desensibilisierung (sublinguale Therapie).

30133 Orale Hyposensibilisierungsbehandlung bei Therapieeinleitung   **62**
Obligater Leistungsinhalt   7,40
• Orale Hyposensibilisierungsbehandlung (Desensibilisierung) mit AR101 bei Therapie-einleitung,
• Nachbeobachtung von mindestens 20 Minuten Dauer

Anmerkung Die Gebührenordnungsposition 30133 ist am Tag der initialen Aufdosierung sowie bei erforderlicher erneuter initialer Aufdosierung gemäß aktuell gültiger Fachinfor-mation mit Angabe des Behandlungszeitpunktes bis zu viermal berechnungsfähig.
Voraussetzung für die Berechnung der Gebührenordnungsposition 30133 ist die Erfüllung der notwendigen sachlichen und personellen Bedingungen für eine gegebenenfalls erfor-derliche Schockbehandlung und Intubation.

Aufwand in Min. **Kalkulationszeit:** 2   **Prüfzeit:** 2   **Eignung d. Prüfzeit:** Tages- und Quartalsprofil
Berichtspflicht Nein
Kommentar: Für die orale Hyposensibilisierungsbehandlung einer Erdnussallergie mit dem Wirkstoff AR101 wurden zum 1. Juli neue Leistungen in den EBM aufgenommen. Das Medikament mit dem Handelsnamen Palforzia® ist für Patienten mit einer bestätigten Erdnussallergie indiziert, die zu Beginn der Therapie zwischen vier und 17 Jahre alt sind.

Aufgrund des Risikos allergischer Reaktionen müssen Behandlungsbeginn und Dosissteige-rungen unter ärztlicher Aufsicht stattfinden.

GOP für Therapieeinleitung und Dosissteigerung
Bei Therapieeinleitung sowie bei erneut erforderlicher Therapieeinleitung gemäß aktuell gültiger Fachinformation können Ärztinnen und Ärzte ab dem 1. Juli die GOP 30133 (62

Punkte/6,99 Euro) für die Medikamentengabe und Nachbeobachtung bis zu viermal am Behandlungstag abrechnen.

Die Gabe der letzten Dosis am Tag der initialen Aufdosierung und der ersten Dosis jeder neuen Dosissteigerungsstufe inklusive Nachbeobachtung wird über die GOP 30134 abgebildet (156 Punkte/17,58 Euro). Sie kann einmal am Behandlungstag abgerechnet werden – auch nach Wiederaufnahme der Therapie gemäß aktuell gültiger Fachinformation.

Beide GOP werden zunächst extrabudgetär vergütet. Sie können von Fachärztinnen und -ärzten für Hals-Nasen-Ohrenheilkunde, für Haut- und Geschlechtskrankheiten, für Kinder- und Jugendmedizin, für Innere Medizin mit Schwerpunkt Pneumologie und Lungenärzten sowie von Vertragsärztinnen und -ärzten mit der Zusatzbezeichnung Allergologie abgerechnet werden.

Hinweis: Die EBM-Ziffern 30133 und 30134 sind für die orale Hyposensibilisierungsbehandlungen anderer Allergien nicht anwendbar.

30134   Orale Hyposensibilisierungsbehandlung   **156**
                                                        18,62

Obligater Leistungsinhalt
* Orale Hyposensibilisierungsbehandlung (Desensibilisierung) mit AR101,
* Nachbeobachtung von mindestens 60 Minuten Dauer

Abrechnungsbestimmung einmal am Behandlungstag

Anmerkung Die Gebührenordnungsposition 30134 ist nach Gabe der letzten Dosis am Tag der initialen Aufdosierung, nach Gabe der ersten Dosis jeder neuen Dosissteigerungsstufe sowie nach Wiederaufnahme der Therapie gemäß aktuell gültiger Fachinformation mit Angabe des Behandlungszeitpunktes jeweils einmal berechnungsfähig.

Voraussetzung für die Berechnung der Gebührenordnungsposition 30134 ist die Erfüllung der notwendigen sachlichen und personellen Bedingungen für eine gegebenenfalls erforderliche Schockbehandlung und Intubation.

Aufwand in Min.   **Kalkulationszeit:** 3   **Prüfzeit:** 2   **Eignung d. Prüfzeit:** Tages- und Quartalsprofil

                  Berichtspflicht Nein

Kommentar: S. Kommentar zur Nr. 30133

30.4 Physikalische Therapie

30410*   Atemgymnastik (Einzelbehandlung)   **74**
                                                       8,83

Obligater Leistungsinhalt
* Atemgymnastik und Atmungsschulung,
* Einzelbehandlung,
* Dauer mindestens 15 Minuten

Fakultativer Leistungsinhalt
* Intermittierende Anwendung manueller Weichteiltechniken

Abrechnungsausschluss in derselben Sitzung 30300, 30301, 30400, 30401, 30402, 30411, 30420, 30421

Aufwand in Min.   **Kalkulationszeit:** KA   **Prüfzeit:** 12   **Eignung d. Prüfzeit:** Tages- und Quartalsprofil

GOÄ   entsprechend oder ähnlich: Nr. 505*

Kommentar: Die Ziffer 30410 erfordert eine mindestens 15 minütige umfassende Atemübungsbehandlung des Brustkorbes – beim Asthmatiker beispielsweise das Einüben der Lippenbremse, der atemerleichternden Stellungen unter Einsatz der Einsatz der Atemhilfsmuskulatur etc.

31 Gebührenordnungspositionen für ambulante Operationen, Anästhesien, präoperative, postoperative und orthopädisch-chirurgisch konservative Leistungen

Informationen der Herausgeber:
Aufgenommen wurden aus diesem Kapitel nur die Bereiche

31.1   Präoperative Gebührenpositionen

31.1.1 Präambel

31.1.2 Präoperative Gebührenordnungspositionen

31.4   Postoperative Behandlungskomplexe (nur Nr. 31600)

31.4.2 Postoperativer Behandlungskomplex im Hausärztlichen Versorgungsbereich (nur Nr. 31600)

31.6   Orthopädisch-chirurgisch konservative Gebührenordnungspositionen (nur Nr. 31912)

Nicht aufgenommen wurden im Buch die OP-Leistungen der Kapitel 31 und 36, dies hätte weiterer 800 Seiten bedurft. Den schnellen Überblick zu den zahlreichen OPS-Codierungen zur EBM- Abrechnung finden auch teilweise operativ tätige Internisten kostenfrei unter www.springermedizin.de/ops-codierungen sowie unter den Links:

https://www.dkgev.de/fileadmin/default/Mediapool/2_Themen/2.2_Finanzierung_und_Leistungskataloge/2.2.4._Ambulante_Verguetung/2.2.4.2._Ambulantes_Operieren_115b_SGB_V/Katalog_ambulante_Operationen_und_stationsersetzende_Leistungen_2019.pdf
oder
https://www.dkgev.de/themen/finanzierung-leistungskataloge/ambulante-verguetung/ambulantes-operieren-115b-sgb-v/.

Ferner finden Sie auf einen Blick alle dazu gehörigen EBM-Nummern z.B. der Anästhesie, der postoperativen Überwachungskomplexe und der postoperativen Behandlungskomplexe neben den OPS-Nummern.

1. Ambulante Operationen sind in vier Abschnitte unterteilt:
- Der präoperative Abschnitt, in dem Hausarzt, ggf. zuweisender Vertragsarzt, ggf. andere auf Überweisung tätige Vertragsärzte, ggf. Anästhesist und Operateur zusammenwirken, um den Patienten für die ambulante oder belegärztliche Operation ggf. einschließlich Anästhesien vorzubereiten.
- Der operative Abschnitt, in dem der Operateur ggf. mit dem Anästhesisten die Operation einschließlich Anästhesie durchführt.
- Der Abschnitt der postoperativen Überwachung, der in unmittelbarem Anschluss an die Operation entweder vom Anästhesisten oder vom Operateur durchgeführt wird.
- Der Abschnitt der postoperativen Behandlung vom 1. bis zum 21. postoperativen Tag, der entweder vom Operateur oder auf Überweisung durch den weiterbehandelnden Vertragsarzt erfolgt.

Kommentar:

Der gesamte Komplex der ambulanten Operationen ist konkret in folgende Abschnitte unterteilt.

- **31.1** den präoperativen Abschnitt – hier wirken Hausärzte, ggf. weitere überweisende Vertragsärzte, Anästhesist und Operateur zusammen mit dem Ziel der Vorbereitung des Patienten für die Operation,
- **31.2** den ambulanten operativen Abschnitt – hier wird die Operation einschließlich der Anästhesie vom Operateur, ggf. in Kooperation mit dem Anästhesisten durchgeführt.
- **31.3** die postoperative Überwachung – diese erfolgt unmittelbar im Anschluss an die Operation durch den Anästhesisten oder den Operateur und
- **31.4** die postoperative Behandlung – diese erfolgt ab dem 1. bis zum 21. postoperativen Tag durch den Operateur oder auf Überweisung durch einen anderen, den weiterbehandelnden Vertragsarzt.
- **31.5** Anästhesien im Zusammenhang mit Eingriffen des Abschnitts 31.2.
- **31.6** Orthopädisch-chirurgisch konservative Gebührenordnungspositionen

31.1 Präoperative Gebührenordnungspositionen

31.1.1 Präambel

1. Die in Abschnitt IV-31.1.2 genannten Gebührenordnungspositionen können nur von:

– Fachärzten für Allgemeinmedizin,
– Fachärzten für Innere und Allgemeinmedizin,
– Praktischen Ärzten,
– Ärzten ohne Gebietsbezeichnung,
– Fachärzten für Innere Medizin ohne Schwerpunktbezeichnung, die gegenüber dem Zulassungsausschuss ihre Teilnahme an der hausärztlichen Versorgung gemäß § 73 Abs. 1a SGB V erklärt haben,
– Fachärzten für Kinder- und Jugendmedizin
berechnet werden.

2. Die Berechnung einer präoperativen Gebührenordnungsposition des Abschnitts 31.1.1 vor Durchführung einer intravitrealen Medikamenteneingabe nach den Gebührenordnungspositionen 31371, 31372, 31373, 36371, 36372 oder 36373 setzt die Begründung der medizinischen Notwendigkeit zur Operationsvorbereitung im Einzelfall voraus.

Kommentar:
Zu Pkt. 1

Alle Gebührenordnungspositionen des Abschnitts 31.1 – also die Leistungen nach den Nrn. 31010 bis 31013 – können grundsätzlich (s. Kommentierung zu Kapitel I, Abschnitt 1.5) nur von den oben angegebenen Ärzten abgerechnet werden.

Zu Pkt 2.

Vor Durchführung einer Injektion von Medikamenten in den hinteren Augenabschnitt ist die Abrechnung der präopeartiven Leistungen des Abschnitts 31.1.1 daran geknüpft, dass die medizinische Notwendigkeit einer Operationsvorbereitung im Einzelfall begründet wird. Dies kann als gegeben vorausgesetzt werden, wenn der Patient eine entsprechende Anforderung des Operateurs überbringt. Hier ist auf eine entsprechende Dokumentation zu achten.

31.1.2 Präoperative Gebührenordnungspositionen

31010 Operationsvorbereitung für ambulante und belegärztliche Eingriffe bei Neugebo- **304**
renen, Säuglingen, Kleinkindern und Kindern 36,28

Obligater Leistungsinhalt
• Beratung und Erörterung ggf. unter Einbeziehung einer Bezugsperson,
• Überprüfung der Eignung des häuslichen, familiären oder sozialen Umfeldes,
• Aufklärung über Vor- und Nachteile einer ambulanten oder belegärztlichen Operation,
• Ganzkörperstatus,
• Dokumentation und schriftliche Befundmitteilung für den Operateur und/oder Anästhesisten,
• Ärztlicher Brief (Nr. 01601),

Fakultativer Leistungsinhalt
• Überprüfung der Operationsfähigkeit,
• Laboruntersuchungen (Nrn. 32101, 32125 und/oder 32110 bis 32116),

Abrechnungsbestimmung einmal im Behandlungsfall

Abrechnungsausschluss am Behandlungstag 01600, 01601 und Abschnitte 32.2, 32.3

Aufwand in Min. **Kalkulationszeit: 25 Prüfzeit: 19 Eignung d. Prüfzeit:** Nur Quartalsprofil

GOÄ entsprechend oder ähnlich: Leistungskomplex in der GOÄ nicht vorhanden. Abrechnung der einzelnen erbrachten GOÄ-Leistung(en).

Kommentar: Im obligaten Leistungsinhalt sind Beratungs- und Erörterungsleistungen sowie der Ganzkörperstatus beschrieben und damit zur Abrechnung gefordert.

Als fakultativer Bestandteil sind folgende Laboruntersuchungen genannt:

EBM Nr. 32101 TSH

EBM Nr. 32125 Präoperative Labordiagnostik – Bestimmung von **mindestens 6** der folgenden Parameter:
• Erythrozyten, Leukozyten, Thrombozyten, Hämoglobin, Hämatokrit, Kalium, Glukose im Blut, Kreatinin, Gamma-GT

vor Eingriffen in Narkose oder in rückenmarksnaher Regionalanästhesie (spinal, peridural) und/oder Leistungen nach EBM Nrn.
- **32110** Blutungszeit (standardisiert)
- **32111** Rekalzifizierungszeit
- **32112** PTT
- **32113** Quick-Wert, Plasma
- **32114** Quick-Wert, Kapillarblut
- **32115** Thrombinzeit
- **32116** Fibrinogen

Die Leistung nach Nr.31010 – 31013 sind nur ansetzbar für Operationen, die als gestattete Kassenleistung durchgeführt werden. Werden Operationen vom Patienten auf Wunsch privat gezahlt dann kann die Operationsvorbereitung nicht nach EBM abgerechnet werden, sondern nur privat nach GOÄ.

Die Nrn. 31010 bis 31013 sind nicht neben Leistungen des Kapitels 32 abrechenbar.

31011 Operationsvorbereitung für ambulante und belegärztliche Eingriffe bei Jugendli- **304**
chen und Erwachsenen bis zum vollendeten 40. Lebensjahr 36,28

Obligater Leistungsinhalt
- Beratung und Erörterung,
- Überprüfung der Eignung des häuslichen, familiären oder sozialen Umfeldes,
- Aufklärung über Vor- und Nachteile einer ambulanten oder belegärztlichen Operation,
- Ganzkörperstatus,
- Dokumentation und schriftliche Befundmitteilung für den Operateur und/oder Anästhesisten,
- Ärztlicher Brief (Nr. 01601),

Fakultativer Leistungsinhalt
- Überprüfung der Operationsfähigkeit,
- Ruhe-EKG,
- Laboruntersuchungen (Nrn. 32101, 32125 und/oder 32110 bis 32116),

Abrechnungsbestimmung einmal im Behandlungsfall

Abrechnungsausschluss am Behandlungstag 01600, 01601 und Abschnitte 32.2, 32.3

Aufwand in Min. **Kalkulationszeit: 25 Prüfzeit: 21 Eignung d. Prüfzeit:** Nur Quartalsprofil

GOÄ entsprechend oder ähnlich: Leistungskomplex in der GOÄ nicht vorhanden. Abrechnung der einzelnen erbrachten GOÄ-Leistung(en).

Kommentar: Im obligaten Leistungsinhalt sind Beratungs- und Erörterungsleistungen sowie der Ganzkörperstatus beschrieben und damit zur Abrechnung gefordert.

Zum fakultativen Bestandteil sind folgende Laboruntersuchungen genannt (siehe Ausführungen zu GOP 31010):

EBM Nr. 32101 TSH

EBM Nr. 32125 Präoperative Labordiagnostik – Bestimmung von **mindestens 6** der folgenden Parameter:
- Erythrozyten, Leukozyten, Thrombozyten, Hämoglobin, Hämatokrit, Kalium, Glukose im Blut, Kreatinin, Gamma-GT

vor Eingriffen in Narkose oder in rückenmarksnaher Regionalanästhesie (spinal, peridural) und/oder Leistungen nach EBM Nrn.:
- **32110** Blutungszeit (standardisiert)
- **32111** Rekalzifizierungszeit
- **32112** PTT
- **32113** Quick-Wert, Plasma
- **32114** Quick-Wert, Kapillarblut
- **32115** Thrombinzeit
- **32116** Fibrinogen

Die Leistung nach Nr. 31010–31013 sind nur ansetzbar für Operationen, die als gestattete Kassenleistung durchgeführt werden. Werden Operationen vom Patienten auf Wunsch privat gezahlt dann kann die Operationsvorbereitung nicht nach EBM abgerechnet werden, sondern nur privat nach GOÄ.

Die Nrn. 31010–31013 sind nicht neben Leistungen des Kapitels 32 abrechenbar.

31.4 Postoperative Behandlungskomplexe

31.4.2 Postoperativer Behandlungskomplex im Hausärztlichen Versorgungsbereich

31600 Postoperative Behandlung durch den Hausarzt **159**

Postoperative Behandlung durch den Hausarzt nach der Erbringung eines Eingriffs 18,97
des Abschnitts IV-31.2 bei Überweisung durch den Operateur

Obligater Leistungsinhalt
• Befundkontrolle(n),
• Befundbesprechung(en),

Fakultativer Leistungsinhalt
• Verbandswechsel,
• Anlage und/oder Wechsel und/oder Ändern eines immobilisierenden Verbandes,
• Drainagenwechsel,
• Drainagenentfernung,
• Einleitung und/oder Kontrolle der medikamentösen Therapie,

Abrechnungsbestimmung einmalig im Zeitraum von 21 Tagen nach Erbringung einer Leistung des Abschnitts 31.2

Abrechnungsausschluss im Zeitraum von 21 Tagen nach Erbringung einer Leistung des Abschnitts 31.2, 02300 bis 02302, 02310, 02340, 02341, 02350, 02360

Berichtspflicht Nein

Kommentar: Nur auf Überweisung des Operateurs möglich – der Überweisungsschein muss vorliegen unter Angabe des OPS-Kodes. Achten Sie auf zusätzliche Regelungen der einzelnen KVen.

Zu beachten: Im Zeitraum von 21 Tagen nach Erbringung einer Leistung des Abschnitts 31.2 sind Wundbehandlungsziffern (02300 bis 02302, 02310, 02340, 02341, 02350 und 02360) ausgeschlossen. Dies gilt auch für Wundbehandlungen aus anderem Grund, die keinen Bezug zur durchgeführten Operation haben.

Aufwand in Min. **Kalkulationszeit: 10** **Prüfzeit: 9** **Eignung d. Prüfzeit:** Nur Quartalsprofil

31.6 Orthopädisch-chirurgisch konservative Gebührenordnungspositionen

31.6.2 Orthopädisch-chirurgisch konservative Gebührenordnungspositionen

31912 Einrichtung von Frakturen und/oder Luxationen des Ellenbogen- oder Kniegelenkes **112**
oder distal davon mit Ausnahme der Leistungsinhalte der Gebührenordnungsposi- 13,37
tion 31910

Aufwand in Min. **Kalkulationszeit: KA** **Prüfzeit: 5** **Eignung d. Prüfzeit:** Tages- und Quartalsprofil

GOÄ entsprechend oder ähnlich: Leistungskomplex nicht eindeutig übertragbar. Abrechnung der erbrachten Leistungen.

IV Arztgruppenübergr. spezielle Gebührenordnungspositionen

32 In-vitro-Diagnostik der Laboratoriumsmedizin, Mikrobiologie, Virologie, Infektionsepidemiologie sowie Transfusionsmedizin

32 In-vitro-Diagnostik der Laboratoriumsmedizin, Mikrobiologie, Virologie und Infektionsepidemiologie sowie Transfusionsmedizin

1. Quantitative Laborleistungen sind nur dann berechnungsfähig, wenn ihre Durchführung nach Maßgabe der Richtlinie der Bundesärztekammer zur Qualitätssicherung quantitativer laboratoriumsmedizinischer Untersuchungen erfolgt. Näheres bestimmen die Richtlinien der Kassenärztlichen Bundesvereinigung für Verfahren zur Qualitätssicherung gemäß § 75 Abs. 7 SGB V. Alle Maßnahmen zur Qualitätssicherung sind Bestandteil der einzelnen Untersuchungen.

2. Werden Untersuchungsergebnisse im Rahmen eines programmierten Profils oder einer nicht änderbaren Parameterkombination gewonnen, so können nur die Parameter berechnet werden, die indiziert sind.

3. Auch wenn zur Erbringung einer Laborleistung aus demselben menschlichen Körpermaterial mehrfache Untersuchungen, Messungen oder Probenansätze erforderlich sind, kann die entsprechende Gebührenordnungsposition nur einmal berechnet werden. Werden aus mehr als einem Körpermaterial dieselben Leistungen erbracht, sind die Gebührenordnungspositionen entsprechend mehrfach berechnungsfähig.

4. Die Bestimmung einer Bezugsgröße für die Konzentration eines anderen berechnungsfähigen Parameters (z.B. Kreatinin für die Harnkonzentration) ist Bestandteil dieser Gebührenordnungsposition und nicht gesondert berechnungsfähig.

5. Werden alle Bestandteile eines Leistungskomplexes bestimmt, so kann nur die für den Leistungskomplex angegebene Gebührenordnungsposition abgerechnet werden. Die Summe der Kostenbeträge für einzeln abgerechnete Gebührenordnungspositionen, die Bestandteil eines Komplexes sind, darf den für die Komplexleistung festgelegten Kostenbetrag nicht überschreiten.

6. „Ähnliche Untersuchungen" können nur dann berechnet werden, wenn dies die entsprechende Leistungsbeschreibung vorsieht und für den betreffenden Parameter (Messgröße) keine eigenständige Gebührenordnungsposition vorhanden ist. Die Art der Untersuchung ist anzugeben.

7. Die rechnerische Ermittlung von Ergebnissen aus anderen Messwerten ist nicht berechnungsfähig.

8. Die im Kapitel 32 enthaltenen Höchstwerte für die entsprechenden Kataloge oder Einzelleistungen umfassen alle Untersuchungen aus demselben Körpermaterial, auch wenn dieses an einem oder an zwei aufeinanderfolgenden Tagen entnommen und an mehreren Tagen untersucht wurde. Das gilt sinngemäß auch, wenn die Nebeneinanderberechnung von Gebührenordnungspositionen aus demselben Untersuchungsmaterial durch Begrenzungsregelungen eingeschränkt ist.

9. Vorbereitende Maßnahmen (Aufbereitungen, Vorbehandlungen) am Untersuchungsmaterial oder an Proben davon, z.B. Serumgewinnung, Antikoagulation, Extraktion, Anreicherung, sind Bestandteil der jeweiligen Gebührenordnungsposition, soweit nichts anderes bestimmt ist.

10. Die Kosten für die Beschaffung und ggf. die Aufbereitung von Reagenzien, Substanzen und Materialien für in-vitro- und in-vivo-Untersuchungen, die mit ihrer Anwendung verbraucht sind, sowie die Kosten dieser Substanzen selbst sind in den Gebührenordnungspositionen enthalten, soweit nichts anderes bestimmt ist.

11. Die Kosten für zu applizierende Substanzen bei Funktionsprüfungen sind in den Gebührenordnungspositionen nicht enthalten.

12. Die Kosten für eine sachgemäße Beseitigung bzw. Entsorgung aller Materialien sind in den Gebührenordnungspositionen enthalten.

13. In den Gebührenordnungspositionen der Abschnitte 32.2 und 32.3 sind die Gebührenordnungspositionen 01600 und 01601 enthalten.

14. Bei Aufträgen zur Durchführung von Untersuchungen des Kapitels 32 hat der überweisende Vertragsarzt grundsätzlich Diagnose, Verdachtsdiagnose oder Befunde mitzuteilen und Art und Umfang der Leistungen durch Angabe der Gebührenordnungsposition bzw. der Legende der Gebührenordnungsposition zu definieren (Definitionsauftrag) oder durch Angabe des konkreten Untersuchungsziels einzugrenzen (Indikationsauftrag). Der ausführende Vertragsarzt darf nur diese Gebührenordnungspositionen berechnen. Eine Erweiterung des Auftrages bedarf der Zustimmung des Vertragsarztes, der den Auftrag erteilt hat. (gemäß § 24 Abs. 7 und 8 Bundesmantelvertrag-Ärzte (BMV-Ä))

15. Die Arztpraxis, die auf Überweisung kurativ-ambulante Auftragsleistungen des Kapitels 32 durchführt, teilt der überweisenden Arztpraxis zum Zeitpunkt der abgeschlossenen Untersuchung die Gebührenordnungspositionen dieser Leistungen und die Höhe der Kosten in Euro gemäß der regionalen Euro-GO getrennt nach Leistungen der Abschnitte 32.2 und 32.3 EBM mit. Dies gilt sinngemäß für die Mitteilung der Kosten über die in einer Laborgemeinschaft veranlassten Leistungen an den Veranlasser. Im Falle der Weiterüberweisung eines Auftrages oder eines Teilauftrages hat jede weiter überweisende Arztpraxis dem vorhergehenden Überweiser die Angaben

nach Satz 1 sowohl über die selbst erbrachten Leistungen als auch über die Leistungen mitzuteilen, die ihr von der Arztpraxis gemeldet wurden, an die sie weiterüberwiesen hatte.

16. In Anhang 4 zum EBM sind Laborleistungen aufgeführt, die nicht bzw. nicht mehr berechnungsfähig sind. Diese Leistungen sind auch nicht als „Ähnliche Untersuchungen" berechnungsfähig.

17. Im Zusammenhang mit einer Screening-Untersuchung dürfen Tumormarker nicht verwendet werden.

18. Die Gebührenordnungspositionen der Abschnitte 32.2 und 32.3, ausgenommen der Leistungen nach den Gebührenordnungspositionen 32575, 32614, 32618, 32660 und 32781, sind im Zyklusfall nicht neben den Gebührenordnungspositionen 08535, 08536, 08550, 08555, 08558 und 08635 berechnungsfähig.

Der EBM Kommentar von **Wezel/Liebold** führt noch an:
… **„Beschluss Nr. 800 (Abs.1 bis 3) der AG Ärzte/Ersatzkassen:**

1. Laborleistungen sowie physikalisch-medizinische Leistungen, die ein Krankenhaus als Institutsleistungen durchführt, dürfen von einem ermächtigten Krankenhausarzt nicht berechnet werden.

2. Gebietsbezogene Leistungen, die ein ermächtigter Krankenhausarzt oder Belegarzt im Krankenhaus von Angestellten des Krankenhauses für seine ambulante Praxis erbringen lässt, können von ihm nicht berechnet werden, auch wenn dem Krankenhausarzt oder Belegarzt vom Krankenhausträger die allgemeine Aufsicht über diese Angestellten übertragen wurde.

3. Solche gebietsbezogenen Leistungen sind nur dann berechnungsfähig, wenn das Krankenhaus seine Angestellten den genannten Ärzten zur jeweiligen Leistungserbringung ausdrücklich zuordnet, der Arzt die für die Leistungserbringung notwendigen Kenntnisse hat, die Leistungen vom Arzt angeordnet und unter seiner persönlichen Aufsicht und unmittelbaren Verantwortung erbracht werden…"

Anmerkung
Neben den Gebührenordnungspositionen des Kapitels 32 ist die EBM-Nr. 08635 im Zyklusfall nicht berechnungsfähig. Ausgenommen sind hierbei Leistungen nach den Gebührenordnungspositionen 32575, 32614, 32618, 32660 und 32781.

Kommentar
Siehe Informationen der BÄK und KBV:

- Richtlinie der Bundesärztekammer zur Qualitätssicherung laboratoriumsmedizinischer Untersuchungen. Gemäß dem Beschluss des Vorstands der Bundesärztekammer vom 11.04.2014 und 20.06.2014
  (http://www2.medizin.uni-greifswald.de/klinchem/fileadmin/user_upload/LTG_ORG_RiliBAEK_2014_MITG.pdf)
- Richtlinie der Kassenärztlichen Bundesvereinigung nach § 75 Absatz 7 SGB V zur Vergabe der Arzt-,Betriebsstätten- sowie der Praxis netznummern (http://www.kbv.de/media/sp/Arztnummern_Richtlinie.pdf)

Voraussetzung für die Abrechnung aller quantitativen Laborleistungen ist die Beachtung der Richtlinien der Kassenärztlichen Bundesvereinigung für die Durchführung von Laboratoriumsuntersuchungen in der kassenärztlichen/vertragsärztlichen Versorgung. Alle Qualitätssicherungsmaßnahmen sind obligater Bestandteil der Untersuchungen.

Auch bei programmierten und/oder automatisierten Untersuchungsprofilen können entsprechend dem Wirtschaftlichkeitsgrundsatz nur die medizinisch indizierten (d.h. notwendigen) Parameter abgerechnet werden.

Werden Untersuchungen, Messungen oder Probenansätze, aus welchen Gründen auch immer, mehrfach erforderlich, können sie nur dann auch mehrfach berechnet werden, wenn sie aus mehr als einem Körpermaterial erbracht werden. Ist das nicht der Fall, ist eine mehrfache Berechnung nicht zulässig.

Bei der Erbringung einzelner Leistungen, die Bestandteil eines Komplexes sind, gilt:

- werden alle Leistungen des Komplexes erbracht, kann nur die Komplexleistung abgerechnet werden,
- werden nur einzelne Leistungen des Komplexes erbracht, sind diese isoliert abrechnungsfähig, jedoch nur bis zur Erreichung des für den Komplex festgelegten Kostenbetrages. Dieser gilt damit als Höchstbetrag.

Es gilt grundsätzlich das in der vertragsärztlichen Abrechnung bestehende Verbot einer analogen Bewertung, wie sie aus der GOÄ bekannt ist. Allerdings gibt es im Bereich der Laborleistungen hiervon Ausnahmen,

IV Arztgruppenübergr. spezielle Gebührenordnungspositionen

32 In-vitro-Diagnostik der Laboratoriumsmedizin, Mikrobiologie, Virologie, Infektionsepidemiologie sowie Transfusionsmedizin

die aber ausdrücklich in der Leistungsbeschreibung genannt sein müssen (z. B. bei den mikroskopischen Untersuchungen eines Körpermaterials auf Krankheitserreger nach differenzierender Färbung die Nr. 32182).

Die Errechnungen von MCV, MCH und MCHC sind durch Errechnung aus den Werten der Blutbildparameter möglich und daher NICHT berechnungsfähig. Dies gilt auch für die rechnerische Ermittlung des LDL Cholesterins.

Die Höchstwertregelungen im Laborkapitel gelten für alle Untersuchungen aus demselben Körpermaterial unabhängig davon, ob die Entnahme oder die Untersuchung an einem Tag durchgeführt wird oder sich auf mehrere Tage verteilt. Gleiches gilt sinngemäß, wenn aufgrund anderer Begrenzungsregelungen die Nebeneinanderberechnung von Leistungen aus demselben Körpermaterial eingeschränkt wird.

Für die Ringversuche sind besondere Referenzinstitute bestellt (QuaDeGA GmbH, Domagkstraße 1, 48149 Münster; info@quadega.uni-muenster.de).

Bei der sogenannten „patientennahen Sofortdiagnostik" handelt es sich um Analysen mit Messgeräten zur Einzelprobenmessung wie z.B. Reflektometern zur Blutzuckerbestimmung mit Reagenzträgern (Teststreifen) oder anderen „Unit-use-Reagenzien". Wird dies in einer Betriebsstätte erfüllt, entfällt die Zertifikatspflicht.

Dies entfällt in Krankenhäusern z.B. mit Intensivstationen nur, wenn Leistungserbringung und Qualitätssicherung bei einem Zentrallabor liegen.

Berichte und Arztbriefe nach den Nrn. 01600 und 01601 sind neben den Laborleistungen der Abschnitte 32.2 und 32.3 nicht abrechnungsfähig.

Bei Auftragsüberweisungen zu Laborleistungen sind – wie bisher auch – Diagnosen, Verdachtsdiagnosen und Befunde mitzuteilen sowie

- bei Definitionsaufträgen die Gebührenordnungsposition bzw. die Legende der Gebührenordnungsposition,
- bei Indikationsaufträgen das konkrete Untersuchungsziel.

Im Zuge der Neufassung des Bundesmantelvertrages-Ärzte (BMV-Ä) wurde die in der alten Fassung des § 26 Abs. 6 BMV-Ä vorgenommene Regelung zum 1.10.2013 in den EBM übernommen.

Die im Anhang 4 aufgelisteten Laborleistungen fanden sich im Wesentlichen noch im EBM 2000plus, wurden jedoch durch den Bewertungsausschuss noch vor Inkrafttreten des EBM zum 1.1.2008 aus dem EBM als abrechnungsfähige Leistungen gestrichen. Der Zeitpunkt, ab dem die Leistungen nicht mehr abrechnungsfähig waren, findet sich in der ein wenig missverständlich übertitelten Spalte „Aufnahme zum Quartal".

Laborüberweisungen (nach Muster 10) und Anforderungsscheine für Laboruntersuchungen bei Laborgemeinschaften (Muster 10A) können seit dem Juli 2017 elektronisch erstellen werden..

Diese digitale Inanspruchnahme ist für Ärzte und Labore freiwillig, Papiervordrucke und Blankoformularbedruckung sind weiterhin verwendbar.

Voraussetzungen für digitale Laborüberweisungen:

- zertifizierte Praxissoftware,
- sichere Verbindung für die Datenübermittlung (z.B. KV-Connect)
- elektronischer Heilberufsausweis einschließlich Kartenterminal und Signatursoftware für die qualifizierte elektronische Signatur Das Muster 10A-Formular muss nicht unterschrieben werden.

Die inzwischen aus dem Leistungsverzeichnis des Kapitels 32 gestrichenen Positionen sind im Anhang 4 aufgeführt.

Neben einer Koronarangiographie sind Leistungen aus Kapitels 32 nicht berechnungsfähig.

32.1 Grundleistungen

1. Für die wirtschaftliche Erbringung und Veranlassung von laboratoriumsmedizinischen Untersuchungen wird die Gebührenordnungsposition 32001 einmal im Behandlungsfall, in dem mindestens eine Versicherten-, Grund- und/ oder Konsiliarpauschale der Kapitel 3, 4, 7 bis 11, 13, 16 bis 18, 20, 21, 26, 27 oder 30.7 mit persönlichem Arzt-Patienten-Kontakt abgerechnet wird, vergütet.

Die Gebührenordnungsposition 32001 ist nur im Rahmen der vertragsärztlichen Versorgung berechnungsfähig. Abweichend von den Sätzen 1 und 2 wird der Zuschlag nach der Gebührenordnungsposition 32001 in selektivvertraglichen Fällen im Quartal vergütet, sofern die wirtschaftliche Erbringung und/oder Veranlassung von Leistungen der Abschnitte 32.2 und 32.3 nicht Gegenstand des Selektivvertrags ist.

Die Wirtschaftlichkeit der von Laborgemeinschaften bezogenen, als Auftragsleistung überwiesenen und eigenerbrachten Leistungen der Abschnitte 32.2 und 32.3 wird anhand des arztpraxisspezifischen Fallwertes gemäß Nummer 2 in Form eines Wirtschaftlichkeitsfaktors nach den Nummern 4 und 5 berechnet.

Für die Ermittlung der arztpraxisspezifischen Bewertung der Gebührenordnungsposition 32001 ist die Punktzahl der Gebührenordnungsposition 32001 mit dem Wirtschaftlichkeitsfaktor gemäß den Nummern 4 und 5 zu multiplizieren.

2. Der arztpraxisspezifische Fallwert wird – unter Berücksichtigung der Ausnahmeregelung nach Nummer 6 – ermittelt als Summe der Kosten der in dem jeweiligen Quartal von Laborgemeinschaften bezogenen, als Auftragsleistung überwiesenen und eigenerbrachten Leistungen nach den Gebührenordnungspositionen der Abschnitte 32.2 und 32.3 der Arztpraxis dividiert durch die Anzahl der Behandlungsfälle, in denen mindestens eine Versicherten-, Grund- und/oder Konsiliarpauschale der Kapitel 3, 4, 7 bis 11, 13, 16 bis 18, 20, 21, 26, 27 oder 30.7 mit persönlichem Arzt-Patienten-Kontakt abgerechnet wurde.

Sofern die Kosten der Leistungen der Abschnitte 32.2 und 32.3 in einem Folgequartal abgerechnet werden, sind die Kosten bei der Ermittlung des arztpraxisspezifischen Fallwertes in diesem Folgequartal ohne erneute Zählung des auslösenden Behandlungsfalls für die Berechnung des Wirtschaftlichkeitsfaktors zu berücksichtigen.

Bei der Ermittlung des arztpraxisspezifischen Fallwertes bleiben die Kosten der von der Arztpraxis abgerechneten Auftragsleistungen der Abschnitte 32.2 und 32.3 unberücksichtigt.

3. Zusätzlich relevant für die Fallzählung gemäß Nummer 2 ist die Anzahl der selektivvertraglichen Fälle im Quartal bei Ärzten, die an einem Selektivvertrag teilnehmen, sofern gemäß diesem Vertrag die Leistungen der Abschnitte 32.2 und/oder 32.3 weiter als kollektivvertragliche Leistungen gemäß § 73 SGB V veranlasst oder abgerechnet werden und in diesen Fällen keine Versicherten-, Grund- oder Konsiliarpauschale berechnet wird. Der Nachweis aller selektivvertraglichen Fälle im Quartal erfolgt gegenüber der Kassenärztlichen Vereinigung anhand der kodierten Zusatznummer 88192 gegebenenfalls unter Angabe einer Kennnummer gemäß Nummer 6.

4. Sofern der arztpraxisspezifische Fallwert kleiner oder gleich dem arztgruppenspezifischen unteren begrenzenden Fallwert ist, beträgt der Wirtschaftlichkeitsfaktor 1.

Ist der arztpraxisspezifische Fallwert größer oder gleich dem arztgruppenspezifischen oberen begrenzenden Fallwert, beträgt der Wirtschaftlichkeitsfaktor 0.

Liegt der arztpraxisspezifische Fallwert zwischen dem arztgruppenspezifischen unteren begrenzenden Fallwert und dem arztgruppenspezifischen oberen begrenzenden Fallwert, wird der Wirtschaftlichkeitsfaktor anteilig wie folgt bestimmt: Die Differenz zwischen dem arztgruppenspezifischen oberen begrenzenden Fallwert und dem arztpraxisspezifischen Fallwert wird dividiert durch die Differenz zwischen dem arztgruppenspezifischen oberen begrenzenden Fallwert und dem arztgruppenspezifischen unteren begrenzenden Fallwert.

Arztgruppenspezifische untere und obere begrenzende Fallwerte

Versicherten-, Grund- oder Konsiliarpauschale des EBM Kapitels bzw. Abschnitts	Arztgruppe	Unterer begrenzender Fallwert in Euro	Oberer begrenzender Fallwert in Euro
3	Allgemeinmedizin, hausärztliche Internisten undpraktische Ärzte	1,60	3,80
4	Kinder- und Jugendmedizin	0,90	2,40
7	Chirurgie	0,00	0,40
8	Gynäkologie, Fachärzte ohne SP Endokrinologie und Reproduktions-medizin	1,00	2,60
8	Gynäkologie, SP Endokrinologie undReproduktionsmedizin: Nur für Ärzte, die die		
	Gebührenordnungspositionen 08520, 08531, 08541, 08542, 08550, 08551, 08552, 08560	3,90	60,80
	und 08561 berechnen		

IV   Arztgruppenübergr. spezielle Gebührenordnungspositionen

32 In-vitro-Diagnostik der Laboratoriumsmedizin, Mikrobiologie, Virologie, Infektionsepidemiologie sowie Transfusionsmedizin

9	Hals-Nasen-Ohrenheilkunde	0,10	0,80
10	Dermatologie	0,50	2,30
11	Humangenetik	0,00	2,80
13.2	Innere Medizin, fachärztliche Internisten ohne SP	1,20	4,60
13.3.1	Innere Medizin, SP Angiologie	0,20	2,00
13.3.2	Innere Medizin, SP Endokrinologie	12,60	71,70
13.3.3	Innere Medizin, SP Gastroenterologie	1,60	6,30
13.3.4	Innere Medizin, SP Hämatologie/Onkologie	10,90	30,50
13.3.5	Innere Medizin, SP Kardiologie	0,30	1,50
13.3.6	Innere Medizin, SP Nephrologie	22,20	55,90
13.3.7	Innere Medizin, SP Pneumologie	0,80	5,20
13.3.8	Innere Medizin, SP Rheumatologie	8,40	35,30
16	Neurologie, Neurochirurgie	0,00	0,90
17	Nuklearmedizin	0,10	17,90
18	Orthopädie, Fachärzte ohne SP Rheumatologie	0,00	0,40
18	Orthopädie, SP Rheumatologie: Nur für Ärzte, die die Gebührenordnungsposition 18700 berechnen	0,20	1,40
20	Phoniatrie, Pädaudiologie	0,00	0,40
21	Psychiatrie	0,00	0,30
26	Urologie	2,40	7,10
27	Physikalische und Rehabilitative Medizin	0,00	0,30
30.7	Schmerztherapie	0,00	0,40

5. Wird ein Facharzt für Kinder- und Jugendmedizin mit Schwerpunkt oder Zusatzweiterbildung im Arztfall gemäß der Präambel Kapitel 4 Nr. 4 im fachärztlichen Versorgungsbereich tätig, so bestimmen sich die arztgruppenspezifischen begrenzenden Fallwerte und die Bewertung der Gebührenordnungsposition 32001 gemäß dem entsprechenden Schwerpunkt der Inneren Medizin.

Für einen Vertragsarzt, der seine Tätigkeit unter mehreren Gebiets- oder Schwerpunktbezeichnungen ausübt, richtet sich der arztgruppenspezifische untere und obere begrenzende Fallwert sowie die Bewertung der Gebührenordnungsposition 32001 nach dem Versorgungsauftrag, mit dem er zur vertragsärztlichen Versorgung zugelassen ist.

Für (Teil-)Berufsausübungsgemeinschaften, Medizinische Versorgungszentren und Praxen mit angestellten Ärzten wird die Höhe der begrenzenden Fallwerte sowie die Bewertung der Gebührenordnungsposition 32001 arztpraxisspezifisch wie folgt bestimmt:

Die jeweilige Summe der Produkte aus der Anzahl der Arztfälle des Arztes in der Praxis, in denen mindestens eine Versicherten-, Grund- und/oder Konsiliarpauschale der Kapitel 3, 4, 7 bis 11, 13, 16 bis 18, 20, 21, 26, 27 oder 30.7 mit persönlichem Arzt-Patienten-Kontakt abgerechnet wurde und dem arztgruppenspezifischen unteren begrenzenden Fallwert, dem arztgruppenspezifischen oberen begrenzenden Fallwert sowie der arztgruppenspezifischen Bewertung der Gebührenordnungsposition 32001 wird dividiert durch die Anzahl der Behandlungsfälle der berechtigten Ärzte, in denen mindestens eine Versicherten-, Grund- und/oder Konsiliarpauschale der Kapitel 3, 4, 7 bis 11, 13, 16 bis 18, 20, 21, 26, 27 oder 30.7 mit persönlichem Arzt-Patienten-Kontakt abgerechnet wurde.

6. Behandlungsfälle mit einer oder mehreren der nachfolgend aufgeführten Untersuchungsindikationen sind mit der (den) zutreffenden Kennnummer(n) zu kennzeichnen. Für diese Behandlungsfälle bleiben die für die jeweilige Untersuchungsindikation genannten Gebührenordnungspositionen bei der Ermittlung des arztpraxisspezifischen Fallwertes unberücksichtigt.

Die Kennnummer(n) des Behandlungsfalls ist (sind) ausschließlich in der Abrechnung der beziehenden, eigenerbringenden oder veranlassenden Arztpraxis anzugeben.

Arztgruppenübergr. spezielle Gebührenordnungspositionen IV

32 In-vitro-Diagnostik der Laboratoriumsmedizin, Mikrobiologie, Virologie, Infektionsepidemiologie sowie Transfusionsmedizin

Untersuchungsindikation	Kenn-nummer	Ausgenommene GOPen
Nebenstehende Gebührenordnungspositionen bleiben grundsätzlich bei der Ermittlung des arztpraxisspezifischen Fallwertes unberücksichtigt		32125; 32779; 32816; 32880; 32881; 32882
Diagnostik zur Bestimmung der notwendigen Dauer, Dosierung und Art eines gegebenenfalls erforderlichen Antibiotikums vor Einleitung einer Antibiotikatherapie oder bei persistierender Symptomatik vor erneuter Verordnung	32004	32151; 32459; 32720; 32721; 32722; 32723; 32724; 32725; 32726; 32727; 32750; 32759; 32760; 32761; 32762; 32763; 32772; 32773; 32774; 32775; 32777
Spezifische antivirale Therapie der chronischen viralen Hepatitiden	32005	32058; 32066; 32070; 32071; 32781; 32815; 32817; 32823; 32827
Erkrankungen oder Verdacht auf Erkrankungen, bei denen eine gesetzliche Meldepflicht besteht oder Mukoviszidose	32006	32172; 32176; 32177; 32178; 32179; 32185; 32186; 32565; 32566; 32567; 32568; 32572, 32573; 32574; 32575; 32584; 32586; 32587; 32590; 32592; 32593; 32600; 32611; 32612; 32613; 32614; 32615; 32619; 32620; 32623; 32624; 32629; 32630; 32636; 32660; 32662; 32664; 32680; 32700; 32701; 32705; 32707; 32721; 32722; 32723; 32724; 32725; 32726; 32727; 32743; 32745; 32746; 32747; 32748; 32749; 32750; 32759; 32760; 32761; 32762; 32764; 32768; 32772; 32773; 32774; 32775; 32777; 32780; 32781; 32782; 32786; 32789; 32790; 32791; 32792; 32793; 32804; 32805; 32806; 32807; 32808; 32809; 32810; 32825; 32830; 32833; 32834; 32835; 32837; 32839; 32842; 32850; 32851; 32852; 32853
Leistungen der Mutterschaftsvorsorge gemäß den Mutterschafts-Richtlinien des Gemeinsamen Bundesausschusses bei Vertretung, im Notfall oder bei Mit- bzw. Weiterbehandlung	32007	32031; 32035; 32038; 32120
Erkrankungen oder Verdacht auf prä- bzw. perinatale Infektionen	32024	32565; 32566; 32567; 32568; 32572; 32573, 32574; 32575; 32594; 32602; 32603; 32621; 32626; 32629; 32630; 32660; 32740; 32750; 32760; 32781; 32832; 32833
Leistungen der Mutterschaftsvorsorge, die bei Vertretung, im Notfall oder bei Mit- bzw. Weiterbehandlung nach den kurativen Gebührenordnungspositionen erbracht werden, sind mit dem für die Mutterschaftsvorsorge vereinbarten Kennzeichen „V" zu versehen.		
Anfallsleiden unter antiepileptischer Therapie oder Psychosen unter Clozapintherapie	32008	32070; 32071; 32120; 32305; 32314; 32342
Allergische Erkrankungen bei Kindern bis zum vollendeten 6. Lebensjahr	32009	32380; 32426; 32427
Therapie der hereditären Thrombophilie, des Antiphospholipidsyndroms oder der Hämophilie	32011	32112; 32113; 32115; 32120; 32203; 32208; 32212; 32213; 32214; 32215; 32216; 32217; 32218; 32219; 32220; 32221; 32222; 32228
Erkrankungen unter antineoplastischer Therapie oder systemischer Zytostatika-Therapie und/oder Strahlentherapie	32012	32066; 32068; 32070; 32071; 32120; 32122; 32155; 32156; 32157; 32159; 32163; 32168; 32169; 32324; 32351; 32376; 32390; 32391; 32392; 32394; 32395; 32396; 32397; 32400; 32446; 32447; 32527

IV Arztgruppenübergr. spezielle Gebührenordnungspositionen

32 In-vitro-Diagnostik der Laboratoriumsmedizin, Mikrobiologie, Virologie, Infektionsepidemiologie sowie Transfusionsmedizin

Substitutionsgestützte Behandlung Opioidabhängiger gemäß Nr. 2 Anlage I „Anerkannte Untersuchungs- oder Behandlungsmethoden" der Richtlinie Methoden vertragsärztliche Versorgung des Gemeinsamen Bundesausschusses	32014	32137; 32140; 32141; 32142; 32143; 32144; 32145; 32146; 32147; 32148; 32292; 32293; 32314; 32330; 32331; 32332; 32333; 32334; 32335; 32336; 32337
Orale Antikoagulantientherapie	32015	32026; 32113; 32114; 32120
Manifeste angeborene Stoffwechsel- und/oder endokrinologische Erkrankung(en) bei Kindern und Jugendlichen bis zum vollendeten 18. Lebensjahr	32017	32082; 32101; 32309; 32310; 32320; 32321; 32359; 32361; 32367; 32368; 32370; 32371; 32401; 32412
Chronische Niereninsuffizienz mit einer endogenen Kreatinin-Clearance < 25 ml/min	32018	32064; 32065; 32066; 32081; 32083; 32197; 32237; 32411; 32435
HLA-Diagnostik vor einer Organ-, Gewebe-oder hämatopoetischen Stammzelltransplantation und/oder immunsuppressive Therapie nach erfolgter Transplantation	32020	32374; 32379; 32784; 32843; 32844; 32901; 32902; 32904; 32906; 32908; 32910; 32911; 32915; 32916; 32917; 32918; 32939; 32940; 32941; 32942; 32943
Therapiebedürftige HIV-Infektionen	32021	32058; 32066; 32070; 32071; 32520; 32521; 32522; 32523; 32524; 32824; 32828
Manifester Diabetes mellitus	32022	32025; 32057; 32066; 32094; 32135
Rheumatoide Arthritis (PCP) einschl. Sonderformen und Kolllagenosen unter immunsuppressiver oder immunmodulierender Langzeit-Basistherapie	32023	32042; 32066; 32068; 32070; 32071; 32081; 32120; 32461; 32489; 32490; 32491
Erkrankungen oder Verdacht auf prä- bzw. perinatale Infektionen	32024	32565; 32566; 32567; 32568; 32572; 32573; 32574; 32575; 32594; 32602; 32603; 32621; 32626; 32629; 32630; 32660; 32740; 32750; 32760; 32781; 32832; 32833

https://www.rki.de/DE/Content/Infekt/IfSG/Meldepflichtige_Krankheiten/Meldepflichtige_Krankheiten_node.html (§ 6 und § 7)

32.2 Allgemeine Laboratoriumsuntersuchungen

1. Bei den im Abschnitt 32.2 aufgeführten Bewertungen handelt es sich um Eurobeträge gemäß § 87 Abs. 2 Satz 8 SGB V. Der tatsächliche Vergütungsanspruch ergibt sich aus den Eurobeträgen nach Satz 1 unter Berücksichtigung der für das entsprechende Quartal gültigen Vorgaben der Kassenärztlichen Bundesvereinigung gemäß § 87b Abs. 4 SGB V zur Honorarverteilung durch die Kassenärztlichen Vereinigungen.

2. Die Gebührenordnungspositionen des Abschnitts 32.2 sind am Behandlungstag nicht neben den Gebührenordnungspositionen des Abschnitts 31.1.2 und nicht neben der Gebührenordnungsposition 34291 berechnungsfähig.

Kommentar:

Abschnitt 32.2: Höchstwerte

32118	Höchstwert zu den Nrn. 32110 bis 32116	1,55 Euro
32139	Höchstwert zu den Nrn. 32137 und 32140 bis 32148 in den beiden ersten Quartalen der Substitutionsbehandlung	125,00 Euro
32138	Höchstwert zu den Nrn. 32137 und 32140 bis 32148 ab dem dritten Quartal oder außerhalb der Substitutionsbehandlung	64,00 Euro

32025

Arztgruppenübergr. spezielle Gebührenordnungspositionen IV

32 In-vitro-Diagnostik der Laboratoriumsmedizin, Mikrobiologie, Virologie, Infektionsepidemiologie sowie Transfusionsmedizin

EBM-Nr.   EBM-Punkte / Euro

Der Arzt berechnet – im Regelfall über seine Laborgemeinschaft – die beim Patienten erbrachten Laboratoriumsleistungen –sofern es keine besonderen Angaben seiner KV gibt. Die Höchstwert-Umsetzung führt die KV durch.

Nach Kommentar von **Wezel/Liebold** gilt: … „Diese Höchstwerte – wie auch die im Abschnitt 32.3 genannten – beziehen sich auf die aufgeführten Nummern und das Körpermaterial unabhängig davon, ob die Entnahme an einem oder zwei aufeinanderfolgenden Tagen und die Bestimmung an verschiedenen Tagen erfolgten.

Die Höchstwerte stellen keine eigenständigen Leistungen dar.

Leistungen des Abschnitts 32.2 können nicht neben den Präoperativen Gebührenordnungspositionen (Unterabschnitt 31.1.2) berechnet werden…"

Befundberichte
Für die Mitteilung von Befunden der Leistungen nach Abschnitts 32.2 können Befundberichte/Arztbriefe nicht berechnet werden.

Beziehen sich Befundbericht oder Arztbrief hauptsächlich auf Ergebnisse anderer ärztlicher Untersuchungen und Behandlungen, ist die Abrechnung möglich, auch wenn dabei einige Laborwerte mit aufgeführt werden. Dies gilt nicht für die Übermittlung der Ergebnisse abgerechneter Leistungen der

- Reproduktionsmedizin,
- Humangenetik,
- Nuklearmedizin,
- Histologie und Zytologie (Kapitel 19),
- diagnostischen Radiologie
- Strahlentherapie.

Meldepflichtige Krankheiten oder meldepflichtiger Erregernachweisen
Wichtige Informationen zu meldepflichtigen Krankheiten oder meldepflichtigen Erregernachweisen erhalten Sie über die Web-Seite des Robert Koch Institutes:

http://www.rki.de/DE/Content/Infekt/IfSG/Meldepflichtige_Krankheiten/Meldepflichtige_Krankheiten_node.html u.a.

- Meldebögen
- Falldefinitionen
- Belehrungsbögen
- Nosokomiale Infektionen

32.2.1 Basisuntersuchungen

1. Der Nachweis von Eiweiß und/oder Glukose im Harn (ggf. einschl. Kontrolle auf Ascorbinsäure) sowie die Bestimmung des spezifischen Gewichts und/oder des pH-Wertes im Harn ist nicht berechnungsfähig.

> **Quantitative Bestimmung gilt für die Gebührenordnungspositionen 32025 bis 32027**
> **Anmerkung** Die Gebührenordnungspositionen 32025 bis 32027 sind nur berechnungsfähig bei Erbringung in der Arztpraxis des Vertragsarztes, der die Untersuchung veranlasst hat. Diese Erbringung ist anzunehmen, wenn das Untersuchungsergebnis innerhalb einer Stunde nach Materialentnahme vorliegt.
> Die Gebührenordnungspositionen 32025 bis 32027 sind bei Erbringung in Laborgemeinschaften nicht berechnungsfähig.

32025   Glucose   **1,60**

> **Abrechnungsausschluss**
> in derselben Sitzung 01732, 32057, 32880, 32881, 32882
> im Behandlungsfall 01812
>
> GOÄ   entsprechend oder ähnlich: Nrn. 3516*, 3560*

IV Arztgruppenübergr. spezielle Gebührenordnungspositionen   **32026–32030**

32 In-vitro-Diagnostik der Laboratoriumsmedizin, Mikrobiologie, Virologie, Infektionsepidemiologie sowie Transfusionsmedizin
EBM-Nr.   EBM-Punkte / Euro

Kompendium KBV: Die GOP 32025 kann nach derzeitigem Kenntnisstand bei Durchführung der Analyse mittels folgender Verfahren berechnet werden:

Glukose-Oxidase-, Glukose-Hexokinase-, Glukose-6-Phosphat-Dehydrogenase-, Glukose-Hydrogenase-Methode, Glukose-Elektrode.[1] Die Erbringung der GOP 32025 ist auch mittels Teststreifen/Unit-use-Reagenzien möglich. Die GOP 32025 ist nicht neben GOP 01732, 32057 und 32880 bis 32882 berechnungsfähig, sowie am Behandlungstag neben der GOP 01812.

[1] nach Kölner Kommentar zum EBM

Kommentar: GOP 32025 bis 32027 sind bei Erbringung in der Laborgemeinschaft nicht berechnungsfähig.

GOP 32025 bis 32027 sind nur berechnungsfähig bei Erbringung in der Arztpraxis des Vertragsarztes, der die Untersuchung veranlasst hat. Diese Erbringung ist anzunehmen, wenn das Untersuchungsergebnis innerhalb einer Stunde nach Materialentnahme vorliegt.

32026   TPZ (Thromboplastinzeit)   **4,70**

Abrechnungsausschluss in derselben Sitzung 32113, 32114

GOÄ   entsprechend oder ähnlich: Nrn. 3530*, 3607*

Kompendium KBV: Die GOP 32026 kann nach derzeitigem Kenntnisstand bei Durchführung der Analyse mittels folgender Verfahren berechnet werden:

koagulometrische Methode nach Quick, chromogene Methode.[1]Die Erbringung der GOP 32026 ist auch mittels Teststreifen/ Unit-use-Reagenzien möglich.Die GOP 32026 ist nicht neben GOP 32113 und 32114 berechnungsfähig.

[1] nach Kölner Kommentar zum EBM

Kommentar: GOP 32025 bis 32027 sind bei Erbringung in der Laborgemeinschaft nicht berechnungsfähig.

GOP 32025 bis 32027 sind nur berechnungsfähig bei Erbringung in der Arztpraxis des Vertragsarztes, der die Untersuchung veranlasst hat. Diese Erbringung ist anzunehmen, wenn das Untersuchungsergebnis innerhalb einer Stunde nach Materialentnahme vorliegt.

32027   D-Dimer (nicht mittels trägergebundener Reagenzien)   **15,30**

Anmerkung Die Gebührenordnungspositionen 32025 bis 32027 sind nur berechnungsfähig bei Erbringung in der Arztpraxis des Vertragsarztes, der die Untersuchung veranlasst hat. Diese Erbringung ist anzunehmen, wenn das Untersuchungsergebnis innerhalb einer Stunde nach Materialentnahme vorliegt.
Die Gebührenordnungspositionen 32025 bis 32027 sind bei Erbringung in Laborgemeinschaften nicht berechnungsfähig.

Abrechnungsausschluss in derselben Sitzung 32117

GOÄ   entsprechend oder ähnlich: Nrn. 3935*, 3937*

Kompendium KBV: Die GOP 32027 kann nach derzeitigem Kenntnisstand bei Durchführung der Analyse mittels folgender Verfahren berechnet werden:

Latexagglutinintest, proteinchemischer, turbidimetrischer oder nephelometrischer Nachweis, Nachweis mittels Enzymimmunoassay (EIA).[1]Die Erbringung der GOP 32027 ist nicht mittels Teststreifen möglich. Semiquantitative oder qualitative D-Dimer-Bestimmungen sind nicht mit der GOP 32027 berechnungsfähig.Die GOP 32027 ist nicht neben der GOP 32117 berechnungsfähig.

[1] nach Kölner Kommentar zum EBM

32030   Orientierende Untersuchung   **0,50**

Obligater Leistungsinhalt
• Orientierende Untersuchung mit visueller Auswertung mittels vorgefertigter
  – Reagenzträger
oder
  – Reagenzzubereitungen

32031–32033 Arztgruppenübergr. spezielle Gebührenordnungspositionen IV

32 In-vitro-Diagnostik der Laboratoriumsmedizin, Mikrobiologie, Virologie, Infektionsepidemiologie sowie Transfusionsmedizin

EBM-Nr. EBM-Punkte / Euro

Fakultativer Leistungsinhalt
- Apparative Auswertung,
- Verwendung von Mehrfachreagenzträgern

Anmerkung Können mehrere Bestandteile eines Körpermaterials sowohl durch Verwendung eines Mehrfachreagenzträgers als auch durch Verwendung mehrerer Einfachreagenzträger erfasst werden, so ist in jedem Fall nur einmal die Gebührenordnungsposition 32030 berechnungsfähig.
Bei mehrfacher Berechnung der Gebührenordnungsposition 32030 ist die Art der Untersuchungen anzugeben.

Abrechnungsausschluss in derselben Sitzung 01732, 32880, 32881, 32882

GOÄ   entsprechend oder ähnlich: Nrn. 3511*, 3652* (Streifentest)

Kompendium KBV: Der Nachweis von Eiweiß und/oder Glukose im Harn, ggf. einschl. Kontrolle auf Ascorbinsäure, sowie die Bestimmung des spezifischen Gewichts und/oder des pH-Wertes im Harn sind nicht berechnungsfähig. Die für diese Analysen benötigten Teststreifen können über den Sprechstundenbedarf bezogen werden. Sie sind nicht gesondert mit der GOP 32030 berechnungsfähig.[1]

Teststreifen, die neben der qualitativen Harnuntersuchung auf Eiweiß und/oder Glukose (ggf. einschl. Kontrolle auf Ascorbinsäure) sowie des pH-Wertes weitere Untersuchungsmöglichkeiten enthalten, können nicht über den Sprechstundenbedarf bezogen werden. Die Leistungserbringung ist dann mit der GOP 32030 berechnungsfähig.

Die GOP 32030 ist nicht neben GOP 01732 und 32880 bis 32882 berechnungsfähig.

[1] nach Kölner Kommentar zum EBM

Kommentar: Unter diese Leistung fallen die qualitativen und semiquantitativen Untersuchungen mit sogenannten Teststäbchen/Testdtreifen. Weiterhin gehören zu dieser Nr. die LH--Ovulationsteste mit Teststreifen, die Nitritprobe außerhalb der Mutterschaftsvorsorge, der Onkoscreen-PSA-Test, Bestimmung der Osmolalität, der Flagyltest, der KOH--Test und die Untersuchungen auf Ketokörper und Katecholamine im Urin.

32031 Mikroskopische Untersuchung des Harns auf morphologische Bestandteile   0,25

GOÄ   entsprechend oder ähnlich: Nrn. 3531*, 3653*

Kompendium KBV: Nach dieser GOP sind Untersuchungen des Harnsediments auch bei Verwendung von konfektionierten Testmaterialien, berechnungsfähig.[1]

[1] nach Kölner Kommentar zum EBM

Kommentar: Nach Nr. 32031 ist die Untersuchung des Harnsediments abrechenbar.

32032 Bestimmung des pH-Wertes durch apparative Messung (außer im Harn)   0,25

GOÄ   entsprechend oder ähnlich: Analoger Ansatz der Nr. 3714*

Kompendium KBV: Die pH-Wert-Bestimmung im Urin ist nicht berechnungsfähig.

Bestimmungen in anderen Körpermaterialien, z. B. im Scheidensekret zur Risikoabschätzung einer Frühgeburt, sind nur dann mit der GOP 32032 berechnungsfähig, wenn sie mittels apparativer Messung durchgeführt werden.[1]

Bestimmungen des pH-Wertes mit Indikator-Papier bzw. Teststreifen sind mit der GOP 32030 zu berechnen.[1]

Die Bestimmung des pH-Wertes im Blut im Rahmen der Blutgasanalyse kann nicht separat mit der GOP 32032 berechnet werden.

[1] nach Kölner Kommentar zum EBM

32033 Harnstreifentest auf mindestens fünf der folgenden Parameter: Eiweiß, Glukose, Erythrozyten, Leukozyten, Nitrit, pH-Wert, spezifisches Gewicht, Ketonkörper ggf. einschließlich Kontrolle auf Ascorbinsäure einschließlich visueller oder apparativer Auswertung   0,50

Abrechnungsausschlüsse in derselben Sitzung 01732, 32880, 32881, 32882

Berichtspflicht Nein

IV Arztgruppenübergr. spezielle Gebührenordnungspositionen **32035–32041**

32 In-vitro-Diagnostik der Laboratoriumsmedizin, Mikrobiologie, Virologie, Infektionsepidemiologie sowie Transfusionsmedizin

EBM-Nr.   EBM-Punkte / Euro

Quantitative Bestimmung mit physikalischer oder chemischer Messung oder Zellzählung, gilt für die Gebührenordnungspositionen 32035 bis 32039

Abrechnungsbestimmung je Untersuchung

Anmerkung Werden in Akut- bzw. Notfällen Leistungen entsprechend der Gebührenordnungspositionen 32035 bis 32039 als Einzelbestimmungen im Eigenlabor erbracht, sind die Gebührenordnungspositionen 32035 bis 32039 einzeln berechnungsfähig.

32035   Erythrozytenzählung   **0,25**

           Abrechnungsausschluss in derselben Sitzung 32120, 32122, 32125

GOÄ   entsprechend oder ähnlich: Nr. 3504*

Kommentar: Nur in Akut- bzw. Notfällen können die Leistungen nach den Nrn. 32035 bis 35039 als Einzelbestimmungen im Eigenlabor nebeneinander berechnet werden. Werden von den Leistungen nach den EBM-Nrn. 32035 bis 32039 zwei oder mehr Parameter bestimmt, so ist die Nr. 32120 abzurechnen.

32036   Leukozytenzählung   **0,25**

           Abrechnungsausschluss in derselben Sitzung 32120, 32122, 32125

GOÄ   entsprechend oder ähnlich: Nr. 3505*

Kommentar: Nur in Akut- bzw. Notfällen können die Leistungen nach den Nrn. 32035 bis 35039 als Einzelbestimmungen im Eigenlabor nebeneinander berechnet werden.

32037   Thrombozytenzählung   **0,25**

           Abrechnungsausschluss in derselben Sitzung 32120, 32122, 32125

GOÄ   entsprechend oder ähnlich: Nr. 3506*

32038   Hämoglobin   **0,25**

           Abrechnungsausschluss in derselben Sitzung 32120, 32122, 32125

GOÄ   entsprechend oder ähnlich: Nr. 3517*

32039   Hämatokrit   **0,25**

           Anmerkung Werden in Akut- bzw. Notfällen Leistungen entsprechend der Gebührenordnungspositionen 32035 bis 32039 als Einzelbestimmungen im Eigenlabor erbracht, sind die Gebührenordnungspositionen 32035 bis 32039 einzeln berechnungsfähig.

           Abrechnungsausschluss in derselben Sitzung 32120, 32122, 32125

GOÄ   entsprechend oder ähnlich: Nr. 3503*

32041   Qualitativer immunologischer Nachweis von Albumin im Stuhl   **1,65**

           Abrechnungsausschluss im Behandlungsfall 40152

GOÄ   entsprechend oder ähnlich: Nr. A 3734*

Kompendium KBV: Mit der GOP 32041 ist der immunologische Nachweis von Albumin im Stuhl berechnungsfähig.

           Während für den Guajak-Test stets drei Testbriefchen auf einmal dem Patienten für die Probensammlung ausgehändigt und nach Rückgabe vom Arzt ausgewertet werden, genügt es im Allgemeinen, den Albumin-Test einzeln und höchstens zweimal durchzuführen, weil die Sensitivität des Tests bei Untersuchung von drei Stuhlproben nicht höher ist als bei zwei Proben.

           Eine zweite Untersuchung ist bei positiver erster Probe überflüssig.[1]

           Die Kosten für das überlassene Testmaterial sind in der Bewertung der GOP 32041 bereits enthalten. Kann eine Auswertung nicht erfolgen, weil z. B. der Patient das Testbriefchen nicht zurückgegeben hat, kann anstelle der GOP 32041 die Pauschale nach GOP 40152 berechnet werden.

           [1] nach Kölner Kommentar zum EBM

32042–32046 Arztgruppenübergr. spezielle Gebührenordnungspositionen IV

32 In-vitro-Diagnostik der Laboratoriumsmedizin, Mikrobiologie, Virologie, Infektionsepidemiologie sowie Transfusionsmedizin

EBM-Nr.
EBM-Punkte/Euro

Tipp: Ggf. Kostenpauschale Nr. 40152 für ausgegebene Testbriefchen zum Nachweis Albumin im Stuhl, wenn die Leistungen nach nicht erbracht werden konnte (z.B. Testbriefe nicht an die Praxis zurück gebracht oder in einem Zustand, der eine Bestimmung nicht zulässt).

32042 Bestimmung der Blutkörperchensenkungsgeschwindigkeit **0,25**

GOÄ entsprechend oder ähnlich: Nrn. 3501*, 3711*

32.2.2 Mikroskopische Untersuchungen

32045 Mikroskopische Untersuchung eines Körpermaterials **0,25**

Obligater Leistungsinhalt
- Nativpräparat (z.B. Kalilauge-Präparat auf Pilze, Untersuchung auf Trichomonaden und Treponemen)

und/oder
- Nach einfacher Färbung (z.B. mit Methylenblau, Fuchsin, Laktophenolblau, Lugolscher Lösung)

Fakultativer Leistungsinhalt
- Phasenkontrastdarstellung,
- Dunkelfeld

Abrechnungsausschluss in derselben Sitzung 01827

GOÄ entsprechend oder ähnlich: Nrn. 3508*, 3509*

Kompendium KBV: Die GOP 32045 ist je Körpermaterial nur einmal berechnungsfähig, auch wenn z. B. ein einfach gefärbtes Präparat neben einem Nativpräparat untersucht wird.

Als Nativpräparat sind u. a. Untersuchungen auf Pilze im ungefärbten Präparat, Trichomonaden und der Postkoitaltest (Sims-Huhner-Test) oder andere Penetrationstests berechnungsfähig.[1]

Auch die Suche nach Wurmeiern oder Skabiesmilben in einem Nativpräparat ohne Anreicherung oder in einem einfach gefärbten Präparat ist mit der GOP 32045 zu berechnen.

Die GOP 32171 wurde zum 01.07.2007 aus dem EBM gestrichen. Die Untersuchung auf Treponemen ist folglich nur noch nach GOP 32045 berechnungsfähig.

Die Untersuchung eines Körpermaterials mittels industriell vorgefärbter Objektträger kann mit der GOP 32045 berechnet werden, soweit die Untersuchung nicht durch eine andere GOP bereits erfasst ist (z. B. GOP 32047, 32051). Die mikroskopische Untersuchung von aus Körpermaterial angezüchteten Bakterien ist mit GOP 32720 bis 32727 und 32740 bis 32748 bereits abgegolten.

[1] nach Kölner Kommentar zum EBM

Kommentar: Die Leistung ist je Körpermaterial nur einmal berechnungsfähig, auch wenn sowohl ein Nativpräparat als auch ein eingefärbtes Material untersucht werden. Diese Leistung kann auch zur Mikroskopie nach Dünndarmsaugbiopsie verwendet werden, bei der Suche nach Wurmeiern und auch bei einfachen Nativpräparaten.

Wird die Leistung im Rahmen der Empfängnisregelung durchgeführt, ist die EBM-Nr. 01827 abzurechnen.

Mikroskopische Untersuchung eines Körpermaterials nach differenzierender Färbung, ggf. einschl. Zellzählung, gilt für dieGebührenordnungspositionen 32046, 32047, 32050

Abrechnungsbestimmung je Untersuchung

32046 Fetal-Hämoglobin in Erythrozyten **0,40**

GOÄ entsprechend oder ähnlich: Nr. 3689*

32047 Retikulozytenzählung **0,40**

Abrechnungsausschluss in derselben Sitzung 32120, 32122, 32125

GOÄ entsprechend oder ähnlich: Nr. 3552*

Kommentar: Die Abrechnung der Nr. 32047 neben der Nr. 32051 ist nicht ausgeschlossen.

32050 Mikroskopische Untersuchung eines Körpermaterials nach Gram-Färbung **0,40**

GOÄ entsprechend oder ähnlich: Nr. 3510*

Kompendium KBV: Die regelhafte Durchführung eines Grampräparates bei kombinierten Eintauchnährböden (z. B. Uricult), Stuhlkultur und Stuhluntersuchung auf Pilze ist nach derzeitigem Kenntnisstand fachlich nicht begründbar.

Die GOP 32050 ist lt. Leistungslegende für die mikroskopische Untersuchung eines Körpermaterials nach Gram-Färbung berechnungsfähig.(*)

Auch bei Durchführung mehrerer Gram-Präparate aus demselben Untersuchungsmaterial ist die GOP 32050 nur einmal berechnungsfähig.

(*)nach Kölner Kommentar zum EBM

32051 Mikroskopische Differenzierung und Beurteilung aller korpuskulären Bestandteile des gefärbten Blutausstriches **0,40**

Abrechnungsausschluss in derselben Sitzung 32121, 32122

GOÄ entsprechend oder ähnlich: Nr. 3502*

Kommentar: Die Abrechnung Nr. 32047 neben der Nr. 32051 ist nicht ausgeschlossen.

32052 Quantitative Bestimmung(en) der morphologischen Bestandteile durch Kammerzählung der Zellen im Sammelharn, auch in mehreren Fraktionen innerhalb von 24 Stunden (Addis-Count) **0,25**

GOÄ entsprechend oder ähnlich: Nr. 3654*

Kompendium KBV: Nach der GOP 32052 sind nur quantitative Zellzählungen im Sammelharn mittels Zählkammer (z. B. sog. Addis-Count) berechnungsfähig.(*)Neben der GOP 32052 sind die Leistungen nach GOP 32035 und 32036 für die Erythrozyten- und Leukozytenzählung im Harn nicht berechnungsfähig.

Für die Kammerzählung im Spontanurin und die standardisierte quantitative Untersuchung des Urinsediments mit vorgefertigten Systemen ist die GOP 32031 anzusetzen.

(*) nach Kölner Kommentar zum EBM

32.2.3 Physikalische oder chemische Untersuchungen

32055 Quantitative Bestimmung eines Arzneimittels (z.B. Theophyllin, Antikonvulsiva, Herzglykoside) in einem Körpermaterial mittels trägergebundener (vorportionierter) Reagenzien und apparativer Messung (z.B. Reflexionsmessung), **2,05**

Abrechnungsbestimmung je Untersuchung

GOÄ entsprechend oder ähnlich: Analoger Ansatz z.B. der Nr. A 3733* (Theophyllin)

Kommentar: Werden die Arzneimittel nicht trockenchemisch untersucht, sind z.B. bei chromatographischer Bestimmung die Nrn. 32305 ff. oder bei Immunassay die Nrn. 32330–32332, 32340 bis 32346 zu berechnen.

Quantitative Bestimmung von Substraten, Enzymaktivitäten oder Elektrolyten, auch mittels trägergebundener (vorportionierter) Reagenzien, gilt für die Gebührenordnungspositionen 32056 bis 32079 und 32081 bis 32087.

Abrechnungsbestimmung je Untersuchung

32 In-vitro-Diagnostik der Laboratoriumsmedizin, Mikrobiologie, Virologie, Infektionsepidemiologie sowie Transfusionsmedizin
EBM-Nr. EBM-Punkte / Euro

32056 Gesamteiweiß **0,25**
GOÄ entsprechend oder ähnlich: Nr. 3573.H1*
Kommentar: Bei Bestimmung mittels trägergebundener Reagenzien im Labor der eigenen Praxis als Einzelbestimmung kann der Zuschlag nach Nr. 32089 berechnet werden.

32057 Glukose **0,25**
Abrechnungsausschluss
am Behandlungstag 01812
in derselben Sitzung 01732, 32025, 32125, 32880, 32881, 32882
GOÄ entsprechend oder ähnlich: Nrn. 3514*, 3560*
Kompendium KBV: Blutzuckertagesprofile und Blutzuckerbelastungstests, z. B. oraler Glukosetoleranz-Test, sind entsprechend der Anzahl durchgeführter Glukosebestimmungen mit Mehrfachansatz der GOP 32057 zu berechnen.
Kommentar: Die Leistung nach Nr. 32057 kann 3x beim Oral-Glukosetoleranztest abgerechnet werden.
Eine Abrechnung der Glukosebestimmung im Harn beim Oral-Glukosetoleranztest oder in sonstigen Fällen ist nach der EBM-Nr. 32057 zusätzlich abrechenbar.
Wird die Leistung mit trägergebundenen Reagenzien innerhalb der Praxis als Einzelbestimmung durchgeführt, kann der Zuschlag nach Nr. 32089 berechnet werden.

32058 Bilirubin gesamt **0,25**
GOÄ entsprechend oder ähnlich: Nr. 3581.H1*
Kommentar: Eine Bestimmung des Bilirubin direkt kann zusätzlich mit Nr. 32059 berechnet werden.

32059 Bilirubin direkt **0,40**
GOÄ entsprechend oder ähnlich: Nr. 3582*
Kommentar: Eine Bestimmung des Bilirubin gesamt kann zusätzlich mit Nr. 32058 berechnet werden.

32060 Cholesterin gesamt **0,25**
Abrechnungsausschluss in derselben Sitzung 01732, 32880, 32881, 32882
GOÄ entsprechend oder ähnlich: Nr. 3562.H1*

32061 HDL-Cholesterin **0,25**
GOÄ entsprechend oder ähnlich: Nr. 3563.H1*

32062 LDL-Cholesterin **0,25**
GOÄ entsprechend oder ähnlich: Nr. 3564.H1*
Kompendium KBV: Die GOP 32062 ist nur berechnungsfähig, wenn LDLCholesterin auf analytischem Wege bestimmt worden ist. Bei Ableitung des LDL-Cholesterins aus anderen Messgrößen, z. B. durch die Friedewald-Formel, ist die GOP 32062 nicht berechnungsfähig.
Kommentar: Wird die LDL-Cholesterin-Konzentration rechnerisch bestimmt, so ist dies nicht berechnungsfähig.

32063 Triglyceride **0,25**
GOÄ entsprechend oder ähnlich: Nr. 3565.H1*

32064 Harnsäure **0,25**
GOÄ entsprechend oder ähnlich: Nrn. 3518*, 3583.H1*
Kommentar: Wird die Leistung mit trägergebundenen Reagenzien innerhalb der Praxis als Einzelbestimmung durchgeführt, kann der Zuschlag nach Nr. 32089 berechnet werden.

32 In-vitro-Diagnostik der Laboratoriumsmedizin, Mikrobiologie, Virologie, Infektionsepidemiologie sowie Transfusionsmedizin
EBM-Nr.   EBM-Punkte / Euro

32065   Harnstoff   **0,25**
GOÄ   entsprechend oder ähnlich: Nr. 3584.H1*
Kommentar: Siehe Kommentar Nr. 32064.

32066   Kreatinin (Jaffé-Methode)   **0,25**
             Abrechnungsausschluss in derselben Sitzung 32125
GOÄ   entsprechend oder ähnlich: Nrn. 3520*, 3585.H1*
Kommentar: Siehe Kommentar Nr. 32064.

32067   Kreatinin, enzymatisch   **0,40**
             Abrechnungsausschluss in derselben Sitzung 32125
GOÄ   entsprechend oder ähnlich: Nrn. 3520*, 3585.H1*
Kommentar: Siehe Kommentar Nr. 32064.

32068   Alkalische Phosphatase   **0,25**
GOÄ   entsprechend oder ähnlich: Nr. 3587.H1*

32069   GOT   **0,25**
GOÄ   entsprechend oder ähnlich: Nrn. 3515*, 3594.H1*
Kommentar: Siehe Kommentar Nr. 32064.

32070   GPT   **0,25**
GOÄ   entsprechend oder ähnlich: Nrn. 3516*, 3595.H1*
Kommentar: Siehe Kommentar Nr. 32064.

32071   Gamma-GT   **0,25**
             Abrechnungsausschluss in derselben Sitzung 32125
GOÄ   entsprechend oder ähnlich: Nrn. 3513*, 3592.H1*

32072   Alpha-Amylase   **0,40**
GOÄ   entsprechend oder ähnlich: Nrn. 3512*, 3588.H1*
Kommentar: Werden zusätzlich organspezifische Isoenzyme bestimmt, ist ein mehrfacher Ansatz der
             EBM-Nr. 32072 möglich.
             Wird die Amylase im Serum und im Sammelurin bestimmt, kann die Nr. 32072 entspre-
             chend 2x berechnet werden. Die qualitative Bestimmung der Diastase im Urin ist nur nach
             Nr. 32030 abrechnungsfähig.
             Siehe auch Kommentar Nr. 32064.

32073   Lipase   **0,40**
GOÄ   entsprechend oder ähnlich: Nrn. 3521*, 3598.H1*
Kommentar: Siehe Kommentar Nr. 32064.

32074   Creatinkinase (CK)   **0,25**
             Abrechnungsausschluss in derselben Sitzung 32150
GOÄ   entsprechend oder ähnlich: Nr. 3590.H1*
Kommentar: Für die Creatin-Kinase ist auch der Begriff CPK gebräuchlich.
             Unter dieser Nr. sind auch Bestimmungen der CK-NAC abrechenbar. Wird die Leistung mit
             trägergebundenen Reagenzien innerhalb der Praxis als Einzelbestimmung durchgeführt,
             kann der Zuschlag nach Nr. 32089 berechnet werden. Die Abrechnung der CK-MB erfolgt
             nach Nr. 32092. Siehe Kommentar Nr. 32064.

32 In-vitro-Diagnostik der Laboratoriumsmedizin, Mikrobiologie, Virologie, Infektionsepidemiologie sowie Transfusionsmedizin

EBM-Nr. EBM-Punkte/Euro

32075 LDH **0,25**
GOÄ entsprechend oder ähnlich: Nr. 3597.H1*

32076 GLDH **0,40**
GOÄ entsprechend oder ähnlich: Nrn. 3593.H1*, 3778*

32077 HBDH **0,40**
GOÄ entsprechend oder ähnlich: Nr. 3596.H1*

32078 Cholinesterase **0,40**
GOÄ entsprechend oder ähnlich: Nr. 3589.H1*

32079 Saure Phosphatase **0,25**
GOÄ entsprechend oder ähnlich: Nr. 3599*

32081 Kalium **0,25**
Abrechnungsausschluss in derselben Sitzung 32125
GOÄ entsprechend oder ähnlich: Nr. 3519*, 3557*
Kommentar: Wird die Leistung mit trägergebundenen Reagenzien innerhalb der Praxis als Einzelbestimmung durchgeführt, kann der Zuschlag nach Nr. 32089 berechnet werden.

32082 Calcium **0,25**
GOÄ entsprechend oder ähnlich: Nr. 3555*
Kommentar: Wird die Leistung mit trägergebundenen Reagenzien innerhalb der Praxis als Einzelbestimmung durchgeführt, kann der Zuschlag nach Nr. 32089 berechnet werden.

32083 Natrium **0,25**
GOÄ entsprechend oder ähnlich: Nr. 3558*
Kommentar: Wird die Leistung mit trägergebundenen Reagenzien innerhalb der Praxis als Einzelbestimmung durchgeführt, kann der Zuschlag nach Nr. 32089 berechnet werden.

32084 Chlorid **0,25**
GOÄ entsprechend oder ähnlich: Nr. 3556*

32085 Eisen **0,25**
GOÄ entsprechend oder ähnlich: Nr. 3620*
Kommentar: Im Rahmen des Eisenbelastungstestes kann die Leistung nach Nr. 32085 insgesamt 3x abgerechnet werden.

32086 Phosphor anorganisch **0,40**
GOÄ entsprechend oder ähnlich: Nr. 3580.H1*

32087 Lithium **0,60**
GOÄ entsprechend oder ähnlich: Nr. 4214*

32089 Zuschlag zu den Gebührenordnungspositionen 32057, 32064, 32065 oder 32066 **0,80**
oder 32067, 32069, 32070, 32072 oder 32073, 32074, 32081, 32082 und 32083
bei Erbringung mittels trägergebundener (vorportionierter) Reagenzien im Labor
innerhalb der eigenen Arztpraxis als Einzelbestimmung(en),
Abrechnungsbestimmung je Leistung
Anmerkung Die Gebührenordnungsposition 32089 ist nicht berechnungsfähig bei Bezug
der Analyse aus Laborgemeinschaften oder bei Erbringung mit Analysensystemen,
die für Serien mit hoher Probenzahl bestimmt sind, z.B. Systeme mit mechanisierter
Probenverteilung und/oder programmierten Analysen mehrerer Messgrößen in einem
Untersuchungsablauf.

GOÄ entsprechend oder ähnlich: Leistungskomplex so nicht in der GOÄ vorhanden, ggf. Nr. 3511* Trockenchemie

Kommentar: Da in der Leistungslegende von einer Bestimmung innerhalb der eigenen Praxis gesprochen wird, sind Leistungen, die in Laborgemeinschaften durchgeführt werden, nicht abrechenbar.

Quantitative Bestimmung

32092 CK-MB **1,15**

Abrechnungsausschluss in derselben Sitzung 32150

GOÄ entsprechend oder ähnlich: Nrn. 3591.H1*, 3788*

Kommentar: Unter diese Leistung fällt auch die Bestimmung von
- CK-MB-NAC,
- CK-BB,
- CK-MM.

Die Bestimmung von Creatinkinase wird nach 32074 berechnet.

32094 Glykierte Hämoglobine (z.B. HbA1 und/oder HbA1c) **4,00**

GOÄ entsprechend oder ähnlich: Nr. 3561*

Kompendium KBV: Glykierte Hämoglobine liegen in mehreren Fraktionen vor, die chromatographisch, photometrisch, elektrophoretisch oder immunologisch bestimmt werden können. Unabhängig von der angewandten Methode und der Art der Fraktion ist die Leistung nach GOP 32094 nur einmal berechnungsfähig, auch wenn mehrere Fraktionen gleichzeitig untersucht werden. Glykierte Hämoglobine sind unabhängig von der verwendeten Methode ausschließlich mit der GOP 32094 zu berechnen.

Kommentar: Werden Unterfraktionen des HbA bestimmt, so kann die Leistung nach Nr. 32094 trotzdem nur einmal abgerechnet werden.

Quantitative Bestimmung mittels Immunoassay,

Abrechnungsbestimmung je Untersuchung

Anmerkung Die Gebührenordnungsposition 32097 ist nur berechnungsfähig bei Erbringung und Qualitätssicherung in eigener Praxis oder bei Überweisung.
Die Gebührenordnungsposition 32097 ist nicht berechnungsfähig bei Bezug der Analyse aus Laborgemeinschaften.

32097 Untersuchung des/der natriuretrischen Peptides/Peptide BNP und/oder NT-Pro-BNP **19,40** und/oder MR-ANP je Untersuchung

GOÄ entsprechend oder ähnlich: Nr. 4033*

Kompendium KBV: Die GOP 32097 ist nur berechnungsfähig bei Erbringung und Qualitätssicherung in eigener Praxis oder bei Überweisung. Die GOP 32097 ist nicht berechnungsfähig bei Bezug der Analyse aus Laborgemeinschaften.

Die Bestimmung kann mittels Enzymimmuno- (EIA), Fluoreszenzimmuno- (FIA), Lumineszenzimmuno- (LIA) oder Radioimmunoassay (RIA) erfolgen.(*)

(*) nach Kölner Kommentar zum EBM

32101 Thyrotropin (TSH) **3,00**

Anmerkung Die Gebührenordnungsposition 32097 ist nur berechnungsfähig bei Erbringung und Qualitätssicherung in eigener Praxis oder bei Überweisung. Die Gebührenordnungsposition 32097 ist nicht berechnungsfähig bei Bezug der Analyse aus Laborgemeinschaften.

GOÄ entsprechend oder ähnlich: Nr. 4030.H4*

Kompendium KBV: TSH gilt als der wichtigste Laborwert bei der Diagnostik von Schilddrüsenerkrankungen und bei der Beurteilung der Schilddrüsenhormon-Stoffwechsellage unter Therapie sowie vor diagnostischen Eingriffen mit jodhaltigen Kontrastmitteln. Im Regelfall wird bei

32103–32107 Arztgruppenübergr. spezielle Gebührenordnungspositionen IV

32 In-vitro-Diagnostik der Laboratoriumsmedizin, Mikrobiologie, Virologie, Infektionsepidemiologie sowie Transfusionsmedizin
EBM-Nr.   EBM-Punkte / Euro

Patienten ohne schwere Allgemeinerkrankung bei Verdacht auf Schilddrüsenerkrankung primär das TSH bestimmt und abhängig vom Resultat der ggf. weitere diagnostische Ablauf bestimmt.

Die Bestimmung der Gesamthormone T3 und T4 wurde zum Quartal 3/2007 in den Anhang IV der nicht oder nicht mehr berechnungsfähigen Leistungen des EBM übernommen.

Kommentar: Die Leistung nach Nr. 32101 kann für den TSH-Stimulationstest 2x in Ansatz gebracht werden.

Quantitative immunochemische Bestimmung im Serum, gilt für die Gebührenordnungspositionen 32103 bis 32106
Abrechnungsbestimmung je Untersuchung

32103 Immunglobulin A (Gesamt-IgA) 0,60

GOÄ   entsprechend oder ähnlich: Nr. 3571*

Kompendium KBV: Als immunochemische Methoden gelten z. B. die radiale Immundiffusion (Mancini-Technik), die Immunnephelometrie oder die Immunturbidimetrie.(*)Die Bestimmung der Immunglobuline (IgA, IgG, IgM) im Serum ist nur nach GOP 32103, 32104 und 32105 berechnungsfähig und kann nicht der GOP 32455 „Ähnliche Untersuchung" zugeordnet werden.Die Bestimmung der Immunglobuline in anderen Körpermaterialien, z. B. im Liquor oder Harn, ist nach den dafür vorgesehenen GOP des Kapitels 32.3 berechnungsfähig (GOP 32448, 32449).(*)

(*) nach Kölner Kommentar zum EBM

32104 Immunglobulin G (Gesamt-IgG) 0,60

GOÄ   entsprechend oder ähnlich: Nr. 3571*

Kompendium KBV: Siehe Nr. 32103.

32105 Immunglobulin M (Gesamt-IgM) 0,60

GOÄ   entsprechend oder ähnlich: Nr. 3571*

Kompendium KBV: Siehe Nr. 32103.

32106 Transferrin 0,60

GOÄ   Nrn. 3575*

Kompendium KBV: Als immunochemische Methoden gelten z. B. die radiale Immundiffusion (Mancini-Technik), die Immunnephelometrie oder die Immunturbidimetrie.(*)
Die Bestimmung der Immunglobuline (IgA, IgG, IgM) im Serum ist nur nach GOP 32103, 32104 und 32105 berechnungsfähig und kann nicht der GOP 32455 „Ähnliche Untersuchung" zugeordnet werden.
Die Bestimmung der Immunglobuline in anderen Körpermaterialien, z. B. im Liquor oder Harn, ist nach den dafür vorgesehenen GOP des Kapitels 32.3 berechnungsfähig (GOP 32448, 32449).(*)
Die Bestimmung von Transferrin ist nicht nach GOP 32455 „Ähnliche Untersuchungen" berechnungsfähig, sondern nur nach GOP 32106.

(*) nach Kölner Kommentar zum EBM

32107 Elektrophoretische Trennung von Proteinen oder Lipoproteinen im Serum mit 0,75
quantitativer Auswertung der Fraktionen und graphischer Darstellung

GOÄ   entsprechend oder ähnlich: Nr. 3574.H1*

Kommentar: Für spezielle elektrophoretische Trennungen von humanen Proteinen ergeben sich folgende EBM-Nummern, z.B.
- 32465 Oligoklonale Banden im Liquor und im Serum
- 32466 Harnproteine
- 32467 Lipoproteine einschl. Polyanionenpräzititation
- 32468 Hämoglobine
- 32469 Isoenzyme der alkalischen Phosphatase
- 32470 Isoenzyme der Creatin-Kinase
- 32471 Isoenzyme der Laktatdehydrogenase

- 32472 Alpha-1-Antrypsin
- 32473 Acetylcholinesterase
- 32474 Proteine im Punktat
- 32476 Polyacrylamidgel-Elektrophorese oder ähnliche Verfahren
- 32477 Immunfixationselektrophorese
- 32478 Immunfixationselektrophorese

32.2.4 Gerinnungsuntersuchungen

Untersuchungen zur Abklärung einer plasmatischen Gerinnungsstörung oder zur Verlaufskontrolle bei Antikoagulantientherapie, gilt für die Gebührenordnungspositionen 32110 bis 32117

Abrechnungsbestimmung je Untersuchung

Anmerkung Der Höchstwert für die Untersuchungen entsprechend der Gebührenordnungspositionen 32110 bis 32116 beträgt 1,55 Euro.

32110 Blutungszeit (standardisiert) 0,75

Abrechnungsausschluss am Behandlungstag 01741

GOÄ entsprechend oder ähnlich: Nr. 3932*

32111 Rekalzifizierungszeit 0,75

Abrechnungsausschluss am Behandlungstag 01741

GOÄ entsprechend oder ähnlich: Analoger Ansatz Nr. 3946*

32112 Partielle Thromboplastinzeit (PTT) 0,60

Abrechnungsausschluss am Behandlungstag 01741

GOÄ entsprechend oder ähnlich: Nrn. 3605*, 3946*

32113 Thromboplastinzeit (TPZ) aus Plasma 0,60

Abrechnungsausschluss
am Behandlungstag 01741; in derselben Sitzung 32026

GOÄ entsprechend oder ähnlich: Nrn. 3530*, 3607*

Kommentar: Die Untersuchung beschreibt den Quick-Wert. Wird die Bestimmung im Kapillarblut, durchgeführt ist die höherbewertete Nr. 32114 zu berechnen. Der Höchstwert der Nrn. 32110 bis 32116 beträgt 1,55 Euro.

32114 Thromboplastinzeit (TPZ) aus Kapillarblut 0,75

Abrechnungsausschluss
am Behandlungstag 01741
in derselben Sitzung 32026

GOÄ entsprechend oder ähnlich: Nrn. 3530*, 3607*

32115 Thrombingerinnungszeit (TZ) 0,75

Abrechnungsausschluss am Behandlungstag 01741

GOÄ entsprechend oder ähnlich: Nr. 3606*

32116 Fibrinogenbestimmung 0,75

Abrechnungsausschluss am Behandlungstag 01741

GOÄ entsprechend oder ähnlich: Nrn. 3933*, 3934*

32117 Qualitativer Nachweis von Fibrinmonomeren, Fibrin- und/oder Fibrinogen-Spaltprodukten (z.B. D-Dimere) 4,60

Abrechnungsausschluss
am Behandlungstag 01741
in derselben Sitzung 32027

32120–32124 Arztgruppenübergr. spezielle Gebührenordnungspositionen IV

32 In-vitro-Diagnostik der Laboratoriumsmedizin, Mikrobiologie, Virologie, Infektionsepidemiologie sowie Transfusionsmedizin

EBM-Nr.   EBM-Punkte / Euro

GOÄ   entsprechend oder ähnlich: Nrn. 3935*, 3937*

Kompendium KBV: Leistungsinhalt der GOP 32117 sind qualitative oder semiquantitative Schnelltests zum Nachweis von Spaltprodukten, die bei der plasmatischen Gerinnung der Fibrinolyse auftreten (z. B. D-Dimer-Bestimmung zum Ausschluss einer Lungenembolie oder einer Beinvenenthrombose). Die quantitative Bestimmung, z. B. zur Verlaufskontrolle, ist entsprechend der GOP 32212 berechnungsfähig.(*)Die GOP 32117 ist nicht neben der GOP 32027 berechnungsfähig sowie am Behandlungstag nicht neben der GOP 01741.

(*) nach Kölner Kommentar zum EBM

Kommentar: Eine quantitative Bestimmung ist nach Nr. 32212 abrechenbar.

32.2.5 Funktions- und Komplexuntersuchungen

32120   Bestimmung von mindestens zwei der folgenden Parameter: Erythrozytenzahl, **0,50** Leukozytenzahl (ggf. einschl. orientierender Differenzierung), Thrombozytenzahl, Hämoglobin, Hämatokrit, mechanisierte Retikulozytenzählung, insgesamt

Abrechnungsausschluss am Behandlungstag 01741
in derselben Sitzung 32035, 32036, 32037, 32038, 32039, 32047, 32122, 32125

GOÄ   entsprechend oder ähnlich: Nr. 3550*

Kommentar: Diese Leistung wird allgemein als „Kleines Blutbild" bezeichnet. Neben dieser Leistung können die vollständigen mikroskopischen oder mechanisierten Differenzierungen nach den Nrn. 32051 und 32121 abgerechnet werden.

32121   Mechanisierte Zählung der Neutrophilen, Eosinophilen, Basophilen, Lymphozyten **0,60** und Monozyten, insgesamt

Abrechnungsausschluss in derselben Sitzung 32051, 32122

GOÄ   entsprechend oder ähnlich: Nr. 3551*

Kommentar: Ggf. Zuschlag nach Nr. 32123 (für nachfolgende mikroskopische Differenzierung und Beurteilung aller korpuskulären Bestandteile des gefärbten Blutausstriches) abrechnen.

32122   Vollständiger Blutstatus mittels automatisierter Verfahren **1,10**

Obligater Leistungsinhalt
- Hämoglobin,
- Hämatokrit,
- Erythrozytenzählung,
- Leukozytenzählung,
- Thrombozytenzählung,
- Mechanisierte Zählung der Neutrophilen, Eosinophilen, Basophilen, Lymphozyten und Monozyten

Fakultativer Leistungsinhalt
- Mechanisierte Zählung der Retikulozyten,
- Bestimmung weiterer hämatologischer Kenngrössen

Abrechnungsausschluss in derselben Sitzung 32035, 32036, 32037, 32038, 32039, 32047, 32051, 32120, 32121, 32125

GOÄ   entsprechend oder ähnlich: Nrn. 3550* + 3551*

Kommentar: In der Praxis wird diese Leistung allgemein als „Großes Blutbild" bezeichnet. Ggf. Zuschlag nach Nr. 32123 (für nachfolgende mikroskopische Differenzierung und Beurteilung aller korpuskulären Bestandteile des gefärbten Blutausstriches) abrechnen.

32123   Zuschlag zu den Gebührenordnungspositionen 32121 oder 32122 bei nachfol- **0,40** gender mikroskopischer Differenzierung und Beurteilung aller korpuskulären Bestandteile des gefärbten Blutausstriches

GOÄ   entsprechend oder ähnlich: Nrn. 3502*, 3680*

32124   Bestimmung der endogenen Kreatininclearance **0,80**

Abrechnungsausschluss in derselben Sitzung 32197

GOÄ   entsprechend oder ähnlich: Nr. 3615*

Kompendium KBV: Die GOP 32124 ist nicht neben der GOP 32197 berechnungsfähig, da die Bestimmung der Kreatininclearance fakultativer Leistungsinhalt der GOP 32197 ist.

32125   Bestimmung von mindestens sechs der folgenden Parameter: Erythrozyten,   **1,45**
                Leukozyten, Thrombozyten, Hämoglobin, Hämatokrit, Kalium, Glukose im Blut, Kreatinin, Gamma-GT vor Eingriffen in Narkose oder in rückenmarksnaher Regionalanästhesie (spinal, peridural)

                Abrechnungsausschluss in derselben Sitzung 32035, 32036, 32037, 32038, 32039, 32047, 32057, 32066, 32067, 32071, 32081, 32120, 32122

GOÄ   entsprechend oder ähnlich: Einzelne Labor-Parameter abrechnen.

32.2.6 Immunologische Untersuchungen und Untersuchungen auf Drogen

Immunologischer oder gleichwertiger chemischer Nachweis, ggf. einschl. mehrerer Probenverdünnungen, gilt für die Gebührenordnungspositionen 32128 und 32130 bis 32136
Abrechnungsbestimmung je Untersuchung

32128   C-reaktives Protein   **1,15**
GOÄ   entsprechend oder ähnlich: Nr. 3524*

Kompendium KBV: Immunologische Nachweismethoden basieren auf einer spezifischen Antigen-Antikörper-Reaktion und sind in der Regel empfindlicher als quantitative chemische Nachweismethoden, die nur dann als gleichwertig in Bezug auf die Berechnungsfähigkeit dieser GOP angesehen werden können, wenn sie die gleiche untere Nachweisgrenze erreichen wie die korrespondierenden immunologischen Verfahren.(*)

                GOP 32128 bis 32136 dürfen je GOP pro Körpermaterial nur einmal berechnet werden, auch wenn mehrere Probenverdünnungen durchgeführt werden müssen.

                Mit der GOP 32128 ist die qualitative und semiquantitative Bestimmung von CRP berechnungsfähig (z. B. CRP-Bestimmung mittels Testkartensystemen).

                Die Berechnungsfähigkeit der GOP 32460 setzt die quantitative Bestimmung von CRP mittels Immunnephelometrie, Immunturbidimetrie, Immunpräzipitation, Immunoassay oder anderer gleichwertiger Verfahren voraus.

                (*) nach Kölner Kommentar zum EBM

Kommentar: Semi-quantitative Tests sind nach Nr. 32128 zu berechnen. Für die quantitative Bestimmung des CRPs ist die Nr. 32460 abzurechnen.

32130   Streptolysin O-Antikörper (Antistreptolysin)   **1,15**
GOÄ   entsprechend oder ähnlich: Nr. 3523*
Kommentar: Nicht für orale Hypo- bzw. Desensibilisierung (sublinguale Therapie)

32131   Gesamt-IgM beim Neugeborenen   **2,15**
GOÄ   entsprechend oder ähnlich: Analoger Ansatz der Nr. 3884*

32132   Schwangerschaftsnachweis   **1,30**
GOÄ   entsprechend oder ähnlich: Nrn. 3528*, 3529*
Kompendium KBV: Siehe auch Nr. 32128.
Kommentar: Die Nr. 32132 kann nur im Rahmen kurativer Behandlung berechnet werden. Im Rahmen eines Schwangerschaftsabbruchs ist der Test fakultativer Bestandteil der Leistung nach Nr. 01900.

32133   Mononucleose-Test   **2,05**
GOÄ   entsprechend oder ähnlich: Nr. 3525*
Kommentar: Unter diese Leistung fallen auch die sogenannten Schnelltests.

32134   Myoglobin   **3,00**
                Abrechnungsausschluss in derselben Sitzung 32150

32135–32146 Arztgruppenübergr. spezielle Gebührenordnungspositionen IV

32 In-vitro-Diagnostik der Laboratoriumsmedizin, Mikrobiologie, Virologie, Infektionsepidemiologie sowie Transfusionsmedizin

EBM-Nr.   EBM-Punkte / Euro

GOÄ   entsprechend oder ähnlich: Nr. 3755*

Kommentar: Nach dieser Leistung kann der Schnelltest auf Latexbasis berechnet werden.

32135   Mikroalbuminurie-Nachweis   1,55

GOÄ   entsprechend oder ähnlich: Nr. 3736*

Kompendium KBV: Der Nachweis einer geringgradigen erhöhten Albuminausscheidung im Urin erfordert Methoden, die eine Nachweisgrenze von Albumin im Konzentrationsbereich zwischen 20 bis 30 mg/l aufweisen. Übliche Teststreifen zum Nachweis von Eiweiß im Urin können aufgrund ihrer zu geringen Empfindlichkeit für diese Untersuchung nicht herangezogen werden.

Die Bestimmung an drei aufeinanderfolgenden Tagen kann aus Gründen von Schwankungen in der Proteinausscheidung als sachgerecht angesehen werden. Auf eine eindeutige Kennzeichnung der Proben durch den Einsender ist hierbei zu achten.

Die quantitative nephelometrische Bestimmung von Albumin im Urin ist mit der GOP 32435 berechnungsfähig.

Kommentar: Die quantitative Bestimmung ist nach Nr. 32435 zu berechnen.

32136   Alpha-1-Mikroglobulinurie-Nachweis   1,85

GOÄ   entsprechend oder ähnlich: Analoger Ansatz der Nr. 3754*

Drogensuchtest unter Verwendung eines vorgefertigten Reagenzträgers, gilt für die Gebührenordnungspositionen 32137 und 32140 bis 32147

Abrechnungsbestimmung je Substanz und/oder Substanzgruppe

Abrechnungsausschluss in derselben Sitzung 32292

32137   Buprenorphinhydrochlorid   3,05

Abrechnungsbestimmung je Substanz und/oder Substanzgruppe

Kompendium KBV: Unter einem „Suchtest" wird in diesem Zusammenhang nach derzeitigem Kenntnisstand eine qualitative Untersuchung verstanden. Mit den verfügbaren Testreagenzien können entweder Einzelsubstanzen oder die jeweilige Substanzgruppe nachgewiesen werden, der die Droge angehört (*). Der Höchstwert im Behandlungsfall für die Untersuchungen nach GOP 32137 und 32140 bis 32148 beträgt im ersten und zweiten Quartal des substitutionsgestützten Behandlung Opiatabhängiger gemäß den Richtlinien des Gemeinsamen Bundesausschusses 125,00 €.

Der Höchstwert im Behandlungsfall für die Untersuchungen nach GOP 32137 und 32140 bis 32148 beträgt ab dem dritten Quartal oder außerhalb der substitutionsgestützten Behandlung Opiatabhängiger gemäß den Richtlinien des Gemeinsamen Bundesausschusses 64,00 €.

(*) nach Kölner Kommentar zum EBM

32140   Amphetamin/Metamphetamin   3,05

Kompendium KBV: Siehe Nr. 32137.

32141   Barbiturate   3,05

Kompendium KBV: Siehe Nr. 32137.

32142   Benzodiazepine   3,05

Kompendium KBV: Siehe Nr. 32137.

32143   Cannabinoide (THC)   3,05

Kompendium KBV: Siehe Nr. 32137.

32144   Kokain   3,05

32145   Methadon   3,05

32146   Opiate (Morphin)   3,05

32 In-vitro-Diagnostik der Laboratoriumsmedizin, Mikrobiologie, Virologie, Infektionsepidemiologie sowie Transfusionsmedizin
EBM-Nr.   EBM-Punkte / Euro

32147   Phencyclidin (PCP)   **3,05**
            Abrechnungsbestimmung 32137–32147 je Substanz und/oder Substanzgruppe
            Abrechnungsausschluss 32137–32147 in derselben Sitzung 32292
GOÄ   entsprechend oder ähnlich: Leistung so nicht in der GOÄ vorhanden, ggf. Nr. 3511*

32148   Quantitative Alkohol-Bestimmung in der Atemluft mit apparativer Messung, z. B. elektro- **1,00**
            chemisch, im Rahmen der substitutionsgestützten Behandlung Opiatabhängiger gemäß
            Nr. 2 Anlage I „Anerkannte Untersuchungs- oder Behandlungsmethoden" der Richtlinie
            Methoden vertragsärztliche Versorgung des Gemeinsamen Bundesausschusses
            Anmerkung Der Höchstwert im Behandlungsfall für die Untersuchungen entsprechend
            der Gebührenordnungspositionen 32137 und 32140 bis 32148 beträgt im ersten und
            zweiten Quartal der substitutionsgestützten Behandlung Opiatabhängiger gemäß den
            Richtlinien des Gemeinsamen Bundesausschusses 125,00 Euro.
            Der Höchstwert im Behandlungsfall für die Untersuchungen entsprechend der Gebüh-
            renordnungspositionen 32137 und 32140 bis 32148 beträgt ab dem dritten Quartal oder
            außerhalb der substitutionsgestützten Behandlung Opiatabhängiger gemäß den Richtlinien
            des Gemeinsamen Bundesausschusses 64,00 Euro.
            Abrechnungsausschluss am Behandlungstag 01955
GOÄ   entsprechend oder ähnlich: Leistung in der GOÄ nicht vorhanden.

32150   Immunologischer Nachweis von Troponin I und/oder Troponin T auf einem   **11,25**
            vorgefertigten Reagenzträger bei akutem koronaren Syndrom (ACS), ggf. einschl.
            apparativer quantitativer Auswertung
            Anmerkung Die Untersuchung entsprechend der Gebührenordnungsposition 32150
            sollte bei Verdacht einer Myokardschädigung nur dann durchgeführt werden, wenn der
            Beginn der klinischen Symptomatik länger als 3 Stunden zurückliegt und die Entscheidung
            über das Vorgehen bei dem Patienten aufgrund der typischen Symptomatik und eines
            typischen EKG-Befundes nicht getroffen werden kann.
            Abrechnungsausschluss in derselben Sitzung 32074, 32092, 32134, 32450
GOÄ   entsprechend oder ähnlich: Nr. A 3732*
Kompendium KBV: Die Untersuchung nach GOP 32150 sollte bei Verdacht einer Myokardschädigung nur dann
            durchgeführt werden, wenn der Beginn der klinischen Symptomatik länger als drei Stunden
            zurückliegt und die Entscheidung über das Vorgehen bei dem Patienten aufgrund der
            typischen Symptomatik und eines typischen EKG-Befundes nicht getroffen werden kann.
            Unter einem akuten koronaren Syndrom werden instabile Angina pectoris und Myokard-
            infarkt zusammengefasst. Die Bestimmung der herzmuskelspezifischen Proteine Troponin I
            und/oder Troponin T kann nur bei diesen Indikationen oder bei einem entsprechenden
            Verdacht berechnet werden. (*)
            Die potenzielle Auswertung mit einem Ablesegerät gehört zum Leistungsinhalt der GOP
            32150.
            (*) nach Kölner Kommentar zum EBM

32.2.7 Mikrobiologische Untersuchungen

32151   Kulturelle bakteriologische und/oder mykologische Untersuchung   **1,15**
            Obligater Leistungsinhalt
            • Kulturelle bakteriologische Untersuchung
            und/oder
            • Kulturelle mykologische Untersuchung,
            • Verwendung eines
              – Standardnährbodens
            und/oder
              – Trägers mit einem oder mehreren vorgefertigten Nährböden (z.B. Eintauchnährböden)
            Fakultativer Leistungsinhalt
            • Nachweis antimikrobieller Wirkstoffe mittels Hemmstofftest,

32152   Arztgruppenübergr. spezielle Gebührenordnungspositionen IV

32 In-vitro-Diagnostik der Laboratoriumsmedizin, Mikrobiologie, Virologie, Infektionsepidemiologie sowie Transfusionsmedizin

EBM-Nr.   EBM-Punkte / Euro

- Nachfolgende Keimzahlschätzung(en),
- Nachfolgende mikroskopische Prüfung(en),
- Einfache Differenzierung(en) (z.B. Chlamydosporen-Nachweis, Nachweis von Pseudomycel)

Abrechnungsausschluss am Behandlungstag 32720

GOÄ   entsprechend oder ähnlich: Nr. 4605*

Kompendium KBV: Nach der GOP 32151 sind einfache mykologische und bakteriologisch kulturelle Untersuchungen berechnungsfähig, die nicht den Umfang der kulturellen Leistungen nach GOP 32687 (mykologische Untersuchungen) bzw. 32720 bis 32747 (bakteriologische Untersuchungen) erreichen. (*)

So gehören Untersuchungen mit nur einem festen oder flüssigen Nährboden oder mit einem Nährbodenträger zum Leistungsinhalt der GOP 32151. Aufgrund der jeweiligen „und/oder"-Verknüpfungen ist die Leistung nach GOP 32151 auch dann nur einmal berechnungsfähig, wenn auf einem Eintauchnährboden mehrere Nährböden aufgebracht sind oder wenn neben einer einfachen bakteriologischen auch eine einfache mykologische Untersuchung durchgeführt wird.

Ein typisches Beispiel für die Leistung nach GOP 32151 ist die bakteriologische Urinuntersuchung mittels Eintauchnährboden sowie die Untersuchung eines Haut-, Schleimhaut-, Vaginalabstriches einschließlich von Vaginalsekret, einer Stuhl- oder Urinprobe auf (Hefe-) Pilze. Bei dieser Pilzinfektion ist die Verwendung eines einzigen Pilznährbodens in der Regel diagnostisch ausreichend und Anreicherungen oder Langzeitkultivierungen sind nicht erforderlich.(*)

Fakultativer Leistungsinhalt dieser GOP ist auch die nachfolgende mykologische groborientierende Differenzierung. (Nachweis von Pseudomycel und/oder Chlamydosporen auf Reisagar).(*)

Die Aufwendungen für Materialien sind mit der GOP 32151 abgegolten, können nicht gesondert in Rechnung gestellt und nicht als Sprechstundenbedarf bezogen werden.

Pilzuntersuchungen im Stuhl im Rahmen von z. B. Dysbakterieuntersuchung, Dysbiose, Kyberstatus oder intestinalem Ökogramm stellen nach derzeitigem Stand keine GKV-Leistungen dar. Auch in den „Qualitätsstandards in der mikrobiologisch-infektiologischen Diagnostik" der Deutschen Gesellschaft für Hygiene und Mikrobiologie, Nr. 9 „Infektionen des Darms", 2000, werden sog. „Dysbiose- oder Dysbakterie-Untersuchungen" als nicht ausreichend gesicherte und nicht indizierte Methoden bewertet.

(*) nach Kölner Kommentar zum EBM

Kommentar: Die Leistung ist auch dann nur einmal abrechnungsfähig, wenn neben einer einfachen bakteriologischen auch eine einfache mykologische Untersuchung durchgeführt wird.

32152   Orientierender Schnelltest auf A-Streptokokken-Gruppenantigen bei Patienten bis   **2,55** zum vollendeten 16. Lebensjahr

GOÄ   entsprechend oder ähnlich: Analoger Ansatz der Nr. 4500*

Kompendium KBV: Ein positives Ergebnis in dem Schnelltest kann den Verdacht auf eine A-Streptokokken-Infektion schnell klären. Bei bestehendem Infektionsverdacht kann ein negativer Schnelltest durch nachfolgende kulturelle Untersuchung abgesichert werden. Diese kulturelle Untersuchung ist dann nach GOP 32151 oder 32740 ggf. zusätzlich zu GOP 32152 berechnungsfähig.(*)

Wird der Schnelltest auf A-Streptokokken Gruppenantigene bei Patienten nach Vollendung des 16. Lebensjahres erbracht, so kann diese Leistung nur nach der GOP 32030 berechnet werden.

(*) nach Kölner Kommentar zum EBM

IV   Arztgruppenübergr. spezielle Gebührenordnungspositionen   **32880–32882**

32 In-vitro-Diagnostik der Laboratoriumsmedizin, Mikrobiologie, Virologie, Infektionsepidemiologie sowie Transfusionsmedizin
EBM-Nr.   EBM-Punkte / Euro

32.2.8 Laborpauschalen im Zusammenhang mit präventiven Leistungen

32880   Harnstreifentest gemäß Anlage 1 der Gesundheitsuntersuchungs-Richtlinie auf   **0,50**
Eiweiß, Glukose, Erythrozyten, Leukozyten und Nitrit

Obligater Leistungsinhalt
* Orientierende Untersuchung auf Eiweiß, Glukose, Erythrozyten, Leukozyten und Nitrit
  im Urin (Nr. 32030)

Anmerkung Erfolgt die Untersuchung nicht unmittelbar nach Gewinnung des Urins ist
durch geeignete Lagerungs- und ggf. Transportbedingungen sicherzustellen, dass keine
Verfälschungen des Analyseergebnisses auftreten können.

Abrechnungsausschluss in derselben Sitzung 32025, 32033, 32057, 32060, 32061,
32062, 32063

GOÄ   entsprechend oder ähnlich: GOÄ: Nrn. 3511, 3652 Inhalt ähnlich.

Kommentar: Die EBM Nrn. 32880 bis 32882 sind zwingend den Laboruntersuchungen der Gesundheitsuntersuchung nach Nr. 01732 zugeordnet. Hier sind nicht die EBM Nrn. 32025, 32030,
32057 oder 32060 abrechenbar.

32881   Bestimmung der Nüchternplasmaglukose gemäß Anlage 1 der Gesundheitsunter-   **0,25**
suchungs-Richtlinie

Abrechnungsausschluss in derselben Sitzung 32025, 32030, 32057, 32060, 32061,
32062, 32063

GOÄ   entsprechend oder ähnlich: GOÄ: Nrn. 3514, 3652 Inhalt ähnlich.

Kommentar: Siehe Kommentar zur EBM Nr. 32880.

32882   Bestimmung des Lipidprofils (Gesamtcholesterin, LDL-Cholesterin, HDL-Cholesterin   **1,00**
und Triglyceride) gemäß Anlage 1 der Gesundheitsuntersuchungs-Richtlinie

Abrechnungsausschluss in derselben Sitzung 32025, 32030, 32057, 32060, 32061,
32062, 32063

GOÄ   entsprechend oder ähnlich: GOÄ: Nr. 3652 Inhalt ähnlich.

Kommentar: Siehe Kommentar zur EBM Nr. 32880.

32.3 Spezielle Laboratoriumsuntersuchungen, molekulargenetische und molekularpathologische Untersuchungen

1. Bei den im Abschnitt 32.3 aufgeführten Bewertungen handelt es sich um Eurobeträge gemäß § 87 Abs. 2 Satz 8
SGB V. Der tatsächliche Vergütungsanspruch ergibt sich aus den Eurobeträgen nach Satz 1 unter Berücksichtigung
der für das entsprechende Quartal gültigen Vorgaben der Kassenärztlichen Bundesvereinigung gemäß § 87b
Abs. 4 SGB V zur Honorarverteilung durch die Kassenärztlichen Vereinigungen.

2. Die Berechnung der Gebührenordnungspositionen des Abschnitts 32.3 setzt eine Genehmigung der Kassenärztlichen Vereinigung nach Qualitätssicherungsvereinbarung Spezial-Labor gemäß § 135 Abs. 2 SGB V voraus.

3. Die Gebührenordnungspositionen des Abschnitts 32.3 unterliegen einer Staffelung je Arztpraxis in Abhängigkeit
von der im Quartal erbrachten Anzahl der Gebührenordnungspositionen nach dem Abschnitt 32.3. Rechnet die
Arztpraxis mehr als 450.000 Gebührenordnungspositionen nach dem Abschnitt 32.3 im Quartal ab, wird die
Vergütung in EURO der darüber hinaus abgerechneten Kosten nach dem Abschnitt 32.3 um 20 % vermindert.
Sofern ein Höchstwert zu berechnen ist, zählen die dem Höchstwert zugrunde liegenden Gebührenordnungspo-
sitionen hinsichtlich der Abstaffelung insgesamt als eine Gebührenordnungsposition.

4. Die Gebührenordnungspositionen des Abschnitts 32.3 sind am Behandlungstag nicht neben den Gebührenordnungspositionen des Abschnitts 31.1.2 und nicht neben der Gebührenordnungsposition 34291 berechnungsfähig.

Kommentar:
zu 1. und 2.
Die Erbringung und Abrechnung von Leistungen des Speziallabors (Abschnitt 32.3) ist nur mit einer
vorherigen Genehmigung der Kassenärztlichen Vereinigung nach den Richtlinien der Kassenärztlichen

32155*–32157*   Arztgruppenübergr. spezielle Gebührenordnungspositionen IV

32 In-vitro-Diagnostik der Laboratoriumsmedizin, Mikrobiologie, Virologie, Infektionsepidemiologie sowie Transfusionsmedizin
EBM-Nr.   EBM-Punkte/Euro

Bundesvereinigung für die Durchführung von Laboratoriumsuntersuchungen in der kassenärztlichen/vertragsärztlichen Versorgung möglich.

zu 3.
Die Abstaffelungsregelung entspricht der des bisherigen EBM.

zu 4.
Laborleistungen des Abschnitts 32.3 dürfen am Behandlungstag nicht neben einer Koronarangiographie (Nr. 34291) und nicht neben präoperativen Gebührenordnungspositionen des Abschnitts 31.1.2 abgerechnet werden.

Höchstwerte im Abschnitt 32.3:

32286	Höchstwert zu den Nrn. 32265 bis 32283	24,50 Euro
32339	Höchstwert zu den Nrn. 32330 bis 32337	24,10 Euro
32432	Höchstwert zur Nr. 32430	16,80 Euro
32433	Höchstwert zu den Nrn. 32426 und 32427	65,00 Euro
32434	Höchstwert zu den Nrn. 32426 und 32427 in begründeten Einzelfällen bei Säuglingen, Kleinkindern und Kindern bis zum vollendeten 6. Lebensjahr	111,00 Euro
32458	Höchstwert zu den Nrn. 32435 bis 32456	33,40 Euro
32511	Höchstwert zu den Nrn. 32489 bis 32505	42,60 Euro
32644	Höchstwert zu den Nrn. 32585 bis 32642 und 32660 bis 32664	66,30 Euro
32695	Höchstwert zur Nr. 32690	11,50 Euro
32751	Höchstwert zur Nr. 32750	39,00 Euro
32771	Höchstwert zur Nr. 32770, je Mykobakterienart	39,50 Euro
32797	Höchstwert zu den Nrn. 32792 bis 32794, je Körpermaterial	46,00 Euro
32950	Höchstwert zur Nr. 32949	114,80 Euro

32.3.1 Mikroskopische Untersuchungen

Mikroskopische Untersuchung von Blut- oder Knochenmarkzellen nach zytochemischer Färbung, gilt für die Gebührenordnungspositionen 32155 bis 32158 und 32159 bis 32161

Abrechnungsbestimmung je Untersuchung

32155*   Alkalische Leukozyten(Neutrophilen)phosphatase   **14,30**
GOÄ   entsprechend oder ähnlich: Nr. 3683*

32156*   Esterasereaktion   **5,60**
GOÄ   entsprechend oder ähnlich: Nr. 3683*

32157*   Peroxydasereaktion   **5,60**
GOÄ   entsprechend oder ähnlich: Nr. 3683*

Kompendium KBV: Der Katalog 32155 ff. enthält abschließend die wesentlichen zytochemischen Reaktionen, die in der Knochenmarkdiagnostik bei hämatologischen Erkrankungen, z. B. Leukämien, durchgeführt werden. Untersuchungsmaterial kann neben Knochenmark auch anderes Material sein, in dem die diagnostisch interessierenden Zellen vorkommen, z. B. Blutausstriche.(*)

Gemäß Leistungslegende ist mit der GOP 32157 die Peroxidasereaktion für Blut- oder Knochenmarkzellen berechnungsfähig.

(*) nach Kölner Kommentar zum EBM

32158* PAS-Reaktion **5,60**

GOÄ entsprechend oder ähnlich: Nr. 3683*

32159* Eisenfärbung **8,40**

Abrechnungsausschluss in derselben Sitzung 32168

GOÄ entsprechend oder ähnlich: Nr. 3682*

32160* Saure Phosphatase **5,60**

GOÄ entsprechend oder ähnlich: Nr. 3599*

32161* Terminale Desoxynukleotidyl-Transferase (TdT) **5,60**

GOÄ entsprechend oder ähnlich: Leistung in der GOÄ nicht vorhanden.

Mikroskopische Differenzierung eines Materials als gefärbte(r) Ausstrich(e) oder als Tupfpräparat(e) eines Organpunktates, gilt für die Gebührenordnungspositionen 32163 bis 32167

Abrechnungsbestimmung je Untersuchung

32163* Knochenmark **7,90**

GOÄ entsprechend oder ähnlich: Nr. 3683*

32164* Lymphknoten **9,20**

GOÄ entsprechend oder ähnlich: Analog Nr. 3683*

32165* Milz **12,00**

GOÄ entsprechend oder ähnlich: Analoger Ansatz der Nr. 3683*

32166* Synovia **5,80**

GOÄ entsprechend oder ähnlich: Analoger Ansatz der Nr. 3683*

32167* Morphologische Differenzierung des Liquorzellausstrichs **6,40**

GOÄ entsprechend oder ähnlich: Nr. 3671*

32168* Mikroskopische Differenzierung eines Materials als gefärbte(r) Ausstrich(e) oder als Tupfpräparat(e) des Knochenmarks einschl. der Beurteilung des Eisenstatus auf Sideroblasten, Makrophageneisen und Therapieeisengranula **15,30**

Abrechnungsausschluss in derselben Sitzung 32159

GOÄ entsprechend oder ähnlich: Analoger Ansatz der Nr. 3681*

32169* Vergleichende hämatologische Begutachtung von mikroskopisch differenzierten Ausstrichen des Knochenmarks und des Blutes, einschl. Dokumentation **15,30**

GOÄ entsprechend oder ähnlich: Nrn. 3683* + 3680*

32170* Mikroskopische Differenzierung von Haaren (Trichogramm) **5,60**

Obligater Leistungsinhalt
• Mikroskopische Differenzierung von Haaren einschl. deren Wurzeln (Trichogramm)

Fakultativer Leistungsinhalt
• Färbung, auch mehrere Präparate,
• Epilation

GOÄ entsprechend oder ähnlich: Nr. 4860*

32172* Mikroskopische Untersuchung des Blutes auf Parasiten, z.B. Plasmodien, Mikrofilarien, im gefärbten Blutausstrich und/oder Dicken Tropfen **8,40**

GOÄ entsprechend oder ähnlich: Nr. 4753*

32175*–32182* Arztgruppenübergr. spezielle Gebührenordnungspositionen IV

32 In-vitro-Diagnostik der Laboratoriumsmedizin, Mikrobiologie, Virologie, Infektionsepidemiologie sowie Transfusionsmedizin

EBM-Nr.   EBM-Punkte / Euro

Mikroskopische Untersuchung eines Körpermaterials auf Krankheitserreger nach differenzierender Färbung, gilt für die Gebührenordnungspositionen 32175 bis 32182

Abrechnungsbestimmung je Untersuchung

32175* Corynebakterienfärbung nach Neisser   **6,20**

GOÄ entsprechend oder ähnlich: Nr. 4513*

Kompendium KBV: GOP 32175 bis 32182 und 32185 bis 32187 sind nur berechnungsfähig, wenn Körpermaterial, d. h. von einer untersuchten Person unmittelbar stammendes Originalmaterial, mikroskopisch untersucht wird. Mikroskopische Prüfungen von Kulturmaterial nach Anzüchtung eines Krankheitserregers sind Bestandteil der jeweiligen kulturellen Untersuchung und daher nicht gesondert berechnungsfähig.[1]

[1] nach Kölner Kommentar zum EBM

32176* Ziehl-Neelsen-Färbung auf Mykobakterien   **5,20**

GOÄ entsprechend oder ähnlich: Nr. 4512*

Kompendium KBV: Siehe Nr. 32175.

32177* Färbung mit Fluorochromen (z.B. Auramin) auf Mykobakterien   **5,00**

GOÄ entsprechend oder ähnlich: Nr. 4515*

Kompendium KBV: Siehe Nr. 32175.

32178* Giemsa-Färbung auf Protozoen   **6,30**

GOÄ entsprechend oder ähnlich: Nr. 4510*

Kompendium KBV: Siehe Nr. 32175.

Kommentar: Die Trichomonadenuntersuchung im Nativpräparat kann nicht mit Nr. 32178 abgerechnet werden, sie entspricht der Nr. 32045 Mikroskopische Untersuchung eines Körpermaterials

32179* Karbolfuchsinfärbung auf Kryptosporidien   **1,40**

GOÄ entsprechend oder ähnlich: Analoger Ansatz der Nr. 4513*

Kompendium KBV: Siehe Nr. 32175.

32180* Tuschepräparat auf Kryptokokken   **5,60**

GOÄ entsprechend oder ähnlich: Nr. 4513*

Kompendium KBV: Siehe Nr. 32175.

32181* Färbung mit Fluorochromen (z.B. Acridinorange, Calcofluor weiß) auf Pilze   **3,30**

GOÄ entsprechend oder ähnlich: Nr. 4516*

Kompendium KBV: Siehe auch Nr. 32175.

Die mit dieser GOP zu berechnenden nicht-immunologischen Färbemethoden mit Fluorochromen (z. B. auch Fungiqual A), bei der fluoreszierende Farbstoffe chemische Reaktionen mit Zellbestandteilen eingehen, sind zu unterscheiden von der auf Antigen-Antikörper-Reaktionen beruhenden Immunfluoreszenz, die nach eigenständigen GOP berechnungsfähig sind.(*)

(*) nach Kölner Kommentar zum EBM

32182* Ähnliche Untersuchungen unter Angabe der Erregerart und Art der Färbung   **6,30**

GOÄ entsprechend oder ähnlich: Nr. 4513*

Kompendium KBV: Siehe auch Nr. 32175.

Die Angabe von Erregerart und Art der Färbung bei der Abrechnung ist obligat.

Die „Sporenfärbung auf Anaerobier" hat als eigenständige Leistung keine diagnostische Bedeutung mehr (als obsolete Leistung eingestuft). In der Regel genügt die Durchführung eines Grampräparates entsprechend der GOP 32050. Die Sporenfärbung auf Anaerobier ist nicht als „Ähnliche Untersuchung" nach GOP 32182 berechnungsfähig.

IV Arztgruppenübergr. spezielle Gebührenordnungspositionen **32185*–32192***

32 In-vitro-Diagnostik der Laboratoriumsmedizin, Mikrobiologie, Virologie, Infektionsepidemiologie sowie Transfusionsmedizin
EBM-Nr.   EBM-Punkte / Euro

Mikroskopische Untersuchung eines Körpermaterials auf Krankheitserreger nach differenzierender Färbung, gilt für die Gebührenordnungspositionen Nrn. 32185 bis 32187
Abrechnungsbestimmung je Untersuchung

32185* Heidenhain-Färbung auf Protozoen   **9,80**
GOÄ   entsprechend oder ähnlich: Nr. 4516*
Kompendium KBV: Siehe auch Nr. 32175.

32186* Trichrom-Färbung auf Protozoen   **7,90**
GOÄ   entsprechend oder ähnlich: Nr. 4516*
Kompendium KBV: Siehe auch Nr. 32175.

32187* Silberfärbung auf Pneumozysten   **3,50**
GOÄ   entsprechend oder ähnlich: Nr. 4516*
Kompendium KBV: GOP 32185 bis 32187 sind nur berechnungsfähig, wenn Körpermaterial, d. h. von einer
untersuchten Person unmittelbar stammendes Originalmaterial, mikroskopisch untersucht
wird. Mikroskopische Prüfungen von Kulturmaterial nach Anzüchtung eines Krankheitserregers sind Bestandteil der jeweiligen kulturellen Untersuchung und daher nicht gesondert
berechnungsfähig.[1]
[1] nach Kölner Kommentar zum EBM

32.3.2 Funktionsuntersuchungen

32190* Physikalisch-morphologische Untersuchung des Spermas [Menge, Viskosität,   **23,70**
pH-Wert, Nativpräparat(e), Differenzierung der Beweglichkeit, Bestimmung der
Spermienzahl, Vitalitätsprüfung, morphologische Differenzierung nach Ausstrichfärbung (z.B. Papanicolaou)]
Abrechnungsausschluss im Behandlungsfall 08540
GOÄ   entsprechend oder ähnlich: Nr. 3668*
Kompendium KBV: Die Leistung nach GOP 32190 ist nur berechnungsfähig, wenn sämtliche aufgeführten
Einzelkomponenten untersucht worden sind.(*)
Die Leistung nach GOP 32190 ist eine Komplexuntersuchung, deshalb können im Rahmen
des Spermiogramms nicht noch zusätzliche Färbungen mit dem gleichen Ziel, wie z. B. die
Schiff'sche Färbung mit GOP 32045 abgerechnet werden. Bei Notwendigkeit weiterer
chemischer Analysen, z. B. Fruktose-Bestimmung, können diese zusätzlich berechnet
werden, z. B. nach GOP 32231.
Die Spermauntersuchung im Zusammenhang mit Maßnahmen zur künstlichen Befruchtung
ist nach GOP 08540 berechnungsfähig.(*)
Bei der Kontrolle nach Vasektomie wird der Leistungsinhalt der GOP 32190 in der Regel
nicht vollständig erbracht, sodass hierfür die GOP 32045 berechnungsfähig ist.
(*) nach Kölner Kommentar zum EBM
Kommentar: Die Leistung ist nur berechnungsfähig, wenn alle in der Leistungslegende aufgeführten
Einzelkomponenten untersucht wurden.
Diese Leistung ist nur dann eine Kassenleistung, wenn begründet vermutet werden kann,
dass Sterilität besteht – s. SGB V § 27/ § 27a.
Die Spermauntersuchung im Zusammenhang mit Maßnahmen zur künstlichen Befruchtung
(seit 2004 werden nur noch 50 % der Kosten von den Kassen übernommen) ist nach
Nr. 08540 (Gewinnung und Untersuchung des Spermas) berechnungsfähig.

Funktionsprüfung mit Belastung, einschl. der erforderlichen quantitativen Bestimmungen im Harn oder Blut, gilt für die Gebührenordnungspositionen 32192 bis 32195
Abrechnungsbestimmung je Funktionsprüfung

32192* Laktosetoleranz-Test   **4,10**
GOÄ   entsprechend oder ähnlich: Nr. 4108*

32 In-vitro-Diagnostik der Laboratoriumsmedizin, Mikrobiologie, Virologie, Infektionsepidemiologie sowie Transfusionsmedizin

EBM-Nr.   EBM-Punkte / Euro

32193*   D-Xylose-Test   **5,00**

GOÄ   entsprechend oder ähnlich: Nr. 4095*

32194*   Pancreolauryl-Test   **9,00**

GOÄ   entsprechend oder ähnlich: Analog 4100*

32195*   Ähnliche Untersuchungen (mit Ausnahme von Glukose-Toleranztests), unter Angabe   **5,00**
der Art der Untersuchung

          Anmerkung Die Berechnung der Gebührenordnungsposition 32195 setzt die Begründung der medizinischen Notwendigkeit der jeweiligen Untersuchung im Einzelfall voraus. Abweichend davon kann die Begründung der medizinischen Notwendigkeit der jeweiligen Untersuchung im Einzelfall entfallen bei: Fructose-Toleranz-Test und säuresekretorische Kapazität des Magens.

Kompendium KBV: Die Angabe der Art der Untersuchung (Feldkennung 5002) ist obligat.

          Die Berechnung der GOP 32195 setzt die Begründung der medizinischen Notwendigkeit der jeweiligen Untersuchung im Einzelfall voraus. Abweichend davon kann die Begründung der medizinischen Notwendigkeit der jeweiligen Untersuchung im Einzelfall entfallen bei: Fructose-Toleranz-Test und säuresekretorische Kapazität des Magens.

          Auf die gesonderte Begründung zur betreffenden GOP in Feldkennung 5009 kann verzichtet werden, wenn ein von der Begründungspflicht ausgenommenes Untersuchungsverfahren angewandt wurde oder sich bereits aus der in der Abrechnung angegebenen Diagnose die Notwendigkeit der Untersuchung im Einzelfall ergibt. Der TRH-Test ist nicht mit der GOP 32195 berechnungsfähig. Beim TRH-Test handelt es sich um zwei TSH-Bestimmungen, die jeweils nach GOP 32101 berechnungsfähig sind.

          Blutzuckertagesprofile und Blutzuckerbelastungstests, z. B. oraler Glukosetoleranz-Test, sind entsprechend der Anzahl durchgeführter Glukosebestimmungen mit Mehrfachansatz der GOP 32057 zu berechnen.

Funktionsprüfung der Nieren durch Bestimmung der Clearance mit mindestens drei quantitativ-chemischen Blut- oder Harnanalysen, gilt für die Gebührenordnungspositionen 32196 bis 32198

Abrechnungsbestimmung je Funktionsprüfung

32196*   Inulin-Clearance   **11,20**

32197*   Harnstoff-, Phosphat- und/oder Calcium-Clearance, ggf. inkl. Kreatinin-Clearance   **10,00**
          Abrechnungsausschluss in derselben Sitzung 32124

Kompendium KBV: Die GOP 32197 ist jetzt über die Bestimmung der Phosphat-Clearance hinaus auch für die Bestimmung der Harnstoff- und/oder Calcium-Clearance, ggf. einschl. der Kreatinin-Clearance, berechnungsfähig.(*)

          Eine zusätzliche Berechnungsfähigkeit der GOP 32124, Bestimmung der endogenen Kreatinin-Clearance, ist nicht gegeben.

          (*) nach Kölner Kommentar zum EBM

32198*   Ähnliche Untersuchungen, unter Angabe der Art der Untersuchung   **11,30**

          Anmerkung Die Berechnung der Gebührenordnungsposition 32198 setzt die Begründung der medizinischen Notwendigkeit der jeweiligen Untersuchung im Einzelfall voraus.

Kompendium KBV: Die Angabe der Art der Untersuchung (Feldkennung 5002) ist obligat.

          Die Bestimmung der endogenen Kreatinin-Clearance ist mit GOP 32124 berechnungsfähig.

          Die Bestimmungen der Konzentrationen der Testsubstanzen im Blut oder Harn, wie z. B. der Para-Amino-Hippursäure (PAH), ist nicht gesondert berechnungsfähig.

          Die Berechnung der GOP 32198 setzt die Begründung der medizinischen Notwendigkeit der jeweiligen Untersuchung im Einzelfall voraus.

IV Arztgruppenübergr. spezielle Gebührenordnungspositionen **32203*–32212***

32 In-vitro-Diagnostik der Laboratoriumsmedizin, Mikrobiologie, Virologie, Infektionsepidemiologie sowie Transfusionsmedizin
EBM-Nr.   EBM-Punkte / Euro

32.3.3 Gerinnungsuntersuchungen

32203* Thrombelastogramm **16,60**
GOÄ entsprechend oder ähnlich: Nr. 3957*

Untersuchung der Gerinnungsfunktion durch Globaltests, ggf. einschl. mehrfacher
Bestimmung der Gerinnungszeit, gilt für die Gebührenordnungspositionen 32205
bis 32208
Abrechnungsbestimmung je Untersuchung

32205* Batroxobin-(Reptilase-)zeit **16,80**
GOÄ entsprechend oder ähnlich: Nr. 3955*

32206* Aktiviertes Protein C-Resistenz (APC-Resistenz, APC-Ratio) **15,60**

32207* Lupus Antikoagulans (Lupusinhibitoren) **13,90**

32208* Ähnliche Untersuchungen unter Angabe der Art der Untersuchung **19,20**
Anmerkung Die Berechnung der Gebührenordnungsposition 32208 setzt die Begründung
der medizinischen Notwendigkeit der jeweiligen Untersuchung im Einzelfall voraus.
Abweichend davon kann die Begründung der medizinischen Notwendigkeit der jeweiligen
Untersuchung im Einzelfall entfallen bei: Ecarin-Clotting-Time, anti-Xa Aktivität.
Kompendium KBV: Die Angabe der Art der Untersuchung (Feldkennung 5002) ist obligat.
Die Berechnung der GOP 32208 setzt die Begründung der medizinischen Notwendigkeit
der jeweiligen Untersuchung im Einzelfall voraus. Abweichend davon kann die Begründung
der medizinischen Notwendigkeit der jeweiligen Untersuchung im Einzelfall entfallen bei:
Ecarin-Clotting-Time, Anti-Faktor-Xa Aktivität.
Auf die gesonderte Begründung zur betreffenden GOP in Feldkennung 5009 kann
verzichtet werden, wenn ein von der Begründungspflicht ausgenommenes Untersu-
chungsverfahren angewandt wurde oder sich bereits aus der in der Abrechnung
angegebenen Diagnose die Notwendigkeit der Untersuchung im Einzelfall ergibt.
Bei der Durchführung eines Globaltests können mehrere Bestimmungen der Gerinnungs-
zeit erforderlich sein, die insgesamt nur einmal mit der GOP 32208 berechnungsfähig sind.
Als „je Untersuchung" gemäß der Legendierung gilt der jeweilige Globaltest.(*)
Eine mehrfache Berechnungsfähigkeit der GOP 32208 ist bei Durchführung mehrerer
Globaltests gegeben.
(*) nach Kölner Kommentar zum EBM

Quantitative Bestimmung von Einzelfaktoren des Gerinnungssystems, gilt für die
Gebührenordnungspositionen 32210 bis 32227
Abrechnungsbestimmung je Faktor

32210* Antithrombin III **11,40**
Abrechnungsbestimmung je Faktor
GOÄ entsprechend oder ähnlich: Nrn. 3930*, 3931*

32211* Plasminogen **18,30**
Abrechnungsbestimmung je Faktor
GOÄ entsprechend oder ähnlich: Nr. 3948*

32212* Fibrinmonomere, Fibrin- und/oder Fibrinogenspaltprodukte, z.B. D-Dimere **17,80**
Abrechnungsbestimmung je Faktor
GOÄ entsprechend oder ähnlich: Nrn. 3935* bis 3938

Kompendium KBV: Leistungsinhalt der GOP 32212 ist die quantitative Bestimmung von Fibrin(ogen)-Spaltpro-dukten, z. B. zur Verlaufskontrolle. Qualitative oder semiquantitative Schnelltests zum Nachweis von Spaltprodukten, z. B. D-Dimer, sind nur nach GOP 32117 berechnungsfähig.(*)
(*) nach Kölner Kommentar zum EBM

32213* Faktor II   **18,80**
GOÄ   entsprechend oder ähnlich: Nr. 3939*

32214* Faktor V   **18,40**
GOÄ   entsprechend oder ähnlich: Nr. 3939*

32215* Faktor VII   **34,60**
GOÄ   entsprechend oder ähnlich: Nr. 3940*

32216* Faktor VIII   **24,30**
GOÄ   entsprechend oder ähnlich: Nr. 3939*

32217* Faktor VIII-assoziiertes Protein   **30,20**
GOÄ   entsprechend oder ähnlich: Nr. 3941*

32218* Faktor IX   **24,10**
GOÄ   entsprechend oder ähnlich: Nr. 3939*

32219* Faktor X   **29,10**
GOÄ   entsprechend oder ähnlich: Nr. 3939*

32220* Faktor XI   **27,60**
GOÄ   entsprechend oder ähnlich: Nr. 3940*

32221* Faktor XII   **27,60**
GOÄ   entsprechend oder ähnlich: Nr. 3940*

32222* Faktor XIII   **25,90**
GOÄ   entsprechend oder ähnlich: Nr. 3942*

32223* Protein C   **31,30**
GOÄ   entsprechend oder ähnlich: Nr. 3952*

32224* Protein S   **31,30**
GOÄ   entsprechend oder ähnlich: Nr. 3953*

32225* Plättchenfaktor 4   **32,40**
GOÄ   entsprechend oder ähnlich: Nr. 3950*

32226* C1-Esterase-Inhibitor (C1-INH)   **27,20**
GOÄ   entsprechend oder ähnlich: Nrn. 3964*, 3965*

32227* Ähnliche Untersuchungen unter Angabe des Faktors   **20,70**
         Anmerkung Die Berechnung der Gebührenordnungsposition 32227 setzt die Begründung der medizinischen Notwendigkeit der jeweiligen Untersuchung im Einzelfall voraus. Abweichend davon kann die Begründung der medizinischen Notwendigkeit der jeweiligen Untersuchung im Einzelfall entfallen bei: Hemmkörperbestimmung (Bethesda-Assay), von Willebrand-Faktor/ Ristocetin-Cofaktor-Aktivität.

Kompendium KBV: Die Angabe des Faktors (Feldkennung 5002) ist obligat.

IV Arztgruppenübergr. spezielle Gebührenordnungspositionen **32228*–32232***

32 In-vitro-Diagnostik der Laboratoriumsmedizin, Mikrobiologie, Virologie, Infektionsepidemiologie sowie Transfusionsmedizin
EBM-Nr. EBM-Punkte / Euro

Die Berechnung der GOP 32227 setzt die Begründung der medizinischen Notwendigkeit der jeweiligen Untersuchung im Einzelfall voraus. Abweichend davon kann die Begründung der medizinischen Notwendigkeit der jeweiligen Untersuchung im Einzelfall entfallen bei: Hemmkörperbestimmung (Bethesda-Assay), von Willebrand- Faktor/Ristocetin-Cofaktor-Aktivität.

Auf die gesonderte Begründung zur betreffenden GOP in Feldkennung 5009 kann verzichtet werden, wenn ein von der Begründungspflicht ausgenommenes Untersuchungsverfahren angewandt wurde oder sich bereits aus der in der Abrechnung angegebenen Diagnose die Notwendigkeit der Untersuchung im Einzelfall ergibt.

Mit der GOP 32227 ist z. B. die Faktor VIII-Hemmkörperbestimmung berechnungsfähig. Hierzu ist anzumerken, dass dabei aus einem Material eine Verdünnungsreihe angelegt werden kann und schließlich ein End-Titer in sog. Bethesda-Einheiten bestimmt wird. Nur dieser ist diagnostisch bzw. therapeutisch relevant und somit diese Leistung nach derzeitigem Kenntnisstand auch nur einmal berechnungsfähig.

32228* Untersuchungen der Thrombozytenfunktion mit mehreren Methoden, z.B. Thrombo- **33,20** zytenausbreitung, -adhäsion, -aggregation, insgesamt

GOÄ entsprechend oder ähnlich: Nr. 3957*

32229* Untersuchung der von -Willebrand-Faktor-Multimere **75,00**

Obligater Leistungsinhalt
• Darstellung der nieder-, mittel- und hochmolekularen Formen des von-Willebrand-Faktors einschließlich der Triplettstrukturen,
• Dokumentation (fotografisch und/oder densitometrisch),
• Klassifikation pathologischer Befunde gemäß VWD-Klassifikation

Anmerkung Die Gebührenordnungsposition 32229 ist bei Patienten mit bekanntem oder mit Verdacht auf ein familiäres von-Willebrand-Syndrom sowie bei unklarer angeborener oder erworbener (z.B. lymphoproliferative, myeloproliferative Erkrankungen, Herzfehler, Herzleistungssysteme) Blutungsneigung berechnungsfähig und setzt den vorherigen Ausschluss eines Faktorenmangels, einer Thrombopenie oder einer Thrombozytenfunktionsstörung durch Aggregationshemmer als Ursache der Blutungsneigung voraus.

GOÄ entsprechend oder ähnlich: Nr. 3963*

32.3.4 Klinisch-chemische Untersuchungen

Quantitative chemische oder physikalische Bestimmung, gilt für die Gebührenordnungspositionen 32230 bis 32236, 32240 und 32242 bis 32246 und 32248

Abrechnungsbestimmung je Untersuchung

Anmerkung Die Berechnung der Gebührenordnungsposition 32246 setzt die Begründung der medizinischen Notwendigkeit der jeweiligen Untersuchung im Einzelfall voraus. Abweichend davon kann die Begründung der medizinischen Notwendigkeit der jeweiligen Untersuchung im Einzelfall entfallen bei: Äthanol im Serum, beta-Hydroxybuttersäure, Fettsäuren (frei im Serum, unverestert), Kohlenmonoxid-Hämoglobin und Zinkprotoporphyrin.

Kommentar: Der Höchstwert für die Untersuchungen der Nrn. 32330 bis 32337 beträgt 26,50 Euro.

32230* Methämoglobin **8,90**
GOÄ entsprechend oder ähnlich: Nr. 3692*

32231* Fruktose **11,10**
GOÄ entsprechend oder ähnlich: Nr. 3723*

32232* Lactat **6,90**
GOÄ entsprechend oder ähnlich: Nr. 3781*

32 In-vitro-Diagnostik der Laboratoriumsmedizin, Mikrobiologie, Virologie, Infektionsepidemiologie sowie Transfusionsmedizin

EBM-Nr.   EBM-Punkte / Euro

32233*   Ammoniak   **10,80**
GOÄ   entsprechend oder ähnlich: Nr. 3774*

32234*   Fluorid   **13,80**
GOÄ   entsprechend oder ähnlich: Leistung in der GOÄ nicht vorhanden

32235*   Phenylalanin   **9,20**
GOÄ   entsprechend oder ähnlich: Analoger Ansatz der Nr. 3796*, Nr. 3758* Guthrie-Test

32236*   Kreatin   **15,80**
GOÄ   entsprechend oder ähnlich: Nr. 3780*

32237*   Gesamteiweiß im Liquor oder Harn   **6,30**
GOÄ   entsprechend oder ähnlich: Nr. A 3757* für Liquor als analoger Ansatz für Nr. 3760*, für Urin Nr. 3760*

32238*   Plasmaviskosität   **6,20**
GOÄ   entsprechend oder ähnlich: Nr. 3712*

32240*   Angiotensin-I-Converting Enzyme (ACE)   **15,30**
GOÄ   entsprechend oder ähnlich: Nr. 3786*

32242*   Knochen-AP (Isoenzym der Alkalischen Phosphatase) nach Lektinfällung   **18,50**
GOÄ   entsprechend oder ähnlich: Nrn. 3784*, 3785*

32243*   Osmotische Erythrozyten-Resistenzbestimmung   **11,80**
GOÄ   entsprechend oder ähnlich: Nr. 3688*

32244*   Osmolalität (apparative Bestimmung)   **8,10**
GOÄ   entsprechend oder ähnlich: Nr. 3716*
Kompendium KBV: Nach GOP 32244 kann nur die apparative Bestimmung (Osmometer) berechnet werden. Osmolalitätsuntersuchungen mit Teststreifen sind nach der GOP 32030 berechnungsfähig.
Kommentar: Nach dieser EBM Nr. kann nur die apparative Bestimmung (Osmometer) berechnet werden. Osmolalitätsuntersuchungen mit Teststreifen sind nach Nr. 32030 (Orientierende Untersuchung) berechnungsfähig.

32245*   Gallensäuren   **16,10**
GOÄ   entsprechend oder ähnlich: Nr. 3777*

32246*   Ähnliche Untersuchungen unter Angabe der Art der Untersuchung   **10,20**
          Anmerkung Die Berechnung der Gebührenordnungsposition 32246 setzt die Begründung der medizinischen Notwendigkeit der jeweiligen Untersuchung im Einzelfall voraus. Abweichend davon kann die Begründung der medizinischen Notwendigkeit der jeweiligen Untersuchung im Einzelfall entfallen bei: Äthanol im Serum, Beta-Hydroxybuttersäure, Fettsäuren (frei im Serum, unverestert), Kohlenmonoxid-Hämoglobin und Zinkprotoporphyrin.
GOÄ   entsprechend oder ähnlich: Berechnung der untersuchten Labor-Parameter.
Kompendium KBV: Die Angabe der Art der Untersuchung (Feldkennung 5002) ist obligat.

          Die Berechnung der GOP 32246 setzt die Begründung der medizinischen Notwendigkeit der jeweiligen Untersuchung im Einzelfall voraus. Abweichend davon kann die Begründung der medizinischen Notwendigkeit der jeweiligen Untersuchung im Einzelfall entfallen bei: Äthanol im Serum, Beta-Hydroxybuttersäure, Fettsäuren (frei im Serum, unverestert) und Zinkprotoporphyrin.

          Auf die gesonderte Begründung zur betreffenden GOP in Feldkennung 5009 kann verzichtet werden, wenn ein von der Begründungspflicht ausgenommenes Untersuchungsverfahren angewandt wurde oder sich bereits aus der in der Abrechnung angegebenen Diagnose die Notwendigkeit der Untersuchung im Einzelfall ergibt

Kommentar: Magensaftanalyse und Phenylbrenztraubensäure-Bestimmung können nach Nr. 32246 abgerechnet werden.

Für die Diagnostik von Störungen des Kupferstoffwechsels können die Nrn. 32277 Kupfer im Harn oder Gewebe und 32440 Coeruloplasmin berechnet werden.

32247*   **Bestimmung der Blutgase und des Säure-Basen-Status**   **13,80**
Obligater Leistungsinhalt
- Bestimmung der Wasserstoffionenkonzentration (pH) im Blut,
- Bestimmung des Kohlendioxidpartialdrucks (pCO2),
- Bestimmung des Sauerstoffpartialdrucks (pO2)

Fakultativer Leistungsinhalt
- Messung der prozentualen Sauerstoffsättigung (SpO2),
- Messung oder Berechnung weiterer Kenngrößen in demselben Untersuchungsgang (z.B. Hämoglobin, Bicarbonat, Basenabweichung)

Abrechnungsausschluss
im Behandlungsfall 04560, 04561, 04562, 04564, 04565, 04566, 04572, 04573, 13600, 13601, 13602, 13610, 13611, 13612, 13620, 13621, 13622
in derselben Sitzung 01510, 01511, 01512, 01520, 01521, 01530, 01531, 01540, 01541, 01542, 01543, 01544, 01545, 01857, 04536, 05350, 05372, 13250, 13256, 13661, 36884, 37705

GOÄ   entsprechend oder ähnlich: Nr. 3710*

32248*   Magnesium   **1,40**
GOÄ   entsprechend oder ähnlich: Nr. 3621*

Kompendium KBV: Die GOP 32248 für quantitative chemische oder physikalische Magnesiumbestimmungen wurde zum 01.07.2007 neu in den EBM aufgenommen. Die Magnesium-Bestimmung mittels Atomabsorption wurde aus dem EBM gestrichen.

Quantitative chemische oder physikalische Bestimmung, gilt für die Gebührenordnungspositionen 32250 bis 32262
Abrechnungsbestimmung   je Untersuchung

32250*   Spektralphotometrische Bilirubin-Bestimmung im Fruchtwasser oder im Blut des   **11,10**
        Neugeborenen
GOÄ   entsprechend oder ähnlich: Nr. 3775*

32251*   Carboxyhämoglobin   **27,60**
GOÄ   entsprechend oder ähnlich: Nr. 3692*

32252*   Carnitin   **26,90**
GOÄ   entsprechend oder ähnlich: Leistung in der GOÄ nicht vorhanden

32253*   Stuhlfett-Ausscheidung pro 24 Stunden   **14,20**
GOÄ   entsprechend oder ähnlich: Nr. 3787*

32254*   Fetales (HbF) oder freies Hämoglobin   **7,30**
GOÄ   entsprechend oder ähnlich: Nrn. 3689*, 3690*

32257*   Citronensäure/Citrat   **17,20**
GOÄ   entsprechend oder ähnlich: Nr. 3776*

32 In-vitro-Diagnostik der Laboratoriumsmedizin, Mikrobiologie, Virologie, Infektionsepidemiologie sowie Transfusionsmedizin

EBM-Nr.   EBM-Punkte / Euro

32258* Oxalsäure/Oxalat   **23,90**
GOÄ   entsprechend oder ähnlich: Analoger Ansatz der Nr. 3776*

32259* Phosphohexose-Isomerase (PHI)   **14,60**
GOÄ   entsprechend oder ähnlich: Leistung in der GOÄ nicht vorhanden, analoger Ansatz der
           Nr. 3786

32260* Glucose-6-Phosphat-Dehydrogenase (G6P-DH)   **17,00**
GOÄ   entsprechend oder ähnlich: Nr. 3790*

32261* Pyruvatkinase   **14,60**
GOÄ   entsprechend oder ähnlich: Nr. 3790*

32262* Ähnliche Untersuchungen unter Angabe der Art der Untersuchung   **15,40**

Anmerkung Die Berechnung der Gebührenordnungsposition 32262 setzt die Begründung der medizinischen Notwendigkeit der jeweiligen Untersuchung im Einzelfall voraus. Abweichend davon kann die Begründung der medizinischen Notwendigkeit der jeweiligen Untersuchung im Einzelfall entfallen bei: Galaktose-1-Phosphat-Uridyltransferase, Alpha-Glucosidase, alpha-Galaktosidase, Beta-Galaktosidase, Phosphofruktokinase i. E., UDP-Galaktose-Epimerase, Biotinidase, Carnitin-Palmityl-Transferase-II Aktivität, Phosphoisomerase, Phosphomannomutase, Kryoglobuline.

GOÄ   entsprechend oder ähnlich: Abrechnung der erbrachten Untersuchungen.

Kompendium KBV: Die Angabe der Art der Untersuchung (Feldkennung 5002) ist obligat.

Die Berechnung der GOP 32262 setzt die Begründung der medizinischen Notwendigkeit der jeweiligen Untersuchung im Einzelfall voraus. Abweichend davon kann die Begründung der medizinischen Notwendigkeit der jeweiligen Untersuchung im Einzelfall entfallen bei: Galaktose-1-Phosphat-Uridyltransferase, Alpha-Glucosidase, alpha-Galaktosidase, Beta-Galaktosidase, Phosphofruktokinase i. E., UDP-Galaktose-Epimerase, Biotinidase, Carnitin-Palmityl-Transferase-II Aktivität, Phosphoisomerase, Phosphomannomutase, Kryoglobuline.

Auf die gesonderte Begründung zur betreffenden GOP in Feldkennung 5009 kann verzichtet werden, wenn ein von der Begründungspflicht ausgenommenes Untersuchungsverfahren angewandt wurde oder sich bereits aus der in der Abrechnung angegebenen Diagnose die Notwendigkeit der Untersuchung im Einzelfall ergibt.

Kommentar: **Wezel/Liebold** führt in seiner Kommentierung Untersuchungen an, die nach dieser Nr. abgerechnet werden können: Adenosin Desaminase, Alkohol im Blut (ADH-Methode), Caroten, Jod im Urin, Oxytocinase.

Quantitative physikalische Bestimmung von Elementen mittels Atomabsorption, gilt für die Gebührenordnungspositionen 32265, 32267 bis 32274, 32277 bis 32281 und 32283.

Abrechnungsbestimmung je Untersuchung

Anmerkung Der Höchstwert für die Untersuchungen nach den Nrn. 32265, 32267 bis 32274, 32277 bis 32281 und 32283 beträgt 24,50 Euro.

32265* Calcium im Harn   **3,10**
GOÄ   entsprechend oder ähnlich: Analoger Ansatz der Nr. 4130*

32267* Zink   **12,30**
GOÄ   entsprechend oder ähnlich: Nr. 4135*

32268* Nickel   **16,10**
GOÄ   entsprechend oder ähnlich: Nr. 4198*

32 In-vitro-Diagnostik der Laboratoriumsmedizin, Mikrobiologie, Virologie, Infektionsepidemiologie sowie Transfusionsmedizin
EBM-Nr.   EBM-Punkte / Euro

32269* Arsen **16,10**
GOÄ entsprechend oder ähnlich: Nr. 4191*

32270* Aluminium **12,30**
GOÄ entsprechend oder ähnlich: Nr. 4190*

32271* Blei **13,80**
GOÄ entsprechend oder ähnlich: Nr. 4192*

32272* Cadmium **9,90**
GOÄ entsprechend oder ähnlich: Nr. 4193*

32273* Chrom **15,30**
GOÄ entsprechend oder ähnlich: Nr. 4194*

32274* Eisen im Harn **19,20**
GOÄ entsprechend oder ähnlich: Nr. 4130*

32277* Kupfer im Harn oder Gewebe **8,10**
GOÄ entsprechend oder ähnlich: Nr. 4132*

32278* Mangan **12,30**
GOÄ entsprechend oder ähnlich: Nr. 4133*

32279* Quecksilber **12,30**
GOÄ entsprechend oder ähnlich: Nr. 4196*

32280* Selen **14,60**
GOÄ entsprechend oder ähnlich: Nr. 4134*

32281* Thallium **13,70**
GOÄ entsprechend oder ähnlich: Nr. 4197*

32283* Spurenelemente unter Angabe der Art der Untersuchung **9,70**
GOÄ entsprechend oder ähnlich: Analog Nr. 4131*
Kompendium KBV: Die Angabe der Art der Untersuchung (Feldkennung 5002) ist obligat.
Voraussetzung für die Berechnung der GOP 32283 ist, dass die entsprechende Untersuchung nicht im Anhang 4 des EBM aufgeführt ist.

Qualitativer chromatographischer Nachweis einer oder mehrerer Substanz(en), gilt für die Leistungen nach den Nrn. 32290 bis 32294
Abrechnungsbestimmung je Untersuchungsgang

32290* Aminosäuren **17,90**
GOÄ entsprechend oder ähnlich: Nrn. 3737*, 3738*

32291* Porphyrine **29,60**
GOÄ entsprechend oder ähnlich: Nr. 4122*

32292* Drogen **20,30**
Unter Angabe der Substanz(en) oder Substanzgruppe(n)
Abrechnungsbestimmung je Untersuchungsgang

32293*–32294* Arztgruppenübergr. spezielle Gebührenordnungspositionen IV

32 In-vitro-Diagnostik der Laboratoriumsmedizin, Mikrobiologie, Virologie, Infektionsepidemiologie sowie Transfusionsmedizin
EBM-Nr.   EBM-Punkte / Euro

Abrechnungsausschluss in derselben Sitzung 32137, 32140, 32141, 32142, 32143, 32144, 32145, 32146, 32147

GOÄ entsprechend oder ähnlich: Nr. 4150* ff.

32293* Arzneimittel **10,40**
Unter Angabe der Substanz(en) oder Substanzgruppe(n)

Abrechnungsbestimmung je Untersuchungsgang

GOÄ entsprechend oder ähnlich: Nrn. 4199* ff., 4202*, 4203*, 4204*, 4214*

Kompendium KBV: Die GOP 32293 umfasst den qualitativen chromatographischen Nachweis einer oder mehrerer Substanz(en).

Bei Abrechnung der GOP 32293 ist die Angabe der Substanz(en) oder Substanzgruppe(n) (Feldkennung 5002) obligat.

32294* Ähnliche Untersuchungen unter Angabe der Substanz(en) oder Substanzgruppe **19,70**
Abrechnungsbestimmung je Untersuchungsgang

Anmerkung Die Berechnung der Gebührenordnungsposition 32294 setzt die Begründung der medizinischen Notwendigkeit der jeweiligen Untersuchung im Einzelfall voraus.

GOÄ entsprechend oder ähnlich: Nr. 4202*

Kompendium KBV: ie Angabe der Substanz(en) oder Substanzgruppe (Feldkennung 5002) ist obligat.

Die Berechnung der GOP 32294 setzt die Begründung der medizinischen Notwendigkeit der jeweiligen Untersuchung im Einzelfall voraus.

Siehe auch Nr. 32300.

Ein Untersuchungsgang beginnt mit der Probenvorbereitung (z. B. Extraktion oder Säulenvortrennung) und endet mit der Detektion und ggf. der quantitativen Auswertung der aufgetrennten Substanzen. Werden allerdings mehrere, voneinander unterscheidbare Untersuchungsgänge durchgeführt, z. B. Trennung auf unterschiedlichen Trägerplatten oder Säulen, um chemisch different reagierende Substanzen zu untersuchen, ist jeder Untersuchungsgang für sich berechnungsfähig.(*)

(*) nach Kölner Kommentar zum EBM

Kommentar: **Wezel/Liebold** führt in seiner Kommentierung aus, dass nach den EBM Nrn. 32294 (qualitativer Nachweis) bzw. 32313 (quantitativer Nachweis, ggf. einschl. qualitativer Nachweis) die chromatographischen Nachweise und Bestimmungen der nachfolgenden Substanzen berechnungsfähig sind:

- Ätiocholanolon
- Androsterin
- Dehydroepiandrosteron
- Desoxycortisteron
- Histamin
- Hippursäure
- 17-Ketosteroid-Fraktionierung
- Lipide
- LS-Ratio-(Quotient)Test (Lecithin: Sphinomyelin)
- Mucoproteine
- Propylvaleriansäure
- auch Blutalkohol, sofern ein Nachweis im Rahmen der Behandlung einer Krankheit erforderlich wird.

Die Bestimmung des Blutalkohols für die Polizei ist nicht nach dieser Leistung, sondern nach Nrn. 32262 (ADH Methode) oder 32148 (in der Atemluft) abrechenbar.

Die Angabe der Substanz(en) oder Substanzgruppe ist zwingend.

32 In-vitro-Diagnostik der Laboratoriumsmedizin, Mikrobiologie, Virologie, Infektionsepidemiologie sowie Transfusionsmedizin

EBM-Nr.   EBM-Punkte / Euro

Quantitative chromatographische Bestimmung(en) einer oder mehrerer Substanz(en), ggf. einschl. qualitativem chromatographischem Nachweis, gilt für die Gebührenoerdnungspositionen 32300 bis 32313

Abrechnungsbestimmung je Untersuchungsgang

32300*   Katecholamine und/oder Metabolite   **27,00**

GOÄ   entsprechend oder ähnlich: Nr. 4072*

Kompendium KBV: Chromatographische Techniken ermöglichen die simultane Untersuchung von mehreren Substanzen in einer Probe. GOP 32300 bis 32313 beinhalten Leistungen zum Nachweis oder zur Bestimmung aller in einem Untersuchungsgang erfassbaren Substanzen. Eine mehrfache Abrechnung der zutreffenden GOP für die einzelnen Substanzen ist demnach nicht zulässig.[1]

Werden allerdings mehrere, voneinander unterscheidbare Untersuchungsgänge durchgeführt, ist jeder Untersuchungsgang für sich berechnungsfähig.[1]

Zu den Katecholaminen zählen Adrenalin, Noradrenalin und Dopamin, deren Ausscheidung im Urin in einem Untersuchungsgang gleichzeitig bestimmt werden kann. Daher ist die GOP 32300 für alle drei Parameter nur einmalig berechnungsfähig.

Werden die Katecholamine und Metabolite in getrennten Untersuchungsgängen bestimmt, kann jeder Untersuchungsgang einzeln berechnet werden.

[1] nach Kölner Kommentar zum EBM

Kommentar: Unter dieser Leistungsziffer sind nach **Wezel/Liebold** auch die Bestimmungen von z. B. Adrenalin, Dopamin, Homovanillinsäure (HVS), M und Vanillinmandelsäure (VMS) abrechenbar.

32301*   Serotonin und/oder Metabolite   **13,30**

GOÄ   entsprechend oder ähnlich: Nr. 4075*

Kompendium KBV: Siehe auch Nr. 32300.

Werden allerdings mehrere, voneinander unterscheidbare Untersuchungsgänge durchgeführt, ist jeder Untersuchungsgang für sich berechnungsfähig.[1]

Werden Serotonin und Metabolite, wie z. B. der Serotoninmetabolit 5-Hydroxy-Indolessigsäure (5-HIES), in getrennten Untersuchungsgängen bestimmt, können die einzelnen Untersuchungsgänge getrennt berechnet werden.

[1] nach Kölner Kommentar zum EBM

Kommentar: Mit dieser Nr. kann auch die 5-Hydroxy-Indolessigsäure abgerechnet werden.

32302*   Porphyrine   **15,40**

GOÄ   entsprechend oder ähnlich: Nr. 4121*

Kompendium KBV: Siehe Nr. 32301.

32303*   Porphobilinogen   **23,40**

GOÄ   entsprechend oder ähnlich: Nrn. 4123, 4124*

Kompendium KBV: Siehe Nr. 32301.

32304*   Delta-Amino-Lävulinsäure   **24,50**

GOÄ   entsprechend oder ähnlich: Nr. 3789*

Kompendium KBV: Siehe Nr. 32301.

32305*   Arzneimittel (chromatographisch oder mit sonstigen Verfahren)   **17,30**
Unter Angabe der Substanz(en) oder Substanzgruppe(n)

Abrechnungsbestimmung je Untersuchungsgang

GOÄ   entsprechend oder ähnlich: Nrn. 4153* ff., 4199* ff.

32306*–32312* Arztgruppenübergr. spezielle Gebührenordnungspositionen IV

32 In-vitro-Diagnostik der Laboratoriumsmedizin, Mikrobiologie, Virologie, Infektionsepidemiologie sowie Transfusionsmedizin
EBM-Nr.   EBM-Punkte / Euro

Kompendium KBV: Siehe Nr. 32301.

Kommentar: Werden quantitative Arzneimittel-Bestimmungen mittels Immunoassay durchgeführt, stehen hierzu die Nrn. 32340 – 32346 zur Verfügung.

32306* Vitamine   **22,30**
Unter Angabe der Substanz(en) oder Substanzgruppe(n)
Abrechnungsbestimmung je Untersuchungsgang

GOÄ   entsprechend oder ähnlich: Nrn. 4138* ff., 4141* – 4147*

Kompendium KBV: Siehe auch Nr. 32301.

Bei Abrechnung der GOP 32306 ist die Angabe der Substanz(en) oder Substanzgruppe(n) (Feldkennung 5002) obligat.

Vitaminbestimmungen im Rahmen von Untersuchungen auf oxidativen Stress bzw. Schadstoffbelastung sind nach derzeitigem Kenntnisstand keine GKV-Leistungen.

32307* Drogen   **17,70**
Unter Angabe der Substanz(en) oder Substanzgruppe(n)
Abrechnungsbestimmung je Untersuchungsgang

GOÄ   entsprechend oder ähnlich: Nr. 4200* ff.

Kompendium KBV: Siehe auch Nr. 32301.

Bei Abrechnung der GOP 32307 ist die Angabe der Substanz(en) oder Substanzgruppe(n) (Feldkennung 5002) obligat.

Kommentar: Werden quantitative Drogen-Bestimmungen mittels Immunoassay durchgeführt, stehen die Nrn. 32330 – 32337 zur Verfügung.

32308* Pyridinolin und/oder Desoxypyridinolin   **28,40**
GOÄ   entsprechend oder ähnlich: Nr. 4202*

Kompendium KBV: Siehe auch Nr. 32301.

32309* Phenylalanin   **18,70**
GOÄ   entsprechend oder ähnlich: Nrn. 3737*, 3738*

Kompendium KBV: Siehe auch Nr. 32301.

32310* Aminosäuren   **22,00**
GOÄ   entsprechend oder ähnlich: Nrn. 3737*, 3738*

Kompendium KBV: Siehe auch Nr. 32301.

32311* Exogene Gifte   **28,70**
Unter Angabe der Substanz(en) oder Substanzgruppe(n)
Abrechnungsbestimmung je Untersuchungsgang

GOÄ   entsprechend oder ähnlich: Nrn. 4209* bis 4213*

Kompendium KBV: Siehe auch Nr. 32301.

Bei Abrechnung der GOP 32311 ist die Angabe der Substanz(en) oder Substanzgruppe(n) (Feldkennung 5002) obligat.

Umweltmedizinische Diagnostik ist nach derzeitiger Einschätzung nur dann zulasten der GKV berechnungsfähig, wenn ein dringender Verdacht auf eine Intoxikation vorliegt und eine Quelle für die Belastung bekannt ist, oder zumindest konkret in Verdacht steht, bzw. wenn bei exponierten Patienten Krankheitssymptome vorliegen. Ein ungezieltes „Screening" bei Befindlichkeitsstörungen gehört nicht zum Leistungsspektrum der GKV.

32312* Hämoglobine (außer glykierte Hämoglobine nach Nr. 32094)   **11,80**
Abrechnungsausschluss in derselben Sitzung 32468

GOÄ   entsprechend oder ähnlich: Nrn. 3689*, 3690*, 3691, 3692*

Kompendium KBV: Siehe auch Nr. 32301.

IV Arztgruppenübergr. spezielle Gebührenordnungspositionen **32313*–32314***

32 In-vitro-Diagnostik der Laboratoriumsmedizin, Mikrobiologie, Virologie, Infektionsepidemiologie sowie Transfusionsmedizin
EBM-Nr.   EBM-Punkte / Euro

Die GOP 32312 steht für die Abrechnung der chromatographischen Methode. Die Wahl der Methode, chromatographisch oder die aufwendigere elektrophoretische Auftrennung nach GOP 32468 ist freigestellt. Es ist aber nur eine der beiden Leistungen berechnungsfähig.

Glykierte Hämoglobine (HbA1, HbA1c) sind unabhängig von der Methode ausschließlich mit der GOP 32094 berechnungsfähig.(*)

(*) nach Kölner Kommentar zum EBM

32313*   **Ähnliche Untersuchungen unter Angabe der Substanz(en) oder Substanzgruppe   20,90**

Anmerkung Die Berechnung der Gebührenordnungsposition 32313 setzt die Begründung der medizinischen Notwendigkeit der jeweiligen Untersuchung im Einzelfall voraus. Abweichend davon kann die Begründung der medizinischen Notwendigkeit der jeweiligen Untersuchung im Einzelfall entfallen bei: organische Säuren, Methanol.

GOÄ   entsprechend oder ähnlich: Nrn. 4202*, 4208*

Kompendium KBV: Siehe auch Nr. 32301.

Die Angabe der Substanz(en) oder Substanzgruppe (Feldkennung 5002) ist obligat. Die Berechnung der GOP 32313 setzt die Begründung der medizinischen Notwendigkeit der jeweiligen Untersuchung im Einzelfall voraus. Abweichend davon kann die Begründung der medizinischen Notwendigkeit der jeweiligen Untersuchung im Einzelfall entfallen bei: organische Säuren, Methanol.

Auf die gesonderte Begründung zur betreffenden GOP in Feldkennung 5009 kann verzichtet werden, wenn ein von der Begründungspflicht ausgenommenes Untersuchungsverfahren angewandt wurde oder sich bereits aus der in der Abrechnung angegebenen Diagnose die Notwendigkeit der Untersuchung im Einzelfall ergibt.

Kommentar: **Wezel/Liebold** führt in seiner Kommentierung aus, dass nach den EBM Nrn. 32294 (qualitativer Nachweis) bzw. 32313 (quantitativer Nachweis, ggf. einschl. qualitativer Nachweis) die chromatographischen Nachweise und Bestimmungen der nachfolgenden Substanzen berechnungsfähig sind:

• Ätiocholanolon
• Androsterin
• Dehydroepiandrosteron
• Desoxycortisteron
• Histamin
• Hippursäure
• 17-Ketosteroid-Fraktionierung
• Lipide
• LS-Ratio-(Quotient)Test (Lecithin: Sphinomyelin)
• Mucoproteine
• Propylvaleriansäure
• auch Blutalkohol, sofern ein Nachweis im Rahmen der Behandlung einer Krankheit erforderlich wird.

Die Bestimmung des Blutalkohols für die Polizei ist nicht nach dieser Leistung sondern nach Nrn. 32262 (ADH Methode) oder 32148 (in der Atemluft) abrechenbar.

Die Angabe der Substanz(en) oder Substanzgruppe ist zwingend.

32314*   **Bestimmung von Substanzen mittels DC, GC und/oder HPLC und anschließender   51,90
Massenspektrometrie und EDV-Auswertung,**

Abrechnungsbestimmung je Körpermaterial unter Angabe der Art der Untersuchung

GOÄ   entsprechend oder ähnlich: Nrn. 4078* + Zuschlag Nr. 4079*, 4210*

Kompendium KBV: Die Verknüpfung „und/oder" bedeutet, dass die GOP 32314 nur einmal je Körpermaterial berechnungsfähig ist, unabhängig davon, wie viele der genannten chromatographischen Verfahren bei der betreffenden Untersuchung notwendig sind.(*)

Die Angabe der Art der Untersuchung ist obligat.

Diese Untersuchung ist nur berechnungsfähig, wenn eine Massenspektrometrie durchgeführt wird.

(*) nach Kölner Kommentar zum EBM

32315*–32323*   Arztgruppenübergr. spezielle Gebührenordnungspositionen IV

32 In-vitro-Diagnostik der Laboratoriumsmedizin, Mikrobiologie, Virologie, Infektionsepidemiologie sowie Transfusionsmedizin
EBM-Nr.   EBM-Punkte / Euro

Kommentar: Unabhängig davon, wie viele der genannten Verfahren bei der betreffenden Untersuchung notwendig sind, kann die Leistung nach Nr. 32314 je Körpermaterial nur einmal abgerechnet werden.

32315* Analytische Auswertung einer oder mehrerer Atemproben eines 13C-Harnstoff-   **12,00**
Atemtests nach der Nr. 02400, ggf. einschl. Probenvorbereitung (z.B. chromatographisch), insgesamt

Abrechnungsausschluss in derselben Sitzung 32706

GOÄ   entsprechend oder ähnlich: Analoger Ansatz der Nr. 3783* analog

32316* Vollständige chemische Analyse zur Differenzierung eines Steins   **10,30**

Abrechnungsausschluss in derselben Sitzung 32317

GOÄ   entsprechend oder ähnlich: Nr. 3672*

Kompendium KBV: Neben dieser Leistung ist die Untersuchung nach GOP 32317 nicht berechnungsfähig.

32317* Analyse zur Differenzierung eines Steins in seinen verschiedenen Schichtungen   **20,30**
mittels Infrarot-Spektrographie

Abrechnungsausschluss in derselben Sitzung 32316

GOÄ   entsprechend oder ähnlich: Nr. 3672*

Kompendium KBV: Neben dieser Leistung ist die Untersuchung nach GOP 32316 nicht berechnungsfähig.

32318* Quantitative Bestimmung von Homocystein   **15,00**

GOÄ   entsprechend oder ähnlich: Nr. 3737*

Kompendium KBV: Die Homocysteinbestimmung war in der Vergangenheit nur berechnungsfähig, wenn sie mittels Hochleistungsflüssigkeitschromatographie (HPLC) durchgeführt wurde. Dieser Methodenbezug wurde aufgehoben, sodass mit dieser GOP auch die Bestimmung von Homocystein mittels Immunoassay berechnungsfähig ist.

Quantitative Bestimmung der freien Schilddrüsenhormone, gilt für die Gebührenordnungspositionen 32320 bis 32321

Abrechnungsbestimmung je Untersuchung

32320* Freies Thyroxin (fT4)   **3,70**

GOÄ   entsprechend oder ähnlich: Nr. 4023.H4*

Kompendium KBV: Die Bestimmung der Gesamthormone T3 und T4 wurde zum Quartal 3/2007 in den Anhang IV der nicht oder nicht mehr berechnungsfähigen Leistungen des EBM übernommen.

TSH gilt als der wichtigste Laborwert bei der Diagnostik von Schilddrüsenerkrankungen und bei der Beurteilung der Schilddrüsenhormon-Stoffwechsellage unter Therapie sowie vor diagnostischen Eingriffen mit jodhaltigen Kontrastmitteln. Im Regelfall wird bei Patienten ohne schwere Allgemeinerkrankung bei Verdacht auf Schilddrüsenerkrankung primär das TSH bestimmt und abhängig vom Resultat der ggf. weitere diagnostische Ablauf bestimmt.

32321* Freies Trijodthyronin (fT3)   **3,70**

GOÄ   entsprechend oder ähnlich: Nr. 4022.H4*

Kompendium KBV: Siehe Nr. 32320.

Quantitative Bestimmung, gilt für die Gebührenordnungspositionen 32323 bis 32325

Abrechnungsbestimmung je Untersuchung

Anmerkung Die Gebührenordnungspositionen 32324, 32350, 32351, 32352, 32390 bis 32398, 32400, 32405 und 32420 sind nebeneinander insgesamt bis zu zweimal berechnungsfähig.

32323* Digoxin   **6,30**

GOÄ   entsprechend oder ähnlich: Nr. 4162*

32 In-vitro-Diagnostik der Laboratoriumsmedizin, Mikrobiologie, Virologie, Infektionsepidemiologie sowie Transfusionsmedizin
EBM-Nr.   EBM-Punkte / Euro

32324*   Carcinoembryonales Antigen (CEA)   **3,80**
GOÄ   entsprechend oder ähnlich: Nr. 3905.H3*

32325*   Ferritin   **4,20**
GOÄ   entsprechend oder ähnlich: Nr. 3742*

Quantitative Bestimmung von Drogen mittels Immunoassay, gilt für die Gebühren-ordnungspositionen 32330 bis 32337
Abrechnungsbestimmung je Untersuchung
Anmerkung Der Höchstwert für die Untersuchungen der Gebührenordnungspositionen 32330 bis 32337 beträgt 24,10 Euro.

Kommentar: Die Angabe der Art der Untersuchung ist zwingend. Nach den Nrn. 32330 bis 32337 sind die quantitativen immunologischen Drogenbestimmungen abzurechnen. Das qualitative Drogenscreening ist methodenabhängig nach den Nrn. 32140 bis 32147 oder 32292 und die quantitative chromatographische Bestimmung nach Nr. 32307 berechnungsfähig.
            Der Höchstwert der Nrn. 32330 bis 32337 beträgt 24,10 Euro.

32330*   Amphetamine   **7,70**
GOÄ   entsprechend oder ähnlich: Nr. 4151*

32331*   Barbiturate   **8,80**
GOÄ   entsprechend oder ähnlich: Nr. 4153*

32332*   Benzodiazepine   **7,10**
GOÄ   entsprechend oder ähnlich: Nr. 4154*

32333*   Cannabinoide   **7,50**
GOÄ   entsprechend oder ähnlich: Nr. 4155*

32334*   Kokain   **7,70**
GOÄ   entsprechend oder ähnlich: Nr. 4158*

32335*   Methadon   **8,90**
GOÄ   entsprechend oder ähnlich: Nr. 4168*

32336*   Opiate   **7,50**
GOÄ   entsprechend oder ähnlich: Nr. 4172*

32337*   Ähnliche Untersuchungen unter Angabe der Art der Untersuchung   **9,50**
            Anmerkung Der Höchstwert für die Untersuchungen der Gebührenordnungspositionen 32330 bis 32337 beträgt 24,10 Euro.
            Die Berechnung der Gebührenordnungsposition 32337 setzt die Begründung der medizinischen Notwendigkeit der jeweiligen Untersuchung im Einzelfall voraus.
GOÄ   entsprechend oder ähnlich: Leistung in der GOÄ nicht vorhanden
Kompendium KBV: Die Angabe der Art der Untersuchung (Feldkennung 5002) ist obligat.
            Die Berechnung der GOP 32337 setzt die Begründung der medizinischen Notwendigkeit der jeweiligen Untersuchung im Einzelfall voraus.
            Nach GOP 32330 bis 32337 sind die quantitativen immunologischen Drogenbestimmungen, ggf. begrenzt durch den Höchstwert, abzurechnen.
            Die qualitative Bestimmung von Drogen ist methodenabhängig mit GOP 32140 bis 32147 oder 32292 und die quantitative chromatographische Bestimmung mit der GOP 32307 berechnungsfähig.(*)
            (*) nach Kölner Kommentar zum EBM

32340*–32346* Arztgruppenübergr. spezielle Gebührenordnungspositionen IV

32 In-vitro-Diagnostik der Laboratoriumsmedizin, Mikrobiologie, Virologie, Infektionsepidemiologie sowie Transfusionsmedizin
EBM-Nr. EBM-Punkte/Euro

Kommentar: Die Angabe der Art der Untersuchung ist zwingend. Nach den Nrn. 32330 bis 32337 sind die quantitativen immunologischen Drogenbestimmungen abzurechnen. Der Höchstwert der Nrn. 32330 bis 32337 beträgt 24,10 Euro.

Quantitative Bestimmung von Arzneimitteln mittels Immunoassay, gilt für die Leistungen nach den Nrn. 32340 bis 32346
Abrechnungsbestimmung je Untersuchung

32340* Antiarrhythmika **14,90**
GOÄ entsprechend oder ähnlich: Nr. 4182*

32341* Antibiotika **17,70**
GOÄ entsprechend oder ähnlich: Nrn. 4150*, 4166*, 4180*, 4203*

32342* Antiepileptika **8,60**
GOÄ entsprechend oder ähnlich: Nrn. 4156*, 4164*, 4173*, 4175*, 4200*, 4206*

32343* Digitoxin **7,20**
GOÄ entsprechend oder ähnlich: Nr. 4161*

32344* Zytostatika, z.B. Methotrexat **23,90**
GOÄ entsprechend oder ähnlich: Nr. 4169*

32345* Theophyllin **10,70**
GOÄ entsprechend oder ähnlich: Nr. 4179*

32346* Ähnliche Untersuchungen unter Angabe der Art der Untersuchung **14,60**
Anmerkung Die Berechnung der Gebührenordnungsposition 32346 setzt die Begründung der medizinischen Notwendigkeit der jeweiligen Untersuchung im Einzelfall voraus.
GOÄ entsprechend oder ähnlich: Nr. 4182*
Kompendium KBV: Die Angabe der Art der Untersuchung (Feldkennung 5002) ist obligat.

Die Berechnung der GOP 32346 setzt die Begründung der medizinischen Notwendigkeit der jeweiligen Untersuchung im Einzelfall voraus.

Bei quantitativer Bestimmung von Arzneimitteln mittels trägergebundener Reagenzien und apparativer Auswertung (z. B. Reflexionsmessung) sind nicht die GOP 32340 bis 32346 berechnungsfähig. In diesem Fall ist die GOP 32055 anzusetzen.(*)
(*) nach Kölner Kommentar zum EBM
Kommentar: Die Angabe der Art der Untersuchung ist zwingend. Die quantitative Bestimmung von Arzneimitteln, z. B. Theophyllin, Antiepileptika oder Herzglykosiden mittels trägergebundener Reagenzien und apparativer Auswertung (Reflexionsmessung) ist nach Nr. 32140 ff. abzurechnen.

Quantitative Bestimmung mittels Immunoassay, gilt für die Gebührenordnungspositionen 32350 bis 32361
Abrechnungsbestimmung je Untersuchung
Anmerkung Die Gebührenordnungspositionen 32324, 32350, 32351, 32352, 32390 bis 32398, 32400, 32405 und 32420 sind nebeneinander insgesamt bis zu zweimal berechnungsfähig.
Die Gebührenordnungspositionen 32350 bis 32361 sind im Rahmen eines Stimulations- oder Suppressionstestes bis zu zweimal, im Rahmen eines Tagesprofils bis zu dreimal berechnungsfähig.

IV Arztgruppenübergr. spezielle Gebührenordnungspositionen **32350*–32355***

32 In-vitro-Diagnostik der Laboratoriumsmedizin, Mikrobiologie, Virologie, Infektionsepidemiologie sowie Transfusionsmedizin
EBM-Nr. EBM-Punkte / Euro

32350* Alpha-Fetoprotein (AFP) **6,40**

Abrechnungsausschluss in derselben Sitzung 01783

GOÄ entsprechend oder ähnlich: Nr. 3743*

Kompendium KBV: Die Berechnungsfähigkeit der Leistungen nach den GOP 32350 ff. ist nur dann gegeben, wenn Immunoassays (RIA, EIA, FIA oder LIA) mit kontinuierlicher quantitativer Skala (Gradual-Verfahren) angewendet werden. Latex-Tests, Agglutinations-, Hämagglutinations- und Hämagglutinationshemmungs-Methoden oder ähnliche Verfahren erfüllen diese Anforderungen nicht und sind nicht nach diesen GOP berechnungsfähig.[1]

Diese Methoden gelten als semiquantitativ und gehören damit zu den qualitativen Bestimmungen.

Die Bestimmung von Alpha 1-Feto-Protein im Fruchtwasser oder im Serum im Rahmen der Mutterschaftsvorsorge ist nach der GOP 01783 berechnungsfähig.

[1] nach Kölner Kommentar zum EBM

32351* Prostataspezifisches Antigen (PSA) oder freies PSA **4,80**

GOÄ entsprechend oder ähnlich: Nr. 3908.H3*

Kompendium KBV: Siehe auch Nr 32350.

Die Bestimmung des freien PSA neben dem Gesamt-PSA ist nur bei leicht erhöhten Werten des Gesamt-PSA indiziert (Graubereich zwischen 4 und 10 ng/ml).(*)

Die Bestimmung der prostataspezifischen Phosphatase (PAP) ist durch die Einführung der PSA-Bestimmung obsolet geworden und keine abrechnungsfähige Leistung mehr. Sie ist weder nach GOP 32361 noch nach einer anderen GOP für „Ähnliche Untersuchungen" berechnungsfähig.(*)

Im Rahmen der Früherkennung von Krebserkrankungen beim Mann nach GOP 01731 ist die PSA-Bestimmung nicht möglich, da sie nicht Bestandteil der Krebsfrüherkennungs-Richtlinien gemäß Abschnitt C § 25 ist.

(*) nach Kölner Kommentar zum EBM

32352* Choriongonadotropin (HCG und/oder ß-HCG) **6,10**

GOÄ entsprechend oder ähnlich: Nr. 4053*

Kompendium KBV: Siehe auch Nr. 32353.

Mit dieser GOP kann nur die quantitative Bestimmung von HCG oder von β-HCG berechnet werden. Hierunter fällt nicht der qualitative Nachweis oder die semiquantitative Bestimmung von HCG oder von β-HCG im Urin (Schwangerschaftsnachweis nach GOP 32132).

(*) nach Kölner Kommentar zum EBM

32353* Follitropin (FSH) **4,50**

GOÄ entsprechend oder ähnlich: Nr. 4021*

Kompendium KBV: Die Berechnungsfähigkeit der Leistungen nach den GOP 32350 ff. ist nur dann gegeben, wenn Immunoassays (RIA, EIA, FIA oder LIA) mit kontinuierlicher quantitativer Skala (Gradual-Verfahren) angewendet werden. Latex-Tests, Agglutinations-, Hämagglutinations- und Hämagglutinationshemmungs-Methoden oder ähnliche Verfahren erfüllen diese Anforderungen nicht und sind nicht nach diesen GOP berechnungsfähig.[1]

Diese Methoden gelten als semiquantitativ und gehören damit zu den qualitativen Bestimmungen.

(*) nach Kölner Kommentar zum EBM

32354* Lutropin (LH) **4,90**

GOÄ entsprechend oder ähnlich: Nr. 4026*

Kompendium KBV: Siehe auch Nr. 32353.

32355* Prolaktin **4,60**

GOÄ entsprechend oder ähnlich: Nr. 4041*

Kompendium KBV: Siehe auch Nr. 32353.

32356*–32361* Arztgruppenübergr. spezielle Gebührenordnungspositionen IV

32 In-vitro-Diagnostik der Laboratoriumsmedizin, Mikrobiologie, Virologie, Infektionsepidemiologie sowie Transfusionsmedizin

EBM-Nr.   EBM-Punkte / Euro

32356* Östradiol   **4,60**

GOÄ   entsprechend oder ähnlich: Nr. 4040*

Kompendium KBV: Siehe auch Nr. 32353.

32357* Progesteron   **3,80**

GOÄ   entsprechend oder ähnlich: Nr. 4040*

Kompendium KBV: Siehe auch Nr. 32353.

32358* Testosteron und/oder freies Testosteron   **5,00**

GOÄ   entsprechend oder ähnlich: Nr. 4042*

Kompendium KBV: Siehe auch Nr. 32353.

Die „und/oder"-Verknüpfung schreibt zwingend vor, dass gesamtes und freies Testosteron nur einmal berechnungsfähig ist.

32359* Insulin   **6,40**

GOÄ   entsprechend oder ähnlich: Nr. 4025*

Kompendium KBV: Siehe auch Nr. 32353.

32360* Sexualhormonbindendes Globulin (SHBG)   **11,90**

GOÄ   entsprechend oder ähnlich: Nr. 3765*

Kompendium KBV: Siehe auch Nr. 32353.

32361* Ähnliche Untersuchungen unter Angabe der Art der Untersuchung   **8,10**

Anmerkung Die Berechnung der Gebührenordnungsposition 32361 setzt die Begründung der medizinischen Notwendigkeit der jeweiligen Untersuchung im Einzelfall voraus. Abweichend davon kann die Begründung der medizinischen Notwendigkeit der jeweiligen Untersuchung im Einzelfall entfallen bei: Anti-Müller-Hormon.

GOÄ   entsprechend oder ähnlich: Nrn. 4033* (ggf. einschl. Doppelbestimmung u. aktuelle Bezugskurve), 4044* (einschl. Doppelbestimmung u. aktuelle Bezugskurve)

Kompendium KBV: Siehe auch Nr. 32353.

Die Angabe der Art der Untersuchung (Feldkennung 5002) ist obligat.Die Berechnung der GOP 32361 setzt die Begründung der medizinischen Notwendigkeit der jeweiligen Untersuchung im Einzelfall voraus. Abweichend davon kann die Begründung der medizinischen Notwendigkeit der jeweiligen Untersuchung im Einzelfall entfallen bei: Anti-Müller-Hormon.(*)

Auf die gesonderte Begründung zur betreffenden GOP in Feldkennung 5009 kann verzichtet werden, wenn ein von der Begründungspflicht ausgenommenes Untersuchungsverfahren angewandt wurde oder sich bereits aus der in der Abrechnung angegebenen Diagnose die Notwendigkeit der Untersuchung im Einzelfall ergibt.

(*) nach Kölner Kommentar zum EBM

Quantitative Bestimmung frühestens ab der 24. SSW + 0 Tage, gilt für die Gebührenordnungspositionen 32362 und 32363

Abrechnungsbestimmung je Untersuchung

Anmerkung Der Befundbericht muss innerhalb von 24 Stunden nach Materialeingang übermittelt sein.
Voraussetzung für die Berechnungsfähigkeit der Gebührenordnungspositionen 32362 und 32363 ist die Erfüllung eines der folgenden Kriterien der Präeklampsie:
• Neu auftretender oder bestehender Hypertonus
• Präeklampsie-assoziierter organischer oder labordiagnostischer Untersuchungsbefund, welcher keiner anderen Ursache zugeordnet werden kann
• Fetale Wachstumsstörung
• auffälliger dopplersonographischer Befund der Aa. uterinae in einer Untersuchung nach der Gebührenordnungsposition 01775

IV Arztgruppenübergr. spezielle Gebührenordnungspositionen **32362–32372***

32 In-vitro-Diagnostik der Laboratoriumsmedizin, Mikrobiologie, Virologie, Infektionsepidemiologie sowie Transfusionsmedizin
EBM-Nr.   EBM-Punkte / Euro

Die Gebührenordnungspositionen 32362 und 32363 sind jeweils höchstens dreimal im Behandlungsfall berechnungsfähig.
Die Gebührenordnungspositionen 32362 und 32363 sind am Behandlungstag nicht nebeneinander berechnungsfähig.

32362 PIGF   **19,40**
Abrechnungsbestimmung je Untersuchung
Kommentar: Die Vergütung der Leistungen nach 32362 und 32363 erfolgt außerhalb der morbiditätsbedingten Gesamtvergütung und ist auf 2 Jahre vorerst befristet.

32363 sFlt-1/PIGF-Quotienten   **19,40**
Abrechnungsbestimmung je Untersuchung
Kommentar: Die Vergütung der Leistungen nach 32362 und 32363 erfolgt außerhalb der morbiditätsbedingten Gesamtvergütung und ist auf 2 Jahre vorerst befristet.

Quantitative Bestimmung mittels Immunoassay, gilt für die Gebührenordnungspositionen 32365 bis 32381
Abrechnungsbestimmung je Untersuchung
Anmerkung Die Gebührenordnungspositionen 32365 bis 32380, 32385 bis 32398, 32400 bis 32404 und 32410 bis 32415 sind im Rahmen eines Stimulations- oder Suppressionstestes bis zu fünfmal, im Rahmen eines Tagesprofils bis zu dreimal berechnungsfähig.

32365* C-Peptid   **14,70**
GOÄ   entsprechend oder ähnlich: Nr. 4046*

32366* Gastrin   **11,70**
GOÄ   entsprechend oder ähnlich: Nr. 4051*

32367* Cortisol   **6,20**
GOÄ   entsprechend oder ähnlich: Nr. 4020*

32368* 17-Hydroxy-Progesteron   **9,40**
GOÄ   entsprechend oder ähnlich: Nr. 4035*

32369* Dehydroepiandrosteron (DHEA) und/oder -sulfat (DHEA-S)   **6,90**
GOÄ   entsprechend oder ähnlich: Nr. 4038*
Kompendium KBV: Die „und/oder"-Verknüpfung schreibt vor, dass DHEA und DHEA-S nur einmal berechnungsfähig sind.

32370* Wachstumshormon (HGH), Somatotropin (STH)   **10,20**
GOÄ   entsprechend oder ähnlich: Nr. 4043*

32371* Insulin-like growth factor I (IGF-I) bzw. Somatomedin C (SM-C) und/oder IGF-I   **33,70**
         bindendes Protein 3 (IGFBP-3)
GOÄ   entsprechend oder ähnlich: Nr. 4060*
Kompendium KBV: Die „und/oder"-Verknüpfung schreibt vor, dass IGF I und IGFBP 3 nur einmal berechnungsfähig sind.
         Qualitative oder semiquantitative Einschritt-Immunoassay- Testverfahren, welche mit Hilfe von monoklonalen Antikörpern IGFBP-1 Proteine aus gynäkologischen Abstrichen oder aus Vaginalflüssigkeit mittels visuell abzulesender Farbreaktion nachweisen, sind nicht mit GOP 32371 berechnungsfähig.

32372* Folsäure   **5,40**
GOÄ   entsprechend oder ähnlich: Nr. 4140*

32373*–32381* Arztgruppenübergr. spezielle Gebührenordnungspositionen IV

32 In-vitro-Diagnostik der Laboratoriumsmedizin, Mikrobiologie, Virologie, Infektionsepidemiologie sowie Transfusionsmedizin

EBM-Nr. EBM-Punkte / Euro

32373* Vitamin B 12 **4,20**
GOÄ entsprechend oder ähnlich: Nr. 4140*

32374* Cyclosporin **29,60**
GOÄ entsprechend oder ähnlich: Nr. 4185*

32375* Trypsin **24,60**
GOÄ entsprechend oder ähnlich: Nr. 3796*

32376* ß2-Mikroglobulin **10,90**
Abrechnungsausschluss im Behandlungsfall 32824
GOÄ entsprechend oder ähnlich: Nr. 3754*

32377* Pankreas-Elastase **22,50**
GOÄ entsprechend oder ähnlich: Nr. 4062*
Kompendium KBV: Nach GOP 32377 ist nur die Pankreas-Elastase, nicht aber die Granulozyten-(PMN-) Elastase (GOP 32453) berechnungsfähig.(*)
(*) nach Kölner Kommentar zum EBM

32378* Neopterin **18,50**
Abrechnungsausschluss im Behandlungsfall 32824
GOÄ entsprechend oder ähnlich: Leistung in der GOÄ nicht vorhanden, ggf. analoger Ansatz der Nr. 3900

32379* Tacrolimus (FK 506) **31,90**
GOÄ entsprechend oder ähnlich: Leistung in der GOÄ nicht vorhanden, ggf. analoger Ansatz der Nr. 4185*

32380* Eosinophiles kationisches Protein (ECP) **21,60**
GOÄ entsprechend oder ähnlich: Analoger Ansatz der Nr. 3743*

32381* Ähnliche Untersuchungen unter Angabe der Art der Untersuchung **15,90**
Abrechnungsbestimmung je Untersuchung
Anmerkung Die Berechnung der Gebührenordnungsposition 32381 setzt die Begründung der medizinischen Notwendigkeit der jeweiligen Untersuchung im Einzelfall voraus. Abweichend davon kann die Begründung der medizinischen Notwendigkeit der jeweiligen Untersuchung im Einzelfall entfallen bei: Interleukin 2 Rezeptor, Calprotectin und/oder Lactoferrin im Stuhl, Everolimus, Sirolimus und Mycophenolat.
GOÄ entsprechend oder ähnlich: Leistung in der GOÄ nicht vorhanden
Kompendium KBV: Die Angabe der Art der Untersuchung (Feldkennung 5002) ist obligat.
Die Berechnung der GOP 32381 setzt die Begründung der medizinischen Notwendigkeit der jeweiligen Untersuchung im Einzelfall voraus. Abweichend davon kann die Begründung der medizinischen Notwendigkeit der jeweiligen Untersuchung im Einzelfall entfallen bei: Interleukin 2 Rezeptor, Calprotectin und/oder Lactoferrin im Stuhl, Everolimus, Sirolimus und Mycophenolat.
Die „und/oder"-Verknüpfung bei „Calprotectin und/oder Lactoferrin im Stuhl" bedeutet, dass die Leistung nur einmal berechnungsfähig ist, unabhängig davon ob beide durch „und/oder" verbundenen Leistungen erbracht wurden oder nur eine davon.

Quantitative Bestimmung mittels Immunoassay, gilt für die Leistungen nach den Nrn. 32385 bis 32405
Abrechnungsbestimmung je Untersuchung
Anmerkung Die Gebührenordnungspositionen 32324, 32350, 32351, 32352, 32390 bis 32398, 32400 und 32420 sind nebeneinander insgesamt bis zu zweimal berechnungs-

IV Arztgruppenübergr. spezielle Gebührenordnungspositionen   **32385*–32401***

32 In-vitro-Diagnostik der Laboratoriumsmedizin, Mikrobiologie, Virologie, Infektionsepidemiologie sowie Transfusionsmedizin

EBM-Nr.   EBM-Punkte / Euro

fähig. Davon abweichend sind die Gebührenordnungspositionen 32391 und 32398 nicht nebeneinander berechnungsfähig.

Die Gebührenordnungspositionen 32365 bis 32380, 32385 bis 32398, 32400 bis 32405 und 32410 bis 32415 sind im Rahmen eines Stimulations- oder Suppressionstestes bis zu fünfmal, im Rahmen eines Tagesprofils bis zu dreimal berechnungsfähig.

32385* Aldosteron   **11,70**
GOÄ   entsprechend oder ähnlich: Nr. 4045*

32386* Renin   **31,30**
GOÄ   entsprechend oder ähnlich: Nr. 4058*

32387* Androstendion   **12,80**
GOÄ   entsprechend oder ähnlich: Nr. 4036*

32388* Corticosteron   **53,70**
GOÄ   entsprechend oder ähnlich: Nrn. 4033*, 4044*

32389* 11-Desoxycortisol   **22,10**
GOÄ   entsprechend oder ähnlich: Nr. 4062*

32390* CA 125 und/oder HE 4   **10,60**
GOÄ   entsprechend oder ähnlich: Nr. 3900.H3*

32391* CA 15–3   **8,70**
GOÄ   entsprechend oder ähnlich: Nr. 3901.H3*

32392* CA 19–9   **9,20**
GOÄ   entsprechend oder ähnlich: Nr. 3902.H3*

32393* CA 50   **29,20**
GOÄ   entsprechend oder ähnlich: Nr. 3903.H3*

32394* CA 72-4 (TAG 72)   **22,70**
GOÄ   entsprechend oder ähnlich: Nr. 3904.H3*

32395* Neuronenspezifische Enolase (NSE)   **15,50**
GOÄ   entsprechend oder ähnlich: Nr. 3907.H3*

32396* Squamous cell carcinoma Antigen (SCC)   **15,90**
GOÄ   entsprechend oder ähnlich: Nr. 3909.H3*

32397* Tissue Polypeptide Antigen (TPA, TPS)   **24,40**
GOÄ   entsprechend oder ähnlich: Nr. 3911.H3*

32398* Mucin-like cancer associated antigen (MCA)   **33,20**
GOÄ   entsprechend oder ähnlich: Analog Nr. 3909.H3*

32400* Cytokeratin-19-Fragmente (CYFRA 21-1)   **24,20**
GOÄ   entsprechend oder ähnlich: Nr. 3906.H3*

32401* Dihydrotestosteron   **16,10**
GOÄ   entsprechend oder ähnlich: Nr. 4062*

32 In-vitro-Diagnostik der Laboratoriumsmedizin, Mikrobiologie, Virologie, Infektionsepidemiologie sowie Transfusionsmedizin

EBM-Nr.   EBM-Punkte/Euro

32402*   Erythropoetin   **25,10**

GOÄ   entsprechend oder ähnlich: Nr. 4050*

32403*   Pyridinolin, Desoxypyridinolin und/oder Typ I-Kollagen-Telopeptide   **18,90**

GOÄ   entsprechend oder ähnlich: Nr. 4044*

32404*   Knochen-AP (Isoenzym der Alkalischen Phosphatase) und/oder Typ I-Prokollagen-   **20,50**
          Propeptide

GOÄ   entsprechend oder ähnlich: Nr. 3785*

32405*   Ähnliche Untersuchungen unter Angabe der Art der Untersuchung   **22,80**

          Anmerkung Die Berechnung der Gebührenordnungsposition 32405 setzt die Begründung der medizinischen Notwendigkeit der jeweiligen Untersuchung im Einzelfall voraus.

Kompendium KBV: Die Angabe der Art der Untersuchung (Feldkennung 5002) ist obligat.

          Die Berechnung der GOP 32405 setzt die Begründung der medizinischen Notwendigkeit der jeweiligen Untersuchung im Einzelfall voraus. Abweichend davon kann die Begründung der medizinischen Notwendigkeit der jeweiligen Untersuchung im Einzelfall entfallen bei: Chromogranin A, Tryptase, Thymidinkinase, S-100, 11-Desoxycorticosteron und Parathormon-related Peptide.

          Bei der Anmerkung „nebeneinander bis zu zweimal" für die aufgeführten Tumormarker ist wegen der unterschiedlichen Euro-Bewertungen der einzelnen Parameter nicht die Höhe der Vergütung, sondern die berechnungsfähige Anzahl der Parameter begrenzt.(*)

          Im Zusammenhang mit einer Screeninguntersuchung dürfen Tumormarker nicht verwendet werden, da gemäß Absatz 12 der Allgemeinen Bestimmungen des EBM-Abschnittes 32.2 die Bestimmung von Tumormarkern im Zusammenhang mit Früherkennungsuntersuchungen (Screening-Untersuchungen) im Rahmen der Sekundärprävention nicht Bestandteil des GKV-Leistungskataloges sind und aus diesem Grunde als vertragsärztliche Leistung gemäß GOP aus Kapitel 32 nicht berechnungsfähig. Sollte eine entsprechende Anforderung an ein Labor durch einen Vertragsarzt vorliegen, so ist unbedingt durch den Laborarzt Rücksprache mit dem anfordernden Vertragsarzt zu halten.

          Funktionsprüfungen werden vor allem als Stimulations- und Suppressionstests durchgeführt. Sie dienen insbesondere zur Prüfung der Funktion hormonbildender Organe. Die im Rahmen von Funktionsprüfungen erfolgenden mehrfachen Blutentnahmen und i. v.-Applikationen von Testsubstanzen sind in den Ordinations- und Konsultationsgebühren enthalten und nicht gesondert berechnungsfähig.(*)

          (*) nach Kölner Kommentar zum EBM

          Quantitative Bestimmung mittels Immunoassay, gilt für die Gebührenordnungspositionen 32410 bis 32416

          Abrechnungsbestimmung je Untersuchung

          Anmerkung Die Gebührenordnungspositionen 32365 bis 32380, 32385 bis 32398, 32400 bis 32404 und 32410 bis 32416 sind im Rahmen eines Stimulations- oder Suppressionstestes bis zu fünfmal, im Rahmen eines Tagesprofils bis zu dreimal berechnungsfähig.

32410*   Calcitonin   **14,90**

GOÄ   entsprechend oder ähnlich: Nr. 4047*

32411*   Intaktes Parathormon   **14,80**

GOÄ   entsprechend oder ähnlich: Nr. 4056*

32412*   Corticotropin (ACTH)   **14,50**

GOÄ   entsprechend oder ähnlich: Nr. 4049*

32413*   25-Hydroxy-Cholecalciferol (Vitamin D)   **18,40**

GOÄ   entsprechend oder ähnlich: Nr. 4138*

32 In-vitro-Diagnostik der Laboratoriumsmedizin, Mikrobiologie, Virologie, Infektionsepidemiologie sowie Transfusionsmedizin
EBM-Nr.   EBM-Punkte / Euro

32414* Osteocalcin **23,90**
GOÄ   entsprechend oder ähnlich: Nr. 4054*

32415* Antidiuretisches Hormon (ADH, Vasopressin) **24,00**
GOÄ   entsprechend oder ähnlich: Nr. 4061*

32416* Ähnliche Untersuchungen unter Angabe der Art der Untersuchung **24,90**
Anmerkung Die Berechnung der Gebührenordnungsposition 32416 setzt die Begründung der medizinischen Notwendigkeit der jeweiligen Untersuchung im Einzelfall voraus. Abweichend davon kann die Begründung der medizinischen Notwendigkeit der jeweiligen Untersuchung im Einzelfall entfallen bei: Androstandiol-Glucuronid.

GOÄ   entsprechend oder ähnlich: Nr. 4062*

Kompendium KBV: Die Angabe der Art der Untersuchung (Feldkennung 5002) ist obligat.

Die Berechnung der GOP 32416 setzt die Begründung der medizinischen Notwendigkeit der jeweiligen Untersuchung im Einzelfall voraus. Abweichend davon kann die Begründung der medizinischen Notwendigkeit der jeweiligen Untersuchung im Einzelfall entfallen bei: Androstandiol-Glucuronid.

Auf die gesonderte Begründung zur betreffenden GOP in Feldkennung 5009 kann verzichtet werden, wenn ein von der Begründungspflicht ausgenommenes Untersuchungsverfahren angewandt wurde oder sich bereits aus der in der Abrechnung angegebenen Diagnose die Notwendigkeit der Untersuchung im Einzelfall ergibt. Mit dieser GOP kann auch die quantitative Bestimmung von Troponin I oder Troponin T berechnet werden.

Kommentar: Ähnliche Untersuchungen, die nach Nr. 32416 Berechnung finden:
• cAMP
• Desoxycorticosteron (DOC)
• Glukagon
• Toponin quantitativ – für den Schnelltest Troponin I oder Troponin II EBM Nr. 32150 berechnen.
Die Angabe der Art der Untersuchung ist zwingend.

Quantitative Bestimmung mittels Immunoassay, gilt für die Gebührenordnungspositionen 32420 bis 32421
Abrechnungsbestimmung je Untersuchung

32420* Thyreoglobulin, einschl. Bestätigungstest **17,40**
GOÄ   entsprechend oder ähnlich: Nrn. 3825.H2*, 3852*, 3885*

Kompendium KBV: Im Patientenserum vorkommende Thyreoglobulin-Autoantikörper können das Messergebnis verfälschen. Erforderliche zusätzliche Testschritte (Wiederfindungstests) sind aber obligatorischer Bestandteil der Untersuchung nach GOP 32420 und sind nicht gesondert berechnungsfähig.(*)
(*) nach Kölner Kommentar zum EBM

Kommentar: Die Nrn. 32324, 32350, 32351, 32352, 32390 bis 32398, 32400, 32405 und 32420 sind nebeneinander insgesamt bis zu 2x berechnungsfähig. Da die Bewertung unterschiedlich ist, sollten, wenn mehr als 2 Parameter bestimmt werden, die mit der höheren Bewertung abgerechnet werden.

32421* 1,25 Dihydroxy-Cholecalciferol (Vitamin D3) **33,80**
GOÄ   entsprechend oder ähnlich: Nr. 4139*

32.3.5 Immunologische Untersuchungen

32426* Quantitative Bestimmung von Gesamt-IgE **4,60**
Anmerkung Der Höchstwert für die Untersuchungen der Gebührenordnungspositionen 32426 und 32427 beträgt im Behandlungsfall 65,00 Euro.

32427*–32430*   Arztgruppenübergr. spezielle Gebührenordnungspositionen IV

32 In-vitro-Diagnostik der Laboratoriumsmedizin, Mikrobiologie, Virologie, Infektionsepidemiologie sowie Transfusionsmedizin
EBM-Nr.   EBM-Punkte / Euro

Der Höchstwert für die Untersuchungen der Gebührenordnungspositionen 32426 und 32427 beträgt in begründeten Einzelfällen bei Säuglingen, Kleinkindern und Kindern bis zum vollendeten 6. Lebensjahr im Behandlungsfall 111,00 Euro.

Abrechnungsausschluss in derselben Sitzung 32429

GOÄ   entsprechend oder ähnlich: Nr. 3572*

Kompendium KBV: Bei Säuglingen, Kleinkindern und Kindern bis zum vollendeten 6. Lebensjahr sind die immunologischen Untersuchungen nach GOP 32426 und 32427 in begründeten Einzelfällen im Behandlungsfall bis zu einem Höchstwert von 111,00 € berechnungsfähig.

Der Höchstwert von 65,00 € bleibt für die sonstigen Fälle.

Beide Höchstwerte für die Untersuchungen nach den GOP 32426 und 32427 gelten im Behandlungsfall.

Nach den Beschlüssen in der 88. Sitzung der Partner des Bundesmantelvertrages sowie in der 228. Sitzung der Arbeitsgemeinschaft Ärzte/Ersatzkassen (schriftliche Beschlussfassung) am 10. September 2007 setzt die Erbringung und/oder Auftragserteilung zur Durchführung von Laborleistungen nach GOP 32426 und 32427 grundsätzlich das Vorliegen der Ergebnisse voran gegangener Haut- und/oder Provokationstests voraus, ausgenommen bei Kindern bis zum vollendeten 6. Lebensjahr.

32427*   Untersuchung auf allergenspezifische Immunglobuline in Einzelansätzen (Allergene   **7,10**
oder Allergengemische),

Abrechnungsbestimmung je Ansatz

Anmerkung Der Höchstwert für die Untersuchungen der Gebührenordnungspositionen 32426 und 32427 beträgt im Behandlungsfall 65,00 Euro.
Der Höchstwert für die Untersuchungen der Gebührenordnungspositionen 32426 und 32427 beträgt in begründeten Einzelfällen bei Säuglingen, Kleinkindern und Kindern bis zum vollendeten 6. Lebensjahr im Behandlungsfall 111,00 Euro.

Abrechnungsausschluss in derselben Sitzung 32429

GOÄ   entsprechend oder ähnlich: Nr. 3891*

Kompendium KBV: Nach GOP 32427 können nur Verfahren berechnet werden, bei denen jedes Allergen oder Allergengemisch für sich in einem separaten Untersuchungsgang zusammen mit dem Patientenserum getestet wird.

Bei Säuglingen, Kleinkindern und Kindern bis zum vollendeten 6. Lebensjahr sind die immunologischen Untersuchungen nach GOP 32426 und 32427 in begründeten Einzelfällen im Behandlungsfall bis zu einem Höchstwert von 111,00 € berechnungsfähig.

Der Höchstwert von 65,00 € bleibt für die sonstigen Fälle.

Beide Höchstwerte für die Untersuchungen nach den GOP 32426 und 32427 gelten im Behandlungsfall.

Nach den Beschlüssen in der 88. Sitzung der Partner des Bundesmantelvertrages sowie in der 228. Sitzung der Arbeitsgemeinschaft Ärzte/Ersatzkassen (schriftliche Beschlussfassung) am 10. September 2007 setzt die Erbringung und/oder Auftragserteilung zur Durchführung von Laborleistungen nach den GOP 32426 und 32427 grundsätzlich das Vorliegen der Ergebnisse voran gegangener Haut- und/oder Provokationstests voraus, ausgenommen bei Kindern bis zum vollendeten 6. Lebensjahr.

32430*   Qualitativer Nachweis von humanen Proteinen mittels Immunpräzipitation,   **6,40**

Abrechnungsbestimmung je Nachweis unter Angabe der Art des Proteins

Anmerkung Der Höchstwert für Untersuchungen nach der Nr. 32430 beträgt 16,80 Euro.

GOÄ   entsprechend oder ähnlich: Analoger Ansatz der Nr. 3759*

Kompendium KBV: Die Angabe der Art des Proteins (Feldkennung 5002) ist obligat.

Quantitative Best. von humanen Proteinen oder anderen Substanzen mittels Immunnephelometrie, Immunturbidimetrie, Immunpräzipitation, Fluorometrie, Immunoassay oder anderer gleichwert. Verfahren, gilt für die Gebührenordnungspositionen 32435 bis 32455

Abrechnungsbestimmung je Untersuchung

32 In-vitro-Diagnostik der Laboratoriumsmedizin, Mikrobiologie, Virologie, Infektionsepidemiologie sowie Transfusionsmedizin
EBM-Nr. EBM-Punkte / Euro

32435* Albumin **3,40**
GOÄ entsprechend oder ähnlich: Nr. 3735*
Kompendium KBV: Mit GOP 32435 ist die quantitative Albumin-Bestimmung mittels Immunnephelometrie, Immunturbidimetrie, Immunpräzipitation, Fluorometrie, Immunoassay oder anderer gleichwertiger Verfahren berechnungsfähig.

Der Mikroalbuminurie-Nachweis mit Teststreifen auf der Basis einer immunologischen oder gleichwertigen chemischen Reaktion ist mit GOP 32135 berechnungsfähig.

32437* Alpha-1-Mikroglobulin **8,40**
GOÄ entsprechend oder ähnlich: Nr. 3754*

32438* Alpha-1-Antitrypsin (Alpha-1-Proteinase-Inhibitor, Alpha-1-Pi) **10,70**
GOÄ entsprechend oder ähnlich: Nr. 3739*

32439* Alpha-2-Makroglobulin **10,20**
GOÄ entsprechend oder ähnlich: Nr. 3753*

32440* Coeruloplasmin **11,20**
GOÄ entsprechend oder ähnlich: Nr. 3740*
Kommentar: Die Nr. 32440 ist nicht neben den EBM Nrn. berechenbar: 08550 bis 08552, 08560, 08561, 31010 bis 31013, 34291. Die EBM Nrn. 01600, 01601 sind nicht neben der Nr. 32440 berechnungsfähig.

32441* Haptoglobin **7,30**
GOÄ entsprechend oder ähnlich: Nr. 3747*

32442* Hämopexin **11,50**
GOÄ entsprechend oder ähnlich: Nr. 3746*
Kommentar: Die Nr. 32442 ist nicht neben den EBM Nrn. berechenbar: 08550 bis 08552, 08560, 08561, 31010 bis 31013, 34291. Die EBM Nrn. 01600, 01601 sind nicht neben der Nr. 32442 berechnungsfähig.

32443* Komplementfaktor C 3 **7,80**
GOÄ entsprechend oder ähnlich: Nrn. 3968* oder 3969*
Kommentar: Die Nr. 32443 ist nicht neben den EBM Nrn. berechenbar: 08550 bis 08552, 08560, 08561, 31010 bis 31013, 34291. Die EBM Nrn. 01600, 01601 sind nicht neben der Nr. 32443 berechnungsfähig.

32444* Komplementfaktor C 4 **7,50**
GOÄ entsprechend oder ähnlich: Nrn. 3970* oder 3971*

32445* Immunglobulin D (IgD) **11,60**
GOÄ entsprechend oder ähnlich: Analoger Ansatz der Nr. 3571*

32446* Freie Kappa-Ketten **12,60**
GOÄ entsprechend oder ähnlich: Analoger Ansatz der Nr. 3571*

32447* Freie Lambda-Ketten **12,50**
GOÄ entsprechend oder ähnlich: Analoger Ansatz der Nr. 3571*

32448* Immunglobulin A, G oder M im Liquor **8,50**
GOÄ entsprechend oder ähnlich: Analoger Ansatz der Nr. 3571*
Kommentar: Die Nr. 32448 ist nicht neben den EBM Nrn. berechenbar: 08550 bis 08552, 08560, 08561, 31010 bis 31013, 34291. Die EBM Nrn. 01600, 01601 sind nicht neben der Nr. 32448 berechnungsfähig.

32 In-vitro-Diagnostik der Laboratoriumsmedizin, Mikrobiologie, Virologie, Infektionsepidemiologie sowie Transfusionsmedizin

EBM-Nr.   EBM-Punkte / Euro

32449* Immunglobulin G im Harn   **5,50**
GOÄ   entsprechend oder ähnlich: Analoger Ansatz der Nr. 3571*
Kommentar: Die Nr. 32449 ist nicht neben den EBM Nrn. berechenbar: 08550 bis 08552, 08560, 08561,
                31010 bis 31013, 34291. Die EBM Nrn. 01600, 01601 sind nicht neben der Nr. 32449
                berechnungsfähig.

32450* Myoglobin   **10,80**
                Abrechnungsausschluss in derselben Sitzung 32150
GOÄ   entsprechend oder ähnlich: Nrn. 3755*, 3756*
Kompendium KBV: Semiquantitative immunologische oder chemische Nachweise von Myoglobin sind mit der
                GOP 32134 berechnungsfähig.
                Die GOP 32450 ist nicht neben der GOP 32150 berechnungsfähig

32451* Apolipoprotein A-I   **9,50**
GOÄ   entsprechend oder ähnlich: Nr. 3725*

32452* Apolipoprotein B   **9,60**
GOÄ   entsprechend oder ähnlich: Nr. 3725*

32453* Granulozyten-(PMN-)Elastase   **14,40**
GOÄ   entsprechend oder ähnlich: Nrn. 3791*, 3792*

32454* Lysozym   **10,60**
GOÄ   entsprechend oder ähnlich: Nr. 3793*

32455* Ähnliche Untersuchungen unter Angabe der Art der Untersuchung   **8,90**
                Anmerkung Die Berechnung der Gebührenordnungsposition 32455 setzt die Begründung
                der medizinischen Notwendigkeit der jeweiligen Untersuchung im Einzelfall voraus.
                Abweichend davon kann die Begründung der medizinischen Notwendigkeit der jeweiligen
                Untersuchung im Einzelfall entfallen bei: zirkulierende Immunkomplexe, Fibronectin im
                Punktat, Lösl. Transferrin-Rezeptor und Gesamthämolytische Aktivität.
GOÄ   entsprechend oder ähnlich: Leistung in der GOÄ nicht vorhanden
Kompendium KBV: Die Angabe der Art der Untersuchung (Feldkennung 5002) ist obligat.
                Die Berechnung der GOP 32455 setzt die Begründung der medizinischen Notwendigkeit
                der jeweiligen Untersuchung im Einzelfall voraus. Abweichend davon kann die Begründung
                der medizinischen Notwendigkeit der jeweiligen Untersuchung im Einzelfall entfallen bei:
                zirkulierende Immunkomplexe, Fibronectin im Punktat, löslicher Transferrin-Rezeptor und
                gesamt-hämolytische Aktivität.
                Auf die gesonderte Begründung zur betreffenden GOP in Feldkennung 5009 kann
                verzichtet werden, wenn ein von der Begründungspflicht ausgenommenes Untersu-
                chungsverfahren angewandt wurde oder sich bereits aus der in der Abrechnung
                angegebenen Diagnose die Notwendigkeit der Untersuchung im Einzelfall ergibt. Für die
                Bestimmung von Transferrin ist die GOP 32106 anzusetzen.

32456* Quantitative Bestimmung des Lipoproteins(a)   **11,90**
                Anmerkung Der Höchstwert für die Untersuchungen der Gebührenordnungspositionen
                32435 und 32437 bis 32456 beträgt 33,40 Euro.
GOÄ   entsprechend oder ähnlich: Nr. 3730*

32457* Quantitative immunologische Bestimmung von occultem Blut im Stuhl (iFOBT)   **6,21**
                einschließlich der Kosten für das Stuhlprobenentnahmesystem und das
                Probengefäß
                Abrechnungsbestimmung einmal im Behandlungsfall
                Abrechnungsausschluss im Behandlungsfall 01737, 01738
                Berichtspflicht Nein

32 In-vitro-Diagnostik der Laboratoriumsmedizin, Mikrobiologie, Virologie, Infektionsepidemiologie sowie Transfusionsmedizin
EBM-Nr.   EBM-Punkte / Euro

Kommentar: Ausgedehnte Informationen finden Sie unter https://www.kvb.de/fileadmin/kvb/dokumente/
             Praxis/Serviceschreiben/2017/KVB-RS-170330-Aenderung-EBM-iFOBT-ab-Q2-2017.pdf
             von der KV Bayern.

GOÄ   entsprechend oder ähnlich: GOÄ: Nrn. 3500 bzw. 3650

> Quantitative Best. mittels Immunnephelometrie, Immunturbidimetrie, Immunpräzipi-
> tation, Immunoassay oder anderer gleichwertiger Verfahren, gilt für die Leistungen
> nach den Nrn. 32459 bis 32461
> **Abrechnungsbestimmung** je Untersuchung

32459*   Procalcitonin (PCT)   **9,60**

Kommentar: Der Biomarker Procalcitonin verhilft zu einer Unterscheidung von bakteriellen oder viralen
             Infektionen und dadurch zur Reduktion der Antibiotikaverordnungen bei Infektionen der
             Atemwege.

             Siehe auch: Anlage 22 Bundesmantelvertrag-Ärzte („Verfahrensordnung zur Beurteilung
             innovativer Laborleistungen im Hinblick auf Anpassungen des Kapitels 32 EBM"):
             https://www.gkvspitzenverband.de/krankenversicherung/aerztliche_versorgung/bundes-
             mantelvertrag/anlagen_zum_bundesmantelvertrag/einzelne_anlagen_zum_bmv/bmv_
             anlage_22_innovative_laborleistungen.jsp

32460*   C-reaktives Protein (CRP)   **4,90**

Kommentar: Die EBM Nr. 32460 ist neben den folgenden EBM Nrn. nicht berechenbar: 08550 bis 08552,
             08560, 08561, 31010 bis 31013, 34291.

             Neben der EBM Nr. 32770 sind nicht abrechenbar: Nrn. 01600, 01601.

             Mehrere Studien haben die unabhängige Zusatzbedeutung von CRP bei der Prognose
             eines kardiovaskulären Ereignisses (Myocardinfarkt/ Herztod/ instabile Angina pectoris)
             belegt (siehe Saale-Med Medizintechnik GmbH Probstzella http://www.saale-med.de/
             smed200612/index.php?id=212).

GOÄ   entsprechend oder ähnlich: Nrn. 3524, 3741

Kompendium KBV: Qualitative oder semiquantitative Testverfahren, die nicht der Leistungslegende nach GOP
             32460 entsprechen, sind mit der GOP 32128 berechnungsfähig.

32461*   Rheumafaktor (RF)   **4,20**

Kommentar: Die EBM Nr. 32461 ist neben den folgenden EBM Nrn. nicht berechenbar: 08550 bis 08552,
             08560, 08561, 31010 bis 31013, 34291.

GOÄ   entsprechend oder ähnlich: Nrn. 3526, 3886

Kompendium KBV: Beim Auftrag „Rheumafaktor quantitativ" ist eine in der Legende zur GOP 32461 aufgeführte
             Methode anzuwenden und nur diese ist berechnungsfähig.

             Der Waaler-Rose-Test ist nicht mit der GOP 32461 berechnungsfähig. Beim Waaler-Rose-Test
             handelt es sich um ein kaum noch gebräuchliches Verfahren zum quantitativen Nachweis des
             Rheumafaktors vom IgMTyp durch indirekte Hämagglutination (Inkubation von mit Anti-Schaf-
             Hämagglutininen beladenen Schaferythrozyten mit Patientenserum in Verdünnungsreihen),
             das durch quantitative Rheumafaktor Bestimmungen mittels Immunnephelometrie oder
             ELISA mit klassenspezifischen IgM-, IgA-, IgG-Nachweisreagenzien ersetzt wurde.

32462*   Quantitative Bestimmung einer Immunglobulinsubklasse   **23,40**

GOÄ   entsprechend oder ähnlich: Analoger Ansatz der Nr. 3572*

32463*   Quantitative Bestimmung von Cystatin C bei einer GFR von 40 bis 80 ml/   **9,70**
             (Minute/1,73 m²) (berechnet nach der MDRD-Formel), sowie in begründeten
             Einzelfällen bei Sammelschwierigkeiten

Kompendium KBV: Die im EBM aufgeführte Leistungsbeschreibung lautet: „Quantitative Bestimmung von
             Cystatin C bei einer GFR von 40 bis 80 ml/(Minute/1,73 m2) (berechnet nach der MDRD-
             Formel), sowie in begründeten Einzelfällen bei Sammelschwierigkeiten". Dies bedeutet,
             dass die GOP 32463 in Fällen berechnungsfähig ist, in denen mindestens einer der mit
             „sowie" verbundenen Gründe vorliegt.

32465*–32473*   Arztgruppenübergr. spezielle Gebührenordnungspositionen IV

32 In-vitro-Diagnostik der Laboratoriumsmedizin, Mikrobiologie, Virologie, Infektionsepidemiologie sowie Transfusionsmedizin

EBM-Nr.   EBM-Punkte / Euro

Elektrophoretische Trennung von humanen Proteinen, gilt für die Gebührenordnungspositionen 32465 bis 32475

Obligater Leistungsinhalt
- Elektrophoretische Trennung von humanen Proteinen, z.B. Agarosegel-, Polyacrylamidgel-, Disk-Elektrophorese, isoelektrische Fokussierung,

Fakultativer Leistungsinhalt
- Färbereaktion,
- Quantitative Auswertung,

Abrechnungsbestimmung je Untersuchungsgang

32465*   Oligoklonale Banden im Liquor und im Serum   **24,90**

GOÄ   entsprechend oder ähnlich: Analoger Ansatz der Nr. 3574.H1*

Kompendium KBV: Die „und"-Verknüpfung schreibt obligat vor, dass die Untersuchung in beiden Körpermaterialien durchgeführt werden muss. Die GOP 32465 ist dann nur einmal berechnungsfähig.

32466*   Harnproteine   **18,00**

GOÄ   entsprechend oder ähnlich: Nr. 3761*

32467*   Lipoproteine, einschl. Polyanionenpräzipitation   **21,20**

GOÄ   entsprechend oder ähnlich: Nrn. 3727*, 3728*, 3729

Kompendium KBV: Die Polyanionenpräzipitation ist obligater Bestandteil der GOP 32467. Eine elektrophoretische Trennung ohne diesen Teilschritt ist nur nach GOP 32107 berechnungsfähig.(*)

(*) nach Kölner Kommentar zum EBM

32468*   Hämoglobine (außer glykierte Hämoglobine nach der Nr. 32094)   **21,90**

Abrechnungsausschluss in derselben Sitzung 32312

GOÄ   entsprechend oder ähnlich: Analoger Ansatz der Nr. 3748*

Kompendium KBV: Die Bestimmung der glykierten Hämoglobine HbA1 und/oder HbA1c ist nach der GOP 32094 abzurechnen, auch wenn eine elektrophoretische Trennung erfolgte.(*)

Die GOP 32468 ist nicht neben der GOP 32312 berechnungsfähig.

(*) nach Kölner Kommentar zum EBM

32469*   Isoenzyme der Alkalischen Phosphatase (AP)   **21,40**

GOÄ   entsprechend oder ähnlich: Nrn. 3784*, 3785*

Kompendium KBV: Die Bestimmung der Knochen-AP ist mit der GOP 32404 berechnungsfähig.

32470*   Isoenzyme der Creatinkinase (CK)   **21,60**

GOÄ   entsprechend oder ähnlich: Nr. 3785*

32471*   Isoenzyme der Lactatdehydrogenase (LDH)   **20,90**

GOÄ   entsprechend oder ähnlich: Nr. 3785*

32472*   Alpha-1-Antitrypsin, Phänotypisierung   **33,00**

GOÄ   entsprechend oder ähnlich: Nr. 3739*

32473*   Acetylcholinesterase (AChE) im Fruchtwasser   **14,00**

GOÄ   entsprechend oder ähnlich: Analoger Ansatz der Nr. 3785*

Kompendium KBV: Untersucht wird die hirnspezifische Acetylcholinesterase als Marker für Neuralrohrdefekte. Eingeschlossen in einem Untersuchungsgang sind ggf. Elektrophoreseabläufe mit Inhibitoren der Pseudocholinesteraseaktivität, die der Befundabsicherung dienen.(*)

Auch in diesen Fällen ist die Leistung nur einmal berechnungsfähig.(*)

Im Rahmen von Zwillingsschwangerschaften und Punktion beider Fruchtblasen erscheint die zweifache Abrechnung der GOP 32473 gerechtfertigt.

(*) nach Kölner Kommentar zum EBM

32 In-vitro-Diagnostik der Laboratoriumsmedizin, Mikrobiologie, Virologie, Infektionsepidemiologie sowie Transfusionsmedizin

EBM-Nr.   EBM-Punkte / Euro

32474* Proteine in Punktaten   **8,10**

GOÄ   entsprechend oder ähnlich: Analoger Ansatz der Nr. 3761*

32475* Ähnliche Untersuchungen (mit Ausnahme der Gebührenordnungsposition 32107) **7,20**
unter Angabe der Art der Untersuchung

Anmerkung Die Berechnung der Gebührenordnungsposition 32475 setzt die Begründung
der medizinischen Notwendigkeit der jeweiligen Untersuchung im Einzelfall voraus.

GOÄ   entsprechend oder ähnlich: Leistung in der GOÄ nicht vorhanden

Kompendium KBV: Die Angabe der Art der Untersuchung (Feldkennung 5002) ist obligat.

Die Berechnung der GOP 32475 setzt die Begründung der medizinischen Notwendigkeit
der jeweiligen Untersuchung im Einzelfall voraus.

32476* Elektrophoretische Trennung von humanen Proteinen durch Polyacrylamidgel- **25,00**
Elektrophorese oder ähnliche Verfahren mit Antigentransfer und anschließender
Immunreaktion (Immunoblot),

Abrechnungsbestimmung je Untersuchungsgang unter Angabe der Art der Untersuchung

Anmerkung Untersuchungen zum Nachweis von Antikörpern gegen körpereigene
Antigene (Autoantikörper) sind nicht nach der Gebührenordnungsposition 32476 berechnungsfähig.

GOÄ   entsprechend oder ähnlich: Nr. 3748*

Kompendium KBV: Die Angabe der Art der Untersuchung (Feldkennung 5002) ist obligat.

Untersuchungen zum Nachweis von Antikörpern gegen körpereigene Antigene (Autoantikörper) sind nicht nach GOP 32476 berechnungsfähig.

32478* Immunfixationselektrophorese oder Immunelektrophorese bei Dys- und Paraprote- **20,00**
inämie

Obligater Leistungsinhalt
* Immunfixationselektrophorese mit mindestens vier Antiseren und/oder
* Immunelektrophorese mit mindestens vier Antiseren,
* Bei Dys- und Paraproteinämie

Fakultativer Leistungsinhalt
* Isoelektrische Fokussierung oder ähnliche Verfahren,
* Serumeiweiß-Elektrophorese nach der Gebührenordnungsposition 32107

Abrechnungsausschluss bei demselben Material 32477

GOÄ   entsprechend oder ähnlich: Nr. 4455*

Kompendium KBV: Die Leistungslegende der GOP 32478 setzt die Untersuchung mit mindestens vier
Antiseren voraus. Die Untersuchung mit nur bis zu drei Antiseren wurde in den Anhang IV
der nicht mehr abrechnungsfähigen Leistungen verlagert.

Eine Immunfixation mit elektrophoretischer Auftrennung der Serumproteine unter
Verwendung eines polyvalenten Antiserums erfüllt nicht die Leistungslegende der GOP
32478 (vier Antiseren erforderlich).

Die Serumeiweiß-Elektrophorese nach GOP 32107 ist nicht zusätzlich berechnungsfähig.

32479* Qualitativer Nachweis und/oder quantitative Bestimmung von Gliadin-Antikörpern **14,70**
mittels indirekter Immunfluoreszenz oder Immunoassay,

Abrechnungsbestimmung je IgG und IgA

GOÄ   entsprechend oder ähnlich: Nr. 3897*

Qualitativer Nachweis und/oder quantitative Bestimmung von Antikörpern gegen
körpereigene Antigene (Autoantikörper) mittels indirekter Immunfluoreszenz,
Immunoassay oder Immunoblot, gilt für die Gebührenordnungspositionen 32489
bis 32505

Anmerkung Der Höchstwert für die Untersuchungen der Gebührenordnungspositionen
32489 bis 32505 beträgt 42,60 Euro.

32480*–32495*   Arztgruppenübergr. spezielle Gebührenordnungspositionen IV

32 In-vitro-Diagnostik der Laboratoriumsmedizin, Mikrobiologie, Virologie, Infektionsepidemiologie sowie Transfusionsmedizin

EBM-Nr.   EBM-Punkte/Euro

32480*   Nachweis von Anti-Drug-Antikörpern   **18,65**

Abrechnungsbestimmung je Untersuchung

Berichtspflicht Nein

Kommentar: Bei der Überwachung einer Immunersatztherapie mit Velmanase (Lamzede®) können sich Anti-Drug-Antikörper bilden und schwere Immunreaktion auslösen. Für den Nachweis dieser Antikörper wird zum zweiten Quartal die GOP 32480 in den EBM-Abschnitt 32.3.5 (Immunologische Untersuchungen) aufgenommen.

Der Nachweis kann nicht arzneimittelunabhängig abgerechnet werden, obwohl die Bildung von Anti-Drug-Antikörpern auch für andere Wirkstoffe beschrieben ist.

Die Vergütung der Leistungen nach EBM Nrn. 32480 und 32557 erfolgt außerhalb der morbiditätsbedingten Gesamtvergütung.

Für die Durchführung dieser Leistung ist eine Genehmigung der KV erforderlich.

32489*   Antikörper gegen zyklisch citrulliniertes Peptid (Anti-CCP-AK),   **11,20**

Abrechnungsbestimmung einmal im Krankheitsfall

GOÄ   entsprechend oder ähnlich: Nr. 3827

Kompendium KBV: Qualitative und quantitative Untersuchungen (Katalog GOP 32489 ff.) sind hier zu einem Leistungskomplex zusammengefasst, um ein wirtschaftliches Vorgehen sicherzustellen. Ergibt ein qualitativer Suchtest ein negatives Ergebnis, sind kostenaufwendige Testansätze zur Bestimmung von Titern nicht erforderlich.[1]

[1] nach Kölner Kommentar zum EBM

32490*   Antinukleäre Antikörper (ANA) als Suchtest   **7,30**

GOÄ   entsprechend oder ähnlich: Nrn. 3813.H2*, 3840*

Kompendium KBV: Siehe auch Nr. 32489.

Die dreimalige Berechnung der GOP 32490 als klassenspezifischer Suchtest für IgG, IgA und IgM ist nach derzeitigem Kenntnisstand nicht zulässig.

32491*   Antikörper gegen native Doppelstrang-DNS (anti-ds-DNS)   **10,40**

GOÄ   entsprechend oder ähnlich: Nrn. 3819.H2*, 3846*

Kompendium KBV: Siehe auch Nr. 32489.

32492*   Antikörper gegen Zellkern- oder zytoplasmatische Antigene, z.B. Sm-, U1-RNP-, **9,50**
           SS-A-, SS-B-, Scl-70-, Jo-1-, Histon-Antikörper

GOÄ   entsprechend oder ähnlich: Nrn. 3808.H2*, 3835*

Kompendium KBV: Siehe auch Nr. 32489.

32493*   Antikörper gegen Zentromerantigene, z.B. CENP-B-Antikörper   **9,00**

GOÄ   entsprechend oder ähnlich: Nrn. 3806.H2*, 3833*

Kompendium KBV: Siehe auch Nr. 32489.

32494*   Antimitochondriale Antikörper (AMA), auch Subtypen, z.B. AMA-M2   **6,00**

GOÄ   entsprechend oder ähnlich: Nrn. 3818.H2*, 3845*

Kompendium KBV: Siehe auch Nr. 32489.

32495*   Leberspezifische Antikörper, z.B. gegen Leber-/Nieren-Mikrosomen (LKM- **12,30**
           Antikörper), lösliches Leberantigen (SLA-Antikörper), Asialoglykoprotein Rezeptor
           (ASGPR-Antikörper)

GOÄ   entsprechend oder ähnlich: Nrn. 3817.H2*, 3844*

Kompendium KBV: Siehe auch Nr. 32489.

32496*   Antikörper gegen zytoplasmatische Antigene neutrophiler Granulozyten (ANCA), z.B.   **10,10**
c-ANCA (Proteinase 3-Antikörper), p-ANCA (Myeloperoxidase-Antikörper)
GOÄ   entsprechend oder ähnlich: Nrn. 3826.H2*, 3853*
Kompendium KBV: Siehe auch Nr. 32489.

32497*   Antikörper gegen glatte Muskulatur   **14,90**
GOÄ   entsprechend oder ähnlich: Nrn. 3809.H2*, 3836*
Kompendium KBV: Siehe auch Nr. 32489.

32498*   Herzmuskel-Antikörper   **14,80**
GOÄ   entsprechend oder ähnlich: Nrn. 3812.H2*, 3839*
Kompendium KBV: Siehe auch Nr. 32489.

32499*   Antikörper gegen Skelettmuskulatur   **9,10**
GOÄ   entsprechend oder ähnlich: Nrn. 3822.H2*, 3848*
Kompendium KBV: Siehe auch Nr. 32489.

32500*   Antikörper gegen Inselzellen, z.B. ICA, Glutaminsäuredecarboxylase-Antikörper   **12,50**
(GADA)
GOÄ   entsprechend oder ähnlich: Nrn. 3815.H2*, 3842*
Kompendium KBV: Siehe auch Nr. 32489.

32501*   Insulin-Antikörper   **12,40**
GOÄ   entsprechend oder ähnlich: Nr. 3898*
Kompendium KBV: Siehe auch Nr. 32489.

32502*   Antikörper gegen Schilddrüsenperoxidase (-mikrosomen) und/oder Thyreoglobulin,   **7,50**
Abrechnungsbestimmung einmal im Behandlungsfall
GOÄ   entsprechend oder ähnlich: Nrn. 3816.H2*, 3843*, 3871
Kompendium KBV: Siehe auch Nr. 32489.
           Die gleichzeitige Bestimmung von Anti-TPO und Anti- TG ist nur in Ausnahmefällen erfor-
           derlich. In der Regel genügt die Untersuchung auf TG-Antikörper. Die Leistung nach GOP
           32502 ist insgesamt nur einmal und auch nur einmal im Behandlungsquartal berechnungs-
           fähig, weil Verlaufskontrollen medizinisch nicht notwendig sind.(*)
           (*) nach Kölner Kommentar zum EBM

32503*   Phospholipid-Antikörper, z.B. Cardiolipin-Antikörper   **7,30**
GOÄ   entsprechend oder ähnlich: Nr. 3869*
Kompendium KBV: Siehe auch Nr. 32489.

32504*   Thrombozyten-Antikörper   **28,70**
GOÄ   entsprechend oder ähnlich: Nrn. 3827.H2* oder 3854*
Kompendium KBV: Siehe auch Nr. 32489.

32505*   Ähnliche Untersuchungen unter Angabe des Antikörpers   **9,50**
           Anmerkung Die Berechnung der Gebührenordnungsposition 32505 setzt die Begründung
           der medizinischen Notwendigkeit der jeweiligen Untersuchung im Einzelfall voraus.
           Abweichend davon kann die Begründung der medizinischen Notwendigkeit der jeweiligen
           Untersuchung im Einzelfall entfallen bei: anti-Heparin/PF4 Autoantikörper.
GOÄ   entsprechend oder ähnlich: Nrn. 3854* oder 3864* oder 3877*
Kompendium KBV: Qualitative und quantitative Untersuchungen (Katalog GOP 32489 ff.) sind hier zu einem
           Leistungskomplex zusammengefasst, um ein wirtschaftliches Vorgehen sicherzustellen.

32506*–32510*   Arztgruppenübergr. spezielle Gebührenordnungspositionen IV

32 In-vitro-Diagnostik der Laboratoriumsmedizin, Mikrobiologie, Virologie, Infektionsepidemiologie sowie Transfusionsmedizin

EBM-Nr.   EBM-Punkte / Euro

Ergibt ein qualitativer Suchtest ein negatives Ergebnis, sind kostenaufwendige Testansätze zur Bestimmung von Titern nicht erforderlich. (*)

Die Angabe des Antikörpers (Feldkennung 5002) ist obligat.

Die Berechnung der GOP 32505 setzt die Begründung der medizinischen Notwendigkeit der jeweiligen Untersuchung im Einzelfall voraus. Abweichend davon kann die Begründung der medizinischen Notwendigkeit der jeweiligen Untersuchung im Einzelfall entfallen bei: Anti-Heparin/PF4 Autoantikörper.

Auf die gesonderte Begründung zur betreffenden GOP in Feldkennung 5009 kann verzichtet werden, wenn ein von der Begründungspflicht ausgenommenes Untersuchungsverfahren angewandt wurde oder sich bereits aus der in der Abrechnung angegebenen Diagnose die Notwendigkeit der Untersuchung im Einzelfall ergibt.

Nach der GOP 32505 nicht berechnungsfähig sind Autoantikörper deren diagnostischer Stellenwert gering oder nicht ausreichend belegt ist. IgM- und/ oder IgAAutoantikörper sind nur dann berechnungsfähig, wenn sie eine wesentlich ergänzende diagnostische Aussage ermöglichen.

Bei Anwendung von Blottingtechniken (Westernblot, Dotblot) ist die gleichzeitige Untersuchung auf mehrere Antikörperspezifitäten möglich, indem das Untersuchungsmaterial, meist Serum, auf eine Filtermembran aufgebracht wird, die eine Reihe von Testantigenen enthält. Eine Blotuntersuchung ist unabhängig von der Anzahl der Antigene nur einmal berechnungsfähig. Enthält der Blot Antigene unterschiedlich hoch bewerteter Katalogleistungen 32490 bis 32505, kann die jeweils höher bewertete Leistung abgerechnet werden.(*)

(*) nach Kölner Kommentar zum EBM

32506*   Mixed antiglobulin reaction (MAR-Test) zum Nachweis von spermien-gebundenen Antikörpern   **7,40**

Abrechnungsausschluss in derselben Sitzung 32507

GOÄ   entsprechend oder ähnlich: Nr. 3889*

Kompendium KBV: Nicht neben GOP 32507 berechnungsfähig.

32507*   Nachweis von Antikörpern gegen Spermien, ggf. mit mehreren Methoden, insgesamt   **17,10**

Abrechnungsausschluss in derselben Sitzung 32506

GOÄ   entsprechend oder ähnlich: Nr. 3889*

Kompendium KBV: Die Leistungslegende der GOP 32507 beinhaltet ggf. die Anwendung mehrerer Methoden und ist nicht neben der GOP 32506 berechnungsfähig.

32508*   Quantitative Bestimmung von TSH-Rezeptor-Antikörpern,   **10,30**

Abrechnungsbestimmung einmal im Behandlungsfall

GOÄ   entsprechend oder ähnlich: Nr. 3879*

Kompendium KBV: Die Leistung nach GOP 32508 ist im Behandlungsfall nur einmal berechnungsfähig.

32509*   Quantitative Bestimmung von Acetylcholin-Rezeptor-Antikörpern   **41,80**

GOÄ   entsprechend oder ähnlich: Nr. 3868*

32510*   Dichtegradienten- oder immunomagnetische Isolierung von Zellen als vorbereitende Untersuchung   **10,40**

GOÄ   entsprechend oder ähnlich: Nr. 4003*

Kompendium KBV: Die GOP 32510 gehört zu den wenigen Leistungen des Kapitels 32, mit der eine Vorbehandlung des Untersuchungsmaterials als eigenständige Leistung abgerechnet werden kann. Die Dichtegradientenisolierung von Immunzellen, z. B. Lymphozyten, geht in der Regel GOP 32528, 32529 und 32532 voraus, bei weiteren Untersuchungen, z. B. bei GOP 32520 bis 32527, kann sie in Abhängigkeit von der durchgeführten Methode erforderlich

IV Arztgruppenübergr. spezielle Gebührenordnungspositionen 32520*–32532*

32 In-vitro-Diagnostik der Laboratoriumsmedizin, Mikrobiologie, Virologie, Infektionsepidemiologie sowie Transfusionsmedizin

EBM-Nr. EBM-Punkte / Euro

sein. Die Isolierung ist nur einmal je Untersuchungsmaterial berechnungsfähig, auch wenn die nachfolgende Hauptleistung ggf. mehrfach berechnet werden kann.(*)

Eine differentielle Zentrifugation ohne Einsatz von Trennmedien erfüllt nicht die Bedingungen der GOP 32510.

(*) nach Kölner Kommentar zum EBM

Differenzierung und Quantifizierung von Zellen (Immunphänotypisierung) mittels Durchflußzytometrie und/oder mikroskopisch und mittels markierter monoklonaler Antikörper, gilt für die Gebührenordnungspositionen 32520 bis 32527

Abrechnungsbestimmung je Untersuchung

32520* B-Lymphozyten **8,90**
GOÄ entsprechend oder ähnlich: Je nach Bestimmungsart Nrn. 3696* – 3699

32521* T-Lymphozyten **7,40**
GOÄ entsprechend oder ähnlich: Je nach Bestimmungsart Nrn. 3696* bis 3699

32522* CD4-T-Zellen **8,90**
GOÄ entsprechend oder ähnlich: Je nach Bestimmungsart Nrn. 3696* bis 3699

32523* CD8-T-Zellen **8,90**
GOÄ entsprechend oder ähnlich: Je nach Bestimmungsart Nrn. 3696* bis 3699

32524* Natürliche Killerzellen **8,90**
GOÄ entsprechend oder ähnlich: Je nach Bestimmungsart Nrn. 3696* bis 3699

32525* Aktivierte T-Zellen **8,90**
GOÄ entsprechend oder ähnlich: Je nach Bestimmungsart Nrn. 3696* bis 3699

32526* Zytotoxische T-Zellen **8,90**
GOÄ entsprechend oder ähnlich: Je nach Bestimmungsart Nrn. 3696* bis 3699

32527* Ähnliche Untersuchungen unter Angabe der Art der Untersuchung **11,50**
Abrechnungsbestimmung je Untersuchung
Anmerkung Die Berechnung der Gebührenordnungsposition 32527 setzt die Begründung der medizinischen Notwendigkeit der jeweiligen Untersuchung im Einzelfall voraus.
GOÄ entsprechend oder ähnlich: Je nach Bestimmungsart Nrn. 3696* bis 3699
Kompendium KBV: Die Angabe der Art der Untersuchung (Feldkennung 5002) ist obligat.

Die Berechnung der GOP 32527 setzt die Begründung der medizinischen Notwendigkeit der jeweiligen Untersuchung im Einzelfall voraus.

Die Berechnung des Verhältnisses zweier Zellarten zueinander („Ratio") ist nicht berechnungsfähig.

32532* Lymphozyten-Transformations-Test(s), einschl. Kontrollkultur(en) ggf. mit mehreren **52,40** Mitogenen und/oder Antigenen (nicht zur Erregerdiagnostik),
Abrechnungsbestimmung insgesamt
GOÄ entsprechend oder ähnlich: Nr. 3694*
Kompendium KBV: Die Durchführung des Lymphozyten-Transformations- Tests (LTT) ist laut Leistungslegende im Rahmen der

Erregerdiagnostik nicht abrechenbar.

32533*–32546* Arztgruppenübergr. spezielle Gebührenordnungspositionen IV

32 In-vitro-Diagnostik der Laboratoriumsmedizin, Mikrobiologie, Virologie, Infektionsepidemiologie sowie Transfusionsmedizin

EBM-Nr.   EBM-Punkte / Euro

32533* Untersuchung der Leukozytenfunktion, auch unter Anwendung mehrerer Methoden, **25,60**
z.B. Chemotaxis, Phagozytose, insgesamt

GOÄ entsprechend oder ähnlich: Nr. 3695*

32.3.6 Blutgruppenserologische Untersuchungen

32540* Nachweis der Blutgruppenmerkmale A, B, 0 und Rh-Faktor D **9,60**

Obligater Leistungsinhalt
• Nachweis der Blutgruppenmerkmale A, B, 0 und Rh-Faktor D

Fakultativer Leistungsinhalt
• A-Untergruppe,
• Serumeigenschaften

Abrechnungsausschluss in derselben Sitzung 01804

GOÄ entsprechend oder ähnlich: Nr. 3982*

Kommentar: Wird die Untersuchung im Rahmen der Mutterschaftsvorsorge ausgeführt, ist die Nr. 01804 zu berechnen.

32541* Nachweis eines Blutgruppenmerkmals (Antigens) mit agglutinierenden oder **6,90**
konglutinierenden Testseren, z.B. Rh-Merkmale, Lewis, M, N, P1,

Abrechnungsbestimmung je Untersuchung unter Angabe der Art des Antigens

Abrechnungsausschluss in derselben Sitzung 01806

GOÄ entsprechend oder ähnlich: Nr. 3984*

Kompendium KBV: Die Angabe der Art des Antigens (Feldkennung 5002) ist obligat.

32542* Nachweis eines Blutgruppenmerkmals (Antigens) mittels Antiglobulintest (Coombs- **8,70**
Test), z.B. Dweak, Duffy, Kell, Kidd,

Abrechnungsbestimmung je Untersuchung unter Angabe der Art des Antigens

Abrechnungsausschluss in derselben Sitzung 01805

GOÄ entsprechend oder ähnlich: Nrn. 3985*, 3986*

Kompendium KBV: Die Angabe der Art des Antigens (Feldkennung 5002) ist obligat.

32543* Nachweis von Erythrozytenantikörpern im direkten Antiglobulintest mit zwei **8,70**
verschiedenen polyspezifischen Antiglobulinseren

GOÄ entsprechend oder ähnlich: Nr. 3997*

32544* Nachweis von Erythrozytenantikörpern ohne Antiglobulinphase, z.B. Kälteaggluti- **6,40**
nine

GOÄ entsprechend oder ähnlich: Nrn. 3990*, 3994*

32545* Antikörpersuchtest in mehreren Techniken einschl. indirekter Antiglobulintests mit **7,30**
mindestens zwei Testerythrozyten-Präparationen

Abrechnungsausschluss in derselben Sitzung 01807

GOÄ entsprechend oder ähnlich: Nrn. 3987* bis 3991*

32546* Antikörperdifferenzierung in mehreren Techniken einschl. indirekter Antiglobulin- **20,60**
tests gegen mindestens acht Testerythrozyten-Präparationen

Abrechnungsausschluss in derselben Sitzung 01808

GOÄ entsprechend oder ähnlich: Nrn. 3989*, 3992*

Nachweis oder quantitative Bestimmung von Blutgruppenantigenen oder
-antikörpern mit aufwendigen Verfahren, gilt für die Gebührenordnungspositionen
32550 bis 32555

Abrechnungsbestimmung je Antigen oder Antikörper

Kompendium KBV: Nrn. 32550 bis 32555 – entsprechend der Pluralbildung je Antigen oder Antikörper nur
einmal berechnungsfähig.

32550* Antiglobulintest mit monospezifischem Antihumanglobulin **14,40**

GOÄ entsprechend oder ähnlich: Nr. 3998*

32551* Chemische oder thermische Elution von Erythrozytenantikörpern **19,20**

GOÄ entsprechend oder ähnlich: Nr. 3999*

32552* Absorption von Erythrozytenantikörpern an vorbehandelte Zellen **10,70**

GOÄ entsprechend oder ähnlich: Nr. 3999*

32553* Nachweis von Hämolysin(en) mit Komplementzusatz **13,80**

GOÄ entsprechend oder ähnlich: Nr. 3994*

32554* Quantitative Bestimmung eines Erythrozytenantikörpers **8,00**

Abrechnungsausschluss in derselben Sitzung 01809

GOÄ entsprechend oder ähnlich: Nrn. 3993*, 3994*

32555* Ähnliche Untersuchungen unter Angabe der Art der Untersuchung **8,70**

Anmerkung Die Berechnung der Gebührenordnungsposition 32555 setzt die Begründung der medizinischen Notwendigkeit der jeweiligen Untersuchung im Einzelfall
voraus.

GOÄ entsprechend oder ähnlich: Auswahl aus Nrn. 3993* – 3999*

Kompendium KBV: Die Angabe der Art der Untersuchung (Feldkennung 5002) ist zwingend.Die Berechnung
der GOP 32555 setzt die Begründung der medizinischen Notwendigkeit der jeweiligen
Untersuchung im Einzelfall voraus.

32556* Serologische Verträglichkeitsprobe (Kreuzprobe) mit indirektem Antiglobulintest, **12,70**
Abrechnungsbestimmung je Konserve

GOÄ entsprechend oder ähnlich: Nrn. 4000*, 4001*, 4002*

Kompendium KBV: Ein ABO-Identitätstest (Bedside-Test) ist fakultativer Leistungsinhalt der GOP 02110 bzw.
02111 und nicht als Serologische Verträglichkeitsprobe mit der GOP 32556 berechnungsfähig.

32557 Zuschlag zu der Gebührenordnungsposition 32545 oder 32556 für eine Vorbehand- **19,20**
lung mit Dithiothreitol (DTT) zur Vermeidung von Interferenzen durch Daratumumab
oder Isatuximab

Abrechnungsbestimmungen: je Untersuchung

Anmerkungen: Die Gebührenordnungsposition 32557 ist am Behandlungstag höchstens
viermal berechnungsfähig.

Kommentar: Vor der Behandlung von hämatoglischen Neoplasien ist eine Vorbehandlung der Erythrozyten notwendig, um bestimmten Interferenzen des eingesetzen monoklonalen Antikörpers
Daratumumab (Darzalex®) vorzubeugen.

Ab dem 1. April ist dafür die neue EBM Nr. 32557aus dem Abschnitt 32.3.6. (Blutgruppen-
serologische Untersuchungen) abrechenbar.

Diese EBM Leistung kann als Zuschlag zu den EBM Nr. 32545 (Antikörpertest in mehreren
Techniken) oder EBM Nr. 32556 (Kreuzprobe mit indirektem Antiglobulintest) bis zu 4x am
Behandlungstag abgerechnet werden.

32560*–32566* Arztgruppenübergr. spezielle Gebührenordnungspositionen IV

32 In-vitro-Diagnostik der Laboratoriumsmedizin, Mikrobiologie, Virologie, Infektionsepidemiologie sowie Transfusionsmedizin

EBM-Nr.   EBM-Punkte / Euro

Die Vergütung der Leistungen nach EBM Nrn. 32480 und 32557 erfolgt außerhalb der morbiditätsbedingten Gesamtvergütung.

Für die Durchführung dieser Leistung ist eine Genehmigung der KV erforderlich.

32.3.7 Infektionsimmunologische Untersuchungen

Quantitative Bestimmung von Streptokokken-Antikörpern, gilt für die Gebührenordnungspositionen 32560 bis 32563

Abrechnungsbestimmung je Untersuchung

Kompendium KBV: GOP 32560 bis 32670 sind nur bei infektionsimmunologischen Untersuchungen im Rahmen der kurativen Medizin berechnungsfähig. Bei Prävention o. Ä. sind die GOP des Abschnitts 1.7 EBM zu berechnen.(*)Qualitative oder semiquantitative Testverfahren, die nicht der Leistungslegende nach GOP 32560 entsprechen, sind mit der GOP 32130 berechnungsfähig.(*) nach Kölner Kommentar zum EBM

32560* Antistreptolysin O-Reaktion **5,00**
GOÄ   entsprechend oder ähnlich: Nrn. 4293*, 4294*

32561* Anti-DNase-B-Reaktion (Antistreptodornase) **11,70**
GOÄ   entsprechend oder ähnlich: Nrn. 4295*, 4296*

32562* Antistreptokokken – Hyaluronidase **12,10**
GOÄ   entsprechend oder ähnlich: Nr. 4297*

32563* Antistreptokinase **11,60**
GOÄ   entsprechend oder ähnlich: Nr. 4295*

32564* Antistaphylolysinbestimmung **8,40**
Obligater Leistungsinhalt
• Quantitative Antistaphylolysinbestimmung
Fakultativer Leistungsinhalt
• Qualitativer Suchtest
GOÄ   entsprechend oder ähnlich: Nr. 4246*

Kompendium KBV: GOP 32560 bis 32670 sind nur bei infektionsimmunologischen Untersuchungen im Rahmen der kurativen Medizin berechnungsfähig. Bei Prävention o. Ä. sind die GOP des Abschnitts 1.7 EBM zu berechnen.(*)

(*) nach Kölner Kommentar zum EBM

32565* Cardiolipin-Flockungstest, quantitativ nur bei nachgewiesener Infektion **4,70**
GOÄ   entsprechend oder ähnlich: Nrn. 4232*, 4283*

Kompendium KBV: Der Cardiolipin-Flockungstest ist nur als quantitativer Test und nur bei nachgewiesener Infektion berechnungsfähig.

(*) nach Kölner Kommentar zum EBM

32566* Treponemenantikörper-Nachweis im TPHA/TPPA-Test (Lues-Suchreaktion) oder **4,60**
mittels Immunoassay
Abrechnungsausschluss in derselben Sitzung 01800
GOÄ   entsprechend oder ähnlich: Nrn. 4232*, 4258*, 4260*

Kompendium KBV: GOP 32560 bis 32670 sind nur bei infektionsimmunologischen Untersuchungen im Rahmen der kurativen Medizin berechnungsfähig. Bei Prävention o. Ä. sind die GOP des

IV Arztgruppenübergr. spezielle Gebührenordnungspositionen   **32567*–32575***

32 In-vitro-Diagnostik der Laboratoriumsmedizin, Mikrobiologie, Virologie, Infektionsepidemiologie sowie Transfusionsmedizin
EBM-Nr.   EBM-Punkte/Euro

Abschnitts 1.7 EBM zu berechnen.(*) Die GOP 32566 ist jetzt auch für den Treponemenantikörper- Nachweis mittels TPPA (Lues-Suchreaktion) berechnungsfähig.Als Lues-Suchtest gilt der TPHA/TPPA-Test als ausreichend.

(*) nach Kölner Kommentar zum EBM

Kommentar: Lues-Suchtest (TPHA-Test) im Rahmen der Mutterschaftsvorsorge nach Nr. 01800 berechnen.

32567* Treponemenantikörper-Bestimmung (nur bei positivem Suchtest), quantitativ je   **14,10**
Immunglobulin IgG oder IgM

GOÄ entsprechend oder ähnlich: Qualitativ Nrn. 4259, 4260*, quantitativ: Nrn. 4270*, 4271*, 4273*

Kompendium KBV: Die GOP 32567 ist nur für die quantitative Bestimmung von treponemenspezifischen IgG oder IgM-Antikörpern und nur bei Vorliegen eines positiven Suchtests berechnungsfähig.

32568* Treponema pallidum Bestätigungsteste (Immunoblot oder FTA-ABS)   **21,90**
Abrechnungsbestimmung einmal im Krankheitsfall

GOÄ entsprechend oder ähnlich: Nrn. 4270*, 4271*

Kompendium KBV: Die GOP 32568 ist jetzt auch für den Immunoblot als Bestätigungstest für eine Infektion mit Treponema pallidum berechnungsfähig. Die Leistung ist nur einmal im Krankheitsfall berechnungsfähig. Aufgrund der Pluralbildung ist die GOP 32568 auch bei Verwendung von zwei immunoglobulinspezifischen Immunoblots nur einmal berechnungsfähig.

32574* Rötelnantikörper-Nachweis mittels Immunoassay   **9,60**
Obligater Leistungsinhalt
• Untersuchung auf Antikörper der Klasse IgG,
oder
• Untersuchung auf Antikörper der Klasse IgM,

Abrechnungsbestimmung je Klasse

Abrechnungsausschluss in derselben Sitzung 01802, 01803

GOÄ entsprechend oder ähnlich: Nrn. 4387*, 4398*

Kompendium KBV: Der Röteln-HAH-Test nach GOP 32572 und der Röteln-Nachweis mittels HIG nach GOP 32573 wurden aus dem EBM gestrichen.

Die Untersuchung nach GOP 32574 ist durch die „oder"-Verknüpfung bis zu zweimal berechnungsfähig.

Die Leistung nach der GOP 32574 ist nicht neben den Leistungen nach GOP 01802 und 01803 berechnungsfähig, die für den Nachweis von Rötelnantikörpern mittels Immunoassay im Rahmen der Mutterschaftsvorsorge berechnet werden können.

Kommentar: Wird die Untersuchung im Rahmen der Mutterschaftsvorsorge ausgeführt, ist die Nr. 01803 zu berechnen.

32575* Nachweis von HIV-1- und HIV-2-Antikörpern und von HIV-p24-Antigen   **4,45**
Berichtspflicht Nein

Abrechnungsausschluss in derselben Sitzung 01931

GOÄ entsprechend oder ähnlich: Nr. 4395*

Kommentar: Wird die Untersuchung im Rahmen der Mutterschaftsvorsorge ausgeführt, ist die Nr. 01811 zu berechnen.

Zusätzlich Ausschlüsse finden sich noch im Kommentar von **Wezel/Liebold** u.a.: Die EBM Nr. 32575 kann nach auch neben den EBM Nrn. 08550 bis 08552, 08560, 08561, 31010 bis 31013, 34291 nicht abgerechnet werden und die Nrn. 01600 und 01601 nicht neben der Nr. 32575.

32584*–32586* Arztgruppenübergr. spezielle Gebührenordnungspositionen IV

32 In-vitro-Diagnostik der Laboratoriumsmedizin, Mikrobiologie, Virologie, Infektionsepidemiologie sowie Transfusionsmedizin
EBM-Nr. EBM-Punkte/Euro

Kompendium KBV GOP 32560 bis 32670 sind nur bei infektionsimmunologischen Untersuchungen im Rahmen der kurativen Medizin berechnungsfähig. Bei Prävention o. Ä. sind die GOP des Abschnitts 1.7 EBM zu berechnen.

Mit dem Antikörper-Kombinationstest werden in einem Ansatz Antikörper gegen HIV1 und HIV-2 nachgewiesen. Mit dem HIV-Antigen-Antikörper-Kombinations- Test wird neben den genannten HIV-Antikörpern zusätzlich auch HIV-Antigen in einem Ansatz nachgewiesen. (*)

GOP 32575 und 32576 sind nicht nebeneinander berechnungsfähig, auch wenn die Untersuchungen auf Antikörper gegen HIV-1 und HIV-2 in einem Ansatz (Antikörper-Kombinations-Test) erfolgen.

(*) nach Kölner Kommentar zum EBM

Qualitativer Nachweis und/oder quantitative Bestimmung von Antikörpern gegen Krankheitserreger mittels Immunoassay, indirekter Immunfluoreszenz, Komplementbindungsreaktion, Immunpräzipitation (z.B. Ouchterlony-Test), indirekter Hämagglutination, Hämagglutinationshemmung oder Bakterienagglutination (Widal-Reaktion), einschl. der Beurteilung des Infektions- oder Immunstatus, gilt für die Gebührenordnungspositionen 32584 bis 32639 und 32641,

Abrechnungsbestimmung je Krankheitserreger oder klinisch relevanter Immunglobulinklasse, z.B. IgG-, IgM-Antikörper

Anmerkung Die Berechnung der Gebührenordnungsposition 32641 setzt die Begründung der medizinischen Notwendigkeit der jeweiligen Untersuchung im Einzelfall voraus. Antikörperuntersuchungen auf vorgefertigten Reagenzträgern (z.B. immunchromatographische Schnellteste) oder Schnellteste mit vorgefertigten Reagenzzubereitungen (z.B. Latexteste) sind nicht nach den Gebührenordnungspositionen 32584 bis 32639 und 32641 berechnungsfähig.

Der Höchstwert für die Untersuchungen nach den Gebührenordnungspositionen 32572 und 32573, 32584 bis 32639 und 32641, 32642 und 32660 bis 32664 beträgt 66,30 Euro.

32584* HEV-Antikörper 11,10
GOÄ entsprechend oder ähnlich: Nr. 4405*, Inhalt ähnlich.
Berichtspflicht Nein

32585* Bordetella pertussis-Antikörper 10,60
GOÄ entsprechend oder ähnlich: Nrn. 4251*, 4263*, Qualit. Antikörper mittels Ligandenassay A Nr. 4463

Kompendium KBV GOP 32560 bis 32670 sind nur bei infektionsimmunologischen Untersuchungen im Rahmen der kurativen Medizin berechnungsfähig. Bei Prävention o. Ä. sind die GOP des Abschnitts 1.7 EBM zu berechnen.(*)Zur Sicherstellung eines wirtschaftlichen Vorgehens sind qualitative und quantitative Untersuchungen eines Parameters zu einem Leistungskomplex zusammengefasst.Ergibt ein qualitativer Suchtest ein negatives Ergebnis, sind Testansätze zur Bestimmung von Antikörperkonzentrationen oder -titern nicht mehr erforderlich.Wird der Nachweis des gleichen Antikörpers sowohl qualitativ als auch quantitativ durchgeführt, ist gemäß der Legendierung die entsprechende GOP dennoch nur einmal berechnungsfähig.(*)Antikörperuntersuchungen auf vorgefertigten Testträgern (z. B. immunchromatographische Schnellteste) mit vorgefertigten Reagenzzubereitungen (z. B. Latexteste) sind nicht nach GOP 32585 bis 32641 berechnungs fähig.

(*) nach Kölner Kommentar zum EBM
Berichtspflicht Nein

32586* Borrelia burgdorferi-Antikörper 7,10
GOÄ entsprechend oder ähnlich: Nrn. 4220*, 4236*, 4252*, 4264*

32 In-vitro-Diagnostik der Laboratoriumsmedizin, Mikrobiologie, Virologie, Infektionsepidemiologie sowie Transfusionsmedizin

EBM-Nr.   EBM-Punkte / Euro

Kompendium KBV: GOP 32560 bis 32670 sind nur bei infektionsimmunologischen Untersuchungen im Rahmen der kurativen Medizin berechnungsfähig. Bei Prävention o. Ä. sind die GOP des Abschnitts 1.7 EBM zu berechnen.(*)

Zur Sicherstellung eines wirtschaftlichen Vorgehens sind qualitative und quantitative Untersuchungen eines Parameters zu einem Leistungskomplex zusammengefasst.Ergibt ein qualitativer Suchtest ein negatives Ergebnis, sind Testansätze zur Bestimmung von Antikörperkonzentrationen oder -titern nicht mehr erforderlich.Wird der Nachweis des gleichen Antikörpers sowohl qualitativ als auch quantitativ durchgeführt, ist gemäß der Legendierung die entsprechende GOP dennoch nur einmal berechnungsfähig.(*)Antikörperuntersuchungen auf vorgefertigten Testträgern (z. B. immunchromatographische Schnellteste) mit vorgefertigten Reagenzzubereitungen (z. B. Latexteste) sind nicht nach GOP 32585 bis 32641 berechnungsfähig.

Als Basisdiagnostik sollten Borrelien-Antikörper nach GOP 32586 als Eingangstest bestimmt werden.

Immunoblots entsprechend GOP 32662 können nicht als Eingangsuntersuchung durchgeführt werden, sondern nur als Bestätigungs- oder Abklärungstests bei positiven oder fraglich positiven Antikörperbefunden.

Nur die im Eingangstest positive oder fraglich positive Immunglobulinklasse ist als Bestätigungstest zulasten der GKV berechnungsfähig.

(*) nach Kölner Kommentar zum EBM

Berichtspflicht Nein

32587*   Brucella-Antikörper   **7,80**

GOÄ   entsprechend oder ähnlich: Nrn. 4221*, 4237*

Kompendium KBV: Siehe auch Nr. 32586.

Berichtspflicht Nein

32588*   Campylobacter-Antikörper   **7,70**

GOÄ   entsprechend oder ähnlich: Nrn. 4222*, 4238*, 4275*, 4287*

Kompendium KBV: Siehe auch Nr. 32586.

Da sich die Bakteriengattungen Helicobacter und Campylobacter unterscheiden, ist die frühere Gleichsetzung seit Jahren überholt. Die Helicobacter pylori-Antikörper Untersuchung ist deshalb unter „ähnliche Untersuchungen" mit GOP 32641 berechnungsfähig.

Latexverfahren zum Nachweis von Antikörpern gegen Helicobacter pylori sind weder mit GOP 32588 noch mit GOP 32641 berechnungsfähig.

Berichtspflicht Nein

32589*   Chlamydien-Antikörper   **10,10**

           Abrechnungsausschluss am Behandlungstag 32851

GOÄ   entsprechend oder ähnlich: Nrn. 4253*, 4265*, 4276*, 4277*

Kompendium KBV: Siehe auch Nr. 32586.

Berichtspflicht Nein

32590*   Coxiella burnetii-Antikörper   **13,80**

GOÄ   entsprechend oder ähnlich: Nrn. 4254*, 4266*, 4278*, 4288*

Kompendium KBV: Siehe auch Nr. 32586.

Berichtspflicht Nein

32591*   Gonokokken-Antikörper   **8,00**

GOÄ   entsprechend oder ähnlich: Nr. 4279*

32592*–32599* Arztgruppenübergr. spezielle Gebührenordnungspositionen IV

32 In-vitro-Diagnostik der Laboratoriumsmedizin, Mikrobiologie, Virologie, Infektionsepidemiologie sowie Transfusionsmedizin

EBM-Nr. EBM-Punkte / Euro

Kompendium KBV: Siehe auch Nr. 32586.
Mit der GOP 32591 sind die Antikörperbestimmungen berechnungsfähig.
Die kulturelle Untersuchung ist mit der GOP 32741 berechnungsfähig.
Berichtspflicht Nein

32592* Legionellen-Antikörper **9,70**

Abrechnungsausschluss am Behandlungstag 32851

GOÄ entsprechend oder ähnlich: Nrn. 4224*, 4240*, 4255*, 4267*

Kompendium KBV: Siehe auch Nr. 32586.

Berichtspflicht Nein

32593* Leptospiren-Antikörper **11,60**

GOÄ entsprechend oder ähnlich: Nrn. 4225*, 4241*, 4256*, 4280*

Kompendium KBV: Siehe auch Nr. 32586.

Berichtspflicht Nein

32594* Listerien-Antikörper **4,90**

Abrechnungsausschluss in derselben Sitzung 32803

GOÄ entsprechend oder ähnlich: Nrn. 4226*, 4242*, 4281*

Kompendium KBV: Siehe auch Nr. 32586.

Berichtspflicht Nein

32595* Mycoplasma pneumoniae-Antikörper **7,00**

GOÄ entsprechend oder ähnlich: Nrn. 4257*, 4268*, 4290*

Kompendium KBV: Siehe auch Nr. 32586.

Berichtspflicht Nein

32596* S. typhi- oder S. paratyphi-Antikörper **5,40**

GOÄ entsprechend oder ähnlich: Nrn. 4228*, 4229*, 4244*, 4245*

Kompendium KBV: Siehe auch Nr. 32586.

Berichtspflicht Nein

32597* Tetanus-Antitoxin **9,10**

GOÄ entsprechend oder ähnlich: Nrn. 4234*, 4250*, 4261*, 4272*, 4285*, 4291*

Kompendium KBV: Siehe auch Nr. 32586.

Berichtspflicht Nein

32598* Yersinien-Antikörper **6,10**

GOÄ entsprechend oder ähnlich: Nrn. 4233*, 4284*

Kompendium KBV: Siehe auch Nr. 32586.

Berichtspflicht Nein

32599* Leptospiren-Antikörper mittels Mikroagglutinationsreaktion mit Lebendkulturen **31,70**

GOÄ entsprechend oder ähnlich: Nrn. 4241*, 4256*, 4280*

Kompendium KBV: Siehe auch Nr. 32586.

Berichtspflicht Nein

32600* Chlamydien-Antikörper (speziesspezifisch) mittels Mikroimmunfluoreszenztest   **15,70**
         (MIF)
         Abrechnungsausschluss am Behandlungstag 32851
GOÄ   entsprechend oder ähnlich: Nrn. 4253*, 4265*
Kompendium KBV: Siehe auch Nr. 32586.
         Berichtspflicht Nein

32601* Adenoviren-Antikörper   **10,40**
         Abrechnungsausschluss am Behandlungstag 32851, 32853
GOÄ   entsprechend oder ähnlich: Nrn. 4310*, 4337*, 4365*
Kompendium KBV: Siehe auch Nr. 32586.
         Berichtspflicht Nein

32602* Cytomegalievirus-Antikörper   **9,80**
         Abrechnungsausschluss in derselben Sitzung 32818, 32831
GOÄ   entsprechend oder ähnlich: Nr. 4378*
Kompendium KBV: Siehe auch Nr. 32586.
         Berichtspflicht Nein

32603* Cytomegalievirus-IgM-Antikörper   **9,70**
         Abrechnungsausschluss in derselben Sitzung 32818, 32831
GOÄ   entsprechend oder ähnlich: Nr. 4378*
Kompendium KBV: Siehe auch Nr. 32586.
         Berichtspflicht Nein

32604* Coxsackieviren-Antikörper   **7,90**
         Abrechnungsausschluss am Behandlungstag 32851, 32853
GOÄ   entsprechend oder ähnlich: Nrn. 4307*, 4335*, 4363*, 4376*, 4389*
Kompendium KBV: Siehe auch Nr. 32586.
         Berichtspflicht Nein

32605* EBV-EA-Antikörper   **8,50**
GOÄ   entsprechend oder ähnlich: Nrn. 4314*, 4315*, 4341*, 4342*
Kompendium KBV: Siehe auch Nr. 32586.
         Berichtspflicht Nein

32606* EBV-EBNA-Antikörper   **8,40**
GOÄ   entsprechend oder ähnlich: Nrn. 4316*, 4343*
Kompendium KBV: Siehe auch Nr. 32586.
         Berichtspflicht Nein

32607* EBV-VCA-Antikörper   **9,10**
GOÄ   entsprechend oder ähnlich: Nrn. 4311*, 4312*, 4338*, 4339*
Kompendium KBV: Siehe auch Nr. 32586.
         Berichtspflicht Nein

32608*–32615*   Arztgruppenübergr. spezielle Gebührenordnungspositionen IV

32 In-vitro-Diagnostik der Laboratoriumsmedizin, Mikrobiologie, Virologie, Infektionsepidemiologie sowie Transfusionsmedizin

EBM-Nr. | EBM-Punkte / Euro

32608* EBV-VCA-IgM-Antikörper **9,80**

GOÄ entsprechend oder ähnlich: Nrn. 4313*, 4340*

Kompendium KBV: Siehe auch Nr. 32586.

Berichtspflicht Nein

32609* Echoviren-Antikörper **8,20**

Abrechnungsausschluss am Behandlungstag 32851, 32853

GOÄ entsprechend oder ähnlich: Nr. 4374*

Kompendium KBV: Siehe auch Nr. 32586.

Berichtspflicht Nein

32610* Enteroviren-Antikörper **7,40**

Abrechnungsausschluss am Behandlungstag 32851, 32853

GOÄ entsprechend oder ähnlich: Je nach Aufwand Auswahl aus Nrn. 4335*, 4363*, 4376*, 4400*, 4404*

Kompendium KBV: Siehe auch Nr. 32586.

Berichtspflicht Nein

32611* FSME-Virus-Antikörper **11,10**

GOÄ entsprechend oder ähnlich: Nrn. 4317*, 4344*

Kompendium KBV: Siehe auch Nr. 32586.

Berichtspflicht Nein

32612* HAV-Antikörper **5,80**

GOÄ entsprechend oder ähnlich: Nr. 4382*

Kompendium KBV: Siehe auch Nr. 32586.

Berichtspflicht Nein

32613* HAV-IgM-Antikörper **6,70**

Anmerkung Die Berechnung der Gebührenordnungsposition 32641 setzt die Begründung der medizinischen Notwendigkeit der jeweiligen Untersuchung im Einzelfall voraus. Antikörperuntersuchungen auf vorgefertigten Reagenzträgern (z.B. immunchromatographische Schnellteste) oder Schnellteste mit vorgefertigten Reagenzzubereitungen (z.B. Latexteste) sind nicht nach den Gebührenordnungspositionen 32584 bis 32639 und 32641 berechnungsfähig.
Der Höchstwert für die Untersuchungen nach den Gebührenordnungspositionen 32572 und 32573, 32584 bis 32639 und 32641, 32642 und 32660 bis 32664 beträgt 66,30 Euro.

GOÄ entsprechend oder ähnlich: Nr. 4383*

Kompendium KBV: Siehe auch Nr. 32586.

Kommentar: Die Bestimmung der HAV-IgM-AK ist nur sinnvoll bei positiven HAVAK nach Nr. 32612. Der Höchstbetrag für die Nrn. 32585 bis 32641, 32642 und 32660 bis 32664 beträgt 66,30 Euro.

Berichtspflicht Nein

32614* HBc-Antikörper **5,90**

Abrechnungsausschluss in derselben Sitzung 01932

GOÄ entsprechend oder ähnlich: Nr. 4393*

Kompendium KBV: Siehe auch Nr. 32586.

Berichtspflicht Nein

32615* HBc-IgM-Antikörper **8,50**

GOÄ entsprechend oder ähnlich: Nr. 4402*

Kompendium KBV: Siehe auch Nr. 32586.
Berichtspflicht Nein

32616* HBe-Antikörper   **9,40**
GOÄ   entsprechend oder ähnlich: Nrn. 4380*, 4403*
Kompendium KBV: Siehe auch Nr. 32586.
Berichtspflicht Nein

32617* HBs-Antikörper   **5,50**
           in derselben Sitzung 01933
GOÄ   entsprechend oder ähnlich: Nr. 4381*
Kompendium KBV: Siehe auch Nr. 32586.
Berichtspflicht Nein

32618* HCV-Antikörper   **9,80**
           Abrechnungsausschluss in derselben Sitzung 01934
           am Behandlungstag 01865
GOÄ   entsprechend oder ähnlich: Nr. 4406*
Kompendium KBV: Siehe auch Nr. 32586.
Berichtspflicht Nein

32619* HDV-Antikörper bei nachgewiesener HBV-Infektion   **26,70**
GOÄ   entsprechend oder ähnlich: Nr. 4405*
Kompendium KBV: Siehe auch Nr. 32586.
Berichtspflicht Nein

32620* HDV-IgM-Antikörper bei nachgewiesener HBV-Infektion   **28,90**
GOÄ   entsprechend oder ähnlich: Nr. 4405*
Kompendium KBV: Siehe auch Nr. 32586.
Berichtspflicht Nein

32621* HSV-Antikörper   **11,10**
GOÄ   entsprechend oder ähnlich: Nrn. 4318* bis 4321*, 4345* bis 4348*
Kompendium KBV: Siehe auch Nr. 32586.
Berichtspflicht Nein

32622* Influenzaviren-Antikörper   **7,60**
           Abrechnungsausschluss am Behandlungstag 32851
GOÄ   entsprechend oder ähnlich: Nrn. 4324*, 4325*, 4351*, 4352*
Kompendium KBV: Siehe auch Nr. 32586.
Berichtspflicht Nein

32623* Masernvirus-Antikörper   **11,10**
GOÄ   entsprechend oder ähnlich: Nr. 4385*
Kompendium KBV: Siehe auch Nr. 32586.
Berichtspflicht Nein

32624* Mumpsvirus-Antikörper   **12,00**
GOÄ   entsprechend oder ähnlich: Nrn. 4328*, 4386*

32625*–32631* Arztgruppenübergr. spezielle Gebührenordnungspositionen IV

32 In-vitro-Diagnostik der Laboratoriumsmedizin, Mikrobiologie, Virologie, Infektionsepidemiologie sowie Transfusionsmedizin

EBM-Nr.   EBM-Punkte/Euro

Kompendium KBV: Siehe auch Nr. 32586.

Berichtspflicht Nein

32625* Parainfluenzaviren-Antikörper   10,30

Abrechnungsausschluss am Behandlungstag 32851

GOÄ   entsprechend oder ähnlich: Nrn. 4329* bis 4331*, 4356* bis 4358*, 4371*, 4372*

Kompendium KBV: Siehe auch Nr. 32586.

Berichtspflicht Nein

32626* Parvoviren-Antikörper   17,30

GOÄ   entsprechend oder ähnlich: Nrn. 4307*, 4335*, 4363*, 4376*, 4389*, 4400*

Kompendium KBV: Siehe auch Nr. 32586.

Berichtspflicht Nein

32627* Polioviren-Antikörper   9,80

GOÄ   entsprechend oder ähnlich: Nrn. 4307*, 4335*, 4363*, 4376*, 4389*, 4400*

Kompendium KBV: Siehe auch Nr. 32586.

Berichtspflicht Nein

32628* RSV-Antikörper   8,00

Abrechnungsausschluss am Behandlungstag 32851

GOÄ   entsprechend oder ähnlich: Nrn. 4359*, 4375*

Kompendium KBV: Siehe auch Nr. 32586.

Berichtspflicht Nein

32629* Varicella-Zoster-Virus-Antikörper   11,30

Abrechnungsausschluss in derselben Sitzung 01833

GOÄ   entsprechend oder ähnlich: Nrn. 4334*, 4362*, 4388*

Kompendium KBV: Siehe auch Nr. 32586.

Zur Überprüfung der Immunitätslage bei Anforderung auf Varizellen gilt die Bestimmung des IgG-Antikörpers als ausreichend. VZV-IgA, VZV-IgM und VZV-IgG als zusätzliche Untersuchung ist beim Zielauftrag „Verdacht auf VZV-Reaktivierung" oder „Verdacht auf Zoster" zu akzeptieren.

Die GOP 32629 ist nicht neben der GOP 01833 berechnungsfähig.

Berichtspflicht Nein

32630* Varicella-Zoster-Virus-IgM-Antikörper   13,20

Abrechnungsausschluss in derselben Sitzung 32801

GOÄ   entsprechend oder ähnlich: Nr. 4399*

Kompendium KBV: Siehe auch Nr. 32586.

Zur Überprüfung der Immunitätslage bei Anforderung auf Varizellen gilt die Bestimmung des IgG-Antikörpers als ausreichend. VZV-IgA, VZV-IgM und VZV-IgG als zusätzliche Untersuchung ist beim Zielauftrag „Verdacht auf VZV-Reaktivierung" oder „Verdacht auf Zoster" zu akzeptieren.

Die GOP 32629 ist nicht neben der GOP 01833 berechnungsfähig.

Berichtspflicht Nein

32631* Aspergillus-Antikörper   9,80

GOÄ   entsprechend oder ähnlich: Nrn. 4421*, 4425*

Kompendium KBV: Siehe auch Nr. 32586.
Berichtspflicht Nein

32632* Candida-Antikörper **9,80**
GOÄ entsprechend oder ähnlich: Nrn. 4415*, 4418*, 4422*, 4426*
Kompendium KBV: Siehe auch Nr. 32586.
Berichtspflicht Nein

32633* Coccidioides-Antikörper **24,40**
GOÄ entsprechend oder ähnlich: Nrn. 4416*, 4419*, 4455*, 4460*, 4462*, 4469*
Kompendium KBV: Siehe auch Nr. 32586.
Berichtspflicht Nein

32634* Histoplasma-Antikörper **18,40**
GOÄ entsprechend oder ähnlich: Nrn. 4416*, 4419*, 4455*, 4460*, 4462*, 4469*
Kompendium KBV: Siehe auch Nr. 32586.
Berichtspflicht Nein

32635* Cysticercus-Antikörper **18,40**
GOÄ entsprechend oder ähnlich: Auswahl aus Nrn. 4432*, 4447*, 4455*, 4460*, 4462*, 4469*
Kompendium KBV: Siehe auch Nr. 32586.
Berichtspflicht Nein

32636* Echinococcus-Antikörper **14,20**
GOÄ entsprechend oder ähnlich: Nrn. 4430*, 4435*, 4456*
Kompendium KBV: Siehe auch Nr. 32586.
Berichtspflicht Nein

32637* Entamoeba histolytica-Antikörper **14,70**
GOÄ entsprechend oder ähnlich: Nrn. 4440*, 4448*, 4457*, 4465*
Kompendium KBV: Siehe auch Nr. 32586.
Berichtspflicht Nein

32638* Leishmania-Antikörper **18,90**
GOÄ entsprechend oder ähnlich: Nrn. 4441*, 4449*, 4458*, 4466*
Kompendium KBV: Siehe auch Nr. 32586.
Berichtspflicht Nein

32639* Plasmodien-Antikörper **15,40**
GOÄ entsprechend oder ähnlich: Nrn. 4442*, 4451*
Kompendium KBV: Siehe auch Nr. 32586.
Berichtspflicht Nein

32641* Ähnliche Untersuchungen unter Angabe der Antikörperspezifität **11,10**
Qualitativer Nachweis und/oder quantitative Bestimmung von **Antikörpern gegen Krankheitserreger** mittels Immunoassay, indirekter Immunfluoreszenz, Komplementbindungsreaktion, Immunpräzipitation (z. B. Ouchterlony-Test), indirekter Hämagglutination, Hämagglutinationshemmung oder Bakterienagglutination (Widal-Reaktion), einschl. der **Beurteilung des Infektions- oder Immunstatus**, gilt für die Gebührenordnungspositionen 32584 bis 32639 und 32641

32642*–32660* Arztgruppenübergr. spezielle Gebührenordnungspositionen IV

32 In-vitro-Diagnostik der Laboratoriumsmedizin, Mikrobiologie, Virologie, Infektionsepidemiologie sowie Transfusionsmedizin
EBM-Nr.   EBM-Punkte / Euro

Ähnliche Untersuchungen unter Angabe der Antikörperspezifität

Abrechnungsbestimmung je Krankheitserreger oder klinisch relevanter Immunglobulin-klasse, z. B. IgG-, IgM-Antikörper

Anmerkung Die Berechnung der Gebührenordnungsposition 32641 setzt die Begründung der medizinischen Notwendigkeit der jeweiligen Untersuchung im Einzelfall voraus. Antikörperuntersuchungen auf vorgefertigten Reagenzträgern (z.B. immunchromatographische Schnellteste) oder Schnellteste mit vorgefertigten Reagenzzubereitungen (z.B. Latexteste) sind nicht nach den Gebührenordnungspositionen 32584 bis 32639 und 32641 berechnungsfähig.
Der Höchstwert für die Untersuchungen nach den Gebührenordnungspositionen 32572 und 32573, 32584 bis 32639 und 32641, 32642 und 32660 bis 32664 beträgt 66,30 Euro.

GOÄ   entsprechend oder ähnlich: Nrn. 4234*, 4250*, 4261*, 4285*, 4291*, 4302*, 4307*, 4335*, 4363*, 4376*, 4389*, 4400*, 4404*, abhängig von Methode

Kompendium KBV: Siehe auch Nr. 32586.

Die Angabe der Antikörperspezifität (Feldkennung 5002) ist zwingend.

Die Berechnung der GOP 32641 setzt die Begründung der medizinischen Notwendigkeit der jeweiligen Untersuchung im Einzelfall voraus.

Die Untersuchung auf Mykobakterien-Antikörper ist keine nach der GOP 32641 berechnungsfähige Leistung, weil sie wegen nicht ausreichender Sensitivität und Spezifität als diagnostisch wertlos und damit unwirtschaftlich gilt.(*)

(*) nach Kölner Kommentar zum EBM

Berichtspflicht Nein

32642* Nachweis neutralisierender Antikörper mittels Zellkultur(en), in vivo oder im Brutei, **14,20**

Abrechnungsbestimmung je Untersuchung unter Angabe des Antikörpers

GOÄ   entsprechend oder ähnlich: Nr. 4261*

Kompendium KBV: GOP 32560 bis 32670 sind nur bei infektionsimmunologischen Untersuchungen im Rahmen der kurativen Medizin berechnungsfähig. Bei Prävention o. Ä. sind die GOP des Abschnitts 1.7 EBM zu berechnen.(*)(*) nach Kölner Kommentar zum EBM

Kommentar: Der Höchstbetrag für die Nrn. 32585 bis 32641, 32642 und 32660 bis 32664 beträgt 66,30 Euro.

Untersuchungen auf **Antikörper gegen Krankheitserreger** mittels Immunreaktion mit elektrophoretisch aufgetrennten und/oder diagnostisch gleichwertigen rekombinanten mikrobiellen/viralen Antigenen **(Immunoblot)** als **Bestätigungs- oder Abklärungstest** nach positivem oder fraglich positivem Antikörpernachweis, gilt für die Gebührenordnungspositionen 32660 bis 32664

Anmerkung Die Gebührenordnungspositionen 32660 bis 32664 sind je Krankheitserreger bis zu zweimal berechnungsfähig.

Kommentar: Der Höchstbetrag für die Nrn. 32585 bis 32641, 32642 und 32660 bis 32664 beträgt 66,30 Euro.

Berichtspflicht Nein

32660* HIV-1- und/oder HIV-2-Antikörper (Westernblot)   **53,60**

GOÄ   entsprechend oder ähnlich: Nr. 4409*

Kompendium KBV: GOP 32560 bis 32670 sind nur bei infektionsimmunologischen Untersuchungen im Rahmen der kurativen Medizin berechnungsfähig. Bei Prävention o. Ä. sind die GOP des Abschnitts 1.7 EBM zu berechnen.(*)

Die Leistungen nach GOP 32660 bis 32664 sind je Krankheitserreger bis zu zweimal berechnungsfähig.Der Höchstwert für GOP 32660 bis 32664 beträgt 66,30 €.Immunoblots können nicht als Eingangsuntersuchung durchgeführt werden, sondern nur als Bestätigungs- oder Abklärungstests bei positiven oder fraglich positiven Ergebnissen.Lediglich bei den Yersinien-Antikörpern ist der Immunoblot als Eingangsuntersuchung mit der GOP

32663 berechnungsfähig.Aufgrund der „und/oder"-Verknüpfung ist die GOP 32660 auch bei Untersuchung auf HIV-1- und HIV-2-Antikörper in zwei Immunoblots nur einmal berechnungsfähig.(*) nach Kölner Kommentar zum EBM

32661* HCV-Antikörper 44,10

GOÄ entsprechend oder ähnlich: Nr. 4408*

Kompendium KBV: Siehe unter Nr. 32660.

32662* Borrelia-Antikörper 20,30

GOÄ entsprechend oder ähnlich: Analoger Ansatz der Nr. 4408*

Kompendium KBV: Siehe auch Nr. 32661.

Der Immunoblot ist eine sehr spezifische und sensitive Methode des Antikörpernachweises, aber auch arbeitsaufwendiger und teurer als andere Methoden. Aus Wirtschaftlichkeitsgründen ist deshalb die Eingangsdiagnostik mit geeigneten Standardmethoden, wie z. B. Immunoassay oder Immunfluoreszenz, durchzuführen.(*) Nur wenn aus medizinischen Gründen die Notwendigkeit besteht, die Spezifität eines positiven (reaktiven) Ergebnisses der Erstuntersuchung zu bestätigen oder nicht eindeutige Testergebnisse abzuklären, können Immunoblots nach GOP 32660 bis 32663 und Abschnitt 32.3 berechnet werden.(*)

(*) nach Kölner Kommentar zum EBM

32663* Yersinien-Antikörper, auch als Eingangstest 20,10

GOÄ entsprechend oder ähnlich: Analoger Ansatz der Nr. 4408*

Kompendium KBV: Siehe auch Nr. 32661.

Als Sonderfall kann die Untersuchung auf Yersinien- Antikörper mittels Immunoblot auch als Eingangsuntersuchung berechnet werden.

32664* Ähnliche Untersuchungen unter Angabe des Krankheitserregers 19,20

Anmerkung Die Gebührenordnungspositionen 32660 bis 32664 sind je Krankheitserreger bis zu zweimal berechnungsfähig.
Die Berechnung der Gebührenordnungsposition 32664 setzt die Begründung der medizinischen Notwendigkeit der jeweiligen Untersuchung im Einzelfall voraus.

GOÄ entsprechend oder ähnlich: Analoger Ansatz der Nr. 4408*

Kompendium KBV: Siehe auch Nr. 32661.

Die Angabe des Krankheitserregers (Feldkennung 5002) ist obligat.

Auf die gesonderte Begründung zur betreffenden GOP in Feldkennung 5009 kann verzichtet werden, wenn ein von der Begründungspflicht ausgenommenes Untersuchungsverfahren angewandt wurde oder sich bereits aus der in der Abrechnung angegebenen Diagnose die Notwendigkeit der Untersuchung im Einzelfall ergibt.

32670* Quantitative Bestimmung einer in-vitro Interferon-gamma Freisetzung nach 58,00
ex-vivo Stimulation mit Antigenen (mindestens ESAT-6 und CFP-10) spezifisch für Mycobacterium tuberculosis-complex (außer BCG) bei Patienten
• vor Einleitung oder während einer Behandlung mit einem Arzneimittel, für das der Ausschluss einer latenten oder aktiven Tuberkulose in der Fachinformation (Zusammenfassung der Merkmale des Arzneimittels / Summary of Product Characteristics) des Herstellers gefordert wird
• mit einer HI-Virus Infektion nur vor einer Therapieentscheidung einer behandlungsbedürftigen Infektion mit Mycobacterium-tuberculosis-Complex (außer BCG)
• vor Einleitung oder während einer Dialysebehandlung bei chronischer Niereninsuffizienz
• vor Durchführung einer Organtransplantation (Niere, Herz, Lunge, Leber, Pankreas)

Anmerkung Die Gebührenordnungsposition 32670 ist auf die genannten Indikationen beschränkt und dient weder als Screeninguntersuchung noch zur Umgebungsunter-

32680*–32682* Arztgruppenübergr. spezielle Gebührenordnungspositionen IV

32 In-vitro-Diagnostik der Laboratoriumsmedizin, Mikrobiologie, Virologie, Infektionsepidemiologie sowie Transfusionsmedizin
EBM-Nr.   EBM-Punkte/Euro

suchung von Kontaktpersonen. Die Berechnung als „Ähnliche Untersuchung" für die genannten und andere Indikationen ist unzulässig.

GOÄ   entsprechend oder ähnlich: Leistung so nicht in der GOÄ vorhanden, daher analoger Ansatz der Nr. 4273*.

Kompendium KBV: GOP 32560 bis 32670 sind nur bei infektionsimmunologischen Untersuchungen im Rahmen der kurativen Medizin berechnungsfähig. Bei Prävention o. Ä. sind die GOP des Abschnitts 1.7 EBM zu berechnen.(*)

Die GOP 32670 ist auf die genannten Indikationen beschränkt und dient weder als Screeninguntersuchung noch zur Umgebungsuntersuchung von Kontaktpersonen. Die Berechnung als „Ähnliche Untersuchung" für die genannten und andere Indikationen ist unzulässig.(*) nach Kölner Kommentar zum EBM

32.3.8 Parasitologische Untersuchungen

32680*   Nachweis von Parasiten-Antigenen aus einem Körpermaterial (Direktnachweis)   **9,00**
mittels Immunfluoreszenz und/oder Immunoassay mit photometrischer oder gleichwertiger Messung,

Abrechnungsbestimmung je Untersuchung unter Angabe des Antigens

Abrechnungsausschluss in derselben Sitzung 32683

GOÄ   entsprechend oder ähnlich: Nrn. 4759*, 4768*

Kompendium KBV: Die Angabe des Antigens (Feldkennung 5002) ist obligat.

Die GOP 32680 umfasst den Direktnachweis von Antigenen aus Körpermaterial. Mikrobiologische Antigennachweise nach Kultivierung oder als Differenzierung nach Anzüchtung sind nicht mit dieser GOP berechnungsfähig.

Die Berechnungsfähigkeit von Immunoassays für den Antigennachweis (Direktnachweis) ist auf eine standardisierte und qualitätskontrollierte Methodik beschränkt, die in der Leistungslegende durch das Kriterium der photometrischen Messung beschrieben und z. B. nach DIN 58 967 Teil 30 genormt ist. Gleichwertige Verfahren sind Chemilumineszenz- oder Radioaktivitätsmessungen. Durch diese höhere Methodenanforderung werden Schnelltests auf der Basis vorgefertigter Testträger mit vereinfachter Handhabung und visueller Ablesung abgegrenzt, die hinsichtlich Aufwand und Befundqualität insgesamt nicht den Standardmethoden gleichgesetzt werden können.(*)

(*) nach Kölner Kommentar zum EBM

32681*   Kulturelle Untersuchung auf Protozoen   **5,70**
Obligater Leistungsinhalt
• Kulturelle Untersuchung auf Protozoen, z.B. auf Trichomonaden, Lamblien
Fakultativer Leistungsinhalt
• Nachfolgende mikroskopische Prüfung(en),

Abrechnungsbestimmung je Untersuchung unter Angabe der Art der Untersuchung

GOÄ   entsprechend oder ähnlich: Nrn. 4760* bis 4763*

Kompendium KBV: Die Angabe der Art der Untersuchung (Feldkennung 5002) ist zwingend.

32682*   Systematische parasitologische Untersuchung auf einheimische und/oder   **6,90**
tropische Helminthen und/oder Helmintheneier nach Anreicherung, z.B. SAF-, Zink-Sulfat-Anreicherung, einschl. aller mikroskopischen Untersuchungen

GOÄ   entsprechend oder ähnlich: Nrn. 4744*, 4750*

Kompendium KBV: Die mikroskopische Suche nach Wurmeiern ohne Anreicherung oder in einem einfach gefärbten Präparat, auch in sog. Analabdruckpräparaten ist nur nach GOP 32045 berechnungsfähig. Die Routineuntersuchung auf Würmer bei der sogenannten Fokussuche gilt als nicht ausreichend gesicherte und nicht indizierte Methode.

Die GOP 32682 kann nur berechnet werden, wenn Untersuchungsmethoden gemäß GOP 32681 zur Diagnosesicherung nicht ausreichen, sondern gezielt spezielle parasitologische

IV Arztgruppenübergr. spezielle Gebührenordnungspositionen **32683*–32687***

32 In-vitro-Diagnostik der Laboratoriumsmedizin, Mikrobiologie, Virologie, Infektionsepidemiologie sowie Transfusionsmedizin
EBM-Nr.   EBM-Punkte / Euro

Aufbereitungsmethoden eingesetzt werden müssen und wenn besondere differentialdiagnostische Fachkenntnisse über alle ätiologisch zu berücksichtigenden Parasiten vorhanden sind.

Kommentar: Die Anreicherung ist bei der Suche nach Wurmeiern obligater Leistungsinhalt.

Die mikroskopische Suche nach Wurmeiern, z. B. in sogenannten Analabdruckpräparaten, kann nur nach Nr. 32045 berechnet werden.

32683*   Nukleinsäurenachweis von Erregern von Parasitosen bei immundefizienten   **19,90**
Patienten außer Toxoplasma aus einem Körpermaterial,

Abrechnungsbestimmung je Erregerart, höchstens drei Erregerarten je Untersuchungsprobe

Abrechnungsausschluss in derselben Sitzung 32680, 32833

Berichtspflicht Nein

32.3.9 Mykologische Untersuchungen

32685*   Nachweis von Pilz-Antigenen aus einem Körpermaterial (Direktnachweis) mittels   **10,40**
Agglutination und/oder Immunpräzipitation,

Abrechnungsbestimmung je Untersuchung unter Angabe des Antigens

GOÄ   entsprechend oder ähnlich: Nrn. 4705* bis 4708*

Kompendium KBV: Die Angabe des Antigens (Feldkennung 5002) ist zwingend.

32686*   Nachweis von Pilz-Antigenen aus einem Körpermaterial (Direktnachweis) mittels   **11,70**
Immunfluoreszenz und/oder Immunoassay mit photometrischer oder gleichwertiger Messung,

Abrechnungsbestimmung je Untersuchung unter Angabe des Antigens

GOÄ   entsprechend oder ähnlich: Nr. 4712*

Kompendium KBV: Die Angabe des Antigens (Feldkennung 5002) ist zwingend.

32687*   Kulturelle mykologische Untersuchung   **4,60**

Obligater Leistungsinhalt
* Kulturelle mykologische Untersuchung
  – nach Aufbereitung (z.B. Zentrifugation, Auswaschung)
  und/oder
  – unter Verwendung von mindestens 2 Nährmedien
  und/oder
  – als Langzeitkultivierung,

Fakultativer Leistungsinhalt
* Keimzahlbestimmung,
* nachfolgende mikroskopische Prüfung(en) und Kultur(en),

Abrechnungsbestimmung unter Angabe der Art des Untersuchungsmaterials

Anmerkung Die mykologische Untersuchung von Haut-, Schleimhaut- oder Vaginalabstrichen einschl. von Vaginalsekret ist nicht nach der Gebührenordnungsposition 32687, sondern nach der Gebührenordnungsposition 32151 berechnungsfähig.

GOÄ   entsprechend oder ähnlich: Nrn. 4715* bis 4717*

Kompendium KBV: Die Angabe der Art des Untersuchungsmaterials (Feldkennung 5002) ist zwingend.

Voraussetzung für die Abrechnung der GOP 32687 ist die Durchführung mindestens einer der drei in der Leistungslegende genannten Maßnahmen (Aufbereitung, Langzeitkultivierung über mehrere Wochen, zwei verschiedene Pilznährmedien).

Die Notwendigkeit für eine oder mehrere dieser Maßnahmen muss sich aus der Art des Untersuchungsmaterials und der diagnostischen Fragestellung ergeben.

32688*–32690*   Arztgruppenübergr. spezielle Gebührenordnungspositionen IV

32 In-vitro-Diagnostik der Laboratoriumsmedizin, Mikrobiologie, Virologie, Infektionsepidemiologie sowie Transfusionsmedizin

EBM-Nr.   EBM-Punkte / Euro

Die Notwendigkeit der Verwendung mehrerer Nährmedien richtet sich nach dem anerkannten Stand mykologischer Diagnostik. Wenn der Pilznachweis in der Regel auf einem einzelnen üblichen Pilznährboden gelingt, wie beispielsweise bei einer Soorkolpitis oder anderen Haut- und Schleimhautabstrichen mit im Krankheitsfall hohen Keimzahlen, sind mehrere Nährmedien nicht notwendig, und deshalb ist in diesen Fällen nicht die GOP 32687, sondern nur die GOP 32151 berechnungsfähig.(*)

Die Untersuchung von Pilzen im Stuhl bei Immungesunden gilt als nicht ausreichend gesicherte und nicht indizierte Methode.

Pilzuntersuchungen im Stuhl im Rahmen von, z. B. Dysbakterieuntersuchung, Dysbiose, Kyberstatus oder intestinalem Ökogramm stellen nach derzeitigem Kenntnisstand keine GKV-Leistungen dar. Auch in den „Qualitätsstandards in der mikrobiologisch-infektiologischen Diagnostik" der Deutschen Gesellschaft für Hygiene und Mikrobiologie, Nr. 9 „Infektionen des Darms", 2000, werden sog. „Dysbiose- oder Dysbakterie-Untersuchungen" als nicht ausreichend gesicherte und nicht indizierte Methoden bewertet.

(*) nach Kölner Kommentar zum EBM

32688*   Morphologische Differenzierung gezüchteter Pilze außer Hefen   **2,70**

Obligater Leistungsinhalt
- Morphologische Differenzierung gezüchteter Pilze außer Hefen mittels kultureller Verfahren und mikroskopischer Prüfung,

Fakultativer Leistungsinhalt
- Biochemische Differenzierung,

Abrechnungsbestimmung je Pilzart

Anmerkung Die Gebührenordnungsposition 32688 ist bei derselben Pilzart nicht neben der Gebührenordnungsposition 32692 berechnungsfähig.

GOÄ   entsprechend oder ähnlich: Nrn. 4722*, 4723*

Kompendium KBV: Die Differenzierung von Hefen ist nicht mit GOP 32688 berechnungsfähig.

Kommentar: Die EBM Nr. 32688 ist neben den folgenden EBM Nrn. nicht berechenbar: 08550 bis 08552, 08560, 08561, 31010 bis 31013, 34291.

Neben der EBM Nr. 32688 sind nicht abrechenbar: 01600, 01601.

32689*   Biochemische Differenzierung von Hefen   **10,10**

Obligater Leistungsinhalt
- Biochemische Differenzierung von Hefen in Reinkultur mit mindestens 8 Reaktionen,

Fakultativer Leistungsinhalt
- Kulturelle Verfahren,

Abrechnungsbestimmung je Hefeart

Anmerkung Die Gebührenordnungsposition 32689 ist bei derselben Hefeart nicht neben der Gebührenordnungsposition 32692 berechnungsfähig

GOÄ   entsprechend oder ähnlich: Nr. 4721*

Kompendium KBV: Kulturelle Verfahren sind Bestandteil des fakultativen Leistungsinhaltes und daher nicht gesondert berechnungsfähig.

Kommentar: Die EBM Nr. 32689 ist neben den folgenden EBM Nrn. nicht berechenbar: 08550 bis 08552, 08560, 08561, 31010 bis 31013, 34291.

Neben der EBM Nr. 32689 sind nicht abrechenbar: 01600, 01601.

32690*   Differenzierung gezüchteter Pilze mittels mono- oder polyvalenter Seren,   **2,30**

Abrechnungsbestimmung je Antiserum

Anmerkung Der Höchstwert für die Untersuchung nach der Nr. 32690 beträgt 11,50 Euro.

GOÄ   entsprechend oder ähnlich: Nr. 4723*

Kommentar: Die EBM Nr. 32690 ist neben den folgenden EBM Nrn. nicht berechenbar: 08550 bis 08552, 08560, 08561, 31010 bis 31013, 34291.

Neben der EBM Nr. 32690 sind nicht abrechenbar: 01600, 01601.

32691* Orientierende Empfindlichkeitsprüfung(en) von Hefen in Reinkultur, **5,60**

Abrechnungsbestimmung insgesamt je Körpermaterial

GOÄ entsprechend oder ähnlich: Nrn. 4727*, 4728*

Kompendium KBV: Unabhängig von der Anzahl und Art der durchgeführten Empfindlichkeitsprüfungen kann die GOP 32691 nur einmal je Körpermaterial berechnet werden.

32692* Differenzierung gezüchteter Pilze mittels MALDI-TOF- Massenspektrometrie **6,59**
(Matrixunterstützte Laser-Desorptions-IonisationsFlugzeit)

Abrechnungsbestimmung je Art

Anmerkung Die Gebührenordnungsposition 32692 ist bei derselben Art nicht neben den Gebührenordnungspositionen 32688 und 32689 berechnungsfähig.

Berichtspflicht Nein

32.3.10 Bakteriologische Untersuchungen

32700* Nachweis von Bakterien-Antigenen aus einem Körpermaterial (Direktnachweis) **9,50**
mittels Agglutination und/oder Immunpräzipitation,

Abrechnungsbestimmung je Untersuchung unter Angabe des Antigens

GOÄ entsprechend oder ähnlich: Nrn. 4500* – 4504*

Kompendium KBV: Die Angabe des Antigens (Feldkennung 5002) ist obligat.

Die Leistungslegende nach GOP 32700 beinhaltet einen mikrobiologischen Antigennachweis aus einem Körpermaterial als Direktnachweis, also ohne zeitaufwendige kulturelle Untersuchung. Antigennachweise im Rahmen von Kulturbestätigungstesten oder als Differenzierungsmethode nach Anzüchtung sind nicht nach diesen GOP berechnungsfähig.(*)

(*) nach Kölner Kommentar zum EBM

32701* Clostridioides difficile-Nachweis im Stuhl **23,80**

Obligater Leistungsinhalt
• Nachweis des GlutamatDehydrogenase-Enzyms
• Nachweis der Toxine A und B

Berichtspflicht Nein

32702* Zuschlag zur Gebührenordnungsposition 32701 für den Nukleinsäurenachweis von **19,90**
Clostridioides difficile bei diskordanten Ergebnissen des Immunoassays

Berichtspflicht Nein

Nachweis von **Bakterien-Antigenen** aus einem Körpermaterial (**Direktnachweis**)
mittels **Immunfluoreszenz** und/oder **Immunoassay** mit photometrischer oder
gleichwertiger Messung, gilt für die Gebührenordnungspositionen 32704 bis 32707,

Abrechnungsbestimmung je Untersuchung

Anmerkung Die Gebührenordnungsposition 32706 ist grundsätzlich nur berechnungsfähig zur Erfolgskontrolle nach Eradikationstherapie einer Helicobacter pylori-Infektion (frühestens 4 Wochen nach Ende der Therapie) oder zum Ausschluss einer Reinfektion bei einer gastroduodenoskopisch gesicherten Ulcus-duodeni-Erkrankung oder bei Kindern mit begründetem Verdacht auf eine Ulkus-Erkrankung.

32704 Mycoplasma pneumoniae **9,70**

Abrechnungsausschluss am Behandlungstag 32851

GOÄ entsprechend oder ähnlich: Nr. 4525*

32 In-vitro-Diagnostik der Laboratoriumsmedizin, Mikrobiologie, Virologie, Infektionsepidemiologie sowie Transfusionsmedizin
EBM-Nr.   EBM-Punkte / Euro

32705   Shigatoxin (Verotoxin), ggf. einschl. kultureller Anreicherung   **9,30**
GOÄ   entsprechend oder ähnlich: Nr. 4594*
Kompendium KBV: Eine Toxinanreicherung durch kulturelle Verfahren nimmt der Untersuchung nicht die
            Eigenschaft des Direktnachweises. Das Untersuchungsziel besteht nicht primär in der
            Isolierung kulturell angezüchteter Bakterien, sondern im Schnellnachweis des pathogene-
            tisch relevanten Toxins. Hinsichtlich der Nebeneinanderabrechnung von Antigennachweis
            und kultureller Untersuchung sind folgende diagnostische Abläufe zu unterscheiden:

            • Nur Toxinnachweis mit kultureller Anreicherung: GOP 32705, die Anreicherungskultur ist in
            der Leistung eingeschlossen und nicht gesondert berechnungsfähig.

            • Toxinnachweis mit kultureller Anreicherung, die gleichzeitig für die Erregerisolierung
            verwendet wird, z. B. ein EHEC-Spezialmedium: gleicher Aufwand wie vorher, deshalb nur
            die GOP 32705.

            • Toxinnachweis und kulturelle Stuhluntersuchung auf weitere darmpathogene Bakterien:
            abhängig vom notwendigerweise erbrachten Untersuchungsaufwand GOP 32705 neben
            GOP 32722 oder 32723,

            (die unterschiedlichen Abrechnungsvoraussetzungen gemäß der Leistungslegenden sind
            zu beachten).(*)

            (*) nach Kölner Kommentar zum EBM

32706   Helicobacter pylori-Antigen im Stuhl   **23,50**
            Abrechnungsausschluss in derselben Sitzung 02400, 32315
GOÄ   entsprechend oder ähnlich: Nr. 4525*
Kompendium KBV: Die GOP 32706 ist nur berechnungsfähig zur Erfolgskontrolle nach Eradikationstherapie
            einer Helicobacter pylori-Infektion (frühestens 4 Wochen nach Ende der Therapie) oder zum
            Ausschluss einer Reinfektion bei einer gastroduodenoskopisch gesicherten Ulcus duodeni-
            Erkrankung oder bei Kindern mit begründetem Verdacht auf eine Ulkus-Erkrankung.

            Vereinfachte Schnelltests mit visueller Auswertung sind ebenfalls nicht nach GOP 32706
            berechnungsfähig.(*)

            Die Leistungen nach GOP 02400 und 32315 sind nicht neben GOP 32706 berechnungsfähig.

            (*) nach Kölner Kommentar zum EBM

32707   Ähnliche Untersuchungen unter Angabe des Antigens   **11,90**
            Anmerkung Die Berechnung der Gebührenordnungsposition 32707 setzt die Begründung
            der medizinischen Notwendigkeit der jeweiligen Untersuchung im Einzelfall voraus.
GOÄ   entsprechend oder ähnlich: Nr. 4525*
Kompendium KBV: Die Angabe des Antigens (Feldkennung 5002) ist obligat.

            Die Berechnung der GOP 32707 setzt die Begründung der medizinischen Notwendigkeit
            der jeweiligen Untersuchung im Einzelfall voraus.

            Schnelltests auf der Basis vorgefertigter Testträger können nicht mit GOP 32707
            abgerechnet werden (z. B. Antigen-Schnelltests auf B-Streptokokken, können wie weitere
            Erregernachweise mangels eigenständiger Leistungsposition nur der GOP 32030
            zugeordnet werden).(*)

            (*) nach Kölner Kommentar zum EBM

            **Kulturelle Untersuchung auf ätiologisch relevante Bakterien, gilt für 32720 bis
            32727**
            Obligater Leistungsinhalt
            • Kulturelle Untersuchung auf ätiologisch relevante Bakterien,
            Fakultativer Leistungsinhalt
            • Keimzahlbestimmung,
            • Nachweis antimikrobieller Wirkstoffe mittels Hemmstofftest,
            • Nachfolgende mikroskopische Prüfung(en) und Kultur(en),

Abrechnungsbestimmung je Untersuchung

Anmerkung Anstelle der Gebührenordnungspositionen 32720 bis 32724 sind die Gebührenordnungspositionen 32725 bis 32727 bei demselben Körpermaterial nicht berechnungsfähig.

32720   Urinuntersuchung mit mindestens zwei Nährböden (ausgenommen Eintauchnähr-   **5,50**
böden) und/oder mit apparativer Wachstumsmessung

Abrechnungsausschluss bei demselben Material 32725, 32726, 32727
am Behandlungstag 32151

GOÄ   entsprechend oder ähnlich: Nr. 4530* ff.

Kompendium KBV: Gemäß der Legendierung sind bei bakteriologischen Untersuchungen diverse Ausschlüsse in der Berechnungsfähigkeit dieser GOP gegenüber weiteren GOP zu beachten.Anstelle der Leistungen nach GOP 32720 bis 32724 sind die Leistungen nach GOP 32725 bis 32727 bei demselben Körpermaterial nicht berechnungsfähig.Die Leistung nach GOP 32721 ist bei demselben Material nicht neben den Leistungen nach GOP 32725 bis 32727 und 32740 berechnungsfähig. Die Leistung nach GOP 32724 ist bei demselben Material nicht neben den Leistungen nach GOP 32725 bis 32727 und 32741 bis 32746 berechnungsfähig.Die Leistung nach GOP 32725 ist bei demselben Material nicht neben den Leistungen nach GOP 32720 bis 32724, 32726 und 32741 bis 32746 berechnungsfähig.Die Leistung nach GOP 32726 ist bei demselben Material nicht neben den Leistungen nach GOP 32720 bis 32725 und 32740 berechnungsfähig.Die Leistung nach GOP 32727 ist bei demselben Material nicht neben den Leistungen nach GOP 32720 bis 32724 und 32740 bis 32746 berechnungsfähig.Die Leistungen nach GOP 32720, 32722 und 32723 sind bei demselben Material nicht neben den Leistungen nach GOP 32725 bis 32727 berechnungsfähig.

Die Leistungslegende der GOP 32720 erfordert die Anzüchtung und Isolierung der Bakterien aus geeigneten Nährböden (Primärkulturen). Dies muss auf mindestens zwei verschiedenen Nährmedien erfolgen.

Eintauchnährböden sind nicht mit GOP 32720, sondern nur mit der GOP 32151 berechnungsfähig.

Falls der beimpfte Nährbodenträger Keimwachstum aufweist und damit mindestens zwei neue Nährböden angelegt werden, kann die GOP 32720 berechnet werden.

Bakteriologische Urinuntersuchungen sind nicht mit GOP 32726 oder 32727 berechnungsfähig.

32721   Untersuchung von Sekreten des Respirationstrakts, z.B. Sputum, Bronchialsekret,   **7,20**
mit mindestens drei Nährböden

Abrechnungsausschluss bei demselben Material 32725, 32726, 32727, 32740

GOÄ   entsprechend oder ähnlich: Nr. 4530* ff.

Kompendium KBV: Die Anzüchtung auf mindestens drei verschiedenen Nährböden ist erforderlich. Siehe auch unter Nr. 32720.

32722   Stuhluntersuchung mit mindestens fünf Nährböden, ggf. einschl. anaerober   **8,00**
Untersuchung, z.B. auf Clostridien

Abrechnungsausschluss bei demselben Material 32725, 32726, 32727

GOÄ   entsprechend oder ähnlich: Nr. 4539*

Kompendium KBV: Siehe auch unter EBM Nummer 32721.

Die kulturelle Stuhluntersuchung gemäß der GOP 32722 beinhaltet die Standarduntersuchung auf darmpathogene Bakterien, z. B. auf Salmonellen und Shigellen.

Die kulturelle Stuhluntersuchung nach der GOP 32722 beinhaltet die Standarduntersuchung auf darmpathogene Bakterien, z. B. auf Salmonellen und Shigellen. Wird die Untersuchung durch zusätzliche Spezialverfahren zum Nachweis von Yersinien und Campylo-bacter erweitert, ist die GOP 32723 mit der GOP 32722 als eingeschlossener Teilleistung berechnungsfähig.(*)

(*) nach Kölner Kommentar zum EBM

32 In-vitro-Diagnostik der Laboratoriumsmedizin, Mikrobiologie, Virologie, Infektionsepidemiologie sowie Transfusionsmedizin
EBM-Nr. EBM-Punkte / Euro

32723 Stuhluntersuchung mit mindestens fünf Nährböden, einschl. Untersuchung auf   **10,70**
Yersinien, Campylobacter und ggf. weitere darmpathogene Bakterien, ggf. einschl.
anaerober Untersuchung, z.B. auf Clostridien

Abrechnungsausschluss bei demselben Material 32725, 32726, 32727
GOÄ entsprechend oder ähnlich: Nr. 4539*
Kompendium KBV: Siehe Erläuterungen zu EBM Nr. 32722.

32724 Aerobe oder anaerobe Untersuchung von Blut   **11,70**

Abrechnungsausschluss bei demselben Material 32725, 32726, 32727, 32741, 32742,
32743, 32744, 32745, 32746
GOÄ entsprechend oder ähnlich: Nr. 4531* ff.
Kompendium KBV: Siehe Erläuterungen zu EBM Nr. 32722.

32725 Untersuchung von Liquor, Punktat, Biopsie-, Bronchiallavage- oder Operationsma-   **9,40**
terial, ggf. einschl. anaerober Untersuchung, unter Angabe der Materialart

Abrechnungsausschluss bei demselben Material 32720, 32721, 32722, 32723, 32724,
32726, 32741, 32742, 32743, 32744, 32745, 32746
GOÄ entsprechend oder ähnlich: Nr. 4530* ff.
Kompendium KBV: Siehe Erläuterungen zu EBM Nr. 32722
Kommentar: Nach Nr. 32720 ist Urin-Untersuchung nach Blasenpunktion zu berechnen.

32726 Untersuchung eines Abstrichs, Exsudats, Sekrets oder anderen Körpermaterials mit   **6,40**
mindestens drei Nährböden unter Angabe der Materialart

Abrechnungsausschluss bei demselben Material 32720, 32721, 32722, 32723, 32724,
32725, 32740
GOÄ entsprechend oder ähnlich: Nr. 4530* ff.
Kompendium KBV: Die Angabe der Materialart (Feldkennung 5002) ist zwingend.
Siehe Erläuterungen zu EBM Nr. 32722.

32727 Untersuchung eines Abstrichs, Exsudats, Sekrets oder anderen Körpermaterials mit   **8,50**
mindestens fünf Nährböden, ggf. einschl. anaerober Untersuchung unter Angabe
der Materialart

Abrechnungsausschluss bei demselben Material 32720, 32721, 32722, 32723, 32724,
32740, 32741, 32742, 32743, 32744, 32745, 32746
GOÄ entsprechend oder ähnlich: Nrn. 4538* oder 4539*
Kompendium KBV: Die Angabe der Materialart (Feldkennung 5002) ist zwingend.

Es müssen für die bakteriologische Untersuchung mindestens fünf verschiedene bakteriologische Nährböden (keine Pilznährböden) verwendet werden.

Als ein „anderes Körpermaterial" gelten Materialien, die nicht in einer der Leistungslegenden der GOP 32720 bis 32727 namentlich aufgeführt sind. Urin kann folglich nicht als
„anderes Körpermaterial" der Leistung nach GOP 32726 zugeordnet werden.

Die Untersuchung nach der GOP 32727 ist auf bestimmte Indikationen und Materialien
beschränkt. Gemäß der Legendierung sind bei bakteriologischen Untersuchungen diverse
Ausschlüsse in der Berechnungsfähigkeit dieser GOP gegenüber weiteren GOP zu
beachten. Anstelle der Leistungen nach GOP 32720 bis 32724 sind die Leistungen nach
GOP 32725 bis 32727 bei demselben Körpermaterial nicht berechnungsfähig. Die Leistung
nach GOP 32721 ist bei demselben Material nicht neben den Leistungen nach GOP 32725
bis 32727 und 32740 berechnungsfähig. Die Leistung nach GOP 32724 ist bei demselben
Material nicht neben den Leistungen nach GOP 32725 bis 32727 und 32741 bis 32746
berechnungsfähig. Die Leistung nach GOP 32725 ist bei demselben Material nicht neben
den Leistungen nach GOP 32720 bis 32724, 32726 und 32741 bis 32746 berechnungsfähig. Die Leistung nach GOP 32726 ist bei demselben Material nicht neben den Leistungen

IV Arztgruppenübergr. spezielle Gebührenordnungspositionen **32740–32744**

32 In-vitro-Diagnostik der Laboratoriumsmedizin, Mikrobiologie, Virologie, Infektionsepidemiologie sowie Transfusionsmedizin
EBM-Nr.   EBM-Punkte / Euro

nach GOP 32720 bis 32725 und 32740 berechnungsfähig. Die Leistung nach GOP 32727 ist bei demselben Material nicht neben den Leistungen nach GOP 32720 bis 32724 und 32740 bis 32746 berechnungsfähig. Die Leistungen nach GOP 32720, 32722 und 32723 sind bei demselben Material nicht neben den Leistungen nach GOP 32725 bis 32727 berechnungsfähig.

Gezielte kulturelle Untersuchung auf bestimmte Krankheitserreger, gilt für 32740 bis 32747

Obligater Leistungsinhalt
- Gezielte kulturelle Untersuchung auf bestimmte Krankheitserreger unter Verwendung spezieller Nährböden und/oder Kulturverfahren,

Fakultativer Leistungsinhalt
- Keimzahlbestimmung,
- Nachweis antimikrobieller Wirkstoffe mittels Hemmstofftest,
- Nachfolgende mikroskopische Prüfung(en) und Kultur(en),

Abrechnungsbestimmung je Untersuchung

Abrechnungsausschluss bei demselben Material 32721, 32726, 32727

32740 Untersuchung auf betahämolysierende Streptokokken, z.B. aus dem Rachen, mit   **5,40**
mindestens zwei Nährböden

GOÄ   entsprechend oder ähnlich: Nr. 4530*

Kompendium KBV: Die Leistung nach GOP 32740 ist bei demselben Material nicht neben den Leistungen nach GOP 32721, 32726 und 32727 berechnungsfähig. Die Leistungen nach den GOP 32741 bis 32746 sind bei demselben Material nicht neben den Leistungen nach GOP 32724, 32725 und 32727 berechnungsfähig. Für den Nachweis von beta-hämolysierenden Streptokokken aus dem Rachen (Scharlachdiagnostik) sind ein Universal- und ein Selektivnährboden erforderlich.(*) Die Untersuchungen mit nur einem Nährboden erfüllen nicht die Leistungslegende der GOP 32740 und sind nur mit der GOP 32151 berechnungsfähig.

Andere kulturelle Untersuchungen aus Sekreten der Luftwege werden der GOP 32721 zugeordnet.

(*) nach Kölner Kommentar zum EBM

32741 Untersuchung auf Neisseria gonorrhoeae unter vermehrter CO_2 -Spannung, ggf.   **5,20**
einschl. Oxidase- und/oder ß-Lactamaseprüfung

GOÄ   entsprechend oder ähnlich: Nr. 4532*

Kompendium KBV: Die Leistung nach GOP 32740 ist bei demselben Material nicht neben den Leistungen nach GOP 32721, 32726 und 32727 berechnungsfähig. Die Leistungen nach den GOP 32741 bis 32746 sind bei demselben Material nicht neben den Leistungen nach GOP 32724, 32725 und 32727 berechnungsfähig.

Mit der GOP 32741 ist die kulturelle Untersuchung auf Gonokokken berechnungsfähig.

Die Antikörperbestimmung ist mit der GOP 32591 berechnungsfähig.

32742 Untersuchung auf Aktinomyzeten   **6,20**
GOÄ   entsprechend oder ähnlich: Nr. 4538*

Kompendium KBV: Siehe auch Nr. 32741.

32743 Untersuchung auf Borrelien   **6,60**
GOÄ   entsprechend oder ähnlich: Nr. 4538*

Kompendium KBV: Siehe auch Nr. 32741.

32744 Untersuchung auf Mykoplasmen, ggf. auch mehrere Gattungen (z.B. Mycoplasma,   **9,50**
Ureaplasma)

GOÄ   entsprechend oder ähnlich: Nr. 4539*

32 In-vitro-Diagnostik der Laboratoriumsmedizin, Mikrobiologie, Virologie, Infektionsepidemiologie sowie Transfusionsmedizin
EBM-Nr. EBM-Punkte / Euro

Kompendium KBV: Siehe auch Nr. 32741. Die Anzüchtung beider Gattungen (Mycoplasma hominis, Ureaplasma urealyticum) ist nur einmal berechnungsfähig.

32745 Untersuchung auf Legionellen **6,60**
GOÄ entsprechend oder ähnlich: Nr. 4539*
Kompendium KBV: Siehe auch Nr. 32741.

32746 Untersuchung auf Leptospiren **6,60**
GOÄ entsprechend oder ähnlich: Nr. 4538*
Kompendium KBV: Siehe auch Nr. 32741.

32747 Untersuchung auf Mykobakterien mit mindestens einem flüssigen und zwei festen **34,90** Kulturmedien
GOÄ entsprechend oder ähnlich: Nr. 4540*
Kompendium KBV: Siehe auch Nr. 32741. Gemäß der Leistungslegende sind mindestens drei verschiedene Kulturmedien erforderlich. Die GOP 32747 ist nur einmal berechnungsfähig, auch wenn mehr als drei Kulturen angesetzt werden (Ausnahme: Unterschiedliche Materialien, z. B. zu verschiedenen Zeitpunkten entnommene Sputumproben).

32748 Bakteriologische Untersuchung in vivo **13,80**
Obligater Leistungsinhalt
• Bakteriologische Untersuchung in vivo, z.B. Toxinnachweis,
Fakultativer Leistungsinhalt
• Nachfolgende kulturelle und mikroskopische Untersuchungen,
Abrechnungsbestimmung je Untersuchungsmaterial unter Angabe des Krankheitserregers
Anmerkung Die Gebührenordnungsposition 32748 ist nicht für die Untersuchung auf Mykobakterien berechnungsfähig.
GOÄ entsprechend oder ähnlich: Nr. 4601*
Kompendium KBV: Die Angabe des Krankheitserregers (Feldkennung 5002) ist zwingend.

Die Leistungslegende der GOP 32748 umfasst als obligaten Leistungsinhalt den in vivo-Nachweis (Tierversuch etc.) von Bakterien. Rein kulturelle Nachweisverfahren sind nicht mit der GOP 32748 berechnungsfähig.

Die Kosten für das im Zusammenhang mit den Untersuchungen gemäß GOP 32748 verwendete tierische Material sind mit der Vergütung abgegolten und nicht gesondert berechnungsfähig.(*)

Die Leistung nach GOP 32748 ist nicht für die Untersuchung auf Mykobakterien berechnungsfähig. Der Tuberkulose-Nachweis durch Tierversuche stellt keine vertragsärztliche Leistung mehr dar.

(*) nach Kölner Kommentar zum EBM

32749 Nachweis bakterieller Toxine, z.B. Verotoxine, mittels Zellkultur(en), **12,80**
Abrechnungsbestimmung je Untersuchungsmaterial unter Angabe des Toxins
GOÄ entsprechend oder ähnlich: Nrn. 4542* oder 4543*

32750 Differenzierung gezüchteter Bakterien mittels mono- oder polyvalenter Seren, **3,90**
Abrechnungsbestimmung je Antiserum
Anmerkung Der Höchstwert für die Untersuchung nach der Nr. 32750 beträgt 39,00 Euro.
GOÄ entsprechend oder ähnlich: Auswahl aus Nrn. 4572* – 4576*
Kompendium KBV: Mit dieser GOP sind z. B. Identifizierung bzw. Typisierung von Bacillus anthracis bzw. Salmonellen und Shigellen unter Verwendung von Antiseren berechnungsfähig.

Kommentar: Unter die Leistung fallen auch Identifizierungen bzw. Typisierungen von Salmonellen, Shigellen und Colibakterien.

32759*   Differenzierung von in Reinkultur gezüchteten Bakterien mittels MALDI- TOF-   **6,59**
Massenspektrometrie (Matrix-unterstützte Laser-Desorptions-Ionisations-Flugzeit)
Abrechnungsbestimmung je Bakterienart

Anmerkung Die Gebührenordnungsposition 32759 ist bei derselben Bakterienart nicht neben den Gebührenordnungspositionen 32760 bis 32765 berechnungsfähig.
Berichtspflicht Nein

Differenzierung von in Reinkultur gezüchteten Bakterien, gilt für 32760 bis 32765
Obligater Leistungsinhalt
* Differenzierung von in Reinkultur gezüchteten Bakterien mittels
  – biochemischer und/oder kultureller Verfahren oder
  – Nukleinsäuresonden,

Fakultativer Leistungsinhalt
* Subkultur(en),

Abrechnungsbestimmung je Bakterienart und/oder -typ

32760   Verfahren mit bis zu drei Reaktionen   **3,60**
Abrechnungsausschluss bei derselben Bakterienart 32761, 32762, 32763, 32764, 32765
GOÄ   entsprechend oder ähnlich: Nr. 4546*
Kompendium KBV: GOP 32760 bis 32762 entsprechen einer Stufendiagnostik mit zunehmendem Untersuchungsaufwand, sie sind deshalb bei derselben Bakterienart nicht nebeneinander berechnungsfähig. Als Reaktion im Sinne der Leistungsbeschreibungen gilt jeweils eine kulturelle (z. B. Wachstumshemmung durch bestimmte Substanzen) oder biochemische (z. B. Koagulasenachweis) Differenzierungsmethode, die einzeln oder in bestimmten Kombinationen (sog. Bunte Reihe) durchgeführt wird. Die besonders aufwendige Differenzierung von strikten Anaerobiern oder Mykobakterien kann nach den erregerbezogenen Leistungskomplexen nach GOP 32763 bis 32765 abgerechnet werden. Die zuletzt genannten GOP schließen auch Nukleinsäuresonden (Gensonden) als Differenzierungsmethode ein (s. GOP 32820).1.(*)
(*) nach Kölner Kommentar zum EBM
Anmerkung: Die Gebührenordnungsposition 32760 ist bei derselben Bakterienart nicht neben den Gebührenordnungspositionen 32759 und 32761 bis 32765 berechnungsfähig.

32761   Verfahren mit mindestens vier Reaktionen   **5,30**
Abrechnungsausschluss bei derselben Bakterienart 32759, 32760, 32762, 32763, 32764, 32765
GOÄ   entsprechend oder ähnlich: Nrn. 4545* oder 4546*
Kompendium KBV: Siehe Hinweise zu Nr. 32760.
Anmerkung: Die Gebührenordnungsposition 32761 ist bei derselben Bakterienart nicht neben den Gebührenordnungspositionen 32759, 32760 und 32762 bis 32765 berechnungsfähig.

32762   Verfahren mit mindestens zehn Reaktionen   **8,80**
Abrechnungsausschluss bei derselben Bakterienart 32759, 32760, 32761, 32763, 32764, 32765
GOÄ   entsprechend oder ähnlich: Nr. 4547*
Kompendium KBV: Siehe Hinweise zu Nr. 32760.
Anmerkung: Die Gebührenordnungsposition 32762 ist bei derselben Bakterienart nicht neben den Gebührenordnungspositionen 32759 bis 32761 und 32763 bis 32765 berechnungsfähig.

32763 Differenzierung von strikten Anaerobiern **13,30**

Abrechnungsausschluss bei derselben Bakterienart 32760, 32761, 32762, 32764, 32765

GOÄ entsprechend oder ähnlich: Nr. 4550*

Kompendium KBV: Siehe Hinweise zu Nr. 32760.

Anmerkung: Die Gebührenordnungsposition 32763 ist bei derselben Bakterienart nicht neben den Gebührenordnungspositionen 32759 bis 32762, 32764 und 32765 berechnungsfähig.

32764 Differenzierung von Tuberkulosebakterien (M. tuberculosis, M. bovis, M. africanum, **28,40** BCG-Stamm)

Abrechnungsausschluss bei derselben Bakterienart 32760, 32761, 32762, 32763, 32765

GOÄ entsprechend oder ähnlich: Nrn. 4551*, 4585*

Kompendium KBV: Siehe Hinweise zu Nr. 32760.

Anmerkung: Die Gebührenordnungsposition 32764 ist bei derselben Bakterienart nicht neben den Gebührenordnungspositionen 32759 bis 32763 und 32765 berechnungsfähig.

32765 Differenzierung von Mykobakterien, die nicht Tuberkulosebakterien sind (sog. **34,50** ubiquitäre Mykobakterien), mit Verfahren mit mindestens zehn Reaktionen oder mittels Nukleinsäuresonden

Abrechnungsausschluss bei derselben Bakterienart 32760, 32761, 32762, 32763, 32764

GOÄ entsprechend oder ähnlich: Nr. 4585*

Kompendium KBV: Siehe Hinweise zu Nr. 32760.

Anmerkung: Die Gebührenordnungsposition 32765 ist bei derselben Bakterienart nicht neben den Gebührenordnungspositionen 32759 bis 32764 berechnungsfähig.

32768 Bestimmung der minimalen Hemmkonzentration (MHK) von in Reinkultur **18,70** gezüchteten, ätiologisch relevanten Bakterien, außer aus Sputum, Urin, Stuhl und von Oberflächenabstrichen von Haut und Schleimhäuten, in mindestens acht Verdünnungsstufen,

Abrechnungsbestimmung je Untersuchungsprobe, insgesamt

GOÄ entsprechend oder ähnlich: Nr. 4612*

Kompendium KBV: MHK-Bestimmungen können bei Patienten mit systemischen Infektionen erforderlich sein.

Die Leistungslegende schließt die Anwendung der GOP 32768 bei Bestimmung der minimalen Hemmkonzentration aus Sputum, Urin, Stuhl und von Oberflächenabstrichen von Haut und Schleimhäuten isolierten Bakterien aus.

32769 Zuschlag zur Gebührenordnungsposition 32768 bei Bestimmung der minimalen **9,20** bakteriziden Konzentration (MBK) durch Subkulturen,

Abrechnungsbestimmung je Untersuchungsprobe

GOÄ entsprechend oder ähnlich: Nr. 4613*

32770 Empfindlichkeitsprüfungen von Mykobakterien in Reinkultur, **7,90**

Abrechnungsbestimmung je Bakterienstamm und je Chemotherapeutikum in mindestens jeweils zwei Abstufungen

Anmerkung Der Höchstwert für Untersuchungen nach der Nr. 32770 beträgt 39,50 Euro je Mykobakterienart.

GOÄ entsprechend oder ähnlich: Nrn. 4610* – 4614*

Höchstwerte

Höchstwert	GOP
39,50 Euro	32770

Kommentar: Die EBM Nr. 32770 ist neben den folgenden EBM Nrn. nicht berechenbar: 08550 bis 08552, 08560, 08561, 31010 bis 31013, 34291.

Neben der EBM Nr. 32770 sind nicht abrechenbar: 01600, 01601.

32772*   Semiquantitative nach EUCAST oder CLSI ausgewählte Empfindlichkeitsprüfungen   **6,93**
von in Reinkultur gezüchteten klinisch relevanten gramnegativen Bakterien aus
einem Material gegen mindestens fünf Standardtherapeutika sowie mindestens
drei für den Nachweis von Resistenzmechanismen relevanten Leitsubstanzgruppen

Fakultativer Leistungsinhalt
Bestimmung der minimalen Hemmkonzentration (MHK) mittels Gradienten-Diffusionstest,

Abrechnungsbestimmung je Bakterienart, höchstens zwei Bakterienarten je Untersuchungsprobe

Anmerkung Der Höchstwert für die Untersuchungen der Gebührenordnungspositionen
32772, 32773 und 32777 beträgt je Untersuchungsprobe 20,79 Euro.
Der Befundbericht soll die Ergebnisse zu den Leitsubstanzen der Multiresistenz nur
aufführen, sofern der Keim auf mehrere Standardtherapeutika nicht oder nur intermediär
sensibel ist.

Höchstwerte

Höchstwert	GOP
20,79 Euro	32773, 32772

Kommentar: Diese EBM Nr. ist neu aufgenommen und umfasst die gestrichenen Nrn. der Empfindlichkeitsprüfung nach 32766 und 32767, um die Resistenztestung klinisch relevanter gramnegativer Bakterien nach dem neuesten Stand der Wissenschaft durchzuführen.
Siehe unter EUCAST (European Committee on Antimicrobial Susceptibility Testing: www.
eucast.org/) oder CLSI (Clinical and Laboratory Standards Institute: https://clsi.org/)

32773*   Semiquantitative nach EUCAST oder CLSI ausgewählte Empfindlichkeitsprüfungen   **6,93**
von in Reinkultur gezüchteten klinisch relevanten grampositiven Bakterien aus
einem Material gegen mindestens fünf Standardtherapeutika sowie der für den
Nachweis von Resistenzmechanismen relevanten Leitsubstanzgruppen

Fakultativer Leistungsinhalt
Bestimmung der minimalen Hemmkonzentration (MHK) mittels Gradienten-Diffusionstest,

Abrechnungsbestimmung je Bakterienart, höchstens zwei Bakterienarten je Untersuchungsprobe

Anmerkung Der Höchstwert für die Untersuchungen der Gebührenordnungspositionen
32772 und 32773 beträgt je Untersuchungsprobe 20,79 Euro.
Der Befundbericht soll die Ergebnisse zu den Leitsubstanzen der Multiresistenz nur
aufführen, sofern der Keim auf mehrere Standardtherapeutika nicht oder nur intermediär
sensibel ist.

Höchstwerte

Höchstwert	GOP
20,79 Euro	32773, 32772

Kommentar: Neu gefasst auf der Basis des zur Zeit aktuellen wissenschaftlichen Standes der antimikrobiellen Resistenztestung und nach den Vorgaben von EUCAST (http://www.eucast.org/)
und dem deutschen Nationalen Antibiotika-Sensitivitätstest-Komitee (NAK = Das NAK ist
das nationale Antibiotika-Sensitivitätstest-Komitee des EUCAST in Deutschland) (http://
www.nak-deutschland.org/nak-deutschland/EUCAST-Dokumente.html) wurde die EBM Nr.
32773 aufgenommen und die bisherigen EBM Nrn. 32766 und 32767 wurden gestrichen.
GOÄ   entsprechend oder ähnlich: GOÄ Nrn. 4610, 4612, 4614 abhängig von Methode.

32774* Zuschlag zu der Gebührenordnungsposition 32772 bei gramnegativen Bakterien für **8,50** die Durchführung von phänotypischen Bestätigungstesten bei Multiresistenz gegen die für die Bakterienart relevante(n) Leitsubstanz(en),

Abrechnungsbestimmung je Bakterienart und Resistenzmechanismus

Berichtspflicht Nein

Kommentar: Der Bewertungsausschuss übernahm die Vorgaben von EUCAST (siehe Kommentar zu Nr. 32773 mit entsprechenden Links) zur Ausführung der Teste zur Bestätigung bei Verdacht auf Multiresistenz für gramnegative Bakterien.

Durch die differenziert Abbildung der Tests wird in der Zukunft durch die Abrechnungsdaten der Vertragsärzte eine Aussage über die Häufigkeit von Multiresistenzen im ambulanten Bereich möglich.

GOÄ　entsprechend oder ähnlich GOÄ Nrn.4610, 4612, 4614 abhängig von Methode.

32775* Zuschlag zu der Gebührenordnungsposition 32773 bei grampositiven Bakterien für **8,50** die Durchführung von phänotypischen Bestätigungstesten bei Multiresistenz gegen die für die Bakterienart relevante(n) Leitsubstanz(en),

Abrechnungsbestimmung je Bakterienart und Resistenzmechanismus

Berichtspflicht Nein

Kommentar:　Die Durchführung dieser Teste bei Multiresistenz -Verdacht bei grampositiven Bakterien entspricht: EUCAST (European Committee on Antimicrobial Susceptibility Testing: www. eucast.org/) und CLSI (Clinical and Laboratory Standards Institute: https://clsi.org/)

Siehe Kommentar zu Nr. 32773

GOÄ　entsprechend oder ähnlich: GOÄ Nrn.4610, 4612, 4614 abhängig von Methode.

32777* Semiquantitative nach EUCAST oder CLSI ausgewählte Empfindlichkeitsprüfungen **6,93** von in Reinkultur gezüchteten klinisch relevanten Bakterien aus einem Material

• mit atypischem Färbeverhalten nach Gram
oder
• für die gemäß EUCAST oder CLSI ein von den Gebührenordnungspositionen 32772 oder 32773 abweichender Leistungsinhalt definiert ist,

Abrechnungsbestimmung je Bakterienart, höchstens zwei Bakterienarten je Untersuchungsprobe

Anmerkung Der Höchstwert für die Untersuchungen der Gebührenordnungspositionen 32772, 32773 und 32777 beträgt je Untersuchungsprobe 20,79 Euro.

Berichtspflicht Nein

32.3.11 Virologische Untersuchungen

Nachweis von Virus-Antigenen aus einem Körpermaterial (Direktnachweis) mittels Immunfluoreszenz und/oder mittels Immunoassay mit photometrischer oder gleichwertiger Messung, gilt für 32779 bis 32782 und 32784 bis 32791

Abrechnungsbestimmung je Untersuchung

Anmerkung Die Berechnung der Gebührenordnungsposition 32791 setzt die Begründung der medizinischen Notwendigkeit der jeweiligen Untersuchung im Einzelfall voraus

32779* SARS-CoV-2 **10,80**

Nachweis von Virus-Antigenen aus einem Körpermaterial (Direktnachweis) mittels Immunfluoreszenz und/oder mittels Immunoassay mit photometrischer oder gleichwertiger Messung, gilt für die Gebührenordnungspositionen 32779 bis 32782 und 32784 bis 32791,

Abrechnungsbestimmung je Untersuchung

Anmerkung Untersuchungen mittels vorgefertigter Reagenzträger (z.B. immunchromatographische Schnellteste) oder Schnellteste mit vorgefertigten Reagenzzubereitungen (z.B. Latexteste) sind nicht nach der Gebührenordnungsposition 32779 berechnungsfähig.

IV Arztgruppenübergr. spezielle Gebührenordnungspositionen **32780–32787**

32 In-vitro-Diagnostik der Laboratoriumsmedizin, Mikrobiologie, Virologie, Infektionsepidemiologie sowie Transfusionsmedizin
EBM-Nr. EBM-Punkte/Euro

Die Berechnung der Gebührenordnungsposition 32779 setzt die Teilnahme an Maßnahmen der externen Qualitätssicherung voraus.
Die Gebührenordnungsposition 32779 ist nur von Fachärzten für Laboratoriumsmedizin oder für Mikrobiologie, Virologie und Infektionsepidemiologie berechnungsfähig.
Die Berechnung der Gebührenordnungsposition 32791 setzt die Begründung der medizinischen Notwendigkeit der jeweiligen Untersuchung im Einzelfall voraus.
Berichtspflicht Nein

32780 Hepatitis A-Virus (HAV) 7,70

GOÄ entsprechend oder ähnlich: Nr. 4641*

Kompendium KBV: Die Leistungslegende nach GOP 32780 bis 32791 beinhaltet einen virologischen Antigennachweis aus einem Körpermaterial als Direktnachweis, also ohne zeitaufwendige kulturelle Untersuchung. Die Berechnungsfähigkeit von Immunoassays für den Antigennachweis (Direktnachweis) ist auf eine standardisierte und qualitätskontrollierte Methodik beschränkt, die in der Leistungslegende durch das Kriterium der hotometrischen Messung beschrieben und z. B. nach DIN 58 967 Teil 30 genormt ist. Gleichwertige Verfahren sind Chemilumineszenz- oder Radioaktivitätsmessungen. Durch diese höhere Methodenanforderung werden Schnelltests auf der Basis vorgefertigter Testträger mit vereinfachter Handhabung und visueller Ablesung abgegrenzt, die hinsichtlich Aufwand und Befundqualität insgesamt nicht den Standardmethoden gleichgesetzt werden können. Beispiele für nicht mit GOP 32702 bis 32707 berechnungsfähige Antigennachweise sind Schnelltests auf Chlamydien (GOP 01812, 32153), A-Streptokokken (GOP 32152) oder B-Streptokokken, die wie weitere Erregernachweise mangels eigenständiger Leistungspositionen lediglich als orientierende Untersuchungen der GOP 32030 zugeordnet werden können.(*)

(*) nach Kölner Kommentar zum EBM

32781 Hepatitis B-Oberflächenantigen (HBsAg) 5,50

Abrechnungsausschluss in derselben Sitzung 01810

GOÄ entsprechend oder ähnlich: Nr. 4643*

Kompendium KBV: Siehe Hinweise bei Nr. 32780.

32782 Hepatitis B-e-Antigen (HBeAg) 10,90

GOÄ entsprechend oder ähnlich: Nr. 4642*

Kompendium KBV: Siehe Hinweise bei Nr. 32780.

32784 Cytomegalievirus (CMV) 18,50

GOÄ entsprechend oder ähnlich: Nrn. 4648*, 4680*

Kompendium KBV: Siehe Hinweise bei Nr. 32780.

32785 Herpes simplex-Viren 17,30

Abrechnungsausschluss in derselben Sitzung 32800
am Behandlungstag 32852

GOÄ entsprechend oder ähnlich: Nrn. 4648*, 4680*

Kompendium KBV: Siehe Hinweise bei Nr. 32780.

32786 Influenzaviren 9,20

Abrechnungsausschluss am Behandlungstag 32851

GOÄ entsprechend oder ähnlich: Nrn. 4644*, 4676*

Kompendium KBV: Siehe Hinweise bei Nr. 32780.

32787 Parainfluenzaviren 6,10

Abrechnungsausschluss am Behandlungstag 32851

32788–32794   Arztgruppenübergr. spezielle Gebührenordnungspositionen IV

32 In-vitro-Diagnostik der Laboratoriumsmedizin, Mikrobiologie, Virologie, Infektionsepidemiologie sowie Transfusionsmedizin

EBM-Nr.   EBM-Punkte/Euro

GOÄ   entsprechend oder ähnlich: Nrn. 4645*, 4677*

Kompendium KBV: Siehe Hinweise bei Nr. 32780.

32788   Respiratory-Syncytial-Virus (RSV)   **18,50**

Abrechnungsausschluss am Behandlungstag 32851

GOÄ   entsprechend oder ähnlich: Nrn. 4647*, 4679*

Kompendium KBV: Siehe Hinweise bei Nr. 32780.

32789   Adenoviren   **8,70**

Abrechnungsausschluss am Behandlungstag 32852, 32853

GOÄ   entsprechend oder ähnlich: Nrn. 4640*, 4675*

Kompendium KBV: Siehe Hinweise bei Nr. 32780.

32790   Rotaviren   **7,40**

Abrechnungsausschluss am Behandlungstag 32853

GOÄ   entsprechend oder ähnlich: Nrn. 4646*, 4678*

Kompendium KBV: Siehe Hinweise bei Nr. 32780.

32791   Ähnliche Untersuchungen unter Angabe des Antigens   **13,20**

Anmerkung Die Berechnung der Gebührenordnungsposition 32791 setzt die Begründung der medizinischen Notwendigkeit der jeweiligen Untersuchung im Einzelfall voraus.

GOÄ   entsprechend oder ähnlich: Nr. 4648* (Nativmaterial), Nr. 4680* (angezüchtete Viren)

Kompendium KBV: Siehe Hinweise bei Nr. 32780.

Die Angabe des Antigens (Feldkennung 5002) ist zwingend.

Die Berechnung der GOP 32791 setzt die Begründung der medizinischen Notwendigkeit der jeweiligen Untersuchung im Einzelfall voraus.

32792   Elektronenmikroskopischer Nachweis von Viren   **46,00**

Obligater Leistungsinhalt
- Elektronenmikroskopischer Nachweis von Viren

Fakultativer Leistungsinhalt
- Verwendung spezifischer Antiseren (Immunelektronenmikroskopie)

GOÄ   entsprechend oder ähnlich: Nr. 4671*

32793   Anzüchtung von Viren, Rickettsien in Zellkulturen oder in vivo   **10,30**

Obligater Leistungsinhalt
- Anzüchtung von Viren, Rickettsien in Zellkulturen oder in vivo

Fakultativer Leistungsinhalt
- Folgekulturen (Passagen)

GOÄ   entsprechend oder ähnlich: Nr. 4655*

Kompendium KBV: Die GOP 32793 ist nicht für die Anzüchtung von Chlamydien berechnungsfähig.

GOP 32792 bis 32794 unterliegen einem Höchstwert (46,00 €), der sich auf die Gesamtheit der Untersuchungen gemäß GOP 32792 bis 32794 für ein Material bezieht. Wird mehr als ein Material untersucht, so ist in den Abrechnungsunterlagen darauf hinzuweisen.

32794   Anzüchtung von Viren oder Rickettsien in einem Brutei   **10,20**

Anmerkung Der Höchstwert für die Untersuchungen nach den Nrn. 32792 bis 32794 beträgt 46,00 Euro je Körpermaterial.

GOÄ   entsprechend oder ähnlich: Analog Nr. 4655*

32 In-vitro-Diagnostik der Laboratoriumsmedizin, Mikrobiologie, Virologie, Infektionsepidemiologie sowie Transfusionsmedizin

EBM-Nr. | EBM-Punkte / Euro

32795 Typisierung von Viren in Zellkulturen, in vivo oder im Brutei, **9,20**
Abrechnungsbestimmung je Antiserum
GOÄ entsprechend oder ähnlich: Analog Nr. 4655*

32.3.12 Molekularbiologische Untersuchungen

1. Immundefizient sind Patienten, bei denen mindestens ein Teil des Immunsystems aufgrund exogener oder endogener Ursachen soweit eingeschränkt ist, dass eine regelgerechte Immunreaktion nicht erfolgt und ein Auftreten opportunistischer Infektionen zu erwarten ist.
2. Der Nachweis mikrobieller/viraler Nukleinsäure aus einem Körpermaterial (Direktnachweis) erfolgt mittels Nukleinsäureamplifikationstechniken und beinhaltet für die Leistungen nach den Gebührenordnungspositionen 32815, 32817 sowie 32823 bis 32827 die Aufbereitung (z.B. Zellisolierung, Nukleinsäureisolierung, -denaturierung) und Spezifitätskontrolle des Amplifikats (z.B. mittels Elektrophorese und markierter Sonden), ggf. einschl. reverser Transkription und mehreren aufeinanderfolgenden Amplifikationen.

32800* Nukleinsäurenachweis von Herpes-simplex-Virus Typ 1 und Typ 2 bei immundefizi- **19,90**
enten Patienten
GOÄ entsprechend oder ähnlich: Nrn. 4780*, 4783*, 4785*, 4787*, Inhalt anders.
Anmerkung Der Höchstwert für die Untersuchungen nach den Gebührenordnungspositionen 32800 und 32852 beträgt 40 Euro.
Abrechnungsausschluss in derselben Sitzung 32785
Berichtspflicht Nein

32801* Nukleinsäurenachweis von Varicella-Zoster-Virus bei immundefizienten Patienten **19,90**
GOÄ entsprechend oder ähnlich: Nrn. 4780*, 4783*, 4785*, 4787*, Inhalt anders.
Abrechnungsausschluss in derselben Sitzung   32630
Berichtspflicht Nein

32802* Nukleinsäurenachweis von Pneumocystis jirovecii bei immundefizienten Patienten **19,90**
GOÄ entsprechend oder ähnlich: Nrn. 4780*, 4783*, 4785*, 4787*, Inhalt anders.
Berichtspflicht Nein

32803* Nukleinsäurenachweis von Listeria spp. bei immundefizienten Patienten **19,90**
GOÄ entsprechend oder ähnlich: Nrn. 4780*, 4783*, 4785*, 4787*, Inhalt anders.
Abrechnungsausschluss in derselben Sitzung 32594
Berichtspflicht Nein

32804* Nukleinsäurenachweis von Zika-Virus-RNA **19,90**
GOÄ entsprechend oder ähnlich: Nrn. 4780*, 4782*, 4783*, 4785*, Inhalt anders.
Berichtspflicht Nein

32805* Nukleinsäurenachweis von sonstigen Arboviren **19,90**
GOÄ entsprechend oder ähnlich: Nrn. 4780*, 4782*, 4783*, 4785*, Inhalt anders.
Berichtspflicht Nein

32806* Nukleinsäurenachweis von Masernvirus **19,90**
GOÄ entsprechend oder ähnlich: Nrn. 4780*, 4782*, 4783*, 4785*, Inhalt anders.
Berichtspflicht Nein

32807* Nukleinsäurenachweis von Mumpsvirus **19,90**
GOÄ entsprechend oder ähnlich: Nrn. 4780*, 4782*, 4783*, 4785*, Inhalt anders.
Berichtspflicht Nein

32 In-vitro-Diagnostik der Laboratoriumsmedizin, Mikrobiologie, Virologie, Infektionsepidemiologie sowie Transfusionsmedizin

EBM-Nr.   EBM-Punkte / Euro

32808 Nukleinsäurenachweis von Rötelnvirus   **19,90**

GOÄ   entsprechend oder ähnlich: Nrn. 4780*, 4782*, 4783*, 4785*, Inhalt anders.

Berichtspflicht Nein

32809* Nukleinsäurenachweis von Adenoviren aus Konjunktivalabstrich   **19,90**

GOÄ   entsprechend oder ähnlich: Nrn. 4780*, 4783*, 4785*, 4787*, Inhalt anders.

Abrechnungsausschluss in derselben Sitzung 32601

Berichtspflicht Nein

32810* Nukleinsäurenachweis von Orthopoxvirus spp. aus makulo-/vesiculopapulösen   **19,90**
Haut- oder Schleimhautläsionen (Befundmitteilung innerhalb von 24 Stunden nach
Materialeingang im Labor),

Abrechnungsbestimmung höchstens dreimal im Behandlungsfall

Anmerkung Die Gebührenordnungsposition 32810 ist nur von Fachärzten für Laboratoriumsmedizin oder für Mikrobiologie, Virologie und Infektionsepidemiologie berechnungsfähig.

Berichtspflicht Nein

32815* Quantitative Bestimmung der Hepatitis D-Virus-RNA vor, während, zum Abschluss **89,50**
oder nach Abbruch einer spezifischen antiviralen Therapie,

GOÄ   entsprechend oder ähnlich: Nrn. 4780*, 4782*, 4783*, 4785*, Inhalt anders.

Abrechnungsbestimmung höchstens dreimal im Behandlungsfall

Berichtspflicht Nein

32816* Nukleinsäurenachweis des beta-Coronavirus SARS-CoV-2   **19,90**

Obligater Leistungsinhalt
- Untersuchung von Material der oberen Atemwege (Oropharynx-Abstrich und/oder Nasopharynx-Abstrich)

Fakultativer Leistungsinhalt
- Untersuchung von Material der tiefen Atemwege (Bronchoalveoläre Lavage, Sputum (nach Anweisung produziert bzw. induziert) und/oder Trachealsekret),

Abrechnungsbestimmung einmal am Behandlungstag

Anmerkung Die Gebührenordnungsposition 32816 ist im Behandlungsfall höchstens fünfmal berechnungsfähig.
Die Gebührenordnungsposition 32816 ist nur von Fachärzten für Laboratoriumsmedizin oder für Mikrobiologie, Virologie und Infektionsepidemiologie berechnungsfähig.
Die Berechnung der Gebührenordnungsposition 32816 setzt die Teilnahme an Maßnahmen der externen Qualitätssicherung voraus.

Berichtspflicht Nein

Kommentar: Nur von Fachärzten für Laboratoriumsmedizin oder für Mikrobiologie und Infektionsepidemiologie ist die Leistung berechnungsfähig.
Hinweise zur Testung finden sich im Internet des RKI:
- Hinweise zur Testung von Patienten auf Infektion mit dem neuartigen Coronavirus SARS-CoV-2: https://www.rki.de/DE/Content/InfAZ/N/Neuartiges_Coronavirus/Vorl_Testung_nCoV.html?nn=2386228
- **COVID-19 Verdacht:** Testkriterien und Maßnahmen in einer ausführlichen 2seitigen Übersicht: **Orientierungshilfe für Ärztinnen und Ärzte nach RKI:** https://www.rki.de/DE/Content/InfAZ/N/Neuartiges_Coronavirus/Massnahmen_Verdachtsfall_Infografik_Tab.html?nn=2386228
SG München (Urt. v. 16.03.2022 – S 38 KA 321/21): Die Durchführung und Abrechnung von Leistungen nach den Gebührenordnungspositionen 32811 und 32816 (Testungen im Zusammenhang mit SARS-CoV-2) zulasten der GKV setzt eine entsprechende Genehmigung voraus. Diese Voraussetzungen erfüllt eine vorgelegte Bescheinigung einer anderen Behörde nicht. Die Leistungen nach den GOP 32811 und 32816 sind nur

für bestimmte Facharztgruppen, nämlich von Fachärzten für Laboratoriumsmedizin, Mikrobiologie, Virologie und Infektionsepidemiologie, nicht aber von Fachärzten für Infusionsmedizin abrechenbar.

Wirtschaftlichkeitsbonus erhalten
Damit die Veranlassung der neuen Laborleistung das Laborbudget nicht belastet, kann auf dem Abrechnungsschein des Patienten vom veranlassenden Arzt die Kennnummer EBM 32006 angegeben werden. Dies führt dazu, dass die Laborkosten bei der Berechnung des Wirtschaftlichkeitsbonus nicht herangezogen werden.

32817*   Quantitative Bestimmung der Hepatitis B-Virus-DNA zur Diagnostik einer   **89,50**
HBV-Reaktivierung oder vor, während, zum Abschluss oder nach Abbruch einer spezifischen antiviralen Therapie,
GOÄ   entsprechend oder ähnlich: Nrn. 4780*, 4783*, 4785*, 4787*, Inhalt anders.

Abrechnungsbestimmung höchstens dreimal im Behandlungsfall

Ausschluss in derselben Sitzung 01866

Berichtspflicht Nein

32821   Genotypische HIV-Resistenztestung bei HIV-Infizierten vor spezifischer antiretro- **260,00**
viraler Therapie oder bei Verdacht auf Therapieversagen mit folgenden Substanzklassen gemäß Zusammenfassung der Merkmale eines Arzneimittels (Fachinformation)
• Integrase-Inhibitoren
oder
• Corezeptor-Antagonisten
oder
• Fusionsinhibitoren

Obligater Leistungsinhalt
• Vollständige Untersuchung auf pharmakologisch relevante Eigenschaften des HI-Virus im Bereich des HIV-env-gp120 Gens,
• Isolierung und Amplifikation von HI-Virusnukleinsäuren, ggf. auch mehrfach,
• Sequenzierung,

Fakultativer Leistungsinhalt
• Reverse Transkription,
• Amplifikationskontrolle (z.B. mittels Gelelektrophorese),

Abrechnungsbestimmung je Substanzklasse

Anmerkung Darüber hinausgehende Untersuchungen sind nur mit ausführlicher medizinischer Begründung berechnungsfähig.
Für die Beurteilung eines Therapieversagens sind die aktuellen Leitlinien des AWMF-Registers zugrunde zu legen.
Die Gebührenordnungsposition 32821 setzt die Angabe der Substanzklasse als Art der Untersuchung voraus.
Für die Beurteilung eines Therapieversagens sind die aktuellen Leitlinien des AWMF-Registers zugrunde zu legen.

Berichtspflicht Nein

Kompendium KBV: Die Untersuchung nach GOP 32821 ist höchstens zweimal im Krankheitsfall berechnungs-
fähig.
Darüber hinausgehende Untersuchungen sind nur mit ausführlicher medizinischer Begründung berechnungsfähig.
Für die Beurteilung eines Therapieversagens sind die aktuellen Leitlinien des AWMF-Registers zugrunde zu legen.

32823*   Quantitative Bestimmung der Hepatitis C-Virus-RNA vor, während oder nach   **89,50**
Abbruch einer spezifischen antiviralen Therapie

Abrechnungsbestimmung höchstens dreimal im Behandlungsfall

Berichtspflicht Nein

32824*–32832*   Arztgruppenübergr. spezielle Gebührenordnungspositionen IV

32 In-vitro-Diagnostik der Laboratoriumsmedizin, Mikrobiologie, Virologie, Infektionsepidemiologie sowie Transfusionsmedizin

EBM-Nr.   EBM-Punkte / Euro

32824* Quantitative Bestimmung der HIV-RNA vor, während, zum Abschluss oder nach   **89,50**
Abbruch einer spezifischen antiviralen Therapie,

Abrechnungsbestimmung höchstens dreimal im Behandlungsfall

Abrechnungsausschluss im Behandlungsfall 32376,32378
in derselben Sitzung 32850

Berichtspflicht Nein

32825* Nachweis von DNA und/oder RNA des Mycobacterium tuberculosis-Complex (MTC) **61,40**
bei begründetem Verdacht auf eine Tuberkulose

Berichtspflicht Nein

32827* Bestimmung des Hepatitis C-Virus-Genotyps vor oder während spezifischer   **89,50**
antiviraler Therapie

Abrechnungsbestimmung einmal im Behandlungsfall

Berichtspflicht Nein

32828* Genotypische HIV-Resistenztestung bei HIV-Infizierten vor spezifischer   **260,00**
antiretroviraler Therapie oder bei Verdacht auf Therapieversagen mit folgenden
Substanzklassen
- Protease-Inhibitoren und/oder
- Reverse Transkriptase-Inhibitoren

Berichtspflicht Nein

GOÄ   entsprechend oder ähnlich: Analoger Ansatz der Nr. 4873*

Anmerkung Für die Beurteilung eines Therapieversagens sind die aktuellen Leitlinien des
AWMF-Registers zugrunde zu legen.
Die Gebührenordnungsposition 32828 umfasst auch die gemäß Anlage I der Richtlinie des
Gemeinsamen Bundesausschusses zu Untersuchungen und Behandlungsmethoden der
vertragsärztlichen Versorgung festgelegten Indikationen.

Kommentar: Siehe: Richtlinie Methoden vertragsärztliche Versorgung (früher BUB-Richtlinie)
https://www.g-ba.de/downloads/62-492-2901/MVV-RL-2022-05-19-iK-2022-08-05.pdf

32830* Nukleinsäurenachweis von Mycobacterium tuberculosis   **19,90**
Abrechnungsbestimmung einmal im Behandlungsfall
Berichtspflicht Nein

32831* Nukleinsäurenachweis von Zytomegalie-Virus bei   **19,90**
– organtransplantierten Patienten
oder
– bei Verdacht auf eine kongenitale CMV-Infektion
oder
– bei konkreter therapeutischer Konsequenz in begründeten Einzelfällen bei
immundefizienten Patienten

Anmerkung Die Gebührenordnungsposition 32831 ist nur in begründeten Einzelfällen
neben kulturellen Untersuchungen und/oder Antigennachweisen zum Nachweis von CMV
berechnungsfähig

Abrechnungsausschluss in derselben Sitzung 32602, 32603

Berichtspflicht Nein

32832* Nukleinsäurenachweis von Parvovirus oder aus Fruchtwasser und/oder Fetalblut **19,90**
zum Nachweis einer vorgeburtlichen fetalen Infektion

Berichtspflicht Nein

IV Arztgruppenübergr. spezielle Gebührenordnungspositionen   **32833*–32847***

32 In-vitro-Diagnostik der Laboratoriumsmedizin, Mikrobiologie, Virologie, Infektionsepidemiologie sowie Transfusionsmedizin

EBM-Nr.   EBM-Punkte / Euro

32833*   Nukleinsäurenachweis von Toxoplasma aus   **19,90**
– Fruchtwasser und/oder Fetalblut
oder
– bei immundefizienten Patienten
Abrechnungsausschluss in derselben Sitzung 32683
Berichtspflicht Nein

32834*   Nukleinsäurenachweis von Erreger im Liquor   **19,90**
Berichtspflicht Nein

32835*   Nukleinsäurenachweis von HCV   **43,40**
Abrechnungsausschluss am Behandlungstag 01867
Berichtspflicht Nein

32837*   Nukleinsäurenachweis von MRSA (nicht für das Sanierungsmonitoring)   **19,90**
Abrechnungsausschluss in derselben Sitzung 30954, 30956
Berichtspflicht Nein

32839*   Nukleinsäurenachweis von Chlamydien   **19,90**
Abrechnungsausschluss in derselben Sitzung 01816, 01840, 01915, 01936, 32851,
32852
Berichtspflicht Nein

32842*   Nukleinsäurenachweis von Mycoplasmen   **19,90**
Abrechnungsausschluss am Behandlungstag 32851, 32852
Anmerkung Neben der GOP 32842 sind kulturelle Untersuchungen und/oder Antigen-
nachweise zum Nachweis von Mykoplasmen nicht berechnungsfähig.
Berichtspflicht Nein

32843*   Nukleinsäurenachweis von Polyoma-Virus bei immundefizienten Patienten   **19,90**
Berichtspflicht Nein

32844*   Nukleinsäurenachweis von Epstein-Barr-Virus bei immundefizienten Patienten   **19,90**
Berichtspflicht Nein

32845*   Nukleinsäurenachweis von HAV   **19,90**
GOÄ   entsprechend oder ähnlich: Nrn. 4780*, 4782*, 4783*, 4785*, Inhalt anders.
Abrechnungsbestimmung einmal im Behandlungsfall
Berichtspflicht Nein

32846*   Nukleinsäurenachweis von HEV   **19,90**
GOÄ   entsprechend oder ähnlich: Nrn. 4780*, 4782*, 4783*, 4785*, Inhalt anders.
Abrechnungsbestimmung einmal im Behandlungsfall
Berichtspflicht Nein

32847*   Nukleinsäurenachweis von HDV   **19,90**
GOÄ   entsprechend oder ähnlich: Nrn. 4780*, 4782*, 4783*, 4785*, Inhalt anders.
Abrechnungsbestimmung einmal im Behandlungsfall
Berichtspflicht Nein

32 In-vitro-Diagnostik der Laboratoriumsmedizin, Mikrobiologie, Virologie, Infektionsepidemiologie sowie Transfusionsmedizin

EBM-Nr.   EBM-Punkte / Euro

32850   Nukleinsäurenachweis von HIV-RNA   **43,40**

Abrechnungsbestimmung einmal im Behandlungsfall

Abrechnungsausschluss in derselben Sitzung 32660, 32824

32851*   Nukleinsäurenachweis von einem oder mehreren der nachfolgend aufgeführten   **19,90**
Erreger akuter respiratorischer Infektionen (Befundmitteilung innerhalb von
24 Stunden nach Materialeingang im Labor)

- virale Erreger: Influenza A und B, Parainfluenzaviren, Bocavirus, Respiratory-Syncytial-Virus, Adenoviren, humanes Metapneumovirus, Rhinoviren, Enteroviren, Coronaviren (außer beta-Coronavirus SARS-CoV-2),
- bakterielle Erreger: Bordetella pertussis und B. parapertussis, Mycoplasma pneumoniae, Chlamydia pneumoniae, Legionella pneumophilia, Streptococcus pneumoniae, Haemophilus influenzae

GOÄ   entsprechend oder ähnlich: Nrn. 4780*, 4782*, 4783*, 4785*, Inhalt anders.

Abrechnungsbestimmung je Erreger

Anmerkung Ab der 2. Leistung am Behandlungstag wird die Gebührenordnungsposition 32851 mit 7,23 Euro je Erreger bewertet.
Der Höchstwert für die Untersuchungen nach der Gebührenordnungsposition 32851 beträgt 85 Euro.
Neben der Gebührenordnungsposition 32851 sind kulturelle Untersuchungen und/oder Antigennachweise zum Nachweis von Mykoplasmen nicht berechnungsfähig.

Abrechnungsausschluss am Behandlungstag 32589, 32592, 32595, 32600, 32601, 32604, 32609, 32610, 32622, 32625, 32628, 32704, 32786 bis 32789, 32839 und 32842

Berichtspflicht Nein

32852*   Nukleinsäurenachweis von einem oder mehreren der nachfolgend aufgeführten   **19,90**
Erreger sexuell übertragbarer Infektionen (Befundmitteilung innerhalb von 24
Stunden nach Materialeingang im Labor)

- Chlamydia trachomatis, Neisseria gonorrhoeae, Mycoplasma genitalium, Trichomonas vaginalis, Herpes-simplex-Virus Typ 1 und 2,

GOÄ   entsprechend oder ähnlich: Nrn. 4780*, 4782*, 4783*, 4785*, Inhalt anders.

Abrechnungsbestimmung je Erreger

Anmerkung Ab der 2. Leistung am Behandlungstag wird die Gebührenordnungsposition 32852 mit 7,23 Euro je Erreger bewertet.
Der Höchstwert für die Untersuchungen nach den Gebührenordnungspositionen 32800 und 32852 beträgt 40 Euro.
Neben der Gebührenordnungsposition 32852 sind kulturelle Untersuchungen und/oder Antigennachweise zum Nachweis von Mykoplasmen und/oder C. trachomatis nicht berechnungsfähig.
Die Gebührenordnungsposition 32852 ist nur in begründeten Einzelfällen neben kulturellen Untersuchungen zum Nachweis von Neisseria gonorrhoeae berechnungsfähig.

Abrechnungsausschluss am Behandlungstag 01816, 01840, 01915, 01936, 32703, 32785, 32839 und 32842

Berichtspflicht Nein

32853*   Nukleinsäurenachweis von einem oder mehreren der nachfolgend aufgeführten   **19,90**
Erreger akuter gastrointestinaler Infektionen (Befundmitteilung innerhalb von 24
Stunden nach Materialeingang im Labor)

- virale Erreger: Noroviren, Enteroviren, Rotaviren, Adenoviren, Astroviren, Sapoviren, bakterielle Erreger: Campylobacter, Salmonellen, Shigellen, Yersinia enterocolitica, Yersinia pseudotuberculosis, EHEC/EPEC,
- Cryptosporidium spp., Entamoeba histolytica, Giardia duodenalis, Strongyloides spp.,

GOÄ   entsprechend oder ähnlich: Nrn. 4780*, 4782*, 4783*, 4785*, Inhalt anders.

Abrechnungsbestimmung je Erreger

IV Arztgruppenübergr. spezielle Gebührenordnungspositionen **32860–32865***

32 In-vitro-Diagnostik der Laboratoriumsmedizin, Mikrobiologie, Virologie, Infektionsepidemiologie sowie Transfusionsmedizin
EBM-Nr. EBM-Punkte / Euro

Anmerkung Ab der 2. Leistung am Behandlungstag wird die Gebührenordnungsposition 32853 mit 7,23 Euro je Erreger bewertet.
Der Höchstwert für die Untersuchungen der Gebührenordnungsposition 32853 beträgt 85 Euro.

Abrechnungsausschluss am Behandlungstag 32601, 32604, 32609, 32610, 32789 und 32790

Berichtspflicht Nein

32.3.14 Molekulargenetische Untersuchungen

32860	Faktor-V-Leiden-Mutation	**30,00**

Abrechnungsbestimmung insgesamt
GOÄ entsprechend oder ähnlich: Nr. 4872*

32861 Prothrombin G20210A-Mutation **30,00**

Abrechnungsbestimmung insgesamt
GOÄ entsprechend oder ähnlich: Nr. 4872*

32863 Nachweis einer MTHFR-Mutation (Homocystein Konzentration im Plasma **30,00**
> 50 µmol pro Liter)
GOÄ entsprechend oder ähnlich: Nr. 4872*

32864 Hämochromatose **50,00**

Obligater Leistungsinhalt
• Untersuchung auf die C282Y- und die H63D-Mutation des HFE (Hämochromatose)-Gens,

Abrechnungsbestimmung einmal im Krankheitsfall

32865* Genotypisierung zur Bestimmung des CYP2D6-Metabolisierungsstatus vor Gabe **308,50**
von Inhibitoren der Glukozerebrosid-Synthase bei Morbus Gaucher Typ 1 gemäß
der Zusammenfassung der Merkmale eines Arzneimittels (Fachinformation)

Obligater Leistungsinhalt
• Untersuchung des CYP2D6-Gens mittels Sequenzanalyse,

Fakultativer Leistungsinhalt
• Untersuchung auf eine Deletion und/oder Duplikation,

Abrechnungsbestimmung einmal im Krankheitsfall

33 Ultraschalldiagnostik

1. Die Berechnung der Gebührenordnungspositionen dieses Kapitels setzt eine Genehmigung der Kassenärztlichen Vereinigung nach der Ultraschall-Vereinbarung gemäß § 135 Abs. 2 SGB V voraus.

2. Die Dokumentation der untersuchten Organe mittels bildgebenden Verfahrens, ggf. als Darstellung mehrerer Organe oder Organregionen in einem Bild, ist – mit Ausnahme nicht gestauter Gallenwege und der leeren Harnblase bei Restharnbestimmung – obligater Bestandteil der Leistungen.

3. Die Aufnahme und/oder der Eindruck einer eindeutigen Patientenidentifikation in die Bilddokumentation ist obligater Bestandteil der Leistungen.

4. Optische Führungshilfen mittels Ultraschall sind ausschließlich nach den Gebührenordnungspositionen 33091 und 33092 zu berechnen.

5. Kontrastmitteleinbringungen sind Bestandteil der Gebührenordnungsposition, sofern in den Präambeln und Gebührenordnungspositionen des EBM nichts anderes bestimmt ist.

6. Die Gebührenordnungsposition 33100 kann ausschließlich von:
- – Fachärzten für Neurologie,
- – Fachärzten für Nervenheilkunde,
- – Fachärzten für Neurologie und Psychiatrie,
- – Fachärzten für Neurochirurgie,
- – Fachärzten für Kinder- und Jugendmedizin mit Schwerpunkt Neuropädiatrie

berechnet werden.

Kommentar:

Die Erbringung und Abrechnung von Leistungen der Ultraschalldiagnostik (Abschnitt 33) ist nur mit einer vorherigen Genehmigung der Kassenärztlichen Vereinigung nach der Vereinbarung von Qualifikationsvoraussetzungen gemäß § 135 Abs. 2 SGB V zur Durchführung von Untersuchungen in der Ultraschalldiagnostik (Anlagen 3 zum Bundesmantelvertrag Ärzte) möglich.

Bestandteil der Leistungen sind

- die Bild-Dokumentation der untersuchten Organe, mit Ausnahme nicht gestauter Gallenwege und leerer Harnblase bei Restharnbestimmung, mit obligater Patientenidentifikation und
- die Kontrastmitteleinbringung.

Für die Versendung von Bildern des Ultraschalls kann eine Versandpauschale nach EBM Nrn. 40110 und 40111 angesetzt werden, wenn mit den Bildern auch der schriftliche Befund geschickt wird.

Eine Berichtspflicht – als Grundlage der Abrechenbarkeit einer EBM Leistung aus Kapitel 33- nach den Allgemeinen Bestimmungen I 2.1.4 Berichtspflicht besteht für alle Leistungen im Kapitel 33.

33011	Sonographie der Gesichtsweichteile und/oder Halsweichteile und/oder Speicheldrüsen (mit Ausnahme der Schilddrüse)	79 9,43

Obligater Leistungsinhalt
- Sonographische Untersuchung der Gesichtsweichteile und/oder Weichteile des Halses und/oder der Speicheldrüse(n) (mit Ausnahme der Schilddrüse) mittels B-Mode-Verfahrens,

Abrechnungsbestimmung je Sitzung

Abrechnungsausschluss
im Behandlungsfall 26330
in derselben Sitzung 01205 und 01207
am Behandlungstag 31630 bis 31637, 31682 bis 31689, 31695 bis 31702

Berichtspflicht Ja

Aufwand in Min. **Kalkulationszeit:** 5   **Prüfzeit:** 4   **Eignung d. Prüfzeit:** Tages- und Quartalsprofil

GOÄ   entsprechend oder ähnlich: Nr. 410

Kommentar: Die Darstellung/Untersuchung von subclavicuären oder axillären Lymphknoten ist nach Nr. 33081 zu berechnen.

33012   Sonographische Untersuchung der Schilddrüse mittels B-Mode-Verfahren,   **77**
            Abrechnungsbestimmung je Sitzung   9,19
            Abrechnungsausschluss
            am Behandlungstag 31630 bis 31637, 31682 bis 31689, 31695 bis 31702
            im Behandlungsfall 26330
            in derselben Sitzung 01205 und 01207
            Berichtspflicht Ja

Aufwand in Min. **Kalkulationszeit:** 5   **Prüfzeit:** 4   **Eignung d. Prüfzeit:** Tages- und Quartalsprofil
GOÄ   entsprechend oder ähnlich: Nr. 417
Kommentar: Für eine optische Führungshilfe kann der Zuschlag nach Nr. 33092 berechnet werden.

33020* Echokardiographische Untersuchung mittels M-Mode- und B-Mode-Verfahren,   **245**
            Abrechnungsbestimmung je Sitzung   29,24
            Abrechnungsausschluss
            in derselben Sitzung 33021, 33022, 33030, 33031
            am Behandlungstag 31630, 31631, 31632, 31633, 31634, 31635, 31636, 31637, 31682,
            31683, 31684, 31685, 31686, 31687, 31688, 31689, 31695, 31696, 31697, 31698, 31699,
            31700, 31701, 31702
            im Behandlungsfall 04410, 13545, 13550, 26330
            Berichtspflicht Ja

Aufwand in Min. **Kalkulationszeit:** 10   **Prüfzeit:** 9   **Eignung d. Prüfzeit:** Tages- und Quartalsprofil
GOÄ   entsprechend oder ähnlich: Nr. 423
Kommentar: Ein mitlaufendes EKG kann nicht extra berechnet werden.

33021* Doppler-Echokardiographie mittels PW- und/oder CW-Doppler,   **270**
                                                                                                     32,22
            Anmerkung Die Gebührenordnungsposition 33021 ist im Behandlungsfall nur dann
            neben den Gebührenordnungspositionen 01774 und 01775 berechnungsfähig, sofern
            die Leistung nicht am Fötus durchgeführt wurde.
            Abrechnungsbestimmung je Sitzung
            Abrechnungsausschluss
            am Behandlungstag 31630, 31631, 31632, 31633, 31634, 31635, 31636, 31637, 31682,
            31683, 31684, 31685, 31686, 31687, 31688, 31689, 31695, 31696, 31697, 31698, 31699,
            31700, 31701, 31702
            im Behandlungsfall 04410, 13545, 13550, 26330
            in derselben Sitzung 33020, 33022, 33030, 33031
            Berichtspflicht Ja

Aufwand in Min. **Kalkulationszeit:** 11   **Prüfzeit:** 10   **Eignung d. Prüfzeit:** Tages- und Quartalsprofil
GOÄ   entsprechend oder ähnlich: Nrn. 422, 423 + Zuschlag Nr. 405 (cw-Doppler)

33022* Doppler-Echokardiographie mittels Duplex-Verfahren mit Farbcodierung,   **307**
                                                                                                     36,64
            Anmerkung Die Gebührenordnungsposition 33022 ist im Behandlungsfall nur dann
            neben den Gebührenordnungspositionen 01774 und 01775 berechnungsfähig, sofern
            die Leistung nicht am Fötus durchgeführt wurde.
            Abrechnungsbestimmung je Sitzung
            Abrechnungsausschluss
            am Behandlungstag 31630, 31631, 31632, 31633, 31634, 31635, 31636, 31637, 31682,
            31683, 31684, 31685, 31686, 31687, 31688, 31689, 31695, 31696, 31697, 31698, 31699,
            31700, 31701, 31702
            im Behandlungsfall 04410, 13545, 13550, 26330
            in derselben Sitzung 33020, 33021, 33030, 33031

Berichtspflicht Ja

Aufwand in Min. **Kalkulationszeit:** 13　**Prüfzeit:** 10　**Eignung d. Prüfzeit:** Tages- und Quartalsprofil

GOÄ　entsprechend oder ähnlich: Nr. 424 + Zuschlag Nr. 406 (Farbcodierung)

33023*　Zuschlag zu den Gebührenordnungspositionen 04410, 13545, 13550 sowie 33020 bis 33022 bei transösophagealer Durchführung
378
45,11

Abrechnungsausschluss
am Behandlungstag 31630, 31631, 31632, 31633, 31634, 31635, 31636, 31637, 31682, 31683, 31684, 31685, 31686, 31687, 31688, 31689, 31695, 31696, 31697, 31698, 31699, 31700, 31701, 31702
im Behandlungsfall 26330

Berichtspflicht Ja

Aufwand in Min. **Kalkulationszeit:** 10　**Prüfzeit:** 9　**Eignung d. Prüfzeit:** Tages- und Quartalsprofil

GOÄ　entsprechend oder ähnlich: Nr. 402*

33030*　Zweidimensionale echokardiographische Untersuchung in Ruhe und unter physikalisch definierter und reproduzierbarer Stufenbelastung,
721
86,04

Abrechnungsbestimmung je Sitzung

Anmerkung Die Gebührenordnungsposition 33030 kann nur berechnet werden, wenn die Arztpraxis über die Möglichkeit zur Erbringung der Stressechokardiographie bei physikalischer Stufenbelastung (Vorhalten eines Kippliege-Ergometers) verfügt.

Abrechnungsausschluss
am Behandlungstag 31630, 31631, 31632, 31633, 31634, 31635, 31636, 31637, 31682, 31683, 31684, 31685, 31686, 31687, 31688, 31689, 31695, 31696, 31697, 31698, 31699, 31700, 31701, 31702
im Behandlungsfall 13545, 13550, 26330
in derselben Sitzung 33020, 33021, 33022, 33031

Berichtspflicht Ja

Aufwand in Min. **Kalkulationszeit:** 29　**Prüfzeit:** 26　**Eignung d. Prüfzeit:** Tages- und Quartalsprofil

GOÄ　entsprechend oder ähnlich: Nr. 423 (2x; in Ruhe und unter Stufenbelastung) + analoger Ansatz der Nr. 652 (EKG)

33031*　Zweidimensionale echokardiographische Untersuchung in Ruhe und unter standardisierter pharmakodynamischer Stufenbelastung,
807
96,31

Abrechnungsbestimmung je Sitzung

Abrechnungsausschluss
am Behandlungstag 31630, 31631, 31632, 31633, 31634, 31635, 31636, 31637, 31682, 31683, 31684, 31685, 31686, 31687, 31688, 31689, 31695, 31696, 31697, 31698, 31699, 31700, 31701, 31702
im Behandlungsfall 13545, 13550, 26330
in derselben Sitzung 33020, 33021, 33022, 33030

Berichtspflicht Ja

Aufwand in Min. **Kalkulationszeit:** 33　**Prüfzeit:** 29　**Eignung d. Prüfzeit:** Tages- und Quartalsprofil

GOÄ　entsprechend oder ähnlich: Nr. 423 (2x; in Ruhe und unter pharmakodynamischer Stufenbelastung) + Nr. 652 (EKG)

33042　Sonographische Untersuchung des Abdomens oder dessen Organe und/oder des Retroperitoneums oder dessen Organe einschl. der Nieren mittels B-Mode-Verfahren,
143
17,07

Abrechnungsbestimmung je Sitzung

Anmerkung Die Gebührenordnungsposition 33042 ist im Behandlungsfall höchstens zweimal berechnungsfähig.

Sofern die GOP 01748 neben der 33042 berechnet wird, ist ein Abschlag von 70 Punkten auf die GOP 33042 vorzunehmen.

Die Gebührenordnungsposition 33042 ist im Behandlungsfall neben der Gebührenordnungsposition 01772 nur einmal und mit Begründung berechnungsfähig. Als Begründung für die Nebeneinanderberechnung ist der ICD-10Kode mit Angabe des Zusatzkennzeichens für die Diagnosensicherheit anzugeben.

Die Gebührenordnungsposition 33042 ist im Behandlungsfall neben der Gebührenordnungsposition 01773 nur mit Begründung berechnungsfähig. Als Begründung für die Nebeneinanderberechnung ist der ICD-10-Kode mit Angabe des Zusatzkennzeichens für die Diagnosensicherheit anzugeben.

Abrechnungsausschluss
im Behandlungsfall 01780, 26330
am Behandlungstag 01772, 01773, 31630 bis 31637, 31682 bis 31689, 31695 bis 31702
im Zyklusfall 08535, 08536, 08537, 08550, 08555, 08558, 08635, 08637
in derselben Sitzung 01205, 01207, 01781, 01782, 01787, 01831, 01902, 01904, 01906, 08341, 33043

Berichtspflicht Ja

Aufwand in Min. **Kalkulationszeit:** 9   **Prüfzeit:** 7   **Eignung d. Prüfzeit:** Tages- und Quartalsprofil

GOÄ   entsprechend oder ähnlich: Nrn. 410 + 420 bis zu 3x

Kommentar: Bereits die Darstellung nur eines Organs des Abdomens oder Retroperitoneums kann nach der EBM-Ziffer 33042 abgerechnet werden. Im Widerspruch hierzu verweisen viele Kassenärztliche Vereinigungen, für die alleinige Untersuchung der Nieren, verpflichtend auf die EBM-Ziffer 33043 (Sonographische Untersuchung mehrerer Uro-Genitalorgane). Der Wortlaut der EBM-Ziffer 33042 lässt, aufgrund der semantischen „oder"-Verknüpfungen „Sonographische Untersuchung des Abdomens oder dessen Organe und/oder des Retroperitoneums oder dessen Organe einschl. der Nieren" nach Meinung der Autoren, auch die Interpretation zur Nutzung für die alleinige Untersuchung der Uro-Genitalorgane zu.

Die Sonographie des Abdomens ist nur zweimal im Quartal gestattet. Bei häufigerer Notwendig-keit einer Abdominalsonographie bleibt, unter Honorarverzicht, nur das Ausweichen auf die schlechter vergütete EBM-Ziffer 33043 (Sonographische Untersuchung mehrerer Uro-Genitalorgane)

Bei einer neuen akuten Diagnose z.B VD Gallensteine, VD Nephrolithiasis oder Zustand nach stumpfen Bauchtrauma innerhalb des Quartals kann nach Meinung der Autoren der Ultraschall (mit genauer Angabe der Diagnose) öfter wiederholt werden.

33043   Sonographische Untersuchung eines oder mehrerer Uro-Genital-Organe mittels   **82**
            B-Mode-Verfahren   9,79

Anmerkung Die Gebührenordnungsposition 33043 ist im Behandlungsfall neben den Gebührenordnungspositionen 01770 und 01771 nur einmal und mit Begründung berechnungsfähig und nur, sofern die Leistung nicht am Embryo oder Fötus durchgeführt wurde. Als Begründung für die Nebeneinanderberechnung ist der ICD-10-Kode mit Angabe des Zusatzkennzeichens für die Diagnosensicherheit anzugeben.

Die Gebührenordnungsposition 33043 ist im Behandlungsfall neben den Gebührenordnungspositionen 01772 und 01773 nur einmal und mit Begründung berechnungsfähig. Als Begründung für die Nebeneinanderberechnung ist der ICD-10-Kode mit Angabe des Zusatzkennzeichens für die Diagnosensicherheit anzugeben.

Die Gebührenordnungsposition 33043 ist im Behandlungsfall nur dann neben den Gebührenordnungspositionen 01774 und 01775 berechnungsfähig, sofern die Leistung nicht am Fötus durchgeführt wurde.

Abrechnungsbestimmung je Sitzung

Abrechnungsausschluss
am Behandlungstag 01770 bis 01773, 31630 bis 31637, 31682 bis 31689, 31695 bis 31702
im Behandlungsfall 01780, 26330
im Zeitraum von 21 Tagen nach Erbringung einer Leistung des Abschnitts 31.2 31695, 31696, 31697, 31698, 31699, 31700, 31701, 31702
im Zyklusfall 08535,08536, 08537, 08550, 08555, 08558, 08635, 0863

in derselben Sitzung 01205, 01207, 01781, 01782, 01787, 01902, 01904, 01906, 08341, 33042, 33044, 33081

Berichtspflicht Ja

Aufwand in Min. **Kalkulationszeit:** 5 **Prüfzeit:** 4 **Eignung d. Prüfzeit:** Tages- und Quartalsprofil

GOÄ entsprechend oder ähnlich: Nrn. 410 + ggf. 420 bis zu 3x

Kommentar: Wird eine transkavitäre Untersuchung durchgeführt, kann der Zuschlag nach Nr. 33090 zusätzlich abgerechnet werden. Für eine optische Führungshilfe kann der Zuschlag nach Nr. 33092 berechnet werden.

33051 Sonographische Untersuchung der Säuglingshüften mittels B-Mode-Verfahren, **103**
12,29
Abrechnungsbestimmung je Sitzung

Abrechnungsausschluss
im Behandlungsfall 26330
in derselben Sitzung 01722, 33050
am Behandlungstag 31630, 31631, 31632, 31633, 31634, 31635, 31636, 31637, 31682, 31683, 31684, 31685, 31686, 31687, 31688, 31689, 31695, 31696, 31697, 31698, 31699, 31700, 31701, 31702

Berichtspflicht Ja

Aufwand in Min. **Kalkulationszeit:** 7 **Prüfzeit:** 6 **Eignung d. Prüfzeit:** Tages- und Quartalsprofil

GOÄ entsprechend oder ähnlich: Nr. 413

Kommentar: Wird die Säuglingshüfte innerhalb einer Früherkennungsuntersuchung nach den Kinder-Richtlinien durchgeführt, so ist dafür die EBM-Nr. 01722 zu berechnen.

33052 Sonographische Untersuchung des Schädels durch die offene Fontanelle beim **110**
Neugeborenen, Säugling oder Kleinkind, **13,13**
Abrechnungsbestimmung je Sitzung

Abrechnungsausschluss
am Behandlungstag 31630, 31631, 31632, 31633, 31634, 31635, 31636, 31637, 31682, 31683, 31684, 31685, 31686, 31687, 31688, 31689, 31695, 31696, 31697, 31698, 31699, 31700, 31701, 31702
im Behandlungsfall 26330

Berichtspflicht Ja

Aufwand in Min. **Kalkulationszeit:** 6 **Prüfzeit:** 5 **Eignung d. Prüfzeit:** Tages- und Quartalsprofil

GOÄ entsprechend oder ähnlich: Nr. 412

33081 Sonographische Untersuchung von Organen oder Organteilen bzw. Organstruk- **56**
turen, die nicht Bestandteil der Gebührenordnungspositionen 33000 bis 33002, **6,68**
33010 bis 33012, 33020 bis 33023, 33030, 33031, 33040 bis 33044, 33050 bis 33052, 33060 bis 33064, 33070 bis 33076, 33080 und 33100 sind, mittels B-Mode-Verfahren,

Anmerkung Die Gebührenordnungsposition 33081 ist neben den Gebührenordnungspositionen 33011, 33040 und 33042 ausschließlich zur onkologischen Kontrolle von weiteren Lymphknotenregionen bei Patienten mit mindestens einer der Diagnosen C81.- bis C96.- einmal berechnungsfähig. Die Nebeneinanderberechnung setzt die Kodierung nach ICD-10-GM voraus.
Die Gebührenordnungsposition 33081 ist im Behandlungsfall neben den der Gebührenordnungspositionen 01772 und 01773 nur einmal und mit Begründung berechnungsfähig. Als Begründung für die Nebeneinanderberechnung ist der ICD-10-Kode mit Angabe des Zusatzkennzeichens für die Diagnosensicherheit anzugeben.

Abrechnungsbestimmung je Sitzung

Abrechnungsausschluss
am Behandlungstag 01748, 01772, 01773, 31630 bis 31637, 31682 bis 31689, 31695 bis 31702
im Behandlungsfall 26330

im Zyklusfall 08535, 08536, 08537, 08550, 08555, 08558, 08635, 08637
in derselben Sitzung 01205, 01207, 01902, 01904, 01906, 33043, 33044, 33050
Berichtspflicht Ja

Aufwand in Min. **Kalkulationszeit:** 4   **Prüfzeit:** 4   **Eignung d. Prüfzeit:** Tages- und Quartalsprofil

GOÄ   entsprechend oder ähnlich: Nrn. 410 und 420 bis zu 3x

Kommentar: Wird eine transkavitäre Untersuchung durchgeführt, kann der Zuschlag nach Nr. 33090 zusätzlich abgerechnet werden. Für eine optische Führungshilfe kann der Zuschlag nach Nr. 33091 berechnet werden.

33100   Muskel- und/oder Nervensonographie zur weiteren Klärung einer peripheren **72**
          neuromuskulären Erkrankung, inkl. Nervenkompressionssyndrom mittels B-Mode- **8,59**
          Verfahren

Fakultativer Leistungsinhalt
• Duplex-Verfahren,

Abrechnungsbestimmung je Sitzung

Anmerkung Die Gebührenordnungsposition 33100 ist im Behandlungsfall höchstens viermal berechnungsfähig.
Die Gebührenordnungsposition 33100 ist ausschließlich als Zusatzdiagnostik nach erfolgter elektroneurographischer und/oder elektromyographischer Untersuchung berechnungsfähig und setzt das Vorliegen der Ergebnisse einer Untersuchung nach der Gebührenordnungsposition 04437 oder 16322 in dem laufenden oder im vorausgegangenen Quartal voraus.

Abrechnungsausschluss in derselben Sitzung 01205, 01207, 33050
am Behandlungstag 31630 bis 31637, 31682 bis 31689 und 31695 bis 31702
im Behandlungsfall 26330

Aufwand in Min. **Kalkulationszeit:** 5   **Prüfzeit:** 4   **Eignung d. Prüfzeit:** Tages- u. Quartalprofil

Kommentar: Nur von Fachärzten für Kinder- und Jugendmedizin mit Schwerpunkt Neuropädiatrie berechenbar.

35 Leistungen gemäß der Richtlinie des Gemeinsamen Bundesausschusses über die Durchführung der Psychotherapie (Psychotherapie-Richtlinie)

Die KBV informiert in ihrem Internetauftritt https://www.kbv.de/html/26956.php u.a.:

Häufig gestellte Fragen (FAQ) zur Psychotherapie-Abrechnung

https://www.kvhessen.de/fileadmin/user_upload/kvhessen/Mitglieder/Abrechnung_Honorar/EBM_Psychotherapie-Abrechnung-FAQ.pdf

(Quelle: Kassenärztliche Vereinigung Hessen – Stand April 2023)

https://www.kvrlp.de/fileadmin/user_upload/Downloads/Mitglieder/Publikationen/Beratung_und_Service/KVRLP_Wegweiser-PT.pdf

(Quelle: Kassenärztliche Vereinigung Rheinland Pfalz)

35.1 Nicht antragspflichtige Leistungen

1. Die Gebührenordnungspositionen 35130, 35131, 35140 bis 35142, 35150 bis 35152, 35163 bis 35169 und 35173 bis 35179 können ausschließlich von Vertragsärzten bzw. -therapeuten, die über eine Genehmigung zur Ausführung und Abrechnung psychotherapeutischer Leistungen gemäß den Psychotherapie-Vereinbarungen verfügen, berechnet werden.

2. Die Gebührenordnungspositionen 35110 bis 35113, 35141, 35142, 35152 und 35173 bis 35178 sind auch bei Durchführung der Leistungen im Rahmen einer Videosprechstunde berechnungsfähig, wenn der Durchführung gemäß § 17 der Anlage 1 zum Bundesmantelvertrag-Ärzte (BMV-Ä) ein persönlicher Arzt-Patienten-Kontakt gemäß 4.3.1 der Allgemeinen Bestimmungen zur Eingangsdiagnostik, Indikationsstellung und Aufklärung vorausgegangen ist und die Voraussetzungen gemäß der Anlage 31b zum BMV-Ä erfüllt sind. Für die Durchführung der Videosprechstunde gelten die Regelungen des § 17 der Anlage 1 zum BMV-Ä. Die Durchführung als Videosprechstunde ist durch Angabe einer bundeseinheitlich kodierten Zusatzkennzeichnung zu dokumentieren.

3. Im Falle der gemeinsamen Durchführung von probatorischen Sitzungen im Gruppensetting entsprechend den Gebührenordnungspositionen 35163 bis 35169 durch zwei Therapeuten mit ihnen jeweils fest zugeordneten Patienten (Bezugspatienten) gemäß § 11 Abs. 12 der Psychotherapie-Vereinbarung berechnet jeder Therapeut die Gebühren-ordnungsposition (letzte Ziffer) nach der Anzahl seiner jeweiligen Bezugspatienten.

4. Für Gruppenbehandlungen gemäß § 18 Abs. 6 der Psychotherapie-Vereinbarung, bei denen in derselben Sitzung bei verschiedenen Patienten entweder Gruppentherapie oder probatorische Sitzungen im Gruppensetting zeitgleich angewendet werden, sind alle Patienten zur Ermittlung der gesamten Gruppengröße mitzuzählen. Maßgeblich für die jeweilige Bewertung je Teilnehmer ist die gesamte Gruppengröße (bestehend aus Patienten, für die Gruppentherapie angewendet wird und Patienten in einer probatorischen Sitzung im Gruppensetting). Auf Basis dieser gesamten Gruppengröße mit insgesamt mindestens drei Patienten ist für Patienten mit einer probatorischen Sitzung im Gruppensetting eine Bewertung je Teilnehmer gemäß den Gebührenordnungspositionen 35163 bis 35169 und für Patienten mit einer antrags- und genehmigungspflichtigen Gruppentherapie eine Bewertung je Teilnehmer gemäß den entsprechenden Gebührenordnungspositionen aus Abschnitt 35.2.2 EBM heranzuziehen.

5. Im Falle der gemeinsamen Durchführung einer Gruppenbehandlung gemäß Nummer 4 durch zwei Therapeuten mit ihnen jeweils fest zugeordneten Patienten (Bezugspatienten) gemäß § 21 Abs. 1 Nr. 2 der Psychotherapie-Richtlinie berechnet jeder Therapeut die Gebührenordnungsposition (letzte Ziffer) nach der Anzahl seiner jeweiligen Bezugspatienten.

Kommentar:

„Nicht antragspflichtige Leistungen" bedeutet, Leistungen des Abschnitts 35.1 müssen nicht bei der Krankenkasse beantragt werden, so wie dies für Leistungen des Abschnitts 35.2 gilt.

Allerdings dürfen nicht alle Vertragsärzte Leistungen des Abschnitts 35.1 und des Abschnitts 35.2 erbringen und abrechnen. Es müssen die Voraussetzungen der Psychotherapie-Vereinbarungen (s. Paragraf 5) erfüllt sein und von der zuständigen KV eine entsprechende Abrechnungsgenehmigung vorliegen.

Cave: Die Erbringung und Abrechnung psychotherapeutischer Leistungen unterliegt einer Obergrenze von 30 % gem. 4.3.1. der Allgemeinen Bestimmungen (siehe dort). Seit dem 01.07.2022 (Beschluss des BA in seiner 597. Sitzung) gilt diese Obergrenze „nicht mehr bezogen auf jede einzelne GOP, sondern bezieht sich auf die Gesamtpunktzahl der im Quartal von einer Psychotherapeutin oder einem Psychotherapeuten abgerechneten GOP des Kapitels 35, die grundsätzlich in der Videosprechstunde durchgeführt werden dürfen. Eine Ausnahme besteht für die GOP 35152 (psychotherapeutische Akutbehandlung), welche je Psychotherapeut/Psychotherapeutin patientenübergreifend weiterhin nur zu 30 Prozent per Video stattfinden darf. " (https://www.kbv.de/html/1150_58502.php).

35100 Differentialdiagnostische Klärung psychosomatischer Krankheitszustände **193**
23,03

Obligater Leistungsinhalt
* Differentialdiagnostische Klärung psychosomatischer Krankheitszustände,
* Schriftlicher Vermerk über ätiologische Zusammenhänge,
* Dauer mindestens 15 Minuten

Fakultativer Leistungsinhalt
* Beratung bei Säuglingen und Kleinkindern auch unter Einschaltung der Bezugsperson(en)

Anmerkung Die Gebührenordnungsposition 35100 ist nur von Vertragsärzten berechnungsfähig, die über die Qualifikation zur Erbringung psychosomatischer Leistungen gemäß § 5 Abs. 6 der Psychotherapie-Vereinbarungen verfügen.
Bei der Nebeneinanderberechnung diagnostischer bzw. therapeutischer Gebührenordnungspositionen und der Gebührenordnungsposition 35100 ist eine mindestens 15 Minuten längere Arzt-Patienten-Kontaktzeit als in den entsprechenden Gebührenordnungspositionen angegeben Voraussetzung für die Berechnung der Gebührenordnungsposition 35100.

Abrechnungsausschluss
im Behandlungsfall 08521
in derselben Sitzung 01205, 01207, 01210, 01212, 01214, 01216, 01218, 03230, 04230, 04231, 04355, 04356, 14220 bis 14222, 14310, 14311, 16220, 21220, 21221, 22220 bis 22222, 23220, 30702, 35110 bis 35113, 35120, 35130, 35131, 35140 bis 35142, 35150 bis 35152, 35163 bis 35169, 35173 bis 35179, 50700 und Abschnitt 35.2

Aufwand in Min. **Kalkulationszeit:** 15 **Prüfzeit:** 15 **Eignung d. Prüfzeit:** Tages- und Quartalsprofil
GOÄ entsprechend oder ähnlich: Analoger Ansatz der Nr. 806.
Kommentar: Voraussetzung zur Abrechnung ist die Qualifikation zur „psychosomatischen Grundversorgung". Zur Erbringung und Abrechnung der GOP 35100 sind keine gesicherten Diagnosen gefordert – Verdachtsdiagnosen gelten als ausreichend. Ärzte müssen nicht zwingend eine F-Diagnose dokumentieren – zulässig sind auch Diagnosen aus dem R- oder Z-Kapitel sowie Kodes für Symptome von „körperlichen Beschwerden" (z.B. Kopf- oder Bauchschmerzen). Eine gute Dokumentation über die ätiologischen Zusammenhänge zwischen psychischer und somatischer Erkrankung ist für Prüfzwecke anzuraten.

Die Abrechnung weiterer pädiatrischer und hausärztlicher Gesprächsziffern (03230, 04230, 04231, 04355, 04356, 35110) neben der 35100 ist nicht möglich.

Die EBM-Ziffer 35100 ist je Sitzung auch dann nur einmal berechnungsfähig, wenn die Sitzung länger als die obligat geforderten 15 Minuten, beispielsweise 30 Minuten, gedauert hat.

In der Videosprechstunde ist der Ansatz der EBM-Ziffer 35100 nicht möglich, die Verwendung der EBM-Ziffer 35110 jedoch erlaubt.

35110 Verbale Intervention bei psychosomatischen Krankheitszuständen **193**
23,03

Obligater Leistungsinhalt
* Verbale Intervention bei psychosomatischen Krankheitszuständen,
* Systematische Nutzung der Arzt-Patienten-Interaktion,
* Dauer mindestens 15 Minuten

Fakultativer Leistungsinhalt
* Systematische Nutzung der Arzt-Patienten-Interaktion, bei Säuglingen und Kleinkindern auch unter Einschaltung der Bezugsperson(en)

Anmerkung Die Gebührenordnungsposition 35110 ist nur von Vertragsärzten berechnungsfähig, die über die Qualifikation zur Erbringung psychosomatischer Leistungen gemäß § 5 Abs. 6 der Psychotherapie-Vereinbarungen verfügen.
Die Gebührenordnungsposition 35110 ist bis zu dreimal am Tag berechnungsfähig.
Bei der Nebeneinanderberechnung diagnostischer bzw. therapeutischer Gebührenordnungspositionen und der Gebührenordnungsposition 35110 ist eine mindestens 15 Minuten längere Arzt-Patienten-Kontaktzeit als in den entsprechenden Gebührenordnungspositionen angegeben Voraussetzung für die Berechnung der Gebührenordnungsposition 35110.

Abrechnungsausschluss
im Behandlungsfall 08521
in derselben Sitzung 01205, 01207, 01210, 01212, 01214, 01216, 01218, 03230, 04230, 04231, 04355, 04356, 14220 bis 14222, 14310, 14311, 16220, 21220, 21221, 22220 bis 22222, 23220, 30702, 35110 bis 35113, 35120, 35130, 35131, 35140 bis 35142, 35150 bis 35152, 35163 bis 35169, 35173 bis 35179, 50700 und Abschnitt 35.2

Aufwand in Min.	**Kalkulationszeit:** 15 **Prüfzeit:** 15 **Eignung d. Prüfzeit:** Tages- und Quartalsprofil
GOÄ	entsprechend oder ähnlich: Nr. 849
Kommentar:	Voraussetzung zur Abrechnung ist die Qualifikation zur „psychosomatischen Grundversorgung". Die EBM-Ziffer 35110 erfordert eine Mindestdauer von 15 Minuten und kann bis zu 3x täglich berechnet werden. Allerdings sind hierfür getrennte Sitzungen gefordert (Uhrzeitangabe erforderlich), so dass dies im Praxisalltag selten vorkommt. Der Interventionsinhalt muss dokumentiert werden.

Die Abrechnung weiterer pädiatrischer Gesprächsziffern (03230 04230, 04231, 04355, 04356, 35100) neben 35110 ist nicht möglich.

In der Videosprechstunde ist der Ansatz der EBM-Ziffer 35110 möglich, die Verwendung der EBM-Ziffer 35100 jedoch nicht erlaubt.

Rechtsprechung:
Die mehrfache Abrechnung der GOP 35110 EBM an einem Tag setzt voraus, dass mehrere zeitlich voneinander getrennte Sitzungen jeweils mit der Mindestdauer von 15 Minuten durchgeführt worden sind. Eine Sitzung mit einer Dauer von 45 Minuten berechtigt nicht zur dreifachen Abrechnung.
Aktenzeichen: SG Marburg, 14.06.2023, S 11 KA 591/16
Entscheidungsjahr: 2023

Die Abrechnung der GOP 35110 EBM setzt nicht die Kodierung einer F-Diagnose voraus. Gem. § 12 Psychotherapie-Richtlinie erfordern Leistungen der psychosomatischen Grundversorgung eine schriftliche Dokumentation der diagnostischen Erhebungen und der wesentlichen Inhalte der psychotherapeutischen Interventionen. Daraus ergibt sich aber nicht, dass die Diagnosen als Abrechnungsdiagnosen anzugeben sind, vielmehr ist eine entsprechende Patientendokumentation in den Unterlagen des Vertragsarztes vorgesehen (die dann von den Prüfgremien zu prüfen ist).
Aktenzeichen: SG Marburg, 03.05.2023, S 17 KA 527/20 (unter Verweis auf SG Marburg, Urteil vom 19. 06.2019, Az. S 17 KA 409/17; Urteil vom 12.10.2022, S 17 KA 12/18 sowie SG Berlin, Urteil vom 9.01.2019, S 87 KA 77/18)
Entscheidungsjahr: 2023

Beachte: a.A. SG Dresden, 11.04.2023, S 25 KA 95/22 (Die Abrechnung der GOP 35100/35110 EBM setzt die Kodierung einer F-Diagnose gemäß dem Indikationenkatalog nach § 22 Absatz 1 der Psychotherapie-RL voraus. Denn es besteht keine Vergütungspflicht für die vom Arzt ohne Angabe der Diagnose abgerechneten Leistungen; Leitsatz).

35111*	Übende Verfahren (Autogenes Training, Relaxationsbehandlung nach Jacobson) als Einzelbehandlung	**335** **39,98**

Obligater Leistungsinhalt
* Übende Verfahren,
* Verbale Intervention,
* Einführung des Patienten in das Verfahren,
* Standardisierte Dokumentation,
* Dauer mindestens 25 Minuten,
* Einzelbehandlung

Anmerkung Die Gebührenordnungsposition 35111 ist nur von Vertragsärzten bzw. -therapeuten berechnungsfähig, die über die Qualifikation zur Erbringung Übender Verfahren gemäß § 5 Abs. 7 bzw. § 6 Abs. 6 oder § 7 Abs. 5 der Psychotherapie-Vereinbarungen verfügen.

Bei der Nebeneinanderberechnung der Gebührenordnungspositionen 22220, 23220 und 35111 ist jeweils eine Arzt-Patienten-Kontaktzeit von mindestens 35 Minuten Voraussetzung für die Berechnung der Gebührenordnungsposition 35111.
Bei der Nebeneinanderberechnung der Gebührenordnungspositionen 35152 und 35111 ist eine Arzt-Patienten-Kontaktzeit von mindestens 50 Minuten Voraussetzung für die Berechnung der Gebührenordnungsposition 35111.

Abrechnungsausschluss
im Behandlungsfall 03040, 03220, 03221, 04040, 04220, 04221
in derselben Sitzung 01205, 01207, 01210, 01212, 01214, 01216, 01218, 04355, 04356, 14220, 14221, 14222, 14310, 14311, 16220, 21220, 21221, 22220, 22221, 30702, 35100, 35110, 35112, 35113, 35120, 35130, 35131, 35140, 35141, 35142, 35150, 35151, 35163 bis 35169, 35401, 35402, 35405, 35411, 35412, 35415, 35503, 35504, 35505, 35506, 35507, 35508, 35509, 35513, 35514, 35515, 35516, 35517, 35518, 35519, 35523, 35524, 35525, 35526, 35527, 35528, 35529, 35533, 35534, 35535, 35536, 35537, 35538, 35539

Aufwand in Min. **Kalkulationszeit:** 26   **Prüfzeit:** 26   **Eignung d. Prüfzeit:** Tages- und Quartalsprofil

GOÄ   entsprechend oder ähnlich: Nrn. 846, 849

Kommentar: Nur für die in der Leistungslegende genannten übenden Verfahren besteht eine Abrechnungsmöglichkeit. Während einer tiefenpsychologisch fundierten oder analytischen Psychotherapie sind die Leistungen nach den Nrn. 35111, 35112, 35113 und 35120 nicht berechnungsfähig. Eine Kombination von Einzel- (Nr. 35111) und Gruppentherapie (Nr. 35112) ist nach **Wezel/Liebold** statthaft.

Wezel/Liebold informiert ferner in seinem Kommentar: … „Für die Respiratorische Feedback-Behandlung als Entspannungstherapie sind nach Auffassung des Ausschusses für Untersuchungs- und Heilmethoden bei der Kassenärztlichen Bundesvereinigung die Voraussetzungen des Wirtschaftlichkeitsgebotes als nicht erfüllt anzusehen, d. h., dass diese Behandlung und ähnliche Entspannungstherapien im Rahmen der kassen- und vertragsärztlichen Versorgung nicht, also auch nicht unter der Nr. 35 111 abgerechnet werden können. (So auch Feststellung Nr. 700 der Arbeitsgemeinschaft Ärzte/Ersatzkassen.) …"

Mit den EBM Nrn. 35111 bis 35113 können nur die Übenden Verfahren erbracht und abgerechnet werden, die in den Legenden in Klammern genannt werden.

Yoga ist keine Leistung die von der GKV erstattet wird.

Die Leistung ist nicht antragspflichtig.

35112* Übende Verfahren (Autogenes Training, Relaxationsbehandlung nach Jacobson) als Gruppenbehandlung bei Erwachsenen   **90**
10,74

Obligater Leistungsinhalt
* Übende Verfahren,
* Verbale Intervention,
* Einführung des Patienten in das Verfahren,
* Standardisierte Dokumentation,
* Dauer mindestens 50 Minuten,
* Gruppenbehandlung bei Erwachsenen,
* Mindestens 2, höchstens 10 Teilnehmer,

Abrechnungsbestimmung je Teilnehmer

Anmerkung Die Gebührenordnungsposition 35112 ist nur von Vertragsärzten bzw. -therapeuten berechnungsfähig, die über die Qualifikation zur Erbringung Übender Verfahren gemäß § 5 Abs. 7 bzw. § 6 Abs. 6 oder § 7 Abs. 5 der Psychotherapie-Vereinbarungen verfügen.
Bei der Nebeneinanderberechnung der Gebührenordnungspositionen 22220, 23220 und 35112 ist jeweils eine Arzt-Patienten-Kontaktzeit von mindestens 35 Minuten Voraussetzung für die Berechnung der Gebührenordnungsposition 35111.
Bei der Nebeneinanderberechnung der Gebührenordnungspositionen 35152 und 35112 ist eine Arzt-Patienten-Kontaktzeit von mindestens 75 Minuten Voraussetzung für die Berechnung der Gebührenordnungsposition 35112.

Abrechnungsausschluss
in derselben Sitzung 01205, 01207, 01210, 01212, 01214, 01216, 01218, 04355, 04356, 14220, 14221, 14222, 14310, 14311, 16220, 21220, 21221, 22220, 22221, 22222, 30702, 35100, 35110, 35112, 35113, 35120, 35130, 35131, 35140, 35141, 35142, 35150, 35151, 35163 bis 35169, 35401, 35402, 35405, 35411, 35412, 35415, 35503, 35504, 35505, 35506, 35507, 35508, 35509, 35513, 35514, 35515, 35516, 35517, 35518, 35519, 35523, 35524, 35525, 35526, 35527, 35528, 35529, 35533, 35534, 35535, 35536, 35537, 35538, 35539
im Behandlungsfall 03040, 03220, 03221, 04040, 04220, 04221

Aufwand in Min.	**Kalkulationszeit:** 7 **Prüfzeit:** 5 **Eignung d. Prüfzeit:** Tages- und Quartalsprofil
GOÄ	entsprechend oder ähnlich: Nrn. 846, 847
Kommentar:	Mit den EBM Nrn. 35111 bis 35113 können nur die Übenden Verfahren erbracht und abgerechnet werden, die in den Legenden in Klammern genannt werden.
	Während einer tiefenpsychologisch fundierten oder analytischen Psychotherapie sind die Leistungen nach den Nrn. 35111, 35112, 35113 und 35120 nicht berechnungsfähig.
	Yoga ist keine Leistung die von der GKV erstattet wird.
	Die Leistung ist nicht antragspflichtig.

35113* Übende Verfahren (Autogenes Training, Relaxationsbehandlung nach Jacobson) als Gruppenbehandlung bei Kindern und Jugendlichen **128** 15,28

Obligater Leistungsinhalt
* Übende Verfahren,
* Verbale Intervention,
* Einführung des Patienten in das Verfahren,
* Standardisierte Dokumentation,
* Dauer mindestens 30 Minuten,
* Gruppenbehandlung bei Kindern und Jugendlichen,
* Mindestens 2, höchstens 6 Teilnehmer,

Abrechnungsbestimmung je Teilnehmer

Anmerkung Die Gebührenordnungsposition 35113 ist nur von Vertragsärzten bzw. -therapeuten berechnungsfähig, die über die Qualifikation zur Erbringung Übender Verfahren gemäß § 5 Abs. 7 bzw. § 6 Abs. 6 oder § 7 Abs. 5 der Psychotherapie-Vereinbarungen verfügen.
Bei der Nebeneinanderberechnung der Gebührenordnungspositionen 22220, 23220 und 35113 ist jeweils eine Arzt-Patienten-Kontaktzeit von mindestens 40 Minuten Voraussetzung für die Berechnung der Gebührenordnungsposition 35113.
Bei der Nebeneinanderberechnung der Gebührenordnungspositionen 35152 und 35113 ist eine Arzt-Patienten-Kontaktzeit von mindestens 55 Minuten Voraussetzung für die Berechnung der Gebührenordnungsposition 35113.

Abrechnungsausschluss
im Behandlungsfall 03040, 03220, 03221, 04040, 04220, 04221
in derselben Sitzung 01205, 01207, 01210, 01212, 01214, 01216, 01218, 04355, 04356, 14220, 14221, 14222, 14310, 14311, 16220, 21220, 21221, 22220, 22221, 22222, 30702, 35100, 35110, 35112, 35113, 35120, 35130, 35131, 35140, 35141, 35142, 35150, 35151, 35163 bis 35169, 35401, 35402, 35405, 35411, 35412, 35415, 35503, 35504, 35505, 35506, 35507, 35508, 35509, 35513, 35514, 35515, 35516, 35517, 35518, 35519, 35523, 35524, 35525, 35526, 35527, 35528, 35529, 35533, 35534, 35535, 35536, 35537, 35538, 35539

Aufwand in Min.	**Kalkulationszeit:** 10 **Prüfzeit:** 5 **Eignung d. Prüfzeit:** Tages- und Quartalsprofil
GOÄ	entsprechend oder ähnlich: Nr. 847
Kommentar:	Mit den EBM Nrn. 35111 bis 35113 können nur die Übenden Verfahren erbracht und abgerechnet werden, die in den Legenden in Klammern genannt werden.
	Nur für die in der Leistungslegende genannten übenden Verfahren besteht eine Abrechnungsmöglichkeit. Während einer tiefenpsychologisch fundierten oder analytischen Psychotherapie sind die Leistungen nach den Nrn. 35111, 35112, 35113 und 35120

nicht berechnungsfähig. Eine Kombination von Einzel- (Nr. 35111) und Gruppentherapie (Nr. 35112) ist nach **Wezel/Liebold** statthaft. Die Leistung ist nicht antragspflichtig.

35120* Hypnose   **205**
                                                                                    24,46
Obligater Leistungsinhalt
* Behandlung einer Einzelperson durch Hypnose,
* Verbale Intervention,
* Standardisierte Dokumentation,
* Dauer mindestens 15 Minuten

Anmerkung Die Gebührenordnungsposition 35120 ist nur von Vertragsärzten bzw. -therapeuten berechnungsfähig, die über die Qualifikation zur Erbringung Suggestiver Verfahren gemäß § 5 Abs. 7 bzw. § 6 Abs. 6 oder § 7 Abs. 5 der Psychotherapie-Vereinbarungen verfügen.
Bei der Nebeneinanderberechnung der Gebührenordnungspositionen 22220, 23220 und 35120 ist jeweils eine Arzt-Patienten-Kontaktzeit von mindestens 25 Minuten Voraussetzung für die Be-rechnung der Gebührenordnungsposition 35120.
Bei der Nebeneinanderberechnung der Gebührenordnungspositionen 35152 und 35120 ist eine Arzt-Patienten-Kontaktzeit von mindestens 40 Minuten Voraussetzung für die Berechnung der Gebührenordnungsposition 35120.

Abrechnungsausschluss
im Behandlungsfall 03040, 03220, 03221, 04040, 04220, 04221
in derselben Sitzung 01205, 01207, 01210, 01212, 01214, 01216, 01218, 04355, 04356, 14220, 14221, 14222, 14310, 14311, 16220, 21220, 21221, 22221, 22222, 30702, 35100, 35110, 35111, 35112, 35113, 35130, 35131, 35140, 35141, 35142, 35150, 35151, 35163 bis 35169, 35401, 35402, 35405, 35411, 35412, 35415, 35503, 35504, 35505, 35506, 35507, 35508, 35509, 35513, 35514, 35515, 35516, 35517, 35518, 35519, 35523, 35524, 35525, 35526, 35527, 35528, 35529, 35533, 35534, 35535, 35536, 35537, 35538, 35539

Aufwand in Min. **Kalkulationszeit:** 16   **Prüfzeit:** 16   **Eignung d. Prüfzeit:** Tages- und Quartalsprofil
GOÄ   entsprechend oder ähnlich: Nr. 845
Kommentar: Während einer tiefenpsychologisch fundierten oder analytischen Psychotherapie sind die Leistungen nach den Nrn. 35111, 35112, 35113 und 35120 nicht berechnungsfähig. Die Leistung ist nicht antragspflichtig.

35130* Bericht oder Ergänzungsbericht an den Gutachter zum Antrag des Versicherten auf   **296**
             Feststellung der Leistungspflicht für eine Psychotherapie als Kurzzeittherapie 1 oder 2   35,32
Abrechnungsausschluss
in derselben Sitzung 01205, 01207, 01210, 01212, 01214, 01216, 01218, 04355, 04356, 14220, 14221, 14222, 14310, 14311, 16220, 21220, 21221, 22220, 22221, 22222, 23220, 30702, 35100, 35110, 35111, 35112, 35113, 35120, 35130, 35131, 35163 bis 35169
im Behandlungsfall 03040, 03220, 03221, 04040, 04220, 04221

Aufwand in Min. **Kalkulationszeit:** 23   **Prüfzeit:** 23   **Eignung d. Prüfzeit:** Tages- und Quartalsprofil
GOÄ   entsprechend oder ähnlich: Analoger Ansatz der Nrn. 80 oder 85
Kommentar: Die Leistung ist nicht antragspflichtig. Jeder zur Ausübung von Psychotherapie berechtigte (Vertragsarzt, Vertragspsychotherapeut) kann die Leistung erbringen und abrechnen. Portokosten nach EBM Nrn. 40110 f. sind abrechenbar, die Schreibgebühren nicht.

35131* Bericht oder Ergänzungsbericht an den Gutachter zum Antrag des Versicherten auf   **591**
             Feststellung der Leistungspflicht für eine Psychotherapie als Langzeittherapie   70,53
Abrechnungsausschluss
in derselben Sitzung 01205, 01207, 01210, 01212, 01214, 01216, 01218, 04355, 04356, 14220, 14221, 14222, 14310, 14311, 16220, 21220, 21221, 22220, 22221, 22222, 23220, 30702, 35100, 35110, 35111, 35112, 35113, 35120, 35130, 35163 bis 35169
im Behandlungsfall 03040, 03220, 03221, 04040, 04220, 04221

Aufwand in Min. **Kalkulationszeit:** 46   **Prüfzeit:** 46   **Eignung d. Prüfzeit:** Tages- und Quartalsprofil

GOÄ   entsprechend oder ähnlich: Analoger Ansatz der Nrn. 80 oder 85
Kommentar: Die Leistung ist nicht antragspflichtig.

35140   Biographische Anamnese   **707**
             Obligater Leistungsinhalt   84,37
             • Erstellen der biographischen Anamnese,
             • Bestimmung des psychodynamischen, system- und ressourcenanalytischen oder
               verhaltensanalytischen Status,
             • Dauer mindestens 50 Minuten

             Anmerkung Die Gebührenordnungsposition 35140 ist nur einmal im Krankheitsfall
             berechnungsfähig.

             Abrechnungsausschluss
             in derselben Sitzung 01205, 01207, 01210, 01212, 01214, 01216, 01218, 04355, 04356,
             14220, 14221, 14222, 14310, 14311, 16220, 21220, 21221, 22220, 22221, 22222, 23220,
             30702, 35100, 35110, 35111, 35112, 35113, 35120, 35151, 35152, 35173 bis 35179 und
             Kapitel 35.2.1, 35.2.2
             im Behandlungsfall 03040, 03220, 03221, 04040, 04220, 04221

Aufwand in Min. **Kalkulationszeit:** 55   **Prüfzeit:** 70   **Eignung d. Prüfzeit:** Tages- und Quartalsprofil
GOÄ   entsprechend oder ähnlich: Nr. 860
Kommentar: Die biographische Anamnese ist für die sogenannte „Große Psychotherapie" eine **vorher**
             durchzuführende Leistung und dient der Feststellung, ob Leistungen der „Kleinen oder
             Großen Psychotherapie" oder gar keine Leistungen erfolgen sollen. Diese Leistung und
             auch die Zuschlagsleistung nach Nr. 35142 sind vor und nicht während einer Psychothe-
             rapie zu erbringen. Die Leistung ist nicht antragspflichtig.

             Ein persönlicher Arzt- bzw. Therapeuten-Patienten-Kontakt ist seit Jahren (2008) für die
             Erbringung der Leistung nicht mehr erforderlich. Der Kontakt kann im Rahmen voraus-
             gegangener Probatorischer Sitzungen ggf. auch im Rahmen zuvor erfolgter Gespräche
             stattgefunden haben.

             Wezel/Liebold informiert in seinem Kommentar: ... „Wenn im Rahmen dieser ggf. auf einem
             Fragebogen basierenden, jedoch zumindest zum Teil interaktiven Anamneseerhebung
             ausreichend Fakten zur Erstellung der biographischen Anamnese vorliegen, so kann für das
             Erstellen unter Einhaltung einer Mindestdauer von 50 Minuten die Abrechnung der Nr. 35140
             auch an einem Tag ohne persönlichen Arzt- bzw. Therapeuten-Patienten-Kontakt erfolgen ..."

35141*   Zuschlag zu der Gebührenordnungsposition 35140 für die vertiefte Exploration   **257**
             Obligater Leistungsinhalt   30,67
             • Differentialdiagnostische Einordnung des Krankheitsbildes unter Einbeziehung der
               dokumentierten Ergebnisse der selbsterbrachten Leistungen entsprechend der Gebüh-
               renordnungsposition 35140 im Zusammenhang mit einem Antragsverfahren oder bei
               Beendigung der Therapie,
             • Dauer mindestens 20 Minuten,

             Abrechnungsbestimmung je Sitzung

             Anmerkung Die Gebührenordnungsposition 35141 ist im Krankheitsfall höchstens
             zweimal berechnungsfähig.

             Abrechnungsausschluss
             im Behandlungsfall 03040, 03220, 03221, 04040, 04220, 04221
             in derselben Sitzung 01205, 01207, 01210, 01212, 01214, 01216, 01218, 04355, 04356,
             14220, 14221, 14222, 14310, 14311, 16220, 21220, 21221, 22220, 22221, 22222, 23220,
             30702, 35100, 35110, 35111, 35112, 35113, 35120, 35150, 35151, 35152, 35173 bis
             35179

Aufwand in Min. **Kalkulationszeit:** 20   **Prüfzeit:** 21   **Eignung d. Prüfzeit:** Tages- und Quartalsprofil
GOÄ   entsprechend oder ähnlich: Nr. 860 ggf. mit höherem Steigerungsfaktor

Kommentar: Die Leistung ist nicht antragspflichtig. Diese Leistung kann nur von dem Arzt oder Therapeuten abgerechnet werden, der die Biographische Anamnese nach EBM Nr. 35140 erbracht hat.

35142* Zuschlag zu der Gebührenordnungsposition 35140 für die Erhebung ergänzender   **75** neurologischer und psychiatrischer Befunde   **8,95**

Anmerkung Die Gebührenordnungsposition 35142 ist nicht von Psychologischen Psychotherapeuten und/oder Kinder- und Jugendlichenpsychotherapeuten berechnungsfähig.

Abrechnungsausschluss
in derselben Sitzung 01205, 01207, 01210, 01212, 01214, 01216, 01218, 01450, 03350, 04351, 04355, 04356, 14220, 14221, 14222, 14310, 14311, 16220, 21220, 21221, 22220, 22221, 22222, 22230, 23220, 30702, 35100, 35110, 35111, 35112, 35113, 35120, 35150, 35151, 35152, 35173 bis 35179
im Behandlungsfall 03040, 03220, 03221, 04040, 04220, 04221

Aufwand in Min.   **Kalkulationszeit: 6**   **Prüfzeit: 4**   **Eignung d. Prüfzeit:** Tages- und Quartalsprofil

GOÄ   entsprechend oder ähnlich: Nrn. 800, 801

Kommentar: Diese Leistung nach Nr. 35140 und auch nach Nr. 35142 sind vor und nicht während einer Psychotherapie zu erbringen. Die Leistung ist nicht antragspflichtig.

Der Zuschlag zur Nr. 35140 gilt für die Erhebung zusätzlich erforderlicher neurologischer und psychiatrischer Befunde und kann nur in Verbindung mit der Leistung nach EBM Nr. 35140 abgerechnet werden.

Sie kann nur im Zusammenhang mit den Leistungen der Nr. 35140 nur 1x im Krankheitsfall berechnet werden.

35150 Probatorische Sitzung   **709**

Obligater Leistungsinhalt   **84,61**
* Probatorische Sitzung,
* Dauer mindestens 50 Minuten

Fakultativer Leistungsinhalt
* Überprüfung auf Einleitung einer genehmigungspflichtigen Psychotherapie,
* Unterteilung in zwei Einheiten von jeweils mindestens 25 Minuten Dauer

Anmerkung Die Gebührenordnungsposition 35150 ist gemäß § 12 Abs. 3 der Psychotherapie-Richtlinie im Krankheitsfall höchstens 4-mal und im Rahmen einer Kinder- und Jugendlichenpsychotherapie sowie bei Versicherten mit Vorliegen einer Intelligenzstörung (ICD-10-GM: F70-F79) höchstens 6-mal im Krankheitsfall berechnungsfähig.
Die Gebührenordnungsposition 35150 ist in der Systemischen Therapie auch bei Durchführung der Leistung im Mehrpersonensetting berechnungsfähig.
Bei der Nebeneinanderberechnung der Gebührenordnungspositionen 35141 und 35150 ist eine Arzt-Patienten-Kontaktzeit von mindestens 70 Minuten Voraussetzung für die Berechnung der Gebührenordnungsposition 35150.

Abrechnungsausschluss
in derselben Sitzung 01210, 01214, 01216, 01218, 04355, 04356, 14220, 14221, 14222, 14310, 14311, 16220, 21220, 21221, 22220, 22221, 22222, 23220, 30702, 35100, 35110, 35111, 35112, 35113, 35120, 35140, 35141, 35142, 35163 bis 35169 und 35173 bis 35179
im Behandlungsfall 03040, 03220, 03221, 04040, 04220, 04221

Aufwand in Min.   **Kalkulationszeit: 60**   **Prüfzeit: 70**   **Eignung d. Prüfzeit:** Tages- und Quartalsprofil

GOÄ   entsprechend oder ähnlich: Leistungskomplex so in der GOÄ nicht vorhanden, ggf. Nrn. 861 oder 863 oder 870

Kommentar: Siehe aktualisierte Psychotherapie-Richtlinien des G-BA, zuletzt geändert am 20. November 2020 – in Kraft getreten am 21. Dezember 2018
https://www.g-ba.de/downloads/62-492-2400/PT-RL_2020-11-20_iK-2021-02-18.pdf
In diesen Richtlinien finden sich alle wichtigen Hinweise.

35151*   Psychotherapeutische Sprechstunde   **472**
                                                                   56,33

Obligater Leistungsinhalt
* Psychotherapeutische Sprechstunde gemäß § 11 der Richtlinie des Gemeinsamen Bundesausschusses über die Durchführung der Psychotherapie mit dem Ziel der Abklärung des Vorliegens einer krankheitswertigen Störung,
* Beratung und/oder Erörterung,
* Einzelbehandlung,
* Dauer mindestens 25 Minuten,

Fakultativer Leistungsinhalt
* orientierende, diagnostische Abklärung der krankheitswertigen Störung,
* differentialdiagnostische Abklärung der krankheitswertigen Störung,
* Abklärung des individuellen Behandlungsbedarfes und Empfehlungen über die weitere Behandlung,
* psychotherapeutische Intervention,
* Hinweise zu weiteren Hilfemöglichkeiten,
* individuelle Patienteninformation mit schriftlichem Befundbericht,

Abrechnungsbestimmung je vollendete 25 Minuten

Anmerkung Die Gebührenordnungsposition 35151 ist gemäß § 11 Abs. 5 der Psychotherapie-Richtlinie im Krankheitsfall höchstens 6-mal und im Rahmen einer Kinder- und Jugendlichenpsychotherapie sowie bei Versicherten mit Vorliegen einer Intelligenzstörung (ICD-10-GM: F70-F79) höchstens 10-mal im Krankheitsfall berechnungsfähig.

Die Gebührenordnungsposition 35151 kann im Rahmen einer Kinder- und Jugendlichenpsychotherapie und bei Versicherten mit Vorliegen einer Intelligenzstörung (ICD-10-GM: F70-F79) im Krankheitsfall bis zu 4-mal auch mit relevanten Bezugspersonen ohne Anwesenheit des Versicherten stattfinden.

Abrechnungsausschluss
in derselben Sitzung 01205, 01207, 01210, 01212, 01214, 01216, 01218, 01450, 03230, 04230, 04355, 04356, 04430, 14220, 14221, 14222, 14310, 14311, 16220, 16230, 16231, 16232, 16233, 21216, 21220, 21221, 21230, 21231, 21233, 22220, 22221, 22222, 23220, 30702, 35100, 35110, 35111, 35112, 35113, 35120, 35140, 35141, 35142, 35150, 35152, 35163 bis 35169 und 35173 bis 35179
am Behandlungstag 35571, 35572 und Kapitel 35.2.1, 35.2.2
im Behandlungsfall 03040, 03220, 03221, 04040, 04220, 04221

Berichtspflicht Nein

Aufwand in Min.   **Kalkulationszeit:** 30   **Prüfzeit:** 35   **Eignung d. Prüfzeit:** Tages- und Quartalsprofil

Kommentar: Siehe Psychotherapie-Richtlinien des G-BA Stand 18. Februar 2021 **https://www.g-ba.de/richtlinien/20/** In diesen Richtlinien finden sich alle wichtigen Hinweise.

Hier nur einige Kurzbemerkungen aus der Richtlinie:
* Die Durchführung der psychotherapeutischen Sprechstunde ist Zugangsvoraussetzung zur weiteren ambulanten psychotherapeutischen Versorgung.
* Bei Patienten, die aufgrund einer psychischen Erkrankung aus einer stationären Krankenhausbehandlung oder rehabilitativen Behandlung entlassen werden, können probatorische Sitzungen oder eine Akutbehandlung ohne Sprechstunde beginnen, auch, wenn ein Therapeutenwechsel nach oder während einer laufenden Therapie erfolgt.

Die Durchführung einer Sprechstunde (mindestens 50-Minuten) ist dem Patienten auf dem Formular PTV 11 zu bescheinigen und ggf. ein Hinweis für weiteres Vorgehen zu vermerken. Das Hinweisblatt PTV 10 ist auszuhändigen.

Hinweis: Siehe die FORMULARE IN DER AMBULANTEN PSYCHO-THERAPEUTISCHEN VERSORGUNG unter https://www.kbv.de/media/sp/PTV_Ausfuellhilfen_gesamt_7_2020_.pdf

Häufige Fragen zur Psychotherapie beantwortet die KBV unter

https://www.kbv.de/html/28551.php

Wezel-Liebold informiert in seinem Kommentar:

... „Die Durchführung und Abrechnung der psychotherapeutischen Sprechstunde gemäß der Gebührenordnungsposition 35151 im Anschluss an probatorische Sitzungen gemäß Gebührenordnungsposition 35150 ist aus Sicht der Kassenärztlichen Bundesvereinigung „grundsätzlich nicht im Sinne der Psychotherapie-Richtlinie (§ 11 in Verbindung mit § 12)". Diese Konstellation ist jedoch weder in der Psychotherapie-Richtlinie noch im EBM oder der Psychotherapie-Vereinbarung explizit ausgeschlossen. Daher ist die Abrechnung der psychotherapeutischen Sprechstunde nach Durchführung probatorischer Sitzungen in begründeten Ausnahmefällen möglich...

35152* Psychotherapeutische Akutbehandlung   **472**
                                                                          56,33
Obligater Leistungsinhalt
* Psychotherapeutische Akutbehandlung gemäß § 13 der Richtlinie des Gemeinsamen Bundesausschusses über die Durchführung der Psychotherapie,
* psychotherapeutische Intervention(en) zur Entlastung bei akuten psychischen Krisen- und Ausnahmezuständen mittels geeigneter psychotherapeutischer Interventionen aus den Verfahren nach § 15 der Richtlinie des Gemeinsamen Bundesausschusses über die Durchführung der Psychotherapie und/oder
* Stabilisierung von Patienten zur Vorbereitung bei Einleitung einer genehmigungspflichtigen Psychotherapie,
* Einzelbehandlung,
* Dauer mindestens 25 Minuten,

Abrechnungsbestimmung je vollendete 25 Minuten

Anmerkung Die Gebührenordnungsposition 35152 ist höchstens 24-mal im Krankheitsfall berechnungsfähig. Im Rahmen einer Kinder- und Jugendlichenpsychotherapie und bei Versicherten mit Vorliegen einer Intelligenzstörung (ICD-10-GM: F70-F79) ist die Gebührenordnungsposition 35152 gemäß § 15 Abs. 2 der Psychotherapie-Vereinbarung höchstens 30-mal im Krankheitsfall berechnungsfähig.
Die Gebührenordnungsposition 35152 ist in der Systemischen Therapie auch bei Durchführung der Leistung im Mehrpersonensetting berechnungsfähig. In diesem Fall ist eine Dauer von mindestens 50 Minuten Voraussetzung für die Berechnung der Gebührenordnungsposition 35152.
Bei der Nebeneinanderberechnung der Gebührenordnungspositionen 35111 bis 35113, 35120 und 35152 ist jeweils eine mindestens 25 Minuten längere Arzt-Patienten-Kontaktzeit als in den entsprechenden Gebührenordnungspositionen angegeben Voraussetzung für die Berechnung der Gebührenordnungsposition 35152.

Abrechnungsausschlüsse
in derselben Sitzung 01205, 01207, 01210, 01212, 01214, 01216, 01218, 01450, 03230, 04230, 04355, 04356, 04430, 14220, 14221, 14222, 14310, 14311, 16220, 16230, 16231, 16232, 16233, 21216, 21220, 21221, 21230, 21231, 21233, 22220, 22221, 22222, 23220, 30702, 35100, 35110, 35111, 35112, 35113, 35120, 35140, 35141, 35142, 35150, 35151, 35163 bis 35169 und 35173 bis 35179
am Behandlungstag 35571, 35572, 35.2.1, 35.2.2
im Behandlungsfall 03040, 03220, 03221, 04040, 04220, 04221

Berichtspflicht Nein

Kommentar: Siehe bei GOP 35151 Psychotherapie-Richtlinien des G-BA Stand 18. Februar 2021
            https://www.g-ba.de/downloads/62-492-2400/PT-RL_2020-11-20_iK-2021-02-18.pdf.
            In diesen Richtlinien finden sich alle wichtigen Hinweise.
            Hier nur einige Kurzbemerkungen aus der Richtlinie:
            * Eine Akutbehandlung ist der Krankenkasse des Patienten mi dem Formular PTV 12 anzuzeigen. Der Patient erklärt auf dem Formular, dass bei ihm zuvor eine mindestens 50-minütige Sprechstunde durchgeführt wurde (Ausnahmen und Fristen zu dieser Regelung siehe Kommentar zu Ziffer 35151).
            * Die durchgeführten Akutbehandlungen sind mit einer ggf. anschließenden Kurzzeitthe-rapie (KZT 1) und/oder Langzeittherapie zu verrechnen.
            * Bei Akutbehandlungen bei Kindern und Jugendlichen sind Sitzungen ausschließlich mit der Bezugsperson/den Bezugspersonen nicht vorgesehen. Eine Ausweitung über das Kontingent von 24 Therapieeinheiten hinaus ist somit ebenfalls ausgeschlossen.

... „Ein Konsiliarbericht vor Beginn oder während der Durchführung einer Akutbehandlung ist – nach Kommentar von Wezel-Liebold – aus berufsrechtlicher Sicht unbedingt zu empfehlen."

Hinweis: Siehe die FORMULARE IN DER AMBULANTEN PSYCHO- THERAPEUTISCHEN VERSORGUNG unter https://www.kbv.de/media/sp/PTV_Ausfuellhilfen_gesamt_7_2020_.pdf

Komplex für probatorische Sitzungen im Gruppensetting

Obligater Leistungsinhalt
- Probatorische Sitzung,
- Gruppenbehandlung,
- Dauer mindestens 100 Minuten,

Fakultativer Leistungsinhalt
- Überprüfung auf Einleitung einer genehmigungspflichtigen Psychotherapie,
- weitere differentialdiagnostische Abklärung,
- Abklärung der Motivation und der Kooperations- und Beziehungsfähigkeit des Patienten,

Anmerkung Entgegen den Allgemeinen Bestimmungen 2.1 sind die Gebührenordnungspositionen 35163 bis 35169 auch bei einer Sitzung von weniger als 100 Minuten, aber mindestens 50 Minuten Dauer, berechnungsfähig. In diesem Fall ist durch die Kassenärztliche Vereinigung von der Punktzahl der jeweiligen Gebührenordnungsposition ein Abschlag in Höhe von 50 % vorzunehmen und die Prüfzeit um 50 % zu reduzieren.

Die Gebührenordnungspositionen 35163 bis 35169 sind im Krankheitsfall nur bis zur Höchstsitzungszahl gemäß § 12 Absatz 3 und 4 der Richtlinie des Gemeinsamen Bundesausschusses über die Durchführung der Psychotherapie berechnungsfähig.

Die Gebührenordnungspositionen 35163 bis 35169 sind in der Systemischen Therapie auch bei Durchführung der Leistungen im Mehrpersonensetting berechnungsfähig.

Abrechnungsausschluss in derselben Sitzung 01205, 01207, 01210, 01212, 01214, 01216, 01218, 03230, 04230, 04231, 04355, 04356, 04430, 14220 bis 14222, 14310, 14311, 16220, 16230 bis 16233, 21216, 21220, 21221, 21230 bis 21233, 22213, 22220 bis 22222, 23220, 30702, 35100, 35110 bis 35113, 35120, 35151 und 35152 und Abschnitt 35.2. im Behandlungsfall 03040, 03220, 03221, 04040, 04220 und 04221

Abrechnungsbestimmung je vollendete 100 Minuten, je Teilnehmer

35163	Probatorische Sitzung mit 3 Teilnehmern	**704**
	Berichtspflicht Nein	84,01

Aufwand in Min.   **Kalkulationszeit:** 38   **Prüfzeit:** 38   **Eignung d. Prüfzeit:** Tages- und Quartalsprofil

35164	Probatorische Sitzung mit 4 Teilnehmern	**594**
	Berichtspflicht Nein	70,89

Aufwand in Min.   **Kalkulationszeit:** 30   **Prüfzeit:** 30   **Eignung d. Prüfzeit:** Tages- und Quartalsprofil

35165	Probatorische Sitzung mit 5 Teilnehmern	**528**
	Berichtspflicht Nein	63,01

Aufwand in Min.   **Kalkulationszeit:** 25   **Prüfzeit:** 25   **Eignung d. Prüfzeit:** Tages- und Quartalsprofil

35166	Probatorische Sitzung mit 6 Teilnehmern	**483**
	Berichtspflicht Nein	57,64

Aufwand in Min.   **Kalkulationszeit:** 22   **Prüfzeit:** 22   **Eignung d. Prüfzeit:** Tages- und Quartalsprofil

35167	Probatorische Sitzung mit 7 Teilnehmern	**451**
	Berichtspflicht Nein	53,82

Aufwand in Min.   **Kalkulationszeit:** 19   **Prüfzeit:** 19   **Eignung d. Prüfzeit:** Tages- und Quartalsprofil

35168	Probatorische Sitzung mit 8 Teilnehmern	**428**
	Berichtspflicht Nein	51,08

Aufwand in Min.   **Kalkulationszeit:** 18   **Prüfzeit:** 18   **Eignung d. Prüfzeit:** Tages- und Quartalsprofil

35169 Probatorische Sitzung mit 9 Teilnehmern   **409**
Berichtspflicht Nein   48,81

Aufwand in Min. **Kalkulationszeit:** 16   **Prüfzeit:** 16   **Eignung d. Prüfzeit:** Tages- und Quartalsprofil

Kommentar: Der Bewertungsausschuß informiert u.a.:

1. Die Vergütung der Leistungen nach den Gebührenordnungspositionen 35163 bis 35169 für die in § 87b Abs. 2 Satz 4 SGB V genannten Arztgruppen erfolgt außerhalb der morbiditätsbedingten Gesamtvergütungen.

2. Die Vergütung der Leistungen nach den Gebührenordnungspositionen 35173 bis 35179 erfolgt außerhalb der morbiditätsbedingten Gesamtvergütungen

Weitere Infos unter: https://www.kbv.de/media/sp/EBM_2021-10-01_567_BA_BeeG_ Gruppentherapie.pdf

Nach KBV Informationen: Entgegen den Allgemeinen Bestimmungen 2.1 sind die Gebührenordnungspositionen 35163 bis 35169 auch bei einer Sitzung von weniger als 100 Minuten, aber mindestens 50 Minuten Dauer, berechnungsfähig. In diesem Fall ist durch die Kassenärztliche Vereinigung von der Punktzahl der jeweiligen Gebührenordnungsposition ein Abschlag in Höhe von 50 % vorzunehmen und die Prüfzeit um 50 % zu reduzieren.

Laut KBV sind Sitzungen mit weniger als 100 Minuten, aber mindestens 50 Minuten Dauer, für die ein Abschlag von 50 % vorzunehmen ist, mit einem „H" hinter der Gebührenordnungsposition zu kennzeichnen. Bei Einbeziehung einer relevanten Bezugsperson erfolgt die Kennzeichnung in diesen Fällen mit einem „Z", beispielsweise 35166 H oder 35166 Z.

Nach § 11 Abs. 14 der Psychotherapievereinbarung (Anhang 1 BMV-Ä) (https://www.g-ba. de/richtlinien/20/) können Maßnahmen einer Gruppentherapie an einem Tag bis zu zweimal je 100 Minuten durchgeführt werden. Die EBM-Nrn. 35163 bis 35169 können somit zweimal pro Tag angesetzt werden, wenn die Behandlungszeiten von jeweils 100 Minuten in voneinander getrennten Sitzungen durchgeführt wurden.

Nach § 11 Abs. 14 der Psychotherapievereinbarung (Anhang 1 BMV-Ä) kann die Durchführung von probatorischen Sitzungen im Gruppensetting auch außerhalb der eigenen Praxisräume der Therapeuten in anderen geeigneten Räumlichkeiten erfolgen.

Probatorische Sitzungen im Gruppensetting können gemäß § 12 Abs. 4 der Psychotherapie-Richtlinie nur dann durchgeführt werden, wenn sich eine Gruppentherapie oder eine Kombinationsbehandlung aus Einzel- und Gruppentherapie anschließen soll.
- Mindestens eine probatorische Sitzung muss im Einzelsetting stattfinden.
- Mindestens zwei probatorische Sitzungen müssen im Einzelsetting stattfinden, wenn bei derselben Therapeutin oder demselben Therapeuten keine psychotherapeutische Sprechstunde mit insgesamt mindestens 50 Minuten Dauer durchgeführt wurde.

Gemäß § 21 Abs. 1 Satz 2 kann Gruppentherapie ab sechs Patientinnen oder Patienten gemeinsam durch **zwei Therapeutinnen oder Therapeuten** erbracht werden.

Die Patientinnen oder Patienten müssen den Therapeutinnen oder den Therapeuten fest zugeordnet sein (Bezugspatientinnen oder Bezugspatienten). In diesem Fall berechnet jede Therapeutin oder jeder Therapeut die Gebührenordnungsposition nach der Anzahl seiner Bezugspatienten.

Beispiel: In einer gruppentherapeutischen Sitzung werden insgesamt sieben Patienten im Rahmen der probatorischen Sitzungen behandelt. Davon sind drei Bezugspatienten Therapeut 1 zugeordnet, vier Bezugspatienten Therapeut 2. Therapeut 1 rechnet dann für seine Patienten die Gebührenordnungsposition 35163, Therapeut 2 die Gebührenordnungsposition 35164 ab.

Komplex für die Gruppenpsychotherapeutische Grundversorgung (Gruppenbehandlung)
Obligater Leistungsinhalt
- Gruppenpsychotherapeutische Grundversorgung gemäß § 11a der Richtlinie des Gemeinsamen Bundesausschusses über die Durchführung der Psychotherapie,
- Gruppenbehandlung,
- Dauer mindestens 100 Minuten,

35173–35179   Arztgruppenübergr. spezielle Gebührenordnungspositionen IV
35 Psychotherapie-Richtlinien
EBM-Nr.   EBM-Punkte/Euro

Fakultativer Leistungsinhalt
- Strukturierte Vermittlung und weitere Vertiefung von grundlegenden Inhalten der ambulanten Psychotherapie,
- Informationsvermittlung zu psychischen Störungen und Erarbeitung eines individuellen Krankheitsverständnisses sowie des individuellen Umgangs mit der Symptomatik,
- Vorbereitung einer ambulanten Psychotherapie nach § 15 der Richtlinie des Gemeinsamen Bundesausschusses über die Durchführung der Psychotherapie im Gruppensetting,

Anmerkung Entgegen den Allgemeinen Bestimmungen 2.1 sind die Gebührenordnungspositionen 35173 bis 35179 auch bei einer Sitzung von weniger als 100 Minuten, aber mindestens 50 Minuten Dauer, berechnungsfähig. In diesem Fall ist durch die Kassenärztliche Vereinigung von der Punktzahl der jeweiligen Gebührenordnungsposition ein Abschlag in Höhe von 50 % vorzunehmen und die Prüfzeit um 50 % zu reduzieren.
Die Gebührenordnungspositionen 35173 bis 35179 sind gemäß § 11a Abs. 3 der Psychotherapie-Richtlinie höchstens 4-mal im Krankheitsfall berechnungsfähig. Für den Fall der Einbeziehung von relevanten Bezugspersonen sind im Rahmen einer Kinder- und Jugendlichenpsychotherapie und bei Versicherten mit Vorliegen einer Intelligenzstörung (ICD-10-GM: F70-F79) die Gebührenordnungspositionen 35173 bis 35179 höchstens 5-mal im Krankheitsfall berechnungsfähig.
Die Gebührenordnungspositionen 35173 bis 35179 sind in der Systemischen Therapie auch bei Durchführung der Leistungen im Mehrpersonensetting berechnungsfähig.

Abrechnungsbestimmung je vollendete 100 Minuten, je Teilnehmer
Abrechnungsausschluss in derselben Sitzung 01205, 01207, 01210, 01212, 01214, 01216, 01218, 03230, 04230, 04231, 04355, 04356, 04430, 14220 bis 14222, 14310, 14311, 16220, 16230 bis 16233, 21216, 21220, 21221, 21230 bis 21233, 22213, 22220 bis 22222, 23220, 30702, 35100, 35110, 35140 bis 35142 und 35150 bis 35152
am Behandlungstag Kap. 35.2.
im Behandlungsfall 03040, 03220, 03221, 04040, 04220 und 04221

35173	Gruppenpsychotherapeutische Grundversorgung mit 3 Teilnehmern		**935** 111,58
	Berichtspflicht Nein		
Aufwand in Min.	**Kalkulationszeit:** 38 **Prüfzeit:** 38 **Eignung d. Prüfzeit:** Tages- und Quartalsprofil		

35174	Gruppenpsychotherapeutische Grundversorgung mit 4 Teilnehmern		**788** 94,04
	Berichtspflicht Nein		
Aufwand in Min.	**Kalkulationszeit:** 30 **Prüfzeit:** 30 **Eignung d. Prüfzeit:** Tages- und Quartalsprofil		

35175	Gruppenpsychotherapeutische Grundversorgung mit 5 Teilnehmern		**700** 83,54
	Berichtspflicht Nein		
Aufwand in Min.	**Kalkulationszeit:** 25 **Prüfzeit:** 25 **Eignung d. Prüfzeit:** Tages- und Quartalsprofil		

35176	Gruppenpsychotherapeutische Grundversorgung mit 6 Teilnehmern		**641** 76,50
	Berichtspflicht Nein		
Aufwand in Min.	**Kalkulationszeit:** 22 **Prüfzeit:** 22 **Eignung d. Prüfzeit:** Tages- und Quartalsprofil		

35177	Gruppenpsychotherapeutische Grundversorgung mit 7 Teilnehmern		**598** 71,36
	Berichtspflicht Nein		
Aufwand in Min.	**Kalkulationszeit:** 19 **Prüfzeit:** 19 **Eignung d. Prüfzeit:** Tages- und Quartalsprofil		

35178	Gruppenpsychotherapeutische Grundversorgung mit 8 Teilnehmern		**568** 67,78
	Berichtspflicht Nein		
Aufwand in Min.	**Kalkulationszeit:** 18 **Prüfzeit:** 18 **Eignung d. Prüfzeit:** Tages- und Quartalsprofil		

35179	Gruppenpsychotherapeutische Grundversorgung mit 9 Teilnehmern		**543** 64,80
	Berichtspflicht Nein		

Aufwand in Min. **Kalkulationszeit:** 16   **Prüfzeit:** 16   **Eignung d. Prüfzeit:** Tages- und Quartalsprofil

Kommentar: Laut Kassenärztlicher Bundesvereinigung sind Sitzungen mit weniger als 100 Minuten, aber mindestens 50 Minuten Dauer, für die ein Abschlag von 50 % vorzunehmen ist, mit einem „H" hinter der Gebührenordnungsposition zu kennzeichnen. Bei Einbeziehung einer relevanten Bezugsperson erfolgt die Kennzeichnung in diesen Fällen mit einem „Z", beispielsweise 35176 H oder 35176 Z.

Nach § 11 Abs. 14 der Psychotherapievereinbarung (Anhang 1 BMV-Ä) (https://www.g-ba. de/richtlinien/20/) können Maßnahmen einer Gruppentherapie an einem Tag bis zu zweimal je 100 Minuten durchgeführt werden. Die Gebührenordnungspositionen 35173 bis 35179 können somit zweimal pro Tag angesetzt werden, wenn die Behandlungszeiten von jeweils 100 Minuten in voneinander getrennten Sitzungen durchgeführt wurden.

Nach § 11 Abs. 14 der Psychotherapievereinbarung (Anhang 1 BMV-Ä) kann die Durchführung von gruppenpsychotherapeutischer Grundversorgung auch außerhalb der eigenen Praxisräume der Therapeutin oder des Therapeuten in anderen geeigneten Räumlichkeiten erfolgen.

Gemäß § 21 Abs. 1 Satz 2 kann Gruppentherapie ab sechs Patientinnen oder Patienten gemeinsam durch **zwei Therapeutinnen oder Therapeuten** erbracht werden.

Die Patientinnen oder Patienten müssen den Therapeutinnen oder den Therapeuten fest zugeordnet sein (Bezugspatientinnen oder Bezugspatienten). In diesem Fall berechnet jede Therapeutin oder jeder Therapeut die Gebührenordnungsposition nach der Anzahl seiner Bezugspatienten.

Wezel/Liebold gibt in seinem Kommentar folgendes Beispiel: ... „In einer gruppentherapeutischen Sitzung werden insgesamt sieben Patienten im Rahmen der gruppenpsychotherapeutischen Grundversorgung behandelt. Davon sind drei Bezugspatienten Therapeut 1 zugeordnet, vier Bezugspatienten Therapeut 2. Therapeut 1 rechnet dann für seine Patienten die Gebührenordnungsposition 35173, Therapeut 2 die Gebührenordnungsposition 35174 ab ..."

35.2 Antragspflichtige Leistungen

1. Die in dem Abschnitt 35.2 aufgeführten Gebührenordnungspositionen können ausschließlich von Vertragsärzten, bzw. -therapeuten, die über eine Genehmigung zur Ausführung und Abrechnung psychotherapeutischer Leistungen gemäß der Psychotherapie-Vereinbarung verfügen, berechnet werden.

2. Voraussetzung für die Berechnung der Gebührenordnungspositionen 35571 bis 35573 ist eine im Quartalszeitraum abgerechnete Gesamtpunktzahl der Gebührenordnungspositionen 30932, 30933, 35151, 35152, 35173 bis 35179, der Gebührenordnungspositionen der Abschnitte 35.2.1 und 35.2.2 und der Gebührenordnungsposition 37500 von mindestens 182.084 Punkten je Vertragsarzt bzw. -therapeut (Mindestpunktzahl) nach Nummer 1 der Präambel. Sofern bei einem Vertragsarzt bzw. -therapeuten kein voller Tätigkeitsumfang vorliegt, ist die Mindestpunktzahl mit dem Tätigkeitsumfang laut Zulassungs- bzw. Genehmigungsbescheid anteilig zu reduzieren.

3. Die Gebührenordnungspositionen 35571 bis 35573 sind berechnungsfähig, sobald im Abrechnungsquartal die abgerechnete Gesamtpunktzahl der Gebührenordnungspositionen 30932, 30933, 35151, 35152, 35173 bis 35179, der Gebührenordnungspositionen der Abschnitte 35.2.1 und 35.2.2 und der Gebührenordnungsposition 37500 das Punktzahlvolumen gemäß Nummer 2 überschreitet. Sofern die abgerechnete Gesamtpunktzahl der Gebührenordnungspositionen 30932, 30933, 35151, 35152, 35173 bis 35179, der Gebührenordnungspositionen der Abschnitte 35.2.1 und 35.2.2 und der Gebührenordnungsposition 37500 im Abrechnungsquartal das Doppelte der zu berücksichtigenden Mindestpunktzahlen gemäß Nummer 2 überschreitet, werden die Bewertungen der überschreitenden Gebührenordnungspositionen 35571 bis 35573 bis zu einer Maximalpunktzahl von 424.862 Punkten (voller Tätigkeitsumfang) bzw. 212.431 Punkten (hälftiger Tätigkeitsumfang) mit einem Faktor von 0,5 multipliziert. Sobald die abgerechnete Gesamtpunktzahl der Gebührenordnungspositionen 30932, 30933, 35151, 35152, 35173 bis 35179, der Gebührenordnungspositionen der Abschnitte 35.2.1 und 35.2.2 und der Gebührenordnungsposition 37500 die Maximalpunktzahl von 424.862 Punkten bei vollem Tätigkeitsumfang bzw. 212.431 Punkten bei hälftigem Tätigkeitsumfang überschreitet, sind die Gebührenordnungspositionen 35571 bis 35573 nicht mehr berechnungsfähig.

4. Die Regelung gemäß Nummer 3 wird wie folgt umgesetzt: Die Kassenärztliche Vereinigung setzt die Gebührenordnungspositionen 35571 bis 35573 im Quartal als Zuschläge zu allen abgerechneten Leistungen nach den Gebühren-

ordnungspositionen 30932, 30933, 35151, 35152, 35173 bis 35179, der Gebührenordnungspositionen der Abschnitte 35.2.1 und 35.2.2 und der Gebührenordnungsposition 37500 zu.

1. Sofern die im Abrechnungsquartal abgerechnete Gesamtpunktzahl der Gebührenordnungspositionen 30932, 30933, 35151, 35152, 35173 bis 35179, der Gebührenordnungspositionen der Abschnitte 35.2.1 und 35.2.2 und der Gebührenordnungsposition 37500 das Doppelte der zu berücksichtigenden Mindestpunktzahl gemäß Nummer 2 nicht überschreitet, ist die Bewertung der zugesetzten Gebührenordnungspositionen 35571 bis 35573 jeweils mit einer Quote zu multiplizieren, die sich aus der Differenz der abgerechneten Gesamtpunktzahl der Gebührenordnungspositionen 30932, 30933, 35151, 35152, 35173 bis 35179, der Gebührenordnungspositionen der Abschnitte 35.2.1 und 35.2.2 und der Gebührenordnungsposition 37500 des Vertragsarztes bzw. -therapeuten zur Mindestpunktzahl gemäß Nummer 2 im Verhältnis zur abgerechneten Gesamtpunktzahl der Gebührenordnungspositionen 30932, 30933, 35151, 35152, 35173 bis 35179, der Gebührenordnungspositionen der Abschnitte 35.2.1 und 35.2.2 und der Gebührenordnungsposition 37500 des Vertragsarztes bzw. -therapeuten ergibt und mindestens den Wert 0 annimmt.

2. Sofern die im Abrechnungsquartal abgerechnete Gesamtpunktzahl der Gebührenordnungspositionen 30932, 30933, 35151, 35152, 35173 bis 35179, der Gebührenordnungspositionen der Abschnitte 35.2.1 und 35.2.2 und der Gebührenordnungsposition 37500 das Doppelte der zu berücksichtigenden Mindestpunktzahl gemäß Nummer 2 überschreitet, ist die Bewertung der zugesetzten Gebührenordnungspositionen 35571 bis 35573 jeweils mit einer Quote zu multiplizieren, die sich aus der zu berücksichtigenden Mindestpunktzahl gemäß Nummer 2 zuzüglich dem 0,5-fachen der Differenz der abgerechneten Gesamtpunktzahl der Gebührenordnungspositionen 30932, 30933, 35151, 35152, 35173 bis 35179, der Gebührenordnungspositionen der Abschnitte 35.2.1 und 35.2.2 und der Gebührenordnungsposition 37500 – jedoch maximal 424.862 Punkte bei vollem Tätigkeitsumfang bzw. 212.431 Punkte bei hälftigem Tätigkeitsumfang – und des Doppelten der zu berücksichtigenden Mindestpunktzahl gemäß Nummer 2 im Verhältnis zur abgerechneten Gesamtpunktzahl der Gebührenordnungspositionen 30932, 30933, 35151, 35152, 35173 bis 35179, der Gebührenordnungspositionen der Abschnitte 35.2.1 und 35.2.2 und der Gebührenordnungsposition 37500 des Vertragsarztes bzw. -therapeuten ergibt und mindestens den Wert 0 annimmt.

5. Bei der Ermittlung der abgerechneten Gesamtpunktzahl gemäß den Nummern 2 und 3 sowie der Quote gemäß Nummer 4 sind die in einem Selektivvertrag abgerechneten Leistungen inhaltlich entsprechend der Abschnitte 35.2.1 und 35.2.2, der psychotherapeutischen Sprechstunde gemäß der Gebührenordnungsposition 35151, der psychotherapeutischen Akutbehandlung gemäß der Gebührenordnungsposition 35152 sowie der gruppenpsychotherapeutischen Grundversorgung gemäß den Gebührenordnungspositionen 35173 bis 35179, der Gebührenordnungspositionen 30932 und 30933 und der Gebührenordnungsposition 37500 auf Nachweis des Vertragsarztes bzw. -therapeuten zu berücksichtigen.

6. Die Gebührenordnungspositionen des Abschnitts 35.2.1, die Gebührenordnungspositionen 35503 bis 35508, 35513 bis 35518, 35523 bis 35528, 35533 bis 35538, 35543 bis 35548, 35553 bis 35558, 35703 bis 35708, 35713 bis 35718 und die Zuschläge nach den Gebührenordnungspositionen 35571, 35572, 35573, 35591 und 35593 bis 35598 sind auch bei Durchführung der Leistungen im Rahmen einer Videosprechstunde berechnungsfähig, wenn der Durchführung gemäß § 17 der Anlage 1 zum Bundesmantelvertrag-Ärzte (BMV-Ä) ein persönlicher Arzt-Patienten-Kontakt gemäß 4.3.1 der Allgemeinen Bestimmungen zur Eingangsdiagnostik, Indikationsstellung und Aufklärung vorausgegangen ist und die Voraussetzungen gemäß der Anlage 31b zum BMV-Ä erfüllt sind. Für die Durchführung der Videosprechstunde gelten die Regelungen des § 17 der Anlage 1 zum BMV-Ä. Die Durchführung als Videosprechstunde ist durch Angabe einer bundeseinheitlich kodierten Zusatzkennzeichnung zu dokumentieren.

7. Im Falle der gemeinsamen Durchführung von Gruppentherapie durch zwei Therapeuten mit ihnen jeweils fest zugeordneten Patienten (Bezugspatienten) gemäß § 21 Abs. 1 Nr. 2 der Psychotherapie-Richtlinie berechnet jeder Therapeut die Gebührenordnungsposition (letzte Ziffer) nach der Anzahl seiner jeweiligen Bezugspatienten.

8. Für Gruppenbehandlungen gemäß § 18 Abs. 6 der Psychotherapie-Vereinbarung, bei denen in derselben Sitzung bei verschiedenen Patienten entweder Gruppentherapie oder probatorische Sitzungen im Gruppensetting zeitgleich angewendet werden, sind alle Patienten zur Ermittlung der gesamten Gruppengröße mitzuzählen. Maßgeblich für die jeweilige Bewertung je Teilnehmer ist die gesamte Gruppengröße (bestehend aus Patienten, für die Gruppentherapie angewendet wird und Patienten in einer probatorischen Sitzung im Gruppensetting). Auf Basis dieser gesamten Gruppengröße mit insgesamt mindestens drei Patienten ist für Patienten mit einer probatorischen Sitzung im Gruppensetting eine Bewertung je Teilnehmer gemäß den Gebührenordnungspositionen 35163 bis 35169 und für Patienten mit einer antrags- und genehmigungspflichtigen Gruppentherapie eine Bewertung je Teilnehmer gemäß den entsprechenden Gebührenordnungspositionen aus Abschnitt 35.2.2 EBM heranzuziehen.

9. Im Falle der gemeinsamen Durchführung einer Gruppenbehandlung gemäß Nummer 8 durch zwei Therapeuten mit ihnen jeweils fest zugeordneten Patienten (Bezugspatienten) gemäß § 21 Abs. 1 Nr. 2 der Psychotherapie-

Richtlinie berechnet jeder Therapeut die Gebührenordnungsposition (letzte Ziffer) nach der Anzahl seiner jeweiligen Bezugspatienten.

Kommentar:

Die Erbringung und Abrechnung von Leistungen des Abschnitts 35.2 ist nur mit einer vorherigen Genehmigung der Kassenärztlichen Vereinigung nach der Vereinbarung über die Anwendung von Psychotherapie in der vertragsärztlichen Versorgung (Psychotherapie-Vereinbarung) (Anlage 1 zum Bundesmantelvertrag – Ärzte) möglich.

Strukturzuschlag: Die Nr. 2 bis 5 der Präambel treffen Regelungen zum sog. Strukturzuschlag. Psychotherapeutinnen und Psychotherapeuten erhalten die Strukturzuschläge zu ihren Leistungen, wenn sie im Quartal eine bestimmte Mindestpunktzahl von antrags- und genehmigungspflichtigen Leistungen, Psychotherapeutischen Sprechstunden, Akutbehandlungen und bestimmter neuropsychologischer Leistungen abrechnen. Damit soll gut ausgelasteten Praxen ermöglicht werden, eine Halbtagskraft zur Praxisorganisation zu beschäftigen (vgl. KBV https://www.kbv.de/html/26956.php, Stand: 01.12.2023). Hierbei hat sich der Bewertungsausschuss an dem bisherigen Verfahren zur Bewertung psychotherapeutischer Leistungen, wie sie vom Bundessozialgericht (BSG, Urt. v. 11.10.2017 Az.: B 6 KA 8/16 R über die Vergütung für die Jahre 2009 bis 2011 sowie Az.: B 6 KA 35/17 R über die Vergütung im Jahr 2013) bestätigt wurden, orientiert. Dem liegt der Gedanke der „Vollauslastungshypothese" zu Grunde:

a) Ein vollausgelasteter Arzt bzw. Therapeut erbringt im Jahr in 43 Wochen jeweils 36 Therapiestunden, d.h. 1.548 Therapiestunden pro Jahr bzw. 387 Therapiestunden pro Quartal. Die Therapiestunden beziehen sich auf die antrags- und genehmigungspflichtigen Leistungen des Abschnitts 35.2 EBM.

b) Ein vollausgelasteter Arzt bzw. Therapeut soll mit der Berechnung von antrags- und genehmigungspflichtigen Leistungen einen Ertrag (Vergleichsertrag) erzielen können, der dem von Fachärzten einer Vergleichsgruppe im unteren Einkommensbereich entspricht. Der Vergleichsbetrag wird ermittelt aus dem gewichteten Mittel der Erträge der einbezogenen Fachgruppen, wobei nicht prägende Leistungen unberücksichtigt bleiben.

c) Der für die Bestimmung der angemessenen Höhe der Vergütung notwendige Honorarumsatz ergibt sich aus der Addition des Vergleichsertrages und der Betriebsausgaben einer vollausgelasteten psychotherapeutischen Praxis einschließlich einer Halbtagskraft für die Praxisorganisation.

d) Zur Berechnung des Vergleichsertrages bzw. die Ermittlung der Betriebsausgaben einer vollausgelasteten psychotherapeutischen Praxis werden die zum Prüfungszeitraum vorliegenden aktuellen Kostenstrukturanalysen verwendet.

Gegen die o.g. Entscheidungen des BSG waren Verfassungsbeschwerden anhängig, über welche das BVerfG mit Urteil vom 20.03.2023 (Az.: 1 BvR 669/18, 1 BvR 732/18) entschieden hat. Hierzu zusammenfassend die redaktionellen Leitsätze in BeckRS 2023, 10731:

„1. Der Erweiterte Bewertungsausschuss nach § 87 Abs. 4 SGB V unterliegt als Normgeber denselben verfassungsrechtlichen Bindungen wie jedes andere zur Normsetzung befugte Gremium und verfügt grundsätzlich über einen weiten Gestaltungsspielraum; ein angehobener, sich stufenlos an Verhältnismäßigkeitserfordernissen orientierender Überprüfungsmaßstab ergibt sich aber, soweit ein Beschluss rückwirkend gilt.

2. Gegen den Strukturzuschlag im Rahmen der Vergütung psychotherapeutischer Leistungen als solchen, den der Erweiterte Bewertungsausschuss mit Beschluss vom 22. September 2015 rückwirkend ab dem 1. Januar 2012 einführte, bestehen keine grundsätzlichen verfassungsrechtlichen Bedenken; soweit er jedoch rückwirkend nach der Menge und der Art der erbrachten psychotherapeutischen Leistungen unterscheidet, genügt er den Anforderungen aus dem Grundsatz der Verhältnismäßigkeit nur in Bezug auf die Menge der erbrachten Leistungen, nicht jedoch in Bezug auf ihre Art."

35.2.1 Einzeltherapien

35401* Tiefenpsychologisch fundierte Psychotherapie (Kurzzeittherapie 1, Einzelbehandlung) **941**
112,30

Obligater Leistungsinhalt
* Tiefenpsychologisch fundierte Psychotherapie,
* Kurzzeittherapie 1 im Behandlungsumfang gemäß § 29 der Richtlinie des Gemeinsamen Bundesausschusses über die Durchführung der Psychotherapie,

- Einzelbehandlung,
- Höchstens 12 Sitzungen,

Fakultativer Leistungsinhalt
- Unterteilung in 2 Einheiten von jeweils mindestens 25 Minuten Dauer,
- Als Doppelsitzung bei zweimaligem Ansatz der Gebührenordnungsposition 35401 gemäß § 28 Abs. 4 der Richtlinie des Gemeinsamen Bundesausschusses über die Durchführung der Psychotherapie und § 11 Abs. 14 der Psychotherapie-Vereinbarung,

Abrechnungsbestimmung je vollendete 50 Minuten

Abrechnungsausschluss
am Behandlungstag 35151, 35152 und 35173 bis 35179
im Behandlungsfall 03040, 03220, 03221, 04040, 04220, 04221
in derselben Sitzung 01205, 01207, 01210, 01212, 01214, 01216, 01218, 03230, 04230, 04231, 04355, 04356, 04430, 14220, 14221, 14222, 14310, 14311, 16220, 16230, 16231, 16232, 16233, 21216, 21220, 21221, 21230, 21231, 21233, 22213, 22220, 22221, 22222, 23220, 30702, 35100, 35110, 35140, 35150, 35163 bis 35169

Berichtspflicht Nein

Aufwand in Min.   **Kalkulationszeit:** 60   **Prüfzeit:** 70   **Eignung d. Prüfzeit:** Tages- und Quartalsprofil

Kommentar: Kurz- und Langzeittherapien sind antragspflichtig.

Einem Antrag vorausgehen müssen:
Mindestens eine probatorische Sitzung und die Vereinbarung eines Termins für eine zweite probatorische Sitzung.

Anträge auf Kurzzeittherapie sind nicht gutachterpflichtig, aber die zuständige Krankenkasse kann eine Kurzzeittherapie auch einem Gutachter zur Prüfung übergeben.

Weitere Informationen siehe unter: https://www.kbv.de/media/sp/01_Psychotherapie_ Aerzte.pdf

35402*   Tiefenpsychologisch fundierte Psychotherapie (Kurzzeittherapie 2, Einzelbehandlung)   **941**
              Obligater Leistungsinhalt   112,30
- Tiefenpsychologisch fundierte Psychotherapie,
- Kurzzeittherapie 2 im Behandlungsumfang gemäß § 29 der Richtlinie des Gemeinsamen Bundesausschusses über die Durchführung der Psychotherapie,
- Einzelbehandlung,
- Höchstens 12 Sitzungen,

Fakultativer Leistungsinhalt
- Unterteilung in 2 Einheiten von jeweils mindestens 25 Minuten Dauer,
- Als Doppelsitzung bei zweimaligem Ansatz der Gebührenordnungsposition 35402 gemäß § 28 Abs. 4 der Richtlinie des Gemeinsamen Bundesausschusses über die Durchführung der Psychotherapie und § 11 Abs. 14 der Psychotherapie-Vereinbarung,

Abrechnungsbestimmung je vollendete 50 Minuten

Abrechnungsausschluss
am Behandlungstag 35151, 35152 und 35173 bis 35179
im Behandlungsfall 03040, 03220, 03221, 04040, 04220, 04221
in derselben Sitzung 01205, 01207, 01210, 01212, 01214, 01216, 01218, 03230, 04230, 04231, 04355, 04356, 04430, 14220, 14221, 14222, 14310, 14311, 16220, 16230, 16231, 16232, 16233, 21216, 21220, 21221, 21230, 21231, 21233, 22213, 22220, 22221, 22222, 23220, 30702, 35100, 35110, 35140, 35150, 35163 bis 35169

Berichtspflicht Nein

Aufwand in Min.   **Kalkulationszeit:** 60   **Prüfzeit:** 70   **Eignung d. Prüfzeit:** Tages- und Quartalsprofil

35405*   Tiefenpsychologisch fundierte Psychotherapie (Langzeittherapie, Einzelbehandlung)   **941**
              Obligater Leistungsinhalt   112,30
- Tiefenpsychologisch fundierte Psychotherapie,
- Langzeittherapie im Behandlungsumfang gemäß § 30 der Richtlinie des Gemeinsamen Bundesausschusses über die Durchführung der Psychotherapie,
- Einzelbehandlung,

Fakultativer Leistungsinhalt
- Als Doppelsitzung bei zweimaligem Ansatz der Gebührenordnungsposition 35405 gemäß § 28 Abs. 4 der Richtlinie des Gemeinsamen Bundesausschusses über die Durchführung der Psychotherapie und § 11 Abs. 14 der Psychotherapie-Vereinbarung,

Abrechnungsbestimmung je vollendete 50 Minuten

Abrechnungsausschluss
am Behandlungstag 35151, 35152 und 35173 bis 35179
im Behandlungsfall 03040, 03220, 03221, 04040, 04220, 04221
in derselben Sitzung 01205, 01207, 01210, 01212, 01214, 01216, 01218, 03230, 04230, 04231, 04355, 04356, 04430, 14220, 14221, 14222, 14310, 14311, 16220, 16230, 16231, 16232, 16233, 21216, 21220, 21221, 21230, 21231, 21233, 22213, 22220, 22221, 22222, 23220, 30702, 35100, 35110, 35140, 35150, 35163 bis 35169

Berichtspflicht Nein

Aufwand in Min.   **Kalkulationszeit:** 60   **Prüfzeit:** 70   **Eignung d. Prüfzeit:** Tages- und Quartalsprofil

Kommentar: Sitzungen innerhalb einer beantragten Langzeittherapie können bei einer Behandlungsdauer von mehr als 40 Stunden maximal 8 und bei einer Behandlungsdauer von mehr als 60 oder mehr Stunden maximal 16 Stunden für eine Rezidivprophylaxe nach der auf dem Formular PTV 12 gemeldeten Beendigung der Psychotherapie verwendet werden.

Siehe Psychotherapie-Richtlinien des G-BA Stand 18. Februar 2021
https://www.g-ba.de/downloads/62-492-2400/PT-RL_2020-11-20_iK-2021-02-18.pdf.
Bei Kindern und Jugendlichen können
- bei einer Behandlungsdauer von mehr als 40 Stunden maximal 10 und
- bei einer Behandlungsdauer von mehr als 60 Stunden maximal 20 Stunden für die Rezidivprophylaxe genutzt werden,

sofern Bezugspersonen in die Behandlung einbezogen werden.

Bestandteil des bewilligten Gesamtkontingents sind die Stunden der Rezidivprophylaxe und diese können bis maximal zwei Jahre nach Beendigung der Langzeittherapie in Anspruch genommen werden.

Nach Festsetzung der KBV sind
- Rezidivprophylaxe- Sitzungen mit einem **R,**
- im Falle der Einbeziehung einer relevanten Bezugsperson mit einem **U,**

hinter der EBM Nr. zu kennzeichnen, z.B. Nr. 35405R oder 35405U.

Hinweis: Siehe die FORMULARE IN DER AMBULANTEN PSYCHO- THERAPEUTISCHEN VERSORGUNG unter https://www.kbv.de/media/sp/PTV_Ausfuellhilfen_gesamt_7_2020_.pdf

35411*   Analytische Psychotherapie (Kurzzeittherapie 1, Einzelbehandlung)   **941**
112,30

Obligater Leistungsinhalt
- Analytische Psychotherapie,
- Kurzzeittherapie 1 im Behandlungsumfang gemäß § 29 der Richtlinie des Gemeinsamen Bundesausschusses über die Durchführung der Psychotherapie,
- Einzelbehandlung,
- Höchstens 12 Sitzungen,

Fakultativer Leistungsinhalt
- Als Doppelsitzung bei zweimaligem Ansatz der Gebührenordnungsposition 35411 gemäß § 28 Abs. 4 der Richtlinie des Gemeinsamen Bundesausschusses über die Durchführung der Psychotherapie und § 11 Abs. 14 der Psychotherapie-Vereinbarung,

Abrechnungsbestimmung je vollendete 50 Minuten

Abrechnungsausschluss
am Behandlungstag 35151, 35152 und 35173 bis 35179
im Behandlungsfall 03040, 03220, 03221, 04040, 04220, 04221
in derselben Sitzung 01205, 01207, 01210, 01212, 01214, 01216, 01218, 03230, 04230, 04231, 04355, 04356, 04430, 14220, 14221, 14222, 14310, 14311, 16220, 16230, 16231, 16232, 16233, 21216, 21220, 21221, 21230, 21231, 21233, 22213, 22220, 22221, 22222, 23220, 30702, 35100, 35110, 35140, 35150, 35163 bis 35169

Berichtspflicht Nein

Aufwand in Min. **Kalkulationszeit:** 60 **Prüfzeit:** 70 **Eignung d. Prüfzeit:** Tages- und Quartalsprofil

35412* Analytische Psychotherapie (Kurzzeittherapie 2, Einzelbehandlung) **941**
112,30

Obligater Leistungsinhalt
- Analytische Psychotherapie,
- Kurzzeittherapie 2 im Behandlungsumfang gemäß § 29 der Richtlinie des Gemeinsamen Bundesausschusses über die Durchführung der Psychotherapie,
- Einzelbehandlung,
- Höchstens 12 Sitzungen,

Fakultativer Leistungsinhalt
- Als Doppelsitzung bei zweimaligem Ansatz der Gebührenordnungsposition 35412 gemäß § 28 Abs. 4 der Richtlinie des Gemeinsamen Bundesausschusses über die Durchführung der Psychotherapie und § 11 Abs. 14 der Psychotherapie- Vereinbarung,

Abrechnungsbestimmung je vollendete 50 Minuten

Abrechnungsausschluss
am Behandlungstag 35151, 35152 und 35173 bis 35179
im Behandlungsfall 03040, 03220, 03221, 04040, 04220, 04221
in derselben Sitzung 01205, 01207, 01210, 01212, 01214, 01216, 01218, 03230, 04230, 04231, 04355, 04356, 04430, 14220, 14221, 14222, 14310, 14311, 16220, 16230, 16231, 16232, 16233, 21216, 21220, 21221, 21230, 21231, 21233, 22213, 22220, 22221, 22222, 23220, 30702, 35100, 35110, 35140, 35150, 35163 bis 35169

Berichtspflicht Nein

Aufwand in Min. **Kalkulationszeit:** 60 **Prüfzeit:** 70 **Eignung d. Prüfzeit:** Tages- und Quartalsprofil

35415* Analytische Psychotherapie (Langzeittherapie, Einzelbehandlung) **941**
112,30

Obligater Leistungsinhalt
- Analytische Psychotherapie,
- Langzeittherapie im Behandlungsumfang gemäß § 29 der Richtlinie des Gemeinsamen Bundesausschusses über die Durchführung der Psychotherapie,
- Einzelbehandlung,

Fakultativer Leistungsinhalt
- Als Doppelsitzung bei zweimaligem Ansatz der Gebührenordnungsposition 35415 gemäß § 28 Abs. 4 der Richtlinie des Gemeinsamen Bundesausschusses über die Durchführung der Psychotherapie und § 11 Abs. 14 der Psychotherapie-Vereinbarung,

Abrechnungsbestimmung je vollendete 50 Minuten

Abrechnungsausschluss
am Behandlungstag 35151, 35152 und 35173 bis 35179
im Behandlungsfall 03040, 03220, 03221, 04040, 04220, 04221
in derselben Sitzung 01205, 01207, 01210, 01212, 01214, 01216, 01218, 03230, 04230, 04231, 04355, 04356, 04430, 14220, 14221, 14222, 14310, 14311, 16220, 16230, 16231, 16232, 16233, 21216, 21220, 21221, 21230, 21231, 21233, 22213, 22220, 22221, 22222, 23220, 30702, 35100, 35110, 35140, 35150, 35163 bis 35169

Berichtspflicht Nein

Aufwand in Min. **Kalkulationszeit:** 60 **Prüfzeit:** 70 **Eignung d. Prüfzeit:** Tages- und Quartalsprofil

Kommentar: Siehe Kommentar zur EBM Nr. 35405.

35421* Verhaltenstherapie (Kurzzeittherapie 1, Einzelbehandlung) **941**
112,30

Obligater Leistungsinhalt
- Verhaltenstherapie,
- Kurzzeittherapie 1 im Behandlungsumfang gemäß § 29 der Richtlinie des Gemeinsamen Bundesausschusses über die Durchführung der Psychotherapie,
- Einzelbehandlung,
- Höchstens 12 Sitzungen,

Fakultativer Leistungsinhalt
- Unterteilung in 2 Einheiten von jeweils mindestens 25 MinutenDauer,
- Als Doppelsitzung bei zweimaligem Ansatz der Gebührenordnungsposition 35421 gemäß § 28 Abs. 4 und 6 der Richtlinie des Gemeinsamen Bundesausschusses über die Durchführung der Psychotherapie und § 11 Abs. 14 der Psychotherapie-Vereinbarung,
- Bei der Expositionsbehandlung auch als Mehrfachsitzung bei drei- oder viermaligem Ansatz der Gebührenordnungsposition 35421,

Abrechnungsbestimmung je vollendete 50 Minuten

Abrechnungsausschluss
am Behandlungstag 35151, 35152 und 35173 bis 35179
im Behandlungsfall 03040, 03220, 03221, 04040, 04220, 04221
in derselben Sitzung 01205, 01207, 01210, 01212, 01214, 01216, 01218, 03230, 04230, 04231, 04355, 04356, 04430, 14220, 14221, 14222, 14310, 14311, 16220, 16230, 16231, 16232, 16233, 21216, 21220, 21221, 21230, 21231, 21233, 22213, 22220, 22221, 22222, 23220, 30702, 35100, 35110, 35140, 35150, 35163 bis 35169

Berichtspflicht Nein

Aufwand in Min. **Kalkulationszeit:** 60 **Prüfzeit:** 70 **Eignung d. Prüfzeit:** Tages- und Quartalsprofil

35422* Verhaltenstherapie (Kurzzeittherapie 2, Einzelbehandlung) **941**
112,30
Obligater Leistungsinhalt
- Verhaltenstherapie,
- Kurzzeittherapie 2 im Behandlungsumfang gemäß § 29 der Richtlinie des Gemeinsamen Bundesausschusses über die Durchführung der Psychotherapie,
- Einzelbehandlung,
- Höchstens 12 Sitzungen,

Fakultativer Leistungsinhalt
- Unterteilung in 2 Einheiten von jeweils mindestens 25 Minuten Dauer,
- Als Doppelsitzung bei zweimaligem Ansatz der Gebührenordnungsposition 35422 gemäß § 28 Abs. 4 und 6 der Richtlinie des Gemeinsamen Bundesausschusses über die Durchführung der Psychotherapie und § 11 Abs. 14 der Psychotherapie-Vereinbarung,
- Bei der Expositionsbehandlung auch als Mehrfachsitzung bei drei- oder viermaligem Ansatz der Gebührenordnungsposition 35422,

Abrechnungsbestimmung je vollendete 50 Minuten

Abrechnungsausschluss
am Behandlungstag 35151, 35152 und 35173 bis 35179
im Behandlungsfall 03040, 03220, 03221, 04040, 04220, 04221
in derselben Sitzung 01205, 01207, 01210, 01212, 01214, 01216, 01218, 03230, 04230, 04231, 04355, 04356, 04430, 14220, 14221, 14222, 14310, 14311, 16220, 16230, 16231, 16232, 16233, 21216, 21220, 21221, 21230, 21231, 21233, 22213, 22220, 22221, 22222, 23220, 30702, 35100, 35110, 35140, 35150, 35163 bis 35169

Berichtspflicht Nein

Aufwand in Min. **Kalkulationszeit:** 60 **Prüfzeit:** 70 **Eignung d. Prüfzeit:** Tages- und Quartalsprofil

35425* Verhaltenstherapie (Langzeittherapie, Einzelbehandlung) **941**
112,30
Obligater Leistungsinhalt
- Verhaltenstherapie,
- Langzeittherapie im Behandlungsumfang gemäß § 30 der Richtlinie des Gemeinsamen Bundesausschusses über die Durchführung der Psychotherapie,
- Einzelbehandlung,

Fakultativer Leistungsinhalt
- Unterteilung in 2 Einheiten von jeweils mindestens 25 Minuten Dauer,
- Als Doppelsitzung bei zweimaligem Ansatz der Gebührenordnungsposition 35425 gemäß § 28 Abs. 4 und 6 der Richtlinie des Gemeinsamen Bundesausschusses über die Durchführung der Psychotherapie und § 11 Abs. 14 der Psychotherapie-Vereinbarung,

- Bei der Expositionsbehandlung auch als Mehrfachsitzung bei drei- oder viermaligem Ansatz der Gebührenordnungsposition 35425,

Abrechnungsbestimmung je vollendete 50 Minuten

Abrechnungsausschluss
am Behandlungstag 35151, 35152 und 35173 bis 35179
im Behandlungsfall 03040, 03220, 03221, 04040, 04220, 04221
in derselben Sitzung 01205, 01207, 01210, 01212, 01214, 01216, 01218, 03230, 04230, 04231, 04355, 04356, 04430, 14220, 14221, 14222, 14310, 14311, 16220, 16230, 16231, 16232, 16233, 21216, 21220, 21221, 21230, 21231, 21233, 22213, 22220, 22221, 22222, 23220, 30702, 35100, 35110, 35140, 35150, 35163 bis 35169

Berichtspflicht Nein

Aufwand in Min. **Kalkulationszeit:** 60   **Prüfzeit:** 70   **Eignung d. Prüfzeit:** Tages- und Quartalsprofil

Kommentar: Siehe Kommentar zur EBM Nr. 35405.

35431* Systemische Therapie (Kurzzeittherapie 1, Einzelbehandlung) 941
112,30
Obligater Leistungsinhalt
- Systemische Therapie,
- Kurzzeittherapie 1 im Behandlungsumfang gemäß § 29 der Richtlinie des Gemeinsamen Bundesausschusses über die Durchführung der Psychotherapie,
- Einzelbehandlung,
- Höchstens 12 Sitzungen,

Fakultativer Leistungsinhalt
- Unterteilung in 2 Einheiten von jeweils mindestens 25 Minuten Dauer,
- Als Doppelsitzung bei zweimaligem Ansatz der Gebührenordnungsposition 35431 gemäß § 28 Abs. 4 und 6 der Richtlinie des Gemeinsamen Bundesausschusses über die Durchführung der Psychotherapie und § 11 Abs. 14 der Psychotherapie- Vereinbarung,

Abrechnungsbestimmung je vollendete 50 Minuten

Anmerkung Die Gebührenordnungsposition 35431 ist auch bei Durchführung der Leistung im Mehrpersonensetting berechnungsfähig. In diesem Fall ist eine Unterteilung in zwei Einheiten von jeweils mindestens 25 Minuten Dauer nicht möglich.

Abrechnungsausschluss
am Behandlungstag 35151, 35152 und 35173 bis 35179
im Behandlungsfall 03040, 03220, 03221, 04040, 04220, 04221
in derselben Sitzung 01205, 01207, 01210, 01212, 01214, 01216, 01218, 03230, 04230, 04231, 04355, 04356, 04430, 14220, 14221, 14222, 14310, 14311, 16220, 16230, 16231, 16232, 16233, 21216, 21220, 21221, 21230, 21231, 21233, 22213, 22220, 22221, 22222, 23220, 30702, 35100, 35110, 35140, 35150, 35163 bis 35169

Aufwand in Min. **Kalkulationszeit:** 60   **Prüfzeit:** 70   **Eignung d. Prüfzeit:** Tages- und Quartalsprofil

35432* Systemische Therapie (Kurzzeittherapie 2, Einzelbehandlung) 941
112,30
Obligater Leistungsinhalt
- Systemische Therapie,
- Kurzzeittherapie 2 im Behandlungsumfang gemäß § 29 der Richtlinie des Gemeinsamen Bundesausschusses über die Durchführung der Psychotherapie,
- Einzelbehandlung,
- Höchstens 12 Sitzungen,

Fakultativer Leistungsinhalt
- Unterteilung in 2 Einheiten von jeweils mindestens 25 Minuten Dauer,
- Als Doppelsitzung bei zweimaligem Ansatz der Gebührenordnungsposition 35432 gemäß § 28 Abs. 4 und 6 der Richtlinie des Gemeinsamen Bundesausschusses über die Durchführung der Psychotherapie und § 11 Abs. 14 der Psychotherapie- Vereinbarung,

Abrechnungsbestimmung je vollendete 50 Minuten

Anmerkung Die Gebührenordnungsposition 35432 ist auch bei Durchführung der Leistung im Mehrpersonensetting berechnungsfähig. In diesem Fall ist eine Unterteilung in zwei Einheiten von jeweils mindestens 25 Minuten Dauer nicht möglich.

Abrechnungsausschluss
am Behandlungstag 35151, 35152 und 35173 bis 35179
im Behandlungsfall 03040, 03220, 03221, 04040, 04220, 04221
in derselben Sitzung 01205, 01207, 01210, 01212, 01214, 01216, 01218, 03230, 04230,
04231, 04355, 04356, 04430, 14220, 14221, 14222, 14310, 14311, 16220, 16230,
16231, 16232, 16233, 21216, 21220, 21221, 21230, 21231, 21233, 22213, 22220,
22221, 22222, 23220, 30702, 35100, 35110, 35140, 35150, 35163 bis 35169

Aufwand in Min. **Kalkulationszeit:** 60   **Prüfzeit:** 70   **Eignung d. Prüfzeit:** Tages- und Quartalsprofil

35435* Systemische Therapie (Langzeittherapie, Einzelbehandlung)   **941**
Obligater Leistungsinhalt   112,30
* Systemische Therapie,
* Langzeittherapie im Behandlungsumfang gemäß § 30 der Richtlinie des Gemeinsamen
  Bundesausschusses über die Durchführung der Psychotherapie,
* Einzelbehandlung,

Fakultativer Leistungsinhalt
* Unterteilung in 2 Einheiten von jeweils mindestens 25 Minuten Dauer,
* Als Doppelsitzung bei zweimaligem Ansatz der Gebührenordnungsposition 35435
  gemäß § 28 Abs. 4 und 6 der Richtlinie des Gemeinsamen Bundesausschusses über die
  Durchführung der Psychotherapie und § 11 Abs. 14 der Psychotherapie- Vereinbarung,

Abrechnungsbestimmung je vollendete 50 Minuten

Anmerkung Die Gebührenordnungsposition 35432 ist auch bei Durchführung der
Leistung im Mehrpersonensetting berechnungsfähig. In diesem Fall ist eine Unterteilung
in zwei Einheiten von jeweils mindestens 25 Minuten Dauer nicht möglich.

Abrechnungsausschluss
am Behandlungstag 35151, 35152 und 35173 bis 35179
im Behandlungsfall 03040, 03220, 03221, 04040, 04220, 04221
in derselben Sitzung 01205, 01207, 01210, 01212, 01214, 01216, 01218, 03230, 04230,
04231, 04355, 04356, 04430, 14220, 14221, 14222, 14310, 14311, 16220, 16230,
16231, 16232, 16233, 21216, 21220, 21221, 21230, 21231, 21233, 22213, 22220,
22221, 22222, 23220, 30702, 35100, 35110, 35140, 35150, 35163 bis 35169

Aufwand in Min. **Kalkulationszeit:** 60   **Prüfzeit:** 70   **Eignung d. Prüfzeit:** Tages- und Quartalsprofil

35.2.2 Gruppentherapien

Komplex für Gruppentherapien (Tiefenpsychologische Therapie, Kurzzeittherapie)
Obligater Leistungsinhalt
* Tiefenpsychologisch fundierte Psychotherapie,
* Kurzzeittherapie 1 im Behandlungsumfang gemäß § 29 der Richtlinie des Gemeinsamen
  Bundesausschusses über die Durchführung der Psychotherapie oder
* Kurzzeittherapie 2 im Behandlungsumfang gemäß § 29 der Richtlinie des Gemeinsamen
  Bundesausschusses über die Durchführung der Psychotherapie,
* Gruppenbehandlung,
* Höchstens 24 Sitzungen,
* Dauer mindestens 100 Minuten,
* Höchstens 2 Sitzungen am Behandlungstag,

je Teilnehmer
35503 Tiefenpsychologische Psychotherapie (KZT) mit 3 TN   935 Punkte   111,58 Euro
Aufwand in Min. **Kalkulationszeit:** 38   **Prüfzeit:** 38   **Eignung d. Prüfzeit:** Tages- und Quartalsprofil
35504 Tiefenpsychologische Psychotherapie (KZT) mit 4 TN   788 Punkte   94,04 Euro
Aufwand in Min. **Kalkulationszeit:** 30   **Prüfzeit:** 30   **Eignung d. Prüfzeit:** Tages- und Quartalsprofil
35505 Tiefenpsychologische Psychotherapie (KZT) mit 5 TN   700 Punkte   83,54 Euro
Aufwand in Min. **Kalkulationszeit:** 25   **Prüfzeit:** 25   **Eignung d. Prüfzeit:** Tages- und Quartalsprofil
35506 Tiefenpsychologische Psychotherapie (KZT) mit 6 TN   641 Punkte   76,50 Euro
Aufwand in Min. **Kalkulationszeit:** 22   **Prüfzeit:** 22   **Eignung d. Prüfzeit:** Tages- und Quartalsprofil

35507 Tiefenpsychologische Psychotherapie (KZT) mit 7 TN 598 Punkte 71,36 Euro

Aufwand in Min. **Kalkulationszeit:** 19 **Prüfzeit:** 19 **Eignung d. Prüfzeit:** Tages- und Quartalsprofil

35508 Tiefenpsychologische Psychotherapie (KZT) mit 8 TN 568 Punkte 67,78 Euro

Aufwand in Min. **Kalkulationszeit:** 18 **Prüfzeit:** 18 **Eignung d. Prüfzeit:** Tages- und Quartalsprofil

35509 Tiefenpsychologische Psychotherapie (KZT) mit 9 TN 543 Punkte 64,80 Euro

Aufwand in Min. **Kalkulationszeit:** 16 **Prüfzeit:** 16 **Eignung d. Prüfzeit:** Tages- und Quartalsprofil

Abrechnungsausschluss am Behandlungtag 35151, 35152 und 35173 bis 35179
im Behandlungsfall 03040, 03220, 03221, 04040, 04220, 04221
in derselben Sitzung 01205, 01207, 01210, 01212, 01214, 01216, 01218, 03230, 04230, 04231, 04355, 04356, 04430, 14220, 14221, 14222, 14310, 14311, 16220, 16230, 16231, 16232, 16233, 21216, 21220, 21221, 21230, 21231, 21233, 22213, 22220, 22221, 22222, 23220, 30702, 35100, 35110, 35111, 35112, 35113, 35120, 35140, 35150, 35163 bis 35169

Komplex für Gruppentherapie (Tiefenpsychologische Therapie, Langzeittherapie)

Obligater Leistungsinhalt
- Tiefenpsychologisch fundierte Psychotherapie,
- Langzeittherapie im Behandlungsumfang gemäß § 30 der Richtlinie des Gemeinsamen Bundesausschusses über die Durchführung der Psychotherapie,
- Gruppenbehandlung,
- Dauer mindestens 100 Minuten,
- Höchstens 2 Sitzungen am Behandlungstag,
je Teilnehmer

Abrechnungsbestimmungen

je Teilnehmer

35513 Tiefenpsychologische Psychotherapie (LZT) mit 3 TN 935 Punkte 111,58 Euro

Aufwand in Min. **Kalkulationszeit:** 38 **Prüfzeit:** 38 **Eignung d. Prüfzeit:** Tages- und Quartalsprofil

35514 Tiefenpsychologische Psychotherapie (LZT) mit 4 TN 788 Punkte 94,04 Euro

Aufwand in Min. **Kalkulationszeit:** 30 **Prüfzeit:** 30 **Eignung d. Prüfzeit:** Tages- und Quartalsprofil

35515 Tiefenpsychologische Psychotherapie (LZT) mit 5 TN 700 Punkte 83,54 Euro

Aufwand in Min. **Kalkulationszeit:** 25 **Prüfzeit:** 25 **Eignung d. Prüfzeit:** Tages- und Quartalsprofil

35516 Tiefenpsychologische Psychotherapie (LZT) mit 6 TN 641 Punkte 76,50 Euro

Aufwand in Min. **Kalkulationszeit:** 22 **Prüfzeit:** 22 **Eignung d. Prüfzeit:** Tages- und Quartalsprofil

35517 Tiefenpsychologische Psychotherapie (LZT) mit 7 TN 598 Punkte 71,36 Euro

Aufwand in Min. **Kalkulationszeit:** 19 **Prüfzeit:** 19 **Eignung d. Prüfzeit:** Tages- und Quartalsprofil

35518 Tiefenpsychologische Psychotherapie (LZT) mit 8 TN 568 Punkte 67,78 Euro

Aufwand in Min. **Kalkulationszeit:** 18 **Prüfzeit:** 18 **Eignung d. Prüfzeit:** Tages- und Quartalsprofil

35519 Tiefenpsychologische Psychotherapie (LZT) mit 9 TN 543 Punkte 64,80 Euro

Aufwand in Min. **Kalkulationszeit:** 16 **Prüfzeit:** 16 **Eignung d. Prüfzeit:** Tages- und Quartalsprofil

Abrechnungsausschluss am Behandlungstag 35151, 35152 und 35173 bis 35179
im Behandlungsfall 03040, 03220, 03221, 04040, 04220, 04221
in derselben Sitzung 01205, 01207, 01210, 01212, 01214, 01216, 01218, 03230, 04230, 04231, 04355, 04356, 04430, 14220, 14221, 14222, 14310, 14311, 16220, 16230, 16231, 16232, 16233, 21216, 21220, 21221, 21230, 21231, 21233, 22213, 22220, 22221, 22222, 23220, 30702, 35100, 35110, 35111, 35112, 35113, 35120, 35140, 35150, 35163 bis 35169

Komplex für Gruppentherapie (Analytische Therapie, Kurzzeittherapie)

Obligater Leistungsinhalt
- Analytische Psychotherapie,
- Kurzzeittherapie 1 im Behandlungsumfang gemäß § 29 der Richtlinie des Gemeinsamen Bundesausschusses über die Durchführung der Psychotherapie oder
- Kurzzeittherapie 2 im Behandlungsumfang gemäß § 29 der Richtlinie des Gemeinsamen Bundesausschusses über die Durchführung der Psychotherapie,

- Gruppenbehandlung,
- Höchstens 24 Sitzungen,
- Dauer mindestens 100 Minuten,
- Höchstens 2 Sitzungen am Behandlungstag,

Abrechnungsbestimmung für die EBM Nrn. 35523 bis 35529

je Teilnehmer

35523 Analytische Psychotherapie (KZT) mit 3 TN   935 Punkte   111,58 Euro

Aufwand in Min.   **Kalkulationszeit:** 38   **Prüfzeit:** 38   **Eignung d. Prüfzeit:** Tages- und Quartalsprofil

35524 Analytische Psychotherapie (KZT) mit 4 TN   788 Punkte   94,04 Euro

Aufwand in Min.   **Kalkulationszeit:** 30   **Prüfzeit:** 30   **Eignung d. Prüfzeit:** Tages- und Quartalsprofil

35525 Analytische Psychotherapie (KZT) mit 5 TN   700 Punkte   83,54 Euro

Aufwand in Min.   **Kalkulationszeit:** 25   **Prüfzeit:** 25   **Eignung d. Prüfzeit:** Tages- und Quartalsprofil

35526 Analytische Psychotherapie (KZT) mit 6 TN   641 Punkte   76,50 Euro

Aufwand in Min.   **Kalkulationszeit:** 22   **Prüfzeit:** 22   **Eignung d. Prüfzeit:** Tages- und Quartalsprofil

35527 Analytische Psychotherapie (KZT) mit 7 TN   598 Punkte   71,36 Euro

Aufwand in Min.   **Kalkulationszeit:** 19   **Prüfzeit:** 19   **Eignung d. Prüfzeit:** Tages- und Quartalsprofil

35528 Analytische Psychotherapie (KZT) mit 8 TN   568 Punkte   67,78 Euro

Aufwand in Min.   **Kalkulationszeit:** 18   **Prüfzeit:** 18   **Eignung d. Prüfzeit:** Tages- und Quartalsprofil

35529 Analytische Psychotherapie (KZT) mit 9 TN   543 Punkte   64,80 Euro

Aufwand in Min.   **Kalkulationszeit:** 16   **Prüfzeit:** 16   **Eignung d. Prüfzeit:** Tages- und Quartalsprofil

Anmerkung Entgegen den Allgemeinen Bestimmungen 2.1 sind die Gebührenordnungspositionen 35523 bis 35529 auch bei einer Sitzung von weniger als 100 Minuten, aber mindestens 50 Minuten Dauer, berechnungsfähig. In diesem Fall ist durch die Kassenärztliche Vereinigung von der Punktzahl der jeweiligen Gebührenordnungsposition ein Abschlag in Höhe von 50 % vorzunehmen und die Prüfzeit um 50 % zu reduzieren.

Abrechnungsausschluss am Behandlungstag 35151, 35152 und 35173 bis 35179 im Behandlungsfall 03040, 03220, 03221, 04040, 04220, 04221 in derselben Sitzung 01205, 01207, 01210, 01212, 01214, 01216, 01218, 03230, 04230, 04231, 04355, 04356, 04430, 14220, 14221, 14222, 14310, 14311, 16220, 16230, 16231, 16232, 16233, 21216, 21220, 21221, 21230, 21231, 21233, 22213, 22220, 22221, 22222, 23220, 30702, 35100, 35110, 35111, 35112, 35113, 35120, 35140, 35150, 35163 bis 35169

Berichtspflicht Nein

Komplex für Gruppentherapie (Analytische Therapie, Langzeittherapie)

Obligater Leistungsinhalt
- Analytische Psychotherapie,Langzeittherapie im Behandlungsumfang gemäß § 30 der Richtlinie des Gemeinsamen Bundesausschusses über die Durchführung der Psychotherapie,
- Gruppenbehandlung,
- Dauer mindestens 100 Minuten
- Höchstens 2 Sitzungen am Behandlungstag,

Abrechnungsbestimmung für die EBM Nrn. 35533 bis 35539

je Teilnehmer

35533 Analytische Psychotherapie (LZT) mit 3 TN   935 Punkte   111,58 Euro

Aufwand in Min.   **Kalkulationszeit:** 38   **Prüfzeit:** 38   **Eignung d. Prüfzeit:** Tages- und Quartalsprofil

35534 Analytische Psychotherapie (LZT) mit 4 TN   788 Punkte   94,04 Euro

Aufwand in Min.   **Kalkulationszeit:** 30   **Prüfzeit:** 30   **Eignung d. Prüfzeit:** Tages- und Quartalsprofil

35535 Analytische Psychotherapie (LZT) mit 5 TN   700 Punkte   83,54 Euro

Aufwand in Min.   **Kalkulationszeit:** 25   **Prüfzeit:** 25   **Eignung d. Prüfzeit:** Tages- und Quartalsprofil

35536 Analytische Psychotherapie (LZT) mit 6 TN   641 Punkte   76,50 Euro

Aufwand in Min.   **Kalkulationszeit:** 22   **Prüfzeit:** 22   **Eignung d. Prüfzeit:** Tages- und Quartalsprofil

35537 Analytische Psychotherapie (LZT) mit 7 TN   598 Punkte   71,36 Euro

Aufwand in Min.   **Kalkulationszeit:** 19   **Prüfzeit:** 19   **Eignung d. Prüfzeit:** Tages- und Quartalsprofil

35538 Analytische Psychotherapie (LZT) mit 8 TN	568 Punkte	67,78 Euro

Aufwand in Min. **Kalkulationszeit:** 18   **Prüfzeit:** 18   **Eignung d. Prüfzeit:** Tages- und Quartalsprofil

35539 Analytische Psychotherapie (LZT) mit 9 TN	543 Punkte	64,80 Euro

Aufwand in Min. **Kalkulationszeit:** 16   **Prüfzeit:** 16   **Eignung d. Prüfzeit:** Tages- und Quartalsprofil

Anmerkung Entgegen den Allgemeinen Bestimmungen 2.1 sind die Gebührenordnungspositionen 35533 bis 35539 auch bei einer Sitzung von weniger als 100 Minuten, aber mindestens 50 Minuten Dauer, berechnungsfähig. In diesem Fall ist durch die Kassenärztliche Vereinigung von der Punktzahl der jeweiligen Gebührenordnungsposition ein Abschlag in Höhe von 50 % vorzunehmen und die Prüfzeit um 50 % zu reduzieren.

Abrechnungsausschluss am Behandlungstag 35151, 35152 und 35173 bis 35179
im Behandlungsfall 03040, 03220, 03221, 04040, 04220, 04221
in derselben Sitzung 01205, 01207, 01210, 01212, 01214, 01216, 01218, 03230, 04230, 04231, 04355, 04356, 04430, 14220, 14221, 14222, 14310, 14311, 16220, 16230, 16231, 16232, 16233, 21216, 21220, 21221, 21230, 21231, 21233, 22213, 22220, 22221, 22222, 23220, 30702, 35100, 35110, 35111, 35112, 35113, 35120, 35140, 35150, 35163 bis 35169

Berichtspflicht Nein

Komplex für Gruppentherapie (Verhaltenstherapie, Kurzzeittherapie)
Obligater Leistungsinhalt
- Verhaltenstherapie,
- Kurzzeittherapie 1 im Behandlungsumfang gemäß § 29 der Richtlinie des Gemeinsamen Bundesausschusses über die Durchführung der Psychotherapie oder
- Kurzzeittherapie 2 im Behandlungsumfang gemäß § 29 der Richtlinie des Gemeinsamen Bundesausschusses über die Durchführung der Psychotherapie,
- Gruppenbehandlung,
- Höchstens 24 Sitzungen,
- Dauer mindestens 100 Minuten,
- Höchstens 2 Sitzungen am Behandlungstag,

Abrechnungsbestimmung für die EBM Nrn. 35543 bis 35549

je Teilnehmer

35543 Verhaltenstherapie (KZT) mit 3 TN	935 Punkte	111,58 Euro

Aufwand in Min. **Kalkulationszeit:** 38   **Prüfzeit:** 38   **Eignung d. Prüfzeit:** Tages- und Quartalsprofil

35544 Verhaltenstherapie (KZT) mit 4 TN	788 Punkte	94,04 Euro

Aufwand in Min. **Kalkulationszeit:** 30   **Prüfzeit:** 30   **Eignung d. Prüfzeit:** Tages- und Quartalsprofil

35545 Verhaltenstherapie (KZT) mit 5 TN	700 Punkte	83,54 Euro

Aufwand in Min. **Kalkulationszeit:** 25   **Prüfzeit:** 25   **Eignung d. Prüfzeit:** Tages- und Quartalsprofil

35546 Verhaltenstherapie (KZT) mit 6 TN	641 Punkte	76,50 Euro

Aufwand in Min. **Kalkulationszeit:** 22   **Prüfzeit:** 22   **Eignung d. Prüfzeit:** Tages- und Quartalsprofil

35547 Verhaltenstherapie (KZT) mit 7 TN	598 Punkte	71,36 Euro

Aufwand in Min. **Kalkulationszeit:** 19   **Prüfzeit:** 19   **Eignung d. Prüfzeit:** Tages- und Quartalsprofil

35548 Verhaltenstherapie (KZT) mit 8 TN	568 Punkte	67,78 Euro

Aufwand in Min. **Kalkulationszeit:** 18   **Prüfzeit:** 18   **Eignung d. Prüfzeit:** Tages- und Quartalsprofil

35549 Verhaltenstherapie (KZT) mit 9 TN	543 Punkte	64,80 Euro

Aufwand in Min. **Kalkulationszeit:** 16   **Prüfzeit:** 16   **Eignung d. Prüfzeit:** Tages- und Quartalsprofil

Anmerkung Entgegen der Allgemeinen Bestimmungen 2.1 sind die Gebührenordnungspositionen 35543 bis 35549 auch bei einer Sitzung von weniger als 100 Minuten aber mindestens 50 Minuten Dauer berechnungsfähig. In diesem Fall ist durch die Kassenärztliche Vereinigung von der Punktzahl der jeweiligen Gebührenordnungsposition ein Abschlag in Höhe von 50 % vorzunehmen und die Prüfzeit um 50 % zu reduzieren.

Abrechnungsausschluss am Behandlungstag 35151, 35152 und 35173 bis 35179
im Behandlungsfall 03040, 03220, 03221, 04040, 04220, 04221
in derselben Sitzung 01205, 01207, 01210, 01212, 01214, 01216, 01218, 03230, 04230, 04231, 04355, 04356, 04430, 14220, 14221, 14222, 14310, 14311, 16220, 16230, 16231,

16232, 16233, 21216, 21220, 21221, 21230, 21231, 21233, 22213, 22220, 22221, 22222, 23220, 30702, 35100, 35110, 35111, 35112, 35113, 35120, 35140, 35150, 35163 bis 35169

Berichtspflicht Nein

Komplex für Gruppentherapie (Verhaltenstherapie, Langzeittherapie)

Obligater Leistungsinhalt
* Verhaltenstherapie,
* Langzeittherapie im Behandlungsumfang gemäß § 30 der Richtlinie des Gemeinsamen Bundesausschusses über die Durchführung der Psychotherapie,
* Gruppenbehandlung,
* Dauer mindestens 100 Minuten,
* Höchstens 2 Sitzungen am Behandlungstag,

Abrechnungsbestimmung für EBM Nrn. 35553 bis 35559

je Teilnehmer

35553 Verhaltenstherapie (LZT) mit 3 TN   935 Punkte   111,58 Euro

Aufwand in Min. **Kalkulationszeit:** 38   **Prüfzeit:** 38   **Eignung d. Prüfzeit:** Tages- und Quartalsprofil

35554 Verhaltenstherapie (LZT) mit 4 TN   788 Punkte   94,04 Euro

Aufwand in Min. **Kalkulationszeit:** 30   **Prüfzeit:** 30   **Eignung d. Prüfzeit:** Tages- und Quartalsprofil

35555 Verhaltenstherapie (LZT) mit 5 TN   700 Punkte   83,54 Euro

Aufwand in Min. **Kalkulationszeit:** 25   **Prüfzeit:** 25   **Eignung d. Prüfzeit:** Tages- und Quartalsprofil

35556 Verhaltenstherapie (LZT) mit 6 TN   641 Punkte   76,50 Euro

Aufwand in Min. **Kalkulationszeit:** 22   **Prüfzeit:** 22   **Eignung d. Prüfzeit:** Tages- und Quartalsprofil

35557 Verhaltenstherapie (LZT) mit 7 TN   598 Punkte   71,36 Euro

Aufwand in Min. **Kalkulationszeit:** 19   **Prüfzeit:** 19   **Eignung d. Prüfzeit:** Tages- und Quartalsprofil

35558 Verhaltenstherapie (LZT) mit 8 TN   568 Punkte   67,78 Euro

Aufwand in Min. **Kalkulationszeit:** 18   **Prüfzeit:** 18   **Eignung d. Prüfzeit:** Tages- und Quartalsprofil

35559 Verhaltenstherapie (LZT) mit 9 TN   543 Punkte   64,80 Euro

Aufwand in Min. **Kalkulationszeit:** 16   **Prüfzeit:** 16   **Eignung d. Prüfzeit:** Tages- und Quartalsprofil

Anmerkung Entgegen der Allgemeinen Bestimmungen 2.1 sind die Gebührenordnungspositionen 35553 bis 35559 auch bei einer Sitzung von weniger als 100 Minuten aber mindestens 50 Minuten Dauer berechnungsfähig. In diesem Fall ist durch die Kassenärztliche Vereinigung von der Punktzahl der jeweiligen Gebührenordnungsposition ein Abschlag in Höhe von 50 % vorzunehmen und die Prüfzeit um 50 % zu reduzieren.

Abrechnungsausschluss am Behandlungstag 35151, 35152 und 35173 bis 35179
im Behandlungsfall 03040, 03220, 03221, 04040, 04220, 04221
in derselben Sitzung 01205, 01207, 01210, 01212, 01214, 01216, 01218, 03230, 04230, 04231, 04355, 04356, 04430, 14220, 14221, 14222, 14310, 14311, 16220, 16230, 16231, 16232, 16233, 21216, 21220, 21221, 21230, 21231, 21233, 22213, 22220, 22221, 22222, 23220, 30702, 35100, 35110, 35111, 35112, 35113, 35120, 35140, 35150, 35163 bis 35169

Berichtspflicht Nein

Komplex für Gruppentherapien (Systemische Therapie, Kurzzeittherapie)

Obligater Leistungsinhalt
* Systemische Therapie,
* Kurzzeittherapie 1 im Behandlungsumfang gemäß § 29 der Richtlinie des Gemeinsamen Bundesausschusses über die Durchführung der Psychotherapie oder
* Kurzzeittherapie 2 im Behandlungsumfang gemäß § 29 der Richtlinie des Gemeinsamen Bundesausschusses über die Durchführung der Psychotherapie,
* Gruppenbehandlung,
* Höchstens 24 Sitzungen,
* Dauer mindestens 100 Minuten,
* Höchstens 2 Sitzungen am Behandlungstag,

Abrechnungsbestimmung für EBM Nrn. 35703 bis 35709
je Teilnehmer

35703 Systemische Therapie (KZT) mit 3 TN   935 Punkte   111,58 Euro
Aufwand in Min. **Kalkulationszeit:** 38   **Prüfzeit:** 38   **Eignung d. Prüfzeit:** Tages- und Quartalsprofil
35704 Systemische Therapie (KZT) mit 4 TN   788 Punkte   94,04 Euro
Aufwand in Min. **Kalkulationszeit:** 30   **Prüfzeit:** 30   **Eignung d. Prüfzeit:** Tages- und Quartalsprofil
35705 Systemische Therapie (KZT) mit 5 TN   700 Punkte   83,54 Euro
Aufwand in Min. **Kalkulationszeit:** 25   **Prüfzeit:** 25   **Eignung d. Prüfzeit:** Tages- und Quartalsprofil
35706 Systemische Therapie (KZT) mit 6 TN   641 Punkte   76,50 Euro
Aufwand in Min. **Kalkulationszeit:** 22   **Prüfzeit:** 22   **Eignung d. Prüfzeit:** Tages- und Quartalsprofil
35707 Systemische Therapie (KZT) mit 7 TN   598 Punkte   71,36 Euro
Aufwand in Min. **Kalkulationszeit:** 19   **Prüfzeit:** 19   **Eignung d. Prüfzeit:** Tages- und Quartalsprofil
35708 Systemische Therapie (KZT) mit 8 TN   568 Punkte   67,78 Euro
Aufwand in Min. **Kalkulationszeit:** 18   **Prüfzeit:** 18   **Eignung d. Prüfzeit:** Tages- und Quartalsprofil
35709 Systemische Therapie (KZT) mit 9 TN   543 Punkte   64,80 Euro
Aufwand in Min. **Kalkulationszeit:** 16   **Prüfzeit:** 16   **Eignung d. Prüfzeit:** Tages- und Quartalsprofil

Anmerkung Entgegen der Allgemeinen Bestimmungen 2.1 sind die Gebührenordnungspositionen 35703 bis 35709 auch bei einer Sitzung von weniger als 100 Minuten aber
mindestens 50 Minuten Dauer berechnungsfähig. In diesem Fall ist durch die Kassenärztliche Vereinigung von der Punktzahl der jeweiligen Gebührenordnungsposition ein
Abschlag in Höhe von 50 % vorzunehmen und die Prüfzeit um 50 % zu reduzieren.
Die Gebührenordnungspositionen 35703 bis 35709 sind auch bei Durchführung der
Leistungen im Mehrpersonensetting berechnungsfähig.

Abrechnungsausschluss am Behandlungstag 35151, 35152 und 35173 bis 35179
im Behandlungsfall 03040, 03220, 03221, 04040, 04220, 04221
in derselben Sitzung 01205, 01207, 01210, 01212, 01214, 01216, 01218, 03230, 04230,
04231, 04355, 04356, 04430, 14220, 14221, 14222, 14310, 14311, 16220, 16230, 16231,
16232, 16233, 21216, 21220, 21221, 21230, 21231, 21233, 22213, 22220, 22221, 22222,
23220, 30702, 35100, 35110, 35111, 35112, 35113, 35120, 35140, 35150, 35163 bis
35169

Kommentar: Die Kennzeichnung von Leistungen nach den Gebührenordnungspositionen 35703
bis 35709 und 35713 bis 35719 bei einer Sitzung von weniger als 100 Minuten, aber
mindestens 50 Minuten Dauer, erfolgt anhand bundeseinheitlich kodierter Zusatzkennzeichen.

Komplex für Gruppentherapien (Systemische Therapie, Langzeittherapie)
Obligater Leistungsinhalt
* Systemische Therapie,
* Langzeittherapie im Behandlungsumfang gemäß § 30 der Richtlinie des Gemeinsamen
  Bundesausschusses über die Durchführung der Psychotherapie
* Gruppenbehandlung,
* Dauer mindestens 100 Minuten,
* Höchstens 2 Sitzungen am Behandlungstag,

Abrechnungsbestimmung für EBM Nrn. 35713 bis 35719
je Teilnehmer
35713 Systemische Therapie (LZT) mit 3 TN   935 Punkte   111,58 Euro
Aufwand in Min. **Kalkulationszeit:** 38   **Prüfzeit:** 38   **Eignung d. Prüfzeit:** Tages- und Quartalsprofil
35714 Systemische Therapie (LZT) mit 4 TN   788 Punkte   94,04 Euro
Aufwand in Min. **Kalkulationszeit:** 30   **Prüfzeit:** 30   **Eignung d. Prüfzeit:** Tages- und Quartalsprofil
35715 Systemische Therapie (LZT) mit 5 TN   700 Punkte   83,54 Euro
Aufwand in Min. **Kalkulationszeit:** 25   **Prüfzeit:** 25   **Eignung d. Prüfzeit:** Tages- und Quartalsprofil
35716 Systemische Therapie (LZT) mit 6 TN   641 Punkte   76,50 Euro
Aufwand in Min. **Kalkulationszeit:** 22   **Prüfzeit:** 22   **Eignung d. Prüfzeit:** Tages- und Quartalsprofil
35717 Systemische Therapie (LZT) mit 7 TN   598 Punkte   71,36 Euro
Aufwand in Min. **Kalkulationszeit:** 19   **Prüfzeit:** 19   **Eignung d. Prüfzeit:** Tages- und Quartalsprofil

35718 Systemische Therapie (LZT) mit 8 TN   568 Punkte   67,78 Euro

Aufwand in Min. **Kalkulationszeit:** 18   **Prüfzeit:** 18   **Eignung d. Prüfzeit:** Tages- und Quartalsprofil

35719 Systemische Therapie (LZT) mit 9 TN   543 Punkte   64,80 Euro

Aufwand in Min. **Kalkulationszeit:** 16   **Prüfzeit:** 16   **Eignung d. Prüfzeit:** Tages- und Quartalsprofil

Anmerkung Entgegen der Allgemeinen Bestimmungen 2.1 sind die Gebührenordnungs-positionen 35713 bis 35719 auch bei einer Sitzung von weniger als 100 Minuten aber mindestens 50 Minuten Dauer berechnungsfähig. In diesem Fall ist durch die Kassen-ärztliche Vereinigung von der Punktzahl der jeweiligen Gebührenordnungsposition ein Abschlag in Höhe von 50 % vorzunehmen und die Prüfzeit um 50 % zu reduzieren. Die Gebührenordnungspositionen 35713 bis 35719 sind auch bei Durchführung der Leistungen im Mehrpersonensetting berechnungsfähig.

Abrechnungsausschluss am Behandlungstag 35151, 35152 und 35173 bis 35179 im Behandlungsfall 03040, 03220, 03221, 04040, 04220, 04221 in derselben Sitzung 01205, 01207, 01210, 01212, 01214, 01216, 01218, 03230, 04230, 04231, 04355, 04356, 04430, 14220, 14221, 14222, 14310, 14311, 16220, 16230, 16231, 16232, 16233, 21216, 21220, 21221, 21230, 21231, 21233, 22213, 22220, 22221, 22222, 23220, 30702, 35100, 35110, 35111, 35112, 35113, 35120, 35140, 35150, 35163 bis 35169

35.2.3 Zuschläge

35.2.3.1 Zuschläge gemäß Nr. 2 der Präambel zu Abschnitt 35.2

35571* Zuschlag zur Gebührenordnungsposition 30932 und zu den Gebührenordnungsposi-   **186**
tionen des Abschnittes 35.2.1 gemäß der Nummer 2 der Präambel zu Abschnitt 35.2   **22,20**

Anmerkung Die Gebührenordnungsposition 35571 wird durch die zuständige Kassenärztliche Vereinigung zugesetzt und gemäß Nummer 4 der Präambel zum Abschnitt 35.2 bewertet.

Berichtspflicht Nein

Abrechnungsausschlüsse am Behandlungstag 35173 bis 35179 in derselben Sitzung 35163 bis 35169

Aufwand in Min. **Kalkulationszeit:** KA   **Prüfzeit:** ./.   **Eignung d. Prüfzeit:** Keine Eignung

35572 Zuschlag zu den Gebührenordnungspositionen 30933, 35173 bis 35179 und zu den   **77**
Gebührenordnungspositionen des Abschnittes 35.2.2 gemäß der Nummer 2 der   **9,19**
Präambel zu Abschnitt 35.2

Anmerkung Sofern die Gebührenordnungspositionen 35173 bis 35179, 35503 bis 35509, 35513 bis 35519, 35543 bis 35549, 35553 bis 35559, 35703 bis 35709 und 35713 bis 35719 für eine Sitzung von weniger als 100 Minuten aber mindestens 50 Minuten Dauer berechnet werden, ist durch die Kassenärztliche Vereinigung von der Punktzahl der Gebührenordnungsposition 35572 ein Abschlag in Höhe von 50 % vorzunehmen. Die Gebührenordnungsposition 35572 wird durch die zuständige Kassenärztliche Vereinigung zugesetzt und gemäß Nummer 4 der Präambel zum Abschnitt 35.2 bewertet.

Berichtspflicht Nein

Abrechnungsausschlüsse am Behandlungstag 35173 bis 35179 in derselben Sitzung 35163 bis 35169

Aufwand in Min. **Kalkulationszeit:** KA   **Prüfzeit:** ./.   **Eignung d. Prüfzeit:** Keine Eignung

35573 Zuschlag zu den Gebührenordnungspositionen 35151, 35152 und 37500 gemäß   **95**
der Nummer 2 der Präambel zu Abschnitt 35.2   **11,34**

Die Gebührenodnungsposition 35573 wird durch die zuständige Kassenärztliche Vereini-gung zugesetzt und gemäß Nummer 4 der Präambel zum Abschnitt 35.2 bewertet.

Berichtspflicht Nein

Abrechnungsausschluss: am Behandlungstag 35173 bis 35179
in derselben Sitzung 35163 bis 35169
Aufwand in Min. **Kalkulationszeit:** KA   **Prüfzeit:** ./.   **Eignung d. Prüfzeit:** Keine Eignung

35.3 Psychodiagnostische Testverfahren

1. Die in diesem Abschnitt genannten Leistungen sind je Behandlungsfall
 – für Kinder und Jugendliche bis zum vollendeten 18. Lebensjahr nur bis zu einer Gesamtpunktzahl von
 1280 Punkten,
 – für Versicherte ab Beginn des 19. Lebensjahres nur bis zu einer Gesamtpunktzahl von 854 Punkten
berechnungsfähig.
2. Die Gebührenordnungsposition 35600 und bei Erwachsenen die Gebührenordnungsposition 35601 sind
auch bei Durchführung der Leistungen im Rahmen einer Videosprechstunde berechnungsfähig, wenn der
Durchführung gemäß § 17 der Anlage 1 zum Bundesmantelvertrag-Ärzte (BMV-Ä) ein persönlicher Arzt-
Patienten-Kontakt gemäß 4.3.1 der Allgemeinen Bestimmungen zur Eingangsdiagnostik, Indikationsstellung
und Aufklärung vorausgegangen ist und die Voraussetzungen gemäß der Anlage 31b zum BMV-Ä erfüllt sind. Die
Durchführung als Videosprechstunde ist durch Angabe einer bundeseinheitlich kodierten Zusatzkennzeichnung
zu dokumentieren.

Kommentar:

Hinweis der Autoren

Zu beachten ist generell, dass die diagnostische Anwendung von Testverfahren nur bei Vorliegen
qualifizierter testpsychologischer Fachkenntnisse sinnvoll und verantwortbar ist. Aus diesem Grund
werden beispielsweise von den deutschen und schweizerischen Testzentralen des Hogrefe Verlags
(http://www.hogrefe.de), Göttingen, zahlreiche standardisierte Testverfahren grundsätzlich nur an in
ihrem Fachgebiet qualifizierte Psychologinnen und Psychologen ausgeliefert.

Damit soll sichergestellt werden, dass die Anwendung und Auswertung solcher Testverfahren nur von
diesen Fachkräften selbst oder unter ihrer Supervision durchgeführt wird. Das Lieferangebot der Testzentrale des Hogrefe Verlags umfasst zur Zeit mehr als 750 Testverfahren, die Testzentrale besorgt und
liefert darüber hinaus auch die Testprogramme vieler in- und ausländischen Verlage und ist Mitglied
der **etpg – the european test publishers group**. Es wird empfohlen, wegen der Bezugsberechtigung
bestimmter Testverfahren direkt beim betreffenden Verlag nachzufragen oder sich an die Testzentrale
zu wenden: www.testzentrale.de.

35600* Anwendung und Auswertung standardisierter Testverfahren   **34**
                                                                                      4,06
Obligater Leistungsinhalt
• Testverfahren
 – Fragebogentest und/oder
• Orientierender Test,
 – Auswertung eines Testverfahrens,
• Schriftliche Aufzeichnung,
• Dauer mindestens 5 Minuten,

Abrechnungsbestimmung je vollendete 5 Minuten

Anmerkung Die Gebührenordnungsposition 35600 ist nur für Ärzte mit den Gebietsbezeichnungen Nervenheilkunde, Neurologie, Psychiatrie, Kinder- und Jugendpsychiatrie,
Psychosomatische Medizin und Psychotherapie und Kinder und Jugendmedizin sowie für
Vertragsärzte und -therapeuten, die über eine Abrechnungsgenehmigung für Psychothe-
rapie nach der Psychotherapie-Vereinbarung verfügen, berechnungsfähig.
Die Gebührenordnungsposition 35600 ist für Ärzte mit der Gebietsbezeichnung Phoniatrie
und Pädaudiologie auch dann berechnungsfähig, wenn diese nicht über eine Abrechnungsgenehmigung für Psychotherapie nach der Psychotherapie-Vereinbarung verfügen.
Die Gebührenordnungsposition 35600 ist – mit Ausnahme der Indikationsstellung,
Bewertung bzw. Interpretation, schriftlichen Aufzeichnung – grundsätzlich delegierbar.
Höchstwerte GOP
1.636 Punkte 35602, 35601, 35600
1.092 Punkte 35602, 35601, 35600

Abrechnungsausschluss im Behandlungsfall 16371, 20371
in derselben Sitzung 01205, 01207, 01210, 01212, 01214, 01216, 01218
Berichtspflicht Nein

Aufwand in Min. **Kalkulationszeit:** 2   **Prüfzeit:** 2   **Eignung d. Prüfzeit:** Tages- und Quartalsprofil

Kommentar: Grundsätzlich ist die Anwendung standardisierter Testverfahren eine delegierbare Leistung
– mit Ausnahme der Indikationsstellung, Bewertung bzw. Interpretation und schriftlichen
Aufzeichnung.
Beispielhaft sind zu nennen: Fragebögen aller Art, orientierende Prüfung der Handmotorik
oder Großmotorik oder der Mann-Zeichentest nach Ziller.
Beachten Sie die Zeittaktung je vollendete 5 Minuten.

35601*   Anwendung und Auswertung von psychometrischen Testverfahren   **39**
                                                                                                4,65
Obligater Leistungsinhalt
• Anwendung psychometrischer Testverfahren
  – Funktionstest und/oder
  – Entwicklungstest und/oder
  – Intelligenztest,
• Auswertung eines Testverfahrens,
• Schriftliche Aufzeichnung,
• Dauer mindestens 5 Minuten,

Abrechnungsbestimmung je vollendete 5 Minuten

Anmerkung Die Gebührenordnungsposition 35601 ist nur für Ärzte mit den Gebietsbezeichnungen Nervenheilkunde, Neurologie, Psychiatrie, Kinder- und Jugendpsychiatrie,
Psychosomatische Medizin und Psychotherapie und Kinder und Jugendmedizin sowie für
Vertragsärzte und -therapeuten, die über eine Abrechnungsgenehmigung für Psychothe-
rapie nach der Psychotherapie-Vereinbarung verfügen, berechnungsfähig.
Die Gebührenordnungsposition 35601 ist für Ärzte mit der Gebietsbezeichnung Phoniatrie
und Pädaudiologie auch dann berechnungsfähig, wenn diese nicht über eine Abrech-
nungsgenehmigung für Psychotherapie nach der Psychotherapie-Vereinbarung verfügen.
Die Gebührenordnungsposition 35601 ist – mit Ausnahme der Indikationsstellung,
Bewertung bzw. Interpretation, schriftlichen Aufzeichnung – grundsätzlich delegierbar.
Höchstwerte
Höchstwert   GOP
1.636 Punkte 35602, 35601, 35600
1.092 Punkte 35602, 35601, 35600
Abrechnungsausschluss im Behandlungsfall 16371, 20371
in derselben Sitzung 01205, 01207, 01210, 01212, 01214, 01216, 01218
Berichtspflicht Nein

Aufwand in Min. **Kalkulationszeit:** 2   **Prüfzeit:** 2   **Eignung d. Prüfzeit:** Tages- und Quartalsprofil

Kommentar: Grundsätzlich ist die Anwendung psychometrischer Testverfahren eine delegierbare
Leistung – mit Ausnahme der Indikationsstellung, Bewertung bzw. Interpretation und
schriftlichen Aufzeichnung.

Die für die EBM-Ziffer 35601 geforderten Aussagen zur mentalen Leistungsfähigkeit, zum
Entwicklungsstand oder zur Intelligenz sind beispielhaft durch folgende Testverfahren
erfüllt: BUEGA, BUEVA, ET6-6, Denver, SET-K, HASE. Auch aus großen Testbatterien
herausgenommene Testbestandteile können nach Zeitaufwand angesetzt werden.

Beachten Sie die Zeittaktung je vollendete 5 Minuten.

35602*   Anwendung und Auswertung von projektiven Verfahren   **56**
                                                                                                6,68
Obligater Leistungsinhalt
• Anwendung projektiver Verfahren,
• Auswertung eines Verfahrens,
• Schriftliche Aufzeichnung,
• Dauer mindestens 5 Minuten,

Abrechnungsbestimmung je vollendete 5 Minuten

Anmerkung Die Gebührenordnungsposition 35602 ist nur für Ärzte mit den Gebietsbezeichnungen Nervenheilkunde, Psychiatrie, Kinder und Jugendpsychiatrie und
Psychosomatische Medizin und Psychotherapie sowie für Vertragsärzte und -therapeuten,
die über eine Abrechnungsgenehmigung für Psychotherapie nach der Psychotherapie-
Vereinbarung verfügen, berechnungsfähig.

Die Gebührenordnungsposition 35602 ist – mit Ausnahme der Indikationsstellung,
Bewertung bzw. Interpretation, schriftlichen Aufzeichnung – grundsätzlich delegierbar.

Höchstwerte

Höchstwert   GOP
1.636 Punkte 35602, 35601, 35600
1.092 Punkte 35602, 35601, 35600

Abrechnungsausschluss im Behandlungsfall 16371, 20371
in derselben Sitzung 01205, 01207, 01210, 01212, 01214, 01216, 01218

Berichtspflicht Nein

Aufwand in Min. **Kalkulationszeit:** 4   **Prüfzeit:** 4   **Eignung d. Prüfzeit:** Tages- und Quartalsprofil

IV   Arztgruppenübergr. spezielle Gebührenordnungspositionen

36 Belegärztliche Operationen, Anästhesien und postoperative Überwachung. Konservativ belegärztlicher Bereich

36 Belegärztliche Operationen, Anästhesien und postoperative Überwachung. Konservativ belegärztlicher Bereich

Hinweis der Herausgeber: Nicht aufgenommen wurden die OP-Leistungen der Kapitel 31 und 36, dies hätte weiterer 800 Seiten bedurft. Ebenso wurden die Leistungen der belegärztlichen Operationen, Anästhesien, postoperative Überwachung der Kapitel 36.2.2 bis 36.6.3 mit Ausnahme der 36.2.14 wegen des großen Umfangs nicht mit aufgenommen.

Den schnellen Überblick zu den zahlreichen OPS-Codierungen zur EBM- Abrechnung finden Sie kostenfrei unter www. springermedizin.de/ops-codierungen

Ferner finden Sie auf einen Blick alle dazu gehörigen EBM-Nummern z.B. der Anästhesie, der postoperativen Überwachungskomplexe und der postoperativen Behandlungskomplexe neben den OPS-Nummern.

37 Versorgung gemäß Anlage 27 und 30 zum Bundesmantelvertrag Ärzte (BMV-Ä), der Vereinbarung nach § 132g Abs. 3 SGB V, der KSVPsych-RL und der AKI-RL

37.7 Außerklinische Intensivpflege gemäß AKI-RL

1. Die Gebührenordnungspositionen dieses Abschnitts sind nur für die Behandlung von Patienten gemäß § 4 der Richtlinie des Gemeinsamen Bundesausschusses (G-BA) über die Verordnung von außerklinischer Intensivpflege (AKI-RL) berechnungsfähig.

Kommentar:

Die Übergangsregelung des G-BA zur außerklinischen Intensivpflege ist am 31. Oktober 2023 ausgelaufen. Das bislang verwendete Muster 12 für die häusliche Krankenpflege wird von den Krankenkassen nicht mehr akzeptiert. Es muss für die Verordnung der Intensivpflege (z.B. Pat mit Tracheostoma/Details siehe GBA-Ri-Li) zwingend der Formularsatz mit den neu eingeführten Mustern 62A (Potenzialerhebung), 62B (Verordnung AKI) und 62C (Behandlungsplan) verwendet werden.

Kinder- und Jugendärzte dürfen (ohne Antrag) weiterhin außerklinische Intensivpflege verordnen (Muster 62 B und 672C). Da das 4-Augen-Prinzip gilt, muss die Potentialerhebung (Muster 62A) ein anderer Kollege durchführen. Diese Potentialerheber benötigen aber für die geforderte Potenzialerhebung dann doch eine qualifikationsgebundene Genehmigung durch die KV. Nur übergangsweise – bis Ende 2024 – darf AKI auch dann verordnet werden, wenn ausnahmsweise keine Potenzialerhebung vorliegt.

Die Genehmigung zur Potenzialerhebung durch die KV setzt diese Bedingungen voraus:

- Fachärzte für Kinder- und Jugendmedizin mit der Zusatzbezeichnung Kinder- und Jugend-Pneumologie
- Fachärzte mit jeweils einschlägiger Tätigkeit in der Behandlung von langzeitbeatmeten oder trachealkanülierten, nicht beatmeten Kindern und Jugendlichen auf einer hierfür spezialisierten stationären Einheit, in einer entsprechend hierfür spezialisierten Hochschulambulanz oder in einem entsprechend hierfür spezialisierten sozialpädiatrischen Zentrum:
- Fachärzte für Anästhesiologie: mindestens sechs Monate Tätigkeit
- Fachärzte für Kinder- und Jugendmedizin: mindestens zwölf Monate Tätigkeit
- weitere Fachärzte: mindestens 18 Monate Tätigkeit

Bei jungen Volljährigen kann die Erhebung bei einschlägiger Tätigkeit in der Behandlung von langzeitbeatmeten oder trachealkanülierten, nicht beatmeten Versicherten in einem hierfür spezialisierten medizinischen Behandlungszentrum zusätzlich erfolgen durch:

- Fachärzte für Anästhesiologie: mindestens sechs Monate Tätigkeit
- weitere Fachärzte: mindestens 18 Monate Tätigkeit

Auch Ärzte mit Genehmigung für die Potenzialerhebung dürfen Verordnungen über AKI ausstellen.

Weitere Infos finden Sie hier: https://www.kbv.de/html/60812.php

Fazit: Einfacher ist es mit der Umsetzung des G-BA-Beschlusses nicht geworden – der bürokratische Aufwand wird seitens der praktisch tätigen Ärzte als unangemessen hoch bewertet:

Muster 62A: Ergebnis der Potenzialerhebung

Damit eine außerklinische Intensivpflege verordnet werden kann, muss vorab das Potenzial zur Beatmungsentwöhnung und Dekanülierung geprüft werden. Eine Potenzialerhebung muss mindestens alle sechs Monate durchgeführt werden und darf zum Zeitpunkt der Verordnung nicht älter als drei Monate sein. Befristet bis zum 31.12.2024 soll eine Potenzialerhebung vor jeder Verordnung durchgeführt werden, ab dem 1.1.2025 ist dies obligat.

Im Muster 62A werden die Potenziale zur Reduzierung der Beatmungszeit bis hin zur vollständigen Beatmungsentwöhnung (Weaning), für eine Umstellung auf eine nicht-invasive Beatmung, zur Entfernung der Trachealkanüle (Dekanülierung), beziehungsweise die Möglichkeiten der Therapieoptimierung sowie die jeweils zur Umsetzung notwendigen Maßnahmen erhoben.

Muster 62B: Verordnung außerklinischer Intensivpflege

Auf dem Muster 62B erfolgt die eigentliche Verordnung der außerklinischen Intensivpflege. Seit dem 1.1.2023 können die Leistungen nach GOP 37710, 37711 und 37720 für die Verordnung und für patientenorientierte Fallkonferenzen in der AKI abgerechnet werden.

Die Rückseite des Muster 62B wird durch den Versicherten und den Pflegedienst ausgefüllt, da sie den Antrag des Versicherten bei der Krankenkasse und Angaben zum Pflegedienst beinhaltet.

Wichtig: Dem Formular 62B „Verordnung außerklinischer Intensivpflege" muss das ausgefüllte Formular 62C „Behandlungsplan" beigelegt werden.

Muster 62C: Behandlungsplan

Spezifische Maßnahmen, die durch den Pflegedienst zu erbringen sind, werden hier dokumentiert. „Der Behandlungsplan soll die Informationsweitergabe und die Versorgungssituation transparent darstellen und die beteiligten Akteure vernetzen." Änderungen der Behandlung sind auf dem Muster 62C zu aktualisieren (z.B. Änderungen des Bedarfs oder des klinischen Zustandes). Ergeben sich daraus Änderungen an Inhalt und Umfang der Leistungen, ist der Behandlungsplan erneut bei der Krankenkasse einzureichen.

37700* Erhebung gemäß § 5 der AKI-RL unter Verwendung des Vordrucks nach Muster 62   **257**
Teil A   **30,67**

Obligater Leistungsinhalt
- Persönlicher Arzt-Patienten-Kontakt

und/oder
- Arzt-Patienten-Kontakt im Rahmen einer Videosprechstunde gemäß § 5 Abs. 3 der AKI-RL sowie Anlage 31b zum BMV-Ä,
- Prüfung des Beatmungsentwöhnung- bzw. Dekanülierungspotenzials,
- Dauer mindestens 20 Minuten,

Abrechnungsbestimmung einmal im Behandlungsfall

Anmerkung Die Gebührenordnungsposition 37700 ist höchstens zweimal im Krankheitsfall berechnungsfähig. Die dreimalige Berechnung der Gebührenordnungsposition 37700 im Krankheitsfall setzt eine ausführliche Begründung der medizinischen Notwendigkeit im Einzelfall voraus.
Bei Durchführung der Leistung im Rahmen einer Videosprechstunde ist dies durch Angabe einer bundeseinheitlich kodierten Zusatzkennzeichnung zu dokumentieren. Für die Abrechnung gelten die Anforderungen gemäß Anlage 31b zum BMV-Ä entsprechend. Bei Durchführung einer Videosprechstunde in Zusammenhang mit der Potenzialerhebung nach der Gebührenordnungsposition 37700 gelten die Vorgaben gemäß Absatz 5 Nr. 6 und Absatz 6 der Allgemeinen Bestimmungen 4.3.1. Werden je Vertragsarzt und Quartal höchstens 3 Potenzialerhebungen nach der Gebührenordnungsposition 37700 durchgeführt und berechnet, findet die Obergrenze gemäß Absatz 6 der Allgemeinen Bestimmungen 4.3.1 keine Anwendung.

Berichtspflicht Nein

Aufwand in Min. **Kalkulationszeit:** 20   **Prüfzeit:** 16   **Eignung d. Prüfzeit:** Tages- und Quartalsprofil

37701* Zuschlag zur Gebührenordnungsposition 37700 für die Durchführung der Erhebung   **128**
im Rahmen eines Besuchs nach der Gebührenordnungsposition 01410 oder 01413   **15,28**

Obligater Leistungsinhalt
- Persönlicher Arzt-Patienten-Kontakt,

Abrechnungsbestimmung je weitere vollendete 10 Minuten

Anmerkung Bei der Berechnung der Gebührenordnungsposition 37701 ist eine mindestens 10 Minuten längere Arzt-Patienten-Kontaktzeit als in der Gebührenordnungsposition 37700 angegeben Voraussetzung für die Berechnung der Gebührenordnungsposition 37701. Die Gebührenordnungsposition 37701 ist höchstens dreimal im Behandlungsfall berechnungsfähig

Berichtspflicht Nein

Aufwand in Min. **Kalkulationszeit:** 10   **Prüfzeit:** 10   **Eignung d. Prüfzeit:** Tages- und Quartalsprofil

37704* Zuschlag zur Gebührenordnungsposition 37700 für die Durchführung einer **294** Schluckendoskopie   35,09

Obligater Leistungsinhalt
- Patientenaufklärung zur Untersuchung in angemessenem Zeitabstand vor dem Eingriff,
- Information zum Ablauf der vorbereitenden Maßnahmen vor dem Eingriff

Fakultativer Leistungsinhalt
- Lokalanästhesie,
- Gabe von Testboli unterschiedlicher Konsistenz,
- Bilddokumentation

Berichtspflicht Nein

Aufwand in Min.   **Kalkulationszeit: 14   Prüfzeit: 11   Eignung d. Prüfzeit:** Tages- und Quartalsprofil

37705* Zuschlag zur Gebührenordnungsposition 37700 für die Bestimmung des Säureba- **84** senhaushalts und Blutgasanalyse   10,02

Obligater Leistungsinhalt
- Persönlicher Arzt-Patienten-Kontakt,
- Bestimmung des Säurebasenhaushalts und des Gasdrucks im Blut (Blutgasanalyse)
- in Ruhe
und/oder
- unter definierter und reproduzierbarer Belastung
und/oder
- unter Sauerstoffinsufflation

Abrechnungsausschluss in derselben Sitzung   02330, 04536, 04562, 13250, 13256, 13602, 13650, 13652, 13661, 32247 und 36884

Berichtspflicht Nein

Aufwand in Min.   **Kalkulationszeit: 2   Prüfzeit: 1   Eignung d. Prüfzeit:** Tages- und Quartalsprofil

37706* Grundpauschale im Zusammenhang mit der Gebührenordnungsposition 37700 **159** für Ärzte und Krankenhäuser gemäß § 5 Abs. 2 Satz 2 der AKI-RL, die über eine   18,97 Genehmigung gemäß § 8 Abs. 5 der AKI-RL verfügen

Obligater Leistungsinhalt
- Persönlicher Arzt-Patienten-Kontakt
und/oder
- Arzt-Patienten-Kontakt im Rahmen einer Videosprechstunde gemäß Anlage 31b zum BMV-Ä, Fakultativer Leistungsinhalt
- Weitere persönliche oder andere Arzt-Patienten-Kontakte gemäß 4.3.1 der Allgemeinen Bestimmungen,
- Beratung und Behandlung,
- Ärztlicher Bericht entsprechend der Gebührenordnungsposition 01600,
- Individueller Arztbrief entsprechend der Gebührenordnungsposition 01601,
- In Anhang 1 Spalte GP aufgeführte Leistungen,

Abrechnungsbestimmung einmal im Behandlungsfall

Anmerkung Werden die in der Gebührenordnungsposition 37706 enthaltenen Leistungen entsprechend den Gebührenordnungspositionen 01600 und 01601 durchgeführt, sind für die Versendung bzw. den Transport die Kostenpauschalen nach den Gebührenordnungspositionen 40110 und 40111 berechnungsfähig.

Abrechnungsausschluss in derselben Sitzung 01436 im Behandlungsfall 01320, 01321, 01600 und 01601

Berichtspflicht Nein

Aufwand in Min.   **Kalkulationszeit: KA   Prüfzeit: 11   Eignung d. Prüfzeit:** Nur Quartalsprofil

EBM-Nr.   EBM-Punkte / Euro

37710   Verordnung außerklinischer Intensivpflege unter Verwendung des Vordrucks nach   **167**
Muster 62 Teile B und C gemäß § 6 der AKI-RL   **19,93**

Obligater Leistungsinhalt
- Persönlicher Arzt-Patienten-Kontakt,
- Erörterung und Feststellung der individuellen Therapieziele durch den verordnenden Vertragsarzt mit der oder dem Versicherten,
- Dauer mindestens 10 Minuten

Anmerkung Die Berechnung der Gebührenordnungsposition 37710 setzt bei Patienten gemäß § 5 Abs. 1 Satz 1 der AKI-RL das Vorliegen einer Erhebung im Rahmen des Entlassmanagements oder nach der Gebührenordnungsposition 37700 voraus, sofern die Voraussetzungen nach § 5 Abs. 6 der AKI-RL nicht erfüllt sind. Die Durchführung der Erhebung darf nicht länger zurückliegen als in § 5 Abs. 4 und 5 der AKI-RL geregelt. Abweichend von der in § 5 Abs. 1 Satz 1 der AKI-RL unbedingten Vorgabe zur Potenzial-erhebung vor jeder Verordnung, gilt befristet vom 31. Oktober 2023 bis zum 31. Dezember 2024, dass eine Potenzialerhebung vor jeder Verordnung durchgeführt werden soll.
Die Gebührenordnungsposition 37710 ist höchstens dreimal im Krankheitsfall berech-nungsfähig

Berichtspflicht: Nein

Aufwand in Min.   **Kalkulationszeit:** 13   **Prüfzeit:** 10   **Eignung d. Prüfzeit:** Tages- und Quartalsprofil

37711   Zuschlag zur Versichertenpauschale oder Grundpauschale für den die außerklini-   **275**
sche Intensivpflege koordinierenden Vertragsarzt gemäß § 12 Abs. 1 der AKI-RL   **32,82**

Obligater Leistungsinhalt
- Koordination der medizinischen Behandlung,
- Überprüfung und ggf. Anpassung von Maßnahmen der außerklinischen Intensivpflege als Ergebnis der regelmäßigen Untersuchungen (§ 7 Abs. 2 Satz 5),

Fakultativer Leistungsinhalt
- rechtzeitige Einleitung der regelhaften Erhebung sowie bei Bedarf nach Hinweisen aus der Pflege und des Medizinischen Dienstes,
- Einweisung in eine auf die Beatmungsentwöhnung spezialisierte stationäre Einrichtung oder in eine auf Dysphagie spezialisierte stationäre Einrichtung,
- Konsiliarische Abstimmung mit dem potenzialerhebenden Vertragsarzt/Krankenhaus,
- Kooperation mit spezialisierten Einrichtungen entsprechend der Grunderkrankung des Patienten, – Dokumentation von Absprachen mit beteiligten Vertragsärzten und/oder Angehörigen von Gesundheitsfachberufen,
- Sicherung der Versorgungskontinuität bei Beendigung der Versorgung durch den Kinder- und Jugendarzt gemäß § 12 Abs. 3 der AKI-RL,
- Absprache mit der/den Betreuungs- und Bezugsperson(en) über den Umfang einer Beteiligung, Abrechnungsbestimmung einmal im Behandlungsfall

Anmerkung Die Gebührenordnungsposition 37711 kann nur von dem Vertragsarzt berechnet werden, durch den im Zeitraum der letzten zwei Quartale unter Einschluss des aktuellen Quartals eine Verordnung nach der Gebührenordnungsposition 37710 erfolgt ist. Die Berechnung der Gebührenordnungsposition 37711 im Behandlungsfall neben der Gebührenordnungsposition 01420 setzt die Angabe einer medizinischen Begründung voraus.

Abrechnungsausschluss in derselben Sitzung 03220, 03230, 03360, 03362, 04220, 04230, 04231, 16220, 16230, 16231, 16233, 21220, 21230, 21231 und 21233
im Behandlungsfall 03371, 04371, 37302 und Abschnitt 37.2

Berichtspflicht: Nein

Aufwand in Min.   **Kalkulationszeit:** 21   **Prüfzeit:** 17   **Eignung d. Prüfzeit:** Nur Quartalsprofil

37714*   Pauschale für die konsiliarische Erörterung und Beurteilung medizinischer   **106**
Fragestellungen durch einen konsiliarisch tätigen Arzt   **12,65**

- im Rahmen der Potenzial- bzw. Befunderhebung gemäß § 8 Abs. 4 Satz 1 der AKI-RL und/oder

- zur Prüfung der Therapieoptimierung gemäß § 8 Abs. 4 Satz 2 der AKI-RL, und/oder
- im Rahmen der Verordnung gemäß § 9 Abs. 1 Satz 7 der AKI-RL und/oder
- im Rahmen der Verordnung gemäß § 9 Abs. 2 Satz 2 der AKI-RL,

Abrechnungsbestimmung einmal im Behandlungsfall

Anmerkung Kommt in demselben Arztfall eine Versicherten-, Grund- und/oder Konsiliarpauschale zur Abrechnung, ist die Gebührenordnungsposition 37714 nicht berechnungsfähig.

Abrechnungsausschluss am Behandlungstag 01671 und 37314

Berichtspflicht Nein

Aufwand in Min. **Kalkulationszeit:** KA   **Prüfzeit:** ./.   **Eignung d. Prüfzeit:** Keine Eignung

37720   Fallkonferenz gemäß § 12 Abs. 2 der AKI-RL   **86**
10,26

Obligater Leistungsinhalt
- Patientenorientierte Fallbesprechung unter Beteiligung der notwendigen ärztlichen Fachdisziplinen und/oder weiterer komplementärer Berufe sowie mit Pflegekräften bzw. Angehörigen, die an der medizinischen Behandlungspflege des Patienten beteiligt sind

Anmerkung Die Gebührenordnungsposition 37720 ist höchstens achtmal im Krankheitsfall berechnungsfähig.

Die Gebührenordnungsposition 37720 ist auch bei einer telefonischen Fallkonferenz berechnungsfähig.

Die Gebührenordnungsposition 37720 ist auch bei Durchführung der Fallkonferenz als Videofallkonferenz berechnungsfähig. Für die Abrechnung gelten die Anforderungen gemäß Anlage 31b zum BMV-Ä entsprechend.

Abrechnungsausschluss in derselben Sitzung 01442, 30706, 30948, 37120, 37320 und 37400

Aufwand in Min. **Kalkulationszeit:** KA   **Prüfzeit:** ./.   **Eignung d. Prüfzeit:** Keine Eignung
Berichtspflicht Nein

V Kostenpauschalen

40 Kostenpauschalen

40.1 Präambel

1. Psychologische Psychotherapeuten bzw. Kinder- und Jugendlichenpsychotherapeuten können im Zusammenhang mit ihren Leistungen die Kostenpauschalen 40110, 40111 und 40142 dieses Kapitels abrechnen.

2. Neben den Gebührenordnungspositionen des Abschnitts II-1.7.3.1 zur Früherkennung von Brustkrebs durch Mammographie-Screening sind nur die Kostenpauschalen nach den Nrn. 40100, 40850, 40852, 40854 und 40855 berechnungsfähig.

3. Im kurativ-stationären (belegärztlichen) Behandlungsfall können die vom Krankenhaus zu tragenden Kostenpauschalen 40165, 40300, 40302 und 40304 und die Kostenpauschalen der Abschnitte 40.6, 40.8, 40.10, 40.11, 40.13 bis 40.17 von Belegärzten nicht berechnet werden. Satz 1 gilt für Kosten nach Nr. 7 des Allgemeinen Bestimmungen entsprechend.

Kommentar:

Die Abrechnungsmöglichkeit von Kosten neben dem Mammographie-Screening wurden gegenüber dem früheren EBM um die Nrn. 40100, 40854 und 40855 erweitert.

40.3 Kostenpauschalen für Versandmaterial, Versandgefäße usw. sowie für die Versendung bzw. den Transport von Untersuchungsmaterial, Röntgenaufnahmen und Filmfolien

1. Die Kostenpauschale nach der Nr. 40100 ist nur einmal im Behandlungsfall und nur von dem Arzt, dem der Überweisungsauftrag zur Probenuntersuchung erteilt wurde, berechnungsfähig. Wird die Auftragsleistung von dem annehmenden Arzt ganz oder teilweise zur Durchführung an einen anderen Arzt weiterüberwiesen, ist die Nr. 40100 in demselben Behandlungsfall für die Weitergabe weder vom weitergebenden noch vom annehmenden Arzt berechnungsfähig.

2. Kosten für Versandmaterial, für die Versendung bzw. den Transport des Untersuchungsmaterials und die Übermittlung des Untersuchungsergebnisses innerhalb einer Berufsausübungsgemeinschaft, eines Medizinischen Versorgungszentrums, einer Apparate- bzw. Laborgemeinschaft oder eines Krankenhausgeländes sind nicht berechnungsfähig.

Kommentar:

Auf einen Blick: Versandpauschalen (Stand der EBM-Daten 01.01.2023)

EBM Nr.	Legende der Pauschale	Kosten in Euro
40100	Versandmaterial, Transport, Ergebnisübermittlung (Labor, Zytologie, Zyto- und Molekulargenetik)	2,60
40104	Versandmaterial, Transport von Röntgenaufnahmen und Filmfolien	5,10
40106	Versandmaterial, Transport von Langzeit-EKG-Datenträgern	1,50

40100   Kostenpauschale für Versandmaterial, Versandgefäße usw. sowie für die Versendung bzw. den Transport von Untersuchungsmaterial, ggf. auch von infektiösem Untersuchungsmaterial, einschl. der Kosten für die Übermittlung von Untersuchungsergebnissen der   **2,60**

- Laboratoriumsdiagnostik, ggf. einschl. der Kosten für die Übermittlung der Gebührenordnungspositionen und der Höhe der Kosten überwiesener kurativ-ambulanter Auftragsleitungen des Kapitels IV-32,
- Histologie,
- Zytologie,
- Zytogenetik und Molekulargenetik,

Abrechnungsbestimmung einmal im Behandlungsfall

© Springer-Verlag GmbH Deutschland, ein Teil von Springer Nature 2024
P. M. Hermanns und K. von Pannwitz (Hrsg.), *EBM 2024 Kommentar Kinderheilkunde*, Abrechnung erfolgreich und optimal,
https://doi.org/10.1007/978-3-662-68662-1_5

Anmerkung Die Kostenpauschale 40100 ist in demselben Behandlungsfall nicht neben Gebührenpositionen der Abschnitte 32.2.1 bis 32.2.7 berechnungsfähig.

Abrechnungsausschluss im Behandlungsfall 01699, 12230

GOÄ entsprechend oder ähnlich: Berechnung der entstandenen Kosten nach § 10 Abs.1 GOÄ

Kommentar: Die Leistung umfasst die Kosten für das Versandmaterial, für den Transport des Materials zum untersuchenden/auswertenden Arzt sowie die Kosten für die Befundmitteilung durch den auswertenden Arzt zurück zum einsendenden Arzt.

Abgerechnet werden kann diese Leistung von den auswertenden Ärzten nur, wenn sie ihren Einsendern das Versandmaterial frankiert zur Verfügung stellen oder die Kosten ersetzen.. Der Einsender kann keine Portokosten nach den Nrn. 40110 f. abrechnen.

Die Versandkosten für die Versendung infektiösen Untersuchungsmaterials muss – nach Kommentar von **Wezel/Liebold** – der Laborarzt, der untersucht, dem Arzt, der einsendet, erstatten.

40104 Kostenpauschale für Versandmaterial sowie für die Versendung bzw. den Transport **5,10** von Röntgenaufnahmen und/oder Filmfolien mit dokumentierten Untersuchungsergebnissen bildgebender Verfahren,

Abrechnungsbestimmung je Versand

Anmerkung Bei Mitgabe von Röntgenaufnahmen, Filmfolien und Szintigrammen ist die Kostenpauschale nach der Nr. 40104 nicht berechnungsfähig.
Für die elektronische Übermittlung von Röntgenaufnahme(n) oder Computertomografieaufnahme(n) im Zusammenhang mit der Leistung entsprechend der Gebührenordnungsposition 34800 ist die Gebührenordnungsposition 40104 nicht berechnungsfähig.

Abrechnungsausschluss in derselben Sitzung 34800
im Behandlungsfall 34810, 34820, 34821

GOÄ entsprechend oder ähnlich: Berechnung der entstandenen Kosten nach § 10 Abs.1 GOÄ

Kommentar: Die Kostenpauschale gilt je Versand. Wird das Versandmaterial für die Rücksendung an den Radiologen benutzt, kann der rücksendende Arzt nur das Porto nach Nrn. 40110 f. berechnen, nicht aber die Leistung nach Nrn. 40104 oder 40106.

40106 Kostenpauschale für Versandmaterial sowie für die Versendung bzw. den Transport **1,50** von Langzeit-EKG-Datenträgern,

Abrechnungsbestimmung je Versand

Anmerkung Bei Mitgabe von Langzeit-EKG-Datenträgern ist die Kostenpauschale nach der Nr. 40106 nicht berechnungsfähig.

GOÄ entsprechend oder ähnlich: Berechnung der entstandenen Kosten nach § 10 Abs.1 GOÄ

Kommentar: Die Kostenpauschale gilt je Versand. Wird das Versandmaterial für die Rücksendung an den Radiologen benutzt, kann der rücksendende Arzt nur das Porto nach Nrn. 40110 f. berechnen, nicht aber die Leistung nach Nrn. 40104 oder 40106.

40.4 Kostenpauschale für die Versendung bzw. den Transport von Briefen, Szintigrammen und/oder schriftlichen Unterlagen, Kostenpauschale für Telefax

1. Die Kostenpauschalen des Abschnitts 40.4 sind für den elektronischen Versand von Briefen und/oder schriftlichen Unterlagen nicht berechnungsfähig. Der Versand von Telefaxen ist hiervon ausgenommen.

2. Die Kostenpauschalen nach den Gebührenordnungspositionen 40110 und 40111 sind für Arztgruppen gemäß Präambel 12.1 Nr. 1 nicht berechnungsfähig.

3. Die Kostenpauschalen nach den Gebührenordnungspositionen 40110 und 40111 unterliegen einem gemeinsamen Höchstwert je Arzt. Für die Gebührenordnungspositionen 40110 und 40111 wird hierzu ein Volumen je Arzt gebildet, aus dem alle gemäß der Gebührenordnungspositionen 40110 und 40111 abgerechneten Kostenpauschalen im Quartal zu vergüten sind.

Der Höchstwert für die Gebührenordnungspositionen 40110 und 40111 wird arztgruppenspezifisch festgelegt:

EBM-Kapitel bzw. Abschnitt	Arztgruppe	Höchstwert in Euro
1.3	Ärzte, Institute und Krankenhäuser, die zur Erbringung von Leistungen ermächtigt sind	6,02
3	Allgemeinmedizin, hausärztliche Internisten und praktische Ärzte	6,88
4	Kinder- und Jugendmedizin	6,88
5	Anästhesiologie	5,16
5 und 30.7	Anästhesiologie mit Schmerztherapie	14,62
6	Augenheilkunde	7,74
7	Chirurgie	20,64
8	Gynäkologie	7,74
9	Hals-Nasen-Ohrenheilkunde	12,04
10	Dermatologie	9,46
11	Humangenetik	17,20
13.2	Innere Medizin, fachärztliche Internisten ohne SP	36,12
13.3.1	Innere Medizin, SP Angiologie	43,86
13.3.2	Innere Medizin, SP Endokrinologie	54,18
13.3.3	Innere Medizin, SP Gastroenterologie	48,16
13.3.4	Innere Medizin, SP Hämatologie/Onkologie	50,74
13.3.5	Innere Medizin, SP Kardiologie	56,76
13.3.6	Innere Medizin, SP Nephrologie	23,22
13.3.7	Innere Medizin, SP Pneumologie	67,08
13.3.8	Innere Medizin, SP Rheumatologie	58,48
14	Kinder- und Jugendpsychiatrie und -psychotherapie	3,44
15	Mund-, Kiefer- und Gesichtschirurgie	4,30
16	Neurologie, Neurochirurgie	27,52
17	Nuklearmedizin	73,96
18	Orthopädie	27,52
19	Pathologie	6,88
20	Sprach-, Stimm- und kindliche Hörstörungen	19,78
21	Psychiatrie	9,46
21	Nervenheilkunde, Neurologie und Psychiatrie	25,80
22	Psychosomatische Medizin und Psychotherapie	0,86
23	Psychotherapie	0,86
24	Radiologie	81,70
25	Strahlentherapie	24,08
26	Urologie	25,80
27	Physikalische und Rehabilitative Medizin	12,90
37.7	Ärzte und Krankenhäuser gemäß § 5 Absatz 2 Satz 2 der AKI-RL	6,02

Wird ein Facharzt für Kinder- und Jugendmedizin mit Schwerpunkt oder Zusatzweiterbildung in mindestens 50 Prozent seiner Arztfälle im Quartal im fachärztlichen Versorgungsbereich tätig, so bestimmt sich der arztgruppenspezifische Höchstwert für die Gebührenordnungspositionen 40110 und 40111 gemäß dem entsprechenden Schwerpunkt der Inneren Medizin.

Kommentar:

Mit der erneuten Absenkung der Höchstwerte für den Portoversand (38,88.-EUR auf 28,38.-EUR) setzt sich der von Gesundheitsminister Jens Spahn eingeführte Druck zum elektronischen Versand der Arztbriefe fort.

Aus pädiatrischer Sicht gibt es Kritik in zweierlei Hinsicht: Zum einen verhindert die dysfunktionale Telematikinfrastruktur die Nutzung der elektronischen Kommunikationswege über KIM-Dienste bis heute. Damit blockieren die für die Telematikinfrastruktur zuständigen Institutionen (Gematik, technische TI-Anbieter) die störungsfreie und effiziente Nutzung des elektronischen Versands. Gleichwohl werden die Sanktionen durch Absenkung der Portohöchstgrenzen weiter vorangetrieben.

Hinweis: Wird ein Facharzt für Kinder- und Jugendmedizin mit Schwerpunkt oder Zusatzweiterbildung in mindestens 50 Prozent seiner Arztfälle im Quartal im fachärztlichen Versorgungsbereich tätig, so bestimmt sich der arztgruppenspezifische Höchstwert für die Gebührenordnungspositionen 40110 und 40111 gemäß dem entsprechenden Schwerpunkt der Inneren Medizin.

40110   Kostenpauschale für die Versendung bzw. den Transport eines Briefes und/oder   **0,86**
von schriftlichen Unterlagen

Anmerkung Der Höchstwert für die Gebührenordnungspositionen 40110 und 40111 wird gemäß Abschnitt 40.4 Nr. 3 arztgruppenspezifisch festgelegt.
Kosten für die Versendung, den Transport bzw. die Übermittlung laboratoriumsdiagnostischer, histologischer, zytologischer, zytogenetischer oder molekulargenetischer Untersuchungsergebnisse können für die Fälle nicht berechnet werden, in denen die Kostenpauschale 40100 abgerechnet worden ist.

Abrechnungsausschluss im Behandlungsfall 01699 und 12230

Kommentar: **Die Bewertungen der Portogebühren nach den Ziffern 40110 und 40128 bis 40131 im Abschnitt 40.4 EBM wurden von 81ct auf 86ct angepasst.**

Die Kostenpauschalen nach der Ziffer 40111 unterliegen einem gemeinsamen Höchstwert je Arzt. Der Höchstwert für die Gebührenordnungspositionen 40110 und 40111 wird arztgruppenspezifisch festgelegt: **Die KBV informiert unter: https://www.kbv.de/media/sp/ EBM_2022-10-01_BA_585_BeeG_EBM-Detailaenderungen_Teil_D.pdf**

Wenn die in der Nr. 37706 enthaltenen Leistungen entsprechend den Nrn. 01600 und 01601 durchgeführt werden, sind für die Versendung bzw. den Transport die Kostenpauschalen nach den Nrn. 40110 und 40111 berechnungsfähig.

Hinweis: Wird ein Facharzt für Kinder- und Jugendmedizin mit Schwerpunkt oder Zusatzweiterbildung in mindestens 50 Prozent seiner Arztfälle im Quartal im fachärztlichen Versorgungsbereich tätig, so bestimmt sich der arztgruppenspezifische Höchstwert für die Gebührenordnungspositionen 40110 und 40111 gemäß dem entsprechenden Schwerpunkt der Inneren Medizin.

40111   Kostenpauschale für die Übermittlung eines Telefaxes   **0,05**

Anmerkung Der Höchstwert für die Gebührenordnungspositionen 40110 und 40111 wird gemäß Abschnitt 40.4 Nr. 3 arztgruppenspezifisch festgelegt.
Kosten für die Versendung, den Transport bzw. die Übermittlung laboratoriumsdiagnostischer, histologischer, zytologischer, zytogenetischer oder molekulargenetischer Untersuchungsergebnisse können für die Fälle nicht berechnet werden, in denen die Kostenpauschale 40100 abgerechnet worden ist.

Abrechnungsausschluss im Behandlungsfall 01699 und 12230

Kommentar: Siehe Kommentar zu EBM-Nr. 40110

40128   Kostenpauschale für die postalische Versendung einer mittels Stylesheet erzeug-   **0,86**
ten papiergebundenen Arbeitsunfähigkeitsbescheinigung gemäß § 4 Absatz 4.1.2 Anlage 2b BMV-Ä an den Patienten (*kursiv:* Gültig ab 1.April 2024)
– bei Patientenkontakt im Rahmen einer Videosprechstunde gemäß § 4 Absatz 5 der Arbeitsunfähigkeits-Richtlinie des Gemeinsamen Bundesausschusses
und/oder

– bei telefonischem Patientenkontakt im Falle einer öffentlich-rechtlichen Pflicht oder bei Bestehen einer öffentlich-rechtlichen Empfehlung zur Absonderung gemäß § 4 Absatz 6 der Arbeitsunfähigkeits-Richtlinie des Gemeinsamen Bundesausschusses
und/oder
– *im Zusammenhang mit der Durchführung einer Besuchsleistung entsprechend den Gebührenordnungspositionen 01410, 01411, 01412, 01413, 01415 und 01418*
und/oder
– *einer ärztlichen Bescheinigung für den Bezug von Krankengeld bei Erkrankung eines Kindes (Muster 21) an den Patienten bzw. die Bezugsperson bei Patientenkontakt im Rahmen einer Videosprechstunde*
und/oder
– einer Verordnung von Leistungen der medizinischen Rehabilitation (Muster 61) im Rahmen einer Videosprechstunde gemäß § 1 Absatz 1b der Rehabilitations-Richtlinie des Gemeinsamen Bundesausschusses
und/oder
– einer Folgeverordnung der häuslichen Krankenpflege (Muster 12) im Rahmen einer Videosprechstunde oder nach telefonischem Kontakt gemäß § 3 Absatz 1a der Häusliche Krankenpflege-Richtlinie des Gemeinsamen Bundesausschusses
und/oder
– einer Folgeverordnung von Heilmitteln (Muster 13) im Rahmen einer Videosprechstunde oder nach telefonischem Kontakt gemäß § 3 Absatz 3a der Heilmittel-Richtlinie des Gemeinsamen Bundesausschusses

Anmerkung Die Kostenpauschale 40128 ist nur berechnungsfähig bis ein verbindliches elektronisches Muster für die jeweilige Verordnung oder Bescheinigung zur Verfügung steht und diese auf elektronischem Weg an den Patienten versendet werden darf.

Berichtspflicht Nein

Kommentar: Zum 1.4.2024 erweitert sich die EBM-Ziffer 40128 um die Möglichkeit zum postalen Versand einer Kindkrankschreibung, die während einer Videosprechstunde ärztlich fest-gestellt wurde. Bis zum 31.3.2024 bleibt der Ansatz der EBM-Ziffer 40128 noch auf den Versand der Arbeitsunfähigkeit berufstätiger Personen beschränkt.

40129 Kostenpauschale für die postalische Versendung einer Bescheinigung gemäß **0,86** Muster 21 an den Patienten bzw. die Bezugsperson bei Patientenkontakt im Rahmen einer Videosprechstunde
<u>Achte:</u> Bitte beachten Sie die zeitliche Befristung bis 31.3.2024!

Anmerkung Die Kostenpauschale 40129 ist nur berechnungsfähig bis ein verbindliches elektronisches Muster für das Muster 21 zur Verfügung steht und die Bescheinigung auf elektronischem Weg an den Patienten versendet werden darf.

Berichtspflicht Nein

40130 Kostenpauschale für die postalische Versendung einer mittels Stylesheet erzeugten **0,86** papiergebundenen Arbeitsunfähigkeitsbescheinigung an die Krankenkasse des Patienten gemäß § 4 Absatz 4.1.4 Anlage 2b BMV-Ä

Anmerkung Die Kostenpauschale 40130 ist nur berechnungsfähig, wenn nach Ausstellung festgestellt wird, dass die Datenübermittlung an die Krankenkasse nicht möglich ist und diese nicht bis zum Ende des nachfolgenden Werktages nachgeholt werden kann.

Berichtspflicht Nein

Kommentar: 1. Das Institut des Bewertungsausschusses wird beauftragt, die Mengenentwicklung der Kostenpauschalen nach den Gebührenordnungspositionen 40130 und 40131 bis zum 31. Dezember 2024 zu evaluieren. Auf dieser Grundlage wird der Bewertungsausschuss prüfen, ob weiterer Regelungsbedarf bezüglich der Finanzierung besteht.

2. Der Bewertungsausschuss prüft bis zum 30. Juni 2025, ob die Kostenpauschalen 40130 und 40131 in vorhandene Leistungen des EBM überführt werden können und fasst ggf. einen Beschluss mit Wirkung zum 1. Januar 2026.

40131 Kostenpauschale für die postalische Versendung einer mittels Stylesheet erzeugten **0,86**
papiergebundenen Arbeitsunfähigkeitsbescheinigung an den Patienten gemäß
§ 4 Absatz 4.1.2 Anlage 2b BMV-Ä im Zusammenhang mit der Durchführung einer
Besuchsleistung entsprechend der Gebührenordnungspositionen 01410, 01411,
01412, 01413, 01415 und 01418
<u>Achte:</u> Bitte beachten Sie die zeitliche Befristung bis 31.3.2024!

Berichtspflicht Nein

Kommentar: siehe Kommentar Nr. 40130

40.5 Kostenpauschalen für Krankheitsbericht, Kurplan, Testbriefchen, Bezug von Harnstoff oder Mifepriston, Einmalsklerosierungsnadeln, zystoskopische Injektions-nadeln, -kanülen oder -katheter, Schweißtest

40142 Kostenpauschale für Leistungen entsprechend der Gebührenordnungspositionen **1,50**
01615, 01620, 01621 oder 01622, bei Abfassung in freier Form, wenn vereinbarte
Vordrucke nicht verwendet werden können,

Anmerkung Die Kostenpauschale 40142 ist im Zusammenhang mit der Gebührenordnungsposition 01615 insgesamt nur für eine Seite berechnungsfähig.

Abrechnungsbestimmung je Seite

GOÄ entsprechend oder ähnlich: 95 (Schreibgebühren), 96 (Schreibgebühren je Kopie)

Kommentar: Schreibgebühren können nur angesetzt werden, wenn auf Verlangen der Kasse oder eines
Kostenträgers, der nach EBM abrechnet, eine Auskunft gemäß EBM-Nrn. 01620, 01621
oder 01622 gefordert ist und kein Vordruck verwendet wird.

40152 Kostenpauschale für ein ausgegebenes Testbriefchen für den Nachweis von **1,50**
Albumin im Stuhl, wenn die Leistung entsprechend der Gebührenordnungsposition
32041 nicht erbracht werden konnte

Abrechnungsausschluss im Behandlungsfall 32401

GOÄ entsprechend oder ähnlich: Berechnung der entstandenen Kosten nach § 10 Abs.1 GOÄ

Kommentar: Müssen ein zweites Mal Testbriefe ausgegeben werden, kann die Nr. 40152 zusätzlich zur
Nr. 32041 abgerechnet werden.

40154 Kostenpauschale bei Durchführung der Leistung entsprechend der Gebühren- **25,60**
ordnungsposition 02400 für den Bezug des 13C-Harnstoffs gemäß Nr. I-7 der
Allgemeinen Bestimmungen

GOÄ entsprechend oder ähnlich: Berechnung der entstandenen Kosten nach § 10 Abs.1 GOÄ

Kommentar: Nicht abrechenbar ist diese Leistung in einigen KV-Bezirken, die den Materialbezug in die
Sprechstundenbedarfs-Vereinbarung aufgenommen haben. Informieren Sie sich bei Ihrer KV.

VI Anhänge

Die nachfolgenden Anhänge finden Sie auf den KBV-Seiten des EBM online: https://www.kbv./html/online-ebm.php.

1. Verzeichnis der nicht gesondert berechnungsfähigen Leistungen

Wichtig: Die stets aktuelle Tabelle finden Sie unter den Anhängen auf den KBV-Seiten.

1. Die im Anhang 1 aufgeführten Leistungen sind – sofern sie nicht als Gebührenordnungspositionen im EBM verzeichnet sind – Teilleistungen von Gebührenordnungspositionen des EBM und als solche nicht eigenständig berechnungsfähig. In der KBV-Tabelle steht in der linken Spalte der Begriff Spaltenbezeichnung – wir haben ergänzt: ggf. EBM Nr., da im unteren Teil auch EBM Nrn. genannt sind.
2. In den Gebührenordnungspositionen wird ggf. auf die Bezeichnung der Spalten
   VP = Versichertenpauschale,
   GP = Grund-/Konsiliarpauschale,
   SG = sonstige Gebührenordnungspositionen
   verwiesen.

Spaltenbezeichnung/ ggf. **EBM Nr.**	Legende	VP	GP	SG

2. Zuordnung der operativen Prozeduren nach § 295 SGB V (OPS) zu den Leistungen der Kapitel 31 und 36

Informationen der Herausgeber
Diese Aufstellung der ambulanten und belegärztlichen Operationen nach den Kapiteln 31 und 36, die für Pädiater – bis auf ganz wenige Ausnahmen – nicht von Bedeutung sind, finden Sie bei der KBV.

3. Angaben für den zur Leistungserbringung erforderlichen Zeitaufwand des Vertragsarztes gemäß § 87 Abs. 2, S. 1 SGB V in Verbindung mit § 106a Abs. 2 SGB V

Informationen der Herausgeber
Im Buch finden Sie zu den einzelnen EBM Nrn. unter der Zeile Aufwand in Minuten (Kalkulationszeit – Prüfzeit – Eignung für Prüfzeit) die entsprechenden Zeiten dieser Tabelle.

Anmerkungen:

1) Gebührenordnungspositionen des Kapitels 32 und entsprechende laboratoriumsmedizinische Gebührenordnungspositionen, vertraglich vereinbarte Kostenerstattungen und die Gebührenordnungspositionen der Abschnitte 11.4.2 bis 11.4.4 EBM und 19.4.2 bis 19.4.4 EBM enthalten keine ärztlichen Kalkulations- und Prüfzeiten.

2) Der im Standardbewertungssystem verwendete Zeitbedarf für die ärztliche Leistung

3) Gemäß der Allgemeinen Bestimmung 4.3.8 sowie den Anmerkungen unter den Gebührenordnungspositionen der Pauschalen für die fachärztliche Grundversorgung entsprechen die in Spalte 1 mit * gekennzeichneten Gebührenordnungspositionen nicht der fachärztlichen Grundversorgung.

Zusätzlich zu den im Anhang 3 gekennzeichneten Gebührenordnungspositionen werden die Gebührenordnungspositionen der Abschnitte 11.4, 19.4 und 32.3 EBM ebenfalls nicht der fachärztlichen Grundversorgung zugerechnet und führen zum Ausschluss der Berechnungsfähigkeit der Pauschale für die fachärztliche Grundversorgung.

4. Verzeichnis nicht oder nicht mehr berechnungsfähiger Leistungen

Diese Liste wird von der KBV regelmäßig aktualisiert (https://www.kbv.de/html/online-ebm.php)

5. nicht vorhanden

© Springer-Verlag GmbH Deutschland, ein Teil von Springer Nature 2024
P. M. Hermanns und K. von Pannwitz (Hrsg.), *EBM 2024 Kommentar Kinderheilkunde*, Abrechnung erfolgreich und optimal,
https://doi.org/10.1007/978-3-662-68662-1_6

6. Zuordnung der Gebührenordnungspositionen der Kapitel 50 und 51 zu den Anlagen der Richtlinie des Gemeinsamen Bundes-ausschusses über die ambulante spezialfachärztliche Versorgung nach § 116b SGB V (ASV-RL)

Diese Tabelle betrifft nur in seltenen Einzelfällen Pädiater. Die KBV informiert dazu:

1. Die Gebührenordnungspositionen der Kapitel 50 und 51 sind ausschließlich im Rahmen der Behandlung und bei einer der Erkrankungen gemäß den Anlagen der Richtlinie des Gemeinsamen Bundesausschusses über die ambulante spezialfachärztliche Versorgung nach § 116b SGB V entsprechend der Zuordnung in der nachfolgenden Tabelle berechnungsfähig. Die Gebührenordnungspositionen sind ausschließlich von den jeweils zugeordneten Fachgruppen entsprechend ihrer Bezeichnung in der ASV-RL berechnungsfähig. Sofern in der Tabelle Indikationen und sonstige Anforderungen genannt werden, sind die Gebührenordnungspositionen nur dann berechnungsfähig, wenn mindestens eine der genannten Indikationen vorliegt und alle Anforderungen erfüllt werden.

2. Sofern die im Anhang 6 aufgeführten Gebührenordnungspositionen aufgrund von Änderungen durch einen Beschluss des G-BA bei der Fachgruppenzuordnung und/oder den Indikationen und sonstigen Anforderungen von den Leistungsbeschreibungen in Abschnitt 1 und 2 der Anlage zur ASV-RL des G-BA abweichen, gelten bis zur entsprechenden Anpassung des Anhangs 6 EBM die vom G-BA getroffenen Regelungen hinsichtlich der zur Leistung berechtigten Fachgruppen, der Indikationen und sonstigen Anforderungen der Anlage zur ASV-RL.

Die entsprechende Tabelle finden Sie auf den Seiten der KBV unter:
http://www.kbv.de/tools/ebm/html/6_16239437670483463369632.html

VII Im Rahmen der ASV berechnungsfähige Gebührenordnungspositionen **50400–50401**

50.4 Diagnostische und therapeutische Gebührenordnungspositionen – Rheumatologische Erkrankungen
EBM-Nr.   EBM-Punkte / Euro

VII Ausschließlich im Rahmen der ambulanten spezial-fachärztlichen Versorgung (ASV) berechnungsfähige Gebührenordnungspositionen

50.4 Diagnostische und therapeutische Gebührenordnungspositionen gemäß der Richtlinie des Gemeinsamen Bundesausschusses über die ambulante spezialfachärztliche Versorgung nach § 116b SGB V: Anlage 1.1 b) Rheumatologische Erkrankungen Erwachsene und Rheumatologische Erkrankungen Kinder und Jugendliche

1. Die in diesem Abschnitt genannten Gebührenordnungspositionen sind ausschließlich im Rahmen der Leistungserbringung gemäß Anlage 2 a) Tuberkulose und atypische Mykobakteriose der Richtlinie des Gemeinsamen Bundesausschusses über die ambulante spezialfachärztliche Versorgung nach § 116b SGB V berechnungsfähig.

50400 Zusatzpauschale für die Überleitung eines Jugendlichen mit rheumatologischer   **110**
Erkrankung in die Erwachsenenmedizin   13,13
Obligater Leistungsinhalt
• Persönlicher Arzt-Patienten-Kontakt,
• Gespräch mit dem Patienten,
• Dokumentation der Gesprächsergebnisse in dem ausführlichen schriftlichen Abschluss-bericht (Epikrise),
Fakultativer Leistungsinhalt
• Einbeziehung der Bezugs- oder Betreuungsperson(en),
• Konsultation und konsiliarische Beratung mit dem weiterbehandelnden Arzt,
Abrechnungsbestimmung je vollendete 10 Minuten Arzt-Patienten-Kontaktzeit, bis zu fünfmal im Laufe von vier Kalendervierteljahren
Anmerkung Die Gebührenordnungsposition 50400 kann nur in den letzten vier Kalendervierteljahren vor einer Überleitung in die Erwachsenenmedizin berechnet werden.
Die Gebührenordnungsposition 50400 ist nur von einem Arzt des Kernteams berechnungsfähig.
Die Gebührenordnungsposition 50400 ist nur berechnungsfähig, wenn innerhalb der letzten vier Kalendervierteljahre jeweils mindestens ein Arzt-Patienten-Kontakt pro Kalendervierteljahr in mindestens drei Kalendervierteljahren mit dem Kinder- und Jugendmediziner stattgefunden hat. Davon müssen in mindestens zwei Kalendervierteljahren persönliche Arzt-Patienten-Kontakte vorgelegen haben.
Berichtspflicht Nein

50401 Zusatzpauschale für die Integration eines Patienten mit rheumatologischer   **90**
Erkrankung in die Erwachsenenmedizin   10,74
Obligater Leistungsinhalt
• Persönlicher Arzt-Patienten-Kontakt,
• Gespräch mit dem Patienten,
Fakultativer Leistungsinhalt
• Einbeziehung der Bezugs- oder Betreuungsperson(en),
• Konsultation und konsiliarische Beratung mit dem abgebenden Arzt,
Abrechnungsbestimmung je vollendete 10 Minuten, bis zu fünfmal im Laufe von vier Kalendervierteljahren
Anmerkung Die Gebührenordnungsposition 50401 ist nur bis zum Ende des 21. Lebensjahres berechnungsfähig. Die Gebührenordnungsposition 50401 kann im Quartal des erstmaligen Arzt-Patienten-Kontakts im ASV-Team und in den darauf folgenden drei Kalendervierteljahren berechnet werden.

Die Gebührenordnungsposition 50401 ist nur von einem Arzt des Kernteams berechnungsfähig.

Berichtspflicht Nein

50.5 Diagnostische und therapeutische Gebührenordnungspositionen gemäß der Richtlinie des Gemeinsamen Bundesausschusses über die ambulante spezialfachärztliche Versorgung nach § 116b SGB V: Anlage 2 c) Hämophilie

Die in diesem Abschnitt genannten Gebührenordnungspositionen sind ausschließlich im Rahmen der Leistungserbringung gemäß Anlage 2c) Hämophilie der Richtlinie des Gemeinsamen Bundesausschusses über die ambulante spezialfachärztliche Versorgung nach § 116b SGB V berechnungsfähig.

Grundpauschale

Obligater Leistungsinhalt
- Persönlicher Arzt-Patienten-Kontaktund/oder Arzt-Patienten-Kontakt im Rahmen einer Videosprechstunde gemäß Bestimmung Nr. 14 in Bereich VII EBM

Fakultativer Leistungsinhalt
- weitere persönliche oder andere Arzt-Patienten-Kontakte gemäß 4.3.1 der Allgemeinen Bestimmungen,
- Ärztlicher Bericht entsprechend der Gebührenordnungsposition 01600,
- Individueller Arztbrief entsprechend der Gebührenordnungsposition 01601,
- In Anhang 1 aufgeführte Leistungen,

Abrechnungsbestimmung einmal im Behandlungsfall

Anmerkung Die Gebührenordnungspositionen 50510 bis 50512 sind im Behandlungsfall nicht neben der Gebührenordnungsposition 12220 berechnungsfähig.

50510   für Versicherte bis zum vollendeten 5. Lebensjahr   **256**
                                                               30,55

Obligater Leistungsinhalt
- Persönlicher Arzt-Patienten-Kontaktund/oder Arzt-Patienten-Kontakt im Rahmen einer Videosprechstunde gemäß Bestimmung Nr. 14 in Bereich VII EBM

Fakultativer Leistungsinhalt
- weitere persönliche oder andere Arzt-Patienten-Kontakte gemäß 4.3.1 der Allgemeinen Bestimmungen,
- Ärztlicher Bericht entsprechend der Gebührenordnungsposition 01600,
- Individueller Arztbrief entsprechend der Gebührenordnungsposition 01601,
- In Anhang 1 aufgeführte Leistungen,

Abrechnungsausschluss im Behandlungsfall 12220

Berichtspflicht Nein

50511   für Versicherte ab Beginn des 6. bis zum vollendeten 59. Lebensjahr   **314**
                                                                    37,47

Obligater Leistungsinhalt
- Persönlicher Arzt-Patienten-Kontaktund/oder Arzt-Patienten-Kontakt im Rahmen einer Videosprechstunde gemäß Bestimmung Nr. 14 in Bereich VII EBM

Fakultativer Leistungsinhalt
- weitere persönliche oder andere Arzt-Patienten-Kontakte gemäß 4.3.1 der Allgemeinen Bestimmungen,
- Ärztlicher Bericht entsprechend der Gebührenordnungsposition 01600,
- Individueller Arztbrief entsprechend der Gebührenordnungsposition 01601,
- In Anhang 1 aufgeführte Leistungen,

Abrechnungsausschluss im Behandlungsfall 12220

Berichtspflicht Nein

50512   für Versicherte ab Beginn des 60. Lebensjahres   **330**
                                                                                      39,38

Obligater Leistungsinhalt
- Persönlicher Arzt-Patienten-Kontakt und/oder Arzt-Patienten-Kontakt im Rahmen einer Videosprechstunde gemäß Bestimmung Nr. 14 in Bereich VII EBM

Fakultativer Leistungsinhalt
- weitere persönliche oder andere Arzt-Patienten-Kontakte gemäß 4.3.1 der Allgemeinen Bestimmungen,
- Ärztlicher Bericht entsprechend der Gebührenordnungsposition 01600,
- Individueller Arztbrief entsprechend der Gebührenordnungsposition 01601,
- In Anhang 1 aufgeführte Leistungen,

Abrechnungsausschluss im Behandlungsfall 12220

Berichtspflicht Nein

50.6 Diagnostische und therapeutische Gebührenordnungspositionen gemäß der Richtlinie des Gemeinsamen Bundesausschusses über die ambulante spezialfachärztliche Versorgung nach § 116b SGB V: Anlage 1.1 c) Chronisch entzündliche Darmerkrankungen

50601   Zuschlag zu den Gebührenordnungspositionen 04514, 04518, 13421 und 13422 bei   **402**
            Durchführung einer Chromoendoskopie   47,97

Abrechnungsbestimmung einmal im Krankheitsfall

Berichtspflicht Nein

Kommentar: Hinweis des Bewertungsausschusses:

Die GOP 50601 dient der Vergütung des bislang nicht im EBM abgebildeten Aufwands einer Chromoendoskopie bei Durchführung der Überwachungskoloskopie nach der lfd. Nr. 4 des Appendix – Abschnitt 2 zur Anlage 1.1 Buchstabe c – Chronisch entzündliche Darmerkrankungen der ASV-RL. Über diese GOP werden die Aufbereitung und der Einsatz des Färbemittels sowie die hiermit verbundene Nachbereitung und ggf. verlängerte Untersuchungsdauer durch die abschnittsweise Färbung und Absaugung des Färbemittels im Rahmen einer Überwachungskoloskopie vergütet.

Für den Einsatz der hochauflösenden Weißlichtendoskopie (HDWLE), die vom Gemeinsamen Bundesausschuss in der genannten Abschnitt 2-Leistung ebenfalls aufgeführt ist, wurde vom ergänzten Bewertungsausschuss gegenüber einer regulären (Teil-)Koloskopie kein höherer Aufwand festgestellt, so dass dieses Verfahren keinen Zuschlag zu den GOP 04514, 04518, 13421 und 13422 auslöst.

50.7 Diagnostische und therapeutische Gebührenordnungspositionen gemäß der Richtlinie des Gemeinsamen Bundesausschusses über die ambulante spezialfachärztliche Versorgung nach § 116b SGB V: Anlage 2 b) Mukoviszidose

Die in diesem Abschnitt genannten Gebührenordnungspositionen sind ausschließlich im Rahmen der Leistungserbringung gemäß Anlage 2 b) Mukoviszidose der Richtlinie des Gemeinsamen Bundesausschusses über die ambulante spezialfachärztliche Versorgung nach § 116b SGB V berechnungsfähig.

50700   Problemorientiertes ärztliches Gespräch, das aufgrund einer Mukoviszidose-   **128**
            Erkrankung erforderlich ist   15,28

Obligater Leistungsinhalt
- Gespräch von mindestens 10 Minuten Dauer,
- mit einem Patienten
und/oder
- einer Bezugsperson,

Fakultativer Leistungsinhalt

- Beratung und Erörterung zu den therapeutischen, familiären, sozialen oder beruflichen Auswirkungen und deren Bewältigung im Zusammenhang mit der Erkrankung, die aufgrund von Art und Schwere das Gespräch erforderlich macht,

Abrechnungsbestimmung je vollendete 10 Minuten, höchstens viermal im Kalendervierteljahr

Anmerkung Die Gebührenordnungsposition 50700 ist auch bei Durchführung der Leistung im Rahmen einer Videosprechstunde berechnungsfähig. Abrechnungsvoraussetzung ist die Einhaltung der Regelungen gemäß § 5 Absatz 4 ASV-RL.

Bei der Nebeneinanderberechnung diagnostischer bzw. therapeutischer Gebührenordnungspositionen und der Gebührenordnungsposition 50700 ist eine mindestens 10 Minuten längere Arzt-Patienten-Kontaktzeit als in den entsprechenden Gebührenordnungspositionen angegeben Voraussetzung für die Berechnung der Gebührenordnungsposition 50700

Abrechnungsausschluss in derselben Sitzung 35100, 35110

Berichtspflicht: Nein

Nicht aufgenommen wurden aus Kapitel VII

- **die Abschnitte 50.1 und 50.6 und 51**

sowie das Kapitel

- **VIII Ausschließlich im Rahmen von Erprobungsverfahren gemäß § 137e SGB V berechnungsfähige Gebührenordnungspositionen**

Sie finden den gesamten Text der beiden Kapitel bei der KBV im Internet mit entsprechenden EBM Nrn. unter EBM online: https://www.kbv.de/html/online-ebm.php.

Schutzimpfungen

Richtlinie des Gemeinsamen Bundesausschusses über Schutzimpfungen nach § 20i Absatz 1 SGB V Stand 1.10.2022
https://www.g-ba.de/downloads/62-492-2945/SI-RL_2022-08-18_iK-2022-10-01.pdf

HINWEIS:
Über die aufgelisteten Impfungen in den Schutzimpfungsrichtlinie bieten einzelne Krankenkassen regional zusätzlich einige Schutzimpfungen als freiwillige Leistungen an.
Zu Informationen kontaktieren Sie Ihre regionale KV!

1. Schutzimpfungs-Richtlinie (Schutzimpfungs-Richtlinie(SI-RL) von G-BA Oktober 2022)

Nachfolgend finden Sie die einzelnen Impfungen und die Dokumentationsnrn. dazu. Wir haben auf die EBM Bewertungen verzichtet, weil es in der Regel überall regionale Impfvereinbarungen der KV mit den Krankenkassen gibt und unterschiedliche Honorare, diese Rahmenvereinbarungen mit Honoraren sollten Sie bei Ihrer KV nachfragen.

Bei der Dokumentation der Einzelimpfstoffe hat die Nummer der Standardimpfung Vorrang, wenn gleichzeitig weitere Indikationen in Betracht kommen. Influenza-Impfung eines 60-jährigen Patienten mit Diabetes gilt als Standardimpfung (89111) Influenza-Impfung eines 50-jährigen Patienten mit Diabetes gilt als Indikationsimpfung (89112).

Bei der Anwendung von Kombinationsimpfstoffen sind ausschließlich die Dokumentationsnummern der entsprechenden Kombinationen zu verwenden.

Rechtsprechung:

▶ **Vorfahrt für Impfung bei Uneinigkeit der Eltern**
Im Falle eines Streits der gemeinsam sorgeberechtigten Eltern darüber, ob ihr Kind geimpft werden soll, kann das Entscheidungsrecht gem. § 1628 BGB demjenigen Elternteil übertragen werden, der sich an den Empfehlungen der Ständigen Impfkommission (STIKO) am Robert Koch-Institut orientiert und damit das Kindeswohl als Maßstab nimmt. Dies gilt auch für den Fall, dass das Kind beim anderen Elternteil lebt, wie der Bundesgerichtshof (BGH) höchstrichterlich entschied.
Aktenzeichen: BGH, 03.05.2017, AZ.: XII ZB 157/16
Entscheidungsjahr: 2017

2. Abrechnung von Impfleistungen
Die jeweiligen Honorare sind bei den regionalen Kassenärztlichen Vereinigungen entsprechend den mit den Krankenkassen geschlossenen Verträgen unterschiedlich.
Im Internetauftritt Ihrer KV können Sie in der Regel die für Sie geltenden Honorare finden.

▶ **Risikoaufklärung kann bei Routine-Impfungen schriftlich erfolgen**
Eine rein schriftliche Patientenaufklärung bei einer Impfung, die den Empfehlungen der Ständigen Impfkommission (STIKO) folgt, ist ausnahmsweise ausreichend. Dies bestätigte das Oberlandesgericht (OLG) Zweibrücken und folgt damit der Rechtsprechung des Bundesgerichtshofs, die in bestimmten Fällen Ausnahmen zulässt zu der gemäß § 630e BGB bestehenden ärztlichen Pflicht, Patienten mündlich über mögliche Risiken aufzuklären. Allerdings müsse dem Patienten vor einer schriflichen Aufklärung zumindest die Gelegenheit zu einem Gespräch gegeben werden. Im vorliegenden Fall hatte ein Hausarzt bei einer Impfung gegen Influenza dem Patienten zur Aufklärung ein Merkblatt ausgehändigt. In Folge der Behandlung trug der Patient eine schwere Behinderung davon und wurde berufsunfähig.
Aktenzeichen: OLG Zweibrücken, 31.02.2013, AZ: 5 U 43/11
Entscheidungsjahr: 2013

Impfungen   **Dokumentationsnummer***

	erste Dosis eines Impfzyklus, bzw. unvollständige Impfserie	letzte Dosis eines Impfzyklus nach Fachinformation	Auffrischungsimpfung

Einfachimpfung

	erste Dosis eines Impfzyklus, bzw. unvollständige Impfserie	letzte Dosis eines Impfzyklus nach Fachinformation	Auffrischungsimpfung
Diphtherie (Standardimpfung) – Kinder und Jugendliche bis 17 Jahre	89100A	89100B	89100R
Diphtherie – sonstige Indikationen	89101A	89101B	89101R
Frühsommermeningo-Enzephalitis (FSME)	89102A	89102B	89102R
Haemophilus influenza Typ b (Standardimpfung) – Säuglinge und Kleinkinder	89103A	89103B	
Haemophilus influenza Typ b – sonstige Indikationen	89104A	89104B	
Hepatitis A	89105A	89105B	89105R
Hepatitis B (Standardimpfung) – Säuglinge, Kinder und Jugendliche bis 17 Jahre	89106A	89106B	
Hepatitis B – sonstige Indikationen	89107A	89107B	89107R
Hepatitis B – Dialysepatienten	89108A	89108B	89108R
Humane Papillomarviren (HPV) – Mädchen und weibl. Jugendliche	89110A	89110B	
Influenza (Standardimpfung) – Personen über 60 Jahre	89111		
Influenza – sonstige Indikationen	89112		
Masern (Erwachsene) (1)	89113		
Meningokokken Konjugatimpfstoff (Standardimpfung) – Kinder	89114		
Meningokokken – sonstige Indikationen	89115A	89115B	89115R**
Pertussis (Standardimpfung)◊ – Säuglinge, Kinder und Jugendliche bis 17 Jahre	89116A	89116B	89116R
Pertussis ◊ – sonstige Indikationen	89117A	89117B	
Pneumokokken Konjugatimpfstoff (Standardimpfung) – Kinder bis 24 Monate	89118A	89118B	
Pneumokokken (Standardimpfung) – Personen über 60 Jahre	89119		89119R**
Pneumokokken – sonstige Indikationen	89120****		89120R
Poliomyelitis (Standardimpfung) – Säuglinge, Kinder und Jugendliche bis 17 Jahre	89121A	89121B	89121R
Poliomyelitis – sonstige Indikationen	89122A	89122B	89122R**
Rotaviren (RV)	89127A	89127B	
Röteln (Erwachsene) (1) ◊	89123		
Tetanus	89124A	89124B	89124R
Varizellen (Standardimpfung) – Säuglinge, Kinder und Jugendliche bis 17 Jahre	89125A	89125B	

Varizellen – sonstige Indikationen	89126A	89126B	

Zweifachimpfung

Diphtherie, Tetanus (DT) (Kinder) ◊	89200A	89200B	
Diphtherie, Tetanus (Td) (Erwachsene)	89201A	89201B	89201R
Hepatitis A und Hepatitis B (HA – HB) – nur bei Vorliegen der Indikationen für eine Hepatitis A- und eine Hepatitis B-Impfung	89202A	89202B	
Haemophilus influenza Typ b, Hepatitis B ◊	89203A	89203B	

Dreifachimpfung

Diphtherie, Pertussis, Tetanus (DTaP)	89300A	89300B	
Masern, Mumps, Röteln (MMR)	89301A	89301B	
Diphtherie, Tetanus, Poliomyelitis (TdIPV)	89302	89302	89302R**
Diphtherie, Pertussis, Tetanus (Tdap)	89303	89303	89303R***

Vierfachimpfung

Diphtherie, Pertussis, Tetanus, Poliomyelitis (TdapIPV)	89400	89400	89400R***
Masern, Mumps, Röteln, Varizellen (MMRV)	89401A	89401B	

Fünffachimpfung

Diphtherie, Pertussis, Tetanus, Poliomyelitis, Haemophilus influenzae Typ b (DTaP-IPV-Hib)	89500A	89500B	

Sechsfachimpfung

Diphtherie, Pertussis, Tetanus, Poliomyelitis, Haemophilus influenza Typ b, Hepatitis B (DTaP-IPV-Hib-HB)	89600A	89600B	

Hinweise aus dem Internet

Aufklärung vor Schutzimpfungen Robert Koch Institut
https://www.rki.de/SharedDocs/FAQ/Impfen/Aufklaerung/FAQ-Liste.html?nn=2391120

Themenbereiche
- Warum ist eine Impfaufklärung notwendig?
- Welche Informationen sollte die Impfaufklärung beinhalten?
- Zu welchem Zeitpunkt und durch wen ist die Impfaufklärung durchzuführen?
- Wo gibt es Informationsmaterialien zur Impfaufklärung?
- Ist eine schriftliche Einwilligung erforderlich?
- Was ist bei minderjährigen Patienten zu beachten?
- Was ist bei öffentlichen Impfterminen zu beachten?

STIKO@rki-App
Kostenlose App mit Informationen und Service rund ums Impfen, entwickelt für die impfende Ärzteschaft, um sie bei Fragen zum Impfen im Praxisalltag zu unterstützen – mit interaktivem Impfcheck, Fachinformation aller Impfstoffe, Antworten auf häufig gestellte Fragen zu Impfungen sowie die RKI-Ärzte-

ratgeber zu impfpräventablen Erkrankungen sowie integrierter News-Feed-Funktion. Herausgeber: Robert Koch-Institut (RKI)

Web-Version der App unter www.STIKO-web-app.de

Themenbereiche
- Warum ist eine Impfaufklärung notwendig?
- Welche Informationen sollte die Impfaufklärung beinhalten?
- Zu welchem Zeitpunkt und durch wen ist die Impfaufklärung durchzuführen?
- Wo gibt es Informationsmaterialien zur Impfaufklärung?
- Ist eine schriftliche Einwilligung erforderlich?
- Was ist bei minderjährigen Patienten zu beachten?
- Was ist bei öffentlichen Impfterminen zu beachten?

Deutsche Gesellschaft für Tropenmedizin und Globale Gesundheit e.V.
https://www.dtg.org/

Themenbereiche
- Reiseimpfungen
- Impfplan und Zeitabstände
- Reiseimpfungen bei Schwangeren
- Reiseimpfungen bei Kindern
- Impfungen bei HIV-Infektion

Rechtsprechung:
Urteile zu GKV-Abrechnungen und Behandlungen

1. **Grundsätze bei GKV-Abrechnung**
2. **Behandlungen – Einzelfälle**
3. **Praxisführung**

1. Grundsätze bei GKV-Abrechnung

▶ **Unzulässige Forderung von Zuzahlungen bei ambulanten OPs bei gesetzlich Versicherten**
Ein zur vertragsärztlichen Versorgung zugelassener Chirurg hatte seinen Patienten vor den OPs per Formular erklärt, dass zusätzliche Sach- und Personalkosten anfielen, die von der GKV nicht übernommen werden. Der Chirurg verlangte daher, dass der Patient vor der OP die Kostenübernahme der GKV vorlegt oder erklärt, er trage die Kosten selbst. Die zuständige KÄV forderte den Arzt auf, bei GKV-Versicherten auf eine Zuzahlung zu verzichten, was vom Arzt abgelehnt wurde. Daraufhin wurde eine Disziplinarverfahren gegen den Chirurgen eingeleitet mit der Folge, dass eine Verwarnung gemäß § 81 Abs.5 S.2 u.3 SGB V ausgesprochen wurde. Von den Gerichten wurde die Auffassung der KÄV bestätigt, denn der Arzt hat durch die Forderung von Zuzahlungen schuldhaft gegen die aus seiner Zulassung zur vertragsärztlichen Versorgung folgenden Verpflichtungen verstoßen. Nach der gesetzlichen Vorstellung soll den Versicherten der GKV die gesamte Krankenbehandlung als Sach- und Dienstleistung zur Verfügung gestellt werden. Die Ärzte erhalten die Vergütung für ihre Tätigkeit von den Krankenkassen als Leistungsträgern der GKV. Die Vertragsärzte unterliegen der Pflicht zur Behandlung der GKV-Versicherten. Zuzahlungen der Versicherten an die Leistungserbringer (Ärzte) widersprechen dem gesetzlich vorgegebenen Naturalleistungssystem, abgesehen von den im SGB V geregelten Ausnahmen. Den Versicherten sollen finanzielle Kosten grundsätzlich nur bei den Beiträgen entstehen. Machen daher Ärzte Behandlungen von Zuzahlungen der Versicherten abhängig, so verstoßen sie gegen ein zentrales Prinzip der GKV und handeln gegen ihre Pflicht, ärztliche Leistungen nur nach den Bestimmungen über die vertragsärztliche Versorgung zu erbringen. Auch die vermeintlich unzureichende Honorierung einer Einzelleistung gibt dem Arzt nicht das Recht, eine Zuzahlung zu verlangen. Entscheidend ist nämlich, dass der Vertragsarzt insgesamt Anspruch auf eine leistungsgerechte Teilhabe an der Gesamtvergütung hat.
Aktenzeichen: BSG, 14.03.2001, AZ: B 6 KA 36/00 R
Entscheidungsjahr: 2001

▶ **Anspruch auf Behandlungskosten/Honorar, wenn GKV nicht besteht**
Eine Mutter hatte ihre minderjährige Tochter zur Behandlung in eine Klinik eingeliefert. Irrtümlich ging sie davon aus, dass die Tochter über ihren Ehemann bei der AOK mitversichert sei. Erst nach der Behandlung stellte sich dieser Irrtum heraus. Da die Klinik und sowie die Mutter von einer Mitversicherung der Tochter ausgingen, fehlt dem Behandlungsvertrag, der zwischen dem Krankenhaus und der Mutter abgeschlossen wurde, die Geschäftsgrundlage. Die notwendige Anpassung des Vertrages führt dazu, dass die Klinik die Vergütung nach den §§ 10 ff. BPflV von Mutter einfordern kann. Der BGH weist darauf hin, dass es grundsätzlich nicht die Aufgabe der Klinik ist, sich um den Versicherungsschutz von Patienten zu kümmern. Dieses Risiko trug allein die Mutter.
Aktenzeichen: BGH, 28.04.2005, AZ: III ZR 351/04
Entscheidungsjahr: 2005

▶ **Abrechnung von Einmalartikeln als Sachkosten gegenüber der KV**
Einmalartikel können auch dann als Sachkosten gegenüber der KV abgerechnet werden, wenn sie als Ersatz für Artikel zur Anwendung kommen, die von der Abrechnung ausgeschlossen sind. Dies gilt dann nicht, wenn die Verwendung ausdrücklich durch die EBM – Ziffer abgegolten ist oder nach dem EBM die gesonderte Abrechnung ausgeschlossen ist. Nach Auffassung des Gerichts konnte daher ein Chirurg Einmal-Abdeckungen bei ambulanten Operationen als Sachkosten gegenüber der KV abrechnen.
Aktenzeichen: LSG Nordrhein-Westfalen, 16.01.2008, AZ: L 11 KA 44/06
Entscheidungsjahr: 2008

▶ **Indikationsfremde Anwendung von Arzneimitteln**
Ist ein Medikament nach dem Arzneimittelrecht zugelassen, ist damit zugleich der Mindeststandard einer wirtschaftlichen und zweckmäßigen Arzneimittelversorgung erfüllt.Grundsätzlich beschränkt sich die Leistungspflicht der KV auf die zugelassenen Anwendungsgebiete eines Arzneimittels.

Aber: die indikationsfremde Anwendung von zugelassenen Arzneimitteln zählt dann zur Leistungspflicht einer KV, wenn eine lebensbedrohliche Krankheit des Patienten anders nicht wirksam behandelt werden kann.
Aktenzeichen: SG Düsseldorf, 22.11.2002, AZ: S 4 KR 332/01
Entscheidungsjahr: 2002

▶ **Persönliche Leistungserbringung des Vertragsarztes**
Gemäß § 32 Abs.1 S.1 Ärzte-ZV hat ein Vertragsarzt seine ärztliche Tätigkeit grundsätzlich persönlich auszuüben; vgl. auch § 15 Abs.1 S.1 BMV-Ä.
Aber auch ärztliche Leistungen von genehmigten Assistenten gelten als persönliche Leistungen des Vertragsarztes, wenn sie dem Praxisinhaber als Eigenleistung zugerechnet werden können.
Bei der Tätigkeit von Weiterbildungsassistenten ist diese Zurechnung nicht ohne weiteres möglich, da die Ausbildung des Assistenten noch nicht abgeschlossen ist. Erforderlich ist daher eine Überwachung und Anleitung der Tätigkeit durch den Vertragsarzt.
Aktenzeichen: BSG, 17.03.2010, AZ: B 6 KA 13/09
Entscheidungsjahr: 2010

Die Aufzählung der Vertretungsgründe in § 32 Ärzte-ZV ist nicht abschließend, jedoch vor dem Hintergrund des im Vertragsarztrecht geltenden elementaren Grundsatzes der persönlichen Leistungserbringung können weitere Gründe nur in Ausnahmefällen eine Durchbrechung des Grundsatzes rechtfertigen. Es kann daher lediglich eine restriktive Erweiterung der Vertretungsgründe in Betracht kommen. (Rn. 40). Ein solcher rechtfertigender Vertretungsgrund ist anzunehmen, wenn es sich um eine rein ehrenamtliche Tätigkeit (zB ehrenamtliche Tätigkeit eines Arztes in Entwicklungsländern bei Ärzte ohne Grenzen) handelt, bei der kein finanzielle Interessen nicht im Vordergrund stehen. (Rn. 40)
Aktenzeichen: SG München, Urt. V. 02.06.2022 – S 38 KA 125/19

▶ **Unzulässige Verweigerung der vertragsärztlichen Behandlung und Privatliquidation**
Gem. § 13 Abs. 7 Satz 3 BMV-Ä darf der Vertragsarzt, sofern kein Fall des § 13 Abs. 7 Sätze 1, 2 BMV-Ä vorliegt, die Behandlung eines Versicherten nur in begründeten Fällen ablehnen. Grundsätzlich kann eine kapazitätsmäßige Überlastung des Arztes einen derartigen begründeten Ablehnungsgrund darstellen. Eine solche Überlastung ist jedoch nicht gegeben, wenn der Arzt die Patienten am selben Tag umfangreich privatärztlich behandelt. Die Weigerung eines Vertragsarztes, eine Versicherte wegen kapazitätsmäßiger Überlastung als Kassenpatientin zu behandeln, und die stattdessen am selben Tag erfolgende Behandlung der Versicherten aufgrund Privatliquidation stellen einen Verstoß gegen vertragsärztliche Pflichten dar (Verstoß gegen das Sachleistungsprinzip sowie gegen die Vorschrift des § 128 Abs. 5a SGB V)
Aktenzeichen: SG München, 23.04.2021, AZ.: S 28 KA 116/18
Entscheidungsjahr: 2021

▶ **Ärzte dürfen nicht grundlos von Standardtherapie abweichen**
Wenn Ärzte andere Behandlungsmethoden anwenden als die Standardtherapie, ohne ihre Patienten darauf hinzuweisen, ist das ein Behandlungsfehler. Das hat das Oberlandesgericht Hamm entschieden. Als grob gilt der Fehler, wenn sich der Patient bereits für die Standardtherapie entschieden hatte. Ein Arzt behandelte im vorliegenden Fall die Hautkrebserkrankung eines Patienten mit einer fotodynamischen Therapie. Zuvor hatte der Patient die Standardtherapie gewünscht: eine Operation.
Der Arzt hatte den Patienten nicht darüber informiert, dass bei der fotodynamischen Therapie die Gefahr höher ist, dass der Krebs zurückkehrt.
Aktenzeichen: OLG Hamm, 25.02.2014, Az.: 26 U 157/12)
Entscheidungsjahr: 2014

2. Behandlungen – Einzelfälle

▶ **Abgrenzung: Befunderhebungsfehler – mangelhafte therapeutische Beratung**
Wurde ein Patient zutreffend über das Vorliegen eines kontrollbedürftigen Befundes (hier: einer Krebsvorsorgeuntersuchung) und die medizinisch gebotene Maßnahme einer weiteren Kontrolle informiert und ist der Patient dieser Aufforderung lediglich nicht nachgekommen, liegt kein Befunderhebungsfehler vor. In einem solchen Fall kommt grundsätzlich allein das Vorliegen eines Verstoßes gegen die Pflicht zur therapeutischen Beratung, etwa wegen eines unterlassenen Hinweises auf die Dringlichkeit der gebotenen Maßnahme, in Betracht. Der Schwerpunkt der Vorwerfbarkeit des ärztlichen Fehlverhaltens liegt hier regelmäßig nicht in der unterbliebenen Befunderhebung als

solcher, sondern in dem Unterlassen von Warnhinweisen zum Zwecke der Sicherstellung des Behandlungserfolgs.

Aktenzeichen: Bundesgerichtshof, Urteil vom 11.04.2017 – VI ZR 576/15 https://goo.gl/WCUAM8
Entscheidungsjahr: 2017
Quelle: https://arge-medizinrecht.de/wp-content/uploads/2017/08/arge-medizinrecht-newsletter-2017-07-01.pdf

▶ **Haftung bei neuen Behandlungsmethoden**
Die Haftung des Arztes bei der Anwendung neuer Behandlungsmethoden hat auch in der Vergangenheit immer wieder zur Frage der Legitimität von Heilversuchen und dem Einsatz alternativer Behandlungsmethoden geführt.
In einer aktuellen Entscheidung hat der Bundesgerichtshof vom 30.05.2017 (– VI ZR 203/16) noch einmal klargestellt, dass die Anwendung von nicht allgemein anerkannten Therapieformen rechtlich grundsätzlich erlaubt ist (so bereits BGH, Urteile vom 13.06.2006 – VI ZR 323/04 – „Robodoc" und vom 22.05.2007 – VI ZR 35/06 – „Racz-Katheder").
Quelle und weitere Informationen: https://medizinrecht.ra-glw.de/index.php/selbstbestimmung-von-minderjaehrigen-in-der-aerztlichen-behandlung/

▶ **Selbstbestimmung von Minderjährigen in der ärztlichen Behandlung**
Die Aufklärung und Einwilligung von Minderjährigen in ärztliche Behandlung stellt Ärzte oft vor erhebliche Probleme, insbesondere wenn es sich um ältere Minderjährige handelt, die sich einem folgenreichen Eingriff unterziehen müssen.
Rechtlich anerkannt ist nämlich, dass die Befugnis zur Einwilligung in die ärztliche Behandlung nicht von der Geschäftsfähigkeit nach den §§ 104 ff. BGB abhängt, sondern von der individuell zu beurteilenden Einwilligungsfähigkeit.
Der BGH hatte hierzu bereits in der Entscheidung vom 10.10.2006 (– VI ZR 74/05 –) klargestellt, dass einem minderjährigen Patienten bei einem nur relativ indizierten Eingriff mit der Möglichkeit erheblicher Folgen für die künftige Lebensgestaltung zumindest ein Veto-Recht gegen die Fremdbestimmung durch die gesetzlichen Vertreter zusteht, wenn sie über eine ausreichende Urteilfähigkeit verfügen.
Das LG München hat in einer Entscheidung vom 22.09.2020 (– 1 O 4890/17 –) allerdings darauf hingewiesen, dass die Reduzierung der Entscheidungskompetenz auf ein Veto-Recht nicht uneingeschränkt gilt.
Quelle und weitere Informationen:
https://medizinrecht.ra-glw.de/index.php/selbstbestimmung-von-minderjaehrigen-in-der-aerztlichen-behandlung/

▶ **Leitlinien**
Bei einer ärztlichen Behandlung kann dann ein Behandlungsfehler angenommen werden, wenn der zum Zeitpunkt der Behandlung bestehende medizinische Standard nicht eingehalten wurde. Der medizinische Standard wird geprägt durch den Stand der naturwissenschaftlichen Erkenntnisse und der ärztlichen Erfahrung zur Erreichung des Behandlungsziels.
Der BGH hat nochmals klargestellt: Handlungsanweisungen in Leitlinien ärztlicher Fachgremien / Verbände können nicht unbesehen mit dem medizinischen Standard gleichgesetzt werden. Leitlinien ersetzen kein Sachverständigengutachten; sie können allenfalls Hinweise geben.
Aktenzeichen: BGH, 15.04.2014, AZ: VI ZR 382/12
Entscheidungsjahr: 2014
Hauptbereich: Medizinischer Standard / Leitlinien / Richtlinien
Unterbereich: Leitlinien

▶ **Kostenerstattung eines GKV-Patienten für eine PET-Untersuchung**
1. Versicherte haben nach § 27 Abs.1 S.1 SGB V gegenüber dem Krankenversicherer einen Anspruch auf Krankenbehandlung, wenn diese medizinisch notwendig ist. Dieser Anspruch besteht in der GKV nicht im unbegrenzten Maße. Nach § 135 Abs.2 S.1 SGB dürfen neue Untersuchungs- und Behandlungsmethoden nur erbracht werden, wenn der Gemeinsame Bundesausschuss nach einem bestimmten Verfahren Empfehlungen abgegeben hat. Für eine Diagnostik mit Hilfe der Positronen-Emissions-Tomographie (PET) liegt eine positive Empfehlung des Ausschusses nicht vor;die PET zählt damit nicht zum Leistungsinhalt der GKV. Verfassungsrechtliche Grundsätze, insbesondere das Sozialstaatsprinzip, führen aber dazu, dass eine GKV auch Leistungen zu übernehmen hat, die nicht im Katalog aufgeführt sind. GKV-Versicherte haben einen Anspruch auf Diagnostik mit Hilfe der PET, wenn die herkömmlichen Untersuchungsverfahren keine Ergebnisse zeigen. Vorraussetzung ist nach der Rechtsprechung des BVerfG, dass eine lebensbedrohliche oder regelmäßig tödlich verlaufende Krankheit vorliegt.

2. Das Bundesverfassungsgericht hat mit Beschluss vom 06.12.2005 Leitlinien aufgestellt, wann Leistungserweiterungen des Leistungskatalogs der GKV vorzunehmen sind. Folgende Voraussetzungen müssen kumulativ erfüllt sein: – es liegt eine lebensbedrohliche oder regelmäßig tödlich verlaufende Erkrankung vor – bezüglich dieser Krankheit steht eine allgemein anerkannte, medizinischem Standard entsprechende Behandlung nicht zur Verfügung – bezüglich der beim Versicherten angewandte neue Behandlungsmethode besteht eine nicht ganz fern liegende Aussicht auf Heilung oder wenigstens auf eine spürbar positive Einwirkung auf den Krankheitsverlauf.
Aktenzeichen: 1. LSG Schleswig-Holstein, 21.05.2008, AZ: L 5 KR 81/06 2. BVerfG, 06.12.2005, AZ: 1 BvR 347/98
Entscheidungsjahr: 2008

▶ **Risikoaufklärung kann bei Routine-Impfungen schriftlich erfolgen**
Eine rein schriftliche Patientenaufklärung bei einer Impfung, die den Empfehlungen der Ständigen Impfkommission (STIKO) folgt, ist ausnahmsweise ausreichend. Dies bestätigte das Oberlandesgericht (OLG) Zweibrücken und folgt damit der Rechtsprechung des Bundesgerichtshofs, die in bestimmten Fällen Ausnahmen zulässt zu der gemäß § 630e BGB bestehenden ärztlichen Pflicht, Patienten mündlich über mögliche Risiken aufzuklären. Allerdings müsse dem Patienten auch bei einer schriflichen Aufklärung zumindest die Gelegenheit zu einem Gespräch gegeben werden. Im vorliegenden Fall hatte ein Hausarzt bei einer Impfung gegen Influenza dem Patienten zur Aufklärung ein Merkblatt ausgehändigt. In Folge der Behandlung trug der Patient eine schwere Behinderung davon und wurde berufsunfähig.
Aktenzeichen: OLG Zweibrücken, 31.02.2013, AZ: 5 U 43/11
Entscheidungsjahr: 2013

▶ **Kostenerstattung für Ganzkörper-Hyperthermiebehandlung bei CUP-Syndrom**
Eine Versicherte mit CUP-Syndrom, einer Krebserkrankung bei unbekanntem Primärtumor, bei dem es innerhalb kürzester Zeit trotz Chemotherapie und experimenteller Antikörpertherapie zu einer fortschreitenden Metastasierung in Leber, Lunge, Milz, Bauchspeicheldrüse, Magen, Magenwand und Lymphknoten gekommen war, hat einen Primärleistungsanspruch gegen die gesetzliche Krankenversicherung auf Kostenerstattung für eine Ganzkörper-Hyperthermiebehandlung nach der Rechtsprechung des BVerfG zur Leistungspflicht der gesetzlichen Krankenversicherung für neue Behandlungsmethoden in Fällen einer lebensbedrohlichen oder regelmäßig tödlichen Erkrankung (vgl BVerfG vom 6.12.2005 – 1 BvR 347/98
Aktenzeichen: LSG Niedersachsen-Bremen, 18.12.2014, AZ: L 1 KR 21/13
Entscheidungsjahr: 2014

▶ **Keine Ermächtigung eines Vertragsarztes zur Behandlung der chronischen Migräne mit Botulinum-Toxin.**
Einem Vertragsarzt kann die Ermächtigung für die Behandlung der chronischen Migräne mit Botulinum-Toxin durch den Zulassungsausschuss der Kassenärztlichen Vereinigung nicht erteilt werden, da der Gemeinsame Bundesausschuss den Wirkstoff Botox zur Behandlung von Migräne nicht zugelassen hat und die Voraussetzungen für eine zulassungsüberschreitende Anwendung von Arzneimitteln im Sinne der gesetzlichen Krankenversicherung nach § 35c SGB 5 nicht vorliegen. (zitiert nach juris)
Aktenzeichen: SG Karlsruhe, 21.10.2014, AZ: S 4 KA 1446/13
Entscheidungsjahr: 2014

▶ **Anthroposophische Therapie**
Behandlung GKV-Patient – keine Kostenübernahme durch GKV für rhythmische Massage der anthroposophischen Alternativmedizin
Die Rhythmische Massage der Anthroposophischen Medizin stellt ein „neues" Heilmittel i. S. des § 138 SGB V dar, auf das erst dann ein Behandlungsanspruch des Versicherten besteht, wenn es von dem Gemeinsamen Bundesausschuss in Form einer Richtlinie nach § 92 Abs 1 S 2 Nr 6 SGB V positiv bewertet worden ist. Dafür genügt eine reine Binnenanerkennung des Heilmittels innerhalb der Besonderen Therapierichtung nicht.
Aktenzeichen: LSG Hessen, 24.11.2011, AZ: L 8 KR 93/10
Entscheidungsjahr: 2011

▶ **Elektroakupunktur nach Voll**
Keine Kostenerstattung für Elektroakupunktur nach Voll durch GKV
Behandlung und Diagnostik nach der EAV sind keine Leistungen der GKV. § 135Abs.1 SGB V schließt die Leistungspflicht einer GKV für neue Untersuchungs- und Behandlungsmethoden solange aus, bis diese vom GBA als zweckmäßig anerkannt ist. Die EAV ist aber vielmehr vom GBA in den Katalog der Leistungen aufgeführt, die nicht von den Vertragsärzten verordnet werden dürfen.

Aktenzeichen: BSG, 09.11.2006, AZ: B 10 KR 3/06
Entscheidungsjahr: 2006

▶ **Thermotherapie**
Laserinduzierte Interstitielle Thermotherapie (LITT)
In einer weiteren Entscheidung vom Nov. 2006 ging es um die Erstattung von Kosten für eine Laserinduzierte Interstitielle Thermotherapie (LITT), einem Verfahren zur Zerstörung von Tumoren bzw. Metastasen. Da der Sachverhalt nicht ausreichend aufgeklärt war, wurde das Verfahren an die untere Instanz (Landessozialgericht) zurück verwiesen.
Wichtig ist aber der Hinweis des Bundessozialgerichtes: der Nachweis der hinreichenden Erfolgsaussicht einer Außenseitermethode ist in der Regel dann nicht mehr möglich, wenn der Gemeinsame Bundesausschuss zu dem Ergebnis gelangt ist, dass nach dem Stand der wissenschaftlichen Erkenntnisse ein diagnostischer oder therapeutischer Nutzen nicht gesichert ist, und der Ausschuss eine negative Beurteilung abgegeben hat.
Aktenzeichen: Bundessozialgericht, Urteil vom 07.11.2006, AZ: B 1 KR 24/06 R)
Entscheidungsjahr: 2006

3. Praxisführung

▶ **Partnerschaftsgesellschaften von Anwälten mit Ärzten und Apothekern erlaubt**
Die Regelung in der Bundesrechtsanwaltsordnung (BRAO), dass Anwälte mit Ärzten und Apothekern keine gemeinsamen Gesellschaften gründen dürfen, verstößt gegen die Berufsfreiheit und ist damit verfassungswidrig. So entschied das Bundesverfassungsgericht (BVerfG) höchstrichterlich und gibt damit den Weg frei für anwaltliche Allianzen jenseits der derzeit Zulässigen, d.h. mit Steuerberatern und Wirtschaftsprüfern. Zwar dürfe die BRAO die Sozietätsfreiheit einschränken, um anwaltliche Grundpflichten wie die Verschwiegenheit zu gewährleisten. Ein Verbot sei jedoch im Falle von Zusammenschlüssen mit Ärzten und Apothekern nicht notwendig, da auch diese Berufsgruppen zur Verschwiegenheit verpflichtet seien.
Aktenzeichen: BVerfG, 12.01.2016, AZ: 1 BvL 6/13
Entscheidungsjahr: 2016

▶ **Kein Recht auf Löschung aus einem ärztlichen Bewertungsportal**
Ein Arzt, dessen persönliche und berufsständische Daten auf einem medizinischen Internetportal geführt werden, auf dem registrierte Nutzer zudem die Möglichkeit haben, den Arzt zu bewerten, hat weder ein Recht auf Löschung seines Eintrags noch auf Unterlassung der Veröffentlichung seiner Berufs- und Kontaktdaten. Das Recht auf informationelle Selbstbestimmung des Arztes wiege nicht schwerer als das Recht des Portalbetreibers auf Kommunikationsfreiheit, entschied der Bundesgerichtshof (BGH) höchstrichterlich. Allerdings dürfe der Arzt den potentiellen Gefahren eines Bewertungsportals nicht schutzlos ausgeliefert sein. Dafür sei es z.B. notwendig, dass Ärzte sich mittels eines benutzerfreundlichen Mechanismus direkt an den Portalbetreiber wenden können, um unzulässige Bewertungen entfernen zu lassen.
Aktenzeichen: BGH, 23.09.2014, AZ: VI ZR 358/13
Entscheidungsjahr: 2014

▶ **Keine Erstattungspflicht bei in Deutschland verbotenen Behandlungen**
Der Bundesgerichtshof (BGH) hat entschieden, dass auch im Fall eines europaweiten privaten Krankenversicherungsschutzes Kosten für Heilbehandlungen nur dann erstattet werden müssen, wenn diese in Deutschland auch erlaubt sind. Im vorliegenden Fall hatte eine Versicherte im Ausland eine In-Vitro-Fertilisation mit gespendeten Eizellen an sich vornehmen lassen – eine Behandlung, die in Deutschland gegen das Embryonenschutzgesetz (ESchG) verstößt. Ihre Krankenversicherung lehnte deswegen die Erstattung der Behandlungskosten in Höhe von 11.000 Euro ab. Der BGH bestätigte die Auffassung, dass der Umfang des Versicherungsschutzes durch das deutsche Recht – einschließlich des EschG - bestimmt würden. Aus Gründen der öffentlichen Ordnung, Sicherheit oder Gesundheit sei eine Einschränkung der Dienstleistungsfreiheit gerechtfertigt.
Aktenzeichen: BGH, 14.06.2017, AZ: IV ZR 141/16
Entscheidungsjahr: 2017

▶ **Medizinische Zwangsbehandlung bedarf eng gefasster gesetzlicher Grundlagen**
Das Bundesverfassungsgericht (BVerfG) hat höchstrichterlich entschieden, dass die medizinische Zwangsbehandlung nicht einsichtsfähiger Patienten nur als ultima ratio und unter engen verfassungsrechtlichen Grenzen zulässig ist. Es gelten die selben Maßstäbe wie im Maßregelvollzug psychisch kranker Straftäter. So müsse zuvor versucht werden, die vertrauensvolle Zustimmung des Patienten

zu erreichen. Der Nutzen der Behandlung müsse zudem klar erkennbar, die Behandlung als solche erfolgversprechend und verhältnismäßig sein sowie von einem Arzt angeordnet und überwacht werden. Landesgesetze, die diesen hohen Anforderungen nicht gerecht werden, verstoßen gegen Verfassungsrecht und sind nichtig. Außer beim Maßregelvollzug psychisch Kranker kommen Zwangsbehandlungen in Betracht bei uneinsichtigen Patienten mit schwer ansteckenden Krankheiten oder bei Menschen, die aufgrund psychischer Faktoren die Notwendigkeit einer Behandlung nicht erkennen können.

Aktenzeichen: BVerfG, 19.07.2017, AZ: 2 BvR 2003/14

Entscheidungsjahr: 2017

Literatur

Hinweis: Leider waren bei Redaktionsschluss noch nicht alle Neuerscheinungen zum EBM 2024 auf dem Markt und in der Werbung. Es fehlten ebenfalls einige Beschlüsse des Bewertungsausschusses, die im ersten Quartal 2024 gelten sollen. **Für Sie jederzeit im Internet unter:**
BESCHLÜSSE DES BEWERTUNGSAUSSCHUSSES
https://www.kbv.de/html/beschluesse_des_ba.php
Die jeweils aktuelle EBM-Fassung (unkommentiert) finden Sie auf den Seiten der KBV als pdf- oder online-Fassung bzw. in der KBV2GO!-App.

Köhler, A. – Hess, R.
Kölner Kommentar zum EBM
Kommentierung des Einheitlichen Bewertungsmaßstabes – Loseblattwerk mit begleitender CD-ROM
Deutscher Ärzte-Verlag, Köln, (Loseblattwerk)

Der Kommentar zu EBM und GOÄ
Begründet von Wezel, H. – Liebold, R.
Asgard-Verlag Dr. Werner Hippe GmbH, Sankt Augustin

EBM im Internet

Aktuelle Daten bei der KBV unter:
KBV – Informationen zum neuen Einheitlichen Bewertungsmaßstab und mehr
http://www.kbv.de/html/ebm.php

Arztgruppen EBM der KBV
http://www.kbv.de/html/arztgruppen_ebm.php

EBM Online Version der KBV
https://www.kbv.de/html/online-ebm.php

Beschlüsse des Bewertungsausschusses
https://www.kbv.de/html/beschluesse_des_ba.php

Kassenärztliche Vereinigungen in den Bundesländern
Neben der Kassenärztlichen Bundesvereinigung bieten auch alle regionalen KVen Informationen zum EBM an. Ferner finden Sie über diese Seiten alle Richtlinien (z.B. Früherkennung, Gesundheitsuntersuchung, Mutterschaftsvorsorge), die Grundlage einzelner Leistungspositionen im EBM sind.

Arbeitsgemeinschaft der Kassenärztlichen Vereinigungen – Regionale KVen
Kassenärztliche Bundesvereinigung www.kbv.de
KV Baden-Württemberg www.kvbawue.de
KV Bayern www.kvb.de
KV Berlin www.kvberlin.de
KV Brandenburg www.kvbb.de
KV Bremen www.kvhb.de
KV Hamburg www.kvhh.de
KV Hessen www.kvhessen.de
KV Mecklenburg-Vorpommern www.kvmv.de
KV Niedersachsen www.kvn.de
KV Nordrhein www.kvno.de
KV Rheinland-Pfalz www.kv-rlp.de
KV Saarland www.kv-saar.de
KV Sachsen www.kvs-sachsen.de
KV Sachsen-Anhalt www.kvsa.de
KV Schleswig-Holstein www.kvsh.de
KV Thüringen www.kv-thueringen.de
KVWestfalen-Lippe www.kvwl.de

Bundesärztekammer und Regionale Ärztekammern über http://aerztekammer.de

G-BA – Gemeinsamer Bundesausschuss: oberstes Beschlussgremium der gemeinsamen Selbstverwaltung der Ärzte, Zahnärzte, Psychotherapeuten, Krankenhäuser und Krankenkassen in Deutschland. Richtlinien des Gemeinsamen Bundesausschusses.
https://www.g-ba.de/
Auf diesen Seiten sind die Richtlinien veröffentlicht, die der Gemeinsame Bundesausschuss laut gesetzlichem Auftrag „über die Gewähr für eine ausreichende, zweckmäßige und wirtschaftliche Versorgung der Versicherten" beschließt (§ 92 SGB V).

Stichwortverzeichnis

UV-GOÄ
Hinweise für Pädiater

Autoren:

Reinhardt Bartezky
Wolfgang Landendörfer (Honoarausschuss BVKJ)
Sonja Mizich (Leitendende MFA Praxis Dr. Landendörfer)
Enrico Schwartz (für organisatorische Fragen)

© Springer-Verlag GmbH Deutschland, ein Teil von Springer Nature 2024
P. M. Hermanns und K. von Pannwitz (Hrsg.), *EBM 2024 Kommentar
Kinderheilkunde*, Abrechnung erfolgreich und optimal,
https://doi.org/10.1007/978-3-662-68662-1_7

Inhalt

Einleitung

In Deutschland traten im Jahr 2022 787.412 Arbeitsunfälle bei Erwachsenen auf. Dem standen 987.391 Schüler- und Schulwegeunfälle gegenüber (Quelle: www.dguv.de). Ungefähr die Hälfte des Unfallgeschehens wird im Rahmen der allgemeinen Heilbehandlung in Praxen niedergelassener Kinder- und Jugendärzte medizinisch versorgt. Wir Pädiater brauchen uns also als Unfallexperten nicht zu verstecken.

Die UV-GOÄ basiert auf der privatärztlichen Gebührenordnung GOÄ und ist mit beschränkenden Steuerelementen aus dem EBM-System gekoppelt. Diese Zwitterstruktur hat eine außerordentlich komplizierte Gebührenordnung zur Folge. Im Praxisalltag ist die Handhabung deshalb nicht leicht und überdies sind die Abrechnungsmöglichkeiten der für Pädiater zugänglichen allgemeinen Heilbehandlung im System der Unfallversorgung mager.

Abrechnungsfehler passieren auf ärztlicher Seite häufig, ebenso sind fehlerhafte Ablehnungen ärztlicher Leistungen durch die Sachbearbeiter der Unfallkassen nicht selten. So kommt es, dass die Erlöse aus Abrechnungen mit den Unfallkassenträgern im Durchschnitt nur 0,3% der Einnahmen unserer Praxen betragen. BG-Patienten machen aber 1,6% unserer Patienten aus.

Die Abrechnung von BG-Fällen führt in manchen unserer Praxen ein trauriges Dasein. Optionen der Abrechnung (wie Kosten für Verbandsstoffe) werden nicht wahrgenommen. Aus Unkenntnis und Trägheit werden BG-Fälle manchmal gar nicht als solche detektiert, sondern als GKV-Fall über den EBM abgerechnet, was letztlich einen Abrechnungsbetrug darstellt.

Die gängigen Formulare der UV-GOÄ sind in die Arztsysteme eingepflegt. Darüber hinaus sind diese unter: www.dguv.de/formtexte/index.jsp downloadbar

Die vorliegende UV-GOÄ-Abrechnungsfibel des BVKJ soll eine praktische Hilfe im Alltag Ihrer Praxis sei und versucht mit konkreten Abrechnungsbeispielen dafür sorgen, dass die UV-GOÄ-Einnahmen Ihrer Praxis, auf den angemessenen Anteil steigen.

Die angegebenen Berechnungsbeispiele verwenden bereits die ab 1. Juli 2023 vertraglich vereinbarten Vergütungssätze

---

Das Autorenteam:
Reinhardt Bartezky, Wolfgang Landendörfer (Honorarausschuss BVKJ)
Sonja Mizich (Leitende MFA Praxis Dr. Landendörfer)

Wichtige Informationsquellen

Vertrag Ärzte

UV-GOÄ
Beide unter www.kbv.de: Service → Rechtsquellen → Verträge → Unfallversicherungsträger.

Diese Verträge und weitere Informationen finden Sie natürlich auch auf den Seiten der DGUV: www.dguv.de.

Arbeitshinweise der Unfallversicherungsträger zur Bearbeitung von Arztrechnungen
Diese Publikation stellt die Rechtsauffassung der Unfallkassen dar und deshalb ist, obwohl verschiedene Themengebiete mit Fachärzteverbänden abgestimmt sind, ein kritischer Umgang ratsam: Die „Arbeitshinweise für Arztrechnungen" sind Informationen der UV-Träger für Ärzte und Sachbearbeiter und nur als Richtlinie ohne rechtsverbindliche Kraft anzusehen. Sie sind, da sie teilwiese die Interessenlage der Unfallkassen widerspiegeln in der Diktion restriktiv.

Handbuch UV-GOÄ (Hrsg. Barbara Berner, Deutscher Ärzteverlag)

UV-GOÄ 2021 Kommentar (Hrsg. Peter M. Hermanns, Enrico Schwartz, Springerverlag)

Dokumentation ist wichtig

Rechnungskorrekturen der Unfallkassen sind stets ein Ärgernis für die behandelnde Praxis und ein unnötiger bürokratischer Aufwand für die Unfallkassen.

Nicht selten ist es das unvollständige Ausfüllen der ärztlichen Unfallmeldung was zu den Leistungsablehnungen führt. Auf der anderen Seite finden sich leider auch ungerechtfertigte Ablehnungen der Unfallkassen.

Die Unfallkassen geben in der Korrekturmitteilung den Änderungsgrund an (Kürzel und textliche Erläuterung).

Widersprechen Sie der Leistungsablehnung/-kürzung bitte schriftlich unter Angabe des Bearbeitungszeichens, wenn Sie keinen Abrechnungsfehler bei sich sehen.

Änderungsgrund	
B1G	Die Nr. 6 (bzw. Nr. 7 / 8 / 9 / 10) aufgrund der Diagnose nicht berechenbar; sie wurde daher - soweit nach den Abrechnungsregeln möglich - auf Nr. 1 (bzw. Nr. 2 / 3 / 4 / 5) geändert.

Für Rückfragen zur Rechnungslegung steht Ihnen unser Service-Center Reha und Entschädigung montags bis donnerstags von 08:00 – 16:00 Uhr, freitags von 08:00 – 12:00 Uhr unter der oben aufgeführten Telefonnummer jederzeit gerne zur Verfügung.

Fordern Sie eine schriftliche Rückantwort ein. Die Kontaktadresse der Leistungsabteilung (Telefon, Fax, E-Mail) finden Sie stets auf dem Briefkopf des Schreibens benannt.

Wenn sich die Abrechnungsdifferenzen auf diesem Weg nicht einvernehmlich lösen lassen, können Sie Ihren Fall an die **Clearingstelle** melden. Bei pädiatrischen Sachverhalten wird ein Mitglied des Honorarausschuss BVKJ hinzugezogen werden.

Stellen Sie den Antrag schriftlich mit Darstellung des Problems und fügen Sie anonymisierte Unterlagen bei (z.B. Berichte, Rechnungen, bisheriger Schriftwechsel).

Informieren Sie bitte parallel den Honorarausschuss des BVKJ hierüber.

Bayer. LUK
Bayerische Landesunfallkasse

Geschäftsbereich II
Abteilung Eingangsbearbeitung

Ihr Zeichen:
Ihre Nachricht vom:
Unser Zeichen: 05/18:
(bitte stets angeben)
Ansprechperson: Service-Center
Telefon: 089 36093-440
Fax: 089 36093-135
E-Mail: E-Mail entschaedigung@bayerluk.de

Clearingstelle

Mail an: Clearingstelle-Unfallversicherung@kbv.de
Postadresse: Kassenärztliche Bundesvereinigung
               Clearingstelle auf Bundesebene
               Herbert-Lewin-Platz 2,
               10623 Berlin

So vermeiden Sie Fehler in der Dokumentation

- Beschreiben Sie den Unfallhergang so genau, wie es Ihnen möglich ist und vergessen Sie nicht den Unfallort zu benennen (z.B. Außentreppe des Hauses auf dem Weg zur Schule).
- Geben Sie die Ausdehnung und Lokalisation jeder Wunde in genauen Maßen an (z.B. 4 x 3 cm linker Unterarm volar).
- Beschreiben Sie die Art der Wunde und den Verschmutzungsgrad (z.B. oberflächliche, mit Erde und Steinchen stark verschmutzte Schürfwunde).
- Erläutern Sie Ihre therapeutischen Maßnahmen so, dass sich der Sachbearbeiter der Unfallkasse ein klares Bild machen kann (z.B. Reinigung von mehreren Wunden mittels Wundreinigungsbad, anschließend primärer Wundverschluss der Platzwunde mittels Gewebekleber).
- Die angegebenen Diagnosen müssen die eingeleiteten Maßnahmen und Ihre Abrechnung widerspiegeln.

Allgemeine Heilbehandlung

Jeder Vertragsarzt ist verpflichtet, Unfallverletzte gemäß des Vertrages Ärzte/UV-Träger (ÄV) zu versorgen. Als Pädiater erfolgt die Behandlung zumeist nach den Regeln der **„Allgemeinen Heilbehandlung"**. Laut § 10 ÄV ist dies die *„ärztliche Versorgung einer Unfallverletzung, die nach Art oder Schwere weder eines besonderen personellen, apparativ-technischen Aufwandes noch einer spezifischen unfallmedizinischen Qualifikation des Arztes bedarf"*.

Beispiele sind Schnittverletzungen, Schürfungen, Prellungen, Distorsionen, Insektenstiche und Zeckenbisse.

Sie dürfen im Rahmen der Allgemeinen Heilbehandlung auch Medikamente verschreiben, die in Zusammenhang mit der Unfallversorgung stehen, nicht aber Heil- und Hilfsmittel.

Alle Vertragsärzte dürfen Patienten nach einem Arbeits- oder Wegeunfall primär versorgen, auch wenn zunächst unklar ist, ob eine Weiterversorgung beim D-Arzt notwendig wird.

Auch nicht an der vertragsärztlichen Versorgung teilnehmende Ärzte können sich an der Versorgung von Unfallverletzten beteiligen lassen. teilnehmen. Hierzu ist ein Antrag auf Beteiligung am Vertrag bei dem regional zuständigen Landesverband der DGUV stellen.

Wann besteht eine Vorstellungspflicht beim D-Arzt?

In folgenden Fällen muss der Patient zum D-Arzt überführt werden:

1) Patient benötigt nach Schwere der Verletzung stationäre Heilbehandlung
2) Patient ist über den Tag des Arbeitsunfalls arbeitsunfähig
3) Behandlungsbedürftigkeit voraussichtlich länger als 1 Woche
4) Patient benötigt Heil- oder Hilfsmittel
5) Alle Wiedererkrankungsfälle

Besondere Heilbehandlung

Die „besondere Heilbehandlung" ist im § 11 ÄV als *„fachärztliche Behandlung einer Unfallverletzung, die wegen Art oder Schwere besondere unfallmedizinische Qualifikation verlangt"* definiert.
Beispiele sind Knochenbrüche, offene und tiefe Weichteilverletzungen, Nerven- und Sehnenverletzungen, schwere Quetschungen und Zerrungen.

Weiterbehandlung nach Primärversorgung beim D-Arzt?

Nach § 11 Abs. 2 ÄV sollen im D-Arztverfahren etwa 80% der Verletzungen der allgemeinen Heilbehandlung zugeordnet werden. Dem D-Arzt obliegt die Entscheidung, ob die Weiterbehandlung von ihm selbst oder dem Vertragsarzt erfolgt. Dies vermerkt er unter Punkt 12 im D-Bericht.

11 Art der Heilbehandlung		
☐ Ambulant 　☐ Allgemeine Heilbehandlung 　☐ Besondere Heilbehandlung ☐ Stationär (besondere Heilbehandlung)	Liegt eine Verletzung nach dem Verletzungsartenverzeichnis vor? ☐ Nein ☐ Ja 　☐ VAV nach Ziffer 　☐ SAV nach Ziffer	☐ Es wird keine Heilbehandlung zu Lasten der UV durchgeführt, weil

12 Weiterbehandlung erfolgt
☐ durch mich
☐ durch andere Ärztin/anderen Arzt (auch Verlegung/Vorstellung), bitte Name und Anschrift angeben

Führt der D-Arzt durch das Ankreuzen des Feldes „durchKreuzt der D-Arzt das Feld „durch mich" an bedeutet dies die Anweisung zur erneuten Vorstellung in der D-Arztambulanz (z.B. zum Fadenzug oder zur Nachbehandlung einer Wunde). Nach den Regeln der §§ 26 und 28 ÄV gilt: *„Sucht ein Unfallverletzter aus eigenem Antrieb und ohne Überweisungsschein einen Arzt zur Mitbehandlung/Diagnosenklärung auf, so hat dieser den Versicherten wieder an den D-Arzt zu verweisen".*

Kreuzt der D-Arzt das Feld „durch mich" an bedeutet dies die Anweisung zur erneuten Vorstellung in der D-Arztambulanz (z.B. zum Fadenzug oder zur Nachbehandlung einer Wunde). Nach den Regeln der §§ 26 und 28 ÄV gilt: *„Sucht ein Unfallverletzter aus eigenem Antrieb und ohne Überweisungsschein einen Arzt zur Mitbehandlung/Diagnosenklärung auf, so hat dieser den Versicherten wieder an den D-Arzt zu verweisen".*

In der D-Arzt-Ambulanz der Kliniken werden Kinder teilweise auch von Assistenzärzten behandelt, obwohl die Behandlung später vom D-Arzt mit der Unfallkasse abgerechnet wird. Aus fachlicher Unsicherheit und in Unkenntnis der bestehenden vertraglichen bzw. rechtlichen Regelungen bekommen die Eltern nicht selten nur die Mitteilung, sich zur Kontrolle beim Kinder- und Jugendarzt vorzustellen.

Das alltägliche Problem besteht darin, dass den Eltern eine Kopie des D-Berichts nicht mitgegeben wird bzw. keine zeitnahe Zusendung durch den D-Arzt an den Pädiater erfolgt. Die Eltern erscheinen dann mit den Kindern zur Weiterbehandlung in unseren Praxen, obwohl wir Pädiater weder über die Einleitung des Heilverfahrens zu Lasten einer Unfallkasse noch über die evtl. erforderliche Wiedervorstellung beim D-Arzt zur Nachschau informiert sind.

Eigentlich nicht rechtskonform – aber nach Auskunft der DGUV heißt es – *„... stellt sich der Patient beim Kinderarzt vor, kann dieser auch behandeln, auch wenn der D-Arzt das Feld „durch mich" angekreuzt hat".* Nach Erfahrung des Honorarausschuss werden auf diesem Weg zustande gekommene Leistungen praktisch nie aberkannt.

Die Entscheidung, ob sie trotz des Fehlens des D-Berichtes die Weiterbehandlung durchführen oder die Eltern wieder an den D-Arzt verweisen, obliegt letztlich Ihnen.

Hinzuziehung durch den D-Arzt

Die im D-Arzt-Bericht unter Punkt 12 getroffene Entscheidung, dass die Weiterbehandlung durch den Kinder- und Jugendarzt erfolgt, stellt keine Hinzuziehung im Sinne des § 12 ÄV dar. Eine Hinzuziehung findet immer dann statt, wenn der D-Arzt neben seinem orthopädisch-unfallchirurgischen Behandlungsspektrum weitere Fachärzte benötigt, die mit ihm zusammen die Heilbehandlung durchführen, wobei er weiterhin federführend das Heilverfahren steuert.

Die Hinzuziehung des Pädiaters durch den D-Arzt ist im § 12 ÄV wie folgt geregelt:

(1) Soweit es zur Klärung der Diagnose und/oder zur ambulanten Mitbehandlung erforderlich ist, sind andere Ärzte ... (§ 1 Abs. 2) hinzuziehen. Dies gilt insbesondere, wenn bei der Art der Verletzung der Verdacht auf Mitbeteiligung eines entsprechenden Organs oder Organsystems besteht. Zur Hinzuziehung sind nur Durchgangsärzte berechtigt.

(2) Für die Hinzuziehung steht dem Durchgangsarzt § 37 Abs. 3 der Formtext F 2902 zur Verfügung.

Vergütung bei Hinzuziehung:

„Bei Hinzuziehung nach § 12 im Rahmen ambulanter Behandlung richtet sich die Höhe der Vergütung (Gebührensatz der allgemeinen oder besonderen Heilbehandlung) nach Maßgabe der Einstufung des Behandlungsfalles durch den Durchgangsarzt".

Wenn eine Auftragsleistung des D-Arztes vorliegt (Hinzuziehung/Überweisungsschein) und dieser besondere Heilbehandlung eingeleitet hat, wählen Sie beim Anlegen des Behandlungsfalles im AIS die Option „Besondere Heilbehandlung". Jetzt sind die höheren Gebührensätze der UV-GOÄ für diesen Fall hinterlegt und gelten auch für die pädiatrische Praxis.

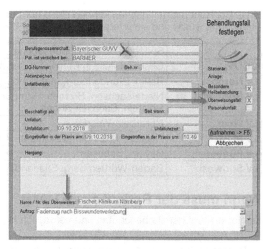

Abrechnung

Das Prinzip der Liquidation von Unfallleistungen lässt sich wie folgt beschreiben: „Die UV-GOÄ ist eine erheblich abgespeckte Form der privatärztlichen Gebührenordnung GOÄ".

Unterschiede zur privatärztlichen Abrechnung

- Eine vertragliche Verpflichtung zur Teilnahme für den Kassenarzt (§ 4 ÄV).
- Die UV-GOÄ kombiniert Elemente aus GOÄ und EBM und verpflichtet zu WANZ-Kriterien des Handelns.
- Beratung und Untersuchung erfolgen als kombinierte Gebührennummer.
- Es gibt weder einen Kinderzuschlag noch eine Steigerungsmöglichkeit bei erhöhtem Aufwand.
- Es gibt keine Fremdanamneseerhebung analog Nr. 4 GOÄ.
- Wir haben es mit einem hohen Grad an Komplexität der Gebührenordnung mit zahlreichen Ausschlüssen und besonderen Regeln zu tun.

Bitte beachten Sie:
Die Abrechnung darf nicht über den EBM mit der Krankenkasse oder als Privatleistung nach GOÄ über den Patienten erfolgen. Adressat der Rechnungen, auch wenn diese von privatärztlichen Verrechnungsstellen versendet werden, ist ausschließlich die zuständige UV-Träger (z.B. Kita- und Schulunfall in Stuttgart; Liquidation geht an die Unfallkasse Baden-Württemberg).

Bei einer Abrechnung über einen Dienstleister wird (bislang) keine Unterschrift von den Eltern benötigt. Die erbrachten ärztlichen Leistungen sind in der Rechnung einzeln durch Angabe der Gebührenziffern der UV-GOÄ und dem Gebührensatz anzugeben. Wie in der Privat-GOÄ können die Auslagen ebenfalls gesondert in Rechnung gestellt werden. Welche Auslagen ansetzbar sind ist in Abschnitt A der UV-GOÄ geregelt.

Strukturen im Bereich der Unfallversicherung

Die gesetzlichen UV-Träger sind in drei Bereiche gegliedert. Die gewerblichen und landwirtschaftlichen Berufsgenossenschaften sind für die Arbeitsunfälle und Berufskrankheiten der klassisch arbeitenden Bevölkerung zuständig (z.B. bei einer Arzthelferin die Berufsgenossenschaft Gesundheitsdienst und Wohlfahrtspflege (BGW)). Die für uns Pädiater relevanten UV-Träger der öffentlichen Hand (z.B. Unfallkasse Berlin) betreuen die Unfälle im Bereich Kita und Schule. Die UV-Träger sind auf Bundesebene in den beiden Spitzenverbänden Deutsche Gesetzliche Unfallversicherung (DGUV) und Sozialversicherung Landwirtschaft, Forsten und Gartenbau (SVLFG-SpV) organisiert. Die DGUV und SVLFG-SpV verhandeln mit der Kassenärztlichen Bundesvereinigung über den Vertrag Ärzte/UV-Träger und die Gebührenordnung (UV-GOÄ) aus.

Auf regionaler Ebene sind die UV-Träger bzw. deren Regional- oder Bezirksverwaltungen in Landesverbänden der DGUV organisiert. Diese vertreten die regionalen Interessen und Aktivitäten der UV-Träger. Vertragsärzte erhalten von den Landesverbänden auch Auskünfte und Informationsmaterial. Bei Honorarstreitigkeiten können diese nur bedingt weiterhelfen, da hierfür die Clearingstelle eingerichtet wurde und sie Interessenvertreter der UV-Träger sind.

	Spitzenverband, Bundesebene	
DGUV	Geschäftstelle in Berlin und Sankt Augustin	info@dguv.de
LV Nordost	Berlin, Brandenburg, Mecklenburg-Vorpommern	lv-nordost@dguv.de
LV Nordwest	Niedersachsen, Bremen, Hamburg, Schleswig-Holstein, Sachsen-Anhalt	lv-nordwest@dguv.de
LV West	Nordrhein-Westfalen	lv-west@dguv.de
LV Mitte	Hessen, Thüringen, Rheinland-Pfalz	lv-mitte@dguv.de
LV Südost	Bayern, Sachsen	lv-suedost@dguv.de
LV Südwest	Baden-Württemberg, Saarland	lv-suedwest@dguv.de

Wann muss der Patient zum D-Arzt?

Es gibt die fünf bereits benannten und vertraglich klar geregelten Situationen, in denen ein Patient immer vom D-Arzt gesehen werden muss:

1) Patient benötigt nach Schwere der Verletzung stationäre Heilbehandlung
2) Patient ist über den Tag des Arbeitsunfalls arbeitsunfähig
3) Behandlungsbedürftigkeit voraussichtlich länger als 1 Woche
4) Patient benötigt Heil- oder Hilfsmittel
5) Alle Wiedererkrankungsfälle

Verletzungen, die einer stationären Behandlung bedürfen, auch leichte, dürfen nur in ein Krankenhaus mit einem D-Arzt; schwere und komplizierte Verletzungen dürfen nur in ein Krankenhaus geschickt werden, welches am Schwerverletztenverfahren beteiligt ist.

Wie findet man einen D-Arzt in seiner Nähe?
Entweder unter www.dguv.de unter: D-Ärzte/Gutachter/Kliniken
Oder direkt mit dem Suchformular www.dguv.de/d-arzt/index.jsp

Wichtig: Die von Ihnen durchgeführte **Erstversorgung** ist stets abrechenbar. Hierbei ist zu beachten, dass nur die Maßnahmen vom UV-Träger vergütet werden, die keinen Aufschub dulden. Als Grundsatz gilt, sichern der Vitalfunktionen und Herstellen der Transportfähigkeit. Zum Beispiel Abrechnung einer Schienenversorgung bei V.a. kompletten Unterarmbruch mit UV-GOÄ-Nr. 210.

Bei isolierte Augen- oder HNO-Verletzungen darf der Patient zum Augen- bzw. HNO-Arzt geschickt werden; ebenso verhält es sich mit den isolierten Zahnverletzungen.

Für die Weiterleitung an den D-Arzt ist seit 1.1.2021 die Nr. 145 (D-Arzt-Überweisung) entfallen. Sie dürfen allerdings für die ärztliche Unfallmeldung (F1050) die Nr. 125 ansetzen.

Verordnung von Arzneimitteln

Medikamente, die im Zusammenhang mit der Unfallversorgung stehen, dürfen vom Pädiater verschrieben werden. Die Grenze des 12. Geburtstags für nicht verschreibungspflichtige Medikamente (z.B. Ibuprofen) gilt hier nicht.

Die Verordnung der Arzneimittel erfolgt wie bei Kassenpatienten auf dem rosa Kassenrezept (Muster 16).

Folgende Angaben sind auf dem Rezept in den entsprechenden Feldern zusätzlich vorzunehmen:

* der Unfallversicherungsträger (z.B. Unfallkasse Berlin)

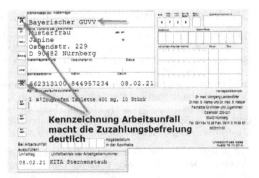

- der Unfalltag (z.B. 1.1.2018)
- der Unfallbetrieb (z.B. Kita Sternenstaub)

Die Kennzeichnung ☒ Arbeitsunfall führt dazu, dass der Patient keine Zuzahlung leisten muss.

Cave: Die Festbetragsregelung gilt auch im Bereich der gesetzlichen Unfallversicherung. Verordnet der Vertragsarzt ein Präparat oberhalb der Festbetragsgrenzen, muss der Verletzte die Differenz selbst tragen.

Was ist ein Wegeunfall?

Das ist speziell für uns Pädiater ein Unfall, der sich auf dem direkten Hin- oder Rückweg zwischen Wohnung und Kita/Schule ereignet.

Problematisch sind daher Unterbrechungen bzw. Umwege und Abwege, die meist aufgrund privater Erledigungen, auch der Eltern, erfolgen. Achten Sie bitte darauf die ärztliche Unfallmeldung sorgfältig zu erstellen um Missverständnisse und Nachfragen zu vermeiden.

Ein paar Grundsätze:

- Die Wahl des Verkehrsmittels ist frei (also: per Inliner oder auf dem Pferd in die Kita ist ok).
- Der Versicherungsschutz beginnt und endet mit Durchschreiten der Außentür des Wohngebäudes (nicht an der Wohnungstür!).
- Bei Fahrgemeinschaften (z.B. Mutter und Kind) sind Abweichungen vom direkten Weg in den Versicherungsschutz mit einbezogen.
- Ein Versicherungsschutz besteht bei Abweichungen infolge besonderer Verkehrssituation.
- Nicht versichert sind Strecken außerhalb des direkten Weges, die privaten Unternehmungen dienen (z.B. Einkauf).
- Nach Unterbrechen des Weges lebt der Versicherungsschutz mit dem Erreichen des direkten Weges wieder auf; es sei denn, die Unterbrechung hat länger als 2 Stunden gedauert.
- Beginnt oder endet der Weg nicht an der Wohnung, kommt es darauf an, ob der Weg in einem angemessenen Verhältnis zum üblichen Weg steht. Wenn ja, besteht Versicherungsschutz.
- Durch Alkohol oder Drogen verursachte Unfälle werden grundsätzlich nicht anerkannt. Medikamente werden unterschiedlich gehandhabt

Als Vertragsärzte können wir mögliche Rechtsstreitigkeiten zur Problematik „Wegeunfall" nicht immer erkennen. Wichtig ist es jedoch zu wissen, dass zwischen den UV-Trägern und Krankenkasse grundsätzlich die Möglichkeit besteht, sich zu Unrecht erbrachten Leistungen erstatten zu lassen. Dies gilt aber nicht für die ambulante ärztliche Behandlung und Arzneimittel.

Impfungen

Impfungen sind ein leidiges Thema, weil aktuell (Stand 1.4.2021) nur die Kosten für Tetanus-Impfstoffe (aktiv und passiv) von den UV-Trägern übernommen werden. Wenn eine Tetanus-Impfung aufgrund eines BG-Unfalls indiziert ist, aber aufgrund der generellen Impfkonstellation gerade ein Mehrfachimpfstoff fällig wäre, so kann dieser NICHT über die Unfallkasse abgerechnet werden.

Wir empfehlen folgendes pragmatisches Vorgehen: Beim Pädiater endet der BG-Fall und ein Kassenfall wird eröffnet zum Impfen. Hier ist mittelfristig eine Änderung zu erwarten.

Nicht zu vertreten ist die Minimalvariante der dT-Impfung, wenn Kombinationsimpfstoffe nach STIKO indiziert wären (TdaP-Polio, TdaP, hexavalenter Impfstoff), wie es leider immer wieder in den Notfallambulanzen/Rettungsstellen der Kliniken praktiziert wird.

Wichtige Pädiatrische Gebührennummern

Nr. 1	Symptomzentrierte Untersuchung bei Unfallverletzungen und bei Verdacht auf das Vorliegen einer Berufskrankheit einschließlich Beratung	7,70 EUR

Definiert als ärztliche Grundleistung zur körperlichen Untersuchung mit einfachen Hilfsmitteln (Stethoskop, Reflexhammer usw.) einschließlich der Beratungsleistung.

Beschränkt auf einen normalen Zeitaufwand und gerichtet auf ein einzelnes Symptom bzw. Organ (Krankheitszeichen, Beschwerden).

Seit 1.10.2018 darf bei Kindern bis zum 6. Geburtstag anstelle der Nr. 1 einmal im Behandlungsfall die Nr. 6 abgerechnet werden. Dies gilt nicht bei Verletzungen, bei denen durch bloße Inaugenschein-nahme das Ausmaß der Erkrankung beurteilt werden kann.

Die letztere Formulierung lässt einen Interpretationsspielraum zu, der aktuell noch nicht ausgelotet ist. Nach Meinung des Honorarausschusses definiert sich eine Bagatellverletzung wie folgt:

Bagatellverletzungen im Sinne der Nr. 1 sind Verletzungen, bei denen ohne invasive Prüfung und ohne instrumentelle Hilfe (z.B. Pinzette, Spreizinstrument, Lupe) sowie ohne Funktionsprüfung durch bloße Inaugenscheinnahme das Ausmaß der Erkrankung beurteilt werden kann und bei der es keiner weiteren Behandlung außer ggf. einer oberflächlichen Säuberung bedarf und bei der nach Beurteilung keine Hinweise auf Differentialdiagnosen vorliegen, die eine andere Behandlung oder Versorgungs-intensität erfordern würde.

Jede Verletzung, bei der der Arzt durch prüfende und somit beim Kind Gegenwehr auslösende Maßnahmen die Harmlosigkeit oder Behandlungsbedürftigkeit überprüfen muss, oder bei der er im Verlauf Behandlungsmaßnahmen am Kind zur Versorgung vornehmen muss, ist keine Bagatellver-letzung.

Beschränkungen und Fallstricke

Die Gebühr nach Nr. 1 darf in einem Behandlungsfall nur einmal zusammen mit einer anderen Gebühr aus den Abschnitten C. bis O. berechnet werden. Als Behandlungsfall wird in der UV-GOÄ eine Dauer von 3 Monaten definiert.

Beispiele:
C nichtgebietsbezogene Sonderleistungen → Nr. 200–449 Verbände, Sonographie
L Chirurgie/Orthopädie → Nr. 2000 ff kleinchir. Wundversorgung

Wird bei einem Kontrolltermin die Leistung gem. Nr. 1 zusammen mit einer Sonderleistung erbracht, darf nur die höher bewertete Leistung angesetzt werden, ggf. zuzüglich der Besonderen Kosten der Sonderleistung. Voraussetzung ist aber immer, dass beide Leistungen medizinisch erforderlich sind.

Die Nr. 1 ist nicht berechenbar neben Nr. 2 bis 9, neben Nr. 804 bis 812, 817, 835, 849, 861 bis 864, 870, 871, 886 und 887 sowie als Abschlussuntersuchung nach einer Narkose nicht neben Nr. 448, 449.

* Wundversorgung und Verbandsleistung werden dabei als Summe betrachtet

Nr. 6	Umfassende Untersuchung verbunden mit nach Umfang und Zeit beson-derem differenzialdiagnostischen Aufwand und/oder Beteiligung mehrerer Organe einschließlich Klärung oder Überprüfung des Zusammenhangs mit der Berufstätigkeit sowie der notwendigen Beratung	17,97 EUR

Die Nr. 6 erfordert regelmäßig, dass Unfallhergang und Verletzung umfangreichere und länger dauernde Untersuchungen notwendig machen (z.B. bei Verdacht auf multiple Verletzungen und auf Binnenverletzung großer Gelenke).

Der besondere Untersuchungsaufwand muss deutlich über die symptomzentrierte Untersuchung (Nr. 1) hinausgehen.

Die Notwendigkeit und der Umfang der Untersuchung nach Nr. 6 müssen für den UV- Träger aus der Dokumentation hervorgehen bzw. es müssen die durchgeführten Untersuchungen durch ausführliche Schilderung der Befunde dokumentiert sein.

In diesen Fällen sehen die Unfallkassen die Nr. 6 regelmäßig als indiziert an:

- bei Knieverletzungen, wenn eine umfassende Untersuchung durchgeführt wird, wie sie nach Nr. 137 (Vordruck F 1004) – Ergänzungsbericht Knie – vorgesehen ist
- bei einer Kopfverletzung mit Verdacht auf Hirnbeteiligung (Anm. Commotio cerebri)
- vor einer Vollnarkose
- bei einer Generaluntersuchung für eine Begutachtung

Bei Kindern bis zum 6. Geburtstag wird anstelle der Nr. 1 einmal im Behandlungsfall die Nr. 6 abgerechnet. Dies gilt nicht bei Verletzungen, bei denen durch bloße Inaugenscheinnahme das Ausmaß der Erkrankung beurteilt werden kann.

Die letztere Formulierung lässt einen Interpretationsspielraum zu, der aktuell noch nicht ausgelotet ist. Nach Meinung des Honorarausschusses definiert sich eine Bagatellverletzung wie folgt:

Bagatellverletzungen im Sinne der Nr. 1 sind Verletzungen, bei denen ohne invasive Prüfung und ohne instrumentelle Hilfe (z.B. Pinzette, Spreizinstrument, Lupe) sowie ohne Funktionsprüfung durch bloße Inaugenscheinnahme das Ausmaß der Erkrankung beurteilt werden kann und bei der es keiner weiteren Behandlung außer ggf. einer oberflächlichen Säuberung bedarf und bei der nach Beurteilung keine Hinweise auf Differentialdiagnosen vorliegen, die eine andere Behandlung oder Versorgungsintensität erfordern würde.

Jede Verletzung, bei der der Arzt durch prüfende und somit beim Kind Gegenwehr auslösende Maßnahmen die Harmlosigkeit oder Behandlungsbedürftigkeit überprüfen muss, oder bei der er im Verlauf Behandlungsmaßnahmen am Kind zur Versorgung vornehmen muss, ist keine Bagatellverletzung.

Beschränkungen und Fallstricke

Ein Ansetzen der Nr. 6 ist auch außerhalb dieser gelisteten fünf regelhaften Indikationen möglich, sobald ein besonderer differentialdiagnostischer Aufwand vorliegt oder mehrere Organsysteme betroffen sind.

Die Problematik liegt hier manchmal in der fehlenden Akzeptanz durch die regionalen Unfallversicherungsträger. Hier kommt Ihrer Dokumentation eine erhebliche Bedeutung zu!

Beachten Sie bitte: Bei der Vielzahl der leichten, oberflächlichen Verletzungen (Schnittverletzungen, Schürfungen, Prellungen usw.) darf die Nr. 6 jedenfalls nicht abgerechnet werden,

Die Nr. 6 darf im Behandlungsfall insgesamt dreimal angesetzt werden. Folgende Einschränkungen erlauben es in der pädiatrischen Praxis jedoch praktisch nie, die Nr. 6 mehrfach anzusetzen:

- Untersuchungen in kurzen Abstanden weniger Tage, insbes. ohne dass zwischenzeitlich eine Behandlung durchgeführt wurde, die eine wesentliche Befundänderung erwarten ließ, erfüllen grundsätzlich <u>nicht</u> die Voraussetzungen der Nr. 6.
- Steht die Diagnose fest, z.B. durch Vorbehandlung beim D-Arzt kann es sich nur noch um Kontrolluntersuchungen, also um gewöhnliche Untersuchungen nach Nr. 1 handeln.

Neurologen und Neuropädiater rechnen anstelle der Nr. 6 die eingehende neurologische Untersuchung nach Nr. 800 ab, sofern das Unfallgeschehen von der neuropädiatrischen Fragestellung dominiert wird.

Wichtig:
Seit 1.1.2020 ist die Abrechnung für die Nr. 826 (Gleichgewichtsprüfung) neben der Nr. 6 (Umfassende Untersuchung) rechtskräftig ausgeschlossen. Die UV-GOÄ wurde durch Aufnahme eines entsprechenden Passus geändert.

Nr. 800	Eingehende neurologische Untersuchung ggf. einschließlich der Untersuchung des Augenhintergrundes	17,97 EUR

Die Untersuchung umfasst den **vollständigen neurologischen Status** (Hirnnerven, Reflexe, Motorik, Sensibilität, Koordination, extrapyramidales System, Vegetativum, hirnversorgende Gefäße).

Bereits seit 2007 akzeptieren die Unfallkassen die Abrechnung der Nr. 800 durch Neuropädiater (Rundschreiben Reha 039/2007, LUV L012/2008).

Der allgemeinen Pädiatrie ist die Nr. 800 nicht zugänglich.

Beschränkungen und Fallstricke

Die Leistung ist im Behandlungsfall nicht mehr als dreimal berechenbar.

Neben der Leistung nach Nr. 800 sind die Leistungen nach den Nr. 1 bis 10, 825, 826, 830 und 1400 nicht berechnungsfähig.

Neurologen und Neuropädiater rechnen anstelle der Nr. 6 (€ 17,11) die gleichwertig vergütete eingehende neurologische Untersuchung nach Nr. 800 (€ 17,11) ab sofern das Unfallgeschehen von der neuropädiatrischen Fragestellung dominiert wird.

Nach Meinung des Honorarausschusses darf auch der Neuropädiater auf die Nr. 6 zurückgreifen, sofern die Kriterien zur Verwendung der Nr. 6 anderweitig erfüllt sind (z.B. Verletzung beim Kind vor dem 6. Geburtstag, ausgenommen Bagatellverletzungen oder komplexes Verletzungsmuster) und das Unfallgeschehen nicht durch eine neuropädiatrische Fragestellung dominiert ist.

Nr. 826	Neurologische Gleichgewichts- und Koordinationsprüfung	8,46 EUR

Nicht fachgebietsbegrenzt, damit für Pädiater abrechenbar.

Beschränkungen und Fallstricke

Neu: Seit 1.1.2020 ist die Abrechnung für die Nr. 826 (Gleichgewichtsprüfung) neben der Nr. 6 (Umfassende Untersuchung) rechtskräftig ausgeschlossen. Die UV-GOÄ wurde durch Aufnahme eines entsprechenden Passus geändert.

Abrechnungsausschluss mit Nr. 800 (eingehende neurologische Untersuchung) und Nr. 1412 (einfache Gleichgewichtsprüfung)

Nr. 125	Unfallbericht F1050	9,29 EUR
Porto	Porto Standardbrief bis 20g nach aktuellem Preis	0,85 EUR

§ 14 ÄV: Der behandelnde Arzt erstattet am Tag der ersten Inanspruchnahme durch den Unfallverletzten, spätestens am nächsten Werktag, dem UV-Träger die Ärztliche Unfallmeldung nach Formblatt F1050.

Bitte beachten Sie: Der Vergütungsanspruch erlischt bereits nach 8 Tagen; diese Regelung ist praxisfern und wird zum Glück nicht so streng gelebt.

Für die Weiterleitung an den D-Arzt dürfen Sie seit 1.1.2021 die Nr. 125 (Unfallmeldung F1050) ansetzen. Im Gegenzug ist die schlechter bewertete Nr. 145 (D-Arztüberweisung) entfallen.

Beschränkungen und Fallstricke

Die Berichtsgebühr nach Nr. 125 ist nicht berechenbar, wenn der Verletzte dem D-Arzt bereits vorgestellt wurde. In diesem Fall wurde der Unfallbericht bereits vom D-Arzt erstellt und wird von Ihnen nicht mehr benötigt. Sie rechnen Ihre erbrachten Leistungen, ohne Bericht zu geben, einfach mit den entsprechenden Gebührennummern ab. Die Dokumentation der ärztlichen Leistung erfolgt ausschließlich im Arztinformationssystem.

Bitte achten Sie darauf, die „Ankreuzvarianten" zur Feststellung der Vorstellungspflicht beim D-Arzt korrekt auszufüllen. Sofern keine Behandlung erforderlich ist, vermerken Sie dies unter Punkt 5 der Ärztlichen Unfallmeldung (F 1050).

| Nr. 143 | Arbeitsunfähigkeitsbescheinigung § 47 ÄV | 3,39 EUR |

In den Arbeitsanweisungen zur Bearbeitung von Arztrechnungen führt die DGUV zum § 47 Arbeits-unfähigkeits-Bescheinigung aus:

(1) Der behandelnde Arzt ist verpflichtet, die Bescheinigungen, die der Unfallverletzte zum Nachweis der Arbeitsunfähigkeit benötigt auszustellen.

(2) Er ist weiterhin verpflichtet, dem Träger der gesetzlichen Krankenversicherung unverzüglich die Bescheinigungen über die Arbeitsunfähigkeit mit Angaben über den Befund und die voraussichtliche Dauer der Arbeitsunfähigkeit zu übersenden.

*Es bestehen keine Bedenken, die Nr. 143 auch für die Ausstellung der Bescheinigung zum Bezug des **Kinderpflege-Verletztengeldes bzw. zum Nachweis der unfallbedingten Erkrankung** des Kindes angesetzt werden.*

Ein Schüler benötigt grundsätzlich keine ärztliche Bescheinigung darüber, dass er aufgrund seiner Verletzung am Unterricht oder an bestimmten schulischen Veranstaltungen nicht teilnehmen kann. Die Meldung an die Schule erfolgt durch den Erziehungsberechtigten bzw. bei volljährigen Schülern durch den Schüler selbst. Fordert die Schule ausnahmsweise ausdrücklich eine ärztliche Bescheinigung (z.B. wegen der Nichtteilnahme an einer Prüfung), so sollte diese entsprechend einer AU-Bescheinigung nach Nr. 143 UV-GOÄ vergütet werden.

Sonographie

Nr. 410	Sonographie erstes Organ	17,09 EUR
Nr. 420	Sonographie Folgeorgan (max. 3x)	6,84 EUR
Nr. 412	Sonographie ZNS bis um 2. Geburtstag	23,96 EUR
Nr. 401	Duplexzuschlag Sonographie	28,89 EUR
Nr. 404	Frequenzanalyse Sonographie	18,06 EUR

Die Sonographie in der UV-GOÄ folgt generell den gleichen Regeln wie in der privatärztlichen GOÄ. Die untersuchten Organe sind einzeln zu benennen.

Die sonographische Untersuchung des ZNS in der UV-GOÄ nach Nr. 412 ist bis zum zweiten Geburtstag möglich und kann – im Gegensatz zur GOÄ – auch transkraniell erfolgen. Dies ist eine Möglichkeit, falls die große Fontanelle bereits geschlossen ist.

Die sonographische Untersuchung der Schädelkalotte, beispielsweise z. A. einer Schädelfraktur bei Hämatom/Schwellung, wird über die Nr. 410 bzw. Nr. 420 abgebildet und kann, zusätzlich zur Sonographie des ZNS, nach Nr. 412 abgerechnet werden.

Nicht vergessen sollte man das, relativ gut vergütete Instrument der Duplexsonographie mit Frequenzanalyse anzuwenden, sofern die medizinische Indikation besteht.

Die Notwendigkeit zur sonographischen Untersuchung sehen die Unfallkassen regelmäßig als gegeben an, bei einem Verdacht auf:

- Verletzungen der Bauchorgane (z.B. Verdacht auf Milzruptur, Leberruptur usw.),
- Verletzungen des Muskel- und Sehnengewebes (z.B. Muskelfaser- oder Sehnenriss, umschriebene Blutergüsse),
- nach schweren Prellungen mit Verdacht auf umschriebene Blutergüsse,
- zur Stellungskontrolle des Skelettsystems insbes. bei Kindern.
- einer Schädelprellung mit v.a. intrazerebrale Blutung.

Die Sonografie als diagnostisches Mittel ist insbesondere bei Kindern bis 12 Jahren anerkannt, um die mit dem Röntgen einhergehende Strahlenbelastung zu verringern oder zu vermeiden. Da kleinere Kinder oder Kinder mit geistiger Behinderung die Schmerzlokalisation nicht eindeutig artikulieren können, kann das Sonographie-Screening zur Eingrenzung von verletzten Arealen auch zur Erstuntersuchung und Kontrolle gehören.

Die Notwendigkeit zur gleichzeitigen Untersuchung paariger Organe (z.B. des verletzten und unverletzten Kniegelenks) wird seitens der Unfallkassen eigentlich nicht gesehen. Jedoch kann bei unklarem Befund bzw. zur Diagnosesicherung im jeweiligen Einzelfall ein Seitenvergleich bei paarigen Organen angezeigt sein. Untersuchungen der Gegenseite können insbesondere dann indiziert sein, wenn zur Einschätzung eines vom Normalen abweichenden Befundes ein so genannter Normzustand benötigt wird, wie dies die (vermeintlich) gesunde Gegenseite darstellt.

Beispiele aus dem unfallchirurgischen Bereich sind: Rippenbrüche, Schlüsselbeinfrakturen, Brustbeinfrakturen, handgelenksnahe Brüche, ellenbogennahe Brüche und körpernahe Oberarmbrüche, sprunggelenknahe Unterschenkelbrüche, kniegelenknahe Brüche, und körpernahe Oberschenkelbrüche sowie Brüche der großen und kleinen Röhrenknochen an oberen und unteren Extremitäten.

Beschränkungen und Fallstricke

Die Notwendigkeit zur sonographischen Untersuchung wird seitens der Unfallkassen nicht gesehen bei einem Verdacht auf:

- Verletzungen des Meniskus oder der Bänder im Kniegelenk. Hiervon ausgenommen sind Verletzungen der Quadrizepssehne bzw. des Ligamentum patellae (Kniescheibenband) sowie der Verdacht auf Verletzungsfolgen in der Kniekehle: Baker-Zyste, Einblutung oder Gefäßaneurysma.
- Distorsion der Kniegelenke, Sprunggelenke (auch bei Bandrupturen) oder Schultergelenke (außer bei Verdacht auf Rotatorenmanschettenruptur)
- Gleichzeitige Untersuchung paariger Organe (z.B. des verletzten und unverletzten Kniegelenks)

Jedoch kann bei unklarem Befund bzw. zur Diagnosesicherung im jeweiligen Einzelfall ein Seitenvergleich bei paarigen Organen angezeigt sein: Untersuchungen der Gegenseite können insbesondere indiziert sein, wenn zur Einschätzung eines vom Normalen abweichenden Befundes ein so genannter Normzustand benötigt wird, wie dies die (vermeintlich) gesunde Gegenseite darstellt.

Verbände und Besondere Kosten

Die ausführlichen Optionen entnehmen Sie der UV-GOÄ – die angefügte Tabelle enthält nur eine Gebührennummernauswahl.

Das Abrechnen von Verbänden hat seine Tücken: Sie sind berechtigt „Sachkosten" (also die Kosten für die Verbandmittel) abzurechnen; dies wird in Unkenntnis leider oft unterlassen. Sachkosten sind in der UV anders benannt und heißen **„Besondere Kosten"**.

Diese „Besondere Kosten" sind zu vielen Verbänden und Prozeduren hinterlegt, z.B. auch zum Verband nach Nr. 200. Sie sind in einer extra Spalte des UV-GOÄ-Verzeichnisses geführt. Wenn zwei differente Beträge hinterlegt sind (siehe Nr. 200 – 1,19/*1,28), so gilt für uns Niedergelassene der höhere Satz, der niedrigere ist für die günstiger einkaufenden Kliniken.

Nr.	Leistung	Allg. HB	Bes. HB	Bes. Kosten	Allg. Kosten	Sach-kosten
200	Verband – ausgenommen Schnellverbände, Augen-, Ohrenklappen oder Dreieckstücher	4,02	5,00	1,19 *1,28	3,10	4,29
210	kleiner Schienenverband – auch als Notverband bei Fraktur	6,84	8,52	5,43	3,22	8,65

Abhängig von der Praxissoftware werden die „Besonderen Kosten" automatisch hinzugefügt (z.B. Turbomed®) oder auch nicht. Checken Sie das bitte. Auf keinen Fall setzen die Unfallkassen fehlende Beträge zu – auch wenn sie es könnten, da es sich um Pauschalbeträge handelt.

Im Prinzip sind Sie sogar berechtigt Ihre praxisindividuellen Kosten anzusetzen, dann müssen Sie Ihrer Abrechnung aber alle dafür notwendigen Belege beifügen. Einfacher ist es da schon, sich der verhandelten Pauschalsätze zu bedienen.

Nr.	Prozedur	Vergütung	Besondere Kosten
Nr. 200	Verband	4,02 EUR	1,28 EUR
Nr. 201A	Redressierender Klebeverband des Brustkorbs	5,40 EUR	11,87 EUR
Nr. 201B	Tapeverbände	5,40 EUR	21,87 EUR
Nr. 202	Schanz'scher Halskrawattenverband	8,13 EUR	6,20 EUR
Nr. 203A	Kompressionsverband	8,13 EUR	4,50 EUR
Nr. 204	Zirkulärer Verband Kopf, Schulter, Hüfte o. Rumpf	8,13 EUR	7,46 EUR
Nr. 205	Rucksack- oder Désault-Verband	8,13 EUR	7,88 EUR
Nr. 208	Tape-Verband an Fingern oder Zehen	6,84 EUR	3,45 EUR
Nr. 209	Tape-Verband an großen Gelenken oder Gliedmaßen	12,84 EUR	14,94 EUR
Nr. 210	Kleiner Schienenverband – auch als erster Notverband bei Frakturen	6,84 EUR	5,43 EUR
Nr. 212	Schienenverband zwei große Gelenke	13,50 EUR	10,11 EUR

Verbände in der UV-GOÄ/auszugsweise/ohne Gewähr

Beschränkungen und Fallstricke

Wundverbände nach Nr. 200 können neben einer Wundversorgung nach den Nr. 2000 bis 2005 und 2008 bis 2010 nicht zusätzlich abgerechnet werden, da Verbände in der Bewertung der kleinchirurgischen Gebührennummern bereits inkludiert sind.

Wichtig:
Die Besonderen Kosten" der Nr. 200 (1,28 EUR) dürfen Sie neben der Wundversorgung jedoch ansetzen. Diese Aufgabe übernimmt Ihr Praxisprogramm nicht automatisiert – Sie müssen es manuell erledigen. Am besten legen Sie eine Sachkosten-Nr. über den Betrag 1,28 EUR an, wie Sie es aus der Privatabrechnung kennen.

Dagegen sind die Nr. 2006 (primär nicht heilende Wunde) und 2007 (Entfernung von Fäden oder Klammern) von dieser Einschränkung der Nr. 200 nicht betroffen.

Wundversorgung

Wunden im Sinne der Nrn. 2000 bis 2005 sind durch mechanische Gewalt verursachte **Verletzungen der Haut und/oder Schleimhaut** sowie Brandwunden.

Eine Unterbrechung der Hautoberfläche, die iatrogen entstanden ist, Ekzeme, Geschwüre oder andere Hauterkrankungen zählen nicht zu den Wunden nach Nrn. 2000 ff.

Nr.	Procedur	Vergütung	Besondere Kosten	Verband Nr. 200
Nr. 2000	Erstversorgung kleine Wunde	6,00 EUR	Keine	ausgeschlossen, Sachkosten des Verbandes (1,28 EUR) dürfen angesetzt werden!
Nr. 2001 Version 1	Erstversorgung kleine Wunde einschließlich <u>Naht</u>	11,12 EUR	5,41 EUR	
Nr. 2001 Version 2	Erstversorgung kleine Wunde mit <u>Gewebekleber</u>	11,12 EUR	8,50 EUR	
Nr. 2003	Erstversorgung große oder stark verunreinigte Wunde	11,12 EUR	Keine	
Nr. 2004	Erstversorgung große Wunde einschließlich Naht	20,54 EUR	9,40 EUR	
Nr. 2006	Wunde, sekundär heilend	5,40 EUR	Keine	möglich
Nr. 2007	Entfernung von Fäden oder Klammern	3,41 EUR	Keine	

Nr. 2009	Entfernung Fremdkörper Haut	8,55 EUR	Anmerkung:
Nr. 442a	Zuschlag bei amb. Durchführung von Leistungen nach den Nr. 2008, 2009, 2063 und 2403	20,44 EUR	Ob der Zuschlag 442a möglich ist, ist zum Zeitpunkt der Drucklegung nicht abschließend geklärt
Nr. 2016	Wundreinigungsbad	3,94 EUR	Keine

Wundversorgung in der UV-GOÄ/auszugsweise/ohne Gewähr

Bei der **Definition der Größe einer Wunde** lehnt sich die UV-GOÄ an den EBM an: Als „klein" gelten: < 3cm, < 4 cm² und < 1 cm³; Ausdehnungen oberhalb dieser drei Masse gelten als „groß" bzw. „ausgedehnt". Aber **NICHT anzuwenden ist der Begriff „klein" bei Eingriffen an Kopf und Händen sowie bei Kindern bis zum 6. Geburtstag.** Kleine Wunden, die gleichzeitig eine starke Verunreinigung aufweisen, sind im Rahmen der Nrn. 2003 und 2005 den großen Wunden gleichgestellt. Nach den Allg. Bestimmungen zu Abschnitt L ist das Entfernen von Schmutz oder Fremdkörpern ein Einzelschritt bei der Wundversorgung und damit Bestandteil der Wundziffer.

	Klein	Groß
Nr.	2000, 2001, 2002	2003, 2004, 2005
Länge	< 3 cm	> 3 cm
Fläche	< 4 cm²	> 4 cm²
Volumen	< 1 cm³	> 1cm³
% Körper	restlicher Körper	Kopf und Hände
Alter	> 6 Jahre	< 6 Jahre
		1 Merkmal reicht aus!

Wunden sind stets einzeln berechenbar, daher summieren sich Einzelwunden innerhalb eines Wundgebietes (z.B. Bisspuren) und an verschiedenen Körperregionen und können mit dem jeweiligen Multiplikationsfaktor angesetzt werden. Analog gilt dies für die Anzahl angelegter Verbände.

Beschränkungen und Fallstricke

Im Zusammenhang mit einer Wundversorgung nach den Nr. 2000 bis 2005 und 2008 bis 2010 können **Wundverbände** nach Nr. 200 nicht zusätzlich abgerechnet werden. Die „Besonderen Kosten" der Nr. 200 (1,28 EUR) sind neben der Wundversorgung jedoch anzusetzen, sofern ein Verband angelegt wurde.

Die Wundversorgung nach der Nr. 2006 (Wunde, nicht primär heilend) weist, im Gegensatz zu den Nr. 2000 bis 2005 und 2008 bis 2010 keinen Ausschluss für den Verband nach Nr. 200 auf. Hier setzen Sie also die Nr. 200 und die zugehörigen Sachkosten in Höhe 1,28 EUR an.

Nach Auskunft der DGUV (November 2020) besteht für Kinder-und Jugendärzte die Möglichkeit der Abrechnung der Nr. 2009 UV-GOÄ (**Fremdkörperentfernung**).

Nach den „Grundsätzen Ambulanten Operierens in der gesetzlichen Unfallversicherung (GUV)", ist einerseits der Zugang zur Nr. 442a (Zuschlag) auf D-Ärzte begrenzt. Andererseits ist der Zuschlag 442a fix an die Nr. 2009 gekoppelt und sollte daher auch für Pädiater abrechenbar sein. Zum Zeitpunkt der Drucklegung konnte eine abschließende Klärung noch nicht herbeigeführt werden.

Ein Ärgernis der UV-GOÄ ist die Behandlung von **Platzwunden.** Wunden am Kopf und an den Händen, sowie bei Kindern unter 6 Jahren, sind per Definition stets als „groß" zu betrachten. Die Leistungslegende zur Nr. 2001 (Versorgung einer kleinen Wunde einschließlich Naht und/oder Gewebekleber) beinhaltet jedoch den Zusatz „Die Leistung ist bei Verwendung von Gewebekleber auch für die Versorgung von Wunden am Kopf und an den Händen sowie bei Kindern bis zum 6. Geburtstag abzurechnen".

Diese Regelung der UV-GOÄ ist diskriminierend und ausgesprochen kinderfeindlich, da sie die Anwendung der sachlich gebotenen Nr. 2004 (Versorgung einer großen Wunde einschließlich Naht) an die schmerzhafte und invasive Prozedur der Wundversorgung mittels Naht koppelt.

Checken Sie bitte für die Nr. 2001 auch, ob bei Verwendung von Gewebekleber der korrekte höhere Satz der Besonderen Kosten (8,50 EUR gegenüber 5,41 EUR), von Ihrem AIS oder Ihren Mitarbeitern zugesetzt wird. Der höhere Betrag kann nur bei Verwendung von Gewebekleber (nicht Steristrip) abgerechnet werden.

Bitte beachten Sie: Die Neuanlage eines Steristrip im Rahmen der Wundkontrolle nach vorheriger Erstversorgung rechtfertigt nicht die erneute Abrechnung der Nr. 2001. Diese Maßnahme erfüllt nicht den vollständigen Leistungsinhalt der Nr. 2001.

Nr. 1427	Entfernung von Fremdkörpern aus dem Naseninneren	8,13 EUR
Nr. 1569	Entfernung eines nicht festsitzenden Fremdkörpers aus dem Gehörgang oder der Paukenhöhle	6,34 EUR

Nr. 2226	Chassaignac Reposition	10,26 EUR

Neben der Nr. 2226 sind Verbandsleistungen der Nr. 200 bis 209 nicht abrechnungsfähig. Die besonderen Kosten eines ggf. angelegten Verbandes können jedoch angesetzt werden.

Die Nr. 2226 ist nur einmal abrechenbar; unabhängig von der Anzahl der Repositionsversuche und vom Erfolg.

Weitere, auch in einem zeitlichen Abstand erfolgte Repositionsmanöver, dürfen nur dann mehrfach angesetzt werden, wenn der Patient die Praxisräume in der Zwischenzeit verlassen hat. Ansonsten handelt es sich nicht um zwei Sitzungen.

Stichwortverzeichnis UV-GOÄ